SERVITIUM PIETATIS

# SERVITIUM PIETATIS

FESTSCHRIFT FÜR
HANS HERMANN KARDINAL GROËR
ZUM 70. GEBURTSTAG

Herausgegeben
von
Anna Coreth und Ildefons Fux OSB

1989

Salterrae

CIP-Titelaufnahme der Deutschen Bibliothek

**Servitium pietatis:** Festschrift für Hans Hermann Kardinal Groër zum 70. Geburtstag / Salterrae. Hrsg. von Anna Coreth u. Ildefons Fux. – Maria Roggendorf: Salterrae, 1989
ISBN 3-900978-01-8
NE: Coreth, Anna [Hrsg.]; Salterrae-Schriftenapostolat <Maria Roggendorf>; Groër, Hans Hermann: Festschrift



Mit Druckerlaubnis des Erzbischöflichen Ordinariates Wien vom 10. März 1989, Zl. 743/89, Generalvikar Rudolf Trpin

Redaktion: Ildefons Fux OSB
Umschlaggestaltung: Herbert Schiefer, Wien
Titelbild: Felici, Rom

Herstellung: Missionsdruckerei St. Gabriel, 2340 Mödling
Medieninhaber: Salterrae, A-2041 Maria Roggendorf. 1989

ISBN 3-900978-01-8

# ZUM GELEIT

Der Einladung, der vorliegenden Festschrift *Servitium pietatis* ein einleitendes Wort mitzugeben, habe ich gerne entsprochen.

Das geistliche Amt, der Dienst des Bischofs, sein Dienstauftrag, ist mit der *pietas* eng verbunden. Für die Römer war dieses Wort ein Hinweis auf die den Eltern, älteren Personen, dem Vaterland und seinen Werten geschuldete Ehrfurcht und Ehrerbietung. Von dieser ursprünglichen Bedeutung ausgehend, wird der liturgische und aszetische Gebrauch dieses Wortes verbunden mit der Vaterliebe Gottes, der menschlichen Antwort gläubiger Dankbarkeit und Ehrfurcht. Auch der bischöfliche Dienst bleibt an diese Grundhaltung gebunden, und in der Ausübung dieses Dienstes soll das immer und überall durchscheinen.

In der Kirche wurde bis vor kurzem diese Grundhaltung, besonders des bischöflichen Dienstes, als eine bis zum Tod dauernde Prägung eines Amtes auf Lebenszeit verstanden, eine Verbindung von Dienst und Diözese, wie in der Ehe, *bis daß der Tod euch scheidet.*

Paul VI. hat mit der Einführung der Altersgrenze — so scheint es zunächst — neue rechtliche Aspekte in den Vordergrund gerückt gegenüber einem *Servitium pietatis* auf Lebenszeit. Es ist bekannt, daß Paul VI. als Summus Pontifex lange gezögert hat, zeitliche Grenzen für das bischöfliche Amt einzuführen. Die frühere Flexibilität, den Schwierigkeiten des Alters durch Weihbischöfe oder Koadjutoren zu begegnen, wurde zugunsten einer fixen Altersgrenze zurückgestellt. Dabei mag es auch eine Rolle gespielt haben, daß Paul VI. — so weiß man — eine Zeitlang selber überlegte, sein päpstliches Amt noch zu Lebzeiten in die Hände eines zu wählenden Nachfolgers zu legen. Die Gegenargumente — zwei Päpste und kaum zu vermeidende Spannungen — ließen ihn diesen Plan bald wieder aufgeben.

Die heute für die Gesamtkirche in Geltung befindliche Altersgrenze für Bischöfe hat dazu geführt, daß in nicht wenigen Diözesen ein regierender und ein pensionierter Diözesanbischof leben. So ist es auch in Wien der Fall.

Dadurch ist der Alterzbischof von Wien in die schöne Lage versetzt, mit dieser Einleitung zu der vorliegenden Festschrift zugleich herzliche Segenswünsche zum Geburtsfest zu übermitteln. Damit soll aber auch die Verbundenheit gegenüber dem Nachfolger zum Ausdruck gebracht werden, der durch seine Bischofsweihe ein schönes, aber schwieriges Amt — wie ich aus eigener Erfahrung weiß — übernommen hat. Dazu zählen noch die verschiedenen Aufgaben in der Weltkirche, die ihm die Mitgliedschaft im Kardinalskollegium gebracht hat.

Die liturgische Sinnrichtung des *Servitium pietatis* hat sich aus der religiösen Wurzel der Römerzeit gewandelt in die christliche Antwort auf die

Vaterliebe Gottes, verbunden mit gläubiger Ehrfurcht und Dankbarkeit. Der Ordinarius, der mit dieser Festschrift geehrt werden soll, hat zu einer persönlichen Interpretation des *Servitium pietatis* wesentlich mit beigetragen.

+ Kard. König

Alterzbischof von Wien

# GRUSSWORT

Am 13. Oktober 1989 vollendet der Erzbischof von Wien, Hans Hermann Kardinal Groër, das 70. Lebensjahr. Es wird kein Fest des lauten Jubels sein, aber ein Anlaß tiefer Dankbarkeit für viele.

Wer Kardinal Groër begegnet, ist nicht nur ergriffen von seiner tiefen menschlichen Güte, sondern auch berührt von dem *Spiritus pietatis,* der ihn erfüllt. Wie vielen war und ist dieser Benediktinerpater geistlicher Führer auf dem Weg zum Glauben, der immer der marianischen Richtung verpflichtet ist. Weist doch schon sein Geburtsdatum auf Fatima hin.

Wer zu solcher Zeit und in dieser Situation der Kirche zum Wächteramt berufen ist, kann sein Ja nur sagen mit den Worten des ersten der Zwölf: IN VERBO AUTEM TUO. Bei diesem Gegenwind auszufahren, erscheint nicht nur schwierig, sondern beinahe unmöglich. Es ist nur möglich „auf Sein Wort hin".

Auf das Wort des Herrn hin hat Hans Hermann Groër das Boot bestiegen, und der Herr schenkt ihm Erfolg auf stürmischer See.

Der Erzbischof von Wien arbeitet nicht mit jenen Mitteln, deren sich die Menschen der Gegenwart so gerne bedienen, sondern allein mit den Kräften der Gnade. Und diese sind doch stärker, als unsere Zeit es glaubt.

Möge die Ausfahrt des Jubilars in seine siebziger Jahre gesegnet sein. Er selber ist ein Segen für uns.

In herzlicher Verbundenheit

+ Georg Eder,

Erzbischof von Salzburg

# VORWORT

Die Begriffsgeschichte der *pietas* führt uns zurück zu den Wertvorstellungen der klassischen Antike, wie sie im geistigen Umfeld der Familie begegnen. Die *pietas erga parentes*, die ehrfürchtige Anerkennung der Autorität der Eltern, wesentlicher Inhalt des „Familiensinnes" und der Würde und dem Glanz des Ursprungs im Transzendentalen verpflichtet (vgl. Eph 3, 15), ist unverzichtbare Tugend, übersteigt aber in der *pietas erga Deum* endgültig das nur menschbezogene Wertgefüge und wird so zur Frömmigkeit im eigentlichen Sinn des Wortes, mit der Aufforderung Christi konvergierend: *Gebt Gott, was Gottes ist* (Mt 22, 21). Weit davon entfernt, auf reine Innerlichkeit reduziert zu sein, schließt sie auch das kulturelle und soziale Anliegen nicht aus, gibt ihm vielmehr seine Form und Prägung und integriert es in den Primat der Anbetung und des „wesentlichen Gebetes" (H. Bremond).

Die so verstandene Frömmigkeit meint nun nichts anderes als umfassende Heiligung des Lebens *propter Deum et in Deo* und ruft uns je neu die alle betreffende und alle verpflichtende Berufung zur Heiligkeit ins Bewußtsein zurück. Nie völlig vergessen, von Réginald Garrigou-Lagrange OP, dem Altmeister christlicher Spiritualitätslehre und Vorkämpfer in der Erkenntnis der Universalität der Heiligkeitsberufung, die in der Taufgnade wurzelt, beharrlich als Krönung des ordentlichen Gnadenweges betont, hat sie in der Autorität des Zweiten Vatikanischen Konzils eine endgültige Bestätigung erfahren: *Jedem ist also klar, daß alle Christgläubigen jeglichen Standes oder Ranges zur Fülle des christlichen Lebens und zur vollkommenen Liebe berufen sind* (Lumen Gentium n. 40).

Der Realisierung dieser universalen Berufung zu einem vollkommenen Leben zu dienen, ist die große, alles andere und selbst die kleinsten Details in sich schließende Aufgabe des Bischofs, den deshalb das letztvergangene Konzil schlichtweg als *Führer zur Vollkommenheit* bezeichnet (Christus Dominus n. 14) und für den es vorrangig das *Beispiel der Heiligkeit in Liebe, Demut und Einfachheit des Lebens* postuliert (ebd.). Der bischöfliche Dienst ist also wesentlich *servitium pietatis*, Dienst an der Frömmigkeit des Gottesvolkes, welchem ministerium sich auch der Jubilar auf dem erzbischöflichen Stuhl von Wien zutiefst verpflichtet weiß. Die Festgabe, die ihm ein breitgestreutes Autorenkollegium nunmehr darbringen darf, will dankbare Anerkennung für alle spirituellen Hilfen zum Ausdruck bringen, die der Oberhirte der Erzdiözese dem ihm anvertrauten Volk Gottes zu geben stets bemüht ist, und gleichzeitig den lector benevolens in seiner Überzeugung bestärken, daß dann *alles andere* hinzugegeben wird, wenn die theozentrische Ausrichtung des Christseins in unangefochtener Vitalität die Herzen prägt.

In diesem dominanten Anliegen des *servitium pietatis* konvergieren die verschiedenen Beiträge des vorliegenden Sammelwerkes. Deren Gruppierung und Zusammenfassung in vier Abschnitten will nicht so sehr ausgrenzen, als der leichteren Überschaubarkeit dienen, ohne die zugrundeliegende Einheit des Themas und der Intention gefährden zu wollen. Der erste Teil ist der allerseligsten Jungfrau Maria als dem initium des Heils in der Fülle der Zeit gewidmet, gefolgt von verschiedenen Fragen der Spiritualität, die uns ebenso in lebendiger Ausformung bei gottgeweihten Personen begegnen. Der abschließende Teil enthält kirchengeschichtliche Beiträge, Streiflichter aus der Geschichte des Glaubens, die auch und nicht zuletzt der Gegenwartserhellung dienen wollen.

An dieser Stelle möchten die Herausgeber nicht versäumen, den schuldigen Dank geziemend auszusprechen — den Autoren und all denen, die bei der Genesis dieser Festgabe ihre hilfreiche Hand geboten haben.

Die Herausgeber

# VIR CONTINENS LABOREM NON RECUSANS

Von Ildefons Fux OSB, Göttweig

Bei den Überlegungen im Rahmen der Planung dieser Festschrift schien es den Herausgebern wünschenswert, den einzelnen Beiträgen einen biographischen Essay über den zu Feiernden voranzustellen. Sie waren einmütig der Auffassung, daß niemand Geeigneterer dafür gefunden werden könnte als der langjährige Freund und treue Weggefährte unseres Jubilars, Kanonikus Prälat Dr. Franz Solota. Ohne zu zögern, gab der daraufhin Angesprochene seine Zustimmung und erklärte noch bei der Maria Roggendorfer Monatswallfahrt im Juni 1988, daß man auf die sichere und zeitgerechte Übermittlung seines Manuskriptes rechnen könne. Gott hat es anders gewollt und seinen Diener am 8. August 1988 heimberufen, überraschend für alle, betrauert von vielen. Eminenz selbst widmete ihm einen, in sehr herzlichen Worten gehaltenen Nachruf.[1]

So entstand nicht nur für die Kirche von Wien und ihr Domkapitel, sondern im besonderen auch für das *Servitium pietatis* durch das Fehlen eines als unverzichtbar erachteten Beitrags eine sehr schmerzhaft empfundene Lücke. Wie sie füllen? Es mußte von vornherein feststehen, daß vorliegende Zeilen nur kärglicher Ersatz sein könnten, Krücke und Behelf, die einmal mehr daran erinnern, daß alles unter der Sonne nur Windhauch ist und Luftgespinst (vgl. Koh 1, 14).

Hans Hermann Groër ist Wiener.[2] Am 13. Oktober 1919, in der Anfangszeit der Ersten Republik also, hier in der Hauptstadt von Restösterreich geboren, entstammte er einer k. u. k. Offiziersfamilie, deren Sinn für Ordnung und Frömmigkeit den Heranwachsenden prägen sollte. Nach Absolvierung der Volksschule am „Marianum" in Wien-Gersthof und in Brünn trat Groër in das Gymnasium in Wien 13, Fichtnergasse, ein, übersiedelte 1933 in das Hollabrunner Knabenseminar und maturierte 1937 am Bundesgymnasium dortselbst. Beide Institutionen — das Seminar und die damals so benannte Mittelschule — haben dann auch in Zukunft den äußeren Lebensraum gebildet, in dem der Priester und Professor durch viele Jahrzehnte wirken sollte.

Doch zuvor muß jene innere Formung wenigstens in Kürze gewürdigt werden, die der Alumne Groër im Wiener Priesterseminar erhielt und die

---

[1] Wiener Kirchenzeitung, Nr. 34 vom 21. August 1988, 5. — Vgl. Sankt Stephan. Mitteilungsblatt für die Pfarr- und Domgemeinde, Oktober 1988, 4.

[2] Biographische Grunddaten bei Clemens A. Lashofer, Profeßbuch der Benediktinerabtei Göttweig (St. Ottilien 1983) 416. — Who is who in Österreich (Zürich 1979) 190. — Walter Kleindel, Das große Buch der Österreicher. 4500 Personendarstellungen in Wort und Bild (Wien 1987) 157 (fehlerhaft).

aufs engste mit dem Namen des seit 1937 dort als Spiritual tätigen Dr. Friedrich Wessely[3] verbunden ist. So gut wie täglich nutzte der Priesterstudent die Möglichkeit, diesen begnadeten Seelenführer und Geistesmann, von dem er später sagen sollte, solche Geistliche würden der Kirche bloß einmal in 100 Jahren geschenkt, aufzusuchen, zu hören und in persönlichen Dingen zu Rate zu ziehen. Hier vor allem wurde Groër mit der großen spirituellen Tradition der Kirche bekannt; es entsprach seinem innersten Bedürfnis, von den spanischen Mystikern, von Bérulle und der „Französischen Schule", von den Oratorianern und den Marienverehrern der Neuzeit zu hören. Wesselys Intervention war es auch, die zur Beendigung des Militärdienstes (1941—1943) beigetragen und den Weg zur Priesterweihe, die Kardinal Innitzer am 12. April 1942 in der Andreas-Kapelle des erzbischöflichen Hauses spenden sollte, freigemacht hat. Der verehrte, hochgeschätzte Spiritual hielt dann auch am 19. April dieses Jahres die Primizpredigt im Dom zu St. Stephan.[4]

Den Neupriester finden wir dann im Mai 1943 als Kaplan in Petronell[5] und kurz darauf, nämlich im August desselben Jahres, in gleicher Funktion in der Pfarre Bad Vöslau.[6] Eine ungewöhnliche Besetzung in ungewöhnlicher Zeit, denn Vöslau ist ja von altersher Ordenspfarre und dem Stift Melk inkorporiert. Doch hier lernte der Neomyst die Benediktus-Regel nicht allein in theoretischer Weise — dies war schon zu Zeiten des Studiums der Fall gewesen — kennen, sondern in der Art einer „Inkarnation", wie sie sich in der Person seines damaligen Vorgesetzten und Pfarrherrn, der den Namen des heiligen Einsiedlermönches Romuald trug, darstellte.[7]

Nach Kriegsende übernahm er mit 14. August 1946 die Aufgaben eines Studienpräfekten am Knabenseminar in Hollabrunn, dessen Wiederaufbau er durch viele Bemühungen mittragen sollte.[8] Hier entfaltete sich eine enge, freundschaftliche Verbundenheit im Kreis der Seminarvorsteher, welche Entwicklung umso verständlicher erscheint, da Rektor Johannes Kurz (gest. 1985) und Spiritual Franz Sotola ebenso wie Groër selbst zum selben geistlichen Vater, nämlich Universitätsprofessor DDr. Friedrich Wessely, aufschauen konnten.[9] Nun fand der Studienpräfekt auch die für den Abschluß seiner persönlichen Studien benötigte Zeit und promovierte 1947 mit einer

---

[3] Adelheid Liechtenstein, Friedrich Wessely (Maria am Werk 4, Maria Roggendorf 1988) 72.

[4] Liechtenstein, Wessely 81—84.

[5] Formelle Anstellung bereits mit 11. März. Wiener Diözesanblatt 1943, 14.

[6] Wiener Diözesanblatt 1943, 46.

[7] P. Romuald Wagner OSB, Pfarrprovisor in Bad Vöslau 1939—1953, gest. 12. Dezember 1953.

[8] Wiener Diözesanblatt 1946, 119. — Vgl. Hans Groër, Hundert Jahre Knabenseminar der Erzdiözese Wien (Hollabrunn 1956) 97—111.

[9] Vgl. Martin Deininger, Friedrich Wessely und das Oratorium Sanctissimae Trinitatis, in diesem Band S. 241—248.

Dissertation über *Die Kontroverse der nachtridentischen Theologen über die Gegenwart Gottes in der Seele der Gerechten* bei Professor Dr. Karl Jellouschek OSB zum Doktor der Theologie. Der Ordinarius für Dogmatik an der Wiener Katholisch-Theologischen Fakultät hätte ihn gerne als Habilitanten in seiner Nähe behalten, doch nicht er, sondern Dozent Dr. Karl Binder war zur Nachfolge ausersehen. Groër legte nun die Lehramtsprüfung für den Religionsunterricht an Mittelschulen ab und führte ab 1952 den Titel eines Religionsprofessors und schon 1953 jenen eines Studienrates am Humanistischen Gymnasium in Hollabrunn. Glaubenslehre und Kirchengeschichte bildeten auch weiterhin die Interessensschwerpunkte des Gymnasiallehrers, der in ständigem Kontakt mit der Jugend — im Seminar als vielbeschäftigter Beichtvater und Ratgeber vor allem der größeren Seminaristen, in der Schule bei den Studenten — in zunehmender Klarheit die Notwendigkeit erkannte, neue und zusätzliche Wege der Jugenderziehung zu suchen.

Er fand sie zunächst in der Pfadfinderbewegung mit ihrer vorgegebenen Ordnung und ihrem Willen zur Leistung, ihrem Lebensstil der Zucht und ihrem Programm zur Entfaltung der Hilfsbereitschaft.[10] Der Kurat der Gruppe Hollabrunn erwies sich nicht nur reich an Ideen; er forderte, und die Pfadfinderjugend akzeptierte diese seine Forderungen, weil sie gleichzeitig spürte, daß sie von einem der ihren stammten, der sich selbst in Zucht und Ordnung hielt, sich die größten Entbehrungen abverlangte und bestrebt war, die eigenen Grenzen stets hinauszuschieben. *Plus ultra!* Schon damals war Groër ein Priester, der wenig schlief — der Andrang der Seminaristen hielt ihn nicht selten bis gegen Mitternacht fest —, jeden Brief pünktlich zu beantworten suchte und der Pflicht gab, was sie unerbittlich von ihm verlangte. Hervorzuheben ist insbesondere sein Einsatz auch für die weibliche Jugend; viele Gruppen von Pfadfinderinnen, die heute noch existieren, verdanken seinem Wirken ihr Entstehen.

Die kirchliche Krise in der zweiten Hälfte der sechziger Jahre gab dem frühzeitig zum Monsignore Ernannten (1962)[11] viel zu denken und zu beten. *Er müßte etwas schreiben,* sagte er einmal in den revolutionären Wirren jener Zeiten im Hinblick auf einen Ordinarius an der Wiener Theologischen Fakultät. Er selbst aber griff nicht zur Feder, wie er schon auch zuvor die Versuchung des „publish or perish“ wohl nie gekannt hatte.[12] Seine Antwort war andersgeartet.

---

[10] Vgl. Manfred Fux, Geschichte der österreichischen Pfadfinderbewegung (Veröffentlichungen des Kirchenhistorischen Institutes der Kath.-Theol. Fakultät der Univ. Wien 8, Wien 1971) 178 f.

[11] Wiener Diözesanblatt 1962, 131.

[12] Ein Verzeichnis seiner Publikationen bei Lashofer, Profeßbuch 416. — Vgl. auch Hans Groër, Das literarische Schaffen der Hollabrunner Abiturienten, in: 100 Jahre Bundesgymnasium Hollabrunn (Hollabrunn 1965) 9*.

Er schied aus der Pfadfinderbewegung aus, in der er zuletzt die Funktion eines Bundeskuraten des Österreichischen Pfadfinderinnenverbandes St. Georg bekleidet hatte,[13] zweifellos in der Erkenntnis, daß seine Möglichkeiten der Einflußnahme zu gering waren, um dem praktischen Naturalismus in der Pfadfinderwelt Österreichs zu steuern, und bei aller Treue die Frage nach der Effizienz nicht umgangen werden darf. *Ich habe nur ein Leben.* Hatte er sich auch bisher schon der Gründung und geistlichen Leitung von Präsidien der Legion Mariens gewidmet — er war Geistlicher Leiter der Curia Hollabrunn und des Studentenpräsidiums in Wien, aus dem eine ganze Reihe geistlicher Berufungen hervorgegangen ist —, so widmete er sich nun in ungleich höherem Maße dem Dienst Mariens, nicht zuletzt auch im Bewußtsein, daß er bereits *in petto* zur Nachfolge Professor Wesselys in der geistlichen Führung des österreichischen Senatus ausersehen war, die er 1970 auch tatsächlich antreten sollte.[14] In dieser Zeit war es ihm auch gegeben, Rücksichten gesundheitlicher Art und auf das Urteil seiner Umwelt endgültig hintanzustellen.

Gerade im kirchlich so schwierigen Jahr 1969 reifte in Groër der Entschluß, in dem kleinen, unscheinbaren und als Pilgerziel so gut wie vergessenen Marienheiligtum von Roggendorf[15] mit Monatswallfahrten zu beginnen, zweifellos damit einer Eingebung der Gnade folgend. Mehrere Umstände sind der Erwähnung wert: Das penible Bestreben des Wallfahrtsdirektors (seit 1970), alles im Einvernehmen mit seinen kirchlichen Vorgesetzten zu tun; die Entfaltung seiner organisatorischen Begabung, die alles in Perfektion vorzusehen und vorzubereiten suchte; die steten Verbesserungen und Neuanschaffungen im Kircheninneren und in der Bannmeile der Wallfahrt, die von der Überzeugung kündeten, für Maria sei nur das Beste gut genug. Er fand Helfer insbesondere unter der Jugend, denen er ein Höchstmaß an Verläßlichkeit, Geduld und Einsatzbereitschaft zutraute — und deren Zahl sich beständig vermehrte. Nicht zuletzt wurde der „Herr Professor“ zum Erzieher nicht weniger Firmen und Handwerker, die sich keine vagen Versprechen mehr erlauben durften, aber auch keinen Tag länger als zugesagt auf die Bezahlung ihrer Rechnungen warten mußten.

Das einfache, gläubige Volk hatte verstanden; die Monatswallfahrten in der Intention, der Kirche durch beharrliches Gebet zu Hilfe zu kommen, verpflanzten sich an eine große Zahl anderer Orte, sogar ins Ausland.[16] Auch die Jugend hatte verstanden, daß hier Maria durch einen ihrer Diener wirken wollte, und fand die Kraft, die Einladung Gottes in geistliche Berufungen

---

[13] Ernannt am 10. November 1964. Wiener Diözesanblatt 1965, 24.

[14] Liechtenstein, Wessely 335.

[15] Vgl. Gottfried Holzer, Maria Roggendorf (Wien [2]1986).

[16] Vgl. Augustinus Andre, Wallfahrt für die Kirche (Maria Roggendorf [2]1988) 134.

anzunehmen und zu beantworten.[17] Hatte Groër schon als Professor am Gymnasium die Gabe erkennen lassen, die geistliche Berufung in ihren ersten Ansätzen und frühesten Stadien zu entdecken, so durfte er nunmehr im Zusammenhang mit den Monatswallfahrten und dem Aufblühen der Jugendpräsidien und -curien der Legion Mariens[18] Unzähligen direkt und indirekt helfen, in die Nachfolge Christi im engeren Sinn einzutreten. Eine große Zahl von Primizpredigten läßt sich nachweisen. Vor allem aber muß auf zwei Ereignisse von weitreichender Bedeutung verwiesen werden.

Da ist zum ersten der Eintritt des Wallfahrtsdirektors in das Stift Göttweig zu nennen, der am 8. September 1974 mit seiner Einkleidung als Regularoblate erfolgte. Es ist gewiß nichts Alltägliches, wenn der Abt eines Klosters gleich einer Gruppe von zehn Kandidaten auf einmal das Mönchsgewand übergeben kann;[19] die Suche nach kirchengeschichtlichen Parallelen würde uns weit in die Vergangenheit zurückführen. Seither war es Abt Clemens Lashofer (seit 1973) gegeben, an die fünfzig Novizen in die Gemeinschaft des Konventes aufzunehmen,[20] und deren überwiegende Zahl hat den Ruf Gottes im Zusammenhang mit den Monatswallfahrten bzw. durch die Mitgliedschaft in der Legion Mariens hören und beantworten können. Das Antlitz Göttweigs ist nicht mehr jenes der Nachkriegsepoche;[21] etwas von den Zügen Mariens spiegelt sich in ihm wider.

Wie stets begann der nunmehrige Ordensmann P. Hermann, der am 8. September 1977 die ewigen Gelübde abgelegt hatte,[22] auch die Vorbereitungen zur Klostergründung Marienfeld in enger Fühlungnahme mit der Hierarchie.[23] Hier kann nur auf die historisch wahrnehmbare Komponente des Geschehens verwiesen werden, auf die sorgfältige Planung des Projekts, auf die Gewinnung ungezählter Wohltäter meist aus den Reihen der „kleinen" Leute, auf die Überwindung so vieler finanztechnischer Probleme, auf die groschengenaue Buchführung, auf die Gelassenheit im Ertragen oft böswilliger Kritiken. Etwa 30.000 persönliche Briefe hat der Beauftragte des Bauherrn, des Mutterklosters Mariastern in Vorarlberg,[24] geschrieben, vor

---

[17] Andre, Wallfahrt 90—106.

[18] Vgl. Gerhard Luser, Die Jugendarbeit der Legion Mariens im Vikariat Nord der Erzdiözese Wien (Diplomarbeit an der Theol. Fakultät der Univ. Salzburg, mschr., Salzburg 1981).

[19] Kirche bunt. St. Pöltner Kirchenzeitung, Nr. 37 vom 15. September 1974, 3 und 7.

[20] Vgl. Personalstand der österreichischen Benediktinerkongregation 1989, in: Direktorium für Chorgebet und Eucharistiefeier (Salzburg 1989) 235—238.

[21] Ewald König, Besuch beim Alltag der Ewigkeit. Das verjüngte Göttweig mit seinem neuen Einzugsfeld. Die Presse, 10./11. März 1984, Spectrum 1.

[22] Lashofer, Profeßbuch 416.

[23] Gottfried Schätz, Die Klostergründung Marienfeld (Diplomarbeit an der Kath.-Theol. Fakultät der Univ. Wien, mschr., Wien 1985) 10.

[24] Vgl. Geschichte der Cistercienserinnenabtei Mariastern-Gwiggen. Festschrift (Hohenweiler 1980).

allem, um für jede, auch die kleinste Spende zu danken. Am 14. November 1982 konnte Seine Eminenz Kardinal König die Weihe von Kirche und Kloster vornehmen;[25] seither schart sich in stetem Wachstum das „Gotteshaus“ der Zisterzienserinnen um Maria, die Mutter der Kirche, um Jesus Christus, den Bräutigam der ecclesia, in einem je reineren Leben zu verherrlichen.

Darf im Zusammenhang mit Jugendseelsorge und geweihtem Leben noch ein weiteres Erwähnung finden? Die Tätigkeit des Jubilars als Direktor des erzbischöflichen Aufbaugymnasiums in Hollabrunn soll auch hier nicht vergessen sein, hat doch P. Hermann Groër selbst einmal diese Stätte der Erziehung *sein Lebenswerk* genannt. Gewiß, die Idee zur Schaffung einer Alternative zu den öffentlichen Höheren Schulen stammte nicht von ihm, doch hatte Prälat Rektor Dr. Kurz von Anfang an ihn, den Mann der Schule, für die Leitung dieses Unternehmens vorgesehen.[26] Nach einigen Turbulenzen in kirchlichen Kreisen erfreute sich diese Schule bald eines hohen Standards an innerer Homogenität, an pädagogischen Qualifikationen und spiritueller Ausrichtung und genoß dementsprechend einen ausgezeichneten Ruf. *Ich lebe hier wie im Paradies;* mit diesen Worten hat ein Mitglied des Lehrkörpers das Besondere des Schulklimas in Worte zu kleiden versucht. Eine bereits große Zahl von Berufenen hat hier die Hochschulreife erlangen können.

Die Ereignisse, die der mit 15. Juli 1986 datierten Ernennung zum Erzbischof von Wien folgten, sind noch in lebhafter Erinnerung und können erst in späterer Zeit Gegenstand der Kirchengeschichtsschreibung werden; aufmerksame Registrierung der Fakten und historisch-spirituelle Reflexion vermögen deshalb auch hier noch keinen legitimen Platz für sich zu beanspruchen. Nur eines: Der „Bischof mit dem guten Herzen“,[27] der sich ebenso als *vir continens laborem non recusans* wie auch als Mann des Volkes[28] erwiesen hat, bedarf keiner Apologie, denn es gilt auch für ihn das Wort des Kartäusers Guigo: *Die Wahrheit verteidigt sich selbst.*[29] Am 28. Juni 1988 überreichte Papst Johannes Paul II. dem Erzbischof von Wien das Kardinalsbirett, und nun gilt es, die Vollendung des 70. Lebensjahres zu feiern. Als bescheidenen Beitrag zur Festesfreude wollen die Autoren dieses Bandes ihre geistig-geistlichen Gaben darbringen — in jener Gesinnung, wie sie Freunde stets auszeichnen soll: *in sinceritate et simplicitate cordis.*

---

[25] Wiener Kirchenzeitung, Nr. 47 vom 21. November 1982, 5.

[26] Vgl. 1. Jahresbericht des Aufbaugymnasiums Hollabrunn 1974/75.

[27] Vgl. Diakontakte, Oktober 1986, 1.

[28] Die Presse, 12. März 1987, 3.

[29] Zitiert bei Walter Nigg, Vom Geheimnis der Mönche (Zürich, Stuttgart 1953) 207.

# INHALT

## III.
## GEWEIHTES LEBEN



## IV.
## KIRCHENGESCHICHTE

# I.

# MARIA

# MARIA – LEITBILD DER HOFFNUNG IN DER LEHRE GABRIEL BIELS

Von Leo Scheffczyk, München

In der gegenwärtigen Geistessituation hat die Hoffnung als menschliche Grundhaltung eine gewisse Wiederentdeckung erfahren. Auf welchen Wegen (oder Umwegen) diese Neuentdeckung auch vor sich ging – über den Evolutionismus,[1] den Neomarxismus[2] oder eine politisch ausgerichtete Theologie[3] –, so berührt doch das Hoffnungsthema einen Lebensnerv christlicher Existenz, an dessen Erregung das theologische Denken nicht achtlos vorbeisehen kann. Die Anregungen aufnehmend, ist das christliche Denken freilich auch gehalten, die Tugend der Hoffnung, die im Pluralismus der Meinungen verfälscht oder mit artfremden Stoffen versetzt zu werden droht (etwa mit den Ersatzvorstellungen der Utopie, der Ideologie oder der weltimmanenten Prophetie), in ihrem reinen Wesen zu erfassen und ihre christliche Identität zu erhalten.

Dazu bietet nicht die unbedeutendste Möglichkeit eine Besinnung auf Maria und ihre Stellung im objektiven Heilswerk Jesu Christi wie im personal-subjektiven Geschehen der Heilsverwirklichung. Es ist der Beachtung wert, daß Maria in dieser ihrer Stellung von früh an als Hoffnungsgestalt gesehen und als Hoffnungsträgerin der Menschheit anerkannt wurde. Indirekt bekundet dies schon das älteste Mariengebet der Christenheit, das *Sub tuum praesidium*,[4], welches das Vertrauen auf die Fürsprache Mariens, der *Mittlerin und Fürsprecherin*, und damit einen Kerngehalt der Hoffnung in verhaltener Innigkeit zum Anklang bringt. Glutvoller und inbrünstiger ist derselbe Ausdruck im byzantinischen Akathistos-Hymnus, dem „ältesten Marienlob der Christenheit", gehalten, wenn Maria, die *uns das Paradies geöffnet* hat, als *die Hoffnung des ewigen Heils* gepriesen wird.[5]

---

[1] Vgl. dazu u. a. A. López-Méndez, Die Hoffnung im theologischen Denken Teilhard de Chardins (Frankfurt 1976).

[2] So bei E. Bloch, Das Prinzip Hoffnung (Frankfurt 1967); vgl. dazu R. Schaeffler, Was dürfen wir hoffen? Die katholische Theologie der Hoffnung zwischen Blochs utopischem Denken und der reformatorischen Rechtfertigungslehre (Darmstadt 1979).

[3] J. Moltmann, Theologie der Hoffnung (München ³1965).

[4] J. Auer, Unter deinen Schutz und Schirm. Das älteste Mariengebet der Kirche (Leutesdorf ⁴1977).

[5] A. Guillet (Hg.), Die Seligpreisung der Gottesmutter. Hymnos Akathistos. Das älteste Marienlob der Christenheit (Stein a. Rh. 1977) 11.

In wieder veränderter Gedanken- und Gefühlswelt kommt das Vertrauen auf Maria, die *Mutter der Barmherzigkeit*, im frühmittelalterlichen *Salve, Regina* zum Ausdruck,[6] in dem sich ein Glaubens- und Lebensbewußtsein ausspricht, das grundlegend marianisch gestimmt ist, das freilich in der hintergründigen Unterscheidung zwischen dem richterlichen Herrscher Christus und seiner gänzlich von Milde und menschlicher Zuneigung erfüllten Mutter auch ein theologisches Problem andeutet, das damals als solches noch nicht empfunden wurde.

Wenn Maria hier schlicht und ohne Einschränkung als *spes nostra* bezeichnet wird, so ist einerseits ihr Bezug zur erlösungsbedürftigen Menschheit in trefflicher Weise betont, andererseits aber auch eine Nähe zu Christus behauptet, welche die notwendige Unterscheidung scheinbar vermissen läßt. So ist Maria als *spes nostra* sowohl Anlaß zur Vertiefung in die Bedeutung der Marienwahrheit und -frömmigkeit als auch zu ihrer Abgrenzung von Christus, ein Anlaß, der aus der Dialektik von Zusammengehörigkeit und Unterschiedenheit der beiden „Größen" eine gereiftere Einsicht in die Tiefe des christusbezogenen Mariengeheimnisses zu erbringen verspricht.

## DER ANSATZ BEI GABRIEL BIEL

Die religiös-theologische Reichhaltigkeit der Wahrheit von Maria als Hoffnungsbringerin und Hoffnungsträgerin der Menschheit, aber auch ihr augenscheinlicher Problemgehalt lassen es angemessen erscheinen, diese Wahrheit an einem theologischen Entwurf zu erörtern und nachzuprüfen, der ihr nachweislich einen besonderen Rang zuerkennt, sodaß sich an ihn auch die Frage nach der notwendigen Begrenzung und Unterscheidung stellen läßt. Dazu bietet sich das Werk des zu seiner Zeit einflußreichen Theologen Gabriel Biel (ca. 1410—1495) an, und zwar aus Gründen zeit-, kirchen- und theologiegeschichtlicher Art, die bemerkenswerte Parallelen zur gegenwärtigen Epoche zeigen.

Das späte Mittelalter, die Zeit der sogenannten Vorreformation, war eine Umbruchsepoche, von der durch das Aufkommen neuer Wirtschaftsformen, durch das Einströmen neuer geistiger Bewegungen (Humanismus, Renaissance) und durch die langsame Auflösung der universalen kirchlich-weltlichen Ordnung auch das kirchliche Leben ergriffen wurde. Hier traten durch die Nachwirkungen des Großen Abendländischen Schismas (1378 bis 1417), durch die Verweltlichung von Papsttum und Kirche wie auch durch teilweisen Niedergang des Ordenslebens neue Krisenerscheinungen hervor,

[6] Vgl. J. Maier, Studien zur Geschichte der Marienantiphon „Salve Regina" (Regensburg 1939); J. M. Canal, Salve Regina Misericordiae (Roma 1963).

von deren Folgen auf das religiös-sittliche Leben der Christen die Predigten des an der Verkündigung stark interessierten Gabriel Biel vielfältig Zeugnis ablegen.[7] In der Theologie aber nahm dieser Umbruchsprozeß den Charakter der Abwendung von der *via antiqua* (der traditionellen Schultheologie) und der Hinwendung zu der vom Nominalismus bestimmten *via moderna* an, der mit seiner Verselbständigung des Bewußtseins, mit der Trennung von Wissen und Glauben wie mit der Leugnung der Universalien die vom Hochmittelalter geschaffene geistige Synthese in eine bis zur Grenze der Spaltung reichende Diastase umformte.

In dieser spannungsreichen und gärenden Zeit erging freilich auch, wie immer in Krisenzeiten der Kirche, der Ruf nach Reform und Restitution, die besonders seit der Mitte des Jahrhunderts greifbare Formen in der *devotio moderna*, in Predigt und Lehre annahm. Von diesem Aufschwung wurde auch die Marienfrömmigkeit und die Marienlehre erfaßt, was sich u. a. an den neu aufflammenden und mit großer Entschiedenheit geführten Diskussionen um die Unbefleckte Empfängnis Marias (wie um die mit ihr innerlich verbundene Assumptio corporalis), aber auch an der Vielzahl neu entstehender marianischer Werke und Predigtsammlungen zeigt, die allerdings oftmals das Ebenmaß, das etwa Johannes Gerson (gest. 1429) einzuhalten suchte, durch Übertreibungen (wie etwa bei Bernhardin von Siena [gest. 1444] und bei Bernhardin von Busti [gest. um 1513]) verfehlte. Trotzdem ist der Vorwurf, der da auf eine Mariologie der „frommen Übertreibungen, um nicht zu sagen, Widersinnigkeiten“[8] geht, im ganzen nicht gerechtfertigt. Man kann im Gegenteil und nicht ohne Grund (bei berechtigter Ablehnung der Übertreibungen) das gesteigerte marianische Interesse dieser Epoche als unreflektierte Antwort des christlichen Glaubensbewußtseins auf die Nöte der Zeit begreifen, welche die Gläubigen mit der Zuflucht zu Maria als Garantin der wahren christlichen Hoffnung zu bestehen suchten.

Gabriel Biel aber war wegen seiner Herkunft wie wegen seines menschlichen und theologischen Naturells in besonderer Weise dafür disponiert, angesichts der auseinanderstrebenden geistigen Tendenzen des Zeitalters eine rechte Mitte zu weisen und einzuhalten. Als Gefolgsmann des kritisch eingestellten Wilhelm von Ockham (gest. 1347), unter dessen Einfluß er zu einem anerkannten Vertreter der neuen Logik und Dialektik wurde,[9] nahm er doch den Ockhamschen Gedanken ihre Schärfe und nützte die strenge, saubere

---

[7] W. Ernst, Gott und Mensch am Vorabend der Reformation. Eine Untersuchung zur Moralphilosophie und -theologie bei Gabriel Biel (Erfurt 1972).

[8] H. Graef, Maria. Eine Geschichte der Lehre und Verehrung (Freiburg 1964) 286.

[9] Fr. J. Burkard, Philosophische Lehrgehalte in Gabriel Biels Sentenzenkommentar unter besonderer Berücksichtigung seiner Erkenntnislehre (Meisenheim am Glan 1974) 20.

Begrifflichkeit für die schulische Vermittlung der Glaubenslehre in einer Art, die ihm den Titel des „letzten Sententiariers" einbrachte.

Von den positiven Elementen des Nominalismus übernahm Biel vor allem dessen Hinneigung zur Erfahrung und zur religiösen Praxis, der er sich als Theologe bewußt zuwandte, um so eine geglückte Synthese von Theologie und Verkündigung zu erreichen, der selbst Luther anfangs große Achtung abgewann (die sich später freilich in Kritik verwandelte).[10] Das Streben nach Vermittlung und Synthese kennzeichnet auch sein marianisch-mariologisches Schrifttum, in dem er faktisch die ganze Schrift und Tradition aufnimmt, dabei das glühende Marienlob Bernhards von Clairvaux (gest. 1153) mit der nüchternen Denkart Johannes Gersons (gest. 1429) verbindet, aus Thomas wie aus Duns Scotus (gest. 1308) schöpft und im ganzen die Einheit von Systematik (im Sentenzenkommentar) und Kerygmatik (in den marianischen Sermones) intendiert. Diese Intention zur Aufnahme der ganzen Tradition, die am Maßstab des geistigen Schriftsinnes (vor allem des sogenannten tropologischen Sinnes, der auf die moralische Unterweisung und praktische Anwendung ausgerichtet ist) dargeboten wird, und das Interesse an der Vermittlung von Altem und Neuem (dieses besonders in der Gestalt der Immaculata Conceptio hervortretend), lassen zwar keine schlechthin neuartige und originelle Marienlehre erwarten. Aber das Zusammengehen so vieler Intentionen und Gehalte, besonders auch das Zusammengehen von wissenschaftlicher Gelehrsamkeit und inniger Frömmigkeit, vermag doch eine eigentümliche Konstellation zu erbringen, in der aufgrund des starken kerygmatischen Einschlags der Lebensbezug des Mariengeheimnisses eine eigentümliche Bedeutung gewinnt.

## MARIA ALS AUSERWÄHLTES PERSONALES WERKZEUG DER ERLÖSUNG

Die theologische Grundlegung der Marienlehre Biels bieten die drei Distinktionen des dritten Buches des *Collectoriums,* in denen die marianischen Wahrheiten im strengen Zusammenhang mit dem Geheimnis der Menschwerdung des Sohnes behandelt werden. Dabei wird deutlich, wie wichtig für Biel die Vereinigung des Logos mit einer wahren Menschennatur zum Zwecke der Erlösung der Menschheit ist. Mit Augustin hält er dafür, daß sie für die Aufrichtung unserer Hoffnung notwendig war, wobei die Menschwerdung als *spes nostra* bezeichnet wird.[11] Damit gewinnt auch Maria,

---

[10] Vgl. L. Grane, Contra Gabrielem. Luthers Auseinandersetzung mit Gabriel Biel in der Disputatio Contra Scholasticam Theologiam 1517 (Kopenhagen 1962).

[11] *Collectorium circa quattuor libros Sententiarum* (ed. W. Werbeck et U. Hofmann, Tübingen 1979) III d. 1 q. 1 a. 3 dub. 2.

aus welcher der Erlöser seine menschliche Natur empfing, ihre theologische und soteriologische Bedeutung. Aber zur rechten Erfüllung dieser ihrer Aufgabe gehörte geziemenderweise die Befreiung von der Erbsünde wie von jeder persönlichen Sünde. So wird Biel, in der Richtung des Duns Scotus und des Johannes Gerson ausschreitend (und im Gegensatz zu seinem sonstigen Gewährsmann Gregor von Rimini [gest. 1358]), zu einem entschiedenen Verteidiger der Unbefleckten Empfängnis Marias: *Beatissima Virgo ab omni originalis peccati contagio fuit penitus praeservata.*[12] *Dabei stützt er sich auf die Autorität des Konzils von Basel, das auf der 36. Sitzung vom Jahre 1438 (freilich zu dieser Zeit schon ohne Legitimation) die Immaculata Conceptio* gelehrt hatte, wie auch auf die Gewährung des Ablasses für das Fest durch den Franziskanerpapst Sixtus IV. im Jahr 1476, sodaß diese Lehre ihm als der Tradition der Kirche zugehörig galt.

Was die vernunftgemäße Begründung dieses Vorzuges Marias angeht, die bei der dem Nominalismus eigentümlichen Betonung der Freiheit Gottes in seinem Welthandeln nicht mit Notwendigkeitsargumenten erwiesen werden kann,[13] so spielt zwar das Moment der Konvenienz und das der Angleichung an Christus eine wichtige Rolle[14]. Aber ausschlaggebend ist nicht die Erhöhung Marias, sondern die Souveränität, der Primat und die *exellentia* des Erlösers. Hier beruft sich der Autor auf den Grundsatz des Duns Scotus, daß dem vollkommensten Erlöser die Wahl des vollkommensten Modus der Erlösung geziemte. Die Bewahrung vor (dem Eintritt) der Sünde ist aber ein vollkommener Modus der Erlösung als ein anderer, bei dem das Geschöpf von der schon eingetretenen Sünde befreit wird. *Et manifestum est quod respectu nullius personae habuit excellentiorem actum mediandi quam respectu Virginis. Ergo eam praeservavit.*[15]

Damit ist auch der Einwand ausgeschaltet, daß Maria der Erlösung nicht bedurft hätte. Es gilt vielmehr das Gegenteil: *Weil sie nämlich die Erbsünde nicht auf sich zog, bedurfte sie so am meisten des Erlösers, und der vorausgesehene Tod Christi wirkte an ihr auf vorzüglichere Weise die Erlösung als an jedem anderen Menschen.*[16] Aus demselben Grunde weist Biel auch die Einrede ab, daß zwischen der Sündlosigkeit Christi und der *puritas* Marias eine Gleichheit bestünde, was wiederum gegen die Unvergleichlichkeit Christi sprechen würde. Hier macht er auf den tieferliegenden, aber durchaus einleuchtenden Unterschied aufmerksam und bemerkt zutreffend, daß die *puritas* der *caro*

---

[12] III d. 3 q. 1 a. 2 concl. 1.

[13] III d. 3 q. 1 G.

[14] Zu den Prinzipien der Marienlehre Biels vgl. H. A. Oberman, Spätscholastik und Reformation I (Zürich 1965) 282—293.

[15] III d. 3 q. 1 G.

[16] III d. 3 q. 1 J.

Christi *per naturam* und *ex se* bestehe,[17] das heißt, daß sie im Wesen der hypostatischen Einigung gründe, während die Reinheit Marias auf dem Wege der Begnadung und Bewahrung erfolgte. Dem schließt sich die weitere Unterscheidung an, nach welcher auch der Ursprung der Menschheit ein je verschiedener war: bei Christus aus dem Heiligen Geist und der Jungfrau, bei Maria aus natürlicher elterlicher Zeugung, der aus sich selbst eine *caro peccati* entsprossen wäre.[18]

Schließlich führt der Autor zum Erweis der Vollkommenheit des Erlösers und seines Werkes, das sich zu allererst an Maria auswirkte, sich auf die Autorität einer älteren pseudo-augustinischen Schrift berufend, auch das Argument eines besonderen Ehrerweises des Sohnes gegenüber seiner Mutter an: Jesus kam zur Erfüllung des Gesetzes, das u. a. auch die Verehrung der Mutter vorschrieb. Diese vollzog er am vollkommensten, indem er sie vor der Verunehrung durch die Sünde bewahrte. Dieses Argument, das Pseudo-Augustinus freilich im Zusammenhang mit der *Assumptio Corporalis* Marias und der Bewahrung ihres Leibes vor der Verwesung anführte, setzt Biel schon für die *Immaculata Conceptio* ein, damit den für ihn bestehenden Zusammenhang zwischen beiden Geheimnissen andeutend.[19]

Bewegt sich der Autor in der für ihn hochbedeutsamen Lehre von der Unbefleckten Empfängnis Marias auf den vor allem von Scotus gewiesenen Bahnen, so geht er in einem Punkt über den doctor subtilis hinaus (und ebenso wieder Gregor von Rimini verlassend), nämlich in der Übernahme des in der Franziskanerschule stark entwickelten Gedankens von der Prädestination oder der ewigen Vorherbestimmung Marias. Die Wahrheit von der Unbefleckten Empfängnis Marias, die das Mariengeheimnis in heilsgeschichtlicher Fassung bereits bei der Erschaffung Marias beginnen läßt, dient der Vorbereitung einer geeigneten und dem Erlöser entsprechenden Mutterschaft. *Non autem fuisset idonea mater Dei, si peccasset aliquando.*[20] Aber was hier als heilsgeschichtliche Vor- und Zubereitung interpretiert wird, hat einen weiter zurückliegenden Ursprung, der sogar jenseits aller Zeit in der Ewigkeit gelegen ist, näherhin in der Prädestination und Erwählung dieses ganz bestimmten Menschen zur Mutter des gottmenschlichen Erlösers.

Es ist einsichtig, daß eine solch distinkte Prädestination des Menschen Maria zur Gottesmutterschaft, bei welcher die entgegengesetzte Möglichkeit im Hintergrund steht, daß Gott ja auch einen anderen Menschen zur Gottesmutterschaft hätte bestimmen können: *potuit Christus de alia matre in-*

---

[17] III d. 3 q. 1 H.
[18] III d. 3 q. 1 H.
[19] III d. 3 q. 1 G.
[20] III d. 3 q. 1 a. 3.

*carnari,*[21] die Beziehung der Mutter zu Gott und zu ihrem Sohn um ein Erhebliches steigert. Maria wird so (ungeachtet der Tatsache der zeitlichen Verwirklichung ihrer Existenz und Mutterschaft) in den ewigen Heilsplan Gottes eingefügt und enthält in ihm überzeitliche Bedeutung im Zusammenhang mit der Menschwerdung des Sohnes. Biel sagt darüber verhältnismäßig kurz: *Nec impedit quod concepta nondum mater fuit, quia quod nondum in exhibitione, semper fuit in aeterna praedestinatione.*[22] Er spricht auch nicht wie die Franziskanertheologie von ein und demselben göttlichen Dekret, in dem Maria zusammen mit Christus vorherbestimmt ist. Aber sachlich ist der Gedanke mit der seit Ewigkeit vorgesehenen Menschwerdung Christi, auch wenn diese für Biel vornehmlich der Sünde wegen erfolgte, gegeben. Er stattet die Stellung der Gottesmutter im Heilswerk mit einer Ewigkeitsbedeutung aus, er hebt sie als zusammen mit Christus geplantes Werk über die Schöpfung, er stellt die Mutter in einer Weise an die Seite des Sohnes, daß ihre wesentliche Subordination unter den Sohn für einen Augenblick zu verschwimmen scheint. So ist dann auch — vor allem im Hinblick auf die noch bestimmter gehaltenen marianischen Predigten des Autors — kritisch vermerkt worden, daß bei Biel die Mariengestalt unversehens aus der Stellung des „unter Christus" in die Position des „wie Christus" und schließlich in die des „mit Christus" rückt.[23]

Aber im Punkte (zunächst) der Prädestination Marias ist diese Gefahr ernstlich nicht gegeben; denn bei aller Annäherung zum Sohn durch die Aufnahme in den einen Heilsplan Gottes bleibt ja die seinsmäßige Differenz zwischen dem Gottmenschen und der menschlichen Mutter, zwischen seinem Werk und ihrem mütterlichen Mittun gewahrt. Dieser seinshafte Unterschied wird von Biel aber auch aktualisiert und auf das Handeln des Sohnes bezogen. In dem ewigen Prädestinationsratschluß Gottes ist nämlich als inneres Moment die Auserwählung (electio) eingeschlossen. Christus war es nicht nur selbst, der seiner Mutter die Ehre der Bewahrung vor der Sünde zuteil werden ließ, er war es auch, der sich Maria zur Mutter erwählte: *Sed maxima conventio Christi ad Mariam, quam elegit in veram matrem et singularissimam sponsam.*[24]

Gerade die Zuweisung des Brautseins an Maria weist auf eine das Mutter-Sohn-Verhältnis erweiternde neue personale Dimension hin, in welcher der Sohn der Erwählende und der Stifter des Brautschaftsverhältnisses ist. So

[21] Vgl. H. A. Oberman (wie Anm. 14) 279.
[22] III d. 3 q. 1 G. Zur franziskanischen Theologie bezüglich der Prädestination Marias vgl. M. Mückshoff, Die mariologische Prädestination im Denken der franziskanischen Theologie, Franziskanische Studien 39 (1957) H. 2/4, 288—502.
[23] H. A. Oberman (wie Anm. 14) 290.
[24] III d. 3 q. 1 a. 3 K.

zeigt sich bei der Bestimmung des heilsgeschichtlichen Verhältnisses zwischen Christus und Maria zwar eine gewisse Dialektik, in welcher Annäherung und Unterscheidung, Angleichung und Distanzierung aufeinander folgen und einander bedingen, aber doch so, daß die Wesensdifferenz niemals schwindet und der Primat Christi in allem ungeschmälert bleibt.

Daß dies tatsächlich geschieht, wird gleichsam auch von der Gegenseite bestätigt, das heißt von Maria her und ihrer Disposition für die Gottesmutterschaft. Es war dem vom Nominalismus beeinflußten Denken immer ein Anliegen, beim Gnadengeschehen auch die Beteiligung des Menschen zu wahren. Deshalb nimmt Biel die Frage auf, ob Maria das Gnadengeschehen der Inkarnation verdient hat, wie ja die Patriarchen das Kommen des Erlösers in gewisser Hinsicht verdienten. Hier geht der Autor mit großer Unterscheidungskunst vor und stellt fest, daß Christi Menschwerdung und Passion als erste Gnade und Grund für alle Gnaden nicht verdient werden konnten. Wohl aber konnte sich Maria für den ihr eigenen Auftrag der Gottesmutterschaft disponieren, damit sie eine *idonea mater* würde, was sogar mit einem *meritum de condigno* verbunden war.[25] Aber da dies in Konsequenz der Prädestination und der ersten Heiligung, die sie bei ihrer Unbefleckten Empfängnis erhielt, geschah, ist es kein alleiniges Verdienst, sondern ein solches, das aus einem Mittun mit der Gnade erfließt. Hier korrigiert Biel stillschweigend semipelagianische Tendenzen, denen der Nominalismus zuneigte.[26]

Diese genaue Differenzierung im gnadentheologischen Sinne ermöglicht es Biel, die Gottesmutterschaft Marias, auf welche diese Gedanken zusteuern, als aktives Tun Marias darzustellen und entgegen der aristotelischen Biologie als *activa cooperatio* zu erklären. Weil sie aber als Jungfrau die Materie des Leibes Christi allein beibrachte, war sie in einem höheren Sinne Mutter Christi, als jede andere Mutter es ihrem Sohn gegenüber sein konnte. *Materiam autem Virgo Maria sola ministravit (...) Et ideo corpus Christi de sola matre et non aliquo sumpto ex patre formatum est. Fuit ergo ex hac parte verius mater Christi quam quaecumque alia mater sui filii naturalis.*[27] Zugleich aber erinnert der Autor daran, daß das Handeln Marias, in dem sie eine *activa cooperatio* leistete, in der natürlichen menschlichen Kraft *und* in der Kraft einer übernatürlich-wunderbaren Tat geschah, einer *virtus supernaturalis*, der vom Heiligen Geist geschenkten *virtus susceptiva et generativa*;[28] die aufnehmende Kraft gab der Geist ihr *naturaliter*, die höhere generative Kraft *miraculose*. Daraufhin darf das Muttersein Marias bezüglich der in ihm wirksam werden-

---

[25] III d. 4 q. 1 N.

[26] H. A. Oberman (wie Anm. 14) 179.

[27] III d. 4 q. 1 concl. 2 E.

[28] Ebd.

den Kräfte wiederum als ein über das aller anderen Mütter hinausgehendes angesprochen werden. Dabei bildeten der Heilige Geist und Maria ein *agens totale perfectius quam naturalis pater et mater . . .*[29] So ist Maria *mater Christi naturalis et miraculosa.*[30] Sie wirkt bei der Menschwerdung als *ministra* und als *cooperans* in aktiver *cooperatio* mit. Als Mutter steht sie auch unter dem Kreuze, was freilich im Zusammenhang mit der Betonung der wahren Mutterschaft Marias nur beiläufig erwähnt wird unter Verweis auf Joh 19, 25: *Stetit iuxta crucem Jesu mater eius.*

Der Autor spricht von der *cooperatio* Marias nur bei der Menschwerdung. Aber da diese erlöserische Bedeutung hat, sind hier weiterreichende Konsequenzen eingeschlossen, die in den marianischen Predigten entfaltet werden. Schon im streng theologisch ausgerichteten *Collectorium* ist der Gedanke vorhanden, daß die aufgrund der ewigen Vorherbestimmung erfolgte Erhebung Marias in den Zenit der Schöpfung als vollkommenstes gnadenhaftes Schöpfungswerk unter Christus eine Aufgabe für die ganze Menschheit in sich schließt. Als höchstes Schöpfungswerk, das zugleich schon in die Erlösungs- und Gnadenordnung einbezogen ist, „grenzt" Maria gleichsam an die Trinität, wie die bildhaften Ausdrücke zeigen: *Trinitatis triclinium* (Lager der Trinität) und *Filii singulare reclinatorium* (Lagerstätte des Sohnes). Aber im gleichen Zusammenhang wird ihr auch als Sündenloser und Höchstbegnadeter der Titel *advocata peccatorum* und *corona iustorum* zuerkannt.[31] So wird deutlich, daß die einzigartige Auserwählung der Mutter zur *cooperatio* mit Christus auch eine den Menschen zugewandte Seite besitzt und ein Tun für alle Menschen ist.

## DIE ZUWENDUNG ZUR MENSCHHEIT – MARIA ALS HOFFNUNGSGESTALT

Es ist nicht zu verkennen, daß im *Collectorium,* obwohl es das *ministerium* der auserwählten Gottesmutter und ihre *cooperatio* streng christologisch ausrichtet und abzweckt, auch der Menschheitsbezug Marias gesehen, wenn auch nicht ausgearbeitet ist. Das aber geschieht in den Marienpredigten Biels, die innerhalb seines reichen Predigtwerkes einen ansehnlichen Teil umfassen. In diesen 25 umfangreichen Sermonen zu den allgemein kirchlichen Marienfesten *(Immaculata Conceptio, Purificatio, Annuntiatio, Visitatio, Nativitas* und *Assumptio,* wobei jedem Fest vier Predigten gewidmet sind und

---

[29] Ebd.

[30] III d. 4 q. 1 concl. 3 F.

[31] III d. 3 q. 1 a. 3 K.

das Ganze von einem *sermo generalis* abgeschlossen wird,[32] ergreift der Autor die Gelegenheit, seine mariologischen Gedanken weiträumiger auszuführen, sie in einem lebendigeren Atem vorzutragen, nämlich in der Weise der religiös-existentiellen Verkündigung, in der selbstverständlich die Elemente der Bewunderung, der Verehrung, des Lobpreises und des moralischen Aufrufes stark mitschwingen.

Man hat die mariologischen Gedanken innerhalb dieser kerygmatischen Fassung wegen der hymnisch gesteigerten Aussageform gelegentlich als übertrieben angesehen und diese als dem *Collectorium* gänzlich widersprechend abtun wollen.[33] Neuere Erklärer, welche aus dogmen- und theologiegeschichtlichen Gründen die Zuordnung von Marienlehre und Marienverehrung und -frömmigkeit zu würdigen wissen, kommen hier allerdings zu einem objektiveren und positiveren Urteil. So erklärt H. A. Oberman, daß diese Predigten notwendig zur Erfassung der Marienlehre Biels herangezogen werden müssen, „um ein vollständiges Bild der Marienlehre Biels zu gewinnen".[34]

Man darf hinzufügen, daß sie zwar, im Ton der affektbestimmten Verehrung, der inneren Ergriffenheit und des gemüthaften Erlebens vorgetragen, manche panegyrische Übersteigerungen enthalten, aber daß sie doch immer auf einem lehrhaft-dogmatischen Grund aufruhen, der auch bei den höchsten Lobeserhebungen nicht verlassen wird. Der biblische Ausgangspunkt dieser für die Festliturgie bestimmten Predigten, dem eine fortlaufende exegetische Erklärung (freilich in der Weise des geistigen oder tropologischen Schriftsinnes) entspricht, und die dauernde Bezugnahme auf das Grundgeheimnis der hypostatischen Union (mit immer wieder neuer Verteidigung gegenüber seiner Mißdeutung und Verfälschung) verweisen diese Sermonen in den Bereich der „dogmatischen Predigten", ein Feld, das so heute kaum mehr bestellt wird, auf dem aber durchaus ein gesunder Ertrag an Wahrheit wachsen kann, den Biel tatsächlich auch einbrachte.

Die weitere Anlage dieser lehrhaften Kerygmatik, die nicht mehr an die Grenzen der scholastischen Methode (wie im *Collectorium)* gebunden war, erlaubte es dem Autor, die theologisch grundlegenden marianischen Wahrheiten auch mit im *Collectorium* nicht erwähnten Gedanken anzureichern und sie ausführlich zu entwickeln. Dazu gehört u. a. das genauere Eingehen auf das irdische Leben Marias, währenddessen sie sich in Kana als Fürbitterin bei ihrem Sohn bewährte und am Ende ihre *cooperatio* bei der Menschwerdung zur *compassio* unter dem Kreuze steigerte und so zur *redemptionis mater*

---

[32] Der hier zugrunde gelegte Text der *Sermones de festivitatibus Beatae Virginis Mariae* stammt aus der Ausgabe von Brixen (Thomas Bazzola) 1583.

[33] So G. Plitt, Gabriel Biel als Prediger (Erlangen 1879) 19 ff.

[34] H. A. Oberman (wie Anm. 14) 263.

wurde.[35] Im Blick auf das irdische Leben wird auch die Tugendhaftigkeit Marias mit Lob bedacht und vor allem die Grundtugend der Demut zur Nachahmung empfohlen.[36] Dies alles steht unter dem Leitgedanken, die Bedeutung der Person und des Tuns Marias für die Menschheit zu würdigen.

Deshalb ist in den Marienpredigten, wie es dem Grundzug der Verkündigung entspricht, die Heilsbedeutung Marias für die Menschen und die Verwiesenheit der Menschen auf Maria besonders stark entwickelt. Maria als Hochgestalt der neuen Schöpfung ist hier eindeutiger und direkter auf ihren Bezug zur Menschheit und auf die Rückbindung der Menschheit an ihr höchstes Exemplar interpretiert. Die Gottesmutter, *in vertice summa creaturarum posita,*[37] ist aus ihrem An-sich-Sein ganz auf das Für-Sein zur Menschheit hin bezogen.

Dieser Bezug kommt schon bei der Interpretation des Namens Maria und des ihr vom Engel gebotenen Ave zum Vorschein. Bei der aus der Tradition erhobenen Namensdeutung (Hieronymus, Bernhard) bevorzugt Biel die Dreizahl: *stella maris, domina, amarum mare.* Aus der Bezeichnung *stella maris* läßt sich die *clarissima dignitas personae,* die *virginea fecunditas* und die *diffusio gratiae* erkennen; an dem Titel *domina* wird Marias *principandi majestas* deutlich; an dem *bitteren Meer* erfaßt man *castigationis, compassionis et disciplinae amaritudinem,* wobei in allen Fällen der Bezug zur Menschheit hervortritt.[38] Bemerkenswerterweise geht der Autor auch auf den Umstand ein, daß der Engel, der Maria die Botschaft bringt, sie nicht mit ihrem Namen anredet, was mit Bedacht geschah, weil er ihr mit der Anrede *gratia plena* einen neuen Namen geben wollte, der seine besondere Bedeutung *für uns* hatte, *ut eius plenitudo gratiae suppleat in nobis defectum culpae: et ipsa stella in firmamento gloriae fixa nos naufragos de statu miseriae traducat ad portum salutis aeternae.*[39]

Denselben Bezug zur hilfs- und heilsbedürftigen Menschheit stellt die Auslegung des Ave heraus, die zwar semantisch eine Künstelei darstellt, aber, im Sinne des Autors und seiner Zeit, die Bedeutung der Person und des Tuns Marias für die Menschheit zum Ausdruck bringt. Das „Ave" bezeichnet nämlich zum einen den Gegensatz zu Eva (Ave-Eva) und unterstreicht die Bedeutung der Eva-Maria-Parallele (oder Antiparallele), welche die heilsgeschichtliche Grundstruktur der Bielschen Marienlehre bestimmt; zum anderen ergibt die Interpretation des Ave die Bedeutung *sine vae omnis culpae,*[40] was

---

[35] *Sermo generalis,* 147 b; *In festo Visitationis Mariae* I, 69 a . . . *animam suam per compassionem effundat sub cruce.*

[36] So vor allem im *sermo generalis,* 141—156.

[37] *In festo Nativitatis Mariae* II, 130 a.

[38] *In festo Conceptionis Mariae* IV, 15 a.

[39] Ebd., 15 b.

[40] *In festo Conceptionis* II, 10 a.

nachfolgend weiter entfaltet wird: *Maria autem per amorem Dei facta est principium civitatis novae Hierusalem in qua principatus pater aeternus, et verbum eius Jesus Christus immaculatus agnus: sicut scriptum est.*[41] Maria war aufgrund ihrer Freiheit von der Sünde und ihrer Begnadung Ursprung des himmlischen Jerusalem. So erscheint es dem Autor folgerichtig, wenn man anerkennt, daß die vollkommene Einlösung der in dem *sine vae omnis culpae* eingeschlossenen Verheißung sich erst bei der Himmelfahrt Marias erfüllte. *Hodie vero rei veritate complementum in sua summa exaltatione hoc quod praemissum est Ave.*[42] Im einzelnen geht dem Menschen an diesem vollendeten Ave auf, daß Maria *nostrae salutis magna profectio* ist, *quae tamquam iudicis mater, et mater misericordiae suppliciter, et efficaciter salutis nostrae negocia pertractabit.*[43]

Wenn man die in den Predigten zu den Marienfesten niedergelegte marianische Grundtendenz gleichsam in einem Gesamtüberblick prägnant wiedergeben möchte, so darf man auf den Beginn von sermo 3 *in festo Assumptionis Mariae* zurückgreifen, wo der Sinn der Feste Marias, der *victrix inferorum*, der *advocata miserorum*, der *iustorum primiceria*, der *mater misericordiae* im einzelnen bestimmt wird: die *Immaculata Conceptio* als *praeservatio ab originali macula;* die *Nativitas* als Aufgang der *aurora matutina* über der Welt; die *Annunciatio* als Umkleidung Christi (als *sol iustitiae)* mit dem Kleid unserer Sterblichkeit *(solem iustitiae trabea nostrae mortalitatis vestivit)*, der aber schlechthin der *illuminator* und *salvator* ist; die *Visitatio* als öffentliche Bekundung Marias als *auxiliatrix* und *curatrix miserorum;* die *Purificatio* als Opfer Marias für die Sünden der anderen an den himmlischen Vater; die *Assumptio*, auf der immer der Glanz einer letzten Vollendung liegt, als Erhebung Marias *ultra quam nostrae humanitatis fit naturae licitum.*[44]

Dabei treten zwei für die theologische Beurteilung dieses marianischen Denkens wesentliche Grundsätze deutlich herovr. Der erste: Trotz des gesteigerten Lobes der *imperatrix mundi*, der *regina coeli*, der *angelorum domina* und der *inventrix gratiae* bleibt sie im Dienste Christi, *per quam venit sanctorum sanctus omnes sanctificans*, sodaß Christus als der wahre und einzige Heilsbringer anerkannt bleibt. Zum anderen: Die ausgezeichnete Stellung Marias, die ihr aufgrund ihrer makellosen Gottesmutterschaft eignet, kommt der Menschheit zugute und ist für die Menschheit gedacht; denn es heißt von Maria auch, daß sie der *Aquädukt* der Gnade sei; denn die Fülle der Gnaden und Gaben, die ihr zuteil wurde — *quas velut aquaeductus purgatissimus a summae deitatis bonitate recepit* – hat sie auf uns übergeleitet: *in nos refudit.*

---

[41] *In festo Conceptionis* III, 12 b.
[42] *In festo Assumptionis* III, 110 b.
[43] Wie Anm. 42, 114 a.
[44] Wie Anm. 42, 110 a.

Selbst die Aufnahme in den Himmel, die sie in eine sogar über den Engeln stehende Ordnung entrückt, dient zur Intensivierung und Ausweitung ihres Dienstes an den Menschen, für den es nach Biel eine besonders signifikante Vorbereitung in ihrem Erdenleben gab, nämlich in der Zeit zwischen der Himmelfahrt ihres Sohnes und ihrem eigenen Lebensende: In dieser Zeit wollte Christus den Seinen nicht jeglichen Trost entziehen. Diesen sollten sie durch Maria erfahren, von der nach der Himmelfahrt Christi galt: *vacat virgo in schola virtutum et meditatur in lege mandatorum Dei, ut ipsa sit forma disciplinae Christi et exemplum perfectionis.*[45]

Aber selbst ein inhaltlich so begrenzt erscheinender Festgegenstand wie der der *Visitatio Mariae* wird dem Prediger zum Anlaß, auf die Heilsbedeutung Marias als der neuen Eva und auf ihre Hilfe hinzuweisen; denn auch dieses Fest verkündet *redemptionis nostrae gaudii (. . .) gloriosissimae virginis, simul et humilitatis immitandae salutaria remedia recommendat.* Die Begründung erfolgt wiederum mit Gedanken Bernhards, die besagen: *Et quia per temeritatam seductae mulieris in mundum mors intraverat, congruum fuit, ut vita per humilitatem Virginis redderetur.* Mit Maria als der neuen Eva beginnt die neue heilsgeschichtliche Ordnung, in der Maria den Gipfel, die *summa creatura* darstellt. Der Besuch bei Elisabeth ist der Anlaß, sich allen Menschen als Mitwirkerin am Erlösungswerk darzustellen. *Exsurgens enim virgo clarissima, ut Visitatione Elisabeth omnibus se paratam salutis eorum cooperatricem comprobaret.* Sie ist zur *totius creaturae mater* erschaffen und zur höchsten Familiarität Gottes erhoben worden als Tochter Gottes, Mutter und Braut des Sohnes. Die eigenpersönliche Disposition lag wiederum in ihrer Demut. Sie verband sich bei ihr, die alle theologischen Tugenden zu eigen hatte, mit der Hoffnung: *Ad dignitatem elevabat humilitas faciens sperare: et totum a domino nihil a se exspectare.*[46]

Aber den endgültigen höchsten Ausdruck gewinnt der Bezug Marias zur Menschheit und ihr Eintreten für die Menschen bei ihrer glorreichen, auch leiblichen Aufnahme in den Himmel. Hier mündet die Bewegung, die kraft der Prädestination mit einer Art von „ideeller Präexistenz" Marias begann, in eine heilsuniversale „Postexistenz" ein, in der die Mutter zur Rechten ihres Sohnes erhoben und mit den Worten empfangen wird: *Sume igitur thronum regni (. . .) tibi ad dexteram meam ab aeterno praeparatum. Partior tecum regnum patris mei. Huius regni via misericordia et veritas, sive iustitia: mihi veritas, tibi misericordia.*[47]

Maria wird demnach geradezu an der Herrschaft Christi beteiligt, freilich in der Weise der barmherzigen Fürsprecherin: . . . *tu sis mater misericordiae,*

---

[45] Wie Anm. 42, 112 a.

[46] *In festo Visitationis Mariae,* I, 68 b/69 a.

[47] *In festo Assumptionis Mariae* IV, 120 b.

miseris subveniendo et te clamantibus misericordiam, gratiam et gloriam impetrando. Hier ist sie *super omnem creaturam (...) vere mediatrix*[48] zwischen Gott und den Menschen. Durch dieses Ereignis ist den Menschen der Weg zum Himmel geöffnet worden. In stark bildlich gefaßtem Ausdruck wird das Handeln der *mater misericordiae* im Himmel als Vorstellen ihrer Mütterlichkeit gegenüber dem Sohn beschrieben: *Mater ostendit filio pectus et ubera.* Daraufhin zeigt der Sohn dem Vater seine Seitenwunde: *Filius ostendit patri latus et vulnera.*[49] So vollführt Maria ihre Vermittlung zum Sohne hin, der selbst der Mittler zum Vater ist. Das wird an anderer Stelle geradezu in eine Formel gefaßt, wenn es heißt, daß Maria zur *mediatrix ad mediatorem*[50] bestimmt sei. So eignet ihr zuletzt die Aufgabe der *scala peccatorum*, durch die Christus alles an sich zieht, was ihr einerseits eine unverwechselbare Stellung bei der menschlichen Heilsverwirklichung zuweist, andererseits aber doch die Überhobenheit Christi wahrt, insofern er die *Sonne der Gerechtigkeit* bleibt, *er das Unheil aufhob, das Heil erwarb, den Tod vernichtete und uns das ewige Leben schenkte.*[51]

Damit rückt Maria in die Stellung der großen Hoffnungsträgerin der Menschheit ein, auf die die Menschen ihre Blicke wie auf die *stella maris* richten, auf die sie ihr Vertrauen und ihre Zuversicht setzen. Ungeachtet der Tatsache, daß die Erhebung Marias zur mütterlichen, fürsprechenden Mittlerin, welcher der Sohn nichts abschlagen wird, mit einem dauernden Aufruf zur Hoffnung auf Maria verbunden ist, wird Maria auch eigens als Ziel der menschlichen Hoffnung benannt. Zur theologischen Begründung dieses Aufrufs dient der oft erfolgende Hinweis, daß Maria als Vollbegnadete und durch die Tugendfülle Ausgezeichnete selbst im Besitz der theologischen Tugenden und damit auch der Hoffnung war.[52]

Kraft der Hoffnung, die sie selbst in ihrem Leben bewährte, aber noch mehr vermöge der geistigen Strahl- und Anziehungskraft, die sie, im Zenit der Menschheit vor ihrem Sohne stehend, jetzt ausübt, darf sie auch als Hoffnungsträgerin der Menschen angesprochen und angerufen werden. So nennt sie der Autor nach der Aussage über die Weisheit Sir 24, 24 die *mater sanctae spei, quae nimium formidolosos interemit sua pietate ad spem divinae misericordiae et veniae animat*, was besagt, daß Marias Milde die furchtsamen Sünder auf die Barmherzigkeit Gottes verweist.[53] Sie ist der Grund aller Hoffnung

---

[48] *In festo Assumptionis Mariae* III, 94 b.
[49] *In festo Assumptionis Mariae* II, 108 b/109 a.
[50] *In festo Nativitatis Mariae* II, 129 b.
[51] Ebd., 126 a.
[52] *In festo Assumptionis Mariae* II, 105 b.
[53] *In festo Conceptionis Mariae* I, 3 a.

(tota ratio spei mei);[54] was in uns an Hoffnung ist, sollen wir als von ihr ausströmend erkennen.[55]

Dabei wird der Grund der menschlichen Hoffnung auf Maria nicht nur in ihrer jetzt für die Menschheit geschehenden Fürbitte gefunden, sondern schon im objektiven Heilsgeschehen angelegt gesehen, so in der Bewahrung ihrer Jungfräulichkeit vor, in und nach der Geburt, worin sich die *casta spes futurae incorruptionis in nostra carne* eingeschlossen findet.[56] Sie gilt hier gleichsam als Repräsentantin der Menschheit, sodaß das an ihr Geschehene auch für die Menschheit bestimmt ist und insofern die menschliche Hoffnung wachsen läßt. Ein Gleiches ist von ihrer Aufnahme in den Himmel zu sagen, an der sich ebenfalls für die Gläubigen die Hoffnung auf die Auferstehung entzündet.

Hier kommt es sogar zu einer nicht ganz einsichtig, sogar übertrieben erscheinenden Erklärung, daß nämlich die Hoffnung der Menschen auf die eigene Auferstehung mehr von der Aufnahme Marias abhänge als von der Auferstehung Christi. Der Grund soll darin gelegen sein, daß die Menschheit Jesu, die in die unio hypostatica aufgenommen ist, einen einzigartigen Stand besaß, *quod in nullo alio homine invenitur,*[57] während Marias Menschsein nicht hypostatisch geeint und somit *pura natura* war im Sinne einer „bloßen", eben nicht hypostatisch erhobenen Menschennatur. Man wird diesen Unterschied in seiner theologischen Bedeutung anerkennen müssen und ihn dahingehend (den Autor sachgemäß interpretierend) erweitern dürfen, daß Marias Natur der erlösungsbedürftigen Menschheit angehörte und tatsächlich auch erlöst wurde (in der Weise der praeservatio). Von daher ist zwar im Vergleich mit Christus keine Andersheit der menschlichen Natur Marias abzuleiten, wohl aber ein anderer Status innerhalb der Menschheit. Maria war daraufhin eine Erlöste, Christus dagegen auch in seiner Menschennatur der Erlöser. Deshalb muß Maria in die erlöste Menschheit eingeordnet werden, während Christus ihr als gottmenschlicher Erlöser gegenübersteht. Um diese Differenz steht uns die Jungfräulichkeit und Unverweslichkeit Marias näher als die Christi, insofern in Maria die Prärogativen der menschlichen Natur Christi auch auf die unter dem Gesetz der Sünde stehende Menschheit übergriffen. Insofern darf sie auch als Christus vorgeordnetes Hoffnungsziel ausgegeben werden.

Eine eigentümliche, ebenfalls nicht unproblematische Bedeutung gewinnt das Vertrauen auf Maria und die Hoffnung auf die Mutter der Barmherzigkeit durch die Betonung des aktiv-tätigen Momentes, das in dieser Tu-

[54] *In festo Conceptionis Mariae* IV, 19 a.
[55] *In festo Annuntiationis Mariae* I, 46 b/47 a.
[56] *In festo Purificationis Mariae* III, 37 b.
[57] *In festo Assumptionis Mariae* II, 108 b.

gend zu veranschlagen ist. Für die hochgestimmte Marienverehrung des Autors bedeutet Maria — wie in der ganzen christlichen Tradition — auch die *disciplina morum*[58] für die Menschen und die *forma virtutum*, welche die heilsuchenden Menschen zu verwirklichen haben. Dabei kommt der Demut (der *humilitas)* die schlechthin fundamentale Bedeutung für die Verwirklichung des Heils zu. Auf dem Hintergrund des intensiv entwickelten Sündenbewußtseins, für welches die Sünde wesentlich in der *superbia* besteht, wird es verständlich, daß die *humilitas* als der reinste Gegensatz zur Sünde eine grundlegende Bedeutung als Disposition für das Heil empfängt. Auch in dieser Beziehung erscheint Maria dem Leben Christi angeglichen: Wie er sich entäußerte und der *exinanitio* unterwarf, so tat dies auch Maria, um dadurch die Gnade gleichsam herabzuziehen und durch ihre Demutshaltung die Verherrlichung zu verdienen.[59]

Hinter dieser Hochschätzung der Demut als tiefster Disposition für die Gnade bei Maria (wie beim Menschen, der Maria nachahmt) hat man eine ungebührliche Einschätzung der Eigenwirksamkeit des Menschen und verkappten Pelagianismus sehen wollen, sodaß sich in diesem Punkte das *Collectorium* und die Marienpredigten widersprächen.[60] Aber unter Voraussetzung der ersten Heiligung Marias bei ihrer Empfängnis stand alles Tun Marias unter dem Einfluß der Gnade und kann auch als Mitwirkung nicht von der Gnade losgelöst werden. Im übrigen gehört zum Begriff der *humilitas* auch — was Biel so nicht sagt — das Bewußtsein, daß man die Gnade Gottes nicht aus Eigenem herabziehen kann.

Deshalb ist es wohl auch nicht begründet, wenn Biel in diesem Zusammenhang der Grundsatz *facienti quod est in se Deus non denegat gratiam* als Einwand entgegengehalten und auf eine gewisse semipelagianische Denkweise in der hier zugrunde liegenden Gnaden- und Rechtfertigungslehre geschlossen wird.[61] Dieses Axiom, das in der Frühscholastik seine feste Formulierung fand,[62] verträgt durchaus eine Deutung, welche die Gratuität der Gnade wahrt, insofern auch eine Disposition keinen Anspruch auf die Gewährung der Gnade erbringt. Es ist nicht zu erkennen, daß Biel mit seiner Bewertung der Disposition oder des Mitwirkens mit der Gnade die gesunde Mitte verließe.

Was der die Gottesmutter verehrende und Maria nachahmende Gläubige von ihr erhoffen kann, ist in der dritten Predigt auf Mariä Geburt besonders

---

[58] *In festo Annuntiationis* IV, 67 a.

[59] So heißt es von der humilitas: . . . *custos est, principium et causa totius meriti et praemiationis. Sermo generalis*, 144 a.

[60] So H. A. Oberman (wie Anm. 14) 299.

[61] Oberman (wie Anm. 14) 280.

[62] Vgl. dazu A. Landgraf, Das Axiom „facienti quod est in se Deus non denegat gratiam", in: Dogmengeschichte der Frühscholastik I (Regensburg 1952) 249—264.

ausführlich dargelegt, dies an einer Stelle, die wegen ihres Inhalts, aber auch wegen ihres charakteristischen Tones in einem längeren Zitat angeführt werden darf. Es heißt dort am Ende der Predigt:

*Laßt uns von ganzem Herzen dem allmächtigen Gott dafür danken, daß er uns einen solchen Tabernakel aufgerichtet hat, das schönste Vorbild, den süßesten Trost, den stärksten Schutz. Ich bitte Euch, lauft alle zu ihr. Merkst Du, daß Du von den Stürmen dieser Welt hin und her geworfen wirst, so wende Deine Augen nicht weg von diesem glänzenden Sterne, wenn Du nicht untergehen willst. Wenn Unwetter sich erheben, wenn Du in die Klippen der Bedrängnisse gerätst, blicke auf den Stern, rufe zur Maria. Wenn die Wogen des Stolzes, des Ehrgeizes, der Schmähsucht, der Eifersucht Dich umtreiben, blicke auf den Stern, rufe zur Maria. Wenn Zorn, Geiz und böses Gelüsten das Schifflein Deiner Seele erschüttern, blicke auf Maria. Wenn die Größe Deiner Verbrechen Dich aufschreckt, Dein besudeltes Gewissen Dich peinigt, das Entsetzen vor dem Gerichte Dich durchdringt und nun die Tiefen der Trauer Dich umfassen, dieAbründe der Verzweiflung Dich umschlingen wollen: denke an Maria. In Gefahren, in Nöten, in zweifelhaften Lagen rufe zu Maria, denke an Maria. Sie komme Dir nicht vom Munde, komme nicht aus dem Herzen. Und um die Hülfe ihrer Fürbitte nicht zu verlieren, weiche nicht vom Beispiel ihres Lebens. Folgst Du ihr, so kommst Du nicht auf Irrwege; rufst Du sie an,so brauchst Du nicht zu verzweifeln; denkst Du an sie, so bleibst Du bewahrt vor Irrtum; hält sie Dich, so fällst Du nicht; schützt sie Dich, so hast Du nichts zu fürchten; ihre Führung sichert Dich vor Ermüdung; ist sie Dir günstig, so gelangst Du zu den Gestaden des ewigen Lebens.*[63]

Man kann verstehen, daß ein evangelischer Theologe des vergangenen Jahrhunderts sich angesichts einer solchen Wortfülle und eines solchen Überschwangs der Gefühle von dem Autor und der Marienverehrung des Zeitalters insgesamt abwandte mit der kritischen Begründung: „Wenn Derartiges ein so gebildeter und besonnener Mann wie Biel predigen konnte, was mögen da die gewöhnlichen, aus gröberem Holze geschnitzten Geistlichen geleistet haben, was mag das Christenvolk gar von den Mönchspredigern, die im Mariendienst alle anderen überboten haben, hören müssen."[64] Aber eine geschichtlich vorgehende und das heißt auch eine auf das Verständnis der uns in manchem fremden Vergangenheit dringende Betrachtungsweise wird nicht bei dem anstößigen Äußeren eines solchen emphatischen Ausdrucks stehenbleiben, sondern im Vergleich von damals und heute (damals gewiß ein Zuviel, heute vielfach ein Zuwenig) und vor allem mit Bezug auf die bleibende, auch die moderne Zeit betreffende Bedeutung des Mariengeheimnisses an den Text die Frage nach dem inneren Sinn und den kern-

---

[63] *In festo Nativitatis Mariae* III, 134 b/135 a. — Biel übernimmt hier einen Text Bernhards von Clairvaux: De laudibus Virginis Matris 2, 17. PL 183, 70 f.

[64] G. Plitt (wie Anm. 33) 24.

haften Gedankengehalt dieser hochgestimmten Marienverkündigung stellen.

## MARIA ALS „SPES NOSTRA" UND DIE HOFFNUNG AUF CHRISTUS

Die oben erwähnte Kritik richtet sich vor allem auf die Gefahr der Verdunkelung des Christusgeheimnisses durch eine so eindeutig vertretene Mariologie und Marienfrömmigkeit. Diesbezüglich ist aber auf den dogmatisch gefestigten Grund der Bielschen Marienlehre hinzuweisen, der auch in dem oben aufgeführten Predigtzitat zum Vorschein kommt, nämlich in der Erinnerung, daß es die Allmacht des Schöpfergottes ist, der vor den Menschen diesen *Tabernakel* aufgerichtet hat. Aber es fehlt in dieser hymnischen Rede auch der Christusbezug nicht. Schon zu Beginn dieser Predigt wird der *Tabernakel* als *tabernaculum divinitatis* bezeichnet, *in qua divinitati placuit veluti tabernaculo sacratissimo corporaliter habitare.*[65] Der sich anläßlich der Geburt Marias immer wieder einstellende Gedanke an die Reinheit der Mutter wird, ganz im Sinne des *Collectoriums,* auf die Erwählung durch Christus zurückgeführt: *Quam dominus ipse sibi elegit in matrem, ut de sanctissima et immaculata matre prodiret immaculatus dominus (. . .), qui venit purgare maculas criminum totius mundi.*[66] Damit ist Christus eindeutig als universaler Erlöser herausgestellt, obgleich Maria zu Beginn dieser Predigt auch *hominum reparatrix* und *diversorium mundi huius* genannt wird. Ebenso wird gesagt, daß Maria in ihrer Auserwählung dem *Princeps Christus* dienen (ministrare) wollte.[67]

Wird die Dienststellung Marias zu Christus berücksichtigt, ergeben diese Appelle an die Gläubigen zwar eine außergewöhnliche Bedeutsamkeit Marias bei der individuellen Heilsverwirklichung im Menschenleben. Sie gehen aber theologisch nicht ins Extrem. Sie besagen vielmehr, daß Maria kraft ihrer Stellung im objektiven Heilswerk bei der Verwirklichung des menschlichen und christlichen Lebens außerordentliche Hilfen und Gnaden gewähren kann. Dabei ist der Eindruck von der Gefährdung des Lebens, von den äußeren und noch mehr von den inneren Nöten der menschlichen Existenz, von der Gewalt der Sünde, vom Entscheidungscharakter des Erdenweges und von der Strenge des Gerichtes für heutiges Empfinden überstark entwikkelt. Aber auch dieser andersartige Ausdruck des Lebensgefühls und des religiösen Bewußtseins ist in bezug auf das sachlich Gemeinte nicht falsch; denn er trifft etwas Bleibendes von der *conditio humana,* weshalb auch die Zu-

---

[65] *In festo Nativitatis Mariae* III, 130 r.
[66] Wie Anm. 65, 131 b.
[67] Wie Anm. 65, 131 b.

flucht zu Maria, mag auch sie im Ausdruck dem heutigen Menschen übersteigert erscheinen, legitim ist.

Doch muß diese Legitimität eingehender begründet werden, weil auch behauptet wurde, daß Maria in den Predigten Biels „allein die Hoffnung der Welt ist, der wir vertrauen können, zu der wir mehr fiducia haben können als zu Christus".[68] Man würde diesem Einwand nicht mit dem Hinweis begegnen, daß Christus ja von Biel auch als Grund der fiducia bezeichnet wird,[69] woraus man eine Gleichstellung zwischen Christus und Maria herauslesen könnte, die das Christusgeheimnis wieder verfälschen müßte. So ist der Nachweis notwendig, daß Biel (und damit in etwa auch die ganze katholische Marienlehre) die Spannung zwischen Unterscheidung der Stellung Christi und Marias und der Anteilnahme Marias am Werke Christi für die Menschen in rechter Weise trifft und durchhält.

Die Unterscheidung erscheint an allen Stellen richtig getroffen, an denen Maria als *ancilla*, als *adiutorium redemptionis*,[70] als *idonea nostrae redemptionis ministra*[71] oder als *dispensatrix*[72] bezeichnet wird; denn hier bestätigt sich der vielfach berufene Grundsatz von der Auserwählung Marias zum Dienst an Christus, dem freilich wegen der tiefsten Demutsbezeigung Marias die höchste Erhöhung folgte. Der Christus untergeordnete Dienstcharakter der Existenz Marias ist hier unmißverständlich gewahrt.

Eine Steigerung der Stellung Marias und eine weitergehende Annäherung an Christus scheint sich dort zu ergeben, wo Maria zur Mitwirkerin des Werkes Christi und zur Teilnahme an seinem Heilstun bestimmt wird. Das geschieht in den Bezeichnungen *cooperatrix*,[73] *mediatrix*,[74] *reparatrix*,[75] aber auch in den Aussagen über eine *compassio*[76] Marias unter dem Kreuz und über eine Mitregentschaft Marias[77] zur Rechten Christi im Himmel. Diese Auszeichnungen Marias, die sie nahezu Christus gleichstellen, wären zwar geeignet, das Band zwischen Maria und der Menschheit enger zu knüpfen und ihre Bedeutung für die Menschen zu erhöhen, aber doch nur um den Preis der Einzigkeit Christi, der nicht gezahlt werden kann.

Allerdings ist zu beachten, daß diese höhergreifenden marianischen Titel

---

[68] H. A. Oberman (wie Anm. 14), 292.

[69] So u. a. in *Sermones de tempore magistrales* (Brixen 1583) *Dominica III post octav. Epiphaniae, sermo* I, 57.

[70] *In festo Conceptinis Mariae* III, 13 a.

[71] *In festo Annuntiationis Mariae* II, 56 a.

[72] So in der *Sacri Canonis Missae Expositio* (Brixen 1576) lect. 32, 26.

[73] *In festo Visitationis Mariae* I, 68 b.

[74] *In festo Assumptionis Mariae* III, 94 b.

[75] *In festo Nativitatis Mariae* III, 130 b.

[76] *In festo Visitationis Mariae* I, 69 a.

[77] *In festo Assumptionis Mariae* IV, 120 b.

nicht losgelöst von den Basisaussagen über den Dienstcharakter der Person Marias und über ihre Christusunterwürfigkeit zu deuten sind. Sie resultieren genauso aus der Dienstbereitschaft Marias gegenüber Christus, wie ihre himmlische Erhebung über die Ordnung der Engel aus ihrer Demut resultiert, sodaß die beiden Aussagereihen immer zusammengehalten werden müssen und das Unterworfenheitsverhältnis Marias gegenüber Christus niemals aufgehoben wird. Im gleichen Zusammenhang ist zu bedenken, daß alle Aussagen über die Mitbeteiligung Marias am Heilswerk Christi Ursprung und Wurzel in jener grundlegenden *cooperatio* haben, die Maria bei der Menschwerdung des Sohnes als jungfräuliche Gottesmutter leistete. Aus dieser Wurzel entspringen alle weiteren Formen der Mittätigkeit Marias, über sie gehen sie seinshaft nicht hinaus.

Diese Wurzel beinhaltet aber — trotz aller ihr gerade von Biel beigegebenen Aktivität der Mutter — ein von Christi Gnade ermöglichtes, ihm dienendes Tun. Die Beteiligung Marias am von Gott in Jesus Christus verursachten Heil besteht in der Empfänglichkeit, in der bereitwilligen Übernahme, in der Weiterleitung und Austeilung des Heilsgutes an die Menschen, also in einer Funktion, die ihren dienenden Charakter gegenüber Christus nie verliert. Das gilt sogar für die höchste Form dieses Heilsdienstes, den Maria nach ihrer Himmelfahrt vollzieht und der sie scheinbar gänzlich neben Christus stellt; denn bezeichnenderweise vergißt Biel auch hier nicht, auf den wesentlichen Unterschied aufmerksam zu machen, der zwischen dem Tun Christi und dem Marias besteht: Christus eignet das *imperare*, Maria nur das *impetrare*.[78] Auf die Heilswirklichkeit bezogen, heißt das: Christus kommt die Verursachung und damit auch die Herrschaft und Verfügungsgewalt über das Heil zu, Maria das Bitten um seine Gewährung und Ausspendung für die heilsbedürftigen Menschen. Das ist eine Mitwirkung abhängiger, sekundärer Art, die für die Menschen dennoch von außerordentlicher Bedeutung ist.

So ist nicht zu verkennen, daß Biel durchaus um eine (trotz der Annäherung Marias an Christus) Unterscheidung der Stellung Christi und Marias bemüht ist und die Dialektik zwischen Nähe und Distanz im Sinne der allgemeinen katholischen Tradition ungebrochen durchhält. An einer Stelle scheint er sogar (unter Einfluß Bernhards von Clairvaux und der mittelalterlichen Theologie) die Unterscheidung zu weit getrieben und den Auftrag Marias so ausschließlich gefaßt zu haben, daß er der Person und dem Werke Christi etwas vorenthält, was ihm nicht genommen werden darf.

Biel trifft nämlich stellenweise die Unterscheidung zwischen dem Heilswirken des erhöhten Christus und dem Mittun Marias so, daß er jenem die Betätigung richterlicher Strenge, also das Gericht zuweist, dieser die Ausübung der Güte und Barmherzigkeit gegenüber den Sündern, eine Unter-

---

[78] Ebd.

scheidung, die den im Mittelalter überaus stark empfundenen Gerichts- und Sündengedanken mildert und paralysiert. Er läßt den erhöhten Herrn bei der Aufnahme Marias sprechen: ... *mihi veritas, tibi misericordia, ut ego regnem per iustitiam, tu imperes per misericordiam.*[79] Diese Unterscheidung, die vielfach kritisiert wird (und der Kritik auch würdig ist), ist jedenfalls in dem Punkt zutreffend, in dem Maria jegliche richterliche Funktion abgesprochen wird; sie ist falsch in dem Punkt, in welchem dem Erlöser jegliche Liebe und Barmherzigkeit zu den Sünden aberkannt werden soll (was wohl schwerlich als die definitive Lehrmeinung der mittelalterlichen Theologen bewiesen werden könnte).

Trotzdem sollte die so versuchte Differenzierung nicht einfach als rhetorische Übertreibung angesehen und als nichtssagend abgetan werden. Sie kann auf einen legitimen theologischen Sinn gebracht werden, der sich bei Biel wenigstens andeutet. Es sollte nicht unberücksichtigt bleiben, daß Biel auch Christus die Barmherzigkeit zuerkennt und ihn sogar schlechthin als Barmherzigkeit benennt. So bezeichnet er Christus als denjenigen, *in quo misericordissimum divinae charitatis consilium credimus executum;*[80] er ist es, der *in misericordia et miserationibus mundum salvavit;*[81] Maria aber ist diejenige, *quae paternam misericordiam in utero baiulavit.*[82] Wenn demnach Christus auch Barmherzigkeit eignet, dann kann sie Maria nicht in einer ausschließlichen Weise zukommen, sondern nur in einem eigentümlichen Sinne, der durch ihr Frausein und ihr jungfräuliches Muttersein spezifiziert ist. Sie verleiht so durch ihre menschliche Mütterlichkeit der Barmherzigkeit Gottes einen spezifischen Ausdruck, stellt sie unter einem neuen Aspekt dar und prägt sie in einem menschlich-mütterlichen Bilde aus, das einer bestimmten geschöpflichen Verfassung des Menschen entspricht und diesen deshalb auch in besonderer Weise trifft und anspricht.

Biel ist bemüht, die eigentümliche Bedeutung der menschlichen Mütterlichkeit Marias und damit die ihr in der Heilsordnung zugewiesene Stelle, an der sie für die Menschen steht, auch theologisch zu begründen. Er weist darauf hin, daß Maria eine *pura humanitas* besaß, während Christus in der hypostatischen Union als Gottmensch kein *purus homo* war.[83] Das will aber nur sagen, daß zwischen der hypostatisch geeinten menschlichen Natur Christi und der bloßen Natur des Menschen Maria ein Unterschied des heilsgeschichtlichen Standes besteht. Tatsächlich kann dies ohne Gefahr einer doketischen Verfälschung der Menschennatur Christi gesagt werden.

---

[79] Ebd.
[80] *In festo Annuntiationis Mariae* III, 56 a.
[81] *In festo Assumptionis* IV, 118 b.
[82] *In festo Assumptionis* II, 105 a.
[83] *In festo Assumptionis* II, 108 b.

Es darf dann aber auch, in den Bahnen Biels weiterdenkend, als Spezifikum der Stellung Marias zur Menschheit angenommen werden. Daraus ergibt sich die Erkenntnis, daß Maria zwar wie Christus vollkommen zur Menschheit gehörte, aber daß die Mutter als Erlöste in der Weise des Gliedes dem Leibe der erlösten Menschheit zugehört, Christus (als Mensch) dagegen in der Weise des über der erlösten Menschheit stehenden erlöserischen Hauptes. Aus dieser gliedhaften, in die erlöste Menschheit eingeordneten Stellung Marias ergibt sich wiederum eine eigene Beziehung zur Menschheit aufgrund des gleichen, wenn auch anders gearteten Erlösungsgeschickes, dem Christus als Mensch überhoben war. Es ist verständlich, daß sich aus dieser gliedhaften Zugehörigkeit Marias zur erlösungsbedürftigen Menschheit eine eigentümliche Beziehung zu den Menschen, zumal zu den Sündern, ergibt. Sie tut der Beziehung Christi zu den Menschen keinerlei Abbruch, aber sie hat doch eine eigene Gestalt, der auf seiten der erlösungsbedürftigen Menschen eine bestimmte Bedürftigkeit und Empfänglichkeit entspricht.

In der Richtung dieses Gedankens liegt auch die Begründung der Wahrheit von Maria als der eigentümlichen Hoffnungsträgerin der Menschheit, obgleich Christus die Hoffnung der Menschheit schlechthin ist und bleibt. Auch hier ist keine Doppelung und keine Minderung der Einzigartigkeit Christi zu befürchten. Das geschieht selbst nicht an der tatsächlich mißverstehbaren Stelle, an der Biel davon spricht, daß die Hoffnung der Menschen eher auf die Himmelfahrt Marias geht als auf die Auferstehung Christi. Dies besagt keinesfalls, daß die Hoffnung auf Maria größer, stärker oder objektiv ursprünglicher sein könnte als die auf Christus. Selbst wo Marias leibliche Unversehrtheit und ihre Aufnahme in den Himmel als Anlaß zum Aufschwung menschlicher Hoffnung genommen wird, ist Maria nicht als Ursprung, als Kern und Ziel der Hoffnung ausgegeben. Nirgends wird der Eindruck vermittelt, daß sie die Wirkursache und der Quell der Hoffnung sein könnte, da sie alle Vorzüge, an die sich menschliche Hoffnung heftet, von Christus empfangen hat, der somit Urgrund, Wesen und Ziel ihrer wie unserer Hoffnung bleibt.

Auch die Hoffnung, die der Mensch, zumal der Sünder, auf Maria richtet, ist deshalb in den Grenzen ihres Heilsauftrags gemäß ihrer bräutlichen Mutterschaft zu sehen, das heißt in der Kraft ihrer Empfänglichkeit für Christus und seiner Übermittlung an die Menschheit, in der Kraft der mithelfenden Hingabe an ihn und damit zugleich auch der Hinführung der Menschen zu ihm. So pflanzt Maria in ihrer Person und in ihrem Tun der mit ihr durch die Erlösung Jesu Christi verbundenen Menschheit eine Hoffnung auf, die nicht aus eigener Macht wächst, sondern aus Christi Erlösungskraft entspringt, die aber diese Kraft den Menschen so sicher und im Bild menschlicher Mütterlichkeit so angemessen vermittelt, daß die letztintendierte Hoffnung des Menschen auf das Heil in Christus entfacht, belebt und zu ihrer vollen Glut entzündet wird. Dem gibt Biel an einer Stelle seiner Predigten den treffenden Ausdruck: ... *superfluens copia gratiarum excitaret fidem, roboraret spem, diffidentiam abigeret, erigeret pusillanimitatem.*[84]

Als prophetisches Zeichen der Hoffnung fesselt Maria den Menschen nicht an ihre Person, sondern läßt ihn gleichsam hindurchschauen auf das Ziel der Hoffnung in Christus und lenkt ihn zu diesem Ziel. In ihr gewinnt das Geheimnis Christi einen menschlich-mütterlichen Zugang, eine gewinnende Offenheit und eine leuchtende Transparenz, auf die der wahrhaft hoffende Mensch und Christ zu keiner Zeit verzichten kann.

[84] *In festo Nativitatis Mariae* I, 125 a.

# DIE LORETO-LITURGIE DES ERASMUS VON ROTTERDAM

Von Pia Maria Plechl, Wien

*Ihr wißt vor allem, daß der Kult der heiligsten Jungfrau vier Elemente umfaßt: den Lobpreis, die Verehrung, die Anrufung und die Nachahmung. Der Vorrang der letztgenannten besteht darin, daß ohne sie alle anderen wertlos sind und daß sie allein alle anderen enthält. Derjenige hat Maria gebührend gepriesen, verehrt und angerufen, der alles tut, was er kann, um ihre Schlichtheit, ihre Reinheit, ihre Bescheidenheit nachzuahmen.*

Diese Textstelle, die erstaunlich modern anmutet, stammt aus einer Homilie, die Erasmus von Rotterdam im Jahre 1525[1] veröffentlicht hat und die als Ergänzung zur zweiten Auflage seiner *Virginis Matris apud Lauretum Cultae Liturgia* von 1523[2] verfaßt worden ist.

Die *Liturgia* selbst besteht aus Introitus, Versus, Collecta, zwei Vorschlägen für die Lesung, Graduale, Alleluia, Sequentia, Evangelium (Joh 2), Offertorium, Secreta, Communio und Collecta und hat folgenden Wortlaut:

*INTROITUS*

*Laurus odore iuvat, speciosa virore perhenni,*
*Sic tua, virgo parens, laus omne virebit in aevum.*

*VERSUS*

*Trahe nos post te virgo Iesse Maria. Curremus in odore unguentorum tuorum. Gloria patri etc.*

*COLLECTA*

*Conditor, instaurator, et gubernator omnium deus, qui in sanctis quidem tuis omnibus gloriosus, peculiariter tamen in filii tui genitrice Maria, aeditis per eam, quum in universo terrarum orbe, tum praecipue apud templum Lauretanum innumeris miraculis, glorificari gaudes, da quaesumus, ut qui te in filio, et filium in te pie colunt, quique filium in matre, et matrem ob filium venerantur, coelesti praesidio a malis omnibus liberentur. Per eundem d(ominum) n(ostrum) Iesum Christum.*

---

[1] Übersetzung aus dem Französischen nach André Chèvre, Erasme, le prince des humanistes, et ses amis de Porrentruy, Annex V, 388 ff. In: Actes de la Société Jurassiene d'Emulation 77 (Porrentruy 1974). (Im folgenden angeführt als Chèvre.)

[2] Erstdruck bei Johannes Frobenius, Basel 1523. Verwendetes Exemplar: Universitätsbibliothek Würzburg, Sign. L. r. r. q. 78. Transkription und Übersetzung danke ich Herrn Dr. Johann Weißensteiner vom Wiener Diözesanarchiv.

LECTIO EZECHIELIS CAP(UT) XLIIII:

*Et convertit me, usque ad, Et adduxit me per viam. Vel Esaiae XI. Egredietur virga de radice, usque ad, Et erit in die illa, adiiciet.*

GRADUALE

*Egressa est virga de radice Iesse, et flos de radice eius ascendit, et requievit super eum spiritus domini.*

ALLELUIA

*Sola virga Aaron sine satu germinavit, sola virgo Maria sine complexu viri, produxit florem immarcescibilem, Iesum, qui cohercuit querimonias populi Israhel.*

SEQUENTIA

*Sume nablum, sume citharam, virginum decens chorus,*
*Virgo mater est canenda, virginali carmine,*
*Vocemque referent accinentes angeli.*
*Nam virgines amant et ipsi virgines,*
*Junget carmina, laureata turma,*
*Vitae prodiga sanguinisque quondam.*
*Matyr carnificem vincit, et edomat*
*Carnem virgo, decet laurus et hunc et hanc.*
*Coelitum plaudet numerosa turba,*
*Virginem sacram canet omne coelum,*
*Nato virginis unico,*
*Nulla est cantio gratior.*
*Et cedrus inter arbores, quas Lybanus aedit, eminet,*
*Sic inter omnes coelites, virgo refulget nobilis.*
*Ut inter astras lucifer emicat,*
*Sic inter omnes lucida virgines.*
*Inter cunctorum stellantia lumina florum*
*Lilia praecellunt candore, rosaeque rubore,*
*Nec gratior ulla corona,*
*Iesu niveae genitrici.*
*Inter odoriferas non gratior arbor ulla lauro,*
*Pacifera est, dirimens fera praelia, fulmen arcet ardens,*
*Baccas habet salubres,*
*Iugi nitet virore.*
*Esto virgo favens, qui modulis te celebrant piis,*
*Iram averte dei, ne feriat fulmine noxios.*
*Laurus esto, gaudeasque*
*Usque Lauretana dici,*
*Licet in vasti finibus orbis,*
*Plurima passim fumiget ara.* AMEN.

*EVANGELIUM (Joannes 2)*

*Nuptiae factae sunt, usque ad, Hoc fecit initium.*

*OFFERTORIUM (Canticum Canticorum 6)*

*Quae est ista, quae progreditur velut aurora consurgens, pulchra ut luna, electa ut sol, terribilis ut castrorum acies ordinata.*

*SECRETA*

*Iesu fons bonorum omnium, qui ad suggestionem virginis matris, aqua versa in vinum convivas exhilarasti, da famulis tuis, ut eiusdem suffragiis adiuti, musto tui spiritus salubriter inebriemur. Qui vivis et reg(nas).*

*COMMUNIO*

*Beatus Mariae virginis uterus, qui te Iesu gestavit iuxta carnem, ac beata ubera quae te lactaverunt; sed et omnes illi beati, qui divini sermonis coeleste semen spiritualiter concipiunt ac retinent, donec gignat in eis vitam aeternam.*

*COLLECTA*

*Deus cuius gloria pleni sunt coeli et terra, eam ubis vis et quando vis ad salutem hominum proferens, supplices te rogamus, ut qui tuae benignitati pro beneficiis per filii tui matrem, quae apud Lauretanam ecclesiam religiose colitur, sibi collatis, gratias agunt, post hanc vitam innocenter actam, aeternis gaudiis perfrui mereantur. Per eundem d(omnium) n(ostrum) Iesum Christum.*

Zweierlei springt ins Auge an dieser „Loreto-Liturgie“: Sie zeigt sich nicht nur durch tiefe Marienfrömmigkeit geprägt und besonders im Hymnus der *Sequentia* durch hohe literarische Schönheit ausgezeichnet, sondern scheint auch im Widerspruch zu stehen zu der überaus kritischen Haltung, die Erasmus gegenüber der Marienverehrung seiner Zeit im allgemeinen und dem Wallfahrtswesen im besonderen eingenommen und wiederholt öffentlich geäußert hat. Als treffendstes Beispiel dafür darf sein Dialog *Peregrinatio religionis ergo* aus den *Familiarum colloquiorum formulae et alia quaedam*[3] gelten. In diesem Dialog liest der naive, von seinem Gesprächspartner Menedemus (mit dem der Humanist sich identifiziert) immer wieder souverän widerlegte „fromme“ Ogygius einen Brief vor, den die allerseligste Jungfrau geschrieben und von den Engeln auf die Kanzel der Wallfahrtsstätte Maria Stein bei Basel legen lassen habe. Darin läßt Erasmus —

[3] Zitiert nach Günther Reiter, Heiligenverehrung und Wallfahrtswesen im Schrifftum von Reformation und katholischer Restauration, phil. Diss. (Würzburg 1970) 8 ff. (Im folgenden angeführt als Reiter.)

Gipfel der Ironie — die Muttergottes sich dankbar über die Reformation äußern, die endlich Abhilfe geschaffen habe gegen die vielen unberechtigten Anrufungen, die sie fast umgebracht hätten, darunter Anliegen wie das eines Kaufmanns, der um Keuschheit seiner Mätresse während seiner Abwesenheit gebetet habe. Aber nun sei sie, die heilige Jungfrau, mit einer neuen Sorge belastet: Die Einkünfte ihrer Gnadenstätte seien dahin. Doch selbst in dieser bissigen Abhandlung, die mehr die Auswüchse geißelt als die wahre Frömmigkeit kritisiert, findet sich ein Hinweis auf die untrennbare Zusammengehörigkeit, die Jesus Christus mit seiner Mutter verbindet, auch an dem Wallfahrtsort bei Basel: *Ab hoc non me patiar divelli: aut hunc una mecum extrudes, aut utrumque relinquis, nisi mavis habere templum sine Christo.*[4]

Auch ist Erasmus in seiner Kritik am katholischen Wallfahrtswesen des späten 15. und frühen 16. Jahrhunderts nie so weit gegangen wie Luther, der in den *Decem praecepta Wittenbergensi praedicta populo*[5] empfiehlt, wenn jemand sich auf Grund einer inneren Berufung zur Wallfahrt verpflichtet fühle, sei es die Ehefrau oder ein Bediensteter, so solle man ihr oder ihm dies mit einer gehörigen Tracht Prügel austreiben. Im übrigen ist der Reformator selbst, wie seine Übersetzung und Auslegung des „Magnificat" zeigen, kein Gegner christus-orientierter Marienverehrung gewesen.[6] „Ein Marienverehrer ist er zeitlebens geblieben"[7] und hat noch 1544 das tägliche Singen des „Magnificat" in den Kirchen verlangt, da es, vom Heiligen Geist verfaßt, das Andenken an Maria lebendig erhalten solle.[8] Nicht zuletzt darauf basiert die im Evangelischen Erwachsenenkatechismus, wie er heute gilt, enthaltene Formulierung, Maria ist nicht nur „katholisch", sie ist auch „evangelisch",[9] von der ein so marien-kritischer Theologe wie der Wiener evangelische Bischof Dieter Knall sagt, sie sei „doch selbstverständlich."[10]

Erasmus von Rotterdam, zu seiner Zeit von beiden Seiten angefochten und weithin umstritten, war kein Anhänger von Luthers und auch Zwinglis oder Calvins neuer Lehre. Aber eine Liturgie zu Ehren der Jungfrau von Loreto fügt sich auf den ersten Blick nur schwer in das Bild des Humanisten, der alles ablehnte, was in seinen Augen dem Aberglauben nahekam, und skeptisch war gegenüber so manchem Ausdruck schlichten Volksglaubens.

---

4 Vgl. Ivo Bruns, Erasmus als Satiriker, in: Deutsche Rundschau (Berlin 1900) 103 f.

5 M. Luthers Werke, Kritische Gesamtausgabe (Weimar 1883 f., photomechanischer Nachdruck Graz 1966) 16, 551 f. (Im folgenden angeführt als MLW.)

6 Martin Luther, das Magnificat Vorteutschet und ausgelegt. MLW 7, 492.

7 Reiter 19.

8 Martin Luther, Predigt an Mariae Heimsuchung 1544. MLW 49, 492.

9 Evangelischer Erwachsenenkatechismus, hg. von Werner Jentsch, Hartmut Jetter, Manfred Kießig und Horst Reller (Gütersloh 1975) 392.

10 Vortrag am 15. März 1988 in Waiern. Das Manuskript danke ich Bischof Knall.

Er selbst muß diese Diskrepanz empfunden haben. Denn im ersten Satz seines begleitenden Briefes[11] an Theobaldus Bietricius in Pruntrut, den Freund, für den er diese *Virginis Matris apud Lauretum Cultae Liturgia* verfaßt hat, heißt es: *Jetzt kannst Du auch erwarten, daß Erasmus sogar mitten auf dem Marktplatz tanzt, wenn Du es befiehlst* und *im übrigen denke daran, daß Du den Umstand, daß nur wenige Deine Entscheidung billigen, mehr mir verdankst, da ich gehorche.* Die inhaltliche Distanzierung ist also mehr als nur angedeutet. Und sie erhält im folgenden Satz eine Ergänzung, von der schwer zu sagen ist, inwieweit sie ironisch gemeint sein könnte: *Ich sehe nur die eine Gefahr, daß Dich die Lauretanische Heilige nicht erhört, wenn Du sie in Pruntrut besingst.*

Daraus ergibt sich aber auch, entgegen einer Annahme flüchtiger Leser, daß der Meßtext des Erasmus niemals für den Wallfahrtsort in Italien bestimmt war, sondern für eine Liturgiefeier im heutigen Porrentruy im schweizerischen Kanton Jura. In diesem Gebiet gibt es heute zwei Loreto-Kapellen, die jedoch zur Zeit des Erasmus noch nicht bestanden: Das kleine Gotteshaus in Pruntrut selbst ist als Votivkapelle nach dem Dreißigjährigen Krieg erbaut worden, die Kapelle in Saint-Ursanne erst 1712.[12]

Die Stätte der Meßfeier muß unmittelbar mit der Person des Briefempfängers, des Erasmus-Freundes, zu tun gehabt haben. Sohin ergibt sich die Frage: Wer war Theobaldus Bietricius? Erasmus nennt ihn *parochus Bruntrutensis,* doch scheint er in der Liste der Pfarrer von Pruntrut[13] nicht auf, wird aber in mehreren Dokumenten als *Vicarius*[14] bezeichnet; Peter G. Bietenholz[15] dagegen führt ihn als „parish priest of Porrentruy from 1516“ an.

In der zur Verfügung stehenden Zeit war es nicht möglich, die Unklarheit zu beseitigen; ein Dokument in den „Archives de l'ancien Evêché de Bâle“, in dem ein Theobaldus als Unterzeichner eines Vertrages betreffend Besitzungen des Zisterzienserstiftes im nahegelegenen Uselle (Lützel) aufscheint,[16] ist nicht mit ihm in Verbindung zu bringen, da es sich hier eindeutig um den dortigen Abt gleichen Vornamens handelt (Theobald Hylweck von Thann, ab 1494).

---

[11] Erstes Blatt des unter Anm. 2 angeführten Druckes.

[12] Von Archivar François Noirjean, Archives Cantonales de l'office du patrimoine historique, Republique et Canton du Jura (Porrentruy), freundlich mitgeteilt.

[13] Eugène Folletete, La Paroisse de Porrentruy et son église (Porrentruy 1939) 192 f.

[14] Von Conservateur Chantal Fournier, Fondation des Archives de l'ancien Evêché de Bâle (Porrentruy), freundlich mitgeteilt.

[15] Contemporaries of Erasmus, A Biographical Register (Toronto, Buffalo, London 1985—1987) 1, 146 f.

[16] Archives de l'ancien Evêché de Bâle, Porrentruy, Fonds B 240/51 (Abbaye de Lucelle).

Außer Frage scheint aber zu stehen, daß Theobaldus Bietricius — der seinen Namen Thiébaut Biétry latinisiert hatte — der Sankt-Michaels-Bruderschaft angehörte, die ihren Sitz in der Pfarrkirche St. Peter zu Pruntrut hatte. Auf sie geht die nach 1450 errichtete Michaelskapelle des Gotteshauses zurück, die zu den künstlerischen Meisterwerken dieser Kirche gehört. Die Bruderschaft ist schon im 14. Jahrhundert entstanden, hat sich dann zur Priestervereinigung entwickelt und bildete um 1500 „eine Art Kanoniker-Kapitel ohne diesen Titel",[17] das gegen 1520, also zur Zeit des Wirkens des Bietricius, den Höhepunkt seiner Bedeutung erlangte.

An der linken Seite dieser Michaelskapelle, hinter einer erst später hier aufgestellten Statue der Jungfrau mit dem Jesusknaben („Vièrge des Annonciades"[18]), sind gut erhaltene Teile eines Freskos zu erkennen. Bei seiner Betrachtung denkt man an Bilder der Lauretanischen Litanei ebenso wie an bibelbezogene Stellen der *Liturgia* des Erasmus: Die Attribute der Gottesmutter sind umgeben von gemalten Spruchbändern, die zum Teil zu entziffern sind. Da finden sich Meerstern, Pforte des Himmels und Turm Davids, da sind Sonne und Mond dargestellt mit dem Vers des Hohenliedes *Electa ut sol, pulc(h)ra ut luna,* und ein Band trägt die Worte *Tota pulc(h)ra es amica mea et macola non est in te.* Bedauerlicherweise war keine kunsthistorisch gesicherte Datierung dieser Wandmalerei aufzufinden. Sind sie unter dem Eindruck der Meßtexte des Erasmus gemalt worden? Oder spiegeln sie, vielleicht Jahrzehnte später, eine Marienfrömmigkeit, die schon in den Tagen des Theobaldus Bietricius lebendig war und ihn veranlaßt hat, die *Liturgia* von dem berühmtesten seiner Freunde zu erbitten? Der Bezug zu Loreto liegt jedenfalls nahe.

Ebenso nahe liegt die Annahme, daß Bietricius — der hochgebildete Sohn einer angesehenen Familie, die seit dem 14. Jahrhundert in Pruntrut ansässig war — die damals übliche Studienreise nach Italien unternommen und dort die berühmte Wallfahrtsstätte Maria Loreto besucht hat. Unter diesem Eindruck könnte er die Verehrung Unserer Lieben Frau von Loreto in der Pfarrkirche seiner Vaterstadt eingeführt oder doch gefördert und dann von seinem bewunderten Freund Erasmus für eine Meßfeier in der Michaelskapelle von St. Peter die liturgischen Texte erbeten haben.

Weder der Briefwechsel noch die Meßtexte des Erasmus geben einen Hinweis darauf, daß die humanistischen Freunde die Lauretanische Litanei beziehungsweise ihre Vorstufen gekannt haben. Tatsächlich ist die authentische Form, wie sie dann 1587 von Papst Sixtus V. approbiert worden ist, erst

---

[17] Chèvre 371.

[18] L'église Saint Pierre de Porrentruy. Commune ecclésiastique catholique-romaine (Porrentruy 1987) 34 f.

mals 1531 in Loreto bezeugt;[19] die ihr zugrunde liegende, von östlicher Marienfrömmigkeit beeinflußte Reimlitanei ist jedoch schon um 1200 in einer Pariser Handschrift festgehalten worden.[20] Der älteste Druck, 1558 entstanden, geht möglicherweise auf Petrus Canisius zurück. Aus den Bildern der Erasmusschen Sequenz direkt auf die Anrufungen der „Jungfrau aller Jungfrauen", der „Königin der Märtyrer" und des „Morgensterns" in der Litanei zu schließen, erschiene wohl allzu kühn.

Auch fällt auf, daß Erasmus nirgendwo auf die Überlieferung des Hauses von Nazareth in Loreto eingeht, die er wohl gekannt haben muß. Die Wallfahrtsstätte selbst wird zweimal genannt: *Freue Dich darüber, fortan die Lauretanische genannt zu werden,* ruft er der Muttergottes in der Sequentia zu, und die Collecta spricht von den Wohltaten, die den Menschen gewährt werden *durch die Mutter Deines Sohnes, die in der Kirche von Loreto fromm verehrt wird.*

Warum Erasmus — der zeit seines Lebens bestrebt war, die Treue zu Papst und Kirche mit dem kritischen Streben des humanistischen Geistes zu vereinen — hier ausweicht, ist indes verständlich, hat doch zu seiner Zeit eine akademische Auseinandersetzung um die „Casa" von Loreto stattgefunden. Die Legende besagt, daß das Haus der Jungfrau Maria von Engeln nach Loreto gebracht worden sei, und nennt eine exakte Jahreszahl: 1291. In diesem Jahr fiel Akkon wieder in die Hände der Muslime, und die Kreuzfahrer gaben ihre Positionen im Heiligen Land auf. 1485, als Erasmus ein junger Mann war, publizierte der italienische Humanist Giovanni Petrucci[21] die These, das kleine Bauwerk sei rundweg „geraubt worden" und auf dem Seeweg nach Europa gekommen. Ikonographische Studien des 15. und 16. Jahrhunderts, die „bis heute nicht sonderlich beachtet worden sind", bestätigen diese Theorie insofern, als sie davon sprechen, daß die Steine eines kleinen Hauses beziehungsweise ein ganzes solches Häuschen verschifft worden seien, die Jungfrau Maria habe von den Wolken aus die Seereise begleitet.

Grabungen in den Jahren 1962 bis 1968 haben Hinweise auf Kreuzfahrer zutage gefördert, darunter auch solche auf Herzog Guido von Athen, der mütterlicherseits der Familie Angeli Komnenos entstammte. Seine Regierungszeit (1287—1308) fügt sich in die Überlieferung der Ankunft des heiligen Hauses im Jahre 1291, und der Gedanke, der Name der Familie Angeli könnte mit der von der Tradition aufgenommenen Mitwirkung von Engeln an der Überbringung des Marienhauses zu tun haben, ist nicht von der Hand

[19] LThK Bd. 6 ($^2$1961) Sp. 1077.

[20] Vgl. G. Meerssemann, Der Hymnus Akathistos im Abendland (Freiburg 1958).

[21] Egidio Picucci, Un importante contributo sulla Santa Casa di Loreto (Bericht über die Forschungen von Giuseppe Santarelli), in: Osservatore Romano, 24. Juni 1984, 7.

zu weisen. Inzwischen gibt es wissenschaftliche Untersuchungen,[22] die vom Baumaterial und von den Maßen her die Wahrscheinlichkeit bestätigen, daß die „Casa" tatsächlich auf die Zeit um die Geburt Jesu und das Heilige Land zurückgeht.

All das konnte Erasmus im Jahre 1523 freilich nicht wissen. Er fand sich ganz allgemein dem Gegensatz zwischen frommer Überlieferung und humanistischer Kritik ausgesetzt, der mit den Mitteln seiner Zeit nur schwer überbrückbar war. Was also liegt, notabene für einen Mann seines Charakters, näher, als sich aus diesem Konflikt herauszuhalten? Zudem ist fraglich, ob ihm das Thema als solches einer profunden Auseinandersetzung wert war — der Begleitbrief an Freund Bietricius läßt eher das Gegenteil annehmen. Dagegen lag es ihm — abgesehen von dem erbetenen Freundschaftsdienst — am Herzen, Theobaldus an dessen priesterliche Pflichten zu gemahnen, wie Erasmus sie wertete. Der Inhalt des Briefes lautet:[23]

*Erasmus von Rotterdam grüßt Theobaldus Bietricius, Pfarrer der Kirche von Pruntrut.*

*Jetzt kannst Du auch erwarten, daß Erasmus mitten auf dem Marktplatz tanzt, wenn Du es befiehlst. Im übrigen denke daran, daß Du den Umstand, daß nur wenige Deine Entscheidung billigen, mehr mir verdankst, da ich gehorche.*

*Ich sehe nur die eine Gefahr, daß Dich die Lauretanische Heilige, wenn Du sie in Pruntrut besingst, nicht erhört. Paulus verurteilt nicht Hymnen und auch nicht den Psalm, wenn nur der, der im Geist Psalmen singt, dies auch im Herzen tut. Aber Du bist dazu berufen, Prophet zu sein, und das heißt, Hirt zu sein. Wenn die Schäfer glaubten, die Schafe würden vom Gesang fett werden, würden sie nichts anderes tun, als singen. Wie Du aber siehst, führen sie die Schafe täglich auf die Weide und lassen sie nicht zu Hause hungern. Schafhirten sollen nicht gescheiter sein als Seelenhirten.*

*Führe daher auch Du Deine Herde hinaus und zurück, und Du wirst Weiden und Futter finden, das Dir das Evangelium privat und öffentlich bereitstellt.*

*Sag nicht: „Ich bin kein Lehrer der Theologie."*

*Das, was Jesus selbst gelehrt hat, setze zuversichtlich dem Volk vor, und Du wirst sehen, daß auch heute noch mit wenigen Broten und wenigen Fischen viele tausend Menschen gesättigt werden.*

*Leb wohl.*

Denselben Gedanken — die Hervorhebung des Wortes Gottes in der Pastoral — führt Erasmus in einem zweiten Brief an Bietricius zwei Jahre später

[22] G. Concetti, Nuovo studio sulla traslazione della Santa Casa di Loreto — un saggio di Giuseppe Santarelli su documenti inediti, in: Osservatore Romano, 20. Juli 1985, 5. — G. Santarelli, La Santa casa di Loreto edificio medievale, in: Osservatore Romano, 17. Juni 1987, 3. — M. Donadeo, La Basilica della „Santa casa di Loreto", in: Osservatore Romano, 28. Juni 1987, 6.

[23] Wie Anm. 2.

noch genauer aus,[24] an dem auch stilistische und bildliche Parallelen zum ersten festzustellen sind. Er schreibt:

*So oft habe ich Deinetwegen eine Dummheit begangen, lieber Freund Bietricius, und ich glaube, auf Dein Geheiß würde ich den Ball auf dem Hauptplatz anführen oder den Zyklopentanz tanzen. Als Gegenleistung bekomme ich nichts von Dir als Gesänge aus dem alten Psalterium – Du wirst ein Mann der neuen Kirche. Überall besingen Musikanten aller Art mit den verschiedensten Instrumenten die Allerseligste Jungfrau, die doch Tag für Tag die Chöre der Engel hört – und wenn ich nicht irre, klingen deren Gesänge ein wenig harmonischer als die unseren. Aber man braucht nicht weit zu suchen, um festzustellen, daß in den Dörfern und sogar in vielen Städten eine große Leere herrscht, eine Unkenntnis der christlichen Lehre. Gewiß, die Leute hören oft den Lärm der Musikinstrumente, aber nie oder nur selten das Wort des Evangeliums. Doch letztlich ist das die Musik, die nach und nach den weltlichen Geist aus uns austreiben und uns den Geist Christi geben kann. Wenn Amphion mit den Klängen seiner Laute solche Macht ausüben konnte, wenn die Lyra des Orpheus solche Zauberkraft besaß, daß sie Eichen und Felsen bewegen konnte, um wieviel mächtiger war die Harfe Davids, der mit seinen Akkorden den bösen Geist Sauls austreiben konnte! Und um wieviel stärker noch ist die Lyra des Evangeliums!*

*Ich gebe zu, daß der Mann der Kirche, der in den Augen seiner Pfarrkinder durch ein Leben der Keuschheit und Nüchternheit glänzt, einen wichtigen Teil seiner Verpflichtungen erfüllt. Diesbezüglich indes habe ich Dir nichts vorzuwerfen. Und so manche sind gerechtfertigt, mein lieber Theobaldus, die durch die Heiligkeit ihres Lebenswandels ihre Unfähigkeit zu predigen ausgleichen, da sie nicht beides zugleich vermögen. Wenn ich so sagen darf: Auch das Leben hat seine Beredsamkeit. So war Valerian gerechtfertigt, der Bischof von Hippo, der eine fremde Sprache sprach und daher Augustinus die Hälfte seiner Aufgabe anvertraute. Aber es ist mir unerträglich, daß Du – fähig, beides zu vereinen – nur ein halber Hirt seiest. Die rechte Weise des Tuns, damit die heilige Jungfrau und Mutter sich am Blühen ihres Gartens in Loreto erfreut, ist es schließlich, so viele Seelen wie möglich für die Liebe ihres Sohnes zu gewinnen. Das tust Du gewiß schon seit langem, und ich ermahne Dich dazu.*

Dieser zweite Brief trägt das Datum *Basel, am 4. der Nonen des Mai 1525.* In diesem Jahr hat Erasmus die zweite Auflage der *Virginis Matris apud Lauretum Cultum Liturgia* veröffentlicht und ihr die eingangs zitierte Predigt angefügt.[25] Leider war es in der zur Verfügung stehenden Zeit nicht möglich, den Originaltext oder eine vollständige übersetzte Fassung aufzufinden. Die folgende Textstelle ist daher nur der Anfang der Homilie:[26]

---

[24] Übersetzt nach Chèvre, Annex V, 385.
[25] Wie Anm. 1.
[26] Übersetzt nach Chèvre, Annex V, 388.

*Kaum kann ich die Freude ausdrücken, meine lieben Brüder und Schwestern in Christus, die mein Herz erfüllt, da ich Euch so zahlreich und in so freudiger Stimmung bei dieser Feier der heiligen Jungfrau sehe. Diese Liebe zur Mutter ist ein Akt der Frömmigkeit gegenüber dem Sohne. Nach dem überkommenen Brauch der Alten ist ein Festtag durch ein üppiges Mahl gekennzeichnet. Gebe der Himmel, daß ich meinen Kindern und vom Herrn anvertrauten Schäflein aus dem reichen Schatz der Heiligen Schrift die unvergängliche Speise holen kann, die nährt und stärkt für das ewige Leben, und den geistigen Wein anbieten, der Eure Herzen mit heiliger Trunkenheit erfülle, damit Ihr selbst inmitten des Elends dieser Welt nicht aufhört, dem Herrn zu singen und Ihn zu loben, dessen Herrlichkeit sich zeigt in allen Seinen Auserwählten, vor allem aber in Seiner Mutter. Rufen wir auch in einem uns allen vertrauten Gebet den Heiligen Geist an, der auf die Jungfrau und Mutter herabgekommen ist, um sie zum Tempel der göttlichen Dreifaltigkeit zu machen und in ihrem Schoß die wunderbare Menschwerdung geschehen zu lassen, die uns für alle Zeit Jesus Christus geschenkt hat, den Erlöser, dessen die ganze Welt geharrt hat.*

*Ihr wißt vor allem, daß der Kult der heiligsten Jungfrau vier Elemente umfaßt: den Lobpreis, die Verehrung, die Anrufung und die Nachahmung. Der Vorrang der Letztgenannten besteht darin, daß ohne sie alle anderen wertlos sind und daß sie allein alle anderen enthält. Derjenige hat Maria gebührend gepriesen, verehrt und angerufen, der alles tut, was er kann, um ihre Schlichtheit, ihre Reinheit, ihre Bescheidenheit nachzuahmen. Daher gehen diejenigen in die Irre, die endlose Lobpreisungen an Maria richten, die ihr Verehrung bezeugen mit Kerzen, Votivgaben, Kapellen und Kirchenbauten und die ihre Hilfe erflehen mit langen Gebeten in der Öffentlichkeit, ohne auch nur daran zu denken, diejenige nachzuahmen, die sie feiern. Ihnen droht die Gefahr, von der heiligen Jungfrau jene Worte zu hören, die Gott durch den Propheten zu den Juden gesprochen hat: „Dieses Volk ehrt mich mit den Lippen, aber sein Herz ist fern von mir" oder auch die Worte des Sohnes im Evangelium: „Nicht der wird in das Himmelreich eingehen, der zu mir sagt: ‚Herr, Herr', sondern derjenige, der den Willen meines Vaters tut."*

*Möge es Eure erste Sorge sein, liebe Brüder, im Rahmen des Möglichen in Eurem Verhalten und Eurem Leben die Tugenden Marias nachzuahmen, in der Angst, sie könnte von uns sagen: „Dieses Volk glaubt, mich zu ehren durch Gesänge, durch die Klänge von Trompeten und Flöten, durch Kerzen und Girlanden aus Blumen, aber in Wahrheit ist sein Herz bei den Dingen, die mein Sohn und ich hassen: Reichtum, Vergnügen, unmoralische Spiele, Prunk und Hochmut. Sie geben mir den ersten Platz in ihren Kirchen und auf ihren Altären, aber keinen in ihren Herzen. In ihren Liedern nennen sie mich Königin des Alls, Königin der Engel, Du unser Leben, unsere Hoffnung. Überall grüßt man mich mit den ehrerbietigsten Anreden. Aber nicht, wer zu mir sagt: ‚Herrin, Herrin' wird eingehen in das Reich meines Sohnes, sondern wer meinem Beispiel folgt und den Geboten Gottes gehorcht, wer wie ich die Gnade meines Sohnes erwartet.“*

*Glauben wir nicht, die heiligste Jungfrau zu erfreuen durch das Fasten, durch das viele sie an bestimmten Tagen zu ehren meinen, um dann am nächsten Tag umso reichlicher zu trinken; oder sie zu rühren durch Loblieder, die viele singen, die verloren sind in Begehrlichkeit und Laster; oder sie für sich einzunehmen durch Gaben, wie gewisse Leute annehmen, die besudelt sind durch Ehebruch und Umgang mit Dirnen. Nicht, daß die allergütigste Jungfrau die Sünder verstößt – sie hören auf, Sünder zu sein, wenn sie sich ihrer Schandtaten schämen und diese bereuen.*

*Alles, was dem Sohne mißfällt, kann auch Maria nicht gefallen. Ich weiß, daß man ihr an vielen Orten Kapellen weiht, die mit Seide behängt und mit Silber geschmückt, mit Gold und Edelsteinen geziert sind, so daß diejenigen, die dorthin kommen, um die heilige Jungfrau zu ehren, eher den Mammon zu ehren scheinen. Wieviel mehr würde sich Maria freuen, wenn man diese Reichtümer verteilte und sie dazu verwendete, den leidenden Gliedern des Leibes Christi zu helfen. So würde der Schmerz der Jungfrau gelindert, die mit ihrem Sohne leidet.*

*Wenn man Bilder der Jungfrau wünscht, soll sie dargestellt werden, wie Gott sie liebt; mögen diese Abbildungen uns dazu führen, sie nachzuahmen. Mögen daher auf ihrem Antlitz, in ihrer Haltung und in ihrer Kleidung ihre Reinheit, ihre Bescheidenheit und ihre Schlichtheit erstrahlen.*

Zwischen der Entstehung der Loreto-Liturgie mit dem Begleitbrief von 1523 und der Neuauflage mit der Predigt beziehungsweise dem zweitgenannten Brief an Bietricius hat Erasmus seinen Freund kurz nach Ostern 1524 in Pruntrut besucht und von dort aus in dessen Begleitung eine Reise nach Besançon unternommen, wo sein Freund Archidiakon Ferry Carondelet beheimatet war. Der Erzbischof von Besançon, Antoine de Vergy, zu dessen Diözese Pruntrut gehörte, hatte auf Bitten von Theobaldus Bietricius jedem Priester, der die Loreto-Liturgie des Erasmus verwendete, einen Ablaß von 40 Tagen gewährt.[27] In Pruntrut stieg Erasmus nicht im Schloß ab, das dem Fürstbischof von Basel als dem weltlichen Herrn der Stadt gehörte — obwohl dieser, Christoph von Utenheim, zum humanistischen Freundeskreis gehörte —, sondern zog es vor, bei Theobaldus im heute noch bestehenden Pfarrhof neben der Kirche zu wohnen. Zwischen dem greisen Fürstbischof, der die Amtsführung an seinen Koadjutor abgegeben hatte und zurückgezogen lebte, und dem berühmten Humanisten fand jedoch ein langes Gespräch statt, und Utenheim nahm Erasmus das Versprechen ab, auf dem Rückweg von Besançon nach Basel zumindest einige weitere Tage in Pruntrut zu verbringen, wozu es dann mit Rücksicht auf den Gesundheits-

[27] Chèvre 373.

zustand des Gelehrten nicht kam. Erasmus erkrankte in Besançon, vermutlich als Folge der für ihn ungewohnten Üppigkeit der Gastmähler, und wollte, nachdem das Fieber abgeflaut war, so schnell wie möglich heim nach Basel. Bietricius begleitete und umsorgte ihn.

Der abrupte Aufbruch hat offensichtlich Gerüchten, die schon seit der Ankunft Erasmus' in Besançon kursiert waren, neue Nahrung gegeben: Der berühmte Mann sei ein Lutheraner und habe sich deswegen den Unwillen seiner Gastgeber zugezogen. Dies muß ihn umso mehr betroffen haben, als er bei seiner Heimkehr nach Basel einen bitteren Brief Luthers auf seine Abhandlung über die Freiheit der Christen vorfand, der ihm die Kluft zwischen ihm und dem deutschen Reformator neuerlich klar vor Augen führte.

Hinsichtlich der schweizerischen Reformation waren die Weichen längst gestellt, die dazu führten, daß Erasmus 1529 sogar sein geliebtes Basel verließ, als dort die Trennung von der katholischen Kirche erfolgte (er kehrte erst ein paar Jahre vor seinem Tod am 12. Juli 1536 zurück). Andererseits hatte der Rotterdamer gerade 1524 einen Gnadenerweis von Papst Clemens VII. in Gestalt eines größeren Geschenks erhalten, und der Gedanke, die Gerüchte, die ihm aus Besançon zugetragen wurden, könnten in Rom neues Mißtrauen gegen ihn erwecken, war ihm gewiß nicht angenehm. Jedenfalls schrieb er an den inzwischen nach Pruntrut zurückgekehrten Freund einen Brief, in dem er offensichtlich[28] auf das leidige Thema einging. Bietricius antwortete am 12. der Kalenden des August 1524:

*(...) Was Du mir über die Affäre von Besançon schreibst, wundert mich außerordentlich. Mache Dir darob keinen Kummer, es ist augenscheinlich nichts daran als Erfindung und Fama. Vielleicht haben nach unserer Abreise die Formalisten, diese Schriftgelehrten, die stets Gegner der schönen Literatur waren, und mit ihnen gewisse Scharlatane, wie es sie in großer Zahl gibt, im Volk Gerüchte ausgestreut. Was mich anbelangt, mache ich daraus absolut keine große Angelegenheit. Als wir in Besançon ankamen, haben die Leute eben gefragt – wie das so üblich ist – wer und was Du seiest. Einige sagten: Er ist ein Lutheraner; andere haben das verneint, wieder andere etwas anderes gesagt – wie es auch Christus ergangen ist; und jeder hat seine Meinung verteidigt. Ich kann darüber nur lächeln. Sehr oft von den Herren des Domkapitels und des Rates befragt, habe ich nachdrücklich erklärt, daß Du kein Lutheraner seiest. Sie haben mir geglaubt und Dich mit hohen Ehren überschüttet; sie hätten Dir noch größere zukommen lassen, hättest Du mit dem Rat zusammentreffen können. Viele Dinge, die im Scherz ausgesprochen worden sind, hat man ernstgenommen, so daß dumme Auslegungen entstanden sind. Aber all das ist oberflächlich und unbegründet. Verehrter Meister, zerbrich Dir nicht den Kopf über so Geringfügiges, sondern lebe Dein verehrungswürdiges Alter in Freude, Zufriedenheit und heiterer Gelassenheit.*

---

[28] Chèvre, Annex II, 385.

*Wenn Du unter Eifersüchteleien leidest, so haben Hieronymus und andere denselben Ärger zu ertragen gehabt; das ist sogar ein gutes Zeichen, denn man beneidet ja niemanden ohne Anlaß. Wisse, daß man Dich im Gegensatz zu all dem Getöse – und ich sage das ohne Beschönigung – für den Monarcha litterarum hält.*

Erasmus dürfte noch einige Zeit gebraucht haben, um sich zu beruhigen, zumal er in der Folgezeit mehrfach schwer erkrankt war. Noch ein Jahr später schrieb er einem Freund,[29] die Gerüchte von Besançon seien von *lutherischen Vagabunden, wie man sie zur Zeit überall antrifft,* ausgestreut worden, die damit Rache an ihm nehmen wollten. Die Zerstörung seines Rufes sei die Antwort darauf, daß er ein Schreiben gegen Ulrich von Hutten, den eifrigen Luther-Verteidiger, publiziert habe.

Die Vermutung, Theobaldus Bietricius habe die Loreto-Liturgie seines Freundes Erasmus auch als Beweis von dessen treuer Zugehörigkeit zur katholischen Kirche ins Treffen geführt, liegt nahe, läßt sich jedoch an Hand der derzeit zur Verfügung stehenden Quellen nicht beweisen. Jedenfalls hat sein durchaus kirchentreuer Humanistenfreund Zazius,[30] Professor an der Universität Freiburg, Erstaunen über das *von dem großen Erasmus* verfaßte Loreto-Meßformular geäußert, mit dem die Jungfrau, *von der uns doch gelehrt wurde, daß sie im Himmel sei,* in Loreto eingeschlossen werde — *mögen die leichtgläubigen Italiener ihr Loreto behalten.*

Diese Kritik läßt, auch wenn man den polemischen Stil berücksichtigt, wohl darauf schließen, daß Zazius den vollständigen Text nicht gekannt hat. Denn die Unterstellung, Erasmus habe die Muttergottes in dem italienischen Wallfahrtsort lokalisiert, ist in keiner Weise begründet: Schon der Titel spricht von der *in Loreto Verehrten* und — selbstverständlich — nicht von der dort Befindlichen. Der Ort der Verehrung aber ist in den Schlußversen der Sequenz ausdrücklich eingebunden in den weltweiten Kranz der Marienstätten: *Licet in vasti finibus orbis, plurima passim fumiget ara.*

Denselben Gedanken spinnt in unseren Tagen Johannes Paul II. weiter, wenn er schreibt:[31] *Man könnte von einer eigenen „Geographie" des Glaubens sprechen, die alle diese Orte einer besonderen Pilgerschaft des Gottesvolkes umfaßt, das die Begegnung mit der Muttergottes sucht, um im Bereich der mütterlichen Gegenwart „derjenigen, die geglaubt hat", den eigenen Glauben bestärkt zu finden.* Und der reiche Rückgriff des Humanisten auf Stellen der Heiligen Schrift in allen Teilen des Meßformulars hätte den Erasmus-Text sogar bei den Evangelischen Anklang finden lassen müssen. Zazius kann sich also nur,

---

[29] Chèvre 379.

[30] S. P. Allen, Opus Epistulorum Des. Erasmi Rotterdami (Oxford 1905) 5, 11.

[31] Johannes Paul II., Enzyklika Redemptoris Mater, Deutsche Ausgabe der Libreria Editrice Vaticana (Rom 1987) 67.

den ironischen Unterton ignorierend, auf den Begleitbrief an Bietricius bezogen haben: *Unum periculum video, ne Lauretana diva te canentem Bruntruti non exaudiat.* Oder sollte er die literarischen Assoziationen des auf die Muttergottes bezogenen Bildes vom Lorbeerbaum (laurus) an der lauretanischen Stätte so gründlich mißverstanden haben?

Mißdeutet zu werden gehörte freilich, wie das Beispiel der Gerüchte von Besançon zeigt, zum Schicksal des Erasmus. Auch Andeutungen, er könnte seine *Virginis Matris apud Lauretum Cultae Liturgia* nicht nur in Erfüllung der Bitte des Bietricius geschrieben haben, sondern auch, um seinen romtreuen Freunden und Gönnern seine eigene Rechtgläubigkeit vor Augen zu führen, dürften in diese Kategorie fallen.

Zu erkunden, welche Bedeutung die Loreto-Liturgie für Erasmus gehabt hat, welchen Rang er selbst ihr zugemessen hat, wäre — sofern dies heute überhaupt noch möglich ist — ein lohnendes Unterfangen, nicht zu trennen von dem Versuch, deutlichere Konturen von der Persönlichkeit des Theobaldus Bietricius zu enthüllen.

Aber vielleicht erschließt sich ein ganz anderer Zugang über die Jahrhunderte hinweg nicht durch das Forschen nach weiteren Quellen, sondern — jenseits aller Auseinandersetzungen um den großen Humanisten im Zwielicht seiner Zeit — in der Betrachtung der Meßtexte selbst. Es ist der Poet Erasmus, der immer wieder das Bild des immergrünen Lorbeers als Assoziation zu „Loreto" anklingen läßt; es ist der Bibelkundige, der Verse des Hohenliedes einbindet; es ist der predigende Seelsorger, der durch die Verehrung der Gottesmutter hinführen will zum Vater, Sohn und Heiligen Geist; und es ist der bei aller intellektuellen Skepsis zutiefst Fromme, der Glauben, Hoffnung und Liebe in gottesdienstliche Worte kleidet.

Für die Verse der Sequenz der *Virginis Matris apud Lauretum Cultae Liturgia per Erasmum Roterodamum* mag man so — mutatis mutandis — gelten lassen, was der Wiener Kardinal im Blick auf alle Litaneien, besonders aber die Lauretanische, sagt:[32]

„In rhythmischem Gleichklang rufen die Herzen, finden sie immer neue Worte und Namen im gläubigen, betenden Aufblick zu den Geheimnissen der göttlichen Gnade."

Es wäre zu wünschen, daß diese Sequenz neu entdeckt und — von einem gläubigen Dichter behutsam in die deutsche Sprache unserer Zeit übertragen — wieder gebetet würde an Stätten, an denen eine spirituelle Nähe zu Loreto gegeben ist, mag man sie im Sinne des Desiderius Erasmus von Rotterdam deuten oder auf ganz andere Weise.

---

[32] Hans Hermann Groër, Die Rufe von Loreto (Wien 1987) 9.

# MARIA IM DOM

## MARIENDARSTELLUNG UND MARIENVEREHRUNG IM WIENER STEPHANSDOM

Von ANNEMARIE FENZL, Wien

„Ich sehe Dich in tausend Bildern, Maria, lieblich ausgedrückt ..." Nicht ganz so oft, wie in diesen immer wieder gerne zitierten Versen Novalis' aus der Zeit der Romantik angeführt wird, aber immerhin viel öfter, als gemeinhin angenommen und erwartet, ist die Gottesmutter im und am Wiener Stephansdom dargestellt anzutreffen.[1]

Im Jahr 1943 hat Professor Friedrich Mittelstedt eine mit großer Akribie zusammengestellte Arbeit mit dem Titel *Unsere liebe Frau vom Dom* Kardinal Theodor Innitzer aus Anlaß von dessen Zehn-Jahr-Jubiläum der Verleihung der Kardinalswürde gewidmet.[2] Diese ikonographische Studie befaßte sich mit dem Bild der Gottesmutter im Dom, in der Reihung der Darstellungen nach dem Leben Mariens bildkundlich und kunstgeschichtlich.

Hier soll nun im Zusammenhang dieser Festgabe und im Hinblick auf die Intention *Servitium pietatis* eine andere Sicht versucht werden, nämlich: die Darstellung und Verehrung der Gottesmutter im Wiener Dom ansatzweise aufzuzeigen und zugleich unserer Zeit entsprechende, mögliche neue Bezüge zu erprobten alten Formen vorzuschlagen. Maria im Dom wird so zu einem Spiegel der Geschichte unseres Landes, in welchem wir vieles wiedererkennen, was uns auch heute bedrängt.

Die Vielfalt der Mariendarstellungen im Dom mag vielleicht manchen erstaunen. Aber der Dom, dem hl. Stephanus in besonderer Weise zugeeignet, im Lauf der Jahrhunderte Pfarr-, Kollegiat- und schließlich Bischofskirche, war und ist in erster Linie immer Gottes Haus und somit auch das Haus seiner Mutter Maria.

Nun stellte sich nur noch die Frage eines ordnenden Prinzips angesichts der Vielzahl der sich auch manchmal wiederholenden bzw. überschneidenden Darstellungen. So mußte zunächst eine grundsätzliche Auswahl ge-

[1] Im Wiener Stephansdom gibt bzw. gab es bisweilen an die 140 Mariendarstellungen in den verschiedensten Erscheinungsformen. Diese Zahl wechselte naturgemäß im Lauf der Zeiten immer wieder; manches Bild, manche Statue kam in den Dom, anderes wieder wurde zerstört.

[2] Friedrich Mittelstedt, Unsere Liebe Frau vom Stephansdom. Eine Betrachtung der Mariendarstellungen des Stephansdomes. Text- und Tafelband, unveröffentlichtes Manuskript (Wien 1943). — An dieser Stelle sei Frau Dr. Eleonore Nischer-Falkenhof herzlich Dank gesagt, die mich auf das in der Bibliothek des Dommuseums befindliche, unveröffentlichte Manuskript aufmerksam machte.

troffen werden. Um nun die jeweilige Erscheinungsform Mariens sinnvoll und zugleich besinnlich mit dem jeweils gegebenen „Sitz im Leben" zu verbinden, boten sich nach einigem Nachdenken einzelne Anrufungen aus der seit Jahrhunderten erprobten Lauretanischen Litanei an,[3] in welcher die Gottesmutter in all ihrer umfassenden Vielfalt angesprochen wurde und immer noch wird. Jeweils angemessen erscheinende Bezeichnungen Mariens wurden als Kapitelüberschriften ausgewählt. Grundsätzlich wurde eine zeitliche Abfolge durchzuhalten versucht, welche die Übereinstimmung zwischen historischen Ereignissen, Gedankengut der Zeit und Formen der jeweiligen Darstellung deutlich machen soll.

## SITZ DER WEISHEIT

Die zeitlich älteste erhaltene Darstellung der Gottesmutter in der Stephanskirche befindet sich auch am ältesten Teil des Baues. Auf der Westempore, jenem geheimnisumwitterten Bereich der Kirche, welcher die Zeiten und Geschehnisse überdauert hat, haben sich Teile eines Freskos erhalten. An der Nordwand, durch den Einbau des Treppentürmchens, welches zur heutigen Reliquienschatzkammer führt, vom Westen her zum Teil zerstört, sieht der Betrachter in zwei horizontalen Streifen übereinander im oberen Bildfeld Christus in der Mandorla als Weltenrichter, umgeben von Heiligen; darunter thront Maria mit dem Kind in einer dreipaßförmigen Nische. Neben ihr stehen ebenfalls Heilige; links vom Beschauer aus erkennt man eine Gestalt ohne Nimbus, davor eine kleine Gestalt. Die Hand Gottes weist auf die größere Figur, welche ihrerseits wieder auf die kleinere hinweist.

Die sitzende Muttergottes mit Schleiertuch oder Krone ist gewissermaßen die Idealform des marianischen Kultbildes in romanischer Zeit. Sitzend, das bedeutet nach damaligen Rechtsbräuchen herrscherlich, hält sie das Jesuskind frontal vor sich, nicht so sehr als ihr Kind, da jede natürliche Beziehung fehlt, sondern vielmehr als jenes Salvator-mundi-Kind, das der gesamten Menschheit geschenkt wurde, nach dem Erlösungsplan, als dessen Werkzeug sie aus unergründlichen Absichten der göttlichen Vorsehung auserwählt worden war. Diese Auffassung, als Ausdruck tiefsten und reinsten religiösen Empfindens, das durch keinerlei Anpassung an menschliche Rücksichten getrübt war, konnte nur dem Weltbild solcher Generationen entsprechen, denen das Symbolische in seiner bedingungslosen Folgerichtigkeit noch voll Lebensinhalt war.[4]

---

[3] Es wurde hier die Version verwendet, wie sie im Katholischen Gebet- und Gesangbuch „Gotteslob" zu finden ist.

[4] Vgl. dazu: Anselm Weißenhofer, Wiener Madonnen (Wien 1946) 2 f.

Was aber nun die Erklärung der ganzen Szene betrifft, so wurden verschiedene Deutungen versucht. Hier ist nicht der Ort, sich der einen oder anderen anzuschließen. Ob es sich bei den dargestellten Personen um Rudolf von Habsburg handelt, der seinen Sohn Albrecht mit Österreich belehnt, oder ob es sich um Margarete, die älteste Schwester des letzten Babenbergerherzogs Friedrich des Streitbaren handelt, die sich hier mit ihrem Sohn Friedrich aus der Ehe mit dem Staufer Heinrich VII. zeigt und als rechtmäßige Erbin Anspruch auf das Herzogtum Österreich erhebt — eine Ansicht, der ich mich eher anschließen möchte —, soll hier nicht näher erörtert werden. Kunsthistoriker und Historiker haben bereits verschiedene Datierungsversuche entsprechend belegt.[5]

Hier ist nur wichtig: die Gottesmutter, an prominenter Stelle dargestellt, an einem gewichtigen Ort: am Westbau, der Herrscherempore, dem landesfürstlichen Heiligtum, welches, von gotischen Bauteilen im Lauf der Zeit umklammert, immer noch Zeugnis gibt von der alten spätromanischen Kirche. Die Gottesmutter, in deren Nähe sich die Großen der damaligen Welt begeben, um sich ihrer Hilfe zu versichern in der dunklen Zeit des Interregnums. Der Kampf um die herrenlosen Reichslande sollte ja noch andauern, bis König Ottokar, den Margarete 1252 zu Hainburg ehelichte, die Herrschaft in Österreich übernahm. Endgültig geklärt waren die Verhältnisse erst, als im Jahr 1278 König Rudolf von Habsburg feierlich in die Stephanskirche einzog, um hier den Dankgottesdienst für den Sieg über König Ottokar abzuhalten.

Die alte Stephanskirche, die im Jahr 1147 durch den Passauer Bischof Regimbert ihre Weihe erhalten hatte, die umgebaut und 1263 ein zweites Mal geweiht worden war, wurde in der Folgezeit immer mehr Trägerin einer Idee, die auch reale Gestalt annehmen sollte: Wie schon die Babenberger, wie König Ottokar, so pflegten auch die frühen Habsburger ein bestimmtes kirchenpolitisches Interesse, das auf die Erhebung ihrer Residenzstadt Wien zu einem Bistum hinarbeitete. Wohl nicht zuletzt zu diesem Zweck wurde zu Beginn des 14. Jahrhunderts wiederum ein Neubau der Kirche in Angriff genommen. Eine weite, lichte Chorhalle, die allerdings nicht dem Vorbild der französischen Königskathedralen folgte, sondern die vielmehr dem damals bereits bedeutenden Einfluß des Bürgertums Rechnung trug, sollte errichtet werden. Das von der Stadt Wien seit 1334 urkundlich nachweisbar innegehabte Kirchenmeisteramt verwaltete in der Folge das Kirchengut und überwachte den Bau. So konnten die habsburgischen Landesherren ihre

[5] Vgl. dazu: Rupert Feuchtmüller, Der Wiener Stephansdom (Wien 1978); Marlene Zykan, Der Stephansdom, in: Wiener Geschichtsbücher, hg. von Peter Pötschner, Bd. 26/27 (Wien, Hamburg 1981).

Baupläne nur im Zusammenwirken mit der Bürgergemeinde ausführen. Andererseits gab es von angesehenen Wiener Bürgern zahlreiche Stiftungen zum Chorbau.

## MUTTER CHRISTI

Als Mutter des Herrn war Maria ein Teil des Chores vorbehalten. Die mächtige, dreischiffige Chorhalle hatte eine Vielzahl von liturgischen Aufgaben zu erfüllen: neben dem Gottesdienst sollte sie vor allem auch Meßstiftungen frommer Bürger aufnehmen. Jedes Chorschiff hatte seine besondere Bestimmung, die sich in der Widmung der Altäre, im Skulpturenschmuck und in der Ausstattung mit Glasmalereien einst noch deutlicher ausdrückte als heute. Der Mittelchor war Christus vorbehalten, der Südchor den Aposteln und der Nordchor der Gottesmutter. Aus diesem Grund beziehen sich auch die Statuen an den Pfeilern des Frauenchores, wie der Nordchor auch genannt wird, direkt oder indirekt auf Maria: Mit einer Verkündigung, die, am Choreingang aufgestellt, andeuten sollte, daß Maria, die den Erlöser empfangen hatte, die Pforte des Himmels ist, beginnt der Zyklus. Von dieser Gruppe im Chor hat sich allerdings nur der Engel Gabriel erhalten, der von seinem ursprünglichen Ort am Choreingang in die Apsis versetzt wurde. Die thronende Muttergottes mit dem Jesuskind, das offenbar den herannahenden Königen die Arme entgegenstreckt, muß zu der Konsole, die durch den Löwen den Thron Salomons andeutet, gehören. Heute befindet sich dort die Mutter Anna, während die Muttergottes, die in Anspielung auf den Thron Salomons als Sitz der göttlichen Weisheit verehrt werden soll, an den Freipfeiler gegenüber versetzt ist, wo sie auch nicht mehr in Beziehung zu dem einzigen erhaltenen König am Pfeiler neben der Annenstatue steht. Die ebenfalls zum Frauenchor gehörige Schutzmantelmadonna wurde erst in jüngster Zeit an einen der Freipfeiler des mittleren Chorschiffs übertragen.

Bereits im 13. Jahrhundert hat sich die Entwicklung von Statuenzyklen im Kirchenraum in Frankreich und am Rhein angebahnt. Aber nun treten an den Pfeilern des Chores auch einige Themen auf, die auch für sich genommen als Andachtsbild verbreitet waren. Die thronende Muttergottes hat ihr Vorbild in der älteren, stark französisch beeinflußten Klosterneuburger Madonna; mit dem in der ersten Hälfte des 14. Jahrhunderts in Österreich aufblühenden Annenkult, der z. B. die Wallfahrtskirche auf dem Annaberg in Niederösterreich entstehen ließ, hängt die Annenstatue des Chores eng zusammen.[6]

---

[6] Vgl. Zykan, Stephansdom 65 f.

Die Statuen des Frauenchores gehören einer älteren, wohl seit dem dritten Jahrzehnt des 14. Jahrhunderts bis spätestens zur Chorweihe 1340 entstandenen Gruppe an.

Sinn und Zusammenhang der Ausstattung des Chores mit Skulpturen sind allerdings durch spätere Umstellungen mitunter verunklärt worden. Auch hat das reiche, sich an den Chorpfeilern entfaltende Statuenprogramm im Lauf der Zeiten, vor allem aber wohl während der Barockisierung des Chores, Einbußen erlitten. Es ist aber auch gar nicht sicher, ob es je überhaupt Vollständigkeit erlangte. Denn wie später auch die Statuen an den Langhauspfeilern, waren wohl auch jene des Chores zu einem guten Teil bürgerliche Einzelstiftungen. Während aber im Langhaus nur schwer ein ordnunggebendes Prinzip herauszufinden ist und zahlreiche Figurenwiederholungen vorkommen, war das Statuenprogramm des Chores offenbar von berufener Seite festgelegt worden.

Vom einst reichen Glasfensterschmuck des Chores, der auf Stiftungen des Hofes und der Bürger um 1340 zurückgeht, haben sich nur noch Reste in den Fenstern der Apsis des Mittelschiffes erhalten. Den Patrozinien der Chöre entsprechend, gab es im Frauenchor marianische Darstellungen.

„Welch großartige Einheit im Zusammenwirken von Architektur und Plastik mit den Glasmalereien bestand, läßt sich heute nur noch erahnen. Auch die Skulpturen und die sie tragenden Architekturteile waren ja einst farbig gefaßt, so daß der Raum nicht nur durch die Filter der Glasfenster in farbigem Licht schwebte."[7]

Wenn sich auch von den mittelalterlichen Altären der Stephanskirche nur fragmentarische Nachrichten erhalten haben, so wissen wir doch um die Kontinuität eines der Muttergottes bestimmten Altares im Frauenschiff.

Ogesser berichtet, daß schon 1310 ein Frauenaltar vorhanden gewesen sein muß, zu welchem der Leibarzt Herzog Albrechts II., Herr Albrecht von Cremona, schon 1310 eine ewige Messe gestiftet haben soll; desgleichen auch verschiedene Wiener Erbbürger. *Im Jahr 1389 den 23. März, ertheilte Papst Bonifazius der neunte einen Ablaß auf 100 Tage denjenigen, welche zu dem Altare der heiligen Maria an der Seite etwas beitragen, indem selber an Büchern, Kelchen, Meßkleidern und Auszierungen einen Mangel hatte.*[8] — Eine weitere Nachricht also von diesem Altar.

Im Jahr 1650 ließ der Stadtrat von den Einkünften der Kirche den großen Frauen- oder Speisaltar erbauen. Der Name *Speisaltar* kam von dem Umstand, daß man von hier ausging, um die Kranken zu versorgen. Im selben Jahr stiftete Kaiser Ferdinand III. selbst für den Frauenchor ein nicht mehr

---

[7] Zykan, Stephansdom 69.

[8] Joseph Ogesser, Beschreibung der Metropolitankirche zu St. Stephan in Wien (Wien 1779) 146.

erhaltenes, großes Altarblatt von Christian Steinmüller, das die Himmelfahrt Mariens darstellte. Es war als Denkmal der Befreiung aus den Nöten des Dreißigjährigen Krieges gedacht. Ogesser berichtet, das Bild sei *ungeachtet, daß es wegen des frühzeitigen Todes des Künstlers nicht zur Vollkommenheit gebracht war, dennoch aufgesetzet worden.*[9]

Im Jahr 1672 schuf Johann Spielberger (Spillenberger) eine Himmelfahrt Mariens für den Frauenchor, *wofür ihm nebst dem alten Bilde 1000 Gulden gegeben wurden.*[10] Noch im Jahr 1725 waren in dem Tabernakel dieses Altares zwei Ciborien vorhanden, in deren unterem Teil die heilige Hostie, in dem oberen das heilige Blut und in dem Knopfe das heilige Öl für die Kranken war. *Man gebrauchte sie, da Kaiser Ferdinand I. 1564 für seine Unterthanen vom Papst Pius IV. die Erlaubnis erhielt, die Kommunion unter beiderlei Gestalten zu nehmen. Weil aber ohnerachtet dessen die Abtrinnigen nicht zurückkehren wollten, ist dieser Gebrauch nach der Zeit wieder abgeschaffet worden.*[11] Damals, im Jahr 1761, kam auch der bis dahin auf dem Hochaltar gestandene steinerne Tabernakel auf den Frauenaltar. Ungefähr hundert Jahre später, 1869, wurden im Nordchor anstehende Restaurierungsarbeiten mit Nachdruck wieder aufgenommen. Das Chörlein, das Bischof Breuner über dem Grabmal Rudolfs IV. bauen ließ, wurde samt dazugehöriger Stiege entfernt, das Steinwerk wurde geputzt. Infolge der Vollendung der Restaurierung machte sich der Mangel eines Altares fühlbar, und es findet sich zum ersten Mal der Hinweis auf den eventuell hieher passenden Flügelaltar im Neukloster in Wiener Neustadt, der für St. Stephan erworben wurde, aber nicht an diese Stelle kam.[12]

Im Jahr 1873 beschreibt Ludwig Donin in seiner Geschichte des Stephansdomes den Zustand des Frauenchores folgendermaßen: *Bei der jüngsten Restaurierung dieses Seitenchores, als das Erzbischöfliche Oratorium weggenommen wurde, kam auch dieser Altar und das Mariahimmelfahrtsbild weg, und als die Gerüste wegkamen, wurde ein elender Noth-Altar errichtet, der gewiß bis zum Ende der Welt dableiben wird.*[13] — Nun, diese Prophezeiung sollte sich als nicht richtig erweisen.

Im Jahr 1884 weiß das Wiener Dombauvereinsblatt zu berichten: ... *wohin das Tabernakel bei den Restaurationsarbeiten dieses Jahrhunderts gekommen ist, weiß man nicht zu sagen; (...) das Bild von Spielberger existiert noch (...) und an den Resten des Altares, an der Mensa, besteht eine „Andacht vom*

---

[9] Ogesser, Metropolitankirche 145.

[10] Ebd.

[11] Ebd.

[12] Vgl. dazu: Hans Tietze, Geschichte und Beschreibung des St. Stephansdomes in Wien, in: Österreichische Kunsttopographie, hg. vom Kunsthistorischen Institut des Bundesdenkmalamtes, Bd. 23 (Wien 1931) 73.

[13] Ludwig Donin, Der Stephansdom und seine Geschichte (Wien 1873) 303.

*heiligsten Herzen Jesu", welche Seine Gnaden, der jetzige Fürst-Erzbischof eingeführt und patronisiert hat. Sie stellt eine von Gasser recht tüchtig gearbeitete Statue, welche diese Andacht in symbolischem Bilde dem Auge des Beschauers nahelegt, auf die verwaiste Mensa und betet den Erlöser im heiligsten Sakramente an. Wann wird der Altar in voller, nicht improvisierter Pracht dastehen, damit die Gläubigen daselbst der Himmelskönigin den schuldigen Tribut, dem in unendlicher Liebe sein Fleisch und Blut zur Seelenspeise bietenden Erlöser ihre Anbetung darbringen, und, wie ehemals, an seinem heiligsten Leib und Blut sich laben mögen? Die Antwort auf diese Frage gibt die Opferbereitschaft Wiens und unserer Diözese!*[14]

Schon mit Datum vom 20. Jänner 1883 hatte Erzbischof Ganglbauer die Erbauung eines neuen Altares im Marienchore von St. Stephan angekündigt — und zwar *anläßlich der 200jährigen Jubelfeier der Rettung Wiens aus der Türkennoth im Jahre 1683.* In seinem dazu veröffentlichten Hirtenschreiben[15] würdigt der Erzbischof den Stephansdom als hervorragendes Denkmal, für das jede Generation Verantwortung gegenüber der Nachwelt trägt, und berichtet, was alles bereits in den letzten Jahren geschehen ist. Wir hören hier von der Herstellung schöner, gemalter Fenster, die durch edle Spender ermöglicht wurde; *mit der Herstellung stylgerechter Altäre wollen wir jetzt beginnen,* meint der Erzbischof wörtlich, um *die Mißgriffe früherer Zeiten, die für die erhabene Gotik kein Verständnis hatten, gutzumachen.* Vor allem soll im Marienchor, *welcher seit Jahren eines entsprechenden Altares entbehrt und nur mit einem dürftigen Noth-Altar versehen ist, zu Ehren der reinsten Gottesmutter, die durch ihre vielvermögende Fürbitte zur Rettung Wiens so Vieles beigetragen hat, ein schöner, ihrer und des herrlichen Gotteshauses, das derselbe schmücken soll, würdiger Altar erbauet werden.* Als Oberhirte der Erzdiözese, der die würdige Ausschmückung der Metropolitankirche Herzenssache sein soll, bittet der Erzbischof nun alle, nach Kräften dazu beitragen zu wollen. Im Jahr 1885 schuf dann Friedrich Schmidt einen Herz-Jesu-Altar, auch Marienaltar genannt, für den Frauenchor. Darin sah man allerdings in der Folge eine Mißachtung des ehrwürdigen Patroziniums des Frauenchores. Dieser Altar wurde 1888 geweiht.

Inzwischen war aber im Jahr 1884 der aus dem Neukloster in Wiener Neustadt stammende, sogenannte Wiener-Neustädter-Altar in den Stephansdom übertragen und, wohl nicht zuletzt aus historischen Erwägungen, im Apostelchor nahe der Begräbnisstätte Kaiser Friedrichs III. aufgestellt worden. Dort stand er bis zum Jahr 1940. Anläßlich der 600-Jahr-Feier

[14] W. A. Neumann, Der alte Maria-Empfängnis-Altar zu St. Stephan, in: Wiener Dombauvereinsblatt, 4. Jg., 1884, Nr. 23, 24; 94.

[15] Coelestin Joseph Ganglbauer, Zur Erbauung eines neuen Altares im Marienchore von St. Stephan, in: Wiener Dombauvereinsblatt, 4. Jg., 1884, Nr. 23, 24; 89.

der Weihe des Albertinischen Chores kam der Szenen aus dem Marienleben zeigende Altar aus dem Apostelchor in den Frauenchor. Im Jahr 1948 diente er bei der Wiedereröffnung des Domes nach den Zerstörungen des großen Krieges als provisorischer Hochaltar, danach kam er in die Apsis des Frauenchores, wo er sich noch heute befindet.

Der Wiener-Neustädter-Altar zeigt in geöffnetem Zustand ein Marienprogramm mit merkwürdigen, noch ungeklärten Wiederholungen. In geschlossenem Zustand bietet sich auf den inneren und äußeren Flügeln ein reiches, gemaltes Heiligenprogramm dem Beschauer dar. Grundsätzlich aber ist dieser Altar ein Marienaltar.

Sowohl Ogesser[16] als auch Donin und in der Folge Feuchtmüller[17] unter Berufung auf Testarello della Massa,[18] dem wir die älteste Beschreibung aller Altäre von St. Stephan verdanken, berichten von einem weiteren Unser-Lieben-Frauenaltar zur Ehre der Unbefleckten Empfängnis, mit dem Bild des hl. Aloysius, der im Frauenchor aufgestellt wurde.[19]

So war die *große Frauenkapelle,* wie der Nordchor auch genannt wurde, durch all die Jahrhunderte in besonderer Weise der Mutter Christi zugeeignet. Bis in unsere Zeit werden die Maiandachten in der Regel in diesem Teil des Domes gefeiert. Vielleicht könnte das eine oder andere Marienfest bewußt in jenem Teil des Domes begangen werden, der von jeher, von seinen Altären bis hin zum gedanklichen Programm der Pfeilerfiguren und dem Glasfensterschmuck, Maria, der Mutter Christi, vorbehalten war.

## KÖNIGIN ALLER HEILIGEN

Herzog Rudolf IV. der Stifter griff die alten Pläne der Babenberger wieder auf: unter ihm rückt St. Stephan in den Brennpunkt dynastischer Bestrebungen. Im Jahr 1359 legt er persönlich den Grundstein zum Bau eines neuen Langhauses. Noch zu seinen Lebzeiten beginnen die gotischen Wände wie eine Schale in der Flucht der seit 1340 bestehenden Chormauern zu wachsen.

Durch seine Stiftung eines von Passau unabhängigen Kollegiatkapitels zu Allerheiligen erweiterte Rudolf IV. gewissermaßen das Stephanspatrozinium der Kirche. Ebenfalls zu seinen Lebzeiten entstanden die beiden

---

[16] Ogesser, Metropolitankirche 144.

[17] Feuchtmüller, Stephansdom 312.

[18] J. M. Testarello della Massa, Handschriftliche Beschreibung des St. Stephansdomes (1685), in: Cracauer Calender 1722—1729, und Wiener Dombauvereinsblatt, 2. Serie 1889—1899 und 3. Serie 1900—1908.

[19] Vgl. Donin, Stephansdom 301. — Die tradierte Jahreszahl 1766 dürfte irrig und auf 1666 zu korrigieren sein.

Fürstenportale, entsprechend der Widmung der Chorschiffe an der Südseite ein Apostelportal und an der Nordseite des Langhauses ein Marienportal, auch Bischofstor genannt, weil nächst dem Bischofshof gelegen. Es zeigt dem Betrachter in einem zweigeteilten spitzen Bogenfeld Tod und Krönung Mariens, während in den Bogenläufen des Portals weibliche Heiligenfiguren stehen. Im Kircheninneren wird dieses Portal von einer Verkündigungsgruppe umrahmt. Die enge Beziehung Rudolfs IV. ist durch den dort eingesetzten Kolomanistein wie auch durch eine in die Mauer gemeißelte Passage seiner Geheimschrift dokumentiert.

In seinem Großen Stiftsbrief aus dem Jahr 1365 stellt der Herzog fest: *... und seid die jetz genant unser stifft auch gestift ist in den ehren des heyligen Leichnams Jesu Christi und der lobsamen Mayd Marie, seiner mueter, so bitten wir diselb unser frowen Mariam, ain mueter der parmherzigkeit, die getragen hat den gerechten sohn des almechtigen Gots, von influß wegen des Heyligen Geists, daz sy mitsamt mit allen Gots heyligen und engel bitt den obristen herrn irn sun Jesum Christum, daz er dieselb sach halt in seinem vaterlichen schirm und sterkh mit seinen gettlichen chreften ...*[20]

So stellt Rudolf IV. die Gottesmutter als wichtigste Fürsprecherin über alle Heiligen. Diese Vertreter der Heiligengemeinschaft im Dom finden sich allerdings bereits an den Pfeilern des Mittelchores, noch bevor Rudolf IV. das Allerheiligenstift begründet hatte. Für die heiligen Märtyrer stehen Stephanus und Laurentius, für die heiligen Jungfrauen steht Katharina, für die Bekenner Christophorus, und Johannes der Täufer für die alttestamentlichen Heiligen.

Und der Gedanke wirkt weiter: Gleichzeitig mit seiner Einwölbung in den Jahren nach 1440 wurde auch der Figurenschmuck des Langhauses geschaffen. Da bei der Errichtung der Langhauswände bereits Konsolen und Baldachine für die in Dreiergruppen angeordneten Figuren geschaffen wurden, kann man wohl annehmen, daß die Absicht, die Pfeiler zu Trägern eines reichen Bildprogrammes zu machen, schon von Anfang an gegeben war. Dieses Programm war aber nicht festgelegt, sondern bot viel Freiheit für die einzelnen Stifter der Figuren. Aus diesem Grund kommt es auch zu etlichen Wiederholungen.[21]

Die Figuren und Figurengruppen stehen aber naturgemäß in Beziehung zu den Altären, den Reliquien und den Kapellen der Domkirche. So weisen zahlreiche Szenen aus der Leidensgeschichte Christi an den Wandpfeilern der Seitenschiffe auf den Altar des Stiftergrabes, der in der Mitte des Chores

[20] Rudolf IV., 2. (Großer) Stiftsbrief von 1365, in: Viktor Flieder, Stephansdom und Wiener Bistumsgründung (Veröffentlichungen des Kirchenhistorischen Instituts der Kath.-Theol. Fakultät der Univ. Wien 6, Wien 1968) 254—266, 264.

[21] Vgl. dazu Zykan, Stephansdom 109.

stand und dem Gottesleichnam und der Muttergottes geweiht war, hin. Von hier aus nahm die alljährliche Fronleichnamsprozession ihren Weg durch die Stadt.

Verschiedene Darstellungen eines Marienzyklus sind auf den ganzen Raum verteilt: neben dem Marientor und an der Westempore über der Eingangshalle finden sich zwei Verkündigungsgruppen. Am östlichsten südlichen Langhauspfeiler, in der Nähe des ehemaligen Dreikönigsaltares, der unter dem Lettner stand, wurde die Anbetung der Könige mitsamt einer Madonna mit dem Jesuskind angebracht. Eine hl. Anna Selbdritt, zwei Schutzmantelmadonnen, mehrere Einzelfiguren der Mutter mit ihrem Kind, außerdem die Prophetengestalten, die die Verkündigungsgruppen begleiten, und vielleicht auch die Mosestatue neben der Schutzmantelmadonna fügen sich ein. Der brennende Dornbusch, in dem Gott dem Mose erschien, gilt als Symbol der Jungfräulichkeit Mariens.[22]

Die meisten Statuen des Langhauses dürften um die Mitte des 15. Jahrhunderts entstanden und von Bildhauern der Bauhütte von St. Stephan geschaffen worden sein. Die Stifter der Langhausfiguren, neben Bürgern auch Zünfte und Bruderschaften, haben sich an mehreren Stellen mit Wappen verewigt.

So begegnet uns Maria als *Königin aller Heiligen* wirklich unter diesen in vielfältiger Weise an den Pfeilern des Domes. Der Betrachter kann hier, wenn er es wirklich will, viele Anknüpfungspunkte zur Meditation finden.

## HILFE DER CHRISTEN

Maria ohne Kind begegnet uns in der seltenen Form der Schutzmantelmadonna, die ihren Mantel schützend über die verschiedenen Ständevertreter der gesamten Christenheit ausbreitet. Die geistige Grundlage, aus der heraus dieses Motiv entstanden ist, ist ikonographisch wohl am überzeugendsten abzuleiten aus dem altgermanischen Rechtsbrauch der sogenannten „Mantelkinder". Wie fremd aber dieses Motiv trotz aller Verbreitung befunden wurde, beweist am besten die Tatsache, daß gar bald auch in dieser Fassung Maria das Kind auf dem Arm trägt, so daß nun meist Engel den ausgebreiteten Mantel halten müssen.[23]

Die Schutzmantelmuttergottes fand durch die Handschrift des *Speculum humanae salvationis,* auch *Heilsspiegel* genannt, weite Verbreitung, in St. Stephan jedoch die erste statuarische Ausprägung. Der Asyl gewährende

[22] Vgl. dazu die graphische Darstellung: Verzeichnis der Steinbildwerke des Domes, in: Zykan, Stephansdom 250 f.

[23] Vgl. Weißenhofer (wie Anm. 4) 8.

Mantelschutz für gerichtlich Verfolgte wurde durch Frauen und Jungfrauen ausgeübt und spielte in der mittelalterlichen Rechtspflege eine wichtige Rolle.

Die drei im Dom befindlichen Schutzmantelmadonnen illustrieren diese Entwicklung:[24] Die älteste der drei Figuren, der Mitte des 14. Jahrhunderts zugeschrieben und im Mittelchor situiert, trägt noch kein Kind auf ihrem Arm, sondern breitet mit beiden Händen ihren Mantel zu einer Nische aus. Darin drängen sich die Vertreter der verschiedenen menschlichen Stände und halten sich untereinander und auch an den Falten des Mantels fest. Maria steht aufrecht und blickt geradeaus nach vorne.

Weitaus näher erscheint uns die Darstellung Marias, über hundert Jahre später entstanden, wie sie in den beiden anderen, einander sehr ähnlichen Formen, auf dem jeweils ersten rechten bzw. linken Mittelschiffpfeiler angebracht, zu sehen ist: Maria, zu den Menschen geneigt. Das Kind auf ihrem Arm hält mit seiner Linken anstelle der Mutter deren Mantel und schafft so auf dieser Seite eine Nische für die Schutzsuchenden. Zu diesen zählen nicht nur Laien, Männer und Frauen, sondern auch Priester, Nonnen, Bischöfe und sogar der Papst.[25]

## PFORTE DES HIMMELS

Im Anschluß an die sogenannte *Pumpermette* der Karwoche wurde alljährlich eine feierliche Prozession rund um den Friedhof von St. Stephan abgehalten, bei welcher ein altes Marienlied gesungen wurde: *Christe, erhöre uns, Christe, mach selig uns, Maria, sei gnädig uns, Maria, bitt dein Kind für uns! – Maria, lichter Morgenstern, Maria, bei dir wären wir gern; Maria, rote Rosen rot, Maria, hilf uns aus der Not!*[26]

Maria, die Mutter in Todesnot: auch die Grabdenkmäler von St. Stephan erzählen davon. Obwohl heute nur mehr ein Bruchteil davon erhalten ist, erinnern noch immer zahlreiche Epitaphien und Grabdenkmäler daran, daß sich bis ins 18. Jahrhundert rund um die Stephanskirche ein Friedhof befand.[27] Dieser geschlossene Bereich im Herzen der Stadt machte die Sehnsucht der Menschen deutlich, wenigstens im Schatten der Domkirche begraben zu sein. Bei einer Grabstätte in der Kirche selbst war in erster Linie der

---

[24] Vgl. dazu Tietze (wie Anm. 12) 238.

[25] Vgl. dazu Tietze (wie Anm. 12) 399, Fig. 6 und Fig. 28.

[26] L. Donin, Gott der Herr und seine Diener im St. Stephansdome (Wien 1874) 65; Hugo Pfundstein, Marianisches Wien (Wien 1963) 13.

[27] Um 1630 verzeichnet der Codex Trautsonianus 441 Grabdenkmäler rund um St. Stephan. Die Auflassung des Friedhofes, seine endgültige Beseitigung unter Joseph II. und schließlich der letzte große Krieg haben ihre Zahl stark dezimiert.

fromme Wunsch maßgebend, auch nach dem Tod dem Gottesdienst beiwohnen zu können.[28] Der christliche Brauch, für jeden Leib ein Grab „auf ewige Zeiten" zu bewahren, war allerdings auf die Dauer nicht durchführbar. So wurden Beinhäuser errichtet. Schon im 15. Jahrhundert führte der Raummangel in den Kirchen zum Epitaph, dem an der Wand oder an einer Säule bzw. an einem Pfeiler aufrecht stehenden Grabmal.[29] Eine solche Entwicklung läßt sich auch in St. Stephan verfolgen — von den Grabplatten des Mittelalters über das aufrecht stehende Monument zu Beginn des 16. Jahrhunderts, das nicht den Toten, sondern den Lebenden darstellt, bis hin zu den Epitaphien der Reformation, die sich in erster Linie mit der Illustration des Schriftwortes auseinandersetzen, und darüber hinaus zu den frühbarokken Epitaphien, die eine neu erstarkende katholische Gesinnung deutlich machen.

Im ersten Viertel des 16. Jahrhunderts, gerade zu der Zeit, da der Dombau sein Ende fand, wofür neben wirtschaftlichen Gründen wohl vor allem geistesgeschichtliche Beweggründe zum Tragen kamen, aber noch bevor der große Glaubensstreit das kirchliche Leben zerrüttete, entstanden zahlreiche große Andachtsbilder als Schmuck des Chorpolygons. Als Stifter traten reiche Wiener Bürger und Ratsherren auf. Daneben ließen die vornehmen Geschlechter bis über die Jahrhundertmitte Epitaphien anbringen. Ihre Grabstellen befanden sich in unmittelbarer Nähe dazu auf dem Friedhof.[30]

Die beiden großen Grabdenkmäler jener Männer, die entscheidend die Geschicke der Kirche in diesem Land mitbestimmt hatten, finden sich in der nördlichen und der südlichen Chorhalle des Domes: im Frauenchor der Kenotaph Herzog Rudolfs IV., im Apostelchor das Grabmal Kaiser Friedrichs III. mit seiner packenden Bildsymbolik. Im Jahr 1493 gestorben, wurde sein Grabmal erst 20 Jahre danach, 1513, fertiggestellt. Der Kaiser liegt, umgeben von den Zeichen seiner Macht, begleitet von seinen frommen Stiftungen, die über Tod und Verwesung — symbolisiert durch häßliches Getier auf dem Sockel des Grabes — triumphieren, bekleidet mit seinem Ornat. Im weiteren Kreis finden sich betende und klagende Mönche, die Großen des Reiches und eine Vielzahl von Heiligen, Aposteln und Nothelfern. Die Gottesmutter ist gleich an mehreren Orten dargestellt: An der östlichen Tumbawand finden wir die Krönung Mariens durch die Heiligste Dreifaltigkeit; Maria mit dem Kind als Zentrum dreier frommer Stiftungen des Kaisers an den Tumbaseitenwänden; auf der Balustrade schließlich eine hl. Anna Selbdritt. Maria erscheint als Fürsprecherin inmitten einer großen Zahl von Heiligen: Marias Fürbitte aber unterscheidet sich von jener der Heiligen durch ihre

[28] Leopold Senefelder, Die Katakomben bei St. Stephan (Wien 1924) 62.
[29] LThK 4 (1932) Sp. 630 (Das christliche Grab).
[30] Vgl. Zykan, Stephansdom 151.

Intensität und ihre Universalität. Ihre liebende Sorge hat ihren Nährgrund in ihrer Verbundenheit mit Jesus Christus, dessen Heilswerk ihr naturgemäß am Herzen liegt.[31]

Vom Humanistenkreis um Kaiser Maximilian geht dann die geistige Wende aus, welche die neue Zeit kennzeichnet und die sich in einem freien, auf die menschliche Persönlichkeit gerichteten Denken dokumentiert. Auch dieser neue Persönlichkeitskult drückt sich in zahlreichen Grabmälern aus: der Mensch setzt sich selbst ein Denkmal. Die Darstellung des Verstorbenen wurde zwar auch jetzt noch meist in ein religiöses Bild miteinbezogen, die Inschriften rundherum aber bezeugen Gelehrsamkeit. Hier begegnet uns Maria meist eingebunden in Szenen aus der Leidensgeschichte Christi; einige wunderschöne Darstellungen, so z. B. das Grabmal Sigenfelder, fielen dem letzten großen Krieg zum Opfer. Die noch erhaltenen sind einen besinnlichen Rundgang wert.

Aus dem Jahr 1512 datiert das Wandgrab des 1509 verstorbenen Apothekers Holdt, an der Westfassade außen angebracht. Unter dem Hauptbild, das Maria und Johannes unter dem Kreuz zeigt, knien die frommen Stifter.

In einer ausgeprägten Renaissanceumrahmung mit Fruchtgirlanden und Schnüren ist Maria auf dem Epitaph des 1513 verstorbenen Ritters Hans Rechwein von Honigstorf, das sich neben der Tirnakapelle befindet, gleich zweimal dargestellt: mit Johannes unter dem Kreuz (in der Lünette) und mit dem Jesuskind als Hauptfigur im Mittelfeld; ganz unten knien wiederum die Stifter.

Auch das bei der Eligiuskapelle angebrachte Epitaph des Pfarrers zu Staatz und Lehrers der geistlichen Rechte, Johannes Keckmann (gest. 1512), illustriert sehr schön die Denkart der Zeit: der kniende Stifter, die Martinsmesse feiernd, und im oberen Teil, gleichsam als Altaraufsatz, Maria mit dem Kind. Johannes Keckmann war Benefiziat des Martinsaltares, der sich unmittelbar daneben, an der Stelle des heutigen Maria-Pötsch-Altares, befand.

Sozusagen als „Bild im Bild" ist auch auf dem Grabmal eines Wiener Bischofs eine Mariendarstellung zu finden: In der Infel des 1522 verstorbenen Bischofs Georg Slatkonia ist eine Verkündigung Mariens dargestellt. Bischof Slatkonia, der Kapellmeister der kaiserlichen Hofmusikkapelle war, erweiterte eine Stiftung des Wiener Bürgers und Münzmeisters Niclas unter dem Himmel, der ein *Salve Regina* auf alle Frauentage abends gestiftet hatte, auf alle Tage; hiezu hatten die Achter die Kollekten zu singen. Bischof Slatkonia bestimmte dazu das Einkommen von den fünf Kramerläden, die er auf seine Unkosten gegen den Friedhof hinaus bauen ließ.[32]

---

[31] Sacramentum mundi. Theologisches Lexikon für die Praxis 3 (Freiburg 1969) 351.

[32] L. Donin (wie Anm. 26) 107.

Nur mehr in Kopie erhalten ist das einst an der Westseite befindliche Epitaph des 1515 verstobenen Mathias Hauer von Türnitz, das eine Beweinung Christi zeigt.

Anläßlich des Todes seiner Schwiegermutter Apollonia Kopp im Jahre 1517 gab der Kirchenmeister Johann Straub das Votivbild *Abschied Christi von Maria* in Auftrag, das in einer Strebepfeilernische an der Südseite des Chores angebracht wurde. Der Abschied Christi vor seinem Leiden ist nicht in den Evangelien tradiert, findet sich aber häufig in der mittelalterlichen Meditationsliteratur. Die Betrachtung über die schmerzliche Trennung sollte wohl zur richtigen Einstellung dem Tod gegenüber verhelfen. — Es ist ein rechtes Andachts- und Trostbild: Im mittleren Hauptfeld ist der Abschied Christi von seiner Mutter, deren schmerzlicher Gesichtsausdruck ans Herz greift, dargestellt; auch Christus selbst ist offenbar traurig und hält mit einer Hand die Hand der Mutter fest, während er sie zugleich mit der anderen stützt. Sieben runde Medaillons zeigen, wie auf Rosenkranzsymbolen, die sieben Schmerzen Mariens: Beschneidung, Flucht, Tempel, Verrat, Kreuztragung, Tod, Grablegung. Obwohl oftmals überarbeitet und ergänzt, ist das Straubepitaph ein echtes Meditationsbild mitten im Trubel der Stadt.

Aus dem 17. Jahrhundert sind in diesem Zusammenhang drei Grabmäler zu nennen: Das Epitaph des langjährigen Domherren und Custos von St. Stephan, Paulus Raphael Nitschen (gest. 1647), zeigt eine Kreuzigung mit Maria und Johannes; auf dem Epitaph des Dompropstes Johann August Zwerger, gestorben 1648, ist eine Beweinung Christi dargestellt.

Schließlich ist noch das Wandgrab des kaiserlichen Rates und Leibarztes Kaiser Leopolds I., Nicolaus Beckers, Baron von Walhorn, zu nennen; es wurde im Jahr 1677, nach der Errichtung des nebenstehenden Agnesaltares (heute Franz-Xaver-Altar) gesetzt und zeigt eine Himmelfahrt Mariens und die knienden Stifter. Die dazugehörige Inschrift benötigt keinen Kommentar: *Optima philosophia et sapientia est meditatio mortis.*

## KÖNIGIN, OHNE ERBSCHULD EMPFANGEN

In der Mitte der achtziger Jahre des 20. Jahrhunderts begann ein Streit um die Abschaffung bzw. Beibehaltung, letztlich aber um die Aushöhlung eines Feiertages, dessen Wurzeln tief in die Geschichte Österreichs hineinreichen. Die bekrönende Komposition des Hochaltares von St. Stephan erinnert daran: Der damals regierende Bischof von Wien, Philipp Friedrich Breuner, der im Sinne eines gegenreformatorischen Programms die Barockisierung des Innenraumes von St. Stephan begann und auch zum größten Teil durchführte, schloß am 1. März 1641 mit dem ausführenden Künstler, Johann Jakob Pock, einen Vertrag ab, welcher das Programm des neu zu errichtenden Hochaltares bis ins kleinste festlegte. Am 18. Juni 1646 wurde das Abkommen mit dem inzwischen bereits zeitlich in Verzug geratenen Künstler im Hinblick auf die bekrönende Komposition des Altaraufbaues, welche ein Kreuz mit zwei Engelsköpfen vorsah, abgeändert, und zwar sollen ... *anstadt zweyer Engelsköpf ganze Engl, jedoch 6 Schuach, drey zoll hoch, dann oben anstadt des Kreuz, Maria Himmelfarth, auch 8 Schuach hoch, neben zweier knieend Engl darneben, midters Leben groß* ...[33] ausgeführt werden. So geschah es auch. — Am 19. Mai 1647, rund ein Jahr danach, wurde der neue Hochaltar von Bischof Breuner feierlich geweiht.

Einen Tag zuvor, am 18. Mai 1647, schenkte und weihte Kaiser Ferdinand III. aus Dankbarkeit über den 1645 erfolgten Abzug der die Stadt Wien belagernden Schweden, in Erfüllung eines damals gegebenen Gelübdes sich selbst, seine Kinder, Völker, Heere und Provinzen Gott, *dem höchsten Kaiser des Himmels und der Erde, durch den die Könige regieren, und der Jungfrau, Gottesgebärerin und Unbefleckt Empfangenen, durch welche die Fürsten herrschen, als der besonderen Herrin und Patronin Österreichs.*[34] Die innere Verbindung zwischen diesen beiden Tagen bzw. der Einfluß des Kaiserhauses auf die Abänderung des Altarprogrammes liegt auf der Hand.

Und so kommt auf dem neuen Hochaltar von St. Stephan, neben dem Kirchenpatron, dem er zugedacht ist, der Gottesmutter, der Immaculata, eine besondere Bedeutung zu: „... so wie das Bild der unbefleckten Empfängnis, die der Schlange den Kopf zertritt, war die Himmelfahrt Mariens Symbol für den Sieg der Gottesmutter und gleichzeitig der Kirche über die inneren und äußeren Feinde."[35] Und Feinde gab es damals viele — von den Anhängern der neuen Lehre angefangen bis hin zu den Schweden und Türken.

In den bewegten Jahren des Ringens um die Wiederherstellung des katholischen Glaubens in den habsburgischen Ländern schrieb man der Unbefleckt Empfangenen ein besonderes Verdienst um die Reinerhaltung des Glaubens zu. Je heftiger die Anhänger der neuen Lehre gegen die Verehrung Mariens ankämpften, umso entschiedener scharten sich die Katholiken um die Gottesmutter. So wundert es nicht, daß gerade im 17. Jahrhundert die marianische Verehrung einen besonderen Höhepunkt erreichte.[36]

---

[33] DAW, Pfarrakten St. Stephan, 1641, 1. III.

[34] Anna Coreth, Pietas Austriaca. Österreichische Frömmigkeit im Barock (Österreich Archiv, Wien $^{2}$1982) 55.

[35] Zykan, Stephansdom 166.

[36] Schon Urban Doczi hatte als Administrator von Wien im Jahr 1489 eine Verordnung erlassen, die das Fest der Unbefleckten Empfängnis Mariä als Feiertag erklärte, während der Tag bisher nur im Chor und von der Universität gefeiert worden war. Zu den letzten wichtigen Taten Kardinal Klesls vor seinem Tod für die Wiederherstellung des katholischen Glaubens gehörte sicherlich die Einführung des Festes der Unbefleckten Empfängnis Mariens, weil der

Und doch hat auch dieses Jahrhundert die Dogmatisierung der Lehre von der Unbefleckten Empfängnis nicht erreicht. Es sollte noch rund 200 Jahre dauern, bis schließlich im Jahr 1854 Papst Pius IX. den Lehrsatz von der Unbefleckten Empfängnis Mariens zum Dogma erhob. Am 15. August 1855 wurde aus diesem Anlaß eine festliche Prozession zur Mariensäule Am Hof veranstaltet. In dieser Zeit begannen auch die Maiandachten aufzublühen. So ersuchten am 26. April 1856 die Curpriester von St. Stephan den damaligen Fürsterzbischof Kardinal Rauscher, in der Domkirche solche Andachten abhalten zu dürfen. Die Erlaubnis wurde erteilt, und am 17. Juni 1856 wurden zwei Obligationen *zur Begründung eines kleinen Grundkapitals* übergeben, *damit die Auslagen bei der sogenannten Maiandacht zur Verherrlichung der makellosen Jungfrau Maria mitbestritten werden können.*[37] Diese Maiandachten bei St. Stephan bestanden in der Regel aus einem *eigens hiezu verfaßten Eingangslied unter Orgelbegleitung, aus einem Kanzelvortrag, abwechselnd Predigt oder Meditation, aus der Litanei der seligsten Jungfrau mit den dazu gehörigen Gebeten . . .*[38]

Die Themata der ersten Maiandachten im Jahre 1856 in St. Stephan kommentierten die Lauretanische Litanei. Im Jahr 1857 wurden die Geheimnisse des Rosenkranzes behandelt. Bis zum Jahr 1873 führt Ludwig Donin ein genaues Verzeichnis aller Themen an.[39]

So kam der Gottesmutter in der Zeit der Gegenreformation und der Türkengefahr eine eminente geistige Bedeutung zu,[40] die auch in den darauffolgenden Jahrhunderten fortwirken sollte. Die innere Reinigung der Kirche und das Bekenntnis zur Unversehrtheit ihres Glaubens standen bewußt unter dem Patronat der unbefleckten Jungfrau.

## KELCH DER HINGABE

Geht man heute aufmerksam durch den Dom, so kann man auf der Mehrzahl der Altäre die Gottesmutter in verschiedenster Weise dargestellt finden. Wie war das in früheren Zeiten?

Von den mittelalterlichen Altären des Domes haben sich nur Fragmente erhalten, und diese ergeben, von einzelnen wenigen Nachrichten ergänzt,

---

Grundgedanke dieses Festes den stärksten Widerspruch gegen die Häresie bedeutet. Durch Dekret vom 20. November 1629 wurde die Feier des Festes und die Haltung als Feiertag befohlen.

[37] Vgl. dazu: Donin (wie Anm. 26) 236.

[38] Donin (wie Anm. 26) 238.

[39] Donin (wie Anm. 26) 242 f.

[40] Vgl. Coreth, Pietas Austriaca 46.

ein nur sehr dürftiges Bild einer ehemals reichen Ausstattung. Aber das wissen wir: Auch damals war die Gottesmutter des öfteren an zentraler Stelle vertreten.

Der alte Hochaltar von St. Stephan war wohl ein Flügelaltar und dem Kirchenpatron geweiht.[41] Im Frauenchor stand ein durch Stiftungen bezeugter Marienaltar.

In der Mitte der Kirche erhob sich schon zu Zeiten Rudolfs IV. der Gottsleichnamsaltar. Pfarrer Heinrich von Luzern stiftete diesen, mit einer kostbaren Marienstatue ausgestattet, im Jahr 1336.[42] Von hier aus sollte nach dem Willen des Stifters die traditionelle Fronleichnamsprozession ihren Ausgang nehmen. „Vierzig bis fünfzig Weltpriester sollten an der Missa publica und an der Prozession teilnehmen, bei der die mit Edelsteinen geschmückte, sonst vom Stadtrat und Kirchenmeister verwahrte Marienstatue mitgetragen wurde. Später verband Rudolf IV. sein Grabmal, das er in der Mitte des Chores errichtete, mit diesem Altar."[43] In seinem Großen Stiftsbrief aus dem Jahr 1365 verfügt er, daß alle Tage in seiner Kirche mit *lawter und hoher stim drey gantze ampt* sollen gesungen werden, *ains nach der prim auf unser vrowen altar von unser vrowen, daz nimer sol verchert werden. Das ander ampt soll man singen auf Gots leichnam und unser vrowen altar, der do stet auff unser grab, nach der terz . . .*[44]

Im 15. Jahrhundert ist dieses kostbare Bild des Altares wohl einem der zahlreichen Kriege zum Opfer gefallen.[45] Der alte Gottsleichnamsaltar wurde weggeräumt, und der Markusaltar vor dem Platz, wo vorher der Lettner stand, aufgebaut. Dieser hieß jetzt Markus- oder Gottsleichnamsaltar. Ogesser beschreibt ihn, wie er ihn selbst auf einer hölzernen Tafel von 1543 sah, *welche ein hiesiger Bürger als ein Alterthum aufbewahret: (. . .) drei Staffeln hoch erhoben, dessen oberer Theil drey kleine Thürme vorstellte, in derem mittlerem Maria mit dem Jesuskinde von den Engeln umgeben, und in den anderen zween 4 Heilige waren, darunter sich auch der hl. Stephanus befand. Der untere Theil hatte 7 Abtheilungen, welche mit 22 Bildern der Heiligen gezieret waren.*[46] Dies war wohl auch eine Erinnerung an Pfarrer Heinrich.

Im Anschluß an die Errichtung des Chorgestühls von Wilhelm Rollinger gegen Ende des 15. Jahrhunderts (um 1486) wurde offenbar der steinerne Lettner durch eine hölzerne, mit Figuren gezierte Schranke ersetzt, die bis in

---

[41] Vgl. dazu Ogesser, Metropolitankirche 110, wo er von einem Meister Kaspar berichtet, *der die große Tafel auf St. Stephan altar vorn im Chor auf und zu thut.*

[42] E. Tomek, Spaziergänge durch Alt-Wien, Bd. 1 (Graz, Wien 1927) 163, nennt das Jahr 1334.

[43] Zykan, Stephansdom 47.

[44] Flieder, Stephansdom (wie Anm. 20) 259.

[45] Tomek, Spaziergänge 164.

[46] Ogesser, Metropolitankirche 111.

die Mitte des 17. Jahrhunderts erhalten blieb.[47] Diese Schranke bildete mit dem Chorgestühl eine künstlerische Einheit.

Im Zuge der Barockisierung des Innenraumes unter Fürstbischof Breuner um 1640 wurde zunächst der alte Altar mit den marmornen Säulen und dem Englischen Gruß — vermutlich, wie Feuchtmüller meint, Zutaten des 16. Jahrhunderts zum gotischen Flügelaltar — abgetragen und dann der neue, barocke Hochaltar errichtet. 1643 setzte man anstelle der gotischen Glasgemälde *sechseggete* Scheiben ein. Der Albertinische Chor sollte ganz den neuen Vorstellungen entsprechen. Helles Licht floß nun in den einst dunklen Raum, auch die seitlichen Chöre wurden barock ausgestaltet. Nach der Ausstattung des Chores wurde mit der Ausschmückung des Laienschiffes, des Langhauses, begonnen. Den Pfeilern wurden Altäre kulissenartig vorgesetzt. Auch die Wandaltäre haben nun Blickrichtung zum Beschauer, quer zur Längsachse. Damit ergibt sich, wie Feuchtmüller schreibt, ein „Anhalten des Raumflusses. — Einst richtete sich die Andacht empor zu den gotischen Pfeilerstatuen, nun nimmt das bunte Altarbild die Blicke gefangen, die barocke Architektur und die an ihr angebrachten Statuen lenken die Gedanken über Begebenheiten zu Glaubensinhalten, die hinter dieser künstlerischen Wirklichkeit der Bilder liegen. Die Altäre sind in ihrem Wesen daher nicht als Kunstwerke oder architektonische Einbauten zu verstehen, sondern als Orte des Kultes und der Andacht. Vor ihnen wurden Messen gelesen, für sie wurden Messen gestiftet, meist war ein besonderes Anliegen damit verbunden."[48]

Es ist kein Zufall, daß auf fast allen diesen Altären Maria in vielfältiger Form erscheint.

Die meisten Altäre im heutigen Langhaus gehören bereits dem Hochbarock an. Aus rotem, grauem und weißem Marmor bestehend, sind sie farblich froher gestimmt als der Hochaltar.

Im Jahr 1699 wurde der am linken vordersten Mittelschiffpfeiler stehende, aus Marmor gebaute Frauenaltar errichtet. Er trägt in seinem Zentrum das spätgotische Gnadenbild *Maria in der Sonne.* Der Vorgänger dieses Altares war der sogenannte Simon-und Judä-Altar, von dem laut Ogesser schon 1556 die Rede ist. Das in der Folge auf dem nun Frauenaltar genannten Altar befindliche *alte Frauenbild* war *immer in einer großen Verehrung.*[49]

Ein Jahr darauf, 1700, wurde am rechten vordersten Mittelschiffpfeiler der Josefsaltar aufgerichtet, vom Salzburger Steinmetzmeister Trüpl verfertigt. Das Altarblatt, vom kaiserlichen Kammermaler Anthoni Schoonjans signiert und 1699 datiert, stellt den hl. Josef mit dem Jesuskind dar. Im 17.

---

[47] Zykan, Stephansdom 117.

[48] Feuchtmüller, Stephansdom 310.

[49] Ogesser, Metropolitankirche 141.

Jahrhundert fand in Wien die in besonderer Weise von den Karmeliten gepflegte Josefsmystik Eingang. Daraus entwickelte sich in der Folge eine Art Staatsmystik, in dem Sinn, daß die Gottesmutter als Siegbringerin, als *Maria vom Siege* gefeiert wurde, der hl. Josef hingegen als *Conservator pacis,* als Bewahrer des Friedens galt. Die Statuen der vier Evangelisten am Josefsaltar erinnern an den gotischen Markusaltar, der einst an diesem Pfeiler stand. Das Aufsatzbild ist, wie auch am Marienaltar, durch eine plastische Gruppe ersetzt. Es ist dies eine Verkündigungsgruppe aus weißem Marmor: Vor einem schön geschwungenen Betpult kniet Maria und wendet sich dem Engel zu, der mit ausgebreiteten Flügeln und gefalteten Händen aus den Wolken zu ihr niedersteigt.[50] — Diese Darstellung der Verkündigung an Maria auf dem Josefsaltar soll auf die enge geistige Verbindung des Marien- mit dem Josefskult hinweisen.

An der Stelle des ehemaligen Allerheiligenaltares am dritten südlichen Mittelschiffpfeiler steht der Johannesaltar. Dessen signiertes und mit 1708 datiertes Altarblatt von J. M. Rottmayr hat den Besuch Mariens bei Elisabeth zum Thema. Elisabeth und Maria mit dem Johannesknaben sind in helles Licht getaucht, während Zacharias, der den Namen Johannes auf eine Tafel schreibt, und Josef im Schatten verharren.[51] Es ist dies ein sehr stimmungsvolles Bild des Salzburger Barockmalers, das die Vorfreude der Gottesmutter auf ihr kommendes Kind zum Ausdruck bringt.

Die in der Mitte des Aufsatzes emporschwebende Maria Immaculata ist, wie auch die übrigen flankierenden Gestalten, ein Werk Matthias Steinls.

Im Jahr 1677 stiftete die Maurer- und Steinmetzzunft den Peter-und-Paul-Altar, für den Tobias Pock die Bilder malte. Im Aufsatz ist wiederum Maria mit dem Kind schwebend zu erkennen, darunter die sehr stark nachgedunkelten Gestalten von Heiligen, die nicht mehr identifiziert werden können.

1701 folgt der vor dem Frauenaltar befindliche Katharinen- oder Cäcilienaltar. Über dem Hauptbild, das die Märtyrerin zeigt, neigt sich die Muttergottes mit ihrem Kind, ohne Nimbus und Krone, hinunter zu den im Altarblatt dargestellten heiligen Frauen — und wohl auch zu den Menschen überhaupt.

Der Franz-Xaver-Altar an der Nordwand, eine Stiftung des N. W. Freiherrn von Beckers von Walhorn, datiert mit 1690, zeigt in seinem Überbild eine Krönung Mariens durch die Heilige Dreifaltigkeit.

Im Jahr nach der Seligsprechung des Johannes Nepomuk, 1723, wurde von privaten Stiftern der Nepomukaltar mit einem Gemälde von M. Altomonte errichtet. Das 1945 verbrannte Bild wurde durch die Madonnenvi-

---

[50] Vgl. dazu: F. Mittelstedt (wie Anm. 2) 9 f.

[51] Zykan, Stephansdom 171.

sion des Heiligen von Kremser-Schmidt ersetzt. Dieses schöne Bild, datiert 1722, eine Leihgabe aus Melk, will die Andacht selbst darstellen. Der vor einem Madonnenbild kniende Heilige ist in innerer Schau entrückt.

Von den barocken Kapellenaltären ist in unserem Zusammenhang die Altarmensa der 1731 durch J. A. Fürst zu Liechtenstein ausgestatteten Tirnakapelle erwähnenswert. In einem sehr einfachen Bildkonzept, bei welchem der Einfluß Raphael Donners nicht auszuschließen ist, wird in einem Relief die Grablegung Christi gezeigt: Aus einer naturgetreu dargestellten Landschaft tragen von links drei Männer den Leichnam Christi zum Grabe, wo sie von den um die sitzende Muttergottes gruppierten trauernden Frauen erwartet werden. Auf der Bronzetür des Tabernakels darüber wird die Opferung Isaaks als das alttestamentliche Vorbild des Kreuzestodes Christi dargestellt. Und dieses Thema kommt wiederum in dem mächtigen gotischen Kreuz — im Volksmund als der *Herrgott, dem der Bart wächst,* bezeichnet — zum Ausdruck. Im Jahr 1852 erhielt Johann Ender von Fürst Alois von und zu Liechtenstein den Auftrag, die hinter dem Kruzifix befindliche Altarwand mit einem monumentalen Fresko zu schmücken. So malte dieser eine szenische Darstellung: Maria und Johannes unter dem Kreuz, beide zur Linken stehend, auf der anderen Seite Maria Magdalena, im Hintergrund eine Vielzahl von Gestalten, vor allem Soldaten. Die Kreuzigungsgruppe geht über in eine Glorie der Trinität.

So bieten die Altäre von St. Stephan als Orte des Kultes und der Andacht in reichem Maße Anknüpfungspunkte für die Betrachtung des Marienlebens.

## MUTTER DER GÖTTLICHEN GNADE

Zu den auch noch heute meistverehrten Darstellungen der Gottesmutter im Dom zählen ohne Zweifel in erster Linie das Gnadenbild von Maria Pötsch unter dem Südwestbaldachin und die sogenannte *Dienstbotenmuttergottes* am zweiten nördlichen Mittelschiffpfeiler. Die beiden anderen noch in St. Stephan befindlichen Gnadenbilder: *Maria in der Sonne* am vierten nördlichen Mittelschiffpfeiler wie auch die sogenannte *Hausmutter* in der Eligiuskapelle werden in unserer Zeit offenbar nicht mehr so besucht wie früher. Vielleicht kann eine kurze Zusammenfassung auch ihrer Geschichte wieder einige Beter hinführen.

Denn alle diese Bilder und Standbilder Mariens haben eine jeweils ganz besondere Geschichte. In jene Zeit, da wohlhabende Wiener Bürger das erst vor kurzem fertiggestellte neue Langhaus von St. Stephan mit Bildern und Statuen bestifteten, führt uns das Gnadenbild *Maria in der Sonne.* Diese Muttergottes, mit der Sonne umkleidet, zu ihren Füßen der Mond, über ihrem

Haupt, von zwei Engeln gehalten, anstelle der Sterne die Kaiserkrone Friedrichs III., der in demselben Jahr der überlieferten Stiftung des Bildes starb, erzählt von jenem frommen Bürger, der seine Kirche mit einem Marienbild schmücken wollte; in der Regel haben die einzelnen Stifter sich mit ihrem Wappen oder sogar persönlich verewigt. So hat sich auch im vorliegenden Fall, so berichtet Ogesser, der sich seinerseits auf ein altes Manuskript des *seligen Weihbischofs Braitenbücher* beruft, ein wienerischer Bürger im Jahr 1493 samt seiner ganzen Familie zu Füßen der Muttergottes verewigt.

Hier wird nun der „bürgerliche Andachtsraum der Kirche" deutlich, wie Feuchtmüller es formuliert; es geht hier nicht um tiefgreifende Fragen, sondern um „schlichte Frömmigkeit. Die himmlische und irdische Welt haben andere Dimensionen."[52] Dies drückt sich auch im Bild selbst aus: zu Füßen der Madonna, die sich fast wörtlich an den Schongauerstich *Madonna mit dem Apfel* anlehnt — hier hält das Jesuskind eine Birne in seiner Hand, als Symbol der Liebe Christi — sieht man ganz klein die Stifterfamilie: links den Mann mit seinen beiden Söhnen, rechts seine beiden Frauen mit je ihren Mädchen. Alle knien, die Erwachsenen halten Rosenkränze in ihren Händen. Dieses Bild, ursprünglich an jenem Pfeiler des Mittelschiffes seitlich angebracht, an dem sich der Simonis- und Judäaltar befunden hatte, war *immer in einer großen Verehrung und kam hiebei reichliches Opfer ein, wovon ein Theil unter die armen Bürger jährlich vertheilt wurde.*[53]

200 Jahre später, am 16. August 1693, wurde dasselbe Bild zum Mittelpunkt einer feierlichen Prozession nach St. Stephan und in der Folge zum Zentrum des 1699 aus Marmor errichteten Frauenaltares, des Nachfolgers des Simon-und-Judäaltares, an welchen noch die beiden seitlichen Apostelfiguren erinnern. Die Übertragung des damals sehr verehrten Bildes auf diesen neuen Frauenaltar beschreibt Ogesser in anschaulicher Weise: . . . *wurde es mit einer herrlichen Prozession, unter Begleitung des höchsten Hofes und der gesamten Klerisey aus der Hofkirche der P. P. Augustiner von 12 Pazmaniten nach St. Stephan getragen. Während dem Hochamte, und zwar nach der Kommunion des Bischofs, legte der Kaiser Leopold öffentlich das Gelübd ab, die durch den Türkenkrieg zugrunde gerichteten Pfarren wieder herzustellen, und in Ausbreitung der katholischen Religion die Mutter Gottes sich zur Schutzfrau zu erwählen. Im Jahr 1699, den 18. Oktober, ist es auf den damals neu errichteten marmorsteinernen Altar übersetzet worden. Der silberne Armleuchter hiebei ist laut der Inschrift ein Opfer von der Kaiserin Klaudi, der zweyten Gemahlin des Kaisers Leopold.*[54] Auf den lateinischen Text des Gelöbnisses des Kaisers weist heute noch die Inschrift *Admirabilis mater*, von einem Engel gehalten, hin.

---

[52] Vgl. Feuchtmüller, Stephansdom 260.
[53] Ogesser, Metropolitankirche 141.
[54] Ogesser, Metropolitankirche 141.

Im Sommer 1696, als eine neuerliche Türkengefahr drohte und aus diesem Grund eine riesige, von P. Marco d'Aviano persönlich geleitete Gebetsaktion mit unzähligen Prozessionen und Gottesdiensten abgehalten wurde, rückte ein anderes Gnadenbild in den Vordergrund: die durch ein Tränenwunder ausgezeichnete Ikone von Pocs in der Diözese Eger. Dort hatte um das Jahr 1676 ein bodenständiger Maler mit Namen Stefan Pap für einen Bauern namens Cigri ein Marienbild gemalt: eine Muttergottes im Typus der Wegweiserin und Heerführerin mit dem segnenden Jesusknaben, der eine rote Blume in seiner linken Hand hält. An einem Sonntag, dem 4. November 1696, sah ein Ackersmann mit Namen Michael Coery aus den Augen der Muttergottes helle Tränen fließen. Die Kunde von dieser außerordentlichen Begebenheit ging weit über das Land, Gläubige und Zweifler kamen, und schließlich geschah ein Wunder: ein todkrankes Kind wurde durch Berührung mit dem Bild geheilt. Auf Wunsch der Kaiserin Eleonore kam das Bild schließlich nach Wien, zunächst in die kaiserliche Favorita, *den 7. Juli darauf in die kaiserliche Hofkirche zu den P. P. Augustinern, wo es von der allerdurchlauchtigsten Kaiserin selbst mit einer von Diamanten und anderen Edelsteinen schimmernden Rose gezieret und mit der Benennung „Rosa Mystica" beehret worden.* – In einer sehr volkreichen Prozession wurde das Bild dann nach St. Stephan übertragen und dort *auf einem neben der Schatzkammer errichteten Altare zur öffentlichen Verehrung aufgestellet, wobei der ganze kaiserliche Hof die heilige Kommunion empfangen hat und hierauf eine Predigt und Hochamt gehalten worden.*[55] Nach 14 Tagen wurde das Bild wieder in die Favorita gebracht, schließlich aber auf Verlangen vieler Gemeinden in den meisten Kirchen in und vor der Stadt ausgesetzt und schließlich am 1. Dezember 1697 wiederum in einer feierlichen Prozession nach St. Stephan gebracht, wo es über dem Tabernakel des Hochaltares seinen Platz fand.

Wie groß die Verehrung dieses Bildes war, kann man sich heute kaum mehr vorstellen. Wenn man sich aber vor Augen führt, daß, während noch das Bild in verschiedenen Wiener Kirchen verehrt wurde, die Nachricht von dem Sieg des Prinzen Eugen bei Zenta am 11. September 1696 eintraf, welchem der Friede von Karlowitz und damit der endgültige Aufstieg Österreichs zur Großmacht folgen sollte, wodurch vor allem die so sehr gefürchteten Türken weit in den Osten zurückgeschlagen worden waren — welches Ereignis allgemein als Gebetserhörung aufgefaßt wurde —, dann versteht man das innige Vertrauen und die große Verehrung, die das Volk jener *weinenden Mutter von Petsch* entgegenbrachte, die *Ursach ist, das wir anjetzo lachen,* wie Abraham a Sancta Clara es beim Dankgottesdienst formulierte.[56]

---

[55] Ogesser, Metropolitankirche 299.
[56] Zykan, Stephansdom 170.

Ogesser berichtet uns von *etlichen sonderbaren Andachten, so bei diesem Gnadenbilde gehalten werden,* deren Zahl und Intensität uns heute fast unglaublich anmuten.... *außer den heil. Messen, die im Sommer von 4 Uhr und im Winter von 5 bis 12 Uhr allda unausgesetzt gelesen werden, wird täglich um 11 Uhr ein Hochamt abgesungen, um 12 Uhr eine heil. Segenmesse, und Nachmittags um 5 Uhr die Lauretanische Litaney bei ausgesetztem hochwürdigstem Gut gehalten. Nebst dem werden täglich in Beiseyn eines Priesters 3 Rosenkränze laut gebetet, und zwar der erste Vormittag um 9 Uhr, der zweyte um halb 12 Uhr und der dritte nach der nachmittägigen Lauretanischen Litaney.*

*Auch wird den Sonntag nach Mariäheimsuchung das Andenken dieses von Pötsch hieher um diese Zeit im Jahr 1697 überbrachten Gnadenbildes, dann von 4ten November angefangen, als welchem Tage im Jahre 1696 dieses Gnadenbild das erstemal Thränen vergossen, mit einer dreytägigen Andacht hochfeierlich begangen.*

*Überhaupt kommen das Jahr hindurch nicht nur verschiedene Prozessionen sowohl von der Stadt, als von dem Lande zu diesem Gnadenbilde, um durch die mächtige Fürbitte Mariä in was immer für Angelegenheiten von Gott Hilfe und Trost zu erhalten, sondern man siehet auch von Frühe Morgens bis späten Abend beständig eine merkliche Anzahl der hiesigen Inwohner von allen Ständen, welche da vor dem Thron des Allerhöchsten ihr Gebet ausgießen, und die Mutter Gottes um ihre Fürbitte anrufen, also zwar, daß man sie gegen 7 Uhr Abends abschaffen muß, da nach der eingeführten guten Ordnung die Kirche durchgesuchet und gesperret wird.*[57]

Viele Opfergaben wurden der weinenden Mutter gebracht, und ab 1697 gab es auch eine (Musik)kapelle *bey dem Gnadenbilt bei St. Stephan,* welche 1712 bis 1715 von dem bedeutenden Komponisten Johann Josef Fux geleitet wurde.[58]

So hat die Verehrung der Gottesmutter von Pötsch auch die Zeit der Aufklärung überdauert. Eine Kopie des Gnadenbildes vom Hochaltar wurde in der Folge an einem Pfeiler der Vierung zur Verehrung aufgestellt.

In den Jahren der nationalsozialistischen Herrschaft wurde das Gnadenbild wiederum Ziel besonderer Verehrung. Im Oktober 1938 wurde die alte Übung eines jährlichen feierlichen Triduums wieder aufgenommen. Am 7. Oktober hatte sich die katholische Jugend, gemeinsam mit ihrem Bischof, zur Rosenkranzandacht zusammengefunden.

Im Jahr 1941 wurden die Pfarren und Familien, im darauffolgenden Jahr die ganze Erzdiözese der Muttergottes geweiht.[59]

---

[57] Ogesser, Metropolitankirche 300 f.

[58] Vgl. Feuchtmüller, Stephansdom 316.

[59] Vgl. Wiener Diözesanblatt (= WDBl.) vom 19. Mai 1941, 79. Jg., Nr. 9, 37 f.; sowie: WDBl. vom 17. Juni 1942, 80. Jg., Nr. 12, 38; hier steht unter der Rubrik „Chronik" zu lesen:

Im fortgeschrittenen großen Elend des Krieges gelobte Kardinal Innitzer am 7. Oktober 1944 um 17 Uhr vor dem Gnadenbild Maria Pötsch die Erbauung einer Kirche in einem äußeren Bezirk Wiens, die dem unbefleckten Herzen Mariens geweiht werden sollte.[60] Diese Kirche wurde auch tatsächlich gebaut; es ist die heutige Pfarrkirche von Schönbrunn-Vorpark im 15. Bezirk.

Im Jahr 1948 kam das Gnadenbild von seinem Platz auf dem Hochaltar unter den Puchheimbaldachin in der südwestlichen Ecke des Domes und wird hier tagsüber und auch als Abendkirche immer wieder von vielen Betern besucht. Am 28. Mai 1988 verließ es anläßlich der Diözesanwallfahrt, wie in alten Zeiten, seinen Platz im Dom und wurde außen vor der Kirche weithin sichtbar aufgestellt.

Auch Papst Johannes Paul II. verweilte bei seinen beiden Besuchen in St. Stephan jedesmal zuerst vor diesem Gnadenbild zu einem kurzen, stillen Gebet.

In unmittelbarer Nachbarschaft befindet sich ein anderes Gnadenbild, das in alten Zeiten sehr verehrt wurde: die sogenannte *Hausmutter* in der Eligiuskapelle, die 1783 in den Dom einzog. Sie hält die Erinnerung an jene Zeit wach, da Kaiser Joseph II. eine große Zahl von Klöstern aufheben ließ und viele Ordensleute heimat- und orientierungslos wurden. Diese altertümlich-steif anmutende Statue aus der Mitte des 14. Jahrhunderts kommt aus dem Himmelpfortkloster, das, im 13. Jahrhundert gegründet, zunächst Prämonstratenserinnen beherbergt hatte, heute aber nicht mehr besteht. Von der mittelalterlichen Ausstattung der Klosterkirche hat sich nur diese Madonnenstatue erhalten, die Anfang des 17. Jahrhunderts zu großer Verehrung gelangte. Eine Legende hat diese Statue mit dem eigenartigen Namen des Klosters verknüpft, eine Legende, die auch mit den Nöten des Klosterlebens verbunden ist: Als eine junge Klosterpförtnerin eines Tages glaubte, es in ihrem Kloster nicht mehr aushalten zu können und in die Welt hinaus entfloh, nahm die Himmelmutter selbst ihren Platz ein und versah in der Gestalt jener Nonne durch etliche Jahre hindurch deren Dienst an der Pforte, so daß ihr Fortgang im Kloster unentdeckt blieb.[61]

Das Himmelpfortkloster wurde zunächst, da es als Erziehungsinstitut für Töchter des Adels im 18. Jahrhundert einen besonderen Ruf besaß, von Kaiser Joseph II. verschont. Vielmehr fanden hier Nonnen aus bereits aufgehobenen Klöstern Aufnahme. Da aber die Zahl der Übertrittswilligen klei-

---

*Am 31. Mai, 17 Uhr, vollzog Se. Eminenz im Stephansdom in feierlicher Weise die Weihe der Erzdiözese Wien an die Mutter Gottes.*

[60] Vgl. den Wortlaut des Gelöbnisses vom Rosenkranzfest, dem 7. Oktober 1944, im WDBl. vom 14. November 1944, 82. Jg., Nr. 19–20, 53.

[61] Vgl. dazu Pfundstein, Marianisches Wien (wie Anm. 26) 11 f.

ner als erwartet blieb, da weit mehr Nonnen, als vermutet wurde, *in die Welt gingen,* kam es am 24. September 1783 auch hier zur Aufhebung. Wie in den anderen Frauenklöstern ging es aber auch da nicht ohne Weinen und Wehklagen ab. Schließlich zerstreuten sich die Schwestern in alle Winde. Kirche und Konventgebäude wurden 1784 demoliert und an ihrer Stelle sieben Wohnhäuser errichtet. Nur noch Gassennamen bewahren die Erinnerung an das alte Kloster und — die *Hausmutter.*[62] Am 22. März 1784 teilte das Erzbischöfliche Konsistorium der Landesregierung mit, daß *über das Ansuchen des Furtmoser, Kirchenmeisters bei St. Stephan, um das bei der Himmelpforten befindtliche Bild, die Hausmutter genannt, in der St. Stephan Schatzkammer aufzubewahren, solange kein Anstand obwalte, als es zu dessen Verehrung nicht etwa auf dem Lande für eine Kirche, der noch manches gebricht, anverlanget wird.*[63] — Offenbar wurde die *Hausmutter* nicht für eine andere Kirche angefordert; sie kam aus der Schatzkammer in die Eligiuskapelle, wo sie ziemlich unbeachtet verblieb, wie es den Anschein hat.

Vielleicht wäre die *Hausmutter,* die um die Schwierigkeiten des Klosterlebens ebenso weiß wie um den Schmerz des erzwungenen Verlassenmüssens der schützenden Klostermauern, eine gute Zuhörerin für die Ordensleute in Not?

Maria als Stellvertreterin, überall dort, wo menschliche Liebe und Dienstbereitschaft vorübergehend auslassen!

Ein letztes, auch heute noch sehr verehrtes Gnadenbild ist hier zu nennen: die heute am zweiten nördlichen Mittelschiffpfeiler sich befindende, sogenannte *Dienstbotenmuttergottes,* eine gotische Kalksteinfigur um 1325, wie die Kunsthistoriker diese „schöne Madonna" eingeordnet haben. Für die Wiener aber war und ist sie viel mehr. Auch sie ist von einer Legende umrankt: Im 17. Jahrhundert hatte eine Magd, die von ihrer Herrin, einer Gräfin, des Diebstahls bezichtigt worden war, hier bei der Gottesmutter nach innigem Gebet Hilfe gefunden. Ihre Unschuld wurde erwiesen, und die reuige Gräfin half dem armen Mädchen, seinen ebenso armen Bräutigam zu heiraten.[64] So erhielt diese Muttergottesstatue eine besonders volkstümliche Verehrung, denn eine solche Situation konnte sich wohl fast jeder Dienstbote gut vorstellen.

Tatsächlich ist aber die Dienstbotenmuttergottes ein Andachtsbild von alters her. Vielleicht hat sie zum alten Marienaltar des Frauenschiffes gehört.[65] Wahrscheinlich stand sie im alten Dom in der Nähe des Dreikönigs-

---

[62] R. Perger, W. Brauneis, Die mittelalterlichen Kirchen und Klöster Wiens (Wiener Geschichtsbücher 19/20, Wien, Hamburg 1977) 194.

[63] DAW, Aufgehobene Klöster, St. Agnes zur Himmelpforten, 1784, 22. III.

[64] Vgl. dazu Pfundstein, Marianisches Wien (wie Anm. 26) 11.

[65] Vgl. Zykan, Stephansdom 48; G. Gugitz, Österreichs Gnadenstätten in Kult und Brauch, Bd. 1 (Wien 1955).

altares und kam schon Ende des 15. Jahrhunderts in die 1492 geweihte Barbarakapelle.[66] Ogesser erwähnt in seiner Beschreibung des Stephansdomes in der Barbarakapelle neben dem Cyprianialtar ein *auf einer Säule stehendes Marienbild, das andächtig verehret wird.*[67] Seit 1948 steht sie am zweiten nördlichen Mittelschiffpfeiler.

Sie trägt noch die Reste alter Bemalung an sich. Die anmutige Form und die Innerlichkeit, die sie ausstrahlt, die liebevolle Beziehung zwischen Mutter und Jesuskind, das verspielt, wie jedes andere kleine Kind, nach der Schnalle greifen will, welche den Umhang der Mutter zusammenhält, was diese lächelnd geschehen läßt — all das flößt Vertrauen ein und die Gewißheit, daß diese Mutter alle Sorgen versteht. Deshalb kamen in früheren Zeiten die Dienstboten frühmorgens vor Arbeitsbeginn zur Mutter der Gnaden. Heute gibt es wohl keine Dienstboten in diesem alten Sinn mehr. Es gibt aber ebenso viele Menschen, die in Abhängigkeit ihr tägliches Brot verdienen und so manche Ungerechtigkeit einstecken müssen.

Vielleicht wäre diese Mutter auch heute ein Ort, wo die verwundete Seele Kraft und Hoffnung schöpft und scheinbar unlösbare Probleme sich wie durch ein Wunder zu lösen beginnen?

## JUNGFRAU, MÄCHTIG ZU HELFEN

In der dunklen südlichen Turmhalle (unter dem ausgebauten Turm) finden sich heute die Reste eines Denkmales aus dem vergangenen Jahrhundert, welches an das „glorioseste Ereignis in der äußeren Geschichte Wiens, die heldenhafte Verteidigung der Stadt während der zweiten Türkenbelagerung"[68] erinnern sollte.

Während der Dank für die glückliche Beendigung der Pest in großartigen Denkmälern, über das ganze Land verstreut, seinen Ausdruck fand, dauerte es bis zur Errichtung dieses Erinnerungsmales über 200 Jahre. Bei der 100-Jahr-Feier des Sieges von 1683 wurde die Errichtung eines solchen nicht in Erwägung gezogen. Erst das mächtige Aufblühen der historischen Forschung im 19. Jahrhundert sollte hier Abhilfe schaffen. Nach Schwierigkeiten allgemeinpolitischer Natur infolge chauvinistischer Emotionen von verschiedenen Seiten und nach vielen Diskussionen um Standort und Thematik, einigte man sich schließlich auf einen Entwurf Professor Edmund Hell-

---

[66] Zu diesem Zeitpunkt kann auch ihre Rückseite abgearbeitet worden sein; vgl. dazu Feuchtmüller, Stephansdom 278.

[67] Ogesser, Metropolitankirche 143.

[68] Anselm Weißenhofer, Zur Geschichte des Türkenbefreiungsdenkmales im Stephansdom in Wien, in: Wiener Geschichtsblätter 11. (71.) Jg., Nr. 4 (1956) 73.

mers. Dieser zeigt in einer Art barockem Altaraufbau im Zentrum Graf Starhemberg, umgeben von allen bei der Verteidigung der Stadt entscheidend beteiligten Personen; als Bekrönung erschien zunächst der Erzengel Michael, der mit seinem Fuß auf einen Türken trat. Mit Rücksicht auf die Aufstellung im Dom, vor allem aber auch mit der Begründung, daß der ganze Feldzug unter dem besonderen Schutz Mariens begangen worden war, kam es in der Folge noch zu einer Abänderung in dem Sinn, daß anstelle des Erzengels die Gottesmutter im Strahlenkranz, flankiert von Kaiser und Papst, die ihre Hilfe anflehten, den Aufsatz krönte.[69]

Am 13. September 1894 konnte das Denkmal schließlich feierlich enthüllt werden. So hatte die Gottesmutter wiederum einen würdigen Ort im Dom gefunden.

Knapp 50 Jahre danach zerstörte in den Katastrophentagen des Jahres 1945 die herabfallende Pummerin den mittleren und unteren Teil des Denkmales vollständig. Nur die Bekrönungsgruppe der Madonna mit Kaiser Leopold I. und Papst Innozenz XI. konnte in neuer Zusammenstellung erhalten und in den Weihnachtstagen des Jahres 1948 wieder am selben Ort angebracht werden.

Der damalige Universitätsprofessor Dr. Franz Jachym verfaßte eine lateinische Inschrift, welche die Geschichte und das Schicksal des Denkmals erklärte. Eine einfühlsame Nachdichtung durch Paula von Preradović endet mit der tröstlichen Verheißung: *Nie wird in künftigem Sturm ihr betendes Wien sie verlassen, Österreichs Mutter, sie hilft, seid ihr nur stark und getreu!* [70]

Der Charakter des Denkmales ist nun viel kirchlicher geworden als ursprünglich geplant. Als die große Siegerin im Türkenjahr erscheint nun ausschließlich die Madonna als *Magna mater Austriae.*

## SCHLUSSBEMERKUNG

*Wie die Mutter Jesu, im Himmel schon mit Leib und Seele verherrlicht, Bild und Anbeginn der in der kommenden Weltzeit zu vollendenden Kirche ist, so leuchtet sie auch hier auf Erden in der Zwischenzeit bis zur Ankunft des Tages des Herrn (vgl. 2 Petr 3, 10) als Zeichen der sicheren Hoffnung und des Trostes dem wandernden Gottesvolk voran.*[71]

So bezeichnet das Zweite Vatikanische Konzil mit seiner ganzen Autorität die Gottesmutter als Ursache unserer Hoffnung auf unserem Weg zu Christus.

---

[69] Vgl. dazu Weißenhofer, Türkenbefreiungsdenkmal 74 f.

[70] Den Wortlaut der lateinischen sowie der deutschen Inschrift, in: Franz Jachym, hg. von Annemarie Fenzl (Wien, München 1985) 120 f.

[71] Lumen Gentium VIII, n. 68.

Auf unserem Weg durch den Dom kann leider — einfach aus Platzgründen — im Rahmen dieser Arbeit auf die Vielfalt nicht eingegangen werden, in welcher Maria im Dom uns noch begegnen würde, sei es als *Mutter des Erlösers* in den Passionsreliefs außen an der Ostschräge des Chores aus dem 15. Jahrhundert oder als *Zuflucht der Sünder* im Danhauser-Fresko aus dem 19. Jahrhundert, ebenfalls an der Chorschräge außen angebracht, welches die Gottesmutter über den Armen Seelen im Fegefeuer zeigt. Maria, die im Dom war und diesen wieder verlassen mußte, wie es bei jener Immaculata der Fall war, die auf dem aus Anlaß des mißglückten Attentats auf Kaiser Franz Joseph im Jahr 1854 errichteten Marienaltar in der Barbarakapelle zu finden war, der aber im letzten Krieg zerstört wurde. Nicht mehr erhalten sind auch zahlreiche Mariendarstellungen auf den ebenfalls vernichteten Fenstern des Chores und des Langhauses. Auch die *Heilthümer Mariens* in der Reliquienschatzkammer wären einer näheren Betrachtung wert.

So hat jedes Jahrhundert die Gottesmutter auf seine besondere Weise in den Dom gebracht. Maria, fruchtbarstes Motiv der christlichen Kunst, wurde entsprechend den verschiedensten Frömmigkeitsströmungen wie auch stilistischen Wandlungen der Kunstgeschichte stets neu dargestellt — als Mutter, als Immaculata, als Mater dolorosa, als Königin.

Das Zweite Vatikanische Konzil grüßt und verehrt Maria im 8. Kapitel der Dogmatischen Konstitution über die Kirche *vom Heiligen Geist belehrt, in kindlicher Liebe als geliebte Mutter.*[72] Wäre es nicht eine lohnende Aufgabe für glaubende Künstler der Gegenwart, dieser *Mutter der Kirche* — Maria des 20. Jahrhunderts — im Wiener Stephansdom ein zeitgemäßes Denkmal zu setzen?

---

[72] Lumen Gentium VIII, n. 53.

# DES MENSCHEN GOTTESERKENNTNIS UND GOTTESERFAHRUNG ALS THEOLOGISCHES PARADIGMA MARIENS

Von Weihbischof Kurt Krenn, Wien

## I.

In der spekulativen Theologie gibt es schwierige und weniger schwierige Aufgaben. Zu den leichteren Aufgaben gehört es, begrifflich feststehende Verhältnisse, die ihren dogmatischen Ausdruck bereits gefunden haben, auf andere gegenständliche Bereiche zu übertragen; das heißt, hat man erst einmal eine grundlegende spekulative Einsicht gewonnen, läßt sich diese immer wieder anwenden; man wird überdies auch immer wieder in den verschiedensten Bereichen der Theologie das gleiche fundamentale Problem entdekken. Eine solche spekulative Einsicht ist wie ein Paar neuer Augen, mit denen wir bisher verborgen gebliebene Zusammenhänge entdecken und mit denen wir die Wirklichkeiten des Glaubens in neuen Formen nunmehr erfassen. Die systematische und spekulative Theologie ist heute ein großes, weites und in viele Zusammenhänge strebendes Gebäude; grundlegende Einsichten und vielfache Anwendung solcher Einsichten greifen darin immer wieder ineinander und ergeben schließlich ein Lehrgebäude der Theologie mit einer eigenen Sprache, mit eigenen Begriffsverhältnissen und mit dem Anspruch auf eine eigene Wirklichkeit. Und es gibt heute bereits manchen Begriff und manches Wort, die im Alltag kaum verstanden werden, die jedoch innerhalb dieses systematischen theologischen Gebäudes eine sehr wirksame Bedeutungswelt besitzen.

Es gehört gegenwärtig sicher zu den großen Problemen der christlichen Verkündigung und der Theologie, daß von vielen Menschen die Sprache über Gott, über die Erlösung, über die Gnade, über die Wirklichkeit des Transzendenten und des Übernatürlichen heute einfach nicht mehr verstanden wird. Diese Feststellung ist leicht zu machen. Man braucht nur bewußt auf die Sprache der Massenmedien, in denen das Sprachverstehen unserer Zeit geformt wird, hinzuhören. In der Sprache des heutigen Alltags fehlen zunächst einfach die Worte wie Gott, Gnade, Erlösung usw. und der Gebrauch solcher Worte. Noch gravierender jedoch dürfte der Umstand sein, daß keine Gedankenzusammenhänge und Situationen mehr dargestellt werden, die dem sprechenden und nachdenkenden Menschen das Bedürfnis eingeben, ein Wort wie Gott, wie Gnade, wie Vorsehung, wie Sünde überhaupt aussprechen zu wollen. Die heutzutage in den Massenmedien und auch in der Kunst dargestellten Situationen des Menschen beanspruchen gar keine andere Botschaft als: es geht um Geld und Macht, es geht um das ichbezogene Interesse, es geht um pädagogische und psychologische Probleme, es geht um soziale Fragen, es geht immer um Fragen, für deren Beantwortung man *alle* Ursachen im profanen Alltag und in der Umwelt des Menschen suchen muß. Man könnte hierüber sinngemäß das Wort des frühen Wittgenstein anwenden: *Sätze können nichts Höheres ausdrücken* (Tractatus logico-philosophicus 6.42). Die Sprachwelt des heutigen Menschen und die von ihm erfahrenen Situationen haben demnach keine höhere Botschaft, keine tiefere Bedeutung in sich; alles ist aus der vorhandenen Umwelt des Menschen zu deuten und zu bedeuten. Wie eine verlorene und unbeachtete Welt liegen hier die Aussagen des Glaubens daneben: man versteht sie nicht mehr, man vermutet keine Bedeutung in ihnen, man gesteht ihnen keine Wirklichkeit mehr zu.

Über solche Tatbestände haben Kirche und Theologie mit großer Dringlichkeit nachzudenken. Man hat auch in der Theologie für dieses Problem eine Generalformel gefunden: Man fordert nunmehr, daß der Glaube in der Sprache unserer Zeit und unserer Menschen verkündet werden müsse; auch der seit dem Zweiten Vatikanischen Konzil gängig gewordene Begriff „aggiornamento" der Glaubensaussagen zielt im wesentlichen in diese Richtung. Einige Versuche sind unternommen worden: der Erfolg dürfte unterschiedlich, doch in jedem Fall unbefriedigend gewesen sein. Es kann nicht allzuviel erbringen, wenn sich die christliche Verkündigung gewissermaßen nur in die heutige Sprachwelt einschleicht. Manch auffälliger, aber kurzlebiger Erfolg war einem Predigt- und Sprachstil beschieden, der modische, technische, gruppenspezifische Worte und Wendungen aufgriff und damit die ganz andere Wirklichkeit Gottes und des Glaubens darstellen wollte. Veränderung durch sprachliche Anpassung war die Strategie, Anpassung durch Veränderung der Glaubensaussagen war oft das Resultat. Eine gemietete Sprachwelt bewirkt keine entscheidenden Fortschritte in der Vermittlung der Glaubensinhalte; eine bloße Einmietung in die heutige Sprache ohne die Erbringung neuer innerer Einsichten läßt eine modern klingende Sprache sehr schnell in einem lächerlichen Pathos erstarren; wir spüren dies heute am modernen sprachlichen Gestelze der Fürbittgebete oder der überstrapazierten Bibelübersetzungen oft sehr deutlich.

Mit gutem Recht wird man heute fordern, daß die Kirche in den Medien mit äußerster Konsequenz präsent sein müsse. Es ist auch richtig, die Wichtigkeit der Darstellung der christlichen und der theologischen Relevanz in Politik, Wissenschaft, Kultur und Wirtschaft zu betonen. Ebenso zutreffend ist es, neue Lebensformen und neue Kulturformen zu schaffen, um für die christlichen Glaubensinhalte neue Zonen von Erlebniswelt dazuzugewinnen. Wichtig ist es ebenfalls, von der abstrakten und schwer verständlichen

Sprache der Theologie zu einer zeitgemäßeren Ausdrucksweise zu finden, in der sich der Mensch mit all seinen Fragen und Sorgen wiederfindet und verstanden sieht. Doch alle diese sorgenvollen Überlegungen und Versuche bleiben ohne Mittelpunkt und ohne innere Kraft, wenn nicht die Grundfrage all dieser Probleme zur Aufgabe genommen wird. Die Grundfrage des Menschen, vor allem des heutigen Menschen, ist die *Frage nach der Erfahrung.*

Man braucht kein Prophet zu sein, um vermuten zu dürfen, daß das Anliegen, dem man den Namen „Erfahrung“ gibt, immer mehr zum dominierenden Thema der Theologie werden wird. Der Grund dafür liegt im Menschen, in der Not des Menschen. Dem Menschen bieten sich heute unzählige Informationen. Der Mensch wird dadurch in Zusammenhänge hineingezogen, deren Konsequenzen und Resultate kaum mehr überschaubar sind. Im Wort „Information“ liegt eine Kennzeichnung des empfangenden Menschen: der Mensch wird informiert, er wird geformt, er wird verändert. Und mit der steigenden Information wächst auch das Grundgefühl von der Veränderlichkeit des Menschen. In früheren Zeiten schien es dem Lebensgefühl des Menschen noch möglich, zu den Ereignissen, die den Menschen gewissermaßen informierten und veränderten, eine menschliche Entscheidung einzubringen. Zunächst ist der Mensch heute von der Vielfalt der auf ihn einströmenden Welt gebannt und fasziniert; dennoch wird ihm die Frage bewußt werden, ob er denn nur mehr „zur Kenntnis nimmt“ und im Strom dieser vielfältigen Informationen und Eindrücke mitgerissen wird, ob er überhaupt noch irgendwie seine eigene Entscheidung einbringen kann, ob er irgendwie noch irgendwo sein eigenes *Selbst* einbringen kann. Das Selbst des Menschen wird immer sprachloser und formloser; immer mehr überlagern die informativen und äußeren Ereignisse das Selbst des Menschen. Der Mensch von heute erlebt unendlich viel in jenem informativen Bereich, in dem wir ein immer reicheres Bild von unserer Umwelt gewinnen; die Frage bleibt jedoch, ob der Mensch, der so viel „erlebt“, auch noch etwas „erfährt“.

Das Wort *Erfahrung* wird heute gleichfalls oft verwendet; es findet sich vor allem in der Sprache und in der Argumentation der jungen Menschen. Wenn man das Wort Erfahrung vom Erleben, vom Erlebnis abheben will, dürfte das *Selbst* des Menschen dafür das unterscheidende Merkmal sein. Man kann heute in alle möglichen Vorgänge hineingezogen werden, doch immer mehr wird man zweifeln dürfen, ob das eigene Selbst noch *mehr* ist als das Aufnehmen, das Interesse, das Wissen, das Mitgerissenwerden, das Gebrauchen, das Verbrauchen, das Funktionierenkönnen, das Dabeisein, das Insidersein des Menschen. Der heutige Zugriff durch die totale Information ist gleichzeitig eine radikale Ausbeutung des Selbst des Menschen, der Identität des Menschen. Die vielen „Erlebnisse“ ersetzen immer mehr die „Erfahrung“, in der der Mensch die Gewißheit haben sollte, daß es um ihn selbst geht. So wird der Mensch irgendwann die Frage stellen müssen, ob es noch um ihn selbst oder ob es um etwas anderes geht. Diese Frage könnte man auch die *Primatsfrage des Menschen* nennen; in dieser Primatsfrage fragt der Mensch nach der Möglichkeit seines Selbstbewußtseins, seines Selbstbesitzes und seiner Selbstbestimmung. Und nur dann, wenn das Selbst des Menschen in diesen drei Perspektiven noch durchwirkt, wird man noch von „Erfahrung" sprechen können. In der Fülle von Erlebnissen, die auf den Menschen einstürmen, wird sich das Selbst der Erfahrung sodann als Vorrang (Primat) des Menschen vor den Dingen, als Primat des Ethischen vor dem Technischen und als Vorrang des Geistigen vor dem Materiellen darstellen und bewußt machen.

Mit einer solchen Fragestellung ist natürlich längst jenes frühere philosophische Interesse überwunden, das mit „Erfahrung" das bloße Heranschaffen von *empirischen* Daten an den erkennenden Menschen meinen konnte. Die empirischen Gegebenheiten haben heute längst ihre rein quantitative Darstellungsebene gefunden, so daß heute eine wissenschaftliche Weltbeschreibung ablaufen kann, in der der Mensch als Subjekt nichts vorrangig subjektiv Menschliches mehr einzubringen braucht. So hat sich das Problem der Erfahrung heute gewissermaßen umgedreht: Nunmehr geht es um die Möglichkeit des Menschen, mit seinem subjektiven Selbst noch in der Welt der rein *quantitativ* verstehbaren Darstellungen ein *Selbst* aufrecht zu erhalten, das z. B. die Frage nach der Person oder nach der Ethik mit Sinn und Bedeutung noch möglich macht.

Das Problem der Erfahrung ist heute nicht einfach jenes von Kant. Für Kant war Erfahrung das Zusammenspiel sehr ungleichartiger Elemente, nämlich einer Materie zur Erkenntnis aus den Sinnen und einer gewissen Form, sie zu ordnen aus dem inneren Quell des reinen Anschauens und Denkens. So ging es noch für Kant darum, daß die reinen Verstandesbegriffe dazu dienen, Erscheinungen zu buchstabieren, um aus subjektiven Wahrnehmungen objektive Erkenntnis zu machen. Dieses erkenntnistheoretische Problem ist in unserer Zeit nicht mehr das Problem der Erfahrung. Die reinen Verstandesbegriffe des erkennenden Subjekts sind heute in einem gewissen Sinn belanglos geworden; die Beschreibungen der *Naturwissenschaft* haben im Kriterium der *Einfachheit* und *Vollständigkeit* ein *eigenes* autonomes Maß gefunden, das auf keinen Allgemeinbegriff, auf keine Wirklichkeit und auf keine kausale Verknüpfung mehr zu rekurrieren braucht. In den reinen Verstandesbegriffen Kants lag noch die Chance eines „Selbstbehalts" des Subjekts; wie jedoch kann heute das menschliche Subjekt noch ein Selbst ausüben, wenn die allgemeinen und notwendigen Verknüpfungen in den Wissenschaften gar nicht mehr gefragt sind?

Es geht auch heute, nur eben aus veränderter Perspektive, um die Artikulation des Selbst. Dieser Artikulation sind jedoch heute die erkenntnistheoretischen Themen versagt, weil das Verhältnis von Subjekt und Objekt nicht mehr in diesem Sinn problematisch ist. Die immer stärkere Quantifizierung der Darstellungsverhältnisse in den heutigen Wissenschaften läßt das einstmals klassische Problemverhältnis von Subjekt und Objekt zunehmend belangloser werden, insofern die heutigen Wissenschaften eine Beschreibungsstruktur der Welt errichten, die auf charakteristische Denkverknüpfungen des erkennenden menschlichen Subjekts wie z. B. Allgemeinbegriff, Kausalität, Zielgerichtetheit, Ganzes, Ordnung, Wert usw. nicht mehr eingehen zu müssen vermeint.

Sosehr man auch in früheren Epochen diese Möglichkeiten des erkennenden Subjekts dem Problem der objektiven Welterkenntnis zuordnete, sosehr bestand darin ein Reservoir von Formen für die Artikulation des Selbst. Mit dem Wort *Formen* wird etwas in Überlegung gebracht, was heute im Zusammenhang mit Erfahrung meist übersehen wird.

*Erfahrung* wird *heute* oft in Verbindung gebracht mit dem, was „der Fall ist". Gerade oft in Abhebung von einer nicht akzeptierten Metaphysik wird Erfahrung in eine unlösbare Beziehung zum *Tatsächlichen, Faktischen* gebracht. Im Tatsächlichen wiederum erblickt man als charakteristisch eine gewisse *bloße Punktualität*, die im Gegensatz zu jeder Erweiterung in einer „Form" steht. Mit dieser Zuspitzung auf das Punktuelle im Tatsächlichen wird Erfahrung (vor allem aus der Perspektive des Empirischen) zum *formlosen punktuellen* Auftritt in den Einzelfällen der Wirklichkeit. Und Erfahrung hat gegenüber den einzelnen Tatsachen nur mehr jenes Eigencharakteristikum, daß sie sich (punktuell) ständig *wiederholen* kann. Erfahrung hat heute in ihrer Ausbeutung durch die Perspektive des Empirischen somit ein *Eigenverhältnis zur Form eingebüßt* und ist nur mehr die konkrete Benennung des Tatsächlichen.

Wird das menschliche Selbst, das menschliche Subjekt, dieses formlose Gefühl des Umgangs im Tatsächlichen als *Erfahrung erfahren* können? Für das menschliche Selbst kann Erfahrung nichts anderes und nichts Höheres mehr sein als Erfahrung; das heißt, Erfahrung muß in seiner Wahrheit *absolut* Erfahrung sein, das menschliche Selbst muß daher auch Erfahrung erfahren können. Zum Erfahren der Erfahrung jedoch kann das menschliche Selbst nicht durchstoßen, wenn die einzige Chance der vorhin genannten *Punktualität* der Erfahrung die *formlose*, ständig gleiche *Wiederholung* der Erfahrung im Punktuellen ist. Erfahrung in der bloßen Punktualität ist unerkennbar und unidentifizierbar, sie ist nur das anonyme Gefühl von Wirklichkeit als Tatsächlichkeit. Das Wortspiel von „Erfahrung erfahren" bedeutet, daß Erfahrung eine innere Erkennbarkeit und *Identität ihrer selbst* verlangt, die sich von der bloß punktuellen Wiederholung *absetzen* läßt. Das Prinzip der Erkennbarkeit im Gegensatz zur bloßen formlosen Wiederholung muß für die Erfahrung eine *innere „Formhaftigkeit" der Erfahrung* sein. Es geht also im Problem der Erfahrung, das über die Perspektive des Empirischen für das menschliche Selbst ein Problem der Formlosigkeit geworden ist, darum, das menschliche Selbst (Subjekt) in jene „Formen" zurückzuführen, die ein Erfahren der Erfahrung ermöglichen. Man könnte diese Forderung nach der Möglichkeit des Erfahrens der Erfahrung auch eine Forderung nach *Selbstbewußtsein, Selbstbesitz* und *Selbstbestimmung* nennen; mit diesen Worten haben wir dasselbe Problem bereits eingangs dieser Überlegungen benannt.

Erfahrung also, die mehr als das formlose Wirklichkeitsgefühl des Tatsächlichen sein sollte, muß sich über die bloße Wiederholung hinaus zur *Formhaftigkeit* erheben. Im Erfahren der Erfahrung muß eine Form wirksam sein; über diese Form muß allerdings noch weiteres gesagt werden: Die bloße Punktualität in der Erfahrung gestattet eine unbegrenzte Wiederholung der Punktualität des Tatsächlichen; damit erweckt das Tatsächliche den Anschein eines nicht mehr Hintergehbaren, das Tatsächliche kann in seiner Erfahrbarkeit immer und immer wieder wiederholt werden, das Tatsächliche erweckt damit den Anschein, es sei das nicht mehr hintergehbare (höchstens wiederholbare) Kriterium für Wirklichkeit. Für das erkennende Subjekt jedoch bedeutet diese Punktualität des Tatsächlichen den Ausschluß jeder weiteren Möglichkeit von Selbstbestimmung; die Selbstbestimmung liegt allein in der Unbegrenztheit der Wiederholung des Tatsächlichen, die Selbstbestimmung des Subjekts erfreut sich in diesem Fall nur der schwächsten Weise von Unendlichkeit, nämlich der bloßen punktuellen Wiederholbarkeit.

Daraus kann jedoch bezüglich der Bedingung von Erfahrung gelernt werden: Eine Erfahrung des erkennenden Subjekts, die eine *innere* Selbstbestimmung des Subjekts sein will, muß sich selbst zu einer *inneren Unüberbietbarkeit,* zu einer erfahrbaren Weise von innerer Unendlichkeit, führen. Die bloße Wiederholbarkeit kann nur durch eine „Form" zur *Unüberbietbarkeit* hin überschritten werden. So verstehen wir nunmehr das, was mit „erfahrender Erfahrung" gefordert sein sollte, als eine *innere Unüberbietbarkeit der Erfahrung,* die nicht mehr in der punktuellen Wiederholung des Tatsächlichen, sondern in der inneren Gestalt der Erfahrung angelegt ist. Diese Unüberbietbarkeit der Erfahrung muß in einer *Form* in der Erfahrung anwesend sein; und diese Form kann sich nicht als eine zufällige Konstellation von Bestimmungen, sondern nur mehr als etwas *in sich Unüberbietbares* verstehen.

Zunächst muß die Frage erwogen werden, wie eine Erfahrung des Unendlichen dem Menschen gelingt. Vorerst wird man auf dem Boden der diskursiven Spekulation von der *Erkenntnis* des Menschen bezüglich des Unendlichen sprechen können. Hervorragendes Beispiel der menschlichen, vernunfthaften Erkenntnis des Unendlichen ist zum Beispiel jener Unbewegte Beweger, den Thomas von Aquin, den Gedanken des Aristoteles folgend, in seiner „Prima via" (Summa theologica 1, q. 2, a. 3 c) als die spekulative Notwendigkeit für die Wirklichkeit der von uns erfahrbaren Bewegung und Veränderung vorstellt. Denkt man diesen Unbewegten Beweger in seiner Begrifflichkeit voll aus, wird man ihn als vollkommene Wirklichkeit *(actus purus)*, die aus Fülle von Vollkommenheit jede Möglichkeit von Veränderung abweist, begrifflich darstellen. Ein solcher göttlicher actus purus ist mit Selbstverständlichkeit ein Unendliches, genauer noch: das schlechthin und in jeder Rücksicht Unendliche, das *infinitum simpliciter.*

Wie erfahrbar jedoch ist für den Menschen ein solches *infinitum simpliciter?* Es stellt sich die klassisch gewordene Frage: *finitum quomodo capax infiniti?* Kann und wie kann der Mensch den unendlichen Gott *erfahren?* Man mag Gott zunächst *erkennen* und als das schlechthin notwendige Unendliche erkennen. Wie jedoch kann der Mensch Gott nicht nur erkennen, sondern auch erfahren?

Der Unterschied von *Erkennen* und *Erfahren* bezüglich Gott sei dargetan. Das Erkennen meint zunächst nur ein Zusammengehen von erkennendem Subjekt und erkanntem Objekt im Akt des Erkennens, was schon in der Formel ausgedrückt wird: *intelligens in actu est intellectum in actu.* Das menschliche, geistige Subjekt des Erkennens kann sich nicht im bloßen Verhältnis zu einem Objekt (ob unmittelbar erkannt oder ob spekulativ erschlossen) zum geistigen Dasein bringen; der Mensch als geistiges Subjekt verlangt überdies nach Selbstbestimmung. Man kann es noch genauer sagen: Es ist die *Wahrheitsfähigkeit des Menschen,* die wiederum in der Selbstbestimmung des Menschen ruht. Die Wahrheit hat wesentlich mit der Selbstbestimmung des Menschen zu tun. Dies zeigt sich bereits in der spekulativen Betrachtung der Wahrheit als *adaequatio rei et intellectus;* Wahrheit ist demnach nicht einfach ein bloßes Übereinstimmen von Sache und Erkenntnis; Wahrheit ist Wahrheit schließlich dadurch, daß dieses Übereinstimmen im *Bewußtsein* von Wahrheit stattfindet; Bewußtsein wiederum ist eine unaufhebbare Unüberbietbarkeit des menschlichen erkennenden Subjekts; Bewußtsein ist damit eine Selbstbestimmung des Menschen, die sich in sich selbst trägt, die nicht überschritten und nicht mehr hintergangen werden kann.

Diesen wenigen argumentativen Schritten läßt sich bereits entnehmen, daß die Wahrheitsfähigkeit des Menschen etwas mit Selbstbestimmung zu tun hat; ja, es folgt überdies daraus, daß eine *wahre* (menschliche) Erkenntnis in ihrem Inneren eine *Erfahrung* sein muß. Denn als bloße Übereinstimmung von erkanntem Ding und vom erkennenden Menschen ist diese Übereinstimmung noch in keine Unüberbietbarkeit eingebracht und kann sich daher noch nicht jener Charakteristiken der Wahrheit erfreuen, die allesamt ein Ausdruck von Selbigkeit der Wahrheit sind und etwas Absolutes gegenüber allem Bedingten ausdrücken.

Man könnte nunmehr aussagen, daß jede subjektiv-objektive *Übereinstimmung (adaequatio)* dadurch *Wahrheit* wird, daß diese Übereinstimmung in der Unüberbietbarkeit einer geistigen Selbstbestimmung offenbar wird und sich dadurch als Wahrheit *zeigt.* Man kann also das Gelten und das Werden von Wahrheit nicht einfach einem bloßen ausgleichenden Wechselspiel von Subjekt und Objekt, nicht einfach einem Fortentwickeln der Erkenntnis*inhalte* in der bloßen Übereinstimmung von Subjekt und Objekt überlassen. Das Moment der *Erfahrung* im *wahren Erkennen* ist genauso wesentlich wie das Subjekt-Objekt-Gefüge des Erkennens; die Selbstbestimmung als eine Grundweise der Erfahrung mag zunächst wie eine stille, lautlose Dimension des wahren Erkennens erscheinen, die man oberflächlicherweise mit der Zufälligkeit des gerade eben erkennenden Subjekts verwechseln könnte. Es ist jedoch die *Unüberbietbarkeit des Bewußtseins* als einer Weise der Selbstbestimmung, die die Wahrheit aus der Zufälligkeit des bloß *inhaltlichen* Ablaufs (= bloße Übereinstimmung) herausnimmt und die *Wahrheit* als nicht mehr überbietbar sich zeigen läßt.

Was also ist der Mensch, in dem die Wahrheit auf solche Weise sich zeigt? Die Enzyklika *Redemptor hominis* drückt diese Unüberbietbarkeit des Menschen, wodurch der Mensch eigentlich erst wahrheitsfähig ist, mit der Feststellung aus, daß jeder Mensch einmalig und unwiederholbar ist (vgl. RH 13: *existentia unica neque iterabilis).* Diese Ausdrucksweise der Enzyklika mag zunächst wie eine Selbstverständlichkeit angesichts der Todesangst des Menschen sein. Diese Aussage zeigt jedoch auch gleichzeitig, daß der Mensch *den Grund aller Wirklichkeit in sich* hält, daß es nichts Wirkliches in der Welt geben kann, was am Menschen vorbeiginge, daß kein Erkenntnisinhalt eine unabhängige Weise von Wahrheit über oder neben dem Menschen findet. Es gibt nichts Wirkliches ohne den Menschen, der Mensch selbst hinwieder kann sich selbst an nichts anderem weiterverstehen, wenn nicht an sich selbst: der Mensch ist einmalig und unwiederholbar, in diesem einmaligen und unwiederholbaren Menschen vollzieht sich die unüberbietbare Selbstbestimmung, die die Wirklichkeit *als Wahrheit* sich zeigen läßt. Die Erfahrungsfähigkeit des Menschen besteht im Vollzug seiner Einmaligkeit und Unwiederholbarkeit, die den Menschen immer wieder an sich selbst zurückverweist und dem Menschen damit schließlich nichts anderes als die Wahrheit gestattet.

Zweifellos werden solche Aussagen, wenn sie unverständig gehört werden, subjektivistisch und solipsistisch klingen. Verstehen lassen sich jedoch diese Aussagen dann, wenn man darin versteht, daß der Mensch im letzten nur mit der *Wahrheit* seines Menschseins umgehen kann und umgehen darf. Diese Aussagen gestatten es also nicht, daß der Mensch mit seinem Menschsein tut, was er will; sie gestatten es nicht, daß der Mensch mit sich selbst in Willkür und Zufall verfährt und sich beliebige Wahrheiten verschafft und macht. Diese Aussagen meinen vielmehr, daß dem Menschen nur die Wahrheit gestattet ist, das heißt, daß dem Menschen in der Bewältigung der Wirklichkeit nur das *Unüberbietbare* gestattet ist, in dem er wahrheitsfähig und selbstbestimmend und wahrheitsoffenbar ist. Selbstbestimmung, Unüberbietbarkeit, Einmaligkeit, Unwiederholbarkeit, Wahrheitsfähigkeit sind also die kennzeichnenden Worte dafür, daß der *Mensch allein* erfahrungsfähig ist, weil sich nichts am Menschen vorbeiführen läßt, weil sich alles am Menschen und durch den Menschen und im Menschen als Wirklichkeit entscheidet.

Es ist also der gewissermaßen in neuem Licht erscheinende Begriff des „Unüberbietbaren", der die Wahrheit des Menschseins aufschließt. Nach scholastischer Terminologie wäre dieses Unüberbietbare das *infinitum secundum quid*, das wohl vom *infinitum simpliciter* zu unterscheiden ist, das aber dennoch in der *jeweils* bedeutenden Dimension *unüberbietbar*, in diesem *gewissen Sinn unendlich* ist.

Vorhin hatten wir den Unterschied von Gott „erkennen" und Gott „erfahren" in die Diskussion gebracht. Daraus entwickelte sich die Einsicht, daß die Wahrheit wesentlich etwas mit der Erfahrung und Selbstbestimmung des Menschen zu tun hat, daß die bloße Übereinstimmung von Erkennendem und Erkanntem erst dann die Würde von Wahrheit erreicht, wenn dem Menschen die *Selbstbestimmung* in der *Unüberbietbarkeit des Bewußtseins* gelingt. Diese Unterscheidungen und Einsichten sind auch auf die Erkenntnis des Menschen bezüglich Gott anzuwenden. Wenn es gewisse Wege des spekulativen Denkens auf Gott als den Ersten Unbewegten Beweger, als die absolute Notwendigkeit usw. gibt und daraus der Begriff Gottes als *infinitum simpliciter* entwickelt wird, wird eigentlich die Unüberbietbarkeit auf der begrifflich-*inhaltlichen* Ebene gesucht. Des Menschen Gotteserkenntnis, die sich in einem *infinitum simpliciter* zu höchstem *Inhalt* erheben läßt, wird bei diesem *inhaltlich* voranschreitenden Erkennen der Existenz Gottes nicht auf des Menschen Selbstbestimmung hin befragt. Die Wahrheit dieses Erkennens wird ausschließlich in der Dimension des erkannten *Inhalts* vermutet; das Moment der Erfahrung entfällt bei diesem Versuch, Gott nur in der Unüberbietbarkeit des Begriffs und Inhalts zu denken. Die „Wahrheit" dieses Gottesgedankens liegt für den Menschen im absoluten und unbegrenzten Ausdenken einer Unendlichkeit Gottes. Diesem erkenntnishaften und ausdenkenden Vorgang mit dem Ziel einer gedachten, inhaltlichen Unendlichkeit Gottes kann kein Verfahrensfehler nachgewiesen werden. Dennoch steht die vernunfthaft voranschreitende Theologie an diesem Punkt immer wieder vor der enttäuschenden Tatsache, daß wohl eine spekulative Leistung erbracht wurde, daß aber dennoch der erkannte unendliche Gott von den Menschen oft nicht anerkannt wird. Überdies läßt sich in diesem *inhaltlich unendlich* gedachten Gott ohne Mühe der argumentative Duktus des sogenannten „ontologischen Gottesbeweises" wiedererkennen, der in der durchgedachten Identität des „größten Größten" die Notwendigkeit der Existenz Gottes gedacht haben will.

Wenn man es genau nimmt, ist das *inhaltliche* Ausdenken des Gottesbegriffs zum *infinitum simpliciter* – welcher Weg dafür auch immer beschritten werden mag — der von seinem inneren Duktus her ausschließende Denkvorgang; *ausgeschlossen* wird gerade darin jede *Erfahrung* Gottes, sofern Erfahrung etwas mit der Selbstbestimmung des Subjekts zu tun hat. Wir müssen also auch auf des Menschen Gotteserkenntnis die Feststellung anwenden, daß das Gotteserkennen des Menschen über eine bloße Übereinstimmung von Subjekt und Objekt hinweg zur *Wahrheit in Selbstbestimmung* nur gelangt, wenn jene Dimensionen thematisiert werden, in denen der Mensch das infinitum als *innere Unüberbietbarkeit seines Menschseins* und menschlichen Tuns vollziehen kann.

Bislang haben wir das Bewußtsein des Menschen mit Blick auf die Wahrheit des subjektiv-objektiven Erkennens als eine solche Unüberbietbarkeit und gleichzeitig Erfahrungsfähigkeit des Menschen dargestellt. Nunmehr haben diese bisherigen Überlegungen sich an der Forderung nach der Erfahrung (über das Erkennen hinaus) *Gottes* zu bewähren. Mit der Erfahrung als der Überwindung des bloßen „Erkennens" Gottes durch den Menschen ist keineswegs einer A-rationalität das Wort gesprochen. Es geht nicht um irrationale oder sentimentale Erfahrungen, die im Gegensatz zum objektiven Duktus des metaphysischen und spekulativen Denkens verlaufen. Es geht im Erfahren Gottes darum, daß dem Menschen angesichts der Totalität der Wirklichkeit Gottes dennoch die *Unüberbietbarkeit von Selbstbestimmung* gelingt und gleichzeitig das „Erkennen Gottes" durch den Menschen zur *Wahrheit* auf dem Grund der Selbstbestimmung und der Erfahrung wird. Das heißt, daß über die Forderung nach „Wahrheit" in der Gotteserkenntnis immer schon eine wesentliche Ergriffenheit des Menschen eingebracht ist, die nicht in der inhaltlich-objektiven Ausgestaltung des Gottesbegriffes auszutragen ist, die vielmehr in der Frage besteht, ob eben der Mensch geradezu in der Unüberbietbarkeit seines Menschseins die „Wahrheit" der Gotteserkenntnis in Erfahrung behält.

## II.

An dieser Stelle sei eine Aufhebung des bloß spekulierenden Denkens gestattet; es sei gestattet, nunmehr die bislang freigelegten Verhältnisse im Unterscheiden von Gotteserfahrung und Gotteserkenntnis in *geoffenbarten theologischen* Verhältnissen zu erproben. Es soll in theologischer Erwägung nunmehr über jene Wahrheitsfähigkeit und Erfahrungsfähigkeit des Menschen gesprochen werden, die das Unüberbietbare des Menschseins mit der Wirklichkeit Gottes vereint, die in „Erfahrung" das Menschsein und das Sein Gottes zu jener „Wahrheit" werden läßt, in der nichts mehr „vor", „neben" oder

„gegen“ bezüglich des Menschseins und des Seins Gottes unbewältigt und ungedacht stehen bleibt. Es gibt kaum ein theologisches Werk, in dem das Unüberbietbare des Menschseins so grundlegend zur Sprache kommt, wie dies bei Johannes Paul II. in der Enzyklika *Redemptor hominis* (RH) der Fall ist. Der theologische Schlüsselsatz für die Bewertung des Menschen und für die Aussagen über die Erlösung in dieser Enzyklika ist ohne Zweifel die in RH 13 aufgenommene Aussage des II. Vatikanums: *Hominem (...) in terris solam creaturam esse quam Deus propter seipsam voluerit; der Mensch ist auf Erden die einzige Kreatur, die Gott um ihrer selbst willen wollte* (Gaudium et Spes 24).

Dieser theologische Satz über Gottes Wollen in der Schöpfung ist für das spekulative System der katholischen Theologie sehr ungewöhnlich. Denn es widerstreitet aus vielfachem Grund dem Wesen Gottes, sich durch ein Geschöpf in der Schöpfungstat bestimmen zu lassen; Gott würde dadurch gewissermaßen von außen bestimmt, was sich mit seiner Unveränderlichkeit, Ewigkeit, Einfachheit usw. nicht vereinbaren läßt. Wenn nun aber die Rede vom Menschen als von der einzigen von Gott um *ihrer selbst* willen gewollten Kreatur ist, so wird in Gottes Wollen eine Bestimmung von außen, von der Kreatur her, anscheinend eingeführt. Man könnte vielleicht diese ungewöhnliche Aussage von *Gaudium et Spes* in die theologische Systematik dadurch zurückbinden, daß Gott eben eine einzige Kreatur schafft, die gegenüber allen *anderen* Geschöpfen alle Finalität und Ausrichtung in sich selbst hält oder daß sich Gott eben eine solche Kreatur ausgedacht und ins Dasein geschaffen hat. Im Resultat würde dies bedeuten, daß Gottes *Allmacht und Wollen* die Schöpfung mit der kühnen Konstruktion des Menschen, der alle Finalität und alle Bedingungen in sich selbst hält, krönen und abschließen wollte.

Man kann natürlich das hier auftretende spekulative Problem, daß Gottes Tun sich vom Menschen bestimmen läßt *(propter seipsam voluerit)*, dadurch entschärfen, daß man festlegt: Gott will es in seinem *allmächtigen Wollen* eben so. Wenn man jedoch diese Aussage als eine Wahrheit des Menschseins, die dem Menschen innewohnt, gelten läßt, dann öffnet man Gottes Wesen in ganz neuen Verhältnissen, die Gott eigentlich nur gegenüber dem Menschen verwirklicht. Damit würde der Mensch herausgehoben aus der allgemeinen Schematik der *Kausalität*, in der der Mensch zusammen mit den übrigen Kreaturen verstanden wurde. Solange Gott, der den Menschen schafft, als die höchste, erste und letzte Ursache verstanden wird, wird man in theologischer Systematik eigentlich nur formulieren dürfen, daß Gott alle Kreatur — auch den Menschen — um *Gottes selbst willen* wollte (es dürfte also nicht heißen: *propter seipsam*, sondern: *propter seipsum).* Solange also das bloße Verhältnis der *Kausalität* zwischen Gott und Kreaturen zur Anwendung kommt, wird der Gegensatz zwischen Gott und dem Menschen in der philosophischen und theologischen Spekulation so ausgetragen werden müssen, daß alles von Gott ausgeht und alles sich in die Identität Gottes *(propter seipsum)* zurückbeziehen lassen muß.

Wenn wir nun noch einmal Bezug nehmen auf die vorhin dargestellte Wahrheits- und Erfahrungstätigkeit des Menschen, verläuft das *kausal* vorgestellte Verhältnis zwischen Gott und dem Menschen so, daß dem Menschen nicht die Möglichkeit einer Selbstbestimmung verbleibt, weil das kausale Verhältnis zwischen Gott und dem Menschen ausschließlich *inhaltlich* ausgetragen wird. Selbstbestimmung und Unüberbietbarkeit bleiben dem Menschen dabei versagt; was *Wahrheit* zu sein beansprucht, verläuft an der Selbstbestimmung des Menschen vorbei; statt einer *Erfahrung* Gottes auf dem Grund der Selbstbestimmung handelt es sich bloß um *begrifflich-inhaltliche* Totalisierungen. Man mag also das kausale Verhältnis zwischen Gott und Kreatur noch so total, radikal und umfassend denken, der größte *Inhalt* allein bringt in der Gottesfrage keine Erfahrung Gottes und keine Betroffenheit des Menschen.

In der Formel *solam creaturam quam Deus propter seipsam voluerit* wird in gewissem Sinn von der Daseinsdeutung der Kreatur und des Menschen durch die *Kausalität* nunmehr Abstand genommen; in dieser Formel wird es ungleich deutlicher, daß Gott das Selbst, die Identität, die Selbstbestimmung, ja, die Unüberbietbarkeit des Menschen bejaht. Diese neuartige Formel sollte daher weder wie eine Provokation des bisherigen theologischen Systems noch wie ein theologischer Lapsus betrachtet werden. Das *propter seipsam* ist nicht einfach eine Korrektur des *propter seipsum;* es ist vielmehr die Eröffnung einer neuen Dimension, die sich auf die Grundlage der Gotteserfahrung als der selbstbestimmenden „Wahrheit" der Gotteserkenntnis ausrichtet.

In der theologischen Spekulation ergäbe sich aus der Formel *propter seipsam* ein weites Feld von Einsichten in die Selbstbestimmung Gottes durch den Menschen. Eine Frage zum Beispiel wäre in diesem Feld die Frage, ob denn Gott sich von Ewigkeit her bereits auf seine Menschwerdung in Jesus Christus festgelegt hat, sodaß bereits in aller Schöpfungstat das *propter seipsam* für den Menschen sich zeigt und letztlich bereits die *Offenbarung* des Wesens Gottes selbst ist. Damit wäre für jede Offenbarung Gottes das Menschsein gewissermaßen die Bedingung für das Offenbarsein; es wäre das Menschsein *(propter seipsam)* genau jenes Medium, in dem eine in der Geschichte ergangene Wortoffenbarung sich zur *Instanz des von Gott Geoffenbarten* erhebt. Erst ein Wort, das am Unüberbietbaren des Menschseins zur Bedeutung und zur Verstehbarkeit kommt, rechtfertigt sich als *geoffenbarte „Wahrheit".* Eine Rechtfertigung der Offenbarung als Offenbarung Gottes durch den Duktus und durch die Besonderheit der *historischen Abläufe,* in denen das Wort Gottes auftritt, ist im letzten eine bloß *inhaltliche* Rechtfertigung, die den gleichen Problemen unterliegt wie die vorhin aufgezeigte rein inhaltlich-begriffliche Gotteserkenntnis. Eine solche Rechtfertigung *historischer* Art ist eine Rechtfertigung in verfügbaren Ursachen, das heißt, eine „*kausale*" Rechtfertigung, die von der Maxime ausgeht, daß alles, was im Wort der Heiligen Schrift als bedeutsam verstanden wird und je verstanden werden kann, von *Ursachen* irgendwelcher Art (kulturellen, historischen, soziologischen, psychologischen, linguistischen usw.) her wissenschaftlich darzutun und zu interpretieren ist. In dieser kausalen Vorgangsweise läßt sich zum Beispiel das wissenschaftliche Programm in weiten Feldern der Bibelwissenschaften erkennen, die das Schriftwort in den verschiedensten, aber ausnahmslos *kausalen* Erklärungsverhältnissen darstellen und damit gleichzeitig jede *theologische* oder metaphysische Qualität vom Schriftwort selbst fernhalten und ausschließen, was sich zum Beispiel darin zeigt, daß ein möglicher göttlicher Ursprung des Schriftwortes, eine besondere Irrtumslosigkeit u. a. m. im Vorgehen dieser Bibelwissenschaften völlig unvermittelt und unberücksichtigt bleiben.

Es bleibt die Frage bestehen, ob in einer historisch-kausalen Konstruktion die Instanz der *Offenbarung* ausreichend darstellbar ist. Und es ist schließlich der Anspruch von „Wahrheit" in der Offenbarung, der die historisch-kausale Konstruktion als ungenügenden Grund für diese „*Wahrheit*", als Konstruktion der historischen Zufälligkeiten demaskiert, sodaß der Mensch nach einem *neuen,* immer anwendbaren und immer verfügbaren Kriterium bezüglich Offenbarung verlangt.

Und das einzige Moment, das sich der Zufälligkeit des Kausalen und des bloß Historischen entzieht, ist das Menschsein in jener Dimension, in der sich das Selbstbestimmende und Unüberbietbare des Menschseins zeigt. Das Wort Gottes zeigt sich weder auf bloßen steinernen Tafeln noch in bloßen Bewußtseinsvorgängen der Urgemeinde als *Offenbarung;* das Wort Gottes wird sich in jenem Augenblick als Offenbarung zeigen, in dem es im Unüberbietbaren des Menschseins, in der Selbstbestimmung des Menschen, sich als „Wahrheit" zeigen kann. In dieser Perspektive läßt sich verstehen, was *Redemptor hominis* (n. 10) zum Menschen sagt, der in seiner durch *Christus in der Erlösung zu sich gebrachten Unüberbietbarkeit* zum *Kriterium* alles Göttlichen, Übernatürlichen, Erlösten und Geoffenbarten wird: *Homo igitur, qui funditus se perspicere cupit – non tantum secundum quasdam subitarias, imperfectas, saepe exteriores, immo etiam specie sola apparentes rationes aut regulas suae vitae – debet sese ad Christum conferre cum sua anxietate et dubitatione, cum sua infirmitate et improbitate, cum vita sua et morte. Is debet quasi cum toto quod ipse est, intrare in eum; debet „asciscere" atque assumere sibi omnem veritatem Incarnationis et Redemptionis,* u t r u r s u s s e r e p e r i a t. *Qui intimus processus si in illo perficitur, homo fructus edit non sola Dei adoratione, verum etiam* m a g n a s u i i p s i u s a d m i r a t i o n e. *Quantum enim momentum ac pretium habere debet homo in conspectu Creatoris, si „talem ac tantum meruit habere Redemptorem", si Deus dedit „Filium suum Unigenitum", ut homo „non pereat sed habeat vitam aeternam"? Re quidem vera miratio maxima illa de pretio ac dignitate hominis nuncupatur Evangelium, id est Bonus Nuntius. Vocatur item Christianismus.* (Sperrungen vom Vf.)[1]

Was also nennen wir das Evangelium, die Frohbotschaft Gottes? Für Johannes Paul II. bleibt es nicht beim bloßen Wort, bleibt es nicht bei historischen Zusammenhängen. Es ist die *Instanz des Menschseins*, die das Wort Gottes zum Evangelium, letztlich zur *Offenbarung*, erhebt: *Fürwahr jenes größte Staunen über den Wert und die Würde des Menschen wird Evangelium genannt, das heißt, Gute Botschaft.* An nichts anderem als an der Instanz des Menschseins läßt sich jene göttliche Tiefe der Offenbarung ermessen, die aus dem menschlichen Wort der Schrift die Offenbarung des Wesens Gottes werden läßt. Um dies zu verdeutlichen, sei mit aller gebotenen Umsicht diese ungewöhnliche Aussage gestattet: Spräche Gott seine Worte in die Welt, ohne dies am Unüberbietbaren des Menschseins, am Sinn, an der Würde des Menschen, an der Selbstbestimmung des Menschen zur „Wahrheit" kommen zu lassen, wären diese Worte Gottes keine „Offenbarung", sondern höchstens objektiv-inhaltliche Richtigkeiten.

Zu den Grundschwierigkeiten der heutigen Theologie gehört sicherlich eine theologisch fundierte Darstellung der Offenbarung. Es kann nicht ausreichen, auf einen bloß positiven Willensakt Gottes zu rekurrieren, *daß* Gott eben spricht und offenbart. Für ein solchermaßen vorgestelltes Offenbarungswort Gottes ist de facto im Bereich des Menschen und der Welt überhaupt nichts an Ent-sprechendem vorbereitet. Es läßt sich auch keinerlei *inneres* Kriterium für das „*Offenbarende*" in Gottes Wort zum Ausdruck bringen, wenn man sich in die bloße und zufällige Beteuerung flüchtet, Gott habe eben sprechen gewollt. Einem so zufällig gesprochenen Wort Gottes kann nur der Zufall Zeugnis geben; das Zeugnis des Zufalls jedoch ist kein Zeugnis des Geistes.

---

[1] *Der Mensch, der sich selbst bis in die Tiefe verstehen will – nicht nur nach unmittelbar zugänglichen, partiellen, oft oberflächlichen und sogar nur scheinbaren Kriterien und Maßstäben des eigenen Seins –, muß sich mit seiner Unruhe, Unsicherheit und auch mit seiner Schwäche und Sündigkeit, mit seinem Leben und Tode Christus nahen. Er muß sozusagen mit seinem ganzen Selbst in ihn eintreten, muß sich die ganze Wirklichkeit der Menschwerdung und der Erlösung „aneignen" und assimilieren, um sich selbst zu finden. Wenn sich in ihm dieser tiefgreifende Prozeß vollzieht, wird er nicht nur zur Anbetung veranlaßt, sondern gerät auch in tiefes Staunen über sich selbst. Welchen Wert muß der Mensch in den Augen des Schöpfers haben, wenn „er verdient hat, einen solchen und so großen Erlöser zu haben"* (Aus dem Exultet der Osternacht), *wenn „Gott seinen Eingeborenen Sohn hingegeben hat"* (vgl. Joh 3, 16). *Dieses tiefe Staunen über den Wert und die Würde des Menschen nennt sich Evangelium, Frohe Botschaft und wird gleichzeitig Christianismus genannt.* (Nach der Übersetzung der Verlautbarungen des Apostolischen Stuhls, Nr. 16, hg. vom Sekretariat der Deutschen Bischofskonferenz, S. 18–19).

Die „Offenbarung" Gottes jedoch hat notwendig das *Zeugnis des Geistes;* wofür sonst, wenn nicht für die Offenbarung Gottes, sollte es das Zeugnis des Geistes geben? Für Johannes Paul II. hat der Mensch im Geheimnis der Menschwerdung und Erlösung „sich wiederzufinden" *(rursus se reperiat).* Und dieses Sich-Wiederfinden des Menschen steht im Zeugnis des Geistes, der das Kind-Gottes-Sein des Menschen dem Menschen bezeugt. Immer wieder kommt in diesem Zusammenhang der Papst auf den Text des Römerbriefes (8. Kapitel) zurück (vgl. RH 8, 9, 10). Das Zeugnis des Geistes wendet gewissermaßen das offenbarende Tun Gottes zurück an die Unüberbietbarkeit des Menschen, die darin besteht, *Kind des göttlichen Vaters* in der Fülle jenes Menschseins, das Christus in seiner Wahrheit dem Menschen voll kundtut, zu sein (vgl. RH 8—10). Mit der Instanz des Menschseins, durch die Gottes Wort sich in der Wahrheit der Offenbarung zeigt, verbindet sich also das Zeugnis des Geistes, das nichts anderes als eine erfahrende Zuführung des Menschen an seine unüberbietbare Wahrheit ist.

Es wäre ein verhängnisvolles *Mißverständnis,* wollte man mit Hegel in der Offenbarung Gottes nichts anderes als eine aus dem Zwang der vollen Identität Gottes sich notwendig ergebende Entfremdung Gottes in Weltliches, Menschliches und Geschichtliches sehen. Im Menschsein als in der Instanz der Offenbarung sollte jenes Unüberbietbare gesehen werden, in dem Gott zum (offenbarenden) Wort kommt: nicht jedoch sollte der Prozeß der Offenbarung am Menschen vorbeigeführt werden, sodaß der Mensch schließlich aus den Gestalten der Geschichte sich über Offenbarung und Erlösung vergewissern müßte. Ein spekulatives System, das einmal am Menschen vorbeigeht, findet den Menschen nicht wieder, auch nicht am Ende eines langen dialektischen Prozesses. Und so wird zum Beispiel bei Feuerbach das als menschliche Projektion an den Himmel verkannt, was am Menschen zunächst dialektisch vorbeigeführt wurde und nicht in der Unüberbietbarkeit des Menschseins „Wahrheit" werden konnte. Wer am Menschen, dialektisch oder deduktiv, vorbeidenkt, der verstößt gegen das Zeugnis des Geistes.

Noch einmal sei auf die schon vorhin getroffene Unterscheidung von Gottes*erkenntnis* und Gottes*erfahrung* hingewiesen. Bei der Gotteserfahrung für den Menschen handelt es sich nicht um unsagbare Gefühle und Erlebnisse, die eben weitab von einer Gotteserkenntnis liegen oder dieser vielleicht sogar entgegengesetzt sind. Die Erfahrung im Gegensatz zur bloßen Erkenntnis differenziert sich vielmehr so: in der Erfahrung wird die *Selbigkeit* des Menschen, die Identität, nicht einfach als punktuelle (und zufällige) Tatsache konstatiert; in der Erfahrung vielmehr zeigt sich die Selbigkeit des Menschen als *Unüberbietbarkeit,* als in der Selbstbestimmung vollziehbares *Unendliches;* in der Terminologie der Scholastik: Erfahrung ist die Aktualität des *infinitum secundum quid.*

Vom Menschen kann man in der Gottesfrage — bei Einhaltung der richtigen Perspektive — beides sagen: der Mensch ist ein Endliches, der Mensch ist ein Unendliches. Endliches und Unendliches benennen dabei nur den Menschen und nichts anderes: In seiner Tatsächlichkeit und Vorhandenheit ist der Mensch ein *Endliches*, das mit vielen Dingen und mit vielen anderen Menschen den Raum der Wirklichkeit teilen muß. In seiner Unüberbietbarkeit, die sich vor allem in der Nichthintergehbarkeit und in der Nichtübertreffbarkeit der personalen geistigen Akte manifestiert, ist der Mensch jedoch ein Unendliches, nicht ein schlechthin Unendliches, sondern ein Mensch-Unendliches *(infinitum secundum quid).*

Auf dem Grund dieser Unterscheidung läßt sich nunmehr folgende Aussage tun: Der Mensch kann *endlich* sein und Gott *erkennen*, der Mensch jedoch muß *unendlich* sein, um Gott zu *erfahren.* Diese etwas sonderbare kontrastierende Formel möchte nichts anderes bedeuten als die verschieden notwendige Besinnung auf den Menschen in der Gottesfrage. Wenn die Gottesfrage nicht am Menschen außen vorbeigeführt werden kann, dann hat eben der Mensch die verschiedene Möglichkeit, entweder als *Endliches* das Medium aller *inhaltlichen Objektivität* zu sein oder als *Unendliches* Gott in der Weise der *Selbstbestimmung zur „Wahrheit"* kommen zu lassen. Und es wird nur in der Besinnung auf die Unendlichkeit und Unüberbietbarkeit des Menschen gelingen, mit Berechtigung in *personaler* Weise von Gott zu sprechen. Ohne die Einbringung der Unüberbietbarkeit des Menschen wird es nicht gelingen, Gottes personales Wesen zu erweisen. Das *bloße Erkennen* mag selbst von einem „größten Größten" *(id quo maius cogitari nequit)* sprechen und diesem Größten sogar das Existieren zusprechen; das größte Größte jedoch wird nie zum Personalen, solange nicht der Mensch in sich selbst die Unüberbietbarkeit des Menschseins gegenüber diesem Größten zum Medium der Erfahrung macht. Das menschliche Erkennen mag im Gedanken das *Größte* ersinnen, das absolute *Unendliche Gottes* jedoch muß in der Unendlichkeit des Menschen erfahren werden.

## III.

Quid autem de *Maria?* Was hätte jedoch dies Gesagte mit Maria, mit einer theologischen Mariologie zu tun? Überlegen wir dies: Wann wird eigentlich ein Satz ein *theologischer* Satz? Wenn wir sagen: Ein Jesus von Nazareth wurde gekreuzigt, eine Maria lebte in Nazareth, so sagen wir im strengen Sinn noch keine theologischen Sätze. Eine theologische Qualität gewinnen diese Sätze, wenn wir sagen: Jesus von Nazareth ist für alle Menschen am Kreuz gestorben, Maria war Gott gegenüber absolut gehorsam. Der theologische Satz ist eigentlich erst dann ein theologischer, wenn er mit dem

Unüberbietbaren in irgendeiner Weise umgeht. In den vorausgehenden Erwägungen haben wir darzutun versucht, daß Gottes Tun, daß Gottes Offenbarung in die Dimension der „Wahrheit" dann für uns gehoben ist, wenn sich diese im Unüberbietbaren des Menschen zeigt. Und gegenüber der Heiligen Schrift tut die Theologie nichts anderes, als zunächst scheinbar zufällige und historische Tatbestände (z. B. ein Jesus aus Nazareth wurde gekreuzigt) in die Unüberbietbarkeit der menschlichen Selbstbestimmung zu bringen. Theologie ist also *keine bloße Verallgemeinerung* von einzelnen Tatbeständen zu allgemeineren Beschreibungen oder Regeln; durch bloße Verallgemeinerung wird ein Einzelsatz noch kein theologischer Satz. In einem Einzelsatz läßt Theologisches sich nur zeigen, wenn das Unüberbietbare des Menschseins thematisiert werden kann und der Inhalt des Einzelsatzes in dieser Unüberbietbarkeit aufrecht erhalten werden kann. In diesem Sinn werden viele Einzeltatsachen, die sich nicht mit dem Unüberbietbaren in Verbindung bringen, aus dem Rahmen des Theologischen herausfallen und theologisch belanglos sein. Was hingegen sein Verstehen auf dem Grund der Selbstbestimmung im Menschsein verlangt, das wird theologisch relevant und damit offenbar.

Die theologische Reflexion, die religiöse Erfahrung der Menschen und die kirchliche Tradition der Frömmigkeit haben über Maria vieles gesagt und genannt. Wer dies zu verstehen weiß, der wird die religiöse und die theologische Sprache über Maria, die Gebete, die Lobpreisungen, die Weihen der Menschen an Maria und Marias zentrale Stellung im religiösen Leben vieler Glaubender nicht als Maßlosigkeit des religiösen Sprechens und Empfindens deuten. Nicht das Maßlose wird an Maria gesehen, es ist eigentlich das *Unüberbietbare*, das in allem über Maria Gesagten aufleuchtet. Und auch die theologische *Mariologie* ist im Grund nichts anderes als die theologische Demonstration der *Unüberbietbarkeit des wahren Menschseins.*

Ist Marienglaube, ist Marienfrömmigkeit, ist Mariologie wirklich dann so subjektiv-willkürlich und so theologisch nebensächlich, wie dies heute mancher Eiferer für eine aufgeklärte Theologie beteuert? Solche Beteuerungen können nur von jenen kommen, die in der Theologie die Wahrheit des Menschseins für unerheblich halten und die sich nach historisch-kausaler Art eine Theologie machen, die eigentlich nichts anderes als eine untaugliche Naturwissenschaft mit verstreuten moralischen Imperativen ist.

Mit Maria meint der katholische Glaube, gleichsam *per modum unius*, die unerschöpfliche Dimension jener religiösen *Erfahrung*, die nur im Unüberbietbaren des wahren Menschseins sich zeigen kann. Marias wahres Menschsein ist nicht mehr übertreffbar, nicht mehr auf anderen Grund zurücknehmbar. Marias wahres Menschsein ist das ideale Medium der Offenbarung; Maria ist Mittlerin, die reinste Vermittlung, weil der unüberbietbare wahre Mensch.

Wir erleben heute oft Theologien der *verallgemeinernden Formalisierungen* im Bereich des Historischen, des Soziologischen, des Psychologischen und des Politischen. Es ist nur eine „schlechte Unendlichkeit", die solche Verallgemeinerungen in ihren Anstrengungen erreichen; am Unüberbietbaren des wahren Menschseins jedoch gehen sie vorbei. In diesen heutigen Theologien werden viele (empirische) Erfahrungen zur *Verallgemeinerung* gebracht, aber daraus wird *keine Erfahrung* in Selbstbestimmung und Unüberbietbarkeit. Maria wird in solchen Theologien nur eine pädagogische Figur oder bestenfalls ein Thema der Frauenfrage sein. Und wenn der katholische Glaube in seiner Theologie und in seiner Frömmigkeit Maria in eine einzigartige Mitte stellt, so ist dies kein (außerökumenisches) katholisches Sondergut, sondern das unleugbare Zeichen für die Notwendigkeit einer immer wieder sich *vertiefenden Erfahrungskultur im Religiösen.* Eine neue Bedeutung könnte in vielen Namen sich dartun: Maria, Sitz der Weisheit, Maria ist nicht die Weisheit, sie ist die „Erfahrung" der Weisheit; Maria, Mutter der Kirche, Maria ist nicht die Kirche, sie ist die „Erfahrung" der Kirche. Sicher sollte man mit solchen Benennungen Maria nicht interpretierende Gewalt antun; wer jedoch den Zusammenhang unserer Überlegungen im Auge behält, der wird im Wort „Erfahrung" das *Innigste und Unüberbietbare* der menschlichen und der geschaffenen Wirklichkeit mitbedenken. Maria wäre damit keineswegs aus ihrer ontischen theologischen Position verdrängt; Maria ist damit vielmehr *im Maß alles Menschseins das schlechthin Unüberbietbare geworden.*

Für Johannes Paul II. ist Maria jene menschliche Selbstbestimmung, die in *vollster Wahrheit* des Menschseins *gelingt.* Damit wird Maria zum vollkommensten Medium, in dem Offenbarung „Wahrheit" (im Sinn der Selbstbestimmung) ist, in dem die gute Tat des Menschen „gottgefälliges Werk" ist: Mittlerin der Gnade.

Erfahrung gelingt nur in *jener Wahrheit des Menschseins,* die *unüberbietbar* und *auf nichts anderes zurücknehmbar* ist. Es kann also nicht um das schale Menschsein eines repräsentativen Querschnitts in der sogenannten Gesellschaft gehen; es kann auch nicht um das Alltägliche des Menschseins gehen, das sich heute zuweilen in einer vermeintlichen oder wirklichen Mehrheit von Denkenden, Meinenden, Wählenden, Kaufenden oder Verbrauchenden aufzuwerten versucht. Es geht *nicht* um das *Verallgemeinerte* des Menschseins, wie diese Verallgemeinerung auch immer zustande kommen mag; es geht vielmehr um das Unüberbietbare und auf nichts Zurücknehmbare des Menschseins.

Für Johannes Paul II. ist die *Liebe* der eigentliche Weg des Menschen, die Wahrheit seines Menschseins — unabhängig von jenen Verfälschungen des Menschseins, die sich aus den Kräften der bloßen Verallgemeinerung ergeben könnten — zu begreifen und zu ergreifen. Die Liebe ist der Weg der begriffenen und gelebten Unüberbietbarkeit des Menschseins. Und auf diesem Weg der Liebe konnte Christus, der Erlöser, den Menschen erlösen, indem er dem Menschen das Menschsein vollkommen kundtat: *Homo sine amore vivere nequit. Sibimet manet quiddam, quod incomprehensibile est, eiusque vita sensu privatur, nisi amor ei praebetur, nisi invenit amorem, nisi amorem experitur suumque efficit, nisi penitus amorem participat. Ob hanc omnino causam Christus Redemptor, ut iam dictum est, hominem ipsi homini plene manifestat. Et illa est – si ita quidem loqui licet – humana ratio et proprietas mysterii Redemptionis. In ea vicissim homo magnitudinem suae humanitatis et dignitatis et pretium proprium denuo detegit. In Redemptionis mysterio homo iterum „exprimitur" et aliquo pacto iterum creatur. Profecto ipse iterum creatur!* (RH 10. Sperrungen vom Vf.)[2] Die *Erlösung* des Menschen stellt sich für Johannes Paul II. an jener Wahrheit des Menschseins dar, die in der vollkommenen Erlöserliebe des menschgewordenen Gottessohnes zu einer neuen Bestätigung, Schöpfung und Freiheit kommt. Der erlöste Mensch wird unüberbietbar und auf nichts anderes zurückgenommen als auf die Wahrheit seines Menschseins; die Wahrheit des Menschseins und die Offenbarung dieser Wahrheit in der reinen Erlöserliebe Christi spannt sich vom *Bild-und-Gleichnis-Gottes-Sein* des Menschen bis zum Offenbarwerden des *Kind-Gottes-Seins* des Menschen *(revelatio filiorum Dei)* (vgl. RH 8-10).

Wer nun ist Maria, wofür steht sie in Gottes Plan in der Erlösung des Menschen? *Redemptor hominis* beantwortet diese Frage so: Niemand kann so wie Maria uns in das Göttliche und Menschliche des Erlösungsgeheimnisses einführen. Niemand wurde von Gott selbst darin so eingeführt wie Maria. Und gerade darin besteht das Besondere der Gnade göttlicher *Mutterschaft* (vgl. 22). Sehr deutlich wird der Gedanke der Unüberbietbarkeit des erlösten Menschseins in Maria durch den anschließenden Text: *Non solum est unica minimeque iterabilis huius maternitatis dignitas in humani generis historia, sed unica etiam – quod attinet ad eius profunditatem et ad amplitudinem eius actionis – participatio est, qua Maria, propter eandem maternitatem, consilio divino de salute humana communicavit per mysterium Redemptionis. Hoc ipsum mysterium – si ita loqui possumus – sub corde Virginis Nazarethanae est effectum, cum haec illud „fiat" pronuntiavit. Ex quo tempore*

[2] *Der Mensch kann nicht ohne Liebe leben. Er bleibt für sich selbst ein unbegreifliches Wesen; sein Leben ist ohne Sinn, wenn ihm nicht die Liebe geoffenbart wird, wenn er nicht der Liebe begegnet, wenn er sie nicht erfährt und sich zu eigen macht, wenn er nicht lebendigen Anteil an ihr erhält. Und eben darum macht Christus, der Erlöser, wie schon gesagt, dem Menschen den Menschen selbst voll kund. Dieses ist – wenn man sich so ausdrücken darf – die menschliche Dimension im Geheimnis der Erlösung. In dieser Dimension findet der Mensch wiederum die Größe, die Würde und den Wert, die seinem Menschsein eigen sind. Im Geheimnis der Erlösung wird der Mensch „neu bestätigt" und in gewisser Weise neu geschaffen. Er ist neu erschaffen!* (Vgl. Verlautbarungen a. a. O., S. 18.)

*virgineum eius simulque maternum Cor, peculiari Spiritus Sancti operante virtute, semper Filii sui opus persequitur et omnibus se obviam dat, quos Christus inexhausta caritate sua complexus est et continenter complectitur. Hac de causa etiam Cor Mariae item inexhausto affectu materno debet praeditum esse* (RH 22. Sperrungen vom Vf.).[3] Immer wieder also ist es die Unüberbietbarkeit des wahren Menschseins in Maria, an der die Erlösung offenbar wird: einmalige und unwiederholbare Würde der Mutterschaft; einzigartige Teilhabe am Heil des Menschen, die ihren Ausdruck in der Tiefe und in der Weite des Tuns findet; immer begleitet das Unüberbietbare Mariens (Cor) das Tun des Erlösers und macht es allen Menschen kund; unerschöpflich, unüberbietbar muß die mütterliche Zuneigung des Herzens Mariens sein.

Immer wieder kann man unterscheiden: Es gibt das *Unendliche der Maßlosigkeit* und Übertreibung, wofür es eigentlich keine Wirklichkeit gibt; eine Mariologie der frommen oder spekulativen Maßlosigkeit ist eine unwirkliche Mariologie. Es gibt aber auch das *Unendliche des Unüberbietbaren,* wofür es die Wirklichkeit des Menschseins gibt; eine Mariologie des unüberbietbaren Menschseins offenbart die Wirklichkeit und Wahrheit der Erlösung.

Solange man *inhaltlich-objektiv* verfährt, kann man alles erdenken und ausdenken, ohne sich um die Wirklichkeit kümmern zu müssen. Das einzige, das in seinem Vollzug auch gleichzeitig seine *Wirklichkeit* fordert, ist das Menschsein. Das Menschsein ist der Ausdruck und der Inbegriff von Realität. Das in der Erlösung zu seiner Wahrheit gekommene Menschsein kann kein bloßer theologischer oder spekulativer Gedanke sein, das wahre Menschsein erträgt und verträgt nur Wirklichkeit.

*Menschsein und Wirklichkeit* stehen in einem unlösbaren Zusammenhang. Dies heißt nicht, daß die Kontingenz des Geschöpflichen den Menschen nicht träfe. Es liegt jedoch in der Unüberbietbarkeit des einmal geschaffenen Menschseins, daß die Erfahrung der Wirklichkeit unlösbar mit dem Menschsein verbunden ist. Wenn nun das erlöste Menschsein das wahre Menschsein ist, dann ist es theologisch zumindest nicht ungebührend, nach dem *Gelingen,* nach der Wirklichkeit des erlösten Menschseins Ausschau zu halten. Mißt man diese Überlegungen an der Mariologie und an den mariologischen Implikationen von *Redemptor hominis,* dann könnte man vielleicht

---

[3] *Nicht nur die Würde dieser Mutterschaft ist in der Geschichte des Menschengeschlechtes einzigartig und unwiederholbar; einzigartig an Tiefe und Wirkung ist auch die Teilnahme Mariens aufgrund dieser Mutterschaft im göttlichen Heilsplan für den Menschen durch das Geheimnis der Erlösung. Dieses Geheimnis hat sich sozusagen unter dem Herzen der Jungfrau von Nazaret gebildet, als sie ihr „Fiat" gesprochen hat. Von jenem Augenblick an folgt dieses jungfräuliche und zugleich mütterliche Herz unter dem besonderen Wirken des Heiligen Geistes immer dem Werk des Sohnes und nähert sich allen, die Christus in seine Arme geschlossen hat und noch ständig in seiner unerschöpflichen Liebe umarmt. Deswegen muß dieses Herz auch als Herz einer Mutter unerschöpflich sein* (Verlautbarungen a. a. O., S. 61).

festlegen, daß *Maria die Wirklichkeit, das Gelingen des erlösten Menschseins* ist und damit die Wahrheit des erlösten Menschseins für alle Menschen in der gebührenden Wirklichkeit hält. Maria ist also weder die Verallgemeinerung des von uns vorgestellten idealen Menschen; Maria ist weder die Projektion unserer edelsten Wünsche und Phantasien; *Maria ist die Wirklichkeit des wahren Menschseins,* dessen Unüberbietbarkeit der Erlöser in seiner Erlösung kundtut. Aus solcher Perspektive läßt sich erahnen, welche anthropologische und theologische Einsicht jene glaubenden Menschen und die Kirche trug, die in allem Heils- und Gnadengeschehen eine Vermittlung Mariens zu erfassen imstande waren.

In dieser Perspektive wird die Liebe Gottes, die das wahre Menschsein erlösend freilegt, durch Maria zeichenhaft, verstehbar und für jeden Menschen vollziehbar. Für die *Kirche,* in deren Tun immer der Mensch auch der vorgezeichnete Weg der Heilsvermittlung ist, ist Maria die Mutter der Kirche, die „Erfahrung" der Kirche. Und mit der Gegenwart Mariens in der Kirche steht die Kirche in der Gewißheit, in der Erlösung Christi, in der Wahrheit des erlösten Menschseins, mit jedem Menschen zutiefst verbunden zu sein. So sagt es Redemptor hominis: *Aeternus Patris amor, qui in historia humani generis per Filium est manifestatus, (...) nobis offertur per hanc Matrem atque hoc modo signa accipit ad intellegendum accomodatiora et faciliora cuique homini. Ita fit, ut Maria in omnibus viis cotidianae vitae Ecclesiae versetur opporteat. Eo quod ut Mater praesens adest, Ecclesia certum habet se reapse vitam vivere Magistri sui et Domini, se e mysterio vivere Redemptionis cum tota eius vivificatoria plenitudine. Eidem pariter Ecclesiae, quae in pluribus varisque campis vitae universorum, qui nunc sunt, hominum veluti radicatur, etiam compertum est eademque, ut ita dicamus, experitur se cum homine, cum unoquoque homine, esse coniunctam, se huius esse Ecclesiam, scilicet Ecclesiam Populi Dei* (RH 22. Sperrungen vom Vf.).[4]

Gott befreit den Menschen zur erlösten Unüberbietbarkeit. Nicht eine Theorie oder ein Programm sind die Wirklichkeit dieser Erlösung. Die wahre Wirklichkeit ist Maria.

---

[4] *Die ewige Liebe des Vaters, die sich in der Geschichte der Menschheit durch den Sohn geoffenbart hat, (...) nähert sich einem jeden von uns durch diese Mutter und wird so für jeden Menschen verständlicher und leichter zugänglich durch die empfangenen Zeichen. Darum muß Maria auf allen Wegen des täglichen Lebens gegenwärtig sein. Durch die Anwesenheit ihrer Mutter gewinnt die Kirche Gewißheit, daß sie wirklich das Leben ihres Meisters und Herrn lebt, daß sie das Geheimnis der Erlösung in all ihrer belebenden Tiefe und Fülle vollzieht. Die Kirche, die ihre Wurzeln in zahlreichen und verschiedenartigen Lebensbereichen der ganzen heutigen Menschheit hat, gewinnt dabei auch die Gewißheit und, so könnte man sagen, die Erfahrung, daß sie dem Menschen nahe ist, jedem einzelnen, daß es seine Kirche ist: die Kirche des Volkes Gottes* (Verlautbarungen a. a. O., S. 61).

# II.
# SPIRITUALITÄT

# DER HEILIGE GEIST UND DIE KIRCHE

Von Joseph Cardinal Ratzinger, Rom

Die Klage, daß in der Kirche zu wenig vom Heiligen Geist geredet werde, ist oft zu hören. Manchmal steigert sie sich zu der Meinung, es müsse eine gewisse Symmetrie zwischen dem Reden von Christus und demjenigen vom Heiligen Geist geben; jeder Rede von Christus müsse auch eine Rede vom Heiligen Geist entsprechen. Wer solches fordert, vergißt aber, daß Christus und der Geist dem dreifaltigen Gott zugehören. Er vergißt, daß die Trinität nicht als ein symmetrisches Nebeneinander zu verstehen ist. Wäre es so, dann würden wir eben doch an drei Gottheiten glauben, und damit wäre gründlich verkannt, was das christliche Bekenntnis zu dem einen Gott in drei Personen meint. Hier kann uns die Liturgie der Ostkirche wie so oft einen wertvollen Hinweis geben. Sie feiert am Pfingstsonntag das Fest der Heiligsten Dreifaltigkeit, am Montag die Ausgießung des Geistes und am Sonntag darauf das Fest Allerheiligen. Dieses liturgische Gefüge gehört fest zueinander und zeigt uns etwas von der inneren Logik des Glaubens. Der Heilige Geist ist keine isolierte und keine isolierbare Größe. Sein Wesen ist es, daß er uns in die Einheit des dreifaltigen Gottes verweist. Wenn in der Geschichte des Heils, die wir von Weihnachten bis Ostern durchwandern, Vater und Sohn in ihrem Gegenüber, in Sendung und Gehorsam erscheinen, so stellt der Geist nicht ein Drittes noch einmal daneben oder dazwischen: Er führt uns zur Einheit Gottes. Auf ihn hinschauen bedeutet, das bloße Gegenüber überwinden und den Ring der ewigen Liebe erkennen, die höchste Einheit ist. Wer vom Geist reden will, muß von der Dreieinigkeit Gottes reden. Wenn die Lehre vom Heiligen Geist in gewisser Hinsicht eine Korrektur zu einer einseitigen Christozentrik sein soll, dann besteht diese Korrektur darin, daß der Geist uns lehrt, Christus ganz im Geheimnis des trinitarischen Gottes zu sehen: als unseren Weg zum Vater, im immerwährenden Gespräch der Liebe mit ihm.

Der Heilige Geist verweist auf die Trinität, und gerade so verweist er auf uns. Denn der trinitarische Gott ist das Urbild der neuen, geeinten Menschheit; das Urbild der Kirche, als deren Gründungswort man das Gebet Jesu ansehen darf: *Laß sie eins sein, wie wir eins sind* (Joh 17, 11. 21. 22). Die Trinität ist Maß und Grund der Kirche: Sie soll das Wort des Schöpfungstages zum Ziel bringen: *Laßt uns den Menschen machen nach unserem Bild und Gleichnis.* In ihr soll die Menschheit, die in ihrer Zerrissenheit geradezu zum Gegenbild Gottes wurde, wieder der eine Adam werden, dessen Bild — wie die Väter sagen — durch die Sünde zerfetzt wurde und jetzt in Stücken herumliegt. Das göttliche Maß des Menschen soll in ihr wieder zum Vorschein kommen, Einheit, *wie wir eins sind.* So ist die Trinität, Gott selbst, das Urbild der Kirche; Kirche nicht eine andere Idee zum Menschen hinzu, sondern das Auf-den-Weg-Kommen des Menschen zu sich selbst. Wenn aber der Heilige Geist die Einheit Gottes ausdrückt und ist, dann ist er das eigentliche Lebenselement der Kirche, in dem sich das Gegenüber zum Miteinander versöhnt und die versprengten Stücke Adams wieder zur Einheit gefügt werden.

Darum also beginnt die liturgische Darstellung des Heiligen Geistes mit der Feier der Dreifaltigkeit. Solche Feier sagt uns, was der Geist ist: nichts in sich selbst, das man neben anderes stellen könnte, sondern das Geheimnis, daß Gott in Liebe ganz eins, ganz einer ist und daß er als Liebe doch zugleich Gegenüber, Austausch, Gemeinschaft ist. Und von der Trinität her sagt uns der Geist, was Gottes Idee mit uns ist: Einheit nach dem Bilde Gottes. Er sagt uns aber auch, daß wir Menschen untereinander nur einig werden können, wenn wir uns in einer höheren Einheit, gleichsam in einem Dritten finden: Nur wenn wir mit Gott eins sind, können wir untereinander einig werden. Der Weg zum anderen führt über Gott; wenn es dieses Medium unserer Einheit nicht gibt, bleiben wir ewig durch Abgründe voneinander geschieden, die auch kein guter Wille überbrücken kann. Jeder, der wachen Sinnes sein Menschsein erfährt, nimmt wahr, daß wir hier nicht von bloßen theologischen Theorien reden. Die letzte Unzugänglichkeit des anderen, die Unmöglichkeit, sich einander zu geben und dauerhaft zu verstehen, ist vielleicht selten so dramatisch erfahren worden wie in unserem Jahrhundert. *Leben heißt einsam sein, keiner kennt den anderen, jeder ist allein,* hat Hermann Hesse es formuliert. Wenn ich mit dem anderen rede, ist es, als ob eine Wand aus Milchglas zwischen uns stünde: Wir sehen einander und sehen einander doch nicht; wir sind einander nahe und können einander doch nicht nahekommen. So hat Albert Camus dieselbe Erfahrung umschrieben. Pfingsten, die Gegenwart des trinitarischen Geheimnisses in unserer Menschenwelt, ist die Antwort auf diese Erfahrung. Der Heilige Geist hat mit der menschlichen Grundfrage zu tun: wie können wir zueinander kommen? Wie kann ich ich selber bleiben, die Andersheit des anderen respektieren und dennoch aus dem Gitter der Einsamkeit heraustreten und den anderen von innen berühren? Die asiatischen Religionen haben dies mit dem Gedanken des Nirwana beantwortet: Solange es das Ich gibt, geht das nicht, sagen sie. Das Ich selbst ist das Gefängnis. Ich muß das Ich auflösen, die Personalität als Gefängnis und als Ort der Unerlöstheit hinter mir lassen, mich fallen lassen ins Nichts als in das wahre All hinein. Erlösung ist Ent-Werdung, und die muß geübt werden: die Rückkehr ins Nichts, das Abstreifen des Ich als die allein wahre und endgültige Befreiung. Wer die Last des Ich und die Last des Du Tag um Tag erlebt, kann die Faszination eines solchen Programms verstehen. Aber ist wirklich das Nichts besser als das Sein, das Auflösen der Person besser als ihr Erfüllen?

Ein bloßer Aktivismus ist keine Antwort auf solche mystische Flucht; im Gegenteil: er ruft diese Flucht hervor. Denn alle neuen Vorrichtungen, die er schafft, werden nur neue Gefängnisse, wenn Ich und Du sich nicht versöhnen. Ich und Du aber können sich nicht versöhnen, wenn der Mensch mit seinem eigenen Ich unversöhnt bleibt. Wie aber soll er es annehmen, dieses Ich, das allzeit durstige und begehrende, das nach Liebe schreit, nach dem Du, und sich doch zugleich durch das Du verletzt, bedroht und eingeengt fühlt? Gegenüber dem großen Wollen der asiatischen Religionen sind übrigens auch die modernen Techniken der Gruppendynamik, der Versöhnung des Menschen mit sich selbst und mit dem Du, trotz ihrer ausgeklügelten Künste nur armselige Ersatzlösungen. Ich und Du werden gleichsam auf Sparflamme gesetzt, an Regeln gewöhnt, um sich so wenig wie möglich wahrzunehmen und nicht einander zu zerreiben. Ihre göttliche Leidenschaft wird auf ein paar Triebe reduziert und der Mensch wie ein Apparat behandelt, dessen Gebrauchsanweisung man kennen muß. Man versucht, das Problem des Menschseins zu lösen, indem man den Menschen überhaupt leugnet und ihn als ein montierbares System von Abläufen behandelt, die man beherrschen lernen kann.

Nun wird man vielleicht fragen: Was hat das alles mit dem Heiligen Geist und der Kirche zu tun? Die Antwort lautet: Die christliche Alternative zum Nirwana ist die Trinität, jene letzte Einheit, in der das Gegenüber von Ich und Du nicht zurückgenommen ist, sondern im Heiligen Geist sich ineinanderfügt. In Gott gibt es Personen, und gerade so ist er Verwirklichung letzter Einheit. Gott hat die Person nicht geschaffen, damit sie aufgelöst werde, sondern damit sie sich öffne in ihre ganze Höhe und in ihre äußerste Tiefe — dorthin, wo der Heilige Geist sie umfängt und die Einheit der getrennten Personen ist. Das klingt nun vielleicht sehr theoretisch; wir müssen versuchen, uns Schritt für Schritt dem Lebensprogramm zu nähern, das darin liegt.

Auf diesen Weg kommen wir, wenn wir uns noch einmal auf den Fortgang der liturgischen Feiern in der Ostkirche besinnen. Nach dem Trinitätsfest am Pfingstsonntag wird die Geistausgießung, die Gründung der Kirche, am Montag gefeiert; am Sonntag darauf das Fest Allerheiligen, so hatten wir gesagt. Die Gemeinschaft aller Heiligen, das ist die nach dem trinitarischen Muster zur Einheit geformte Menschheit; die künftige Stadt, die doch jetzt schon im Entstehen ist und die wir mit unserem Leben zu bauen versuchen. Sie ist das Idealbild der Kirche, sozusagen am Ende der Woche, an deren Anfang die irdische Kirche steht, die im Abendmahlssaal zu Jerusalem begann. Die Kirche in der Zeit ist ausgespannt zwischen dieser Kirche des Anfangs und der immer schon wachsenden Kirche des Endes. In der künstlerischen Tradition des Ostens ist die Kirche des Anfangs, die Kirche des Pfingsttages, die Ikone des Heiligen Geistes. Der Heilige Geist wird anschaubar und darstellbar in der Kirche. Wenn Christus die Ikone des Vaters, das Bild Gottes und zugleich das Bild des Menschen ist, so ist die Kirche das Bild des Heiligen Geistes. Von da aus können wir verstehen, was Kirche eigentlich, im Tiefsten ihres Wesens ist: die Überwindung der Grenze von Ich und Du, die Vereinigung der Menschen untereinander durch die Selbstüberschreitung in ihren Grund hinein, in die ewige Liebe. Kirche ist das Einbezogenwerden der Menschheit in die Lebensweise des trinitarischen Gottes. Darum ist sie nicht Sache einer Gruppe, eines befreundeten Kreises; darum kann sie nicht Nationalkirche sein oder sich mit einer Rasse oder einer Klasse identifizieren: Sie muß, wenn es so ist, katholisch sein, *die zerstreuten Kinder Gottes zur Einheit sammeln,* wie es das Johannes-Evangelium (11, 52) formuliert. Das Wort vom Ent-Werden, das den spirituellen Prozeß der asiatischen Religionen schildert, mag wenig geeignet sein, um den christlichen Weg darzustellen. Richtig aber ist, daß zum Christsein ein Aufbrechen und Aufgebrochenwerden gehört, wie es dem gestorbenen Weizenkorn widerfahren muß, damit es — sich öffnend — Frucht bringt. Christwerden ist ein Vereinigtwerden: Die Scherben des zerbrochenen Bildes Adams müssen zusammengefügt werden. Christsein ist nicht Selbstbestätigung, sondern Aufbruch in die große Einheit hinein, die die Menschheit aller Orte und aller Zeiten umfaßt. Die Flamme des unendlichen Verlangens wird nicht gelöscht, sondern aufgerichtet, sodaß sie sich mit dem Feuer des Heiligen Geistes vereint. Die Kirche beginnt darum nicht als ein Klub, sondern sie beginnt katholisch: Sie spricht an ihrem ersten Tag in allen Sprachen, in den Sprachen des Erdkreises. Sie war zuerst universal, bevor sie Ortskirchen hervorbrachte. Die Universalkirche ist nicht eine Föderation von Ortskirchen, sondern deren Mutter. Die Gesamtkirche hat die Teilkirchen geboren, und sie können nur Kirche bleiben, indem sie sich immerfort aus ihrer Teilhaftigkeit lösen und diese ins Ganze hinein überschreiten: Allein so, vom Ganzen her, sind sie Ikone des Heiligen Geistes, der die Dynamik der Einheit ist.

Wenn wir von der Kirche als Ikone des Heiligen Geistes und von diesem als Geist der Einheit sprechen, so dürfen wir allerdings einen auffallenden Zug der Pfingstgeschichte nicht außer acht lassen. Es heißt da: *Die Zungen von Feuer teilten sich, auf jeden von ihnen ließ sich eine nieder* (Apg 2, 3). Der Heilige Geist ist jedem persönlich und jedem auf seine Weise gegeben. Christus hat die menschliche Natur angenommen, das, was uns alle verbindet, und von ihr her verbindet er uns. Der Heilige Geist aber ist jedem als Person gegeben; durch ihn wird Christus für einen jeden von uns zur persönlichen Antwort. Die Vereinigung der Menschen, wie sie die Kirche bewirken soll, geschieht nicht durch die Auslöschung der Person, sondern durch ihre Vollendung, die ihre unendliche Offenheit bedeutet. Darum gehört zur Verfassung der Kirche einerseits das Prinzip der Katholizität: Keiner handelt aus bloß eigenem Willen und eigener Genialität, jeder muß handeln, sprechen, denken aus dem Gemeinschaftlichen des neuen Wir der Kirche, das mit dem Wir des dreieinigen Gottes im Austausch steht. Aber gerade darum gilt andererseits, daß keiner nur als Vertreter einer Gruppe und eines Kollektivsystems handelt, sondern jeder in der persönlichen Verantwortung des im Glauben geöffneten und gereinigten Gewissens steht. Die Ausschaltung von Willkür und Egoismus sollte in der Kirche nicht durch Gruppenproporz und Mehrheitszwang erreicht werden, sondern durch das vom Glauben geformte Gewissen, das nicht aus dem Eigenen schöpft, sondern aus dem gemeinsam im Glauben Empfangenen. In seinen Abschiedsreden schildert der Herr das Wesen des Heiligen Geistes mit diesen Worten: *Er wird euch in die ganze Wahrheit einführen, denn er wird nicht aus dem Eigenen reden, sondern was er hört, das wird er sagen, und das Kommende wird er euch verkünden* (Joh 16, 13). Hier wird der Geist zur Ikone der Kirche, durch die Beschreibung des Heiligen Geistes klärt der Herr, was Kirche ist und wie sie leben muß, um sie selbst zu sein. Christlich reden und handeln vollzieht sich in dieser Weise: nie nur ich selber sein. Christ werden heißt: die ganze Kirche in sich aufnehmen oder vielmehr sich von innen her aufnehmen lassen in sie. Wenn ich rede, denke, handle, tue ich es als Christ immer im Ganzen und aus dem Ganzen heraus: So kommt der Geist zu Wort, und so kommen die Menschen zueinander. Sie kommen auswendig nur zueinander, wenn sie zuvor inwendig zueinandergekommen sind: wenn ich inwendig weit geworden bin, offen und groß; wenn ich die anderen durch mein Mitglauben und Mitlieben in mich aufgenommen habe, sodaß ich nie mehr allein bin, sondern mein ganzes Wesen von diesem Mit geprägt wird. Solches Reden aus dem Hören, aus dem Empfangen und nicht im eigenen Namen, mag auf den ersten Blick die Genialität des einzelnen behindern. Es behindert sie gewiß, wenn Genialität nur eine Übersteigerung des Individuums ist, das sich zu einer Art von Gottheit auszudehnen versucht. Die Erkenntnis von Wahrheit und das Fortschreiten behindert diese Weise des Denkens aber gewiß nicht: Der Heilige Geist führt gerade dadurch, daß er so handelt, in die ganze Wahrheit ein, in das von Jesus noch nicht Ausgesprochene, und gerade so kündigt er auch das Künftige an. Neue Erkenntnis empfangen wir nicht durch Abschließung des Ich; Wahrheit erschließt sich nur im Mitdenken mit dem, was vor uns erkannt worden ist. Die Größe eines Menschen hängt am Maß seiner Teilhabefähigkeit; nur im Kleinwerden, im Sich-Beteiligen am Ganzen, wird er groß.

Paulus hat dies auf eine wunderbare Formel gebracht, wenn er seine Bekehrung und seine Taufe mit den Worten umschreibt: *Ich lebe, doch nicht mehr ich; Christus lebt in mir* (Gal 2, 20). Christ sein ist seinem Wesen nach Bekehrung, und Bekehrung im christlichen Sinn ist nicht die Änderung einiger Ideen, sondern ein Todesvorgang: Die Grenzen des Ich werden aufgebrochen; das Ich verliert sich selbst, um sich neu zu finden in einem größeren Subjekt, das Himmel und Erde, Vergangenheit, Gegenwart und Zukunft umspannt und darin die Wahrheit selbst berührt. Dieses „Ich und doch nicht mehr ich“ ist die christliche Alternative zum Nirwana. Wir könnten auch sagen: der Heilige Geist ist diese Alternative. Er ist die Kraft der Offenheit und der Verschmelzung in jenes neue Subjekt hinein, das wir Leib Christi oder Kirche nennen. Hier zeigt sich nun freilich auch, daß das Zueinanderkommen kein billiger Vorgang ist. Ohne den Mut der Bekehrung, des Sich-aufbrechen-Lassens nach der Weise des Weizenkorns, geht es nicht. Der Heilige Geist ist Feuer; wer nicht gebrannt werden will, darf sich ihm nicht nahen. Aber er muß dann auch wissen, daß er in der tödlichen Einsamkeit des verschlossenen Ich versinkt und daß alle Gemeinschaft, die am Feuer vorbei versucht wird, zuletzt nur Spielerei und leerer Schein bleibt. *Wer mir nahe ist, ist dem Feuer nahe,* lautet ein bei Origenes überliefertes außerbiblisches Jesuswort. Es weist auf den Zusammenhang von Christus, Heiligem Geist und Kirche in unnachahmlicher Weise hin.

Zum Abschluß ein Wort des hl. Johannes Chrysostomus, das in die gleiche Richtung geht. Es schließt sich an die Erzählung in der Apostelgeschichte an, wie Paulus und Barnabas in Lystra einen Gelähmten heilten. Die aufgeregte Menge erblickte in den beiden seltsamen Männern, die über solche Macht verfügten, einen Besuch der Götter Zeus und Hermes, rief die Priester herbei und wollte ihnen ein Stieropfer darbringen. Die beiden sind entsetzt und rufen der Menge zu: Wir sind leidensfähige Menschen wie ihr, gekommen, euch das Evangelium zu bringen (Apg 14, 8—18). Chrysostomus bemerkt dazu: Richtig, sie waren Menschen wie die anderen und doch anders als sie, denn der menschlichen Natur war eine Feuerzunge hinzugefügt worden. Das macht den Christen aus — daß ihm zu seiner menschlichen Existenz eine Feuerzunge hinzugegeben wird. So entsteht Kirche. Einem jeden ist sie gegeben, ganz persönlich; er ist Christ als diese Person, in einer einmaligen und unwiederholbaren Weise. Er hat „seinen Geist“, seine Feuerzunge, so sehr, daß wir im liturgischen Gruß uns auf diesen Geist des anderen beziehen: *und mit deinem Geiste.* Der Heilige Geist ist sein Geist, seine Feuerzunge geworden. Aber weil er doch der eine ist, können wir durch ihn einander anreden, miteinander die eine Kirche bilden. Dem Menschsein ist eine Feuerzunge hinzugefügt: Diesen Ausdruck müssen wir jetzt korrigieren. Feuer ist nie etwas, was einfach zum anderen hinzukommt und dann neben ihm besteht. Feuer brennt und verwandelt. Der Glaube ist eine Feuerzunge, die uns brennt und umschmilzt, damit immer mehr gelten könne: ich und doch nicht mehr ich. Wer freilich dem Durchschnittschristen von heute begegnet, muß sich fragen: Wo ist die Feuerzunge geblieben? Was von christlichen Zungen kommt, ist leider häufig alles andere als Feuer. Es schmeckt eher wie abgestandenes, knapp lauwarmes Wasser, nicht warm und nicht kalt. Wir wollen weder uns selbst noch andere brennen, aber auf diese Weise halten wir uns fern vom Heiligen Geist, und christlicher Glaube sinkt ab zu selbstgemachter Weltanschauung, die möglichst nichts von unseren Bequemlichkeiten verletzen will und sich die Schärfe des Protestes für dort aufspart, wo es uns in unseren Lebensgewohnheiten kaum stören kann. Wo wir dem brennenden Feuer des Heiligen Geistes ausweichen, wird Christsein freilich nur auf den ersten Blick bequem. Die Bequemlichkeit des einzelnen ist die Unwohnlichkeit des Ganzen. Wo wir uns dem Feuer Gottes nicht mehr aussetzen, werden dafür die Reibungen aneinander unerträglich, und Kirche wird, wie Basilius es ausdrückte, von Parteiengeschrei zerrissen. Nur wenn wir die Feuerzunge nicht fürchten und den Sturm, der sie mit sich bringt, wird Kirche Ikone des Heiligen Geistes. Und nur dann öffnet sie die Welt auf das Licht Gottes hin. Kirche begann, als die Jünger sich einmütig im Abendmahlssaal versammelt hatten und beteten. So beginnt sie immer wieder. Im Gebet um den Heiligen Geist wollen wir sie auch heute herbeirufen.

# BETENDE HÄNDE

Von Bischof Egon Kapellari, Klagenfurt

Wenn ein Mensch stirbt, dann öffnen sich seine Hände. Das ist ein ergreifender Ausdruck für die Enteignung, die sich im Sterben vollzieht. Nach katholischem Brauch werden die leeren, auseinanderfallenden Hände eines Verstorbenen wieder zusammengefügt, zur Gebärde des Gebetes gefaltet. Oft werden diese Hände auch mit der Gebetsschnur des Rosenkranzes umschlungen.

Die gefalteten und zu immerwährender Ruhe gekommenen Hände eines Toten sind für seine Angehörigen und Freunde vielleicht Anlaß, nach langer Zeit wieder auf die Symbolkraft der menschlichen Hand zu achten. Wozu haben wir Hände? Wozu haben wir dieses Stück Leib, durch das wir — ebenso wie durch unser Antlitz — besonders viel zur Sprache bringen können?

Etymologisch hängt das Wort Hand mit dem gotischen Wort *hinpan* zusammen. Das bedeutet fangen, greifen. Die Hand ist also eine „Greiferin, Fasserin". Wonach aber greift der Mensch mit seinen Händen, diesen so überaus sensiblen Organen seines Leibes? Er greift nach dem Material seiner Arbeit, um es in Besitz zu nehmen, festzuhalten und zu verändern. Er greift auch nach den Instrumenten der manuellen wie der geistigen Arbeit, die ihm verlängerte Hand sind.

Die Hand des Menschen streckt sich schließlich nach dem Mitmenschen aus. Sie tut dies auf viele einander ergänzende oder auch widersprechende Weisen. Sie ist schenkende, helfende, heilende Hand der Mutter, des Arztes. Als abweisendes, zuschlagendes Instrument der Gewalt hingegen gleicht sie der Hand des Kain, der seinen Bruder Abel getötet hat.

In vielen Religionen, zumal im Judentum und im Christentum, sind die Hände auch Ausdruck der Zuwendung zu Gott, des Redens auf ihn hin, des Sprechens mit ihm, des Horchens auf ihn. *Ruf doch! Ist einer, der dir Antwort gibt?* sagt einer von den Freunden des Ijob zu diesem biblischen Dulder (Ijob 5, 1). Der Bildhauer Ernst Barlach hat Ijob dargestellt, wie er seine Ohrmuscheln mit den Händen umfängt und vergrößert, solchermaßen ganz versammelt in den Vorgang des Hörens und Horchens.

Das Falten der Hände ist eine von den häufigsten Formen des körperlichen Ausdrucks für das Gebet. So hat Albrecht Dürer Maria im Zwiegespräch mit Gott dargestellt. Der Mensch sammelt, versammelt sich in dieser Gebärde und weist am Schnittpunkt der horizontalen und der vertikalen Achse seines Körpers durch vom Körper abgewinkelte, gefaltete Hände von sich weg in die Sphäre der Transzendenz. Bittend, dankend, anbetend überschreitet sich der Mensch, befreit sich aus dem tödlichen Kreis der Verkrümmung in sich selbst.

Geöffnete und leere Hände, die der Mensch von sich wegstreckt oder über seinem Haupt dem göttlichen Du entgegenhebt, sind wie Schalen, die darauf warten, daß Gott sie mit seinen Gaben erfüllt. *Liebt doch Gott die leeren Hände*, hat Werner Bergengruen in einem seiner Gedichte gesagt. Der Priester hebt in der Liturgie so seine Hände empor. Gleiches tun die Oranten auf Bildern altchristlicher Kunst. Es sind Gestalten, die stehend die Innenflächen der Hände nach oben richten als Ausdruck der Sehnsucht nach Vereinigung mit Gott.

Auch mit gefüllten Händen kann der Mensch Gott entgegengehen: *Siehe, wir kommen, kommen mit Jauchzen, unsere Gaben zu bringen!* Diese Gaben sind zugleich die Frucht menschlicher Arbeit und göttlicher Gnade, sodaß die Ostkirche bei der Darbringung dieser Gaben in der Liturgie betet: *Wir bringen dir das Deine von dem Deinigen dar.*

Das Beten vollendet sich im Loben. Augustinus hat sein Werk *Der Gottesstaat* mit einem Ausblick in das ewige Leben beschlossen: *Dann werden wir stille sein und schauen, schauen und lieben, lieben und loben. Das ist's, was dereinst sein wird an jenem Ende ohne Ende . . .*

Loben kann der Mensch Gott auch mit den Händen. Wem das Herz an Freude, an Zustimmung zu Gott und zur Welt als Schöpfung Gottes voll ist, der braucht zum Loben nicht nur die Stimme, sondern die Sprache des ganzen Körpers, auch die Sprache der Hände. *Ihr Völker alle, klatscht in die Hände*, singen wir im 47. Psalm.

Den Händen des suchenden, bittenden, lobenden Menschen begegnet — in biblischer Metaphorik gesprochen — die Hand Gottes. Die Hand des erschaffenden Gottes und die Hand des eben erschaffenen Adam nähern sich einander in einem Fresko Michelangelos an der Decke der Sixtinischen Kapelle. An mehr als 200 Stellen ist im Alten Testament von der Hand Gottes die Rede. Sie hat die Erde gegründet und die Himmel ausgespannt. Sie hat das Volk Israel aus der ägyptischen Knechtschaft herausgeführt. Sie erfaßt den Propheten Ezechiel und liegt schwer auf ihm.

Nicht mehr metaphorisch, sondern leibhaftig greift Gottes Hand in Jesus Christus nach dem Menschen aus, fährt heilend über blinde Augen, verdorrte Gliedmaßen, taube Ohren und gebundene Zungen. Vom Kreuz herab und erhöht zur Rechten des Vaters, breitet Jesus Christus die Arme nach den Menschen aus. Die Kirche lebt Nachfolge Christi besonders auch im Nachvollzug dieser Gebärde.

# DIE MYSTISCHE ERFAHRUNG IN DER LEHRE DES HL. JOHANNES VOM KREUZ

Von Giovanna della Croce OCD, Mailand

Bei dem spanischen Mystiker Johannes vom Kreuz stehen wir vor dem Zeugnis tiefer persönlicher Gotteserfahrung. Was er in seinen Werken schreibt, voll *Verlangen, mit Christus in klarer, wesentlicher Schau vereinigt zu werden* (C 1, 2),[1] und was seine Dichtungen *mit stürmischer Liebe* ergreifend zum Ausdruck bringen, ist sein eigener Weg *dienender Hingabe an Gott bis zum höchsten Zustand der Vollkommenheit, der geistlichen Ehe* (C, PG). Ein Weg, von ihm selbst im Licht der Heiligen Schrift und im Vergleich mit dem inneren Aufstieg begnadigter Seelen überprüft, der drei Stufen geistlichen Vordringens, nämlich Läuterung, Erleuchtung und Einigung umfaßt, der aber immer letztlich auf die jenseitige Vollendung ausblickt. Das Verlangen des Menschen nach mystischer Erfahrung hat ja *nicht allein die Erlangung einer innigen, gefühlvollen Hingabe* an den geliebten Gott zum Ziel, um seine liebevollen Mitteilungen zu genießen, sondern wird auch ein Streben nach der *klaren Gegenwart und Wesensschau im jenseitigen Leben* sein, als *untrübbare Befriedigung* (C 1, 4) allen menschlichen Sehnens. Denn erst dann, wenn der Mensch *noch tiefer in die göttliche Weisheit (. . .) eingedrungen ist, wenn die Seele in der ewigen Seligkeit Gott von Angesicht zu Angesicht gewahrt, alsdann wird sie die erhabenen Geheimnisse des Gottmenschen erkennen, (. . .) derart, daß sie ganz in ihre Tiefe untertaucht* (C 37, 2).

Diese charakteristische Prägung der sanjuanistischen Erfahrungsstruktur schließt nicht aus, daß seine Mystik auch typischer Ausdruck der allgemeinen Ausrichtung des spanischen 16. Jahrhunderts auf subjektive Erfahrung

[1] Für die Werke des hl. Johannes vom Kreuz benütze ich die deutsche Übersetzung: Sämtliche Werke, Bd. 1: Empor den Karmelberg (Einsiedeln 1964); Bd. 2: Die Dunkle Nacht. Die Gedichte (Einsiedeln 1962); Bd. 3: Das Lied der Liebe (Einsiedeln 1963); Bd. 4: Die Lebendige Flamme. Die Briefe und die kleinen Schriften (Einsiedeln 1964), zusammen mit dem spanischen Originaltext in der Ausgabe: San Juan de la Cruz, Obras completas, hg. von Simeón de la Sagrada Familia (Burgos 1959). — Kürzel (entsprechend den allgemein gebräuchlichen Siglen):
Empor den Karmelberg = S (Subida del Monte Carmelo)
Die Dunkle Nacht = N (Noche oscura)
Das Lied der Liebe = C (Cantico espiritual), von mir immer in der Redaktion B zitiert
Die Lebendige Flamme = F (Llama de amor viva), von mir ebenfalls in der zweiten Redaktion zitiert

Das Sigel Pr (Prologo) bezieht sich auf die den Dichtungen vorausgehende oder nachfolgende Vorrede zur Erläuterung der Strophen. PG bedeutet bei C „zum Gegenstand".

An einigen Stellen habe ich es vorgezogen, direkt aus dem spanischen Text zu übersetzen.

und Innerlichkeit ist. Das bewirkte, daß quietistische Tendenzen versuchten, seine Lehre für ihr Frömmigkeitsideal auszuwerten, indem sie zu nicht immer genauen Deutungen seiner Thematik vorschritten. Man darf aber nicht vergessen, daß er selbst in Auseinandersetzung mit den *alumbrados*, den *Erleuchteten*, Kritik an den falschen *espirituales* übte, die die innere Erfahrung von außergewöhnlichen Phänomenen abhängig machten. Ihnen gegenüber betonte er, daß die Erfahrung keineswegs auf das rein „mystische" Erleben beschränkt werden darf, sondern daß sie schon aus dem gewöhnlichen Leben durch Gottes Gnadenwirken erwächst. Doch wird sie erst dann eine ausschließlich übernatürliche, den Menschen umformende Erfahrung werden, wenn dieser den asketischen Weg der Läuterung durchlitten hat und einen hohen Grad der Vollkommenheit besitzt. Unter dem Gnadenangebot Gottes durchläuft der Mensch ja verschiedene Entwicklungsstufen bis zur Vereinigung mit Gott, in denen Gott sich ihm erfahrbar macht und ihn gleichzeitig mit der Fähigkeit ausstattet, diese Erfahrbarkeit zu erfassen.

## DIE ÜBERNATÜRLICHE ERFAHRUNG

Johannes vom Kreuz beabsichtigt niemals, eine begriffliche Erklärung der mystischen Erfahrungen zu geben. Diese entziehen sich jedem begrifflichen Erfassen. Es wäre *eine irrtümliche Annahme (ignorancia), wenn man denken würde, es könnten Aussagen der mystischen Einsicht (...) durch irgendwelche Worte hinreichend erklärt werden.* Gott offenbart seine Geheimnisse *in unsagbarem Aushauchen* und nicht in *herkömmlichen und abgegriffenen Ausdrücken.* Es kommt zum Bruch mit der eigenen Sprache als Mittlerin. Denn selbst die *heiligen Kirchenväter* sind unfähig, dieses *Geheimnis von grundauf zu erklären* (C, Pr 1). Aber gerade dieses Bewußtsein ist mit-konstitutiv für die Erfahrung, die ja unmittelbar weitergreift und im pseudo-dionysischen Sinn ins Dunkle und Unaussprechliche führt.[2] Schließlich hätte es auch wenig Sinn, innere Erfahrungen begrifflich zu deuten, da *die mystische Weisheit nicht eines deutlich unterscheidenden Verständnisses bedarf, um Liebe und Zuneigung in der Seele zu erregen* (ebd.).

Für den Mystiker gibt es jedoch die Möglichkeit des lyrischen Ausdrucks, um mit *Bildern, Gleichnissen und Umschreibungen* etwas von den *un-*

---

[2] Die kleine Schrift des Pseudo-Dionysius, die den Titel *Mystische Theologie* trägt (um 500 entstanden), übte noch im 16. Jahrhundert einen bedeutenden Einfluß aus. „Mystische Theologie" wurde dadurch zum Begriff für „mystische Erfahrung", allerdings mit vorwiegender Betonung des negativen Aspekts der Beschauung, des Dunklen und Unaussprechlichen, der auch von Johannes vom Kreuz für seine Erkenntnismethode aufgenommen wurde, da dieser dem transzendenten Charakter des zu erkennenden Objektes eher entspricht.

*beschreiblichen Geheimnissen* durchblicken zu lassen, um auf sie etwas Licht zu werfen, um mit Hilfe der Allegorie den Schleier unmittelbarer Gegenwärtigkeit zu zerreißen. Gerade hier tritt von neuem die persönliche Erfahrung des Johannes vom Kreuz in den Vordergrund. Die Naturschönheiten seiner spanischen Heimat, Altkastiliens glühende Sonne und dürre Hochebenen, Andalusiens tiefblauer Himmel, viele Stunden schweigender Betrachtung von Wäldern, Wiesen, Bächen, Blumen usw., sein langes Verweilen unter dem nächtlichen Firmament, das alles wird von ihm zum Vergleich herangezogen, um als Sprachmittel auf die unaussprechliche Wirklichkeit hinzuweisen.

Doch bleibt er sich deren Unzulänglichkeit bewußt. Um den Aufstieg der Seele *zum göttlichen Licht vollkommener Liebesvereinigung mit Gott* zu beschreiben, will er deshalb *die Heilige Schrift heranziehen.* Nur was im Licht der Schrift erfahren wird, aus der *der Heilige Geist spricht,* kann für den Christen Gegenstand mystischen Erlebens der Gottesnähe sein. Darum bemüht er sich unentwegt, *seine Darlegungen kraft des Zeugnisses der Heiligen Schrift zu bekräftigen und zu erläutern* (C, Pr 4). Eine in der Schrift begründete und innerhalb des Glaubensverständnisses der Kirche gehaltene Erfahrung bewahrt den Menschen vor Täuschung, weshalb diese einem jeden anderen Weg vorzuziehen ist.

Diese Grundhaltung des spanischen Mystikers zeigt deutlich, daß er in seiner Lehre Glaube und Erfahrung eng aneinander rückt, daß er außerordentliche Phänomene aus dem Erfahrungsbereich ausschließt, darin Gott und Mensch zueinander finden. Er entfaltet gleichzeitig eine Gnadenlehre, die das fortdauernde Einwirken Gottes für die Entwicklung des gewöhnlichen christlichen Frömmigkeitslebens bis zur übernatürlichen Erfahrung betont. *Gott geleitet die Seele von Stufe zu Stufe, bis ins Innerste.* Ohne sich an eine bestimmte Ordnung zu halten, *gewährt er seine Gnade, je nachdem er sieht, was der Seele frommt oder wie es ihm eben gefällt* (S 2, 17, 4). Die Selbstmitteilung Gottes ist an keinerlei Schema oder Programm gebunden. Doch hängt es vom Menschen ab, wie er Gottes Angebot aufnimmt und beantwortet, ob er wirklich von Stufe zu Stufe aufsteigt. *Gott beginnt das Geistige durch äußere, sinnenfällige Dinge mitzuteilen.* Je mehr es dem Menschen aber gelingt, *durch die Hülle sinnenfälliger Dinge zum Geiste vorzudringen* und je mehr er sich *der sinnlichen Weise entblößt und entleert,* entspricht er Gottes Gnadenführung. Er *gelangt zum vollendet geistigen Umgang mit Gott* (S 2, 17, 4). Ein solches Sich-Überlassen an die Gnade als Medium ist die Voraussetzung zum unmittelbaren Einwirken Gottes, das im Menschen eine neue Beziehung zu ihm hervorruft, die erfahrbar wird und sich auf das gesamte innere Leben auswirkt. Gottes Tat am Menschen, seine Gnade, die den Menschen trifft, erhöht und umwandelt, löst auch in ihm ein tiefes Erfahren seiner Liebe zum Menschen aus, das heißt die eigentliche mystische Erfahrung.

Diese bleibt jedoch immer eine Glaubenserfahrung. Genauer könnte man sagen, eine Glaubenserfahrung Gottes im „Wort", eine Selbstmitteilung Gottes in Christus, ein Wahrnehmen der umformenden Liebe Gottes im Herrn. Johannes läßt den Vater sagen: *Wenn ich dir schon alles in meinem WORT, nämlich in meinem Sohn gesagt habe und kein anderes habe, was sollte ich dir also antworten oder offenbaren, das mehr wäre als dieses? Richte die Augen einzig auf ihn (...), und in ihm wirst du mehr finden, als du erbittest und ersehnst (...). Er ist meine ganze Erscheinung und Offenbarung – toda mi visión y toda mi revelación (...). Wünschest du von mir die Erklärung verborgener Dinge und Vorgänge, richte deine Augen einzig auf ihn, und du wirst die verborgensten Geheimnisse finden* (S 2, 22, 5—6).

Damit will Johannes sagen, daß für ihn die mystische Gotteserfahrung in Christus geschieht und damit eine in die Gotteserfahrung einverwebte Christuserfahrung ist. Das ist wichtig zum Verständnis seiner Aussagen über das mystische Liebesgeschehen, dem Johannes zahlreiche Seiten seiner Werke widmet.

Die eigentliche, übernatürliche Erfahrung besteht für Johannes vom Kreuz in der Liebesvereinigung der Seele mit Christus. Sie ist das ersehnte Ziel eines langen Weges des Entblößens aller natürlichen *Tätigkeiten und Fähigkeiten, nämlich des Verstehens, Verkostens und Empfindens, um nach Beseitigung alles dessen, was Gott unähnlich und unangeglichen ist, das Ähnlichsein von Gott zu empfangen, sodaß in ihr* (der Seele) *nichts verbleibt, was nicht Gottes Wille ist, wodurch sie sich in Gott umgestaltet* (S 2, 5, 4). Liebesvereinigung bedeutet also ein Ähnlichwerden mit Gott, eine Umgestaltung in Gott als existentielle Verwirklichung einer Willensvereinigung. Der Mystiker hebt deutlich diese übernatürliche Vereinigung mit Gott von einer immer schon mit der Taufe beginnenden Vereinigung des Menschen mit Gott ab. Und er betont, daß sie nicht immer gegeben ist, *sondern nur mit der Ähnlichkeit aus Liebe.* Diese aber besteht in der Gleichförmigkeit des menschlichen Willens mit dem göttlichen Willen, *sodaß es in dem einen nichts gibt, was dem anderen widersteht. Wenn also die Seele restlos ausscheidet, was dem göttlichen Willen widerstrebt oder ihm nicht eingefügt ist, findet sie sich durch Liebe umgestaltet in Gott* (S 2, 5, 3).

Zum Erreichen dieses Ziels bedarf es des Zusammenarbeitens des Menschen mit der Gnade. Dies geschieht nach Johannes im Durchwandern der *Dunklen Nacht.* Diese ist Symbol für die grundlegende Bedeutung der im Dunkel des Glaubens dem Menschen angebotenen Gnade und Dimension einer fortschreitenden, befreienden und neuen Weise des Selbstseins, die aktiv und passiv erreicht wird. Der Mensch, der im Glauben, in der Hoffnung und in der Liebe sich dieser Nacht anvertraut oder besser sich ihr ausliefert, erfährt sich langsam in einer, ihm selbst unauflichtbaren, aber von seinen vitalen Kräften unterstützten Weise in einem neuen Sein in der Gnade. Um diesen Umwandlungsprozeß zu beschreiben, wertet Johannes vom Kreuz die kosmische Nacht allegorisch aus.

### DAS SYMBOL DER NACHT

Ähnlich wie die kosmische Nacht von einem Tag zum anderen bringt, führt die Nacht der Sinne und des Geistes von einer (natürlichen) Art des Seins zu einer anderen (übernatürlichen). Beide Nächte sind Übergang *(tránsito).* Die zweite ist *der Übergang der Seele zur Vereinigung mit Gott* (S 1, 21). Die kosmische Nacht beginnt mit dem Einbrechen der Dämmerung, bedeutet einen mühsamen, lichtlosen Weg, ohne Sicherheit und oft von Ängsten begleitet, der aber endlich im Morgengrauen in den neuen Tag einmündet. Genauso muß der Mensch seine *Neigung von allen Dingen der Welt, die er besaß, abwenden und sie verneinen,* muß sich dem *Glauben* übermitteln, *der dem Verstande so dunkel ist wie die Nacht,* und muß dem *Ziele zustreben,* das während des Wegs *nicht mehr und nicht weniger ist als dunkle Nacht* (S 2, 2, 1), aber in der dritten Nacht, *der Dämmerung, die dem Tageslicht unmittelbar vorangeht,* eine ins Halbdunkel gebadete Erfahrung Gottes wird. Wenn diese dritte Nacht vorüber ist, dann erfolgt *die Vereinigung der* (Seele) *Braut mit der Weisheit Gottes* (Christus) (ebd. 5 und 4).

Diese Nacht, in der Johannes eine Nacht der Sinne von einer Nacht des Geistes unterscheidet, aber beide auch im Nebeneinander und Miteinander betrachtet, wird von ihm mit der Kontemplation identifiziert, da Gottes Mitteilungen an den Menschen dunkel sind und diesen läuternd und befreiend in seine göttliche Dunkelheit eintauchen. Doch handelt es sich hier bereits um eine Nacht, in deren Dunkel *sich der Morgenschimmer mischt, sie ist gepaart mit dem Tagesanbruch* (C 14—15, 23), und in ihr genießt der Mensch die *entspannte Ruhe der friedvollen Nacht* (C 14—15, 22). Poetisch besingt der Mystiker die wundervolle Tiefe dieser Nacht der Vereinigung in seinen großen dichterischen Schöpfungen.

*O Nacht, die holder scheint*
*als Morgenrot, in ihren dunklen Falten*
*die Liebenden vereint,*
*bis göttliche Gewalten*
*die Liebste in den Liebsten umgestalten!*[3]

---

[3] *Oh noche que guiaste!*
*Oh noche amable más que el alborada!*
*Oh noche que juntaste*
*Amado con amada,*
*amada en el Amado transformada!* (N, Strophe 5)
Der Ausdruck „göttliche Gewalten“ ist eine Hinzufügung des Übersetzers.

*Diese Nacht ist die Kontemplation,* darin die Seele solches Vereintsein mit Christus erleben möchte. *Sie bezeichnet sie als Nacht, weil sie dunkle Gotterfahrung ist (porque la contemplación es oscura); und wegen dieser Dunkelheit wird sie auch mystische Theologie genannt* (deutliche Anspielung an Pseudo-Dionysius), *geheime Weisheit Gottes, mit der er ohne Geräusch von Worten, ohne Beistand eines leiblichen oder geisthaften Sinnes, in lautloser Ruhe die Seele aufs verborgenste und geheimste unterweist, ohne daß sie wüßte, wie.* Diese Gotteserfahrung *(contemplación),* die den Ausschluß einer jeden aktiven Verstandestätigkeit voraussetzt und deshalb einem „Begreifen, ohne zu begreifen" gleicht, bedeutet bereits eine tiefe übernatürliche Erfahrung des Gnadenwirkens, durch das das natürliche Transzendieren des Menschen auf Gott hin erhöht und „überformt" wird. Doch *im Vergleich zu der Einsicht in der Seligkeit (. . .) ist sie immer noch dunkle Nacht.* Der Mensch aber kann und wird sich danach sehnen, daß sie sich als *klare Kontemplation* im anderen Leben, das heißt *in der aufgehellten Nacht vollende* — als Ziel des christlichen Lebens —, *derart, daß die diesseitige Nacht der dunklen Kontemplation ganz übergehe in die jenseitige Kontemplation des klaren und ungetrübten Schauen Gottes (en contemplación ya clara y serena de la vista de Dios).* Erst dann wird *Dämmerung in die nächtige Gotteserfahrung einbrechen und das Licht des Tages das* (menschliche) *Erkennen erhellen* (C 39, 12—13).

Von hier aus vermag Johannes vom Kreuz die Nacht mit dem Kommen des Bräutigams — Christus — zu vergleichen. Er, der *Geliebte* der Seele, sucht die Seele-Braut auf und führt sie auf dem Weg der passiven Läuterungen der mystischen Vereinigung entgegen. Die Erfahrung der aktuellen, den ganzen Menschen bewegenden, erleuchtenden und durchformenden Gnaden Christi geschieht in der Verborgenheit eines unaussprechlichen Geheimnisses göttlicher Liebe. Darum ist sie *Nacht,* dunkles Erleben einer übergegenständlichen Wirklichkeit, die als göttliche Gnade sein Inneres erfaßt und umwandelt.

Schon dies zeigt deutlich, daß für Johannes vom Kreuz die übernatürliche Erfahrung ein Ganzheitsvollzug des Menschen ist, der aus seiner reinen Offenheit auf Gott hin entfließt, von Gottes umformender Tätigkeit aufgenommen und der künftigen Vollendung entgegengeführt wird.

## MYSTIK ALS TRANSZENDENTALES GESCHEHEN

Wenn man die übernatürliche Erfahrung Gottes bei Johannes vom Kreuz als Ganzheitsvollzug des Menschen bezeichnen will, so schließt das nicht aus, daß er deutlich zwischen einer natürlichen, gewöhnlichen, allen erreichbaren Gotteserfahrung und einem besonderen, übernatürlich-mystischen Erleben der Gottesnähe unterscheidet. Doch diese Unterscheidung muß so verstanden werden, daß die erstere zum Substrat der zweiten werden kann und auch wird, wenn durch Gottes Gnadenwirken Sinne und Denken überformt werden. Die Annahme, Gott teile sich nur dann dem Menschen mit, wenn die natürlichen Vermögen der Seele ausgeschaltet werden, ist unhaltbar in seiner Lehre. Er besteht nur darauf, daß der Vollzug des sinnenhaften und denkhaften Bereiches der Seele zutiefst geläutert, von allen unordentlichen Impulsen und Tätigkeiten gereinigt und befreit werde. Auf diese Weise ist die übernatürliche Erfahrung ein von der Gnade getragener und vom übernatürlichen Licht durchhellter Weitergang der gewöhnlichen Erfahrung.[4] Sie erreicht größere Intensität, erhält eine besondere Prägung, wird aber erst im anderen Leben vollkommen sein. Diese Vollkommenheit hat der Mystiker in den letzten Gesängen seines *Lieds der Liebe (Cantico espiritual)* im Auge. Im gewissen Sinn wird von hier aus auch der gesamte Aufstieg des Menschen zur Vereinigung mit Gott betrachtet.

Dieser Aufstieg, der immer das asketische Bemühen des Menschen voraussetzt, wird durch ein mehr oder weniger intensives Sich-Mitteilen Gottes möglich. Johannes spricht hier von vorübergehenden und habituellen Mitteilungen, die ins Innerste des Menschen dringen und seine gesamten Tätigkeiten immer mehr auf das Absolute, auf Gott hin, ausrichten. In diesem Sinn benützt er den Ausdruck „Passivität" oder „passives Verhalten", das heißt, er meint die Fähigkeit des Menschen, in sich diese Wahrnehmungen aufnehmen zu können und durch sie zu einer immer weniger mittelbaren Erfahrung Gottes zu gelangen. Diese bleibt jedoch im Bereich des Glaubens. Sie ist aber weitaus durchsichtiger als eine Glaubenserfahrung oder überhaupt als eine natürliche Erfahrung Gottes.

Johannes vom Kreuz spricht über eine solche verfeinerte Erfahrung Gottes als Ganzheitsvollzug des Menschen besonders im Zusammenhang mit dem geistlichen Verlöbnis. Das erklärt sich aus der Tatsache, daß er seine Werke vor allem für Karmeliten und Karmelitinnen schrieb, für Menschen, die das gleiche Ideal der Gottessuche lebten und von ihm seelsorglich geleitet wurden, um dieses auch wirklich zu erreichen. Das geistliche Verlöbnis ist gemäß seiner Lehre bereits *ein hoher Zustand, eine Liebeseinigung, in welche die Seele nach vielen geistigen Bemühungen von Gott erhoben wird* (C 14—15, 2). Doch handelt es sich noch nicht um eine ununterbrochene Vereinigung mit Gott, wie in der geistlichen Vermählung. Es ist der Augenblick, in dem plötzlich in das Leben des Menschen etwas *Neues*, etwas Unerwartetes entschei-

---

[4] „Die in der übernatürlichen Transzendenz enthaltene übergegenständliche Erfahrung Gottes ist eine Überformung der in der natürlichen Transzendenz enthaltenen übergegenständlichen Erfahrung des Absoluten. Dieses natürliche Transzendieren wird in der Gnade und von der Gnade nicht absorbiert, sondern gewahrt und erhöht." Karl Vladimir Truhlar, Christuserfahrung (Rom 1964) 97—98.

dend eintritt. *Gott offenbart* im Wort, im Bräutigam Christus, *Erhabenes über sich selbst. Zugleich verschönt er die Seele mit großer Hoheit, schmückt sie mit Gaben und Tugenden und hüllt sie in ehrfürchtige Erkenntnis seiner Gottheit, gleich einer Auserwählten am Tage ihres Verlöbnisses* (C 14—15, 2).

Durch diese Selbstmitteilung Gottes erwacht in der Seele-Braut *ein Zustand holden Friedens und sanfter Liebe. Sie beginnt dem Geliebten Lobpreisungen zuzujubeln* und genießt den *Austausch süßer, friedvoller Liebe* (C 14—15, 2). Denn *dank ihrer bräutlichen Einigung* mit dem Verlobten erkennt sie *in ihm Gottes Herrlichkeit. Sie findet die ersehnte Entlastung und Erquickung; und sie blickt hinein in unerforschte göttliche Geheimnisse; und sie fühlt in Gott eine erschütternde Übergewalt, die alle ihre Kraft entmachtet; und sie verkostet in ihm überwältigende Sanftmut und Untrübbarkeit des Geistes, wahre Stille findet sie und göttliches Licht; und sie erquickt sich tief an der Weisheit Gottes, die in der Harmonie der Schöpfung und in seinem Tun hervorleuchtet; und sie fühlt in sich die Fülle des Guten und die Ledigkeit von allem Übel. Und vor allem erfährt und genießt sie Labsal für ihre Liebe, wodurch sie in der Liebe gefestigt wird* (C 14—15).

Alle diese Wirkungen müssen durchaus nicht gleichzeitig eintreten. Johannes vom Kreuz bemerkt einführend, daß *alle, die zu einem solchen Zustand gelangen, nicht annehmen dürfen, deswegen alles zu empfangen,* was er aufzählen wird, *oder daß sie es auf die gleiche Weise des Erkennens und Erlebens empfangen* (C 14—15, 2). Gott ist absolut frei in der Art und Weise seines Sich-Mitteilens. Es gibt kein Gesetz, keinen Mechanismus des Gnadenwirkens. *Einigen Seelen schenkt er mehr, anderen weniger und den einen auf diese, anderen auf jene Weise.* Doch kann sowohl die eine wie die andere Gnade dem Menschen beim geistlichen Verlöbnis zuteil werden (C 14—15, 2).

Vom Menschen her bleibt die Schwierigkeit bestehen, sich dieser übernatürlichen Mitteilungen Gottes bewußt zu werden und sich von ihnen tragen zu lassen. Es handelt sich ja noch nicht um eine *klare und vollkommene Gottesschau,* gleich jener im jenseitigen Leben. Auch wenn diese Selbstmitteilungen *frei vom Unwesentlichen (desnuda de accidentes)* sind, bleiben sie dennoch *dunkel,* gleich der Kontemplation, die ein *dunkler Strahl* ist in diesem Leben, wie es Dionysius betont[5] (C 14—15, 16). Dieser Strahl dringt tief in das Erkenntnisvermögen ein und wird dort schattenhaft als ein leises Berühren des Innersten genossen, wie ein *göttlicher Hauch* oder ein wunderbares *Flüsterlied (silbo),* das vom inneren Ohr vernommen wird.

Der Mystiker denkt hier an die Erfahrung des Propheten Elija, als dieser in der Öffnung seiner Höhle auf dem Horeb Gottes Vorüberziehen im Säuseln sanfter Luft vernahm. *Er wurde wissend, dank der zart eindringenden Mit-*

---

[5] Vgl. S 2, 8, 6, wo Johannes Pseudo-Dionysius, *De Mystica Theologia,* c. 1, § 1, zitiert: ... *ad supernaturalem illum caliginis divinae radium* (PG 3, 999).

teilung des Geistes in diesem Säuseln der Luft. Ganz ähnlich geschieht es bei der mystischen Erfahrung. Sie wird wie ein *Flüsterhauch zärtlicher Luft (silbo de aires amorosos) in der innersten Substanz*, im Personkern oder Grund empfangen (C 14—15, 14), wo sie sich mit *wunderbarem Wohltun* in das Heimlichste der Seelentiefe einschmiegt. Sie wird passiv empfangen, aber als eine vital vom Menschen aufgenommene Erfahrung, als ein *Gefühl der Beseligung und als ein Innewerden* Christi. Ähnlich, wie das Berührtwerden durch einen Lufthauch gefühlt und das Säuseln der Luft gehört wird, so wird das Berührtwerden *(toque)* durch die wirkende Kraft Christi gefühlt und mittels der Sinne genossen und ebenso das Innewerden dieser wirkenden Kraft mit dem Ohr der Seele vernommen. Solches Berührtwerden ist eine Erfahrung, die sich auch im natürlichen Erfahrungssubstrat bemerkbar macht, die nicht nur als unmittelbare Erleuchtung des Geistes wirkt, sondern ebenfalls in die Sphäre der Sinne dringt. Der ganze Mensch nimmt nach Johannes vom Kreuz am *Berührtwerden durch Gott* teil. Denn auch die Sinne werden durch Gottes Wirken umgeformt und verfeinert, um *das Flüsterlied der liebevollen Luft* aufzunehmen, das heißt die *wirksame Kraft und Gnade Christi, die in die mit ihm bräutlich vereinte Seele einfließen, sich ihrem innersten Wesen mitteilen und sie mit großer Liebe berühren* (C 14—15, 12).

Allerdings versetzt das umgestaltende Wirken Gottes das Innere des Menschen in eine Art Dämmerschlaf *(sueño)*. Fast ihm selbst unbewußt, empfängt er Gottes Gnade, ohne sich aktiv darum zu bemühen. Er begegnet dieser Gnade, mit Christus identifiziert, als *nächtliche Verborgenheit (su Amado es para ella „la noche sosegada“)*, in der eine wundervolle *Harmonie* erklingt, eine *verschwiegene Musik*, die in die Tiefen seiner *Geistseele* beglückend einströmt und von seiner rein und durchsichtig gewordenen Sinn- oder Leibseele genossen wird.

## MÖGLICHKEIT UND WIRKLICHKEIT DER GNADENTRANSZENDENZ

Die rationale Kritik hält derartige Erfahrungen für unwirklich, abseitig vom normalen Frömmigkeitsleben, oder auch für überspannt und nicht für ernst zu nehmen. Sie erachtet es für unmöglich, daß es sich bei der mystischen Erfahrung um ein reales Geschehen handeln könne, so real, daß es den Menschen trifft, verwandelt, aus seiner Entfremdung von Gott befreit und in ihm ein ganz neues Verhältnis begründet.

Dem gegenüber zeigt Johannes vom Kreuz, daß Gott einerseits in jedem Menschen substantiell wohnt und wirkt und daß es andererseits kraft der Taufgnade zu einer Einwohnung der drei göttlichen Personen in der Seele des Christen kommt. Dies ist der Grund, weshalb es *nicht verwundern darf, daß Gott so erhabene und aussondernde Gnaden denen hinschenkt, welchen er schon Gunst zuwendete. Wenn wir nur bedenken, (. . .) wie Gott mit grenzenloser Liebe und Güte wirkt, dann kann dies Geschehen nicht unbegreiflich erscheinen; hat er doch gesagt, wenn einer ihn liebe, würden der Vater und der Sohn und der Heilige Geist in ihm Wohnung nehmen* (Joh 14, 23). *Und das vollzieht sich so, daß ihm im Vater und im Sohn und im Heiligen Geist zu leben und zu weilen gewährt wird, in gottgemäßem Leben (en vida de Dios)* (F, Pr 2).

Die Bedingung, damit dieses Geschehen ins menschliche Bewußtsein trete, ist die willentliche Ausrichtung auf Gott, das heißt der feste Entschluß, sich von allen *natürlichen Widersetzlichkeiten und Unähnlichkeiten zu entblößen, damit Gott, der sich natürlich durch Natur mitteilt, auch übernatürlich durch Gnade mitteile* (S 2, 5, 4). Mit anderen Worten heißt das für Johannes vom Kreuz, sich Gott ganz in Liebe ausliefern. Nur die Liebe und die Hingabe an Gott ermöglichen es, daß jede innere Erfahrung übernatürlichen Wirkens zu einer dynamischen Wirklichkeit werde, die nicht nur bei einem flüchtigen Erleben und Verweilen in Gottes Gegenwart stehenbleibt, sondern als Ziel ein stetes Verharren in der persönlichen Gemeinschaft mit Gott in drei Personen hat.

Johannes vom Kreuz ist überzeugt, daß der Mensch, der sich entschlossen auf diesen Weg begibt, eines Tages zu einer solchen Gnadentranszendenz aufsteigen wird. Für ihn „ist die Entfaltung von der Taufgnade bis hin zur mystischen Vereinigung eine homogene Entfaltung“.[6] Allerdings muß der Mensch sich mit allen Kräften aus der natürlichen Entfremdung befreien. Befreiung auf Gott hin, Befreiung von sich selbst und den ungeordneten natürlichen Neigungen, „als ein Sich-Stellen auf den Grund, von dem nur ein ganzes menschliches Leben ermöglicht wird“.[7]

Das erfordert ein wirksames Mithelfen der Gnade, das nicht fehlen wird, wo diese innere Disposition vorhanden ist. So macht der Mensch die Erfahrung, daß Gott machtvoll in sein Inneres einbricht, es zutiefst *verändert* und auf sein Kommen hin *bewegt*. Durch ein solches innerliches Bewegtwerden wird der Mensch für eine übernatürliche Erfahrung fähig. Er läßt sich gewissermaßen von Gott *tragen (llevar de Dios)* (S, Pr 4), während Gott ihn durch dieses Tragen *einen Abglanz dessen, was er in sich ist*, empfinden läßt. So erlebt er, wie *in Morgenfrische das göttliche Leben in ihm aufgeht mitsamt dem harmonischen Sein und Weben aller Geschöpfe in ihm* (F 4, 6). Gottes Bewegung löst damit im liebenden Menschen ein neues Erkennen und Erspüren aller Dinge und Geschöpfe in Gott selbst aus.

---

[6] Johannes a Cruce Boldt, Der Mensch in der Gnade Gottes nach dem spanischen Mystiker und Kirchenlehrer Johannes vom Kreuz. Ephemerides Carmeliticae 29 (Rom 1978) 253.

[7] Wie Anm. 6.

Johannes vom Kreuz vergleicht in seinem Spätwerk, der *Lebendigen Flamme,* dieses Bewegen durch Gottes Mitteilungen dem *Erwachen* des Wortes im Innersten des Menschen. Durch dieses Erwachen wird der Mensch *vom Schlaf natürlichen Anschauens aufgeweckt* (F 4, 6), das heißt, er wird sich bewußt, daß er im Innersten von einer zentralen Bewegung überformt wird, die nun seine Tätigkeit bestimmt. Und wieder bemerkt der Mystiker, daß nun vom *Kern* her, von der Mitte des Menschen, in der die übergegenständliche Vereinigung mit dem Wort stattfindet, nicht nur *das Erkenntnisvermögen über alles natürliche Begreifen in das göttliche Licht erhoben wird* (C 14—15, 24), sondern daß auch die Tätigkeit der geläuterten Sinne in den mystischen Zustand übergeht und gelassen, ruhig und sanft die *friedvolle Nacht* der Liebesvereinigung genießt (C 14—15, 22).

Johannes vom Kreuz spricht in diesem Zusammenhang von einer *übernatürlichen Schauung* (F 4, 6), von einem neuen *Horizont,* der den Erfahrungsgehalt bestimmt. Denn Gott selbst wird nun nicht nur mit-erfahren, sondern alles wird in Gott erfahren. Der Mensch wird *gewahr, wie alle Geschöpfe (...) Leben, Dauer und Kraft in ihm besitzen.* Zwar bleibt der Unterschied ihres von Gott-geschaffen-Seins bestehen. Aber *er erkennt, daß Gottes Dasein (Dios en su ser) mit unendlicher Überlegenheit all dieses Geschaffene ist. Und so erfaßt er die Geschöpfe besser in Gottes Sein als in ihnen selbst* (F 4, 5).

Das *Aufwachen* des Menschen beim *Erwachen* des Wortes in seinem Inneren ist damit mehr als ein rein geistiger Akt. Johannes betont, daß es von *großer Freude (deleite* = Wonne) begleitet ist, daß gerade diese Freude darin besteht, *durch Gott die Geschöpfe zu erkennen und nicht durch die Geschöpfe Gott.* Und er erklärt: *Das heißt die Wirkungen aus ihrem Urgrund* (Ursache) *erkennen und nicht den Urgrund* (Ursache) *aus den Wirkungen* (F 4, 5). Eine beglückende Erkenntnis, die gleich einer kristallklaren Quelle erfrischend und befreiend auch die Sinnentätigkeit durchfließt, da große Freude immer im ganzen Menschen aufklingt. Der Mystiker kann deshalb mit Recht dieses Erwachen Gottes im Menschen als *wunderbar (es cosa maravillosa)* bezeichnen. Durch *Gott verändert und bewegt und für eine solche übernatürliche Erfahrung befähigt,* geht im Menschen *göttliches Leben auf.* Gott *entdeckt es ihr als etwas ganz Neues,* wie es wörtlich im Originaltext heißt, und in diesem göttlichen Leben *Sein und Harmonie aller Geschöpfe,* so wie diese sich in Gott bewegen (F 4, 5). Dadurch gelangt *die Tätigkeit der Sinne und des Verstandes zur Ruhe.* Denn anstelle des eigenen Tätigseins tritt Gottes Wirken. Er *allein ist nun der Beweger, er ist es, der im Verborgenen zur einsamen, zur schweigenden Seele spricht* (F 3, 44), sie mit neuem Licht erfüllt, sodaß sie *nun mit einem einzigen Blick sieht, was Gott in sich und was er in seinen Geschöpfen ist* (F 4, 7).

Um jedem Mißverständnis vorzubeugen, betont der Heilige, daß es bei all diesem Geschehen nur zu einer *nächtlichen* Erfahrung kommt, bei der Gott der *Blindenführer* (des Menschen) ist. Er führt ihn durch das Unbekannte hindurch bis zum Übernatürlichen, *das weder sein Verstand noch sein Wille noch sein Gedächtnis ergründen kann, so wie es ist.* Das bedeutet aber für den Menschen, es seine *Hauptsorge sein zu lassen, dem göttlichen Führer kein Hindernis zu bereiten auf dem von ihm bestimmten Weg der Vervollkommnung in seinem Gesetz und im Glauben* (F 3, 29). Dies ist die Voraussetzung, daß Gott eines Tages *der Seele einige der vielen Schleier von ihren Augen hinwegnehmen wird, damit sie ihn sehen kann, wie er ist,* nämlich *im Dunkel einen Widerschein seines gnadenreichen Antlitzes, da ja nicht alle Schleier weggenommen werden* (F 4, 7). Nur so, im *Dunkel des Glaubens,* der aber von der Sicherheit um Gottes Sein und Wirken getragen ist, ist *ein solches Erwachen und Erschauen möglich* (F 4, 7). Nur so macht sich Gott in der Mitte, im Personkern des Menschen, unmittelbar und mit umwandelnder Kraft bemerkbar.

Die Dunkle Nacht und das Dunkel der mystischen, übernatürlichen Erfahrung weisen damit nicht auf ein „Nichts" im Sinne der Leere, des Nullpunktes, hin, sondern sind Ausdruck des Unaussprechlichen, wofür es keine sprachliche Aussageweise gibt, aber das beglückend erfahren wird, das Genuß, Friede, tiefste Befriedigung ist. Eine solche Erfahrung ist nicht nur möglich, sondern zugleich befreiend. Sie bedeutet, ein *glückseliges Leben, einen glückseligen Zustand* erreicht zu haben (C 28, 10), weil der Mensch, *ledig aller Fesseln, sich Christus zugesellt sieht* (C 37, 1), *ledig, entblößt, einsam und allem Geschaffenen im Himmel und auf Erden entfremdet, und so in innerer Sammlung* mit Christus vereint (C 40, 2). Gerade diese Befreiung durch Mystik, diese paradoxale innere Freiheit des Menschen, der sich bedingungslos an Christus bindet, ist eins der Hauptthemen in den Werken des spanischen Karmeliten.[8] Alles asketische Bemühen, das einem Sterben mit Christus vergleichbar ist, hat eine solche innere Freiheit zum Ziel, eine wahrhafte innere *Auferstehung des Geistes*[9] und vollkommene Verwirklichung des Ostermysteriums, eine tiefgehende Identifikation mit Christus: *Vivo autem, jam non ego: vivit vero in me Christus* (Gal 2, 20). Das heißt für Johannes vom Kreuz: *Der Geliebte lebt in dem Liebenden und der Liebende in dem Geliebten* (C 12, 7). Wer dieses Ziel erreicht, dessen Leben ist fortan reine Liebe, die ihn auf dem Weg der Einsamkeit Gott entgegenfliegen läßt, — *ohne zu wissen, auf welche Weise* (N 2, 25, 4). In einem so begnadeten Menschen erwacht „ein neues Lebensgefühl, er gewinnt eine neue Lebensqualität, denn er steht im Kreislauf eines dauernden Gnadenaustausches mit Gott. Er wird zum vollwerten Partner Gottes und des Mitmenschen".[10]

---

[8] Dieses Thema wurde ausführlich in einem Artikel von José Vicente Rodriguez, La liberación en San Juan de la Cruz, Teresianum 36 (Rom 1985) 421—454, entwickelt.

[9] Brief des hl. Johannes vom Kreuz vom 18. November 1586. Sämtliche Werke, Bd. 4, 132.

[10] Boldt (wie Anm. 6) 257.

Die Lehre des hl. Johannes vom Kreuz über die mystische Erfahrung hilft dem Menschen, zu sich selbst zu finden und durch die Gnadenwirkungen Gottes sich selbst neu zu erkennen. Sie zeigt ihm den Weg, um auf Gottes Selbstmitteilungen einzugehen und diese durch ein Leben des Glaubens und der Liebe existentiell zu beantworten. Welchen Grad der Erfahrung und der Liebesvereinigung mit Gott der Mensch erreichen kann — eine Frage, die immer wieder gestellt wird —, hängt jedoch von Gottes freiem Wollen ab. Doch kann er sicher sein, daß durch sein Eingehen in die Transzendenz der Gnade sein tiefstes persönliches Verlangen nach Gott befriedigt wird. Durch die Gnade vermag er sich ja Gott in Liebe völlig hinzugeben, einer Liebe, die für den Mystiker nicht nur der Akt einer seelischen Potenz ist, sondern die Bezogenheit und Ausrichtung der ganzen menschlichen Person auf Gott hin.

Es muß also festgehalten werden, daß der spanische Mystiker und Kirchenlehrer den Menschen daran erinnert, in der übernatürlichen Erfahrung das Angebot Gottes lesen zu können, ihm in der Liebe ähnlich zu werden und mit ihm liebend vereint zu leben. Ein Angebot, das den ganzen Menschen betrifft, um nicht nur durch Erkenntnis, sondern auch affektiv dieses Ziel zu erreichen. Ein Angebot, das ihn den unsagbar reichen Inhalt des Lebens erst richtig erfahren läßt.

# PREDIGTEN ÜBER DAS GÖTTLICHE HERZ JESU AUS DEM 18. JAHRHUNDERT IN WIEN

Von Anna Coreth, Wien

Der Predigt kam in der Barockzeit eine außerordentliche Bedeutung zu. Die Kanzelberedsamkeit galt als Kunst, die nach besonderen Regeln der Rhetorik erlernt und geübt werden mußte; sie war darüber hinaus das wichtigste Mittel geistlicher Unterweisung und die Gelegenheit, religiöse Impulse zu vermitteln. Daher wurden in jener Epoche zahlreiche Predigten einzeln oder in Sammelwerken gedruckt und bilden wertvolle Zeugnisse der Spiritualität ihrer Zeit.[1]

Die hier zu besprechenden 13 Predigten bilden eine Einheit vom Anlaß und vom Thema her. Sie sind für die *Bruderschaft des Göttlichen Herzens Jesu Christi,* die seit 1699 an der Klosterkirche der Ursulinen in Wien bestand,[2] jeweils zu deren Titularfest 1735, 1736 und 1749 gehalten worden. Die ersten drei dieser Festpredigten sind als Einzeldrucke erschienen. Die übrigen zehn Predigten bilden einen Zyklus, gehalten anläßlich des mit großer Feierlichkeit im Rahmen einer Oktav begangenen 50-Jahr-Jubiläums der Bruderschaft 1749.[3] Alle 13 Prediger gehörten dem Jesuitenorden an — was nicht verwunderlich ist, wenn man die beinahe schicksalhafte Verbundenheit dieses Ordens mit der Verbreitung der „neuen" Herz-Jesu-Verehrung bedenkt, die vom burgundischen Heimsuchungskloster in Paray-le-Monial ausgegangen war. Er fand hiefür in den österreichischen Ursulinenklöstern Stütz-

---

[1] Johann Baptist Schneyer, Geschichte der katholischen Predigt (Freiburg/Br. 1969) 272 ff.; derselbe, Die Welt des Barock in den Titeln seiner Predigtbücher, Münchener theologische Zeitschrift 19 (1968) 295—310; Leutfried Signer, Die Predigtanlage bei P. Michael Angelus von Schorno OMCap (1631—1712). Ein Beitrag zur Geschichte des Barockschrifttums (Assisi 1933); Werner Welzig, Katalog gedruckter deutschsprachiger, katholischer Predigtsammlungen (Abhandlungen der Akademie der Wissenschaften, phil.-hist. Kl. 430, Wien 1984, und 484, Wien 1987).

[2] Dazu: Anna Coreth, Voraussetzungen zur Aufnahme der „neuen" Herz-Jesu-Verehrung in Österreich vor 1700, in: Ecclesia peregrinans. Josef Lenzenweger zum 70. Geburtstag (Wien 1986) 223—237.

[3] Die Predigten von 1735 und 1736 sowie vom 13. und 14. Juni 1749 sind in Einzeldrucken in der Österreichischen Nationalbibliothek (NB) bzw. in der Wiener Stadt- u. Landesbibliothek (WStLB), der gesamte Zyklus von 1749 ist in der Bibliothek des Stiftes Göttweig vorhanden. Dem Stiftsbibliothekar P. Dr. Ildefons Fux OSB, der mich auf die Sammlung hinwies und mir deren Benützung ermöglichte, bin ich zu herzlichem Dank verpflichtet. — Die Drucklegung zweier weiterer Predigten von 1735 und 1737 ist bekannt, doch war bisher kein Exemplar auffindbar.

punkte und übernahm auch die geistliche Betreuung der Wiener Bruderschaft.

Diese reine Gebetsgemeinschaft ohne äußere Tätigkeit war mit der ausdrücklichen Absicht begründet worden, die Wünsche Christi, die der französischen Ordensfrau Marguerite-Marie Alacoque in einer Reihe von Visionen mitgeteilt worden waren, aufzunehmen und zu verbreiten.[4] Es handelte sich hiebei um die Erwiderung der unfaßbaren Liebe des menschgewordenen Sohnes Gottes, die uns in seinem geöffneten Herzen gezeigt wird und im Altarsakrament immer gegenwärtig bleibt, wo sie sühnend und liebend verehrt werden muß.

Die Wiener Herz-Jesu-Confraternität[5] war die erste dieser Art in ganz Mittel- und Osteuropa, und ihre Bedeutung war keine geringe: In rascher Folge hatten sich zu Beginn des 18. Jahrhunderts nach ihrem Vorbild Gemeinschaften mit dem gleichen Ziel in Klagenfurt, Salzburg und Innsbruck, aber auch in Schlesien und in Krain gebildet. Ihnen ist der Start und die Verwurzelung der Herz-Jesu-Frömmigkeit in Österreich schon während des 18. Jahrhunderts zu verdanken. Ablehnung und Unterdrückung durch Jansenismus und Aufklärung zerstörten zwar die Gemeinschaften, das spirituelle Erbe aber trat gegen Ende des Jahrhunderts wieder deutlich hervor.

Das Ziel der Bruderschaft bildete nun auch die Thematik der Predigten. Die Aussagen zur konkreten Botschaft der heiligen Visionärin werden mannigfach belegt und erweitert durch Textstellen aus der Heiligen Schrift und durch Zitate von Kirchenvätern und Heiligen. Dadurch wird die Herz-Jesu-Verehrung als zentrales und fundamentales christliches Glaubensgut und gleichzeitig als kraftvolles Mittel zur Bekehrung und Heiligung des Lebens dargestellt.

Am Aufbau und an vielen rednerischen Figuren der Predigten ist die humanistische Schule der Rhetorik des Jesuitenordens zu erkennen. Wenige Jahre später, 1770 bis 1772, wurden vom Ordensmitglied Ignaz Wurz Grundsätze der Kanzelberedsamkeit dargelegt,[6] die in etwa auch hier ein-

---

[4] Vie et oeuvres de Sainte Marguerite-Marie Alacoque (Paris 1876), überarbeitet von François-Léon Gautey (Paris [4]1920, deutsch Innsbruck 1928); M. M. Alacoque, Leben und Offenbarungen, von ihr selbst geschrieben und ergänzt durch Zeitgenossen (Freiburg/Schw. [2]1974); dazu weitere reiche Literatur.

[5] *Bruderschaft des Göttlichen Hertzens Jesu Christi unter dem hohen Gnaden-Schutz der durchleuchtigsten Ertzhertzogin von Oesterreich Elisabeth (...) aufgerichtet im Jahr 1699 in dem löblichen Gottes-Hauß (...) Sanctae Ursulae zum sechstenmahl aufgelegt (Wienn (...) Andreas Heyringer 1724).* WStLB 11924 A.

[6] Ignaz Wurz SJ, Anleitung zur geistlichen Beredsamkeit (Bd. 1 und 2, Wien 1770 und 1772). Über Ignaz Wurz (1727—1784), Professor der Homiletik und Prediger in Wien: Schneyer, Geschichte 309; Ladislaus Szilas SJ, Die österreichische Jesuitenprovinz im Jahr 1773. Eine historisch-statistische Untersuchung (Archivum Historicum Societatis Jesu 47, Roma 1978) 2, 324 ff.

gehalten sind. Häufig wurde das Bild des Herzens Jesu, das nach den Angaben der Seherin ohne die menschliche Figur dargestellt und verehrt wurde, zum Ausgangspunkt der Betrachtungen gemacht. Hiebei erwies sich die in der Barockepoche übliche Stilform der Emblematik besonders geeignet: Ein Sinnspruch (inscriptio), mit einem Symboldbild (pictura) verbunden, drückt einen zunächst verborgenen, tieferen Sinn aus, der durch die Deutung erst volle Klarheit bekommt.[7] So auch hier. Jede der Predigten beginnt mit einem „Vorspruch" oder „Kanzelspruch" aus dem Alten oder Neuen Testament; das zu erklärende Bild ist auf dem Altar ausgestellt, es ist voll Symbolik: das Herz, der Ehrenthron, die Wunde, die Dornenkrone, die Flammen, das Kreuz. All das wird nun gedeutet und bildet den Ausgangspunkt für die Betrachtungen. Das spezielle Thema der Predigt — der „Hauptsatz" in der Terminologie der Rhetorik — wird nach der Einleitung in zwei oder drei Teilen ausgeführt und mit einem Appell, oft auch mit einem Gebet, abgeschlossen.

Die Lektüre dieser Sprache ist für den heutigen Leser zunächst mühevoll: Er empfindet deren Breite und Fülle als Überladenheit, die affektvolle, oft verschnörkelte oder allegorische Ausdrucksweise als fremd, vielleicht sogar als unecht. Bei näherer Beschäftigung mit den Texten jedoch dringt er in deren Reichtum und Tiefe ein und schöpft daraus Gewinn.

Es soll im folgenden versucht werden, die Predigten zu charakterisieren und die Essenz ihrer Aussage zu erfassen, wie auch auf Passagen hinzuweisen, die wegen ihres spirituellen Inhaltes oder der ausdrucksstarken Formulierung hervorstechen wie auf das pastorale Engagement und die persönliche Innerlichkeit des Kanzelredners hinweisen. Auch einige köstliche humoristische Bemerkungen seien hier wiedergegeben.

In den Predigtdrucken wird der Name des Paters, der die Kanzel bestiegen hatte, und dessen damalige Tätigkeit kurz angeführt. Darüber hinaus konnten die Lebensdaten und Kurzbiographien der Prediger — mit zwei Ausnahmen — der Literatur entnommen werden.[8] Über jene Patres, die vor der Ordensaufhebung 1773 verstorben sind, insgesamt sechs, geben die ausführlichen Nekrologe in den *Litterae annuae* der österreichischen Jesuitenprovinz zusätzlich Auskunft.[9]

---

[7] Gerhardt Kapner, Inschriften an Wiener Heiligenstatuen — ein Beitrag zur Untersuchung barocken Frömmigkeitsstils, in: Sacerdos et Pastor semper ubique. Franz Loidl — vierzig Jahre Priester (Veröffentlichungen des kirchenhistorischen Institutes der Kath.-Theol. Fakultät der Universität Wien 13, Wien 1972) 299—323. Wiederabdruck in G. Kapner, Barokker Heiligenkult in Wien und seine Träger (Österreich-Archiv, Wien 1978) 104—129; Emblemata. Handbuch zur Sinnbildkunst des XVI. und XVII. Jahrhunderts, hg. von Arthur Henkel und Albrecht Schöne (Stuttgart 1967 und 1986).

[8] Chr. Sommervogel, Bibliothèque des écrivains de la Compagnie de Jésus I (Paris [2]1890—1900).

[9] *Litterae annuae Provinciae Austriacae Societatis Jesu.* NB, Handschriftensammlung (HS). Die Nekrologe sind jeweils zum Todesjahr eingereiht.

So kann diese Studie auch einen kleinen Beitrag zur Geschichte der Gesellschaft Jesu aus einer Epoche bringen, in welcher der Orden in Österreich in seiner Entfaltung auf einem Höhepunkt stand,[10] in der sich aber schon die heftige Opposition gegen ihn ankündigte, die schließlich zu dessen Aufhebung 1773 führte. Damit eng verbunden war die Ablehnung der Herz-Jesu-Verehrung. Das jahrzehntelange Bemühen um deren „Einkirchlichung" war zur Zeit der Jubiläumspredigten 1749 noch nicht erfolgreich zu Ende gegangen: Das entscheidende päpstliche Dokument, das die liturgische Gestaltung des Herz-Jesu-Festes allgemein — nicht nur als Hauptfest von Bruderschaften — auf Ansuchen gestattete, kam erst 1765 heraus. Die bloß acht Jahre, die dem Jesuitenorden noch verblieben, wurden gut genützt, um auch durch Volksmissionen die Verehrung des Göttlichen Herzens in der Volksfrömmigkeit zu verankern.

Von all den Kämpfen und Gegensätzen ist zwar in den zu besprechenden Predigten nichts zu verspüren: sie bringen die Verkündigung gesicherten religiösen Besitztums, jedoch ist diskrete Rücksicht auf die Kritik zu merken.

## DIE PREDIGTEN VON 1735 BIS 1736

Die erste uns bekannte, im Druck vorliegende Ansprache für die Bruderschaft wurde am Herz-Jesu-Fest, Freitag, den 17. Juni 1735, während des Hochamtes in der Wiener Ursulinenkirche in der Johannesgasse von P. Franz Dolfin SJ gehalten. In der Überschrift wird er bescheiden als Kinderlehrer in der Kirche des akademischen Kollegs bezeichnet; er hatte indes das Doktorat in Artes und Philosophie erworben und an der Wiener Universität gelehrt, bis er eben erst, 1735, 38jährig als Missionsprediger in der Diözese eingesetzt wurde. Als solcher wirkte er 18 Jahre lang.[11]

Der Einzeldruck der Predigt trägt den Titel: *Das die Menschen liebende, von denen Menschen wenig geliebte Hertz Jesu. Auf vieler Begehren* sei die Predigt noch im gleichen Jahr bei dem Universitätsbuchdrucker Gregor Kurtzböck gedruckt worden.[12]

Den „Vorspruch" bildet das für die gesamte Herz-Jesu-Verehrung grundlegende Zitat aus dem Johannesevangelium: *Unus militum lancea aperuit latus ejus, et continuo efluxit sanguis et aqua* (Joh 19, 34).

[10] Statistische Übersicht bei Szilas 2, 328.

[11] Geb. Wien, 24. 8. 1697, gest. Wien 3. 8. 1775. Er machte sich als Förderer von Exerzitien für Laien besonders verdient. Sommervogel 3, 114—116; Bernhard Duhr, Geschichte der Jesuiten in den Ländern deutscher Zunge (Freiburg/Br. 1907) 4/1, 352.

[12] WStLB 11660 A und NB 221.855-B, Adl. 36. Es gibt keine Paginierung, nur die Lagen sind bezeichnet.

Das Bild, auf das nun Bezug genommen wird, ist mit jenem identisch, das Marguerite-Marie Alacoque geschaut hatte. Ihr Bericht darüber wird vom Prediger aus dem Bruderschaftsbüchlein wörtlich zitiert; der Text war nach dem grundlegenden Werk von Jean Croiset SJ aus der französischen Sprache übersetzt worden.[13] *An einem Tag des Heiligen Johannis des Evangelisten (. . .) ist mir vorgestellt worden / dieses Goettliche Hertz / als auf einem gantz feuerig- und flammenden Ehren-Thron. Es ware durchscheinend wie ein Crystall / viel glantzender als die Sonne / und warffe Strahlen auf alle Seyten. Die Wunde, welche es an dem Creutz empfangen / schiene an ihm gantz sichtbar. Umb dieses Heilige Hertz ware eine doernerne Cron / und ober ihm stunde ein Creutz . . .* (A 2). Nach dieser Beschreibung muß man sich das Bild des Herzens Jesu denken, das auf dem Altar zu sehen war, gemalt oder vielleicht geschnitzt.

P. Dolfin weist auf dieses durchscheinende Herz hin und versteht die mit der Lanze geöffnete Seite als *christallenes Fenster*, durch das man in das Innere des Herzens Christi hineinsehen kann, um darin die unendliche Liebe Gottes zu erkennen. Das geschaute Bild des natürlichen Herzens ist vordergründiges Zeichen und Sinnbild für diese verborgene Wahrheit. *Patent arcana cordis (. . .) Nun steht offen, was im Hertzen Jesu verborgen gewesen ist, das große Geheimnis der Güte, und was die unendliche Barmherzigkeit Gottes (. . .) Innerstes in sich begreiffet (. . .)*, so hatte zuvor der berühmte Hofprediger P. Franz Xaver Brean SJ in seiner Karfreitagpredigt 1722 vor Kaiser und Hofstaat ausgeführt. Diese reichhaltige Herz-Jesu-Predigt war im Druck erschienen[14] und dürfte dem jüngeren P. Dolfin und vielleicht auch anderen Mitbrüdern Anregungen gegeben haben.

Nach der Einleitung gibt P. Dolfin die Themen beider Teile seiner Ansprache bekannt: 1. *Kein Hertz hat uns mehr geliebt als das Göttliche Hertz Jesu;* 2. *Kein Hertz wird von den Menschen weniger geliebt als das Göttliche Hertz Jesu. Das eine zum Trost, das zweite zum Schrecken.*

Nach allgemeiner Auffassung der Zeit war auch für P. Dolfin das Herz der *Sitz der Liebe* – und zugleich deren Symbol. Das geschaute „Sinnbild", das Herz, aus dem Flammen schlagen, weist auf das Göttliche Herz *voll feuriger Liebe* hin, das die Seherin Margarita Maria erblicken durfte. Es wird von P. Dolfin in direkter Verbindung mit der heiligen Eucharistie verstanden. Christus habe der Mystikerin sein Herz *in der heiligen Hosty* gezeigt, wagt der Prediger zu sagen. Er möchte die Augen seiner Zuhörer jetzt auf die Monstranz hinlenken, damit auch sie — im Glauben — durch den *weißen*

[13] *Jean Croiset SJ, La Dévotion au sacré Coeur de N. S. Jésus Christ* (Lyon 1691).

[14] *Das verwundte Hertz Christi Jesu, deß am Creutz verstorbenen Erlösers, ein Wohn-Sitz der Liebe und offene Zuflucht deß Sünders* (Wien 1722). Franz Xaver Brean, geb. Wien 1678, starb im Wiener Profeßhaus kurz nach Dolfins Predigt, am 16. 7. 1735. NB HS 12129, 121 r—123 v; Sommervogel 2, 99—107.

*Vorhang der Brotsgestalten* hindurch das flammende Herz Jesu erblicken, das verborgen, aber in lebendiger Wirklichkeit da ist. Es hat für uns gelitten — es will bei uns bleiben. Kein Herz liebt uns mehr als dieses göttliche Herz (A 3).

Die absichtlich herausfordernde Behauptung im Titel des zweiten Teiles, kein Herz werde weniger geliebt als das Herz Jesu, zielt auf die Entehrungen des heiligsten Altarsakramentes hin. Dafür Sühne zu leisten, entsprach ja dem Auftrag Christi an Marguerite-Marie und war auch das Hauptziel der Bruderschaft. Durch aufrüttelnde Beispiele will der Prediger die Notwendigkeit solcher Sühneleistung vergegenwärtigen. *Ach, weinet, ihr Kirchensäulen, weinet, ihr Engel!*, ruft er temperamentvoll aus und klagt über die Ablehnung der von Jesus gewünschten Vereinigung mit ihm durch ständiges Aufschieben des Kommunionempfanges, über Mangel an Ehrerbietung und fehlende Sammlung beim Meßopfer, über Kälte und Undank gegenüber der heiligen Eucharistie, über Geschwätzigkeit in der Prozession. Scharf tadelt er das fluchende Aussprechen des Wortes „Sakrament" sowie den oft *gottesräuberischen* Sakramentsempfang. All das seien Beweise einer fast gänzlich erloschenen Liebe zu Christus. Der Prediger wiederholt mehrmals die Klage des Jacopone da Todi: *Amor non amatur*, und zitiert die Worte, die Francesca Romana aus der Hostie heraus gehört habe: *Ich bin die Liebe, finde aber keine Gegenliebe* (B 2).

P. Dolfins scharfe Formulierungen dürften tatsächlichen Übelständen in jener Epoche entsprochen haben, die auch im Bruderschaftsbüchlein beklagt werden. Sorge und Appell in dieser Richtung kommen auch in weiteren Predigten zum Ausdruck.[15]

Die beiden Patres, die im folgenden Jahr 1736 am Festtag der Bruderschaft sprachen, sollten sich erst später als Seelsorger, Prediger und Ordensobere profilieren.

P. Joseph Socher ist als Autor der Chronik der österreichischen Provinz des Jesuitenordens heute noch bekannt.[16] 1697 in St. Pölten geboren, 16jährig nach Abschluß der Humaniora in das Noviziat im St.-Anna-Kloster in Wien eingetreten, war er im Jahre 1736 „Feiertagsprediger" in der Kirche dieses dem Ursulinenkloster benachbarten Kollegs. Nach einer mehrjährigen Tätigkeit in Rom hat er mit pädagogischem und seelsorglichem Geschick, wie im Nekrolog hervorgehoben wird,[17] als Oberer in österreichischen Konvikten des Ordens gewirkt. Für die Ordensdisziplin habe er sich

---

[15] Eine zweite Herz-Jesu-Predigt von 1735, vermutlich zu demselben Anlaß gehalten und gedruckt, war nicht auffindbar. *P. Leopold Herberstein SJ, Panegyricus Cordis Jesu Viennae dictum anno 1735, typis Mariae Theresiae Vogtin.* Vgl. NB HS 7550, 113 v—114 r; Sommervogel 4, 287.

[16] *Historia Provinciae Austriae Societatis Jesus*, pars I (Viennae 1740).

[17] Ausführliche Lebensbeschreibung NB HS 12164, 59 r—v; Sommervogel 7, 1343 f. Seine Predigt wurde bei Leopold Johann Kaliwoda, Wien 1736, gedruckt (NB 221.855 Adl. 35).

in einer milden und väterlichen Art eingesetzt, sodaß man ihn verehrte und liebte. Große Ehrfurcht vor der Gottesmutter und dem Orden wird betont sowie persönliche Armut und besonderes Gottvertrauen. Als alter Pater sei er noch rastlos im Beichtstuhl gesessen. Er starb 1771, zwei Jahre vor der Ordensaufhebung.

Die Predigt Sochers, die in der Druckausgabe den Titel trägt: *Das eröfnete Hertz Jesu,* ist umfangreicher und auch geistig anspruchsvoller als jene P. Dolfins.

Auch er nahm als Vorspruch die klassische Evangelienstelle bei Johannes: *Unus militum lancea latus ejus aperuit* mit damaliger Übersetzung: *Einer der Kriegsknechte eröfnete seine Seiten mit einem Speer.* Und auch dieser Prediger läßt zuerst das Bild des Herzens betrachten bei wörtlicher Wiedergabe der Beschreibung Margareta Marias und bemerkt dazu: Man habe sich hier zahlreich eingefunden, um das Herz zu verehren; jedoch *nicht das entworffene / sondern jenes wesentliche / für uns an dem Creutz-Stamm vormahl getödte / und an jetzo in dem Allerheiligsten Altars-Geheimnuß abermal lebendige Hertz* (A). Auf dieser Aussage liegt bei Socher ein starkes Gewicht: Das sichtbare Bild des Herzens weist hin auf das aus dem Tod zum ewigen Leben erstandene Herz Christi, das in seiner verborgenen Wesenheit auf dem Altar gegenwärtig ist.

In seiner dreiteiligen Predigt stellt P. Socher nun das Herz Jesu als das liebende, das leidende und das freigebige Herz vor, das geöffnet ist, um unsere Gegenliebe, unser Mitleiden und unsere Dankbarkeit förmlich zu *erzwingen.*

Zunächst geht es also um die Liebe Christi zu den Menschen und um unsere tiefe Gemeinschaft mit ihm. Die Art, wie davon gesprochen wird, läßt erahnen, daß es dem Redner persönlich um eine solche Gemeinschaft ging. Er zeigt die erhabene Größe jenes Herzens, in dem der Seele Christi eine Wohnung bereitet worden war. *Grande enim cor est a Domino creatum, quod recipiat Verbum (...),* lautet die Bezugsstelle bei Ambrosius.[18] Dieses Herz, die Wohnstatt Gottes, ist für uns geöffnet worden, in erster Linie, wie auch hier betont wird, damit wir sein innerstes Geheimnis erkennen: Denn *die leibliche Wunden deß Hertzens deutet uns gantz klar auf die geistliche Wunden der Liebe* (A 2), so zitiert Socher diesen grundlegenden, übrigens dem barokken Denken so sehr entsprechenden Text aus der Schrift *Vitis mystica, seu tractatus de Passione Domini,* die er noch Bernhard von Clairvaux zuschreibt.[19]

[18] *Sermo 10 in Psalmum 118.* Zeitgenössische Edition: *Opera (...) studio et labore monachorum Ordinis Benedicti e Congregatione S. Mauri,* tom. 1 (Parisiis 1686), § 45, col. 1102.

[19] Zit.: *Sermo de Passione* c. 3. Es handelt sich um die Schrift *Vitis Mystica, seu tractatus de Passione Domini, super Ego sum vitis vera.* Vgl. P. Longpré im Dictionnaire de Spiritualité 1, col. 1771. In der Neuauflage der Edition Mabillons: *Sancti Bernardi (...) Opera* (Venetiis

Um besser schauen zu können, fordert der Prediger seine Zuhörer auf, gleichsam in dieses Herz einzutreten: *Sehet nur selber zu / gehet mit Euren Hertzen in dieses geheiligte, zertheilte Liebs-Hertz hinein / dann euch allerseits der Zutritt gestattet* (A 3). Der Eintretende nimmt nun wahr, daß nicht nur, nach dem Alacoqueschen Bild, das Herz auf einem Flammenthron schwebt, sondern daß im Herzen Christi selbst die göttliche Liebe ihren Königsthron aufgeschlagen hat. Das ganze Herz ist innerlich entflammt von Liebe. Es ist völlig ausgeflossen — *continuo exivit sanguis et aqua* (Jo 19, 34) — und ausgebrannt zu unserem Heil.

Das Ausmaß dieser Liebe wird durch ein eingefügtes Gespräch mit dem Herrn illustriert. Jesus wird gefragt, ob denn nicht eine *Anmuthung des Hertzens* genügt hätte, um uns zu erlösen. Die Antwort — angeblich nach Bernhard — lautet:[20] *Satis est saluti, non satis amori.* Der Herr wird weiter gefragt, ob es nicht vielleicht doch genügt hätte, die Seite öffnen zu lassen, ohne das Herz zu verletzen, damit wir es sehen könnten? — Wieder antwortet der Herr: *Satis est saluti, non satis amori.* – Aber, wenn Jesus uns auch sein Herz eröffne, möge er doch nicht sein kostbares Blut verschwenden . . . Und wenn er auch sein Blut vergießen wolle, würde doch ein Tröpflein für die ganze Welt genügen; warum aber mache er aus seinem Herzen einen ganzen Blutbrunnen, warum müsse alles *bis auf den letzten Tropfen* herausfließen? Auf die Fragen wiederholt Jesus immer wieder die Antwort: Es wäre genug für das Heil der Menschen, genüge aber nicht der Liebe. *Ja, das Hertz selbst hat mich verlassen, damit es euer werde. Cor meum derelinquit me* (Ps 39).

Die völlige Hingabe Christi wird hier, altchristlicher Tradition folgend, durch das Vergießen des Herzblutes bis zum letzten Tropfen symbolisiert;[21] sie komme aber auch im Liebesleiden von der Geburt bis zum Tode Christi zum Ausdruck, dessen Erwähnung den Verheißungen an die Seherin entnommen ist. *Es ist sein* (des Herzens Jesu) *gantzes Leben ein immerwehrender Todt / alle Augenblick starb es sittlicher Weiß / weilen es alle Augenblick auf das heftigste verlanget für euch zu sterben.* Der immerwährende Tod erwirkte aber

---

1726—1727), vol. 3, tom. 5, col. 479 ff., wird die Schrift nicht mehr Bernhard, sondern einem unbekannten Autor zugeschrieben. Später wurde die Autorschaft Johannes Bonaventuras vermutet. Die Bezugsstelle lautet: *Propterea vulneratus est, ut per vulnus visibile vulnus amoris invisibile videamus. Nisi quod non solum corpus, verum et ipsum cor lancea vulnerari permisit? Carnale ergo vulnus spirituale ostendit.* Ebenda Caput III, col. 484.

[20] Diese Textstelle (zit. Tom. 1, Serm. 55) konnte nicht identifiziert werden. P. Dr. Bernhard Vošicky OCist, Stift Heiligenkreuz, und P. Alberich Altermatt OCist, Rom, danke ich für ihre Hilfe bei der Nachforschung.

[21] Verwiesen wird auf die (unechte) Schrift des Kirchenvaters Cyprian, *De duplici martyrio (ad Fortunatum).* Die Stelle lautet: *Quidquid residebat sanguinis in corde emisit.* Opera omnia, ed. Hartel, CSEL III, Bd. 3 (Wien 1871), 225.

ein niemals endendes Leben der Liebe im Geheimnis der heiligen Eucharistie (A 3). Dies ist ein Grundgedanke der gesamten Herz-Jesu-Verehrung des 18. Jahrhunderts.

Nach diesem Exkurs nimmt der Prediger, P. Socher, das Motiv des Eingehens in das geöffnete Herz wieder auf und lädt seine Zuhörer jetzt ein, nicht nur einzutreten, um darin die Liebe Gottes zu schauen, sondern um darin zu verweilen, seine Liebe zu verkosten und ihm Liebe zu schenken. Das *entseelte* Herz ist ganz blutleer geworden, *damit ihr darin Platz findet*, wagt der Prediger zu sagen, *daß es euch einschliesse und nimmermehr euch vergessen könne.* Mit Berufung auf eine Textstelle bei Johannes Chrysostomus[22] läßt P. Socher den Herrn sprechen: *Ach, könte ich mein Hertz aufschliessen / und was inwendig verborgen / offentlich zeigen / so würdet ihr sehen / daß ihr, alle meine liebe Schäflein, darinnen enthalten. (. . .) Sehet darinnen eure / aller Menschen / unschuldige und Sünder Seelen / eingeschlossen und sorgfältig bewahret* (A 3). Aus dieser Predigtstelle wird deutlich, daß das Wohnen-Dürfen im Herzen des Herrn, bisher als Privileg besonders berufener Mystiker verstanden, nun als Einladung an alle ergeht: Jesus wird alle an sein Herz ziehen — auch die Sünder.

Man solle das Herz Jesu um Liebesflammen bitten. Und doch dürfe die Liebe nicht an Worten, Seufzern und Versprechen gemessen werden: das wäre ein Irrtum. *Liebet in dem Werck*, mahnt P. Socher eindringlich seine *lieben Kinderlein*, durch Meiden der Sünde und eifriges Streben. Er rät ihnen, alle *innerlichen Werke – Gedanken und Anmutungen* – und alle äußeren Werke und Leiden mit denen des Heiligsten Herzens zu vereinen. Das Wort: *Lasset euch verwunden mit jener Liebes-Wunden / mit welcher das Hertz Jesu durchstochen ist* (A 4), leitet zum Thema des zweiten Teiles der Predigt über: Das leidende Herz.

Wieder wird vom Bild ausgegangen, auf dem das Herz vom Kreuz überragt wird. Nach Margareta Maria besage dies, die Quelle und der Ursprung aller Leiden Christi sei in dessen Liebe gelegen, mit der er nicht nur das Vorauswissen und Vorausleiden der Qualen des Ölbergs und der Kreuzigung auf sich genommen habe, sondern auch die Mißachtungen im Altarsakrament bis zum Ende der Welt. Es sind dies jene „innerlichen Dornen, Geißeln, Nägel und Kreuze“, die in jener Epoche vielfach und gerade auch im Jesuitenorden verehrt wurden. Sie waren das besondere Anliegen der „Todesangst-Bruderschaften“.[23] Christi innere Leiden müßten von denen,

[22] Zit. *Homilia 44 ad Populum Antiochenum*, diese Serie enthält aber nur 21 Homilien. S. Patrologia graeca 49, 10—222. Daher konnte die Stelle nicht verifiziert werden.

[23] Coreth, Voraussetzungen 226; Karl Richstätter, Die Herz-Jesu-Verehrung im deutschen Mittelalter (München — Regensburg $^{2}$1924), 356.

die ihn lieben, mitgetragen werden, betont Socher. *Eben jene Nägel / mit welchen euer JESUS gecreutziget worden / muessen auch eure Hertzen durchnaglen; eben jene Doerner / die das Haupt JESU verwundet / muessen auch eure Seelen verletzen; eben jene Lantzen / mit welcher das Hertz JESU zerschnitten / muesse auch eure durchstechen* (A 5). Zum Mitleiden mit der Passion Christi wird hier mehrmals das Werk *De amore* des hl. Franz von Sales zitiert.[24]

Der Prediger steigert sich dann in einen Affekt des Schmerzes hinein — wobei er P. Dolfin noch übertrifft, wenn er von der Verunehrung der heiligen Eucharistie, auch durch berufene Freunde, spricht (A 5). Mit einer Innigkeit, die eine kindliche Liebe zum *guten Hirten aller Menschen* zum Ausdruck bringt, weist P. Socher im verkürzten dritten Teil unter den Wohltaten des Herzens Jesu auf die unendlichen Schätze an Gnaden hin, die uns durch die Eucharistie zukommen.

Diese ergreifende Predigt schöpft aus dem reichen Erbe der Heiligen Schrift, der Kirchenväter und -lehrer, deren Texte jedoch aus zweiter und dritter Hand übernommen wurden. Dadurch sind die Zitierungen zumeist unexakt und sehr irreführend.

Der Nachmittagsprediger P. Wilhelm Burchardt stammte aus Franken, war aber in Wien aufgewachsen und 1721 in das Noviziat bei St. Anna eingetreten. Noch stand er vor seiner Profeß. Er war Prediger bei St. Ursula. Seine Vorliebe, im verborgenen Gutes zu tun, und seine Verehrung des heiligen Kreuzes und der Gottesmutter werden im Nekrolog betont.[25]

Seine Predigt zeigt P. Burchardt im vollen Besitz barocker Rhetorik — in seiner volkstümlich-temperamentvollen Art erinnert er bisweilen an Abraham a Sancta Clara. Im praktischen Teil zeigt sich eine gute Kenntnis des kontemplativen Lebens und seiner Gefahren.

Der Titel der gedruckten Predigt lautet *Das eyfersüchtige Hertz Jesu.* Als Motto oder Vorspruch wählte P. Burchardt das Gespräch Jesu mit Petrus: *Simon Johannis, hast du mich lieber dann diese? – Herr, Du weist alle Ding, du weist, daß ich dich lieb habe.* Dieser Prediger verläßt die emblematische Methode, er geht nicht von der Schau des Bildes aus, sondern direkt vom Vorspruch und bringt einen neuen Bezug, indem er bemerkt, die Sühne gegen-

---

[24] *Traitté de l'Amour de Dieu* (Theotimus), verfaßt 1616, in Oeuvres. Edition complète (Annecy 1842), tom. 4 und 5; dt.: *Von der Liebe Gottes* (Köln 1666), 5. Buch, Kap. 4: *Von dem liebreichen Mitleyden* (. . .) Die von Socher richtig zitierte Stelle findet sich hier fast wörtlich, aber auf Maria bezogen. S. 164. Neue Übersetzung: Abhandlung über die Gottesliebe. Theotimus, 1. Teil (Eichstätt, Wien 1957) 245.

[25] Auch Purchardt oder Purkardt. Geb. 15. 3. 1703, gest. Linz, 29. 12. 1760; Profeß Klagenfurt 1739. Druck der Predigt: Wien 1736 bei Johann Ignaz Heyringer (paginiert). NB 221.855-B, adl. 34; Nekrolog: NB HS 12.154, 89 v—90 v; Sommervogel 2, 399.

über dem Herzen Jesu habe schon bei Petrus begonnen. Die Frage des Herrn an diesen sei aber an jeden Menschen gestellt: *Christliche Seele (...) liebst du mich über alles ...?* (S. 4).

Daraus ergibt sich das konsequent durchgezogene Thema: Christus hat uns ohne Maß geliebt; Er will auch von uns ohne Maß geliebt werden.

Gegenüber dem einprägsam dargestellten, maßlosen Liebeswerben Christi zeigen wir aber ein steinhartes Herz, führt der Prediger aus, indem wir Gottes Gaben nicht beachten, sie *kaum über die Achsel* ansehen. Wollte Gott aus diesem Kieselstein ein Fünklein Liebe schlagen, mußte er das Äußerste wagen. Aber selbst sein blutiger Tod hat zunächst nur Widerspruch erregt — das Ärgernis des Kreuzes. Daher wollte er ein unblutiges und zugleich immerwährendes Opfer werden, in dem *alles in einem Begriff zusammengenommen ist,* das gesamte Erlösungswerk, und in dem Christus an einem Tag *über tausend und tausendmahl widerum unter uns leben und sterben wolte* (9). Es ist hier ein Gedanke ausgesprochen, der im zeitgenössischen Eucharistieverständnis tief eingeprägt war: Für den populären Kapuzinerprediger Martin von Cochem war das Meßopfer *wie ein Compendium aller Geheimnisse des Herrn in seinem Leben und in seinem Sterben.*[26]

Im Verlauf seiner Predigt wechselt Burchardt zu einem humorvoll persönlichen Ton über, wenn er Christus als treuesten Freund den irdischen, so wankelmütigen Freunden gegenüberstellt, die sich oft durch geringfügige Verdächtigungen oder durch heimliches Mißtrauen irremachen lassen. Jesus aber bleibe beständig. *Er dringet zwar durch alle Heimlichkeiten eurer Hertzen, kennet euch besser als ihr selbst.* Er sehe darin viel Unerfreuliches, aber er tue, als wäre er blind und vertusche die Mängel und Fehler, als hätten sie für seine Liebe kein Gewicht (15).

Und dennoch: Gott wolle über alles geliebt werden. Man müsse bedenken, daß wir es mit *einem heyklen Gott zu tun habe(n), der in allem den Vorzug haben will* (17). In besonderer Weise gelte das den Ordensleuten, die der Prediger hier anspricht. Denn nichts gehe Gott mehr zu Herzen, als daß jemand sich rühme, die ganze Welt verlassen zu haben, und dennoch sein Herz an wertlose Kleinigkeiten hänge; oder daß er sich aus rein menschlichen Gründen zu angenehmen Mitbrüdern oder Mitschwestern liebevoller verhalte als zu den schwierigeren. Gott werde dann eifersüchtig, denn er wolle in allen gleich geliebt werden. Er entgelte frommen Seelen solche Fehler oft durch Bedrücktheit und das Gefühl der Verlassenheit, als zeige er ihnen *ein finsteres Gesicht.* Bildlich drückt hier der Prediger seine feine Beobachtung seelischer Vorgänge aus.

---

[26] *Medulla Missae super mel dulcis* (1. lat. Ausgabe: Coloniae 1700), 27: *Missae sacrificium est velut compendium omnium mysteriorum vitae et passionis Domini.* Vgl. Anton Schachner, Barokkes eucharistisches Leben in der Diözese Passau (Diss. Salzburg 1975) 211 und 289.

Auch im Gebet müsse Gott allein gesucht werden: Denn obgleich es schön sei, in der Einsamkeit dem Göttlichen Bräutigam zu begegnen, schmerze es diesen, wenn der Beter eher die Empfindung des Trostes als ihn selbst suche. Gott stelle manchmal unsere Liebe durch einen Auftrag auf die Probe, der uns von einer scheinbar vollkommeneren geistlichen Tätigkeit abziehe, der aber im Gehorsam den Vorrang habe. — Mag auch eine Freundschaft mit frommen Männern oder Seelsorgern sehr geistvoll erscheinen, so könne sie leicht zu vertraulich werden, und es sei möglich, daß sich Eigenwille oder weltlicher Geist hier einschleiche: Der *göttliche Liebhaber* könnte so in den Vorgesetzten, die ihn vertreten, mißachtet werden (17 f.).

Nach solchen Mahnungen aus der Erfahrung des Ordenslebens ruft der Prediger nun das bekannte Pauluswort allen zu: *Testis est mihi Deus, quomodo vos omnes cupiam in visceribus Jesu Christi* (Phil 1, 8), das er, ganz anders als in heutiger Version, so übersetzt: *Gott ist mein Zeug, wie hoch und tieff ich euch verwünsche biß in den Abgrund des Hertzen Jesu* (18). Alle sollten jetzt ihr Verhalten gründlich durchforschen mit der Frage, ob sie Jesus über alles lieben, ihn mehr lieben als die anderen: Denn ein zerteiltes menschliches Herz, das halb dem Himmel, halb der Welt gehört, halb den Menschen und nur zur Hälfte Gott, zersteche und zerteile das Herz Jesu Christi (19 f.).

Ein gesteigerter Reueakt führt zum Wunsch nach dem Herzenstausch mit Jesus. Den Abschluß dieser eindringlichen Bekehrungspredigt bildet das Gebet der Hingabe: *O Jesu, wir leben dir, o Jesu, dir sterben wir, o Jesu, wir lieben dich tod und lebendig!* — ein Gebet, das in ähnlicher Fassung, besonders als Lied, noch in Gebrauch ist.

Aus dem folgenden Jahr 1737 ist der Druck einer bisher unauffindbaren Festpredigt von P. Pestaluzzi bekannt,[27] weiters wurde bis 1748 keine mehr gedruckt.

## DER PREDIGTZYKLUS VON 1749

### *Die Predigten am Jubiläumstag*

Anläßlich des „halben Säculums" scheute man keine Kosten und gab bei Johann Ignaz Heyringer alle zehn Predigten der Festoktav in Druck.[28]

In der Klosterchronik der Ursulinen wird geschildert, mit welchem Eifer

[27] P. Ludwig Pestaluzzi (1701—1758), *Panegyricus Sermo de corde Jesu* (Viennae 1737, typis Joannis Heyringer in 4to). Vgl. NB HS 7550, 225 r—v; Sommervogel 6, 587 f.

[28] *Andächtiges Jubel-Fest, welches eine hochlöbliche Bruderschaft des Göttlichen Allerheiligsten Hertzens Jesu in dem Gottes-Haus deren (. . .) Closter-Frauen S. Ursulae nach deren fünfftzig-jähriger Bestättigung (. . .) herrlich begangen hat* (Wienn, 1749). Stiftsbibliothek Göttweig GR 06—7. Die Predigten 1—3 auch WStLB 91545 A, 102.584 A, 97801 A.

die Schwestern die Feier des 50-Jahr-Jubiläums der Bruderschaft am 13. Juni 1749 vorbereitet hatten: Die Kirche wurde überaus festlich geschmückt, und die schönsten Ornate und die kostbarsten Meßgeräte kamen in Verwendung. Aus den Predigttexten geht aber auch hervor, daß die Festoktav im Sinn von Besinnungstagen verstanden wurde, die eine Erneuerung im Geist der Bruderschaft bewirken sollten. Das göttlich-menschliche Herz Jesu war also wieder das große Gesamtthema.

Die zehn Patres, die je eine Predigt übernommen hatten, waren zu diesem Zeitpunkt alle in Jesuitenkollegien in Wien eingesetzt, zum Teil im ständigen Predigeramt. Es waren ältere und jüngere Jahrgänge vertreten: P. Khabes, der spirituell herausragt, war 62 Jahre alt, P. Richtern um fünf Jahre jünger. P. Maister stand erst im 32. Lebensjahr. Wenn sich infolge des einheitlichen Themas Wiederholungen nicht vermeiden ließen, so ist doch erstaunlich, wie viel an immer neuen Aspekten, Beispielen und Folgerungen hier geboten wird, alles in Fortführung der Botschaft von Paray-le-Monial.

Der äußere Aufbau entspricht weiterhin der Struktur der humanistisch-barocken Jesuitenpredigt. Es entfällt hier der besondere Titel, der den bisherigen Predigten im Einzeldruck beigegeben war. Auch jetzt beginnt aber jede Predigt mit einem Vorspruch oder „Kanzelspruch" in lateinischer und in deutscher Sprache. Etliche Prediger gehen auch wieder vom Sinnbild des Herzens Jesu nach den Visionen von Marguerite-Marie aus. Die Emblematik lebt noch fort, wir finden sie in beiden Predigten des Herz-Jesu-Festes wieder. So knüpft der Domprediger von St. Stephan P. Anton Staudinger SJ in seiner Jubiläumspredigt an das Bild des in Flammen stehenden Herzens an.

Dieser 47jährige gebürtige Linzer wird in der Jesuitenchronik als äußerst begabt und voll seelsorglichen Eifers geschildert, zugleich von einer geistlichen Beredsamkeit, wie sie der Provinz in einem Jahrhundert kaum einmal von Gott geschenkt werde.[29] Auch hier zeigt sich P. Staudinger als versierter, geistvoller Redner, der noch voll in der barocken Tradition steht — mit überstarker Akzentuierung und impulsivem, gewiß lautstarkem, wenn auch warmem Zuspruch an die Hörer.

Sein Kanzelspruch ist einer jener Verse des Hohenliedes, die in unserem Zusammenhang häufig Verwendung fanden: *Aquae multae non potuerunt extinguere charitatem* (Cant. 8, 7). Auf die Wasser, die sich dem in Liebe brennenden Herzen widersetzen, dessen Brand aber nicht löschen können, bezieht sich die gesamte Predigt. Von allen Seiten her seien sie an Christus herangedrungen: nicht nur von den Menschen, die ihn undankbar ablehnten, und von Satan, der das Erlösungswerk zerstören wollte, sondern zunächst — vom Himmel!

[29] Geb. Linz, 26. 7. 1702, gest. Wien, 9. 9. 1765. War hier 16 Jahre lang Domprediger, *Sacrorum oratorum princeps* benannt, bewirkte viele Konversionen. Er starb nach vierjähriger Behinderung durch einen Schlaganfall. NB HS 12159, 82 r—v; Sommervogel 6, 1513—1517.

Zur Erläuterung dieser paradoxen Aussage greift P. Staudinger zu dem alten Motiv einer Beratung innerhalb der heiligsten Dreifaltigkeit über die Rettung des Menschengeschlechtes (A 3). Die volkstümlich-dramatische Szene enthält die Warnung Gott-Vaters an seinen Sohn: Wolle sich dieser in die Welt senden lassen, müsse er Erniedrigung und Armut, Leid und Tod erwarten. Der Ernst der Sprache des Vaters habe aber nur die Bereitwilligkeit des Sohnes beflügelt, der sich aus dem höchsten Himmel aufmachte, um seinen Liebesweg in die Verachtung zu durchlaufen. Die Sonne Christus habe ja seit ihrem Aufgang den Untergang vorausgewußt: Im Aufsteigen habe sie immer heißer gebrannt, um in vollem Lauf ihrem Niedergang zuzueilen. *Exultavit ad currendam viam* (Ps 18, 8). Fragt nun Christus nach unserer Gegenliebe, so müßte die Antwort nach Paulus (Röm 8, 35) lauten: Kein widriger Umstand, *keinerlei Verhängnis* sollte auch unsere Herzen von der Liebe Christi zu trennen vermögen; denn selbst die Wasser vom Himmel löschten diese nicht.

Der Widerstand der Menschen wird besonders an den Pharisäern gezeigt. Das Bemühen Satans, der Erlösung zu widerstehen (B 3), mit verheerenden Wirkungen in den Seelen der Sünder, veranlaßt den Prediger zu einem überraschenden Exkurs über die Heiden. Nach seiner Meinung erschienen sie dem bösen Feind als fast sichere Beute. Ihr Leben im Unglauben und in der Abgötterei wird in seiner Gnadenlosigkeit als erschreckender, fast tierischer Zustand gezeichnet. Erstaunlich ist die Auffassung, das (unverschuldete) Nichtwissen um die Liebe Christi schmerze diesen besonders. Seine Sehnsucht nach den Heiden wird in die Worte der Braut im Hohenlied gefaßt: *Suchet meinen Geliebten und so ihr ihn findet, dann beschwöre ich euch, daß ihr ihm Nachricht gebet, wie hefftig ich ihn liebe, daß ich vor Liebe fast verschmachte* (Cant 5, 8). Staudinger wollte — als einziger in der gesamten Reihe — bei seinen Zuhörern den missionarischen Gedanken wecken. Mit allen Kräften müsse der Brand des göttlichen Herzens vor aller Welt verkündet werden — das sei Verdienst und Aufgabe dieser Bruderschaft.

P. Christoph Richtern, damals *Ordinari-Prediger* bei St. Ursula, also Nachfolger von P. Burchardt, schlug am Nachmittag des Festtages eine persönlichere Note an. Der Inhalt seiner Ansprache weist auf einen innerlichen, dem Betrachtungsgegenstand tief verbundenen Priester und Seelsorger hin, der vielleicht auch Spiritual der Schwestern war. 57 Jahre alt, Wiener, hatte P. Richtern insgesamt 29 Jahre lang das Predigeramt inne, durch 20 Jahre im benachbarten St.-Anna-Kloster der Jesuiten; vorübergehend war er Novizenmeister. Im Nekrolog wird er als eifriger Verehrer des heiligsten Altarsakramentes und der Gottesmutter geschildert.[30]

[30] Geb. Wien, 16. oder 18. 7. 1692, gest. Wien, 20. 3. 1760. NB HS 12.154,94r—v; Sommervogel 6, 1835.

In seiner Ansprache erscheint das laute barocke Pathos weitgehend abgelegt, und was nach heutigem Geschmack noch etwas überschwenglich wirkt, trägt doch den Stempel der Echtheit. Mit Recht wird die Predigt als *trostreich* bezeichnet. Wie P. Dolfin 1735, so sieht auch P. Richtern das Bild des feurigen Herzens in unmittelbarer Beziehung zur heiligen Eucharistie. Darauf deutet schon der Kanzelspruch: *Cor suum dabit in consummationem operum.* Nichts anderes als die Eucharistie sei die Vollendung der Werke Christi, der uns hiemit sein Herz gab. Die aus dem Herzen emporlodernden Flammen bezeichnen nach Richtern das *unaufhörliche Denkmal* der Liebe Christi im Altarsakrament, die Dornenkrone und die Wunde werden als Zeichen des *noch anhaltenden Leidens Christi* in der Hostie gedeutet.

Diese Aussage, die sich auf die fortdauernde Sündhaftigkeit der Menschen bezieht und sicherlich im volkstümlichen Verständnis auch wörtlich genommen wurde, kann angesichts der Leidensunfähigkeit Christi in seiner sakramentalen Gegenwart nur im übertragenen Sinn, als dauernde Wirksamkeit des historischen Leidens des Herrn, Gültigkeit haben.

P. Richtern will seine Zuhörer vor allem zum anbetenden Verweilen beim Altarsakrament hinführen, zu dem er sich selbst laut Nekrolog mehrmals täglich hingezogen fühlte. *Das Herz eines heftig Liebenden hat seine Freude, bei (dem) und um den Geliebten zu sein* (C 2).

Zunächst spricht der Pater die Laien an, später erst die Ordensfrauen. Er hält das verinnerlichte Leben inmitten der Welt für möglich und lädt dazu mit warmen Worten ein. Obgleich die Weltleute von der *Glückseligkeit der Bräute Christi* weit entfernt seien, so dürften sie sich doch durch vielerlei Geschäfte nicht daran hindern lassen, wenigstens einmal täglich das Herz Christi im Tabernakel liebend anzusehen, anzubeten und sich in heiligen Gesprächen mit dem göttlichen Geliebten zu unterhalten. *Laßt uns zu den zartesten und göttlichen Liebkosungen nicht unempfindlich seyn,* mahnt der im innerlichen, vielleicht mystischen Gebet erfahrene Ordensmann. Hält er zwar, nach Auffassung seiner Zeit, die Laien des täglichen Empfanges der Eucharistie nicht für würdig, so rät er seinen Zuhörern aus der Bruderschaft, sich anstatt dessen geistigerweise durch Akte der Liebe morgens, abends und auch tagsüber mit dem Herzen Jesu zu verbinden, etwa durch das Gebet: *Amo te, Deus meus! Amo te, et magis atque magis amare volo!* Er möchte heute, sagt der Prediger eindringlich, all ihre Herzen mit einer goldenen Kette zusammenheften und Jesus in der Hostie, dem *Deus cordium,* hingeben (C 3). P. Richtern stellt den Herrn vor allem als den Tröster vor, dem man im Sakrament nicht nur mit einem liebenden und dankbaren, sondern auch mit einem vertrauenden Herzen nahen solle. Ihm mögen alle die Wunden ihrer Seele offenlegen — sein verwundetes Herz werde sie heilen, denn unter der Brotsgestalt sei ja der *Deus totius consolationis* verborgen. So hört man bei Richtern nichts von Schrecken, nur von göttlicher Tröstung.

Zu den Ordensfrauen von St. Ursula gewandt, zeichnet der Prediger, anders als P. Burchardt 1736, ein Idealbild der Bräute, der *Gesponsen* Jesu, die in seinem Herzen ihren Ruheort suchen. Mit der Braut im Hohenlied läßt er sie ausrufen: *Vulnerasti cor meum – Du hast mein Herz verwundet,* und bezeugt den Schwestern, unaufhörlich die scharfen und spitzigen Dornen der Strenge des geistlichen Lebens zu ertragen, um Jesus ähnlich zu werden. Wieweit dieses Ideal der Wirklichkeit in St. Ursula entsprach, läßt sich nicht beurteilen. Das Lob sollte gewiß Impulse setzen.

Im Zusammenhang mit dem Herzen Jesu erwähnt P. Richtern auch das Herz Mariä — erstaunlicherweise als einziger der hier zu Wort kommenden Prediger. Er spricht von der jungfräulichen Mutter, *welche wir eben in diesem Brachmonat* (Juni) *unter dem trostreichen Namen der Mutter des guten Hertzens verehren.* Sie wolle bei ihrem Sohn, *dessen übergebenedeytes Hertz sie in ihren Händen haltet,* alles erwirken, was unser Herz wünscht und begehrt (D 2). Diese Bemerkung dürfte sich auf ein Bild beziehen, das sich möglicherweise im Frauenkloster St. Jakob an der Hülben in Wien befand, wo im Jahr 1720 eine *Bruderschaft des lieb- und gnadenreichsten Hertzens Mariae* errichtet und 1743 erneuert worden war.[31] Aus deren Mitgliedschaftsbüchlein geht hervor, daß eine enge geistige Gemeinschaft zwischen den beiden Bruderschaften, die wohl beide von den Jesuiten betreut waren, bestanden hat.

### *Die Predigten während der Festoktav*

Sicherlich hatten die Predigten am Jubiläumstag selbst ein besonderes Gewicht, daher waren sie bewährten Kanzelrednern anvertraut worden. An den folgenden Oktavtagen predigten auch jüngere, etwa 32- bis 38jährige Patres. Ihre Ansprachen waren zum Teil kürzer, es war wohl auch der Zustrom geringer. Gegen Ende aber gab es am Donnerstag der Woche einen neuen Höhepunkt, und darauf folgte am Freitag ein entsprechender Ausklang in zwei Predigten, in denen immer noch Neues geboten werden konnte. Im folgenden sollen zwar alle Prediger kurz vorgestellt werden, aber aus der zweiten bis sechsten Ansprache werden nur die wichtigsten, allenfalls neuen Aspekte berücksichtigt.

Zunächst kam am Samstag, dem 14. Juni, der Feiertagsprediger im Noviziatshaus St. Anna P. Joseph Ludwig Maister zu Wort.[32]

---

[31] *Bruderschafts-Buchel des lieb- und gnadenreichsten Hertzens Mariae, welche Bruderschaft in dem Stift-Gottes-Haus des Hl. Apostels Jacobi des Größeren (. . .) 1720 aufgerichtet worden, zum andertenmal neu aufgerichtet im Jahr 1743.* NB 75.359-A.

[32] Geb. Graz, 1. 8. 1717, Ordenseintritt 1732, Todesdatum unbekannt (nach 1773). Von 1750 an war Maister 23 Jahre lang Prediger und Lehrer der Rhetorik. Sommervogel 5, 371.

Unter dem Titel *Das leidende und liebende Herz Jesu* vertritt er die Meinung, das Leben beginne und ende nicht bloß mit der Tätigkeit des Herzens, sondern die Seele übe im Herzen des Menschen — so auch im Herzen Jesu — ihre stärksten Wirkungen aus, wobei der Liebe und der Traurigkeit das Übergewicht zukomme. Maister wagt hier darzulegen, was bei anderen Rednern nur vorsichtig angedeutet wird: *Menschliche Anmuthungen synd Geburten des Hertze.* Er erklärt das noch genauer: Das Herz sei der Geburtsort, in dem die Seele Schmerzen, Haß, Freude, Liebe und unzählige Regungen wie eine Mutter ihre Kinder gebäre (D 2). Die damals verbreitete Ansicht, das Herz sei der Sitz des emotionellen Lebens, bildete eine betonte Motivierung in den berühmten Werken zur Propagierung der Herz-Jesu-Verehrung von P. Joseph Gallifet.[33] Bereits in jener Epoche wurde aber diese Auffassung vom wissenschaftlich-physiologischen Standpunkt aus zurückgewiesen, besonders auch von Papst Benedikt XIV. Lambertini (1740—1758), und wurde so zum Haupthindernis der Approbierung des liturgischen Herz-Jesu-Kultes — bis 1765. Doch gibt die Darlegung Maisters einen deutlichen Begriff von der Bedeutung des „Herzens" in der Frömmigkeit jener Zeit.

Ebenso wie der 1717 in Graz geborene Joseph Ludwig Maister gehört auch der Wiener P. Ignaz Mayerhoffer (geboren 1715) der jüngeren Generation an. Beide überlebten die Aufhebung des Jesuitenordens 1773. Mayerhoffer war derzeit Feiertagsprediger im Collegium Academicum in Wien, in der heutigen „Universitätskirche".[34] Seine rhetorisch sehr wirkungsvolle Predigt fiel auf den Sonntag: Mit Leichtigkeit konnte er an das Evangelium, die Parabeln vom verlorenen Schaf und von der wiedergefundenen Münze (Luk 15) anknüpfen, um das unerschöpfliche Erbarmen des gottmenschlichen Herzens zu schildern. Von den zahlreichen Motiven, die Mayerhoffer heranzieht, sei nur eines erwähnt: Bei Betrachtung der Maßlosigkeit der Liebe Christi, der unsererseits eine Gegenliebe *ohne Zihl (!) und Maaß* gebühre, stellt der Prediger den Schwestern von St. Ursula den Schöpfer ihrer Ordensregel, den hl. Augustinus, als Vorbild einer solchen Liebe vor Augen (F 3). Mit ausgestrecktem Arm halte dieser das brennende Herz als sein bildhaftes Attribut jedem entgegen. Schon vorher war sein Wort zitiert worden:

---

[33] Gallifets Hauptwerk: *De cultu sacrosancti Cordis Dei et Domini nostri Jesu Christi* (Romae 1726, 1733). Vgl. Josef Stierli, Die Entfaltung der kirchlichen Herz-Jesu-Verehrung in der Neuzeit, in: Cor Salvatoris. Wege zur Herz-Jesu-Verehrung, hg. von Josef Stierli (Freiburg/Br. 1954) 1, 158 f.; Roberto Tucci, Storia della litterature relativa al culto del S. Cuore di Gesù, in: Cor Jesu. Commentationes in Litteras encyclicas Pii PP XII. „Haurietis aquas", hg. von A. Bea, H. Rahner, H. Rondet, F. Schwendimann (Romae 1959) 2, 515—517; Giuseppe Cacciatore, S. Alfonso de' Liguori e il Giansenismo. Le ultime fortune del moto giansenistico et la restituzione del pensiero cattolico nel secolo XVIII (Firenze 1942) 581 f.

[34] Geb. Wien, 13. 9. 1715, gest. 13. 4. 1788. Sommervogel 5, 824 f.

*Venite omnes, intrate omnes; qua possitis intrare, patet latus* (F). Hiebei wird die offene Seitenwunde Christi als enges und zugleich weites Tor gezeigt.[35]

Für den sonst völlig unbekannten P. Gottfried Carl, hier als Sonntagsprediger bei den Klosterfrauen von St. Lorenz bezeichnet, war das Thema der Sühne gegenüber der heiligen Eucharistie bestimmt. Das Bild des blutenden Herzens ist ihm als Ganzes ein Zeichen, das alarmiert. *Pone me ut signaculum super cor tuum,* war sein Vorspruch aus dem Hohenlied (Cant 8, 6). Ähnlich wie Socher führt auch P. Carl grobe Unsitten an, die Jesus im Altarsakrament *wie stechende Dornen* verletzten und zur Tröstung des verachteten Herrn aufriefen.

Am Dienstag, 17. Juni, folgte P. Ignaz Parhamer, dessen Name im Laufe seines Lebens stark an die Öffentlichkeit dringen sollte. Damals 34jährig, war er „Kinderlehrer" im Profeßhaus am Hof, wo er auch die Christenlehr-Bruderschaft gegründet hat; durch Jahre leitete er später das neue Waisenhaus am Rennweg. Bekannt wurde er durch seine „katechetischen Missionen", deren Stil sich in seiner Herz-Jesu-Predigt widerspiegelt.[36]

Diese ist klar gegliedert. Nach dem Vorspruch aus dem Buch der Könige *Praeparate corda vestra* (1 Reg 7, 3) wird zuerst die äußere Bereitung des Festes geschildert: die Ankündigung an allen Kirchentüren der Stadt und der Schmuck der Kirche von St. Ursula, einschließlich des Triumphbogens am Portal (H), von dem die Klosterchronik berichtet. Das wahre Thema aber ist die Bereitung der Herzen — sowohl der Gerechten wie der bußfertigen Sünder und der Verstockten. Der Prediger führt nun in drei Teilen aus, wie das Herz Jesu auf jede dieser Gruppen einwirkt.

Die *Gerechten,* die nach Heiligkeit strebenden Menschen, seien unter dem Schutz des Göttlichen Herzens ganz sicher, das Ziel rasch zu erreichen. Das erklärt P. Parhamer auf originelle Weise: *Solte das zarte Cupido-Büblein (...) schelmischer Weiß ohnvermuther Maasen daher geschlichen kommen, wird es gar bald mit den spitzigen Dorn-Gebüsch, mit welchen Jesu Hertz umflochten, in die Flucht getrieben ...* (H 3). Was P. Parhamer hier humorvoll anschneidet, führt er mit großem Ernst fort: Die Dornen, die Flammen und das Kreuz seien die Mittel zur Heiligung. Als Seelsorger weiß er aber um die menschliche Scheu vor dem Weg der Vollkommenheit, der ja die Hingabe des eigenen Willens, Feindesliebe, Frohsinn bei Widrigkeiten, ja Freude an Drangsalen verlange. Um hiebei den Mut nicht zu verlieren, rät er die beständige Anbetung des Herzens Christi.

---

[35] Die Stelle ist entnommen aus Jacobus Bosius (Bosio), *Crux triumphans et gloriosa* (Antwerpiae 1617), lib. 1, cap. 17, p. 125, wo Augustinus, De tempore barbarico c. 8, zitiert wird. Dieses Werk scheint bei Eligius Dekkers, Clavis Patrum latinorum (Steenbrugis [2]1961) nicht auf.

[36] Geb. Schwanenstadt, 15. 6. 1715, gest. 1. 4. 1786. Sommervogel 6, 215 f. Über Kritik an Parhamers katechetischer Methode Szilas (wie Anm. 6) 2, 329; Duhr 4/1, 355.

Als „Brunnen des Lebens" galt seit der Väterzeit die Seitenwunde Christi, sie ist es auch für die Sünder. Der junge Pater spart nicht an drastischen Ausdrücken, um deren geistiges Elend darzustellen, wobei die sozialen Vergehen bei ihm im Mittelpunkt stehen — was bemerkenswert ist. Das Blut ihrer Brüder, armer Witwen, Waisen und Dienstboten *rauche* noch an ihren Händen, hält er diesen Sündern vor und ruft ihnen zu: *Kommet, kommet, waschet euch (. . .) Kommet ihr verführte Jünglingen, kommet, ihr alte Sünder, solt ihr auch Galgen, Radt, Schwert und Scheiter-Hauffen verdienet haben: kommet hieher zu Jesu Hertz, zu dem Blut und Wasser des Hertzens Jesu* (J).

Geradezu erschreckend ist Parhamers Warnung an die gänzlich *verstockten Sünder*, denen die stechenden Dornen, mit denen das liebende Herz Jesu umfangen ist, nun zum ewigen Verhängnis werden. Umso eindringlicher wird die Mahnung *Praeparate corda vestra*. Das *unaufhörliche* Sprechen von Stoßgebeten, so des bekannten Verses: *O Jesu Hertz, ich liebe dich, dann du zuvor geliebt hast mich*, wird zur Bereitung der Herzen geraten.[37]

Belegt durch viele Beispiele aus dem Alten und Neuen Testament zeigt P. Joseph Amplaz am Mittwoch der Jubiläumswoche, daß die Liebe zu Christus nicht genüge, wenn sie nicht mit dessen Haupttugenden, der Sanftmut und Demut in Einklang stehe. *Discite a me, quia mitis sum et humilis cordis*, ist der bisher noch kaum aufgeschienene Kanzelspruch, der doch zur Erkenntnis des Herzens Jesu so wesentlich ist. Über Amplaz, der als Präses der Studentenbruderschaft der *72 Jünger Jesu* bezeichnet wird, ist sonst nichts bekannt.

Am Donnerstag der Oktav bildete die schon erwähnte achte Predigt einen Höhepunkt. Der umfangreiche Nekrolog, der P. Anton Khabes in den *Litterae annuae* gewidmet wurde, läßt bei diesem 62jährigen Pater eine außergewöhnliche Persönlichkeit vermuten. Es wird nicht nur der glühende apostolische Eifer dieses gesuchten Kanzelredners und Beichtvaters — auch im Kaiserhaus — hervorgehoben, sondern auch dessen große Verdienste um die Ausgestaltung der Kirche beim Profeßhaus „Am Hof". Seine tiefe Innerlichkeit spiegelt sich in der Predigt wider.[38]

Bei der einleitenden Betrachtung des auf dem *Liebesthron* in Flammen stehenden Herzens Christi stellt der Prediger die rhetorische Frage, welche Kraft es denn vermochte, das Herz des Sohnes Gottes vom Thron der Herrlichkeit in die Tiefe unseres Jammertales herabzuziehen. Die Flügel des menschlichen Herzens wären ja zu schwach gewesen, sich in die unendliche Höhe emporzuheben; um aber das Göttliche Herz in die Tiefe zu ziehen,

---

[37] I 3. Weitere Verse: *Jesu Hertz seye gebenedeyt, jetzt und in alle Ewigkeit! – O Jesu, nihm hin mein Hertz, gib mir das dein, laß beede Hertzen nur eines seyn! O daß mein Hertz und Sinn nach Jesu Hertz vor Liebe brinn!*

[38] NB HS 12.164, 63 v—65 r; Sommervogel 4, 1025; Duhr 4/1, 357. Geb. 9. 6. 1687, Todesdatum unklar (Nekrolog zum 12. 3. 1771).

hätte es einer magnetischen Kraft bedurft, die der Mensch in seiner Schwachheit nicht besaß. Woher also kam diese Kraft? Die goldene Kette, antwortet der Prediger, die allein den *Göttlichen Schatz* aus dem Himmel auf die Erde herabziehen konnte, sei durch das göttliche Erbarmen, durch die Kraft der Liebe, geschmiedet worden.

Als geheiligter, verborgener Schatz habe wohl das Herz jedes Menschen zu gelten, wobei P. Khabes Autoritäten wie Tertullian und Hugo von St. Viktor anführt. Das Herz Jesu aber sei nach Bernhard ein Schatz, der *mit seinem Wert Himmel und Erde überwieget*, nach Bernhardin von Siena *das kostbarste Kleinod göttlicher Schatzkammer*, denn es sei die verborgene Wohnung Gottes selbst. Hier liegt der Schwerpunkt der Betrachtung bei Anton Khabes. Das Herz Jesu, des Eingeborenen vom Vater, sieht er von *Strahlen der Gottheit* umgeben dargestellt: sie deuten dessen höchste Würde, die innigste, ewig andauernde Vereinigung mit der zweiten Person Gottes an.

Das Herz ist aber gleichzeitig die Wohnstatt der menschlichen Seele Christi. Khabes drückt sich hier mit Rücksicht auf die wachgewordene wissenschaftliche Kritik mit Vorsicht aus, indem er darlegt, daß die Seele zwar *in allen Theilen seines* (Christi) *heiligsten Leibes ihr Aufenthalt hat, doch nur in dessen Hertzen auf eine besondere Weis ihren gleichsam königlichen Wohnsitz geschlagen* (L).

Dieses göttliche Herz neigt sich nun dem Menschen zu — als *Brunnquell* des kostbaren Blutes, das ihn errettet hat, als *Wurzel* unendlicher Liebe im eucharistischen Mahl.

*Was ist der Mensch, daß Du ihn also groß machtest, und warum neigest Du Dein Hertz zu ihme?*, hatte der Kanzelspruch nach Hiob 7, 17 gelautet. *Praebe, fili mi, cor tuum mihi!* ist die Antwort, die zum zentralen Thema führt: dem Tausch der Herzen (L).

Ein mystischer Herzenstausch mit Christus wird von einer Reihe heiliger Frauen, etwa von Gertrud von Helfta und Katharina von Siena, berichtet. Auch Marguerite-Marie Alacoque hatte ein ähnliches Erlebnis, wobei Jesus in einer Vision ihr Herz von ihr verlangte und es in das seine versenkte. P. Khabes hatte sicher solche Vorgänge vor Augen; was er aber hier unter Herzenstausch verstand, sollte für alle gelten, die das heiligste Herz verehrten.

Was dies praktisch bedeutet, erklärt der Prediger von einem doppelten Aspekt aus: Das, was wir bei diesem Tausch geben, unser Herz, solle im Herzen Jesu zur Ruhe kommen. Das Herz des Herrn hingegen, das wir empfangen, solle in unserem Herzen in Bewegung sein (L-L 2).

1. Der aus der mittelalterlichen Mystik stammende Begriff des Herzens Jesu als Ruheort wird von P. Khabes nicht sosehr als Zufluchtsort in Gefahr und Versuchung, sondern als Ort lebenspendenden Trostes im Leiden verstanden. In das Herz Jesu sei ja gerade dann die *süßeste Ruhe* eingezogen, als die bittersten Schmerzen es erfüllten. An dieser Ruhe sollten wir Anteil

haben. Wie leicht, meint der Prediger, würden viele Menschen die Bitterkeiten ertragen, die ihnen das Leben bringt, hielten sie sich am *Brunnquell aller Süßigkeit* auf; sie würden sich nicht über Wunden durch spitze Zungen beklagen, wohnten sie im Herzen Jesu, das so viele geheime Wunden ertragen hat; sie würden vom stechenden Dornenstrauch Blüten und Früchte der Tugend sammeln, wäre das dornengekrönte Herz ihre Zufluchtstätte ... (L 3).

Als Gewährsleute für die Wonne des Lebens im Göttlichen Herzen werden zahlreiche Mystiker herangezogen, vor allen Bernhard und Katharina, kaum jedoch Vertreter der deutschen Herz-Jesu-Mystik des Mittelalters.

2. Wenn Christus als Gegengabe uns sein Herz schenke, dürfe dieses in unserem Herzen keineswegs in Ruhe bleiben, sondern müsse leben, das heißt in Bewegung sein. Im Herzen des Erlösers selbst gebe es aber nur eine einzige Bewegung — zu dem hin, *was seines Vaters ist.* Wenn sein Herz in uns lebe, dürfe auch in uns keine Bewegung mehr zu Dingen hin bestehen, *die von der Welt sind,* sondern nur zu dem, *was Gottes ist.* Ein Herz, in dem die Welt noch lebe, sei nach Khabes ein ständiger Kampfplatz innerer Regungen, die es gleichsam *unter sich zerreißen,* weil sie ihren Antrieb nicht vom Göttlichen Herzen her nehmen. Daher gelte für so viele Menschen, die sich durch Trauer über Vergängliches oder durch Menschenfurcht bestimmen lassen oder sich bloß über Nichtigkeiten freuen, das Wort des Jacopone da Todi: *Solus amor non amatur* – die einzige Liebe, die Liebe selbst, wird nicht geliebt.

Menschen hingegen, die zu einem Wohnsitz des Göttlichen Herzens geworden sind, könne nur mehr das betrüben, was das Göttliche Herz schmerze; sie hätten nur die eine Furcht, von Ihm getrennt zu werden, und nur eine einzige Freude könne sie erfüllen, die Freude in Gott. Auch ließen sie keine andere Liebe in ihr Herz hinein als die göttliche Liebe.

Was aus dem Leben dieses Paters überliefert ist, scheint diesen radikal klingenden Thesen zu entsprechen. Geringachtung der Dinge, an denen die Menschen hängen, habe seine Seele im Innersten geprägt (*ut animae intimo inhaerens*), heißt es in seinem Nekrolog; äußerste persönliche Zurückgezogenheit behinderten jedoch keineswegs eine unermüdliche priesterliche und karitative Tätigkeit im verborgenen bei Tag und Nacht. Es kann sich daher bei der skizzierten Abkehr von irdischen Dingen nicht um Mangel an Gefühl und Interesse handeln, sondern um eine völlige Gesinnungs- und Liebesgemeinschaft mit dem Herrn, die alles durchdringt.

Dieser Stufe der Einigung entspricht dann auch folgerichtig das in der Abschlußpassage hiezu angewandte Pauluswort: *Vivo, jam non ego, vivit vero in me Christus* (Gal 2, 20) mit der erweiterten Übersetzung *Ich lebe, aber nicht mehr ich, sondern Christus lebet in mir und sein Hertz in dem meinigen* (M).

Am Vormittag des letzten Oktavtages, am Freitag, dem 20. Juni, gab es eine Festpredigt etwas anderer Art, was den Stil betrifft, der am Nachmittag eine Schlußansprache im Rahmen der Vesper folgte. Festprediger war der

34jährige, in Wien geborene P. Wolfgang Romauer, *gewöhnlicher Sonntagsprediger* im Profeßhaus Am Hof. Er war in der Folge durch 20 Jahre in verschiedenen Städten der Ordensprovinz als Prediger eingesetzt und überlebte die Aufhebung des Ordens 1773 noch lange. Er starb in Klagenfurt 1791. Mit den Ursulinen dürfte er einen engeren Kontakt besessen haben;[39] diese Predigt weist auch auf einige Erfahrung in der Führung von Ordensfrauen hin.

*Hortus conclusus, fons signatus – Ein verschlossener Garten, ein versiegelter Brunn;* der bekannte Vers aus dem Hohenlied, dient als Vorspruch, kombiniert mit dem Christuswort: *Ego reficiam vos – Ich will euch erfrischen.* Das Bild des Brunnens, ein hier oftmals schon angetroffenes Symbol, ist bei Romauer das durchlaufende Motiv.

Die Einleitung ist im hochbarocken, blumenreichen und verschnörkelten Stil gehalten: *Der verschlossene Garten mit den schönsten Tugendfrüchten, mit jungfräulichen Purpur-Rosen und schneeweißen Lilien, der nur dem Geliebten offen steht* – das sei der Konvent von St. Ursula. In diesem Garten, so meint der Prediger, sei aber auch ein Brunnen zu finden, ein Schöpfbrunnen lebendigen Wassers: das verwundete Herz Christi. Es sei jedoch zunächst aus Liebe versiegelt — *fons signatus* –, wie könnte man da schöpfen? Das gewollt paradoxe Bild, dieser *verwirrte Gedanke,* wird dann entflochten: Das Herz wird geöffnet und verströmt sich.

Das zentrale Thema aber, der „Hauptsatz“, bezieht sich auf das zuvor von P. Amplatz betrachtete Christuswort *Mitis sum et humilis corde.* P. Romauer versucht zu zeigen, wie die beiden Tugenden Sanftmut und Demut auf Menschen verschiedener Seelenverfassung wirken. Er unterscheidet *das harte Herz* und *das trockene Herz.*

Das harte Herz sei jenes des Sünders, und zwar jedes Sünders, ob zugänglich oder noch verstockt. Dieser Pater unterscheidet nicht, wie Parhamer es tat. Er betont das Wort: *Venite ad me omnes.* Der Brunnquell der Gnaden sei *durch die gantze Welt ausgeflossen,* um alle zu reinigen, zu stärken und zu erquicken. *Sündhafftes, hartes Hertz! Betrachte es doch: Das Wasser erweichet den Stein, warum solte dann das so häuffig vergossene Blut des sanfftmüthigen Lamms (. . .) dich nicht erweichen können?* (M 3).

In der sehr originellen Charakterisierung des trockenen Herzens verrät P. Romauer seine pastorale Beobachtung. Es handelt sich um einen frommen Menschen, der sich im Zustand der „Trostlosigkeit“, der inneren Dürre und Dunkelheit befindet. Aus der bildhaften Schilderung dieses Zustandes sei ein Passus wörtlich zitiert. *Mich gedüncket, ich sehe eine Gotts-förchtige Seel mit*

[39] Geb. Wien, 5. 10. 1715, gest. Klagenfurt 1791. Sommervogel 7, 38. Ein bloß 34jähriger als regelmäßiger „Sonntagsprediger“ zeigte dessen hohe Wertschätzung. Vgl. Szilas (wie Anm. 6) 2, 328.

*gantz verwirrten Gedancken in einem Winckel sitzen; sie klaget gleich einer seufftzenden Turteltaub in stiller Einsamkeit, und singet wehmüthig aus dem neunten Psalm Davids: Oblitus est Deus, avertit faciem suam. Ach! Gott hat meiner vergessen, er hat sein Angesicht von mir abgewendet! mein Hertz ist gantz ausgedürret, gleich einem ausgebrannten unfruchtbaren Erdreich. Ich bette oder lese, so verspühre ich nirgends einen Trost. Ich verlange zwar, meinem Gott aus gantzen meinen Hertzen, aus allen meinen Kräften zu dienen, und dannoch schöpfe ich keinen Frucht daraus . . .* Der Prediger spricht nun der verzagten Seele Mut zu: Das Herz des Erlösers sei ein versiegelter Brunnen, der nur durch die Demut geöffnet werde, sodaß sein Wasser die Seele erquicke. Fühle sich die Seele des göttlichen Beistandes beraubt, dann bekenne sie demütig, gesündigt zu haben und der göttlichen Huld unwürdig zu sein. Dann schaue sie in das unschuldige, bis zum Tod gepeinigte Herz des Sohnes Gottes hinein, in den Brunnen lebendigen Wassers, der durch seine Verlassenheit uns erquicke (N 2).

Aus diesen Erwägungen heraus weist der Prediger auf die Gefahr hin, daß auch nach Vollkommenheit strebende Menschen, wenn sie fühlbare Tröstungen und innere Gnaden erhalten, ihre eigene Tugendhaftigkeit überschätzen und sich geistig überheben. Daher habe auch Paulus den Stachel ins Fleisch bekommen, nachdem er hohe Offenbarungen erhalten hatte, damit er die Demut bewahre. Margareta Maria Alacoque habe nach ihrem eigenen Zeugnis den tiefsten Frieden des Herzens inmitten von Kreuz und Pein genossen — ein Gedanke, der schon bei Romauers Vorredner Khabes aufgeleuchtet hatte.

In einem Gebet zum Abschluß der Predigt kehren die Grundmotive wieder: Den versiegelten Brunnen der Liebe öffnet die Sanftmut, die das harte Herz des Sünders erweicht, sowie die Demut, die das trockene Herz des Gerechten erfrischt.

Der Mathematikprofessor am Collegium Theresianum in Wien, P. Leopold Mötzburg, war berufen, die Schlußansprache der gesamten Jubiläumswoche am Nachmittag des Oktavtages zu halten. Sein Wunsch, Missionär in Indien zu werden, war unerfüllt geblieben, daher übernahm er pastorale Tätigkeiten in der Heimat und wurde erfolgreicher Prediger. Er habe das Evangelium gepredigt, liest man in seinem Nekrolog, und zwar in klarer Sprache, ohne viel Ausschmückung und ohne durch Wissenschaft glänzen zu wollen.[40]

P. Mötzburg widmete seine Schlußpredigt der *Bruderschaft des Göttlichen*

[40] Geb. Graz, 15. 11. 1711, gest. Leoben, 7. 6. 1768. Er blieb nur sechs Jahre Professor im Theresianum, war dann zwölf Jahre lang Prediger in Graz, später Rektor in Leoben; war allgemein beliebt und verehrt wegen seiner Güte und Bescheidenheit, verbunden mit strikter Regeltreue. NB HS 12162, 67 r—v; Sommervogel 5, 1062.

*Herzens Jesu Christi* selbst, die er unter dem Vorspruch *Der Herr hat Großes gethan, darum frohlocken wir* glücklich preist: 1. ob ihres Stifters — des Sohnes Gottes; 2. wegen des Gegenstandes *(Gegenwurfes)* ihrer Andacht; 3. um der Absicht (des *Absehens)* dieser Gemeinschaft willen.

Für die Geschichte der Herz-Jesu-Verehrung ist hiebei von Interesse, daß der Prediger zum zweiten Punkt zwölf Ehrentitel des Göttlichen Herzens heranzieht, die der Litanei im Wiener Bruderschaftsbüchlein entnommen sind. Offensichtlich stand diese um 1749, mit geringen sprachlichen Abweichungen gegenüber der Fassung von 1724, noch in Verwendung. Manche der Anrufungen findet man in der heute gebräuchlichen und kirchlich approbierten Herz-Jesu-Litanei wieder. Die Ehrentitel, die P. Mötzburg in die Predigt einflicht, gelten dem *zartesten Herzen des menschgewordenen Gottes*, dem *lebendigen Tempel der Gottheit*, dem *schönsten Ehrenthron unzertheilter Dreyfaltigkeit*, dem *größten Heiligthum der Welt* (1724: Heiligtum des Herrn), dem *Abgrund aller Güte* (und Liebe), dem *Altar der Versöhnung*, dem *einzigen Leben aller Menschen* (Leben aller Herzen); dann werden direkte Anrufungen an das Herz Jesu erwähnt: *An dem der Vater sein Wohlgefallen hat, in dem die gantze Fülle der Gottheit leiblich wohnet* – letztere mit Bezug auf das Pauluswort an die Kolosser (2, 9): *Inhabitat omnis plenitudo Divinitatis corporaliter* (O 2).

Diesem Prediger ist das Herz Jesu Inbegriff personeller Bindung an Gott. Wie ein Refrain klingt es auch in dieser Ansprache auf: Gott sehnt sich nach dem Herzen des Menschen und bittet ihn: „Gib mir dein Herz“. Konkreter als alle Vorredner geht P. Mötzburg auf die Verheißungen an Marguerite-Marie Alacoque ein, durch die sich ein unermeßliches Gnadenmeer eröffnen könnte: Die Andacht zum Herzen Jesu sei ein sicheres und leichtes Mittel für Menschen in der Welt, eine wahre Liebe zu Gott zu erlangen, für Priester und Ordensleute, um die ihrem Stand entsprechende Vollkommenheit zu erwerben, für jene, die sich um das Heil des Nächsten bemühen, um auch härteste Herzen zu erweichen und zum Guten zu bewegen, für alle Gläubigen, um über die Leidenschaften und Versuchungen zu siegen; denn Christus könne denen keine Gnade versagen, denen er sogar sein eigenes Herz anvertraut habe.

Die Klage Christi an Marguerite-Marie, daß sein brennender Durst nach Verehrung und Liebe im Altarsakrament nahezu von niemandem gelöscht werde, treffe nach P. Mötzburgs Meinung jetzt gar nicht mehr zu, denn *haufenweis* und voll Eifer seien Menschen zur Wiener Bruderschaft gestoßen, die dem Orden der hl. Ursula ihre Existenz verdanke. Ein Weihegebet an den im heiligsten Sakrament gegenwärtigen Herrn bildet den Abschluß.

Es konnte hier gezeigt werden, in welcher Art durch alle Prediger die gläubige Gehorsamshaltung gegenüber der Botschaft von Paray-le-Monial mit Bildern und Aussagen aus Passionsmeditationen des Mittelalters und der Väterzeit verbunden worden ist.

Zunächst ist es das physische, durchbohrte Herz Christi, das verehrt wurde; das Herz ist, nach Auffassung der Zeit, das Zentrum des Lebens und der Gemütsbewegungen, besonders der Liebe. Zugleich ist Christi Herz das „Göttliche Herz“, das Herz des Gottmenschen. Darüber hinaus ist das Herz Jesu schlechthin Symbol der Liebe Gottes, die im Herzen Christi ihren Wohnsitz hat. Neu gegenüber der mittelalterlichen und früh-neuzeitlichen Tradition ist der enge Konnex der Herz-Jesu-Verehrung mit der heiligen Eucharistie, der entsprechend den Weisungen der Sr. Marguerite-Marie in diesen Predigten betont wird, ja bei Dolfin (1735), Socher (1736) und Carl (1749) das Hauptthema bildet. Es geht hiebei um die Sühne der Verunehrungen des sakramental gegenwärtigen Herrn im *Denkmal seiner Liebe.*

Ein wesentliches Element der „neuen“ Herz-Jesu-Andacht ist die Aufstellung und ehrfürchtige Betrachtung des Bildes des thronenden Herzens. Es kommt daher dem Schauen in den Predigten eine auffallende Bedeutung zu: Man schaut das von der Lanze durchstochene Herz und erkennt an der sichtbaren Wunde die unsichtbare Wunde der Liebe Christi. Dieses Motiv, das dem Traktat *Vitis mystica* entnommen ist, der irrtümlich Bernhard von Clairvaux zugeschrieben wurde, bildet ein Grundmotiv der vorliegenden Predigten. Das Hineinschauen in die offene Wunde, in der man die menschlich-göttliche Liebe zu allen „Schäflein“, zu den Frommen und Unfrommen sieht, taucht immer wieder auf.

Man schaut aber nicht nur das Bild des Herzens, sondern auch die Monstranz an: Das Herz Christi — seine Liebe — sieht man im Glauben in der Hostie verborgen.

Das verwundete Herz, von der Dornenkrone umkränzt, aus dem Flammen schlagen, ist zunächst Symbol des Leidens des Erlösers, das von etlichen Predigern ausführlich, ja drastisch geschildert wird, um die Gegenliebe zu entzünden, förmlich zu erzwingen. Bis auf den letzten Tropfen entleert sich das Herz Jesu für uns.

Weiter Raum wird der pastoralen Anwendung gewidmet, wobei die individuelle Eigenart des Predigers zur Geltung kommt. Wie solle die Liebe vergolten werden? Starkes Gewicht wird hier auf Anbetung des heiligsten Sakramentes, auf innige Gemeinschaft mit dem leidenden Herrn, auf geduldiges Ertragen von Leid, auf Demut und auf den dadurch erhaltenen Trost gelegt. Bekehrung bedeutet nicht nur Abkehr von schweren Sünden, sondern auch von unvollkommenen Gesinnungen, die nach außen kaum sichtbar werden. Es geht hier um die reine Gottesliebe, auf welche vor allem jene hingewiesen werden, die im geistlichen Stand leben.

Was die in Fülle herangezogenen Quellen betrifft, so werden die Bibelstellen im Druck durchwegs genau angegeben. Vätertexte sind bei P. Socher (1736) und P. Mayerhofer (1749) mit Quellenangabe zitiert, wobei vor allem auf Augustinus, Ambrosius und Chrysostomus verwiesen wird. Leider sind die Zitate oft so unexakt und irrig, daß manche Stellen nicht identifiziert werden konnten. An mittelalterlichen Autoren werden besonders Bernhard und Pseudo-Bernhard (Bonaventura) herangezogen; man vermißt fast gänzlich die deutsche Herz-Jesu-Mystik. An neueren Schriften wird vor allem Franz von Sales mehrfach zitiert. Viele Prediger geben in der Druckausgabe ihre Quellen mit Ausnahme von Bibelstellen nicht an.

Wir lesen in der Chronik des Ursulinenklosters von dem gewaltigen Zustrom, den die Jubiläumsfeierlichkeiten von 1749 hatten. Diese als religiöse Erneuerungswoche aufgefaßte Oktav bildete gewiß den Höhepunkt der Bruderschaft in ihrer noch weitere 34 Jahre währenden Geschichte. Wie weit die umfangreichen und anspruchsvollen Barockpredigten bei den Zuhörern ihre Wirkung erzielten, kann man nicht abschätzen; an dem Wert des intensiven Gebetes jener Tage kann aber nicht gezweifelt werden.

# MAGNIFICAT ANIMA MEA DOMINUM

## VERKÜNDIGUNG UND SPIRITUALITÄT IN DER KIRCHENMUSIK DES BAROCK

Von Friedrich W. Riedel, Mainz

### *Die Göttweiger Wallfahrt nach Roggendorf*

Alljährlich am 8. September, dem Fest der Geburt Mariens, unternahmen während des 18. Jahrhunderts die Äbte von Göttweig mit ihrer Assistenz und den Musikern des Stiftes eine Wallfahrt zum Gnadenbild von Roggendorf im Weinviertel.[1] Dieser Brauch ging offensichtlich zurück auf Abt Berthold Mayr (1689—1713),[2] der auch zu anderen Marienfesten diese Wallfahrt durchführte. In seiner Biographie, die der spätere Prior Gregor Schenggl verfaßte,[3] ist der Verlauf der Prozession genau beschrieben.[4] Auch Berthold Mayrs Nachfolger, Abt Gottfried Bessel, setzte die Tradition der Wallfahrt am Fest Mariä Geburt fort.

Der Abt oder im Falle seiner Verhinderung der Prior verließen in Begleitung einiger Religiosen, des Chorregenten und der Musiker am 6. September das Stift.[5] Die Musik, bestehend aus dem Chorregenten, dem Organisten, den Sängern und Instrumentalisten sowie zwei Trompetern aus Krems oder Stein,[6] wurde auf zwei oder drei Wagen transportiert.[7] Die Fahrt ging über die Donaubrücke bei Stein, dann über Krems und Gösing nach Mühlbach, wo die Gruppe im Pfarrhof übernachtete. Am folgenden Tag reiste man weiter über Münichhofen und Hetzmannsdorf nach Nappersdorf, wo der geräumige Pfarrhof den Wallfahrern Quartier bot.[8] Von dort zog man am Nachmittag des Vigiltages und am Fest selbst zu den Gottesdiensten hinüber nach Roggendorf.

---

[1] Vgl. Gottfried Holzer, Maria Roggendorf (Veröffentlichungen des Kirchenhistorischen Instituts der Katholisch-Theologischen Fakultät der Universität Wien 9, Wien [2]1986).

[2] Vgl. Clemens A. Lashofer, Profeßbuch des Benediktinerstiftes Göttweig (Studien und Mitteilungen zur Geschichte des Benediktiner-Ordens und seiner Zweige, 26. Erg.-Bd., St. Ottilien 1983) 183—185.

[3] P. Gregor Schenggl, Diarium Monasterii Gottwicensis Ordinis SS: P: Benedicti Inf: Austria (Stiftsarchiv Göttweig, Cod. Ser. n. 90), Pars I, 192—198.

[4] Vgl. ebd. 194.197.

[5] Vgl. ebd. 151 und 397.

[6] Vgl. ebd. 397 (1720) und Holzer (wie Anm. 1) 14 (1757).

[7] Schenggl (wie Anm. 3) 194: ... *Religiosi et Musici in duobus vel 3bus curribus circa prandium abvecti sunt in Müllbach Parochiam nostram per subditorum equos: ibidem coenantes et pernoctantes ...*

[8] Vgl. ebd.

*Liturgie und Musik der Wallfahrtsgottesdienste*

Die Zeremonien begannen am Nachmittag des 7. September mit der Pontifikalvesper.[9] Gemäß dem monastischen Brevier wurden die vier Psalmen der Marien-Vesper, der Hymnus, das Magnifikat als Höhepunkt sowie die abschließende Marianische Antiphon musiziert. Danach, etwa um 16 Uhr,[10] begann die feierliche Andacht vor dem ausgesetzten Allerheiligsten, bestehend aus dem *Tantum ergo,* der Lauretanischen Litanei mit Trompeten und Pauken,[11] dem sakramentalen Segen und der abschließenden Strophe *Genitori genitoque.* Am Festtag selbst wurde nach der feierlichen Prozession von Nappersdorf nach Roggendorf[12] in der Wallfahrtskirche das Frühamt zelebriert,[13] dann die Predigt und das Hochamt bzw. Pontifikalamt gehalten, an das sich später noch die II. Vesper anschloß. Im Frühamt wurde in der Regel eine kürzere Messe und die Offertoriumsmotette, im Hochamt eine Festmesse, ein Symphoniesatz als Gradualmusik und ein feierliches Offertorium musiziert. Die II. Vesper wurde meist musikalisch schlichter gestaltet. Sie schloß mit der Marianischen Antiphon *Salve Regina.*

Die Grundbesetzung der Kirchenmusik bestand aus vier Vokalstimmen, das heißt vier Solisten, die gegebenenfalls durch Ripienisten verstärkt wurden, ferner zwei Violinen (gelegentlich durch eine Viola verstärkt) sowie der aus dem Organisten und der Baßgeige (Violone) gebildeten Generalbaßgruppe. Mitunter wurden die mittleren Vokalstimmen durch Posaunen unterstützt.[14] Bei den Ecksätzen der Vespern *(Dixit Dominus, Magnificat)* und beim Hochamt, oft auch bei Litaneien, trat noch der festliche Klang der Trompeten und Pauken hinzu. Seit den 1770er Jahren kamen Oboen, gelegentlich auch Hörner, besonders bei den reinen Instrumentalsätzen und bei den Festmessen vor.[15] Die Trompeten und Pauken fehlten fast immer bei den Marianischen Antiphonen und Offertorien.

*Verzeichnis der nachweisbaren Kirchenmusikaufführungen in Maria Roggendorf von 1747 bis 1784*

1747 begannen die Göttweiger Chorregenten, die musikalischen Aufführun-

[9] Diese ist im Diarium nicht ausdrücklich erwähnt, aber in den Stimmengarnituren der Kirchenmusik notiert.

[10] Vgl. Schenggl (wie Anm. 3) 397.

[11] Vgl. ebd.: *clangentibus tubis et tympanis.*

[12] Vgl. ebd.

[13] Dieses wird im Diarium nicht immer ausdrücklich erwähnt, ist aber in den Musikhandschriften notiert.

[14] Z. B. in den Jahren 1753 und 1774/75.

[15] Z. B. in den Jahren 1772, 1777 und stets ab 1781.

gen auf den Umschlägen der Stimmengarnituren zu notieren.[16] Durch diesen Umstand sind wir in der glücklichen Lage, uns ein Bild von der Musik bei den Gottesdiensten am Fest Mariä Geburt bis zum Verbot der Wallfahrt im Jahre 1785 zu machen. Soweit die Aufzeichnungen erhalten geblieben sind,[17] ist nachstehend das musikalische Repertoire der Göttweiger Wallfahrten aus einem Zeitraum von fast vier Jahrzehnten tabellarisch zusammengestellt:[18]

1747 Hochamt
Offertorium: Georg Donberger „Applausus ad gaudia" (1092)
1748 Hochamt
Offertorium: Georg Donberger „Applausus ad gaudia" (1092)
1753 I. Vesper
Litanei: Franz Tuma (1899)
Hochamt
Mathias Georg Monn: Missa in D (357)
Offertorium: Johann Georg Zechner „Maria mein Glücke" (1684)
II. Vesper
Salve Regina: Ferdinand Schmid (2352)
1754 II. Vesper
Salve Regina: Schramek (2362)
1755 I. Vesper
Georg Christoph Wagenseil: Vesperae de B. M. V. (2121)
Salve Regina: Franz Leopold Graff (2290)
II. Vesper
P. Valentin Rathgeber OSB: Vesperae de B. M. V. (2071)
Salve Regina: Ignaz Prustmann (2326/1)
1756 I. Vesper
Georg Christoph Wagenseil: Vesperae de B. M. V. (2121)[19]
Hochamt
Johann Georg Zechner: Missa S. Theclae (714)

[16] Vgl. Friedrich W. Riedel, Musikpflege im Stift Göttweig unter Abt Gottfried Bessel, in: Gottfried Bessel (1672—1749). Diplomat in Kurmainz — Abt von Göttweig — Wissenschaftler und Kunstmäzen (Quellen und Abhandlungen zur mittelrheinischen Kirchengeschichte, Mainz 1972) 141—172.

[17] Oft sind die Umschläge mit den älteren Aufführungsdaten später durch neue ersetzt, viele Werke sind im Laufe der Zeit verlorengegangen.

[18] Da gleichzeitig das Fest auch im Stift selbst begangen wurde, ist nicht immer vermerkt, ob die Werke dort oder in Roggendorf aufgeführt wurden. Die in Klammern angegebenen Zahlen geben die Signaturen — soweit schon vorhanden — der Manuskripte im Göttweiger Musikarchiv an; vgl. Friedrich W. Riedel, Der Göttweiger Thematische Katalog von 1830, 2 Bde (München, Salzburg 1979).

[19] Für den gleichen Tag ist eine Vesper (2121) von Johann Jakob Prinner (1624—1694) notiert, die aber wohl in der Göttweiger Stiftskirche musiziert wurde.

1757 Hochamt
Franz Tuma: Missa S. Joannes Nepomucensis (628)

1758 I. Vesper
Georg Christoph Wagenseil: Vesperae de B. M. V. (2121)
Hochamt
Johann Georg Zechner: Missa S. Clodulphi (696)

1759 I. Vesper
Georg Christoph Wagenseil: Vesperae de B. M. V. (2121)
Hochamt
Johann Georg Zechner: Missa S. Clodulphi (696)
Offertorium: Franz Pruneder „Sub tuum praesidium“ (1518/1)

1760 I. Vesper
Georg Christoph Wagenseil: Vesperae de B. M. V. (2121)
Hochamt
Gradualmusik: Joseph Ziegler: Symphonie C-Dur (2957)
Offertorium: Antonio Gaetano Pampani „Ad laudes canendas“ (1449/1)
II. Vesper
Salve Regina: Ferdinand Schmid (2348)

1761 I. Vesper
Georg Christoph Wagenseil: Vesperae de B. M. V. (2121)
Hochamt
Gradualmusik: Joseph Ziegler: Symphonie C-Dur, 1. Satz (2957)
Offertorium: Johann Georg Zechner „Maria, liebe mich“ (1682/1)
Franz Leopold Graff „Nativitas tua“ (1149)[20]
II. Vesper
Litanei: Franz Leopold Graff (1823)

1762 I. Vesper
Salve Regina: Ferdinand Schmid (2348)
Litanei: Johann Adam Scheibl (1879)
Hochamt
Georg Reutter: Missa S. Caroli (460)
Offertorium: Franz Pruneder „Sub tuum praesidium“ (1518/2)
II. Vesper
Laetatus sum: Anonym (2028)
Salve Regina: Johann Nepomuk Boog (2271)
Litanei: Johann Adam Scheibl (1880)

[20] Bei dem Aufführungsvermerk fehlt die Ortsangabe, möglicherweise wurde das Stück in Göttweig musiziert.

1763 I. Vesper
Georg Christoph Wagenseil: Vesperae de B. M. V. (2121)
Hochamt
Offertorium: Franz Pruneder „Sub tuum praesidium“ (1518/2)
1764 I. Vesper
Salve Regina: Ferdinand Schmidt (2350)
Litanei: Johann Adam Scheibl (1879)
Hochamt
Offertorium: Johann Adolf Hasse „Salve Mater Redemptoris“ (1170)[21]
II. Vesper
Litanei: Franz Leopold Graff (1822)
1765 I. Vesper
Franz Xaver Widerhofer: Vesperae de B. M. V. (2128)
Hochamt
Offertorium: Franz Leopold Graff „Nativitas tua“ (1149)
II. Vesper
Litanei: Franz Leopold Graff (1822)
1766 I. Vesper
Georg Christoph Wagenseil: Vesperae de B. M. V. (2121)
Hochamt
Johann Adam Scheibl: Missa S. Philippi (508)[22]
Gradualmusik: Joseph Ziegler: Symphonie in C, 1. Satz (2957)
Offertorium: Franz Leopold Graff „Maria, schönste Zier“ (1150)[23]
II. Vesper
Salve Regina: Michael Haydn (2300/1)
Litanei: Johann Adam Scheibl (1882)
1767 I. Vesper
Laudate pueri, Laetatus sum, Nisi Dominus: Georg Donberger (1961)
Litanei: Johann Adam Scheibl (1883)
Frühamt (?)
Preglauer: Missa S. Caeciliae (430)
Hochamt (?)
Gradualmusik: Christoph Sonnleithner: Symphonie C-Dur, 1. Satz (2892)
II. Vesper
Litanei: Franz Leopold Graff (1822)

---

[21] Für den gleichen Tag ist ein deutsches Offertorium von Georg Donberger (1090) notiert, das wohl in Göttweig musiziert wurde.

[22] Da die Messe ohne Trompeten und Pauken besetzt ist, könnte sie auch im Frühamt musiziert worden sein.

[23] Hier ist ausdrücklich Roggendorf als Aufführungsort vermerkt. Möglicherweise erklang diese *Aria* nicht innerhalb der Messe, sondern während einer Andacht.

1768 I. Vesper
Franz Xaver Widerhofer: Vesperae de B. M. V. (2128)
Litanei: Johann Adam Scheibl (1880)
Frühamt
Georg Reutter: Missa S. Caeciliae (463)
Hochamt
Christoph Sonnleithner: Missa B. M. V. (601)
Offertorium: Joseph Haydn „Salve dilecta Maria" (1181)
II. Vesper
Salve Regina: Ferdinand Schmid (2350)

1769 I. Vesper
Litanei: Johann Adam Scheibl (1883)
Frühamt
Franz Joseph Pfeiffer: Missa in F (397)
Hochamt
Johann Adam Scheibl: Missa S. Joannis Nepomucensis (517)[24]

1770 I. Vesper
Salve Regina: Franz Leopold Graff (2289/1)
II. Vesper
Salve Regina: Franz Leopold Graff (2289/2)

1771 II. Vesper
Salve Regina: Franz Leopold Graff (2292/2)

1772 I. Vesper
Franz Leopold Graff: Vesperae de Virginibus (1989)
Salve Regina: Franz Leopold Graff (2292/1)
Frühamt
Offertorium: Franz Leopold Graff „Nativitas tua" (1149)
Hochamt
Franz Schneider: Missa in C (544)
Gradualmusik: Johann Christian Bach: Symphonie in C, 1. Satz (2623)
Offertorium: Joseph Ziegler „Virgo amabilissima"
II. Vesper
Litanei: Christoph Sonnleithner (1890)

1773 I. Vesper
Franz Leopold Graff: Vesperae de Virginibus (1989)
Salve Regina: Franz Leopold Graff (2292/1)
oder: Ferdinand Schmid (2357)

[24] Diese Messe ist nicht mit Trompeten und Pauken, statt dessen mit zwei Posaunen besetzt.

Frühamt
Franz Joseph Pfeiffer: Missa in D (400)
Offertorium: Joseph Sonnleithner „Motetto de B. M. V."
Hochamt
Christoph Sonnleithner: Missa B. M. V. (601)
Gradualmusik: Ignaz Holzbauer: Symphonie, 1. Satz (-)[25]
Offertorium: Joseph Haydn „Salve dilecta Maria" (1181)
II. Vesper
Salve Regina: Tobias Gsur (2294)
Litanei: Joseph Krottendorfer (1852)

1774 I. Vesper
Salve Regina: Michael Haydn (2299)[26]
oder: Johann Adam Scheibl (2333/1)
Litanei: Giuseppe Bonno (1812)
Frühamt
Franz Joseph Pfeiffer: Missa S. Catharinae (396)
Offertorium: Franz Leopold Graff „Nativitas tua" (1149)
Hochamt
Michael Haydn: Missa Assumptionis B. M. V. (236)
Offertorium: Johann Georg Zechner „Inter graves mentes dolores"
II. Vesper
Salve Regina: Johann Adam Scheibl (2333/2)
Litanei: Johann Adam Scheibl (1883)

1775 I. Vesper
Salve Regina: Ferdinand Schmid (2348)
Litanei: Tobias Gsur (1828)
Frühamt
Georg Strasser: Missa S. Marci (610)
Gradualmusik: Christoph Sonnleithner: Symphonie, 1. Satz (2892)
Hochamt
Christoph Sonnleithner: Missa in C (603)
Gradualmusik: Körzel:[27] Symphonie in C, 1. Satz (2817)

1776 I. Vesper
Litanei: Franz Schneider (1888)

---

[25] Von dieser Symphonie existiert nur noch der Umschlag mit den Aufführungsdaten.
[26] Das Stück steht in B-Dur, ist aber mit zwei Trompeten besetzt.
[27] Diese Symphonie ist auch unter dem Namen Joseph Haydn und Leopold Hofmann überliefert; vgl. Riedel (wie Anm. 18) 64 (Nr. 2817).

Frühamt
Joseph Ziegler: Missa in C (740)
Hochamt
Johann Georg Zechner: Missa S. Joannis Baptistae (727)
II. Vesper
Salve Regina: Franz Schneider (2360)
Litanei: P. Joseph Keinz OSA (1848)

1777 I. Vesper
Franz Xaver Widerhofer: Vesperae de Beata et Virginibus (2127)
Salve Regina: Michael Haydn (2300/1)[28]
oder: Johann Adam Scheibl (2333/1)
Litanei: Tobias Gsur (1827)
Frühamt
Franz Xaver Brixi: Missa in e (423)[29]
Gradualmusik: Joseph Haydn: Symphonie in G, 1. Satz (2723)
Hochamt
Karl Ditters von Dittersdorf: Missa in C (101)
Gradualmusik: Johann Gottlieb Naumann: Symphonie in C, 1. Satz (2849)
Offertorium: Joseph Sonnleithner „Motetto de B. M. V."
II. Vesper
Franz Leopold Graff: Vesperae de Virginibus (1989)
Salve Regina: Johann Adam Scheibl (2333/2)
Litanei: Joseph Ziegler (1918)

1778 I. Vesper
Franz Xaver Widerhofer: Vesperae de Beata et Virginibus (2127)
Salve Regina: Johann Adam Scheibl (2333/1)
Frühamt
Michael Haydn: Missa in C (232)
Gradualmusik: Georg Christoph Wagenseil: Symphonie in A, 1. Satz (2929)
Offertorium: Tobias Gsur „O Maria Virgo pia" (1158/2)
Hochamt
Leopold Hofmann: Missa S. Barbara (266)
Gradualmusik: Joseph Haydn: Symphonie in G, 1. Satz (2723)
II. Vesper
Salve Regina: Johann Adam Scheibl (2333/2)

---

[28] Dieses Stück ist mit zwei Trompeten besetzt, steht aber in D-Dur. Eine der zwei Kompositionen wurde in der Göttweiger Stiftskirche musiziert.
[29] Das Werk steht in e-moll, ist aber mit Trompeten und Pauken besetzt.

1779 I. Vesper
Franz Xaver Widerhofer: Vesperae de Beata et Virginibus (2127)
Salve Regina: Tobias Gsur (2295)
Litanei: Franz Leopold Graff (1823)
Frühamt
Leopold Hofmann: Missa in Es (277)
II. Vesper
Salve Regina: Franz Leopold Graff (2293/2)
Litanei: Michael Haydn (1832)

1780 I. Vesper
Franz Leopold Graff: Vesperae de Virginibus (1989)
Salve Regina: Ferdinand Schmid (2345)
Frühamt
Franz Joseph Pfeiffer: Missa in B (399)
Hochamt
Johann Nepomuk Boog: Missa Auxilium Christianorum (50)
oder:[30] Michael Haydn: Missa in C (2321)
II. Vesper
Litanei: P. Joseph Keinz OSA (1850)

1781 I. Vesper
Franz Xaver Widerhofer: Vesperae de B. M. V. (2128)
Frühamt
Franz Novotny: Missa in A (379)
Hochamt
Joseph Krottendorfer: Missa solemnis (352)[31]
Offertorium: Joseph Haydn: „Salve dilecta Maria“ (1181)
II. Vesper
Salve Regina: Willibald Bürckhofer (2272)

1782 Frühamt
Gradualmusik: anonym: Parthia in G, 1. Satz (2968)
Offertorium: Johann Georg Zechner „O stella Syderúm“
Hochamt
Gradualmusik: Gossec: Symphonie in F, 1. Satz (2687)
Offertorium: Joseph Ziegler „Virgo amabilissima“
II. Vesper
Franz Schneider: Vesperae de Beata (2097)

---

[30] Eine der zwei Messen wurde in Göttweig musiziert.
[31] In D-Dur.

1783 I. Vesper
Franz Schneider: Vesperae de Beata (2097)[32]
Salve Regina: Willibald Bürckhofer (2272)
Hochamt
Karl Ditters von Dittersdorf: Missa in D (103)[33]
Gradualmusik: Carlo Ordonez: Symphonie in A (2853)
Offertorium: Joseph Haydn „Salve dilecta Maria“ (1181)
1784 I. Vesper
Dixit Dominus + Magnificat: Johann Georg Zechner (2145)[34]
Laudate pueri: Antonio Caldara (1947)
Frühamt
Michael Haydn: Missa in C (232)
Hochamt
Georg Reutter: Missa S. Francisci (468)
Offertorium: Rinaldo da Capua „Quando Mariam cerno“ (1580)

*Die Bedeutung der Kirchenmusik für die Wallfahrtsgottesdienste*

Überschaut man das vorstehend aufgelistete, dokumentarisch nachgewiesene Repertoire, so fällt das hohe Niveau der Kirchenmusik auf. Es sind zu einem großen Teil Werke von Komponisten hohen und höchsten Ranges, Werke, die moderne Puristen als „esoterisch“ und liturgisch ungeeignet bezeichnen würden. Zu jener Zeit aber galt das Beste gerade gut genug zum Preise der Gottesmutter. So erklangen in einer kleinen Wallfahrtskirche auf dem Lande, in Anwesenheit von einfachen Bauern, anspruchsvolle Werke von Komponisten des kaiserlichen Hofes, wie Antonio Caldara (ca. 1670 bis 1736),[35] Franz Tuma (1704—1774),[36] Georg Reutter (1708—1772), Giuseppe Bonno (1711—1788) und Georg Christoph Wagenseil (1715—1777), von den Wiener Domkapellmeistern Ferdinand Schmid (1693/94—1756) und Leopold Hofmann (1738—1793), von den Kirchenmusikern Mathias Georg Monn (1717—1750, Karlskirche), Johann Nepomuk Boog (ca. 1724—1764, St. Peter), Tobias Gsur (1726—1794, Schottenkirche) oder den Augustiner-

[32] Ohne Angabe des Aufführungsortes.

[33] Orgelsolo-Messe, mit Oboen, Hörnern, Trompeten und Pauken.

[34] Ohne Angabe des Aufführungsortes.

[35] Caldara, den Kaiser Karl VI. als Vizekapellmeister an den Wiener Hof berief, war der fruchtbarste und einflußreichste österreichische Komponist des Spätbarock. Wahrscheinlich wurden wesentlich mehr Werke von ihm in den Wallfahrtsgottesdiensten zu Roggendorf aufgeführt, als heute nachweisbar sind, da die Umschläge mit den älteren Daten später ausgewechselt wurden.

[36] Tuma, ein Schüler von Johann Joseph Fux, war Kapellmeister der Kaiserinwitwe Elisabeth Christine. Nach ihrem Tode (1750) zog er in das Prämonstratenserstift Geras.

mönchen P. Ignaz Prustmann (frühes 18. Jahrhundert) und P. Joseph Keinz (1738—1810).

Einen wesentlichen Anteil an den Aufführungen in Maria Roggendorf hatten die Werke der vornehmlich in Niederösterreich tätigen Klosterkomponisten. Sie waren zumeist mehr oder weniger unmittelbar aus der Schule des kaiserlichen Vizekapellmeisters Caldara hervorgegangen: die Göttweiger Organisten Johann Georg Zechner (1716—1778)[37] und Franz Leopold Graff (1715/16—1779),[38] die Herzogenburger Georg Joseph Donberger (1709—1768) und Joseph Krottendorfer (1741—1798), der St. Pöltener Stiftskapellmeister Johann Adam Scheibl (1710—1773), der Waldhausener Kanoniker Preglauer oder die Organisten der Stifte und Wallfahrtskirchen Franz Pruneder (1692—1767, Heiligenkreuz), Franz Schneider (1737—1812, Melk), Franz Joseph Pfeiffer (1733—1802, Maria Taferl) und Franz Xaver Widerhofer (1742—1799, Mariazell). Selbst Komponisten, die Weltruhm erlangten, wie Johann Adolf Hasse (1699—1783) in Dresden, Johann Christian Bach (1735—1782) in London und die Brüder Haydn sind in dem Verzeichnis der Aufführungen mit einem oder mehreren Werken vertreten.

Wenn man auch in manchen Jahren wieder auf die gleichen Kompositionen zurückgriff, überrascht doch die Breite und Vielfalt des Repertoires. Bei den Vespern, Messen und Litaneien handelt es sich meist um Werke von großer Ausdehnung und vor allem im letzten Jahrzehnt mit reichhaltiger Instrumentalbesetzung. Hierin sollte ganz offensichtlich die Freude über die Erlösung der Menschen zum Ausdruck gebracht werden: *Celebrate eam cum omni laetitia!*[39]

### *Verbot der Wallfahrten und Beschränkung der Kirchenmusik*

Wenn man sich das blühende Wallfahrtsleben des 18. Jahrhunderts mit seinem tiefgreifenden Einfluß im Bereich der Künste (Architektur, Skulptur, Malerei, Dichtung, Musik) vorstellt, kann man die ungeheure Ernüchterung und zugleich die zerstörende Wirkung auf die ländliche Kultur nachempfin-

---

[37] Zechner wurde später Chorregent der Stadtpfarrkirche in Krems. Nach seiner Priesterweihe wurde er Benefiziat in Stein, wo er bis zu seinem Lebensende im Göttweiger Hof wohnte. Zumindest während seiner Tätigkeit als Stiftsorganist nahm er alljährlich an der Wallfahrt nach Roggendorf teil. Vgl. Friedrich W. Riedel, Beiträge zur Geschichte der Musikpflege an der Stadtpfarrkirche St. Veit zu Krems, in: 950 Jahre Pfarre Krems (Krems/Donau 1964) 300—341 (besonders 310—326).

[38] Graff, der auffällig viel marianische Musik komponierte, wirkte alljährlich bei den Wallfahrtsgottesdiensten an der Roggendorfer Orgel mit.

[39] Lateinische Inschrift auf einem Kupferstich von Klauber in der Serie *Lauretanische Litanei* (Augsburg 1763), neu herausgegeben von Hans Hermann Groër, Die Rufe von Loreto (Wien 1987) 114.

den, welche die Bevölkerung durch das Verbot der Wallfahrten und die Einschränkungen im kultischen Bereich erlitt.[40] Gewiß galt es, manche Auswüchse und Mißbräuche abzuschaffen, viele Reformen waren durchaus sinnvoll und den zeitgemäßen Bedürfnissen entsprechend. Aber im Hintergrund stand doch vielfach eine diesseitig orientierte, vom Prinzip der Vernunft und der Nützlichkeit geleitete Lebensauffassung, die für Meditation und Anbetung, vor allem in Äußerungen des künstlerischen Schaffens, wenig Verständnis aufbrachte. Kein Wunder also, daß sich die Künste, da man ihnen im kultischen Bereich nur noch einen bescheidenen Platz gewährte, fortan autonom entwickelten bis hin zum Ersatzkult in der Form des Konzertes und des Bühnenweihfestspiels.[41]

Bis zur Mitte des 18. Jahrhunderts hatte es amtliche Äußerungen zu Fragen der Kirchenmusik weder von geistlichen noch von weltlichen Behörden gegeben. Man begnügte sich — beispielsweise in den Dokumenten des Tridentinums — allenfalls mit Warnungen vor dem Mißbrauch. Auch die viel zitierte, aber lediglich für den Kirchenstaat gültige Enzyklika *Annus qui* (1749) von Papst Benedikt XIV. ist in diesem Sinne zu verstehen.[42] Liturgisches Zeremoniell und Kirchenmusik standen in enger Wechselbeziehung. Nur wenn das Gleichgewicht gestört war, erhoben die Oberen ihre Stimme. Den aufklärerischen Tendenzen der Reformer im späten 18. Jahrhundert, die im Gottesdienst in erster Linie ein Mittel der Belehrung und der moralischen Besserung sahen, galt die Kirchenmusik im besten Falle als Ausschmückung, als Bereicherung, aber auch nur als geduldeter Zusatz. Schließlich empfand man sie als überflüssig oder gar als störend.

Zielscheibe der Kritik war besonders die instrumentalbegleitete Musik. Sie sollte auf wenige bedeutende Kirchen, auf wenige Festtage im Jahr und fast ausschließlich auf die Messe beschränkt bleiben. Wie weit die Reglementierung der Landesbehörden unter Kaiser Joseph II. gehen konnte, zeigt die Gottesdienstordnung, die 1786 als Plakat zum Aushängen veröffentlicht wurde.[43] Hier wird nicht nur die Zahl der Gottesdienste in erheblichem Maße reduziert, sondern auch die Instrumentalmusik auf die Sonn- und Festtagshochämter in Stadtpfarrkirchen mit mindestens drei Geistlichen beschränkt. In Klosterkirchen durfte nur mit Orgelbegleitung gesungen wer-

---

[40] Vgl. Hans Hollerweger, Die Reform des Gottesdienstes zur Zeit des Josephinismus in Österreich (Regensburg 1976) (dort weitere Literatur).

[41] Vgl. Friedrich W. Riedel, Katholische Kirchenmusik im Spannungsfeld zwischen Gottesdienst und Kunst im Zeitalter der Französischen Revolution und des Vormärz, in: Bericht über den Internationalen Musikwissenschaftlichen Kongreß in Bayreuth 1981 (Kassel, Basel, London 1984) 234—241.

[42] Vgl. Karl Gustav Fellerer, Kirchenmusik und Aufklärung, in: Geschichte der katholischen Kirchenmusik II (Kassel usw. 1976) 198—201.

[43] Faksimileabdruck bei Hollerweger (wie Anm. 40) Beilage.

den, die Vesper nur bei verschlossenen Türen. Ganz radikale, vom Gedankengut des Jansenismus beeinflußte Reformer wollten sogar die Instrumente in der Kirche gänzlich verbieten, *um die Aufmerksamkeit des Volks auf die religiösen Handlungen nicht zu zerstreuen und die Anbetung im Geiste zu fördern.*[44] Für die der Kirchenmusik, überhaupt der religiösen Kunst innewohnende Spiritualität hatte man kein Verständnis mehr.

*Cäcilianischer Purismus*

Vor allem auf dem Lande hatte die Bevölkerung Widerstand gegen die „aufgeklärten" Maßnahmen des absolutistischen Staates geleistet.[45] Als daher nach den Napoleonischen Kriegen das Bürgertum allenthalben die Führung im Bereich der Kultur übernahm, erfuhr die liturgische Musik eine erneute Belebung durch die Kirchenmusik-Vereine in den Städten.[46] Jetzt erst fanden die geistlichen Kompositionen von Mozart und den Brüdern Haydn eine weitreichende Verbreitung, wurde der Boden bereitet für das Schaffen von Franz Schubert und seinen Zeitgenossen bis hin zu Anton Bruckner. Freilich wucherte neben diesen hochqualifizierten Werken auch die Produktion leicht ausführbarer Ruralmusik, die allmählich ins Triviale absank und daher nicht zu Unrecht Kritik hervorrief.

Auf der anderen Seite führte die romantische Sehnsucht nach der Vergangenheit zur Wiederentdeckung und Nachahmung älterer Kunststile. Neben Neo-Romantik und Neo-Gotik, neben den Gemälden der „Nazarener" glaubte man in der Polyphonie des 16. Jahrhunderts die „wahre Kirchenmusik" und in der rein vokalen Aufführungspraxis das Ideal der liturgischen Musik gefunden zu haben. Diese Vorstellungen wurden von protestantischen Literaten propagiert,[47] um nach der Jahrhundertmitte von den „Cäcilianern" aufgenommen und zu einer Ideologie entwickelt zu werden. Wenn man den Cäcilianismus[48] heute gerecht beurteilen will, muß man die geschichtlichen Hintergründe berücksichtigen. Getragen wurde diese Bewegung von einem bildungsbewußten Klerus, dessen Streben auf die Schaffung eines echten Sakralstils gerichtet war. Bedeutete dies in Italien beispielsweise

[44] Vortrag der Hofräte Heinke und Zippe, zitiert nach Hollerweger (wie Anm. 40) 479.

[45] Vgl. Hermann Matzke, Die Aufklärung im Kurerzbistum Mainz und ihre besondere Wirkung auf die Einführung des deutschen Kirchengesangs (Breslau 1919); Hollerweger (wie Anm. 40) 472—477.

[46] Vgl. Walter Sauer, Musikvereine an Wiener Kirchen im 19. und beginnenden 20. Jahrhundert. Kirchenmusikalisches Jahrbuch 63/64 (1979/80) 81—114.

[47] Wackenroder, Hoffmann, Thibaut.

[48] Vgl. zu dieser Thematik den Sammelband: Der Caecilianismus. Anfänge — Grundlagen — Wirkungen, hg. von Hubert Unverricht (Eichstätter Abhandlungen zur Musikwissenschaft 5, Tutzing 1988).

die Ablehnung opernhafter Elemente in der Kirchenmusik,[49] so wandte man sich in Deutschland einerseits gegen die Trivialisierung im Bereich der Rural-Musik, andererseits sollte die katholische Kirchenmusik in der Zeit des Kirchenkampfes nach dem I. Vatikanum auch ein Bekenntnis zum Papsttum sein. So wurde der „ultramontane" Kirchenmusikstil in der Gestalt des Chorals und der „altklassischen" Polyphonie der römischen Schule des 16. Jahrhunderts gepflegt und nachgeahmt, ja, er fand schließlich eine lehramtliche Sanktionierung in dem Motu proprio *Inter Pastoralis officiis* von Papst Pius X. aus dem Jahre 1903.

Hatten die Cäcilianer mit ihren Aktivitäten zwar eine Abgrenzung des Sakralstils gegenüber Einflüssen aus den Bereichen der Theatral- und Trivialmusik erreicht,[50] so trug ihr Purismus auf der anderen Seite auch zur Zerstörung lebendiger Traditionen bei[51]. Vor allem hat die cäcilianische Musikästhetik den geistigen und religiösen Gehalt der Kirchenmusik des Barock und der klassisch-romantischen Epoche verkannt und mit ihren Pauschalurteilen selbst die Werke der ganz großen Meister als „unkirchlich" verdammt.[52] So wundert es nicht, daß sich — sogar in Kreisen des Allgemeinen Deutschen Cäcilienvereines — heftige Proteste gegen allzu enge Auslegungen des Motu proprio von 1903 erhoben.[53] Doch fand das II. Vatikanum schließlich eine die gesamte Entwicklung der Kirchenmusik in ihrer liturgischen Funktion würdigende Definition:[54] *Die überlieferte Musik der Gesamtkirche stellt einen Reichtum von unschätzbarem Wert dar, ausgezeichnet unter allen übrigen künstlerischen Ausdrucksformen,*[55] *vor allem deshalb, weil sie als der mit dem Wort verbundene Gesang einen notwendigen und integrierenden Bestandteil der feierlichen Liturgie ausmacht.*

Die *künstlerischen Ausdrucksformen* der kirchlichen Musik in ihrer innigen Verflechtung mit der Liturgie darzulegen, ist demnach eine Aufgabe kirchenmusikalischer Ästhetik. Diesem Zweck wollen die folgenden Ausführungen dienen.

---

[49] Vgl. Leopold M. Kantner, Aurea Luce. Musik an St. Peter in Rom 1790—1850 (Wien 1979).

[50] Vgl. Peter Griesbacher, Kirchenmusikalische Stilistik und Formenlehre III (Regensburg 1913) 335—386.

[51] Im Stift Göttweig hatte man beispielsweise bis in die 1880er Jahre regelmäßig hochqualifizierte Werke des 18. und frühen 19. Jahrhunderts aufgeführt, bis Abt Adalbert Dungel (1886—1923) dies untersagte.

[52] Zu den schärfsten Gegnern der instrumentalbegleiteten Kirchenmusik zählte der Göttweiger Pater Lambert Karner (1841—1909), dessen Schrift *Der Clerus und die Kirchenmusik* (1889) polemisierend die ältere und zeitgenössische Kirchenmusik angreift.

[53] Insbesondere auf den musikwissenschaftlichen Kongressen in Wien 1909 und 1927 zu den Haydn- und Beethoven-Zentenarfeiern.

[54] Liturgiekonstitution, Artikel 112.

[55] In der lateinischen Originalfassung: *inter ceteras artis expressionis excellentem.*

## *Musik als Form des Gebetes und der Verkündigung*

Schon in den Gottesdiensten des Alten Bundes wurde durch Gesang und Musik eine Abstufung der Feierlichkeit zum Ausdruck gebracht. Anbetung, Verkündigung, Lob und Preis, Freude und Trauer lassen sich sehr viel eindringlicher in Gesängen als in Worten verdeutlichen; und das, was Worte nicht auszusprechen vermögen, läßt sich im textlosen Jubilus oder mit Musikinstrumenten allein darstellen. Die Bestandteile des christlichen Sakraments- und Gebetsgottesdienstes sind Lesungen, Gebete und Gesänge. Die Heilige Schrift enthält im Alten und Neuen Testament viele Gesänge, die aus der liturgischen Praxis heraus entstanden sind, nämlich Psalmen, Cantica und Akklamationen. Auch andere biblische Texte wurden als Gesänge verwendet. So sind die Antiphonen, Versikel und Responsorien oftmals den Psalmen oder dem Neuen Testament entnommen. Dieses Repertoire an biblischen Texten wurde später erweitert durch neue Dichtungen in Anlehnung an die Heilige Schrift. Andere Texte entnahm man den Schriften der Kirchenväter oder der Heiligenlegenden, so die Antiphonen zu bestimmten Festen. Hinzu kamen neue Dichtungsformen, nämlich im späten Altertum die Hymnen und im Hochmittelalter die Sequenzen.

Gebete und Lesungen wurden im rezitativischen Sprechgesang der Orations- und Lektionstöne *(Accentus)* vorgetragen, die ebenso wie die Psalmtöne im Laufe von fast zwei Jahrtausenden weitgehend konstant geblieben sind. Ständigem Wechsel unterworfen war dagegen der *Concentus*, das sind die durchkomponierten Melodien der Antiphonen, Hymnen, Sequenzen sowie die Propriums- und Ordinariumsgesänge der Messe. Trotz vieler Veränderungen hat auch dieser mittelalterliche einstimmige Kirchenmusikstil die Zeiten überdauert. Daneben fanden aber spätestens seit dem späten 10. Jahrhundert im Westen Europas mehrstimmige Gesänge (auch mit Instrumenten) Eingang in die Liturgie, zunächst an berühmten Wallfahrtsorten wie Santiago di Compostela oder an Kathedralen wie Notre Dame in Paris, jedoch nur an hohen Festen und bei bestimmten Teilen der Zeremonie. Seit dem 15. Jahrhundert entwickelte sich dann vor allem im burgundisch-niederländischen Reich und in Italien, später im ganzen habsburgischen Länderkomplex jener hochentwickelte polyphone Kirchenstil, der für die musikalische Situation zum Beginn des Trienter Konzils kennzeichnend ist.

## *Vertiefung und Steigerung im Barock*

Das Konzil von Trient hat sich eigentlich nur mit der Frage liturgischer Mißbräuche befaßt und zu diesem Zweck eine Kommission eingesetzt. Die

Durchführung einer Reform überließ es den Päpsten.[56] 1568 veröffentlichte Pius V. das *Breviarium Romanum*, zwei Jahre später das *Missale Romanum*. Im Jahre 1600 fügte Clemens VIII. das *Caeremoniale Episcoporum* hinzu. Damit waren in diesen drei Büchern die auf der stadtrömischen und fränkisch-deutschen Tradition basierenden Formulare in gereinigter Form für die ganze Kirche verbindlich festgelegt, ausgenommen alle mehr als 200 Jahre alten Ordnungen einzelner Diözesen und Ordensgemeinschaften. Gewiß hatte dies eine gewisse Erstarrung der Riten und Texte zur Folge, die aber keineswegs als negativ empfunden wurde.[57] Vielmehr wandte man sich fortan einer inhaltlichen Vertiefung der Liturgie zu, ihrer Interpretation mit den vielfältigen Mitteln der Predigt, der Frömmigkeit und nicht zuletzt der Künste. Die nach-tridentinischen Formulare bildeten gleichsam die Gefäße, die es mit neuem Inhalt zu füllen galt, sei es durch die Entfaltung des Zeremoniells oder durch künstlerische Ausgestaltung, die im Zeitalter des Barock Ausdruck einer tiefen Religiosität war.

Typisch für die Musik und die Musikanschauung des Barock war die Entwicklung einer differenzierten Stilordnung.[58] Innerhalb der drei Hauptkategorien Kirchen-, Theater- und Kammerstil wurde nochmals unterteilt entsprechend dem Ort, der Zeit und dem Zweck der Verwendung. Im Bereich des Kirchenstils finden wir dabei die interessante Erscheinung, daß Tradition und Fortschritt fortan unmittelbar nebeneinander lebten.[59] Die tausendjährige Entwicklung der geistlichen Musik wurde somit zusammengefaßt und zur Abstufung des liturgischen Zeremoniells verwendet: der Choral als älteste Art der Kirchenmusik blieb für die Ferialtage erhalten, vor allem in den Klöstern, wo das Offizium gesungen wurde. Der A-cappella-Stil der Renaissance diente als Quadragesimalmusik zur Charakterisierung der Fasten- und Adventzeit. An den gewöhnlichen Sonntagen und an Festen geringeren Ranges musizierte man im Dominikalstil, das heißt in einem einfachen konzertierenden Stil mit Vokal- und Instrumentalstimmen, während die große Besetzung mit Trompeten und Pauken dem Pontifikalstil für die hohen Feste vorbehalten blieb.

---

[56] Vgl. Hermann Beck, Das Konzil von Trient und die Kirchenmusik, in: Kirchenmusikalisches Jahrbuch 48 (1964) 108—117.

[57] Es darf dabei nicht vergessen werden, daß diese Maßnahmen den katholischen Kultus vor Willkür und Provinzialismus bewahrten, wie er sich im Spätmittelalter, im Protestantismus und leider auch im Katholizismus während der letzten zwei Jahrzehnte entwickelte.

[58] Vgl. Erich Katz, Die musikalischen Stilbegriffe des 17. Jahrhunderts (Freiburg im Breisgau 1926); Rolf Damman, Der Musikbegriff im deutschen Barock (Laaber $^{2}$1984).

[59] Vgl. zum folgenden: Friedrich W. Riedel, Kirchenmusik am Hofe Karls VI. (1711—1740). Untersuchungen zum Verhältnis von Zeremoniell und musikalischem Stil im Barockzeitalter (Studien zur Landes- und Sozialgeschichte der Musik 1, München, Salzburg 1977).

So stellten die Musikinstrumente und die Vokalbesetzungen gleichsam das liturgische Gewand der Musik dar. Trompeten und Pauken symbolisierten die festlichen Farben, der Verzicht auf jegliche Instrumente bedeutete geistiges Fasten wie das Violett der Advent- und Fastenzeit, der Choral diente als tägliches Brot. Man muß allerdings bedenken, daß die Ensembles in der Barockzeit nicht groß waren und keineswegs den heutigen Massenbesetzungen entsprachen. In der Roggendorfer Wallfahrtskirche dürfte man in der Regel mit vier, höchstens acht Sängern, zwei Geigern, dem Baßgeiger und dem Organisten sowie nach Bedarf mit zwei Trompetern und dem Paukner musiziert haben. Die Sänger und Streicher standen nebeneinander an der Emporenbrüstung mit dem Blick auf den Hochaltar.[60] Die Bläser waren in der zweiten Reihe aufgestellt, der Baßgeiger neben dem Organisten. Auch wenn sie festlichen Charakter hatte, war die Kirchenmusik des Barock stark verinnerlicht, ganz auf den Textgehalt bezogen, den sie verdeutlichen sollte.

Als Mittel der Textausdeutung diente den Komponisten die musikalische Rhetorik und die Lehre von den Affekten. Die im Barock entwickelte und von den großen Predigern von Petrus Canisius bis Abraham a Sancta Clara praktisch angewendete Lehre von den Figuren der Rede wurde in musikalische Figuren umgesetzt, mit denen nicht nur die Interpunktion, sondern auch bestimmte Redewendungen und einzelne Worte ihrem Sinn nach verdeutlicht werden konnten.[61] Auch die bei Predigten übliche Gliederung *(Exordium – Narratio – Conclusio;* auch in weiteren Differenzierungen) wurde auf die Komposition von Motetten, geistlichen Konzerten und Psalmen angewendet.[62] Von stärkerer Wirkung war jedoch die Darstellung des Topos eines Textes mittels musikalischer Affektfiguren. Die auf die Antike zurückgehende Affektenlehre war in der Barockzeit vor allem von den Jesuiten weiterentwickelt und in ihr Lehrsystem als wichtiger Bestandteil integriert worden.[63] Affekte sind ganz bestimmte, typische Gefühls- und Verhaltensweisen, die der Mensch entweder überwinden oder denen er nachstreben soll. Die Künste spielten in der Darstellung und Erregung der Affekte in

---

[60] Vgl. das Kupferstichbildnis von Wolfgang Kadoriza in der *Meteorologia Philosophica-Politica* von Franziskus Reinzer S. J. (Augsburg 1709) Abbildung 38, mit der Überschrift *Animatur ab uno;* Nachdruck und Kommentar in: 900 Jahre Stift Göttweig 1083—1983. Ein Donaustift als Repräsentant Benediktinischer Kultur (Stift Göttweig 1983) 471 (Nr. 965).

[61] Vgl. Hans Heinrich Unger, Die Beziehungen zwischen Musik und Rhetorik im 16.—18. Jahrhundert (Würzburg 1941); Dietrich Bartel, Handbuch der musikalischen Figurenlehre (Laaber 1985).

[62] Vgl. dazu besonders Martin Ruhnke, Joachim Burmeister, Ein Beitrag zur Musiklehre um 1600 (Schriften des Landesinstituts für Musikforschung Kiel 5, Kassel 1955).

[63] Vgl. Walter Serauky, Affektenlehre, in: Die Musik in Geschichte und Gegenwart 1 (Kassel, Basel 1949) Sp. 113—121; Walter Michel, Die Darstellung der Affekte auf der Jesuitenbühne, in: Theaterwesen und dramatische Literatur, hg. von Günter Holtus (Tübingen 1987) 233—251.

der religiösen Erziehung bis zur Aufklärung eine wesentliche Rolle. Jede Gebärde einer Skulptur, jeder Linienduktus einer barocken Malerei, aber auch die rhythmischen Strukturen und melodischen Linien einer Komposition sind Ausdruck eines bestimmten Affektes, einer bestimmten Haltung oder Tugend. Allein die Wahl einer Tonart konnte der inhaltlichen Charakterisierung dienen. Freude, Trauer, Verzweiflung, Demut, Starkmut, Liebe und Hoffnung ließen sich mit musikalischen Mitteln verdeutlichen. So war die geistliche Musik Kontemplation über biblische und liturgische Texte, deren spirituellen Charakter sie stärker hervorzuheben vermochte als die nüchterne Sprache.

### *Die Messe als „Fest des Glaubens"*[64]

Zentrum der *pietas liturgica* ist die Eucharistiefeier. In ihrer historisch gewachsenen Struktur stellt die Liturgie der heiligen Messe eine Synthese von Dank-, Opfer- und Gedächtnisfeier, von Verkündigung, Mahl, Lobpreis und Gebet dar, das Gebet in der Form von Bitte, Fürbitte und Anbetung. Vor allem bei den feststehenden Texten (Hochgebete, Gesänge des *Ordinarium Missae)* wird deutlich, daß Liturgie zugleich gebeteter Glaube ist.[65]. So steht seit einem Jahrtausend das Nicänische Glaubensbekenntnis in der Mitte der sonn- und festtäglichen Meßfeier zwischen Wort- und Sakramentsgottesdienst.[66]

Der Musik fällt in besonderem Maße die Aufgabe der Interpretation und Verdeutlichung des Textes zu. So haben sich die Komponisten im Laufe der Jahrhunderte immer wieder von neuem mit den knappen dogmatischen Formulierungen des *Ordinarium Missae* auseinandergesetzt, sie von vielen Seiten beleuchtet und zum Charakter der verschiedenen Zeiten und Feste in Beziehung gebracht.[67]

---

[64] Die Bezeichnung ist bewußt gewählt nach dem Titel des Buches Josef Kardinal Ratzinger, Das Fest des Glaubens (Einsiedeln 1981), an dessen Gedankenführung die folgenden Betrachtungen anknüpfen.

[65] Vgl. Josef Andreas Jungmann, Liturgie als Schule des Glaubens, in: Ders., Liturgisches Erbe und pastorale Gegenwart (Innsbruck, Wien, München 1960) 438—450.

[66] Angesichts der Bedeutung des *Symbolum Nicaenum* sollte man es — zumindest im Hochamt — nicht durch das als Taufbekenntnis gedachte *Apostolicum* oder gar durch eine Liedparaphrase ersetzen.

[67] Die Bevorzugung des Ordinarium Missae bei der Vertonung der Meßgesänge hatte keineswegs nur praktische Gründe, das heißt die häufigere Verwendbarkeit der Kompositionen; denn vor dem Aufkommen der Laienchöre im 19. Jahrhundert pflegte man die Kirchenwerke mit geschulten Fachkräften und geringer Vorbereitungszeit in den Gottesdiensten aufzuführen. Die Zahl der Wiederholungen desselben Werkes innerhalb eines Jahres war — soweit aus den Aufführungsvermerken festzustellen ist — recht gering.

In welch vielfältiger Weise läßt sich das *Kyrie eleison* deuten, sei es als Bitte um Erbarmen oder als Akklamation an den Herrscher des Himmels![68] Die genannten Mittel der Instrumentalbesetzung, der Tonart, der Satztechnik, der rhetorischen und der Affektfiguren verleihen — abgesehen von der beschriebenen zeremoniellen Abstufung — diesen Worten immer wieder neue Akzente. Dazu bieten allein die bei den Wallfahrtsgottesdiensten in Maria Roggendorf nachgewiesenen Werke zahlreiche Beispiele. Ähnliches gilt für das *Agnus Dei*. Hier wird vor allem die abschließende Friedensbitte recht unterschiedlich interpretiert: Oftmals, besonders bei kürzeren Messenvertonungen, greifen die Komponisten auf den musikalischen Satz des *Kyrie II* zurück, wodurch eine Einheit des Sinngehaltes bewirkt wird.[69] Aber auch die Ruhe des äußeren und inneren Friedens *(quietas)* in einer friedlosen Welt kann dargestellt werden, schließlich die apokalyptische Vision des geschlachteten Lammes, das würdig ist, Macht zu empfangen, Reichtum und Weisheit, Kraft und Ehre, Herrlichkeit und Lob.[70]

Die Vision der himmlischen Herrlichkeit musikalisch zu malen, bietet der Text des *Sanctus* einen starken Anreiz. Mit Worten, selbst mit den Melodien des Chorals oder einer Kirchenliedparaphrase läßt sich die eucharistische Freude, der Moment des Einswerdens von himmlischer und irdischer Liturgie niemals so eindringlich wiedergeben wie in vielen Kompositionen der Meister des 17. und 18. Jahrhunderts. Ähnlich verhält es sich beim *Gloria*, dessen kontrastreicher Text wie auch der des *Credo* die Möglichkeit unterschiedlicher Affektdeutung bietet.

Das *Credo* stellt gemäß seiner zentralen Stellung in vielen Kompositionen den Mittelpunkt des Ordinariums dar. Je nach Ausdehnung und liturgischem Rang sind die Stücke drei- bis siebenteilig.[71] Das Zentrum bilden die Worte *Et incarnatus est... et homo factus est*, die von den meisten Komponisten mit großer Hingabe vertont wurden. Viele Meister von Fux und Caldara bis zu Schubert und Bruckner haben das Geheimnis der Menschwerdung in einer Ausdruckstiefe dargestellt, die den mitbetenden Hörer förmlich in die Knie zwingt. Aber auch die übrigen Teile sind oft voller musikalischer Symbolik, etwa der häufig vor den einzelnen Glaubenssätzen wiederholte *Credo*-

---

[68] Bereits in den mittelalterlichen Kyrie-Tropen und in den neuzeitlichen Paraphrasen (Gotteslob) wird der Versuch einer unterschiedlichen Interpretation der Kyrie-Rufe unternommen.

[69] Da die Texte des *Kyrie* und *Agnus Dei* auch Anfang und Schluß der Litanei bilden, wurden im 18. Jahrhundert gelegentlich kurze Messenvertonungen durch teilweise Umtextierungen in Litaneivertonungen „transponiert“.

[70] Offb 5, 12.

[71] Vgl. Riedel (wie Anm. 59) 147—153 und 173—180.

Ruf,[72] das Rezitieren auf einem Ton bei den Worten *et unam sanctam catholicam et apostolicam ecclesiam,* die Psalmtonzitate bei *confiteor unam baptismam,* die aufsteigenden Figuren bei *et resurrexit* und das gleichsam nicht endenwollende Fugato bei den Worten *et vitam venturi saeculi.*[73]

So stellt die Musik in der Messenvertonung bald eine Exegese, bald eine Meditation über die liturgischen Texte dar. Durch sie wird die Eucharistie zum *summum sacrum,* zum wirklichen „Hoch"-Amt, zum Fest des Glaubens.[74]

### *Der Jubilus ohne Worte*

Im Unterschied zur polyphonen Struktur der Werke des 15. und 16. Jahrhunderts mit ihren häufigen Textverschachtelungen ist die Gestaltung der Singstimmen in den Messenkompositionen der Barockzeit in der Regel verhältnismäßig schlicht. Abgesehen von imitativer Satztechnik in bestimmten Abschnitten (z. B. im *Kyrie II, Dona nobis pacem* oder am Schluß des *Gloria* und *Credo*) wird der Text in den chorischen Partien oft akkordisch-syllabisch deklamiert. Auch in den solistischen Abschnitten sind die Melodienbögen meist sinnvoll auf eine Verdeutlichung des Wortinhaltes gerichtet.[75] Die Interpretation des Textes bleibt weitgehend den Instrumenten überlassen, in erster Linie den Violinen, die dank der Beweglichkeit ihrer Figuration am besten zur Darstellung von Affekten und Symbolen geeignet sind. Die Bläser werden teils zur Stützung, teils zur Klangfärbung eingesetzt.

Eine reichere kompositorische Entfaltung bot sich innerhalb des feierlichen Amtes bei der Offertoriums- und Gradualmusik. Es ist in der Geschichte der Meßliturgie eine auffallende Erscheinung, daß die offiziellen Gesänge des *Proprium Missae* in der Praxis oftmals vernachlässigt wurden.[76] Musiziert hat man sie regelmäßig in den „violetten" Zeiten, wenn der A-cappella-Stil vorgeschrieben war, sowie während des ganzen Jahres die Introi-

---

[72] Vgl. Georg Reichert, Mozarts „Credo"-Messen und ihre Vorläufer, in: Mozart-Jahrbuch 1955, 117–144.

[73] Nicht selten wurde, vor allem bei kürzeren Kompositionen, an dieser Stelle das Schluß-Fugato *Cum Sancto Spiritu* aus dem *Gloria* übernommen und umtextiert.

[74] Es ist verwunderlich, daß entgegen den Dokumenten des Zweiten Vatikanischen Konzils die späteren liturgischen Bestrebungen sich in eine andere Richtung bewegten: So sehr die Verlebendigung der gelesenen Messe dem Geist des Konzils entspricht, scheinen doch die Nivellierungstendenzen seitens der Pastoralliturgen, die aufgrund einer falsch verstandenen *participatio actuosa* auf einen liturgisch-musikalischen Minimalismus im Hochamt hinzielen, einen Rückfall in die Aufklärung des 18. Jahrhunderts anzudeuten.

[75] Offensichtlich hatten sich die Empfehlungen des Trienter Konzils hinsichtlich der Textverständlichkeit der Kirchenmusik ausgewirkt.

[76] Vgl. Walther Lipphardt, Die Geschichte des mehrstimmigen Proprium Missae (Heidelberg 1950).

ten, vornehmlich an Hof-, Dom- und Stiftskirchen. In diesen Fällen verwendete man meist ältere Kompositionen.[77] Neuschöpfungen gab es nur an wenigen Orten, zum Beispiel in Wien, im Bereich der Offertorien für die Sonntage.[78]

An den Feiertagen wollte man offenbar mehr sagen als die knappen Texte, welche die Meßformulare boten.[79] Daher wählte man in Anlehnung an Bibelworte oder liturgische Texte geschaffene freie Dichtungen, die reich an Metaphern waren. Dies gilt besonders für die Offertoriumsmotetten zu den Marienfesten. Für die musikalische Gestalt wählte man häufig die aus der dramatischen Musik übernommene Form der Da-capo-Arie,[80] der oft ein Chorus (z. B. Alleluja) folgte, mitunter auch ein kurzer rezitativischer Abschnitt vorangestellt wurde.[81] Die Texte sind in der Regel kurz, aber musikalisch mit reicher Ornamentierung der Solostimme gestaltet,[82] die auch von den umrahmenden Instrumentalstimmen übernommen wird. Man mag hierin — in zeitgemäßem Gewand — eine Analogie zur reichen Ornamentierung der solistischen Gesänge des gregorianischen Proprium sehen.

Die Intensität der religiösen Empfindungen und der Festfreude gipfelt im wortlosen Jubilus des *Alleluja*. Daher nimmt es nicht wunder, daß man in einer Zeit, da den Musikinstrumenten eine höhere Ausdruckskraft zugeschrieben wurde als der menschlichen Stimme,[83] anstelle des gesungenen *Graduale* und *Alleluja* reine Instrumentalstücke musizierte. So entstand eine kaum übersehbare Fülle von Gradualmusik,[84] angefangen von den *Canzoni*

[77] Vgl. Riedel (wie Anm. 59) 114—118.

[78] Vgl. Gabriele Krombach, Die Vertonungen liturgischer Sonntagsoffertorien am Wiener Hof. Ein Beitrag zur Geschichte der katholischen Kirchenmusik im 18. und 19. Jahrhundert (Studien zur Landes- und Sozialgeschichte der Musik 7, München, Salzburg 1986).

[79] So fügte Antonio Caldara seinen Vertonungen der liturgischen Sonntags-Offertorien jeweils einen ausgedehnten *Alleluja*-Satz an; vgl. Krombach (wie Anm. 78) 53—60.

[80] Dieser Typ der „Kirchen-Arie“ dürfte seinen Ursprung in den Arien des lateinischen geistlichen Schuldramas der Jesuiten haben. In beiden Fällen wurden die Gesangspartien, sofern es sich um Soprane handelt, von Knaben ausgeführt.

[81] Bei der in Maria Roggendorf gelegentlich aufgeführten Motette *Nativitas tua* von dem Göttweiger Organisten Franz Leopold Graff (Ms. 1149) folgt auf die Alt-Arie ein zweiteiliger Chorus *Maria si voces fundimus – Alleluja*. Die mehrteilige, aus Rezitativ, Aria (zuweilen auch zwei Rezitative mit zwei Arien) und abschließendem Chorus bestehende Motette ist der weltlichen italienischen Solokantate verwandt, mehr noch aber dem allegorischen *Applausus*, wie er an Höfen, in Stiften oder an Gymnasien gepflegt wurde. So hat Joseph Haydn die einzelnen Sätze seines *Applausus* für den Abt des Zisterzienserstiftes Zwettl Rainer Kollmann später mit geistlichem Text versehen, damit sie als Offertoriumsmotetten verwendet werden konnten.

[82] Zuweilen sind sogar bescheidene Kadenzen für die Solostimme überliefert, die jedoch nicht mit den Koloraturen von Opernarien zu vergleichen sind.

[83] Formuliert wurden diese Ansichten erst ausführlich zu Beginn des 19. Jahrhunderts durch Ernst Theodor Amadeus Hoffmann, der sie allerdings auch auf die ältere Musik bezog.

[84] Vgl. Riedel (wie Anm. 59) 208—221.

*dopo l'epistola* für Orgel von italienischen Komponisten[85] über die *Sonate da chiesa* von Arcangelo Corelli bis zu den Sinfonien von Joseph Haydn, die nachweislich diesem Zweck dienten und auch wenigstens zum Teil dafür bestimmt waren.[86] Hielt man am Wiener Kaiserhof während des ganzen 18. Jahrhunderts an der zweisätzigen Kirchensonate im strengen Stil fest,[87] so bevorzugten die Stifte und Wallfahrtsorte großbesetzte Sinfonien. In Maria Roggendorf waren es größtenteils Sinfoniesätze mit Trompeten und Pauken von bekannten zeitgenössischen Komponisten wie Johann Christian Bach, Gossec, Holzbauer, Naumann, Wagenseil, Sonnleithner, Ordonez, Ziegler und Haydn. Sie dienten als Andachtsmusik zwischen Lesung und Evangelium, während die Zelebranten innehielten. So besaß die Instrumentalmusik gleichsam als Überhöhung der wortgebundenen Tonkunst einen besonderen Rang im Rahmen der festlichen Liturgie.[88]

### *Die Rufe von Loreto*[89]

Die Lauretanische Litanei, die in der Ostkirche fest in der Liturgie der Meßfeier verankert ist, wird im Abendland in verschiedener Weise ausgeführt. Sie kann schlicht gebetet oder gesungen werden im Wechsel zwischen Vorbeter (Vorsänger) und Gemeinde. Sie kann aber auch in feierlicher Form mehrstimmig und mit Instrumenten musiziert werden. In der Barockzeit haben sich, je nach dem Verwendungszweck, verschiedene Arten der Litaneikomposition entwickelt. So sangen die Pilger meist schon im Zuge zur Wallfahrtsstätte die Litanei in der schlichtesten Form. Dabei konnten festliche Intraden (Aufzüge) von Trompetern als Umrahmung geblasen werden.[90] Es gab auch mehrstimmig vertonte Prozessionslitaneien, die von einem Sängerchor, meist von Bläsern unterstützt, im akkordischen Satz wechselchörig

---

[85] Z. B. Girolamo Frescobaldi (1635).

[86] Z. B. die Sinfonie Nr. 22 oder die Sepolcro-Sinfonie Nr. 49 *(La Passione)*.

[87] Die Sonaten von Johann Joseph Fux wurden bis in die zweite Hälfte des 18. Jahrhunderts in den Hofgottesdiensten verwendet und später durch entsprechende Kompositionen von Johann Georg Albrechtsberger abgelöst.

[88] Kritik erhob sich zu Recht gegen die Instrumentalmusik, wenn in der Kirche Bravourleistungen geboten wurden, etwa in der Form von Solokonzerten, wie es in Italien vielfach üblich war. Ebenso verwerflich war die in Italien hauptsächlich vorkommende Praxis, Opern-Arien umzutextieren und von Sängerinnen als Offertoriumsmusik vortragen zu lassen.

[89] Titel des in Anm. 39 genannten Buches von Hans Hermann Kardinal Groër.

[90] In dieser Weise dürften die Pilger von Nappersdorf nach Roggendorf gezogen sein. Maria Theresia verbot die Trompeten-Intraden in einem Erlaß vom Jahre 1754, der jedoch später wieder aufgehoben wurde. Erst Joseph II. untersagte die Prozessions-Intraden gänzlich.

musiziert wurden, insbesondere während der Prozession aus der Kirche zu einer nahegelegenen Mariensäule oder -kapelle.[91]

Demgegenüber wurde bei den im konzertierenden Stil komponierten Litaneien auf das Alternativ-Musizieren verzichtet. Der Text ist hier zu größeren Gruppen zusammengefaßt, die Eckteile *Kyrie* und *Agnus Dei* sind ähnlich wie Messensätze vertont,[92] bei den Anrufungen haben die Komponisten zwar das Prinzip des Dialogs beibehalten, aber darüber hinaus versucht, die vielen Metaphern bildhaft darzustellen analog den zeitgenössischen Gemälden und Kupferstichen.[93] Vertonungen dieser Art wurden zu Marienandachten vor einem Votivbild bei ausgesetztem Allerheiligsten musiziert.

Den hohen Marienfeiertagen vorbehalten blieben die *Litaniae solemnes*,[94] die wie die Festmessen und Festpsalmen größere Dimensionen besaßen und stets mit Trompeten und Pauken musiziert wurden. Sie erklangen oft im Freien vor einer Mariensäule. Zu diesen Andachten zog man nach der Vesper unter den Klängen einer Prozessionslitanei (siehe oben) mit dem Allerheiligsten zu einer nahegelegenen Mariensäule, wo das Sanctissimum ausgesetzt wurde und die Kapelle — meist unter einem Zeltdach[95] — die Litanei musizierte. Zu diesem Typ der *Litaniae solemnes* zählen fast alle in Maria Roggendorf nachweislich aufgeführten Kompositionen.[96] Sie dürften vor der gotischen Marienstatue musiziert worden sein. Ob diese damals im Freien stand, konnte bisher nicht festgestellt werden.[97]

*Marien-Vesper*

Weit stärker als in der Messe stand bis gegen das Ende des 18. Jahrhunderts in der feierlichen Vesper die Musik im Vordergrund.[98] Sie wurde lediglich durch eine kurze Lesung und einige Gebete unterbrochen. Den Komponisten boten die bildreichen Psalmentexte reichere Gestaltungsmöglichkeiten als die dogmatischen Aussagen des Meßordinariums. Die Mittel der Affektendarstellung ließen sich hier musikalisch voll ausschöpfen, sodaß die Texte

[91] Z. B. zu den Mariensäulen in München, in Wien am Hof oder am Hohen Markt (Hochzeitsbrunnen), in Krems und vielen Orten der habsburgischen Territorien wie überhaupt des ganzen süddeutschen Raumes. In Göttweig pflegte man zu der heute noch erhaltenen Erentrudiskapelle zu ziehen und dort die Litanei zu musizieren.

[92] Daher war eine Umarbeitung leicht möglich, vgl. Anm. 69.

[93] Z. B. in dem in Anm. 39 genannten Zyklus und in den Gemäldezyklen mancher Marien-Wallfahrtskirchen.

[94] Vgl. Riedel (wie Anm. 59) 198—200.

[95] Vgl. die Darstellung einer Andacht an der Mariensäule in München von Bartholomäus Kilian, Nachdruck im Ausstellungskatalog *Musik, Theater, Tanz* des Graphischen Kabinetts des Stiftes Göttweig 1966, Nr. 84.

[96] Ausgenommen die Kompositionen von Krottendorfer und Gsur.

[97] Bei Holzer (wie Anm. 1) findet sich kein entsprechender Hinweis.

[98] Vgl. Riedel (wie Anm. 59) 161—166, 192—196.

— ihrem Inhalt gemäß — bald dramatisch, bald meditativ interpretiert wurden, etwa die Freude am Hause des Herrn und die Bitte um Frieden im Psalm *Laetatus sum* oder die Macht und das Gericht Gottes im *Dixit Dominus*, dem Eröffnungspsalm der Sonn- und Feiertagsvesper.

In den *Vesperae solemnes*, wie sie auch in den Vorabendvespern am Fest Mariä Geburt in der Roggendorfer Wallfahrtskirche erklangen, haben die Psalmenvertonungen die Form des mehrteiligen oder mehrsätzigen *concerto ecclesiastico*, das heißt die einzelnen Verse sind in verschiedener Weise, teils solistisch, teils chorisch oder im Dialog zwischen Solostimmen und Tutti komponiert, wobei wiederum den Instrumenten die Hauptaufgabe der inhaltlichen Interpretation zufällt. Das *Dixit Dominus* ist durch die Mitwirkung der Trompeten und Pauken hervorgehoben, ebenso das *Magnificat*, das den Höhepunkt der Vesper bildet.

Die Vertonungen des Marianischen Lobgesanges sind in der Regel länger als die der Psalmen, weil während der Musik der Offiziator in feierlicher Prozession durch die Kirche zog und die Inzensierung des Hochaltars, der Nebenaltäre, der Statuen und Heiligenbilder sowie aller Anwesenden vornahm. Jeder einzelne Vers wird betrachtet, der jeweilige Topos musikalisch herausgearbeitet und interpretiert. So läßt sich im zweiten Vers das Wort *exsultavit*, im dritten die *humilitas*, im vierten und sechsten die *potentia*, im fünften und achten die *misericordia* illustrieren. Anlaß zu dramatischer Vertonung bieten Vers 6 und 7 *(dispersit superbos* und *deposuit potentes)*. Oft wird den Anfangsworten *Magnificat anima mea* die gregorianische Choralmelodie unterlegt, ebenso den Worten *Gloria Patri*, wobei auf den Anfang des Satzes zurückgegriffen wird, während die Vorstellung der Ewigkeit *(sicut erat in principio et nunc et semper et in saecula saeculorum)* durch eine ausgedehnte Fuge symbolisiert wird.[99]

In den solennen Vertonungen des *Magnificat* und der Psalmen, der Lauretanischen Litanei und des Meßordinariums wurden die Höhepunkte der sakralen Musik des Barock erreicht, vergleichbar den großen zeitgenössischen Werken der Architektur, Skulptur und Malerei. Was rationalistischen und puristischen Kritikern als äußere Pracht und Überladenheit erscheint, ist in Wirklichkeit tiefgründige Symbolik und sinngemäße Kontemplation über die Texte und Glaubensinhalte, Zeugnisse einer Zeit, in der nicht nur die Predigt eine hohe Kunst war, sondern auch die Musik eine eindringliche rhetorische Aussagekraft besaß. Wenn Kardinal Volk in einem Aufsatz über „Gottesdienst als Gottesverehrung"[100] sagt: „Wir sind heute nicht sehr stark in der Darstellung des Religiösen", so sollten wir uns besinnen auf jenen

---

[99] In Analogie zu den Schlußfugen des *Gloria* und *Credo*.

[100] Hermann Kardinal Volk, Zum Lob seiner Herrlichkeit. Drei Ansprachen (Mainz 1976) 9–58.

*thesaurus musicus,* den uns die Barockzeit überliefert hat und zu dessen Hebung uns das II. Vatikanische Konzil aufruft. Damit wird deutlich, was die eigentliche Aufgabe der Kirchenmusik ist: als die *Ancilla Domini* mit allen verfügbaren Mitteln den Lobpreis des Herrn zu singen: *Magnificat anima mea Dominum!*

# DIE LEHRE DER HL. MAGDALENA SOPHIA BARAT ÜBER DIE DEMUT

Von Edith Jarmai RSCJ, Bregenz

*Mit Demut und Liebe wunderbar geschmückt*

Diese Worte beziehen sich auf eine Heilige der Französischen Revolution, der napoleonischen Ära, der romantisch-historisierenden katholischen Restauration und des sich mächtig entfaltenden Liberalismus des 19. Jahrhunderts. Es ist die hl. Magdalena Sophia Barat. Ihre Person verschwindet oft im Schatten ihres Werkes, des „Sacré Cœur", der Gesellschaft vom Heiligsten Herzen Jesu. Für viele bedeutet dieser Begriff feine Erziehung, vornehme Zöglinge, kultivierte Atmosphäre und ähnliches mehr, obwohl es einfach Verehrung der Herzen Jesu und Mariä bedeuten sollte, besonders durch die Erziehung der Mädchenjugend und armer Kinder, wie die Stifterin es beabsichtigt hatte. Ihre monumentale Statue steht seit ihrer Kanonisation (1925) auf dem ersten Pfeiler des Mittelschiffes der Peterskirche, vor dem Altar der Pietà Michelangelos. Ein Engel hält das Wappen der Gesellschaft mit der Abbildung der beiden Herzen; ein junges Mädchen, modelliert nach einer Schülerin der Trinità de' Monti, Sacré-Cœur-Institut in Rom, hört auf die Lehre der „heiligen Mutter", wie sie heute genannt wird.

Das Kirchengebet aus dem Meßtext (Seligsprechung 1908) bezeichnet sie als eine *mit Demut und Liebe wunderbar geschmückte* Persönlichkeit. Die Einheit der beiden Gesinnungen ergibt das Mysterium des Herzens Jesu, der menschgewordenen Barmherzigkeit.

*Wunderbar* heißt soviel wie etwas Außergewöhnliches, Erstaunliches, mit menschlichem, natürlichem Verständnis und Können nicht Erreichbares, obwohl Gewünschtes. Bewunderung ist nach Platon bekanntlich der Anfang der Philosophie. Man denkt staunend über die Demut der hl. Magdalena Sophia nach; nicht nur ihre „Töchter", sondern auch die Liturgie der Kirche. Doch stellt das großartige, neobarocke Denkmal keineswegs ihr Wesen dar, sondern Lob und Preis ihres Werkes. Es ist eine Art Apotheose, Einreihung in den Chor der Ordensstifter, denen die Nischen im Mittelschiff der Peterskirche gewidmet sind, zur Betonung der Anerkennung der Kirche für die Orden als tragende Pfeiler des Glaubenslebens.[1] Die Statue der hl. Magdalena Sophia steht über dem Denkmal der hl. Theresia von Avila.

[1] Lumen Gentium 43.

*Bescheidene Jugendzeit*

Der bescheidene Lebensrahmen, in dem die kleine Sophie aufwuchs, hätte den plastischen Pathos ihrer Darstellung in der Peterskirche nicht ahnen lassen. Ihr Schicksal war jenes von Tausenden junger Burgunderinnen in ihren weißen Schleierhäubchen. Sie erblickte 1779 im kleinbürgerlichen Milieu von Joigny das Licht der Welt. Das einfache Haus des Winzers und Faßbinders Barat steht heute noch, eingekeilt in die Reihe von ein- oder zweistöckigen, dreifensterbreiten Wohnstätten sparsamer Leute. Als Unterhaltung zählte das Spiel in den Weingärten, das sie sehr liebte. Auch die Hausarbeit, etwas weniger lieb, durfte nicht fehlen. Wer immer Sophie in den klappernden Holzschuhen durch die engen Gassen laufen sah, wäre niemals auf den Gedanken einer weltüberspannenden Zukunft gekommen. Merkwürdigerweise verband sich aber mit diesem schlichten Leben eine eigenartige, humanistische Ausbildung durch ihren um zwölf Jahre älteren Bruder und Taufpaten Louis Barat. Seminarist, dann Priester und Lehrer, wäre er der Revolution fast zum Opfer gefallen. Doch als die Kanonen Napoleons die Pariser Straßen reingefegt hatten, zog er in eine kleine, verborgene Mietwohnung in Paris, und Sophie nahm er mit. Hier begann ein Suchen nach dem Willen Gottes, um auf den Ruinen der Revolution dessen Reich wieder aufzubauen. Die Pläne der 18jährigen Sophie gingen in Richtung Beschauung und Verborgenheit; sie dachte an den Karmel. Nun war kein Karmel mehr vorhanden, die Revolution hatte alles vernichtet. Es gab jedoch Männer, die in die Zukunft schauten.

*Die Anfänge der Gesellschaft vom Heiligsten Herzen Jesu*

Louis hatte einen Freund, den späteren Jesuiten Joseph Varin, der ein Apostolat im Zeichen des Herzens Jesu plante. Dieses Bild bedeutete damals durch den Aufstand der Vendée, der es auf seinen Fahnen trug, sogar politische Gefahr. Doch P. Varin suchte allein die Verherrlichung Gottes und die Rettung der Seelen durch eine Gemeinschaft von Opferseelen — Männer, aber auch sühnende, betende und arbeitende Jungfrauen, durch eine *virginum familia,* wie es weiter im Meßgebet der hl. Magdalena Sophie heißen wird: *... et per eam novam virginum familiam florescere voluisti.*

Die Verwirklichung dieses Planes, der die ganze Kirche betreffen wird, geht von der Mansarde P. Varins aus, in der er Louis Barat als Gast empfängt. Schüchtern spricht dieser von seinen Plänen, Sorgen und Pflichten. *Ich habe eine kleine Schwester... – J'ai une petite soeur...* In diesem Satz erblickt P. Varin die Weisung Gottes, den Weg der Gnade.

Sophie versteht diese Weisung. Nun fängt ein neues Leben an. Im kleinen Heim in der Pariser Rue de Touraine sprechen am 21. November 1800 vier junge Mädchen ihre erste Weihe an das Heiligste Herz Jesu, vor einem Marienbild. Von Anfang an sind sie auch dem Herzen Mariä geweiht.

Eine brennende Flamme der Liebe und der Sühne steigt aus dieser verborgenen, eifrigen Gemeinschaft hervor, die nur scheinbar von friedlicher Stimmung umgeben war. Die Realität, auch diesen Mädchen wohlbekannt, war eine andere. Um sie herum entfaltete sich die politisch-areligiöse Kirchenverfolgung Napoleons.[2] Um Typisches und wenig Bekanntes zu berichten: Eben im Jahr 1800 spielte sich in Rom die glühend-düstere Geschichte der Sängerin Tosca ab, der Heldin der Oper Puccinis.[3] Auch die damalige Welt kannte Leidenschaft und Kunst, Liebe, Haß und Erotik, Aufstand, Polizeistaat, Folter, Mord und Atheismus — wie heute die unsrige. Gott aber sät Lilien unter Dornen, zündet reine Flammen aus Aschenglut.

In bitterer Armut und fröhlicher Anspruchslosigkeit beginnt nun das apostolische Werk der Erziehung in Amiens (1801), eigentlich nur auf die außergewöhnlichen Talente der kleinen Sophie gebaut. Louis hat früh genug für ihre Ausbildung gesorgt, und Sophie, wie er sagte, hat alles schneller begriffen als seine Schüler im Seminar. Die Schülerinnen Sophies in Amiens gehören zu einer neuen Menschenklasse: die aus dem Exil ins Elend zurückgekehrten adeligen Flüchtlinge der Revolution, zugleich aber die Ärmsten der Armen, die von den Straßen in der „Armenschule" aufgelesenen Kinder — Fürsorge in der damaligen, unsozialen Zeit.

Das Ausmaß dieses Beitrages erlaubt keine Schilderung der ganzen Lebensgeschichte Magdalena Sophias, sondern nur insoweit diese für ihre Lehre über die Demut relevant ist. Gerade die bescheidenen Anfänge gehören zum Grundbau ihres Lebens, das auch weiterhin nicht einer Serie von Erfolgen glich, sondern durch viele Schwierigkeiten und Verdemütigungen gekennzeichnet war.[4] Die ersten 14 Jahre nach der Gründung brachten mühsame Reisen, aber auch zehn neue Niederlassungen inmitten vielen Widerspruchs, der sogar auch aus den eigenen Reihen kam. 1815 entstanden unter der Leitung P. Varins die Konstitutionen, die von Papst Leo XII. im Jahre 1826 die Approbation erhielten. Dadurch wurde die Gesellschaft stabilisiert. Magdalena Sophia war seit 1806 Generaloberin, gewählt mit der Mehrheit von nur einer Stimme. Meisterin und Führerin ihrer Töchter bis 1865, war sie

---

[2] Edzard Schaper, Freiheit des Gefangenen (Heidelberg 1950); ders., Macht der Ohmächtigen (Heidelberg 1951).

[3] Wilhelm Zentner, Opernführer (Stuttgart [19]o. J.) 405.

[4] Weitere Lebensbeschreibung der hl. Magdalena Sophia Barat: Die heilige Magdalena Sophia Barat und ihre Stiftung (Freiburg 1925); Edith Jarmai, Magdalena Sophia Barat. Heilige und Ordensstifterin (Wien [2]1963); Jeanne de Charry, Sainte Madeleine Sophie (Paris 1965); Isa Vermehren, Ellen Smith, Mutter Barat. Gestaltung und Sendung der Stifterin des Sacré Cœur (Berlin 1966); Ildefons Fux, Mutter Barat (Freunde des Herrn 5, Maria Roggendorf 1987).

ihr Leben lang berufen, die Liebe und die Demut des Herzens Jesu zu leben und zu lehren.

*Begriff der Demut. Lehren und Systeme.*

Die Demut ist der Begriff, den Jesus selbst eine Lehre nennt — eine Haltung, die man lehren und lernen soll: *Lernet von mir, denn ich bin sanftmütig und demütig von Herzen;*[5] die Lehre, die er bei der Fußwaschung durch die Tat verkündet: *Ihr nennt mich „Meister und Herr" – und ihr habt recht, denn ich bin es. Wenn nun ich, der Herr und Meister, euch die Füße wasche, so seid auch ihr einander schuldig, die Füße zu waschen. Ein Beispiel habe ich euch gegeben, daß auch ihr einander tut, wie ich euch getan habe.*[6]

Die Wichtigkeit dieser Lehre ist unleugbar, wenn sie auch in der Gegenwart stark hinterfragt wird. Doch weder die Angriffe aus der Psychologie (Minderwertigkeitskomplex), noch die neuen textkritischen Übersetzungen, die die Klarheit und Wahrheit des Begriffes zu entschärfen versuchen, können ihren ontologischen Sinn und ihr Mysterium nicht aus der Welt schaffen, sondern diesen Sinn nur verlagern oder verbauen. Auch versucht man, sie durch ebenfalls absolute, aber weniger auf ihren speziellen Inhalt gerichtete Ausdrücke, wie z. B. Selbstlosigkeit, zu ersetzen. Demut ist, etymologlisch gedeutet, „Mut zum Dienen": nicht identisch mit Ver-Dienen, das heißt um der Leistung willen arbeiten oder gehorchen.[7] Es geht auch nicht darum, daß soziale Differenzen gebührend beachtet oder daß Organisationen durch unentbehrliche hierarchische Ordnung ermöglicht werden.

Nach der Aufzählung dieser Begriffe, die nach thomistischem Denken zum *videtur quod non* gehören, bleibt das in den Worten Christi sich offenbarende Wesen des „doulos", des Gottesknechtes, *der sich entäußerte und Knechtsgestalt annahm, der sich erniedrigte und gehorsam wurde bis zum Tode,*[8] zu bedenken.

Zu den Zeichen der Zeit, die man beachten sollte, gehören auch negative Erscheinungen, wie z. B. eben das Schwinden der Demut oder sogar das Schwinden des Bemühens um Demut. Diese wird nicht mehr als anzustrebende Haltung angesehen, schon gar nicht als Tugend, und höchstens bei jenem Nächsten gerne begrüßt, der einem zu gehorchen hat. Diese Auffassung kommt von einer düsteren Macht her, die überall Hochburgen der Gewalt und des Todes errichtet, auf ihren Fahnen das *non serviam* trägt und gar auf-

---

[5] Mt 11, 29.

[6] Joh 13, 13 f.

[7] Karl Rahner, Sendung und Gnade (Innsbruck [4]1966) 491 (Marginalien über den Gehorsam).

[8] Phil 2, 7 f.

fallend an den erinnert, der als erster nicht dienen, wohl aber herrschen wollte. Demut ist nicht populär — sie gehört nicht zu den Schwerpunkten gegenwärtiger Theologie und auch nicht zur Praxis eines evangelienorientierten Lebens.

Die Heiligen aber, besonders die großen Lehrer christlichen Innenlebens, haben die Demut als Grundlage aller Tugenden und der Vereinigung mit Gott dargestellt, sozusagen in je eigene Methoden aufgelöst, um den Gipfel der vollkommenen Nachfolge Christi stufenweise zu erklimmen. Der hl. Anselm, der hl. Benedikt und Ignatius von Loyola sprechen von „Graden der Demut"; und Magdalena Sophia, ohne Theorien zu ersinnen, läßt die Lehre des Herzens Jesu durch ihr eigenes Herz in die Konstitutionen der Gesellschaft vom Sacré Cœur strömen.

Der hl. Thomas zitiert eine Skala der Demut mit sieben Stufen nach dem hl. Anselm:[9]

1. Erkennen, daß man verachtenswert ist
2. Ertragen, verachtet zu werden
3. Eingestehen, daß man Verachtung verdient
4. Wollen, daß der Nächste es auch glaubt
5. Geduldig ertragen, daß es ausgesprochen wird
6. Es hinnehmen, auch dementsprechend behandelt zu werden
7. Gerne so behandelt werden

Eine der ältesten Reihungen stammt vom Vater der Mönche des Abendlandes, vom hl. Benedikt,[10] der die herbeigerufenen Söhne — *Venite, filii, audite me* – über die Grade der Demut belehrt, über *die Leiter im Traume Jakobs, wo er die Engel auf- und absteigen sah . . .* Das Aufsteigen erfolgt durch die Übung der Demut, das Absteigen durch das Sich-Selbst-Erhöhen. Als ersten Grad bezeichnet Benedikt die Furcht Gottes, die man nie vergessen soll. Unter Furcht wird in heutiger Interpretation Ehrfurcht verstanden. Es sind wohl die Wirkungen der Herz-Jesu-Verehrung und die Zunahme der eucharistischen Kommunikation, die das Vertrauen angefacht und die Angst gemindert haben. Der hl. Benedikt aber nennt die bösen Neigungen, die Ver-

---

[9] STh 2/2, q. 161 a. 6 obi. 3. — Thomas bezieht sich dabei auf ein ihm unter dem Namen des hl. Anselm bekanntes Werk *De similitudinibus* (cap. 101—109), das sich bei Migne PL 159, col. 606—708, als Eadmer zugeschrieben findet — die sieben Stufen der Demut col. 665—669 —, heute aber Alexander von Canterbury, einem Gefährten des hl. Anselm, zugeordnet wird. Vgl. Dictionnaire de Spiritualité Ascétique et Mystique, t. 1 (Paris 1937) col. 694. Siehe auch Réginald Garrigou-Lagrange, Des Christen Weg zu Gott. Aszetik und Mystik nach den drei Stufen des geistlichen Lebens (München 1953) 628.

[10] Règle de St. Benoit. Edition du 15$^{e}$ centenaire, ed. André Louf et Henri Rochais (Paris 1980) 32—42; vgl. die Auslegung von Columban Marmion, Le Christ l'Idéal du Moine (Paris 1926) 331 ff.

führungen durch die Sinne, die Verachtung der Gebote Gottes eindeutig und entschieden Sünde. So hat dieser erste Grad schon Reinheit des Herzens und ernsthaft angestrebte christliche Vollkommenheit zum Inhalt. Der zweite Grad bedeutet, seinen eigenen Willen und die eigenen Wünsche nicht erfüllt sehen zu wollen; der dritte, sich einem Oberen zu unterwerfen *bis zum Tod, wie Christus* — gesteigert im vierten Grad zum Gehorsam in schwierigen Fällen, in ungerechten Befehlen, und dies in Geduld, in Schweigen und ohne zu fliehen oder entmutigt zu sein: *Wer bis zum Ende aushält, der gewinnt das Heil* ... Fünftens: seine verborgenen schlechten Gedanken und Taten dem Abte demütig bekennen. Sechstens: der Mönch soll mit den niedrigsten und schlechtesten Bedingungen zufrieden sein, weil er sich für den unnützen Knecht hält. Auf der siebenten Stufe der Demut bekennt er das nicht nur mit der Zunge, sondern glaubt es *in liebevoller Überzeugung*. Der achte Grad: Der Mönch tue nichts, was nicht der Regel und dem Beispiel der Väter entspricht. Neunter Grad: Der Mönch möge seine Zunge hüten, die Liebe zum Schweigen wahren und nur dann sprechen, wenn er gefragt wird, und zehntens: Er soll nicht leicht zum Lachen bereit sein oder gar laut lachen, wobei an die *gravitas* der Römer als ernstes und vornehmes Benehmen gedacht wird. Allerdings sind auch heute noch Fröhlichkeit und Ausgelassenheit voneinander zu unterscheiden, worüber *Le Rire* von Henri Bergson Näheres ausführt. Diese gravitas, das heißt Ernst und Würde selbst, besonders im Ton, äußert sich im vernünftigen und sparsamen Reden (elfte Stufe). Der zwölfte Grad vereinigt alle äußeren Zeichen der Demut — in späteren Ordensregeln, besonders vom hl. Ignatius von Loyola, in den sogenannten Regeln der Bescheidenheit ausführlich dargelegt.

Die Demutslehre des hl. Ignatius stand Magdalena Sophia am nächsten. Der Gründer des Jesuitenordens wurde ihr in seiner Spiritualität durch Louis Barat, P. Varin und die Konstitutionen der Gesellschaft Jesu selbst vermittelt und vor allem durch das Exerzitienbuch zur Grundlage und Ausrichtung ihrer eigenen Frömmigkeitshaltung. Die Konstitutionen der Gesellschaft Jesu wurden zu einer Quelle der Konstitutionen der Gesellschaft vom Heiligsten Herzen.

Das Exerzitienbüchlein ist vom Streben nach Demut, von ständiger Konfrontierung des menschlichen Nichts mit dem allmächtigen Gott geprägt. Einen bestimmten Abschnitt der Übungen, der den Vollzug der Erwählung vorbereiten soll, stellen die sogenannten *drei Grade der Demut* dar, nach der Übersetzung Hans Urs von Balthasars *drei Weisen der Demütigung* genannt.[11] Sie haben einen sowohl persönlichen als auch christozentrischen Charakter

[11] Ignatius von Loyola, Die Exerzitien. Übertragen von Hans Urs von Balthasar (Sigillum 1, Einsiedeln $^{4}$1962) 44.

und entsprechen dem Streben nach Vereinigung und Gleichförmigkeit mit dem Herzen des Herrn.

*Drei Weisen der Demütigung*

*Er* (der Exerzitant) *wird sie während des ganzen Tages immer wieder überlegen und die entsprechenden Aussprachen halten, wie nachher gesagt wird.*

*Die erste Weise der Demütigung ist notwendig zum ewigen Heil. Ich muß mich nämlich so weit herabsetzen und so weit erniedrigen, als es mir möglich ist, dazu hin, in allem dem Gesetz Gottes Unseres Herrn zu gehorchen, derart, daß ich – auch wenn man mich zum Herrn aller geschaffenen Dinge in dieser Welt machte, oder wenn es mein eigenes zeitliches Leben gälte – nicht auf den Gedanken käme, ein Gebot zu übertreten, sei es ein göttliches oder ein menschliches, das mich unter Todsünde verpflichtet.*

*Die zweite ist vollkommenere Demütigung als die erste: wenn ich mich nämlich an dem finde, daß ich nicht mehr wünsche und ersehne, Reichtum als Armut zu besitzen, Ehre als Unehre zu suchen, langes Leben als kurzes zu begehren, wo es für den Dienst Gottes unseres Herrn gleich bleibt, und daß ich dabei nicht um alles Geschaffene noch um den Verlust meines eigenen Lebens auf den Gedanken käme, eine läßliche Sünde zu begehen.*

*Die dritte ist ganz vollkommene Demütigung: wenn ich nämlich, die erste und zweite Weise einschließend, und sofern Lobpreis und Verherrlichung der Göttlichen Majestät gleich bleibt, um Christus Unserem Herrn je mehr nachzufolgen und ihm der Tat nach ähnlicher zu werden, je mehr mit dem armen Christus Armut wünsche und erwähle als Reichtum, je mehr mit dem schmacherfüllten Christus Schmach als Ehrenerweise, und je mehr danach verlange, als ein Tor und Narr angesehen zu werden um Christi willen, der zuerst als ein solcher angesehen wurde, denn für weise und klug in dieser Welt.*

*Wer diese dritte Demütigung zu erlangen wünscht, für den ist es sehr nützlich, die drei anläßlich der drei Menschengruppen erwähnten Gespräche zu halten, indem er die Bitte ausspricht, Unser Herr wolle ihn in diese je größere und je bessere Demütigung erwählen, um Ihm je mehr nachzufolgen, wofern dabei Dienst und Lobpreis Seiner Göttlichen Majestät gleich oder größer ist.*

Die hier erwähnten *drei Menschengruppen* sind ebenfalls Bilder aus einer der oben erwähnten Wahlbetrachtungen der Exerzitien (Nr. 149), die mit einem Kolloquium — Gespräch im Gebet — enden: in der Bitte um den „dritten“, bei Ignatius den höchsten Grad der Demut:

*Ein Gespräch zu unserer Herrin, daß sie mir von ihrem Sohn und Herrn die Gnade erlange, unter sein Banner aufgenommen zu werden, zuerst in der größten Armut im Geist, und falls Seine Göttliche Majestät daran Gefallen fände und mich erwählen und annehmen wollte, nicht minder zu äußerer Armut; zweitens im Erleiden von Schimpf und Unrecht, um Ihm darin jeweils mehr nachzufolgen, sofern ich das erdulden kann ohne irgend jemandes Sünde noch ein Mißfallen Seiner Göttlichen Majestät. Und damit verbunden ein Ave Maria.*

*Dasselbe nochmals vom Sohn erbitten, daß Er es mir vom Vater erlange, und damit verbunden ein Anima Christi.*

*Dasselbe nochmals vom Vater erbitten, daß Er es mir gewähre, und ein Vaterunser beten.*

Dieser *dritte Grad der Demut* war ein sehr bekannter Begriff und Gegenstand des Strebens in der Sprache der Führung von eifrigen Seelen. Um ein Beispiel zu bringen: In einem Brief aus Paris vom 8. Oktober 1855 spricht Magdalena Sophia Trostworte an M. Trincano. *Was tun, meine liebe Tochter, in einem solchen Schmerz? Schlecht angenommen – schlecht verstanden. Ich weiß, wie schmerzlich es sein kann; aber wenn man dem Grundsatz treu bleibt: Gott will es und läßt es zu, Er liebt mich und Er handelt zu meinem Wohle, dann unterwirft man sich; man leidet, aber man verliert nicht den Frieden seiner Seele, man ist froh, daß man etwas aufzuopfern hat aus Liebe zu dem, der uns so sehr geliebt hat. Es macht uns nichts mehr aus, wenn man uns – zum Beispiel – tadelt, obwohl wir getan haben, was wir konnten: ist es nicht für Jesus, für den wir handeln, leben, arbeiten? Ach! liebe Trincano, unser dritter Grad der Demut, wo ist er denn? Erinnern Sie sich Ihres Profeßtages, dieses Tages der Seligkeit? Haben wir unserem Verlobten nicht versprochen, daß wir Ihm wohin immer folgen werden – wenn wir nicht sogar den Mut hätten, von uns selbst voranzueilen (. . .) Nehmen Sie Ihre Zuflucht ständig zum Herzensgebet. Wenn der gute Meister eine Ungerechtigkeit, eine Verdemütigung erlaubt, so genügt ein innerer Blick, oft wiederholt, auf den gekreuzigten Jesus, der Ihr von Schmerz und Empfindsamkeit erregtes Gemüt beruhigen wird. Nun treten Ruhe und Frieden wieder ein, und, wenn Sie großmütig sind, besitzen Sie wieder die Freude, mit Ihrem Bräutigam leiden zu dürfen.*[12]

In dieser glühenden Gottesverherrlichung und zugleich Selbstvernichtung entfaltete sich die innere Welt von Magdalena Sophia, und aus dieser Spiritualität entstanden die Konstitutionen. Demut ist Mittel und Ziel zugleich, sowohl Aufgabe als auch Bedingung. Ohne sie ist es unmöglich, sich dem Herzen Jesu anzugleichen und sich mit Ihm zu vereinigen.[13]

---

[12] Lettres choisies de Notre Bienheureuse Mère aux Mères en charge (Rome 1924) 34. (Zit.: Lettres choisies).

[13] Constitutions de la Société du Sacré Cœur de Jésus de 1815 (zit.: Konst. 1815) 2$^{e}$ partie, 2$^{e}$ chap., n. 12 (Rome 1987) 42. — Für alle zitierten Stellen gilt: Die Übersetzung ins Deutsche entspricht der oratorianischen Sprache und weitgehend auch dem Stil des 19. Jahrhunderts. Eine Modernisierung würde der Sprache der hl. Magdalena Sophie nicht gemäß sein. Das Generalkapitel 1982 hat die Konstitutionen neu erstellt und der heutigen Ausdrucksweise angepaßt. Die oben angeführte Ausgabe 1987 enthält beide Konstitutionen.

*Lehre der hl. Magdalena Sophia Barat über die Demut Konstitutionen, Konferenzen*

Wenn wir die Quellen logisch aufreihen wollen, welche die eigentliche Lehre der hl. Mutter über die Demut enthalten, so wären es die Konstitutionen, die 32 Rundbriefe an die Gesellschaft, die Konferenzen an die einzelnen Gemeinschaften und an die ganze Gesellschaft im Pariser Mutterhaus, schließlich aber noch mehr die persönlichen Gespräche mit ihren Töchtern und die Briefe an sie, in denen die Demut Grundlage jeder Aussage, ihrer eigenen Haltung und ihrer Leitung bildet. Mit großer Innigkeit, zugleich aber mit Kraft und Ernst stellt sie hohe Forderungen an alle und eine jede.

Die Konstitutionen enthalten die Lehre, die alle verpflichtet. *(. . .) Da ihr* (gemeint sind alle Mitglieder) *Institut sie zum Dienst am Nächsten und zu dessen Heiligung beruft, sollen sie nie vergessen, daß sie in der Demut und der Liebe verwurzelt sein müssen, denn je edler und größer ihre Aufgabe im Licht des Glaubens ist, desto mehr müssen sie sich innerlich demütigen und geringachten. Tief durchdrungen von ihrer Niedrigkeit und ihrem Nichts, müssen sie jederzeit die unscheinbarsten Ämter im Haus und die Geringschätzungen und Demütigungen, von welcher Seite sie auch kommen mögen, bereitwillig annehmen.*[14]

Sie nennt die Demut *die Lieblingstugend des Herzens Jesu, die Grundlage jeglicher Vollkommenheit.*[15]

*Diese Gesellschaft ist sehr klein, doch wenn alle Mitglieder wirklich demütig sind, welch große Dinge wird sie zur Ehre Gottes unternehmen können! Durch diese Demut werden sie zu Säulen im Tempel Gottes (. . .) Die Hoffnungen der Gesellschaft – die Novizinnen, die jungen Professen und die Probanistinnen vor den ewigen Gelübden , sie alle sollen sich immer tiefer in die Demut einleben. Glauben Sie, daß es schwer ist, sich zu verdemütigen? Könnte man verzagen vor diesem Gedanken, wenn man die Vernichtung betrachtet, die der Sohn Gottes auf sich nehmen wollte?*[16]

*Nie werden wir die Liebe des Herzens Jesu und Mariens zur Verachtung, zur Selbstvergessenheit, zur Erniedrigung verstanden haben. Hätten Sie nur einen kleinen Einblick in diese Gesinnungen, Sie würden in diesem Augenblick zu Heiligen. Sie hätten keinen anderen Wunsch, als auf den Spuren des demütigen Gottessohnes zu wandeln und eine jede Handlung in Ihrem Leben wäre ein Schritt zur Vollkommenheit.*[17]

Ihre Lehre behandelt drei Gestalten der Demut: Annahme, sogar liebende Annahme seines eigenen Nichts vor Gott; Bekenntnis dieses Nichts

[14] Konst. 1815, II. II. XVI (p. 45).
[15] Conférences de Notre Bienheureuse Mère (Rom o. J.).
[16] Conférences (wie Anm. 15).
[17] Conférences (wie Anm. 15).

vor den Menschen; und Vereinigung mit dem sanftmütigen und demütigen, ja verdemütigten Herzen Jesu. *Jede soll sich als die letzte von allen einschätzen,* doch ist sie der Lehre des hl. Thomas von Aquin eingedenk, nach der, wie auch in allen anderen Dingen das Streben nach Heiligkeit, das Charismatische, mit der Ratio nicht in Widerspruch stehen kann. Thomas sagt: *Man dürfe nicht aus Demut die großen Gaben Gottes verachten, die man erhalten hat, und nicht die Gaben der anderen höher- oder unterschätzen; man soll sich nicht schlechthin für einen größeren Sünder halten als die anderen, denn dies wäre gegen die Vernunft; in allen soll man Gott die Ehre geben.*[18]

Auch könnte man eine andere, scheinbare Schwierigkeit gegen diese absolute Selbstvernichtung vorbringen und sie als einen Widerspruch empfinden, der a priori zwischen der Demut und dem Ziel der Gesellschaft vom Sacré Cœur besteht. Die größere Ehre des Herzens Jesu wirken zu wollen, setzt ja notwendigerweise Großmut und Hochherzigkeit voraus, die der hl. Thomas *magnanimitas* nennt. So hatte auch P. Varin geantwortet, als man ihn nach der ersten Weihe in Paris nach dem Kennzeichen der Gesellschaft gefragt hatte: *Ce sera la générosité! – Das wird die Großmut sein!*

Große Dinge für Gott tun zu wollen, schließt die Demut nicht aus. P. Charmot SJ befaßt sich mit dieser und allen wesentlichen Fragen der Konstitutionen und findet die Lösung für das Demut-Großmut-Problem bei Thomas von Aquin: „Man darf die Tugend der Hochherzigkeit niemals preisgeben; aber diese Tugend schließt die Demut nicht aus, im Gegenteil; denn diese gründet einzig und allein auf den Willen Gottes und auf den theologischen Tugenden des Glaubens, der Hoffnung und der Liebe. Sie hängt weder von unseren menschlichen, persönlichen Werten ab, auch nicht von unserem Sündenelend, sondern von Gott, der in uns wirkt. Diese Abhängigkeit vom Heiligen Geist schließt den Eigenwillen und das Suchen der eigenen Ehre aus, das heißt, sie ist Demut des Geistes, des Herzens und der Handlungen.“[19]

Die hl. Magdalena Sophia hat aber solch theoretische Erwägungen wohl kaum angestellt. Vor ihren Augen leuchtete das Ideal der Gleichförmigkeit mit dem Herzen Jesu. Schon in der Regel für die Zeit des Noviziates forderte sie: *Die Tugenden, die sie* (die Novizinnen) *ganz besonders leben sollen, weil sie dem Herzen Jesu am teuersten waren, sind zunächst Demut und Sanftmut. „Lernet von mir“, sagt Jesus Christus, „denn ich bin sanft und demütig von Herzen.“ Getreu dieser Lehre ihres göttlichen Bräutigams, sollen sie von sich selbst die geringste Meinung haben, (. . .) bereit sein, ihnen* (den Mitschwestern) *in allem nachzugeben, was dem Dienst und der Ehre Jesu Christi nicht entgegensteht (. . .)*

[18] Summa Theologica 2/2, q. 49 a. 3.

[19] François Charmot, Les Constitutions de la Société du Sacré Cœur de Jésus (Rom 1954) 320.

*sich daran erinnern, daß Jesus Christus, ihr Bräutigam, sich durch den Mund seines Propheten „einen Wurm der Erde und die Verachtung des Volkes" genannt hat. Um sich, so viel sie vermögen, mit den Gesinnungen seines anbetungswürdigen Herzens zu vereinen, sollen sie, so viel sie können, mit Freude die Geringschätzung, die Zurückweisungen, Bußen und Verdemütigungen annehmen, von welcher Seite sie ihnen auch zukommen mögen.*[20]

Im Kapitel über *Die Geringschätzung der Welt* wird diese innere Haltung auf den täglichen Lebensstil angewandt: *Als Bräute des gedemütigten, armen und gekreuzigten Jesus sollen sie all das verabscheuen, was dem Geist und dem Herzen ihres göttlichen Bräutigams entgegengesetzt ist. Wenn sie dem Zuge ihres Herzens folgten, müßten sie sich danach sehnen, daß sich in ihrem ganzen Äußeren die Zugehörigkeit an Jesus Christus ausdrückt, und daß – wie dies bei manchen Orden üblich ist – alles, was an Wohnung, Kleidung und Nahrung zu ihrem Gebrauch dient, einzig die Armut und Erniedrigung Jesu Christi zum Ausdruck bringe.*[21]

Nun äußert sich aber zugleich die praktische Vernunft der heiligen Mutter, der es nicht nur um die persönliche Askese, sondern auch um die Zielsetzung des Werkes geht: *Fordert es aber Seine Ehre und die Rücksicht auf die Menschen, die sie zu Ihm führen sollen und die in ihrer Empfindsamkeit durch den Anblick eines zu ärmlichen und dürftigen Äußeren abgestoßen würden, daß sie so den Gewohnheiten und Schwächen der Welt in einigen Punkten nachgeben, so sollen sie zu Füßen ihres göttlichen Bräutigams voll Liebe diese Notwendigkeit beklagen, die Er selbst ihnen auferlegt. Sie werden sich bemühen, ihrem Herzen täglich immer tiefer die Liebe zur Niedrigkeit, zur Demütigung und Armut einzuprägen.*

Demut ist nicht Selbstzweck. Magdalena Sophia hat nichts zu tun mit stoischer Selbstverachtung oder Unempfindsamkeit; ihr geht es um die Verwirklichung der Nachfolge Christi. In der „Novizenregel" wird der innere Sinn dieses Strebens mit den Worten ausgdrückt: *(. . .) Das Herz Jesu soll für sie ein offenes Buch sein, in dem sie in das Wesen jeder einzelnen Tugend einzudringen suchen.*[22] Dieses Bild weiterführend, will sie zum Ausdruck bringen, daß dieses offene Buch die durchbohrte Seite des siegreichen Christus ist, ein Ort, wo Sanftmut und Demut mit einer besonderen Realität aufscheinen.[23]

In der Kurzfassung der Konstitutionen, im sogenannten *Summarium,* das so eigentlich als die *Heilige Regel* bezeichnet wurde, werden nach den Gelübden und dem Kapitel über die Nächstenliebe die *apostolischen Tugen-*

---

[20] Wie Anm. 14.

[21] Konst. Summarium, II. XVI (p. 151 f.). Im folgenden: Summarium.

[22] Konst. 1815, II. II. XV (p. 44).

[23] Dominique Sadoux, Pierre Gervais, La Vie Religieuse. Premières Constitutions des Religieuses de la Société du Sacré Cœur. Texte et Commentaire (Paris 1986) 176 ff.

*den* aufgezählt: lebendiger Glaube, Geringschätzung der Welt, Demut, Bescheidenheit und Einfalt (im Sinne der auch heute viel betonten Transparenz). Über die Demut heißt es hier: *Tiefe Demut, die umso tiefer sein muß, je mehr die Berufspflichten, die in den Augen Gottes so erhaben sind, sie vor den Augen der Geschöpfe herausstellen.*

*Jede einzelne soll sich also als die letzte von allen ansehen und mit den niedrigsten Aufgaben zufrieden sein, ohne je ein höheres Amt zu begehren.*

*Die Demut erfordert auch, daß sie, durchdrungen vom Gefühl ihrer Niedrigkeit und ihres Nichts, mit einer Art Wohlgefallen Verachtung und Demütigungen annehmen, die die göttliche Vorsehung sich würdigt, ihnen zu schicken, und daß, wenn sie ihren Arbeiten Erfolg gibt, sie in Treue alle Ehre dem Herzen Jesu, der Quelle alles Guten, zuerkennen.*[24]

*Rundbriefe, Briefe*

Eine andere Quelle der Lehre der heiligen Mutter über die Demut sind selbstverständlich ihre 32 Rundbriefe an die Gesellschaft. Ihr Inhalt bezieht sich auf allgemeine Mitteilungen, wie z. B. Erstellung und Approbation der Konstitutionen, wichtige Neugründungen, Vorbereitung auf schwere politische Stürme, beispielsweise die Revolutionen von 1830, 1848, die Belagerung von Paris usw. —, das Wesentliche ist aber die geistliche Leitung der ganzen Gesellschaft, gebaut auf die Gleichförmigkeit und Vereinigung mit dem Herzen Jesu und logischerweise in der Lehre über Liebe und Demut verankert.

Im Rundschreiben vom Februar 1844 wendet sie sich mit ernsten Worten, man kann ruhig sagen mit Vorwürfen, an die Gesellschaft. Die großen Tugenden der „ersten Mütter" scheinen zu wanken: *Also, meine lieben Töchter, prüfen wir uns, wie weit wir in der Vollkommenheit sind, machen wir uns keine Illusionen über diesen wichtigen Punkt, schauen wir, wie wir fortschreiten sollten. Erstens: Die Demut! (. . .) Sind wir überzeugt von unserem Nichts, von unserer Ohnmacht, von unserem Weniger-als-Nichts, und wenn wir auch noch selbst schuldig sind? (. . .) Ja, es sind vielleicht mehrere, die nur im Geiste wanken; wie ist es aber mit der Ausführung? Kann man uns zurechtweisen, uns Befehle erteilen, ohne befürchten zu müssen, daß wir geschont werden wollen? (. . .) Regen sich keine Entschuldigungen, kein Grollen, kein Widerwillen in unseren Herzen und auf unseren Lippen? (. . .) Gehen wir noch weiter: Sind wir glücklich, von Freude erfüllt, eine Verdemütigung aus Liebe zu Jesus und nach seinem Beispiel zu tragen, besonders, wenn wir unschuldig sind? (. . .) Dies ist der Prüfstein, meine lieben Töchter; wenn Ihnen diese Gefühle fern und unbekannt sind, dann haben Sie noch keine oder zu geringe Fortschritte in den grundlegenden Tugenden erreicht; und wenn es unter Ihnen solche gäbe, die ihr inneres Gift gegen die Mit-*

[24] Summarium (wie Anm. 21) II, XVII (p. 153).

*schwestern, gegen ihre Oberinnen verbreiteten und dies, um sich zu entschuldigen, um Unterstützung zu finden, um sich zu beklagen – oh! welch schlechten, hassenswerten Geist, welch eine Pest für die Gemeinschaft würde das bedeuten!*[25]

In diesem Tonfall und noch strenger erteilt sie ihre Mahnungen und ganz besonders, wenn es um die Demut geht. Ihr Stil erinnert an die hl. Margareta Maria Alacoque, die ihr in diesen Zeiten geistiges Vorbild war und deren leidenschaftliche Sehnsucht nach Verdemütigungen und Vernichtung auch Magdalena Sophie beherrschte, wenn auch im milderen, verfeinerten Stil ihrer Zeit. Margareta Maria schrieb nach ihrer Einkleidung: *Ich fühlte ein unersättliches Verlangen nach Verdemütigungen und Abtötungen, obwohl meine empfindsame Natur sich heftig dagegen sträubte. Mein göttlicher Meister drängte mich unaufhörlich, solche zu erbitten, und er sorgte reichlich dafür. Zwar versagte man mir jene, um die ich bat, wohl weil ich ihrer unwürdig war, doch legte man mir andere auf, die ich nicht erwartet hatte, die meinen Meinungen völlig widerstrebten und bei denen ich mir solche Gewalt antun mußte, daß ich nicht anders konnte, als meinem guten Herrn zu sagen: „Ach, komm mir zu Hilfe, da du selbst die Ursache dieses Kampfes bist." Er half mir dann auch, indem er sprach: „Gib also zu, daß du ohne mich nichts tun kannst. Doch niemals wird dir meine Hilfe mangeln, sofern du nur dein Nichts und deine Schwachheit in den Abgrund meiner Stärke versenkst!"*[26]

Diese innere Flamme beseelte auch die Lehre über die Demut der hl. Magdalena Sophia und ihr Bemühen, diese Tugend in den ihr anvertrauten Herzen zu entzünden.

Im 17. Rundbrief (Dezember 1845) spricht Magdalena Sophia von der Wertschätzung des Papstes für die Gesellschaft; dessen ehrende Worte bringen sie in Verlegenheit, und sie entschuldigt sich fast — leider —, wieder auf die Demut zurückkommen zu müssen. Und sie bringt peinliche Einzelheiten zur Sprache: *Die Leute sind einig darin, einen hochmütigen Ton bei manchen von uns zu beobachten, bei anderen Eitelkeit, gesuchte, weltliche Manieren, Heftigkeit und Ungeduld (. . .) und viele Auswärtige, leider auch Priester, sagen es einfach heraus, daß wir hochmütig sind, und ohne nachzuforschen, ob das auch wahr sei, machen sie uns Berufe abspenstig (. . .) Und was soll ich über jene sagen, die bei einer Versetzung sich verdemütigt und unter ihrem früheren Amt verwendet finden, als wäre es im Ordensleben überhaupt möglich, Unterschiede zwischen Aufträgen und Ämtern zu machen, als ob der Wille Gottes und der Oberen nicht genüge (. . .)*[27]

---

[25] Lettres Circulaires de Notre Bienheureuse Mère Madeleine Sophie Barat (Roehampton 1917) 111.

[26] Die heilige Margareta Maria Alacoque. Leben und Offenbarungen (Freiburg/Schweiz ²1974) 52.

[27] Lettres Circulaires (wie Anm. 25) 118.

Diese harten Vorwürfe und Aussagen sind selten, sie beweisen aber, daß die Demutslehre der Heiligen nicht in theoretischen Höhen schwebte, sondern daß sie die Erscheinungen des Hochmuts und der Ambitionen im Alltag wohl kannte und auch den Mut hatte, auf diese einzugehen und an der Vollkommenheit ihrer Töchter zu arbeiten.

Nach einem dankbaren Rückblick auf die vergangenen Jahrzehnte der Gesellschaft im 28. Rundbrief ruft die heilige Mutter zu einer Erneuerung des Geistes und der Tugenden auf, *(. . .) besonders der notwendigsten der Tugenden, der Demut.*

*Sie wurde nicht verstanden und folglich von so manchen nicht geübt. Wir haben nicht tiefer erfaßt, wie sanftmütig und demütig Jesus Christus ist, wir haben Ihn zu wenig geliebt, wir haben keinen Mut gehabt, Ihm diese oder jene Quelle einer Leidenschaft zu opfern, die Ihm entgegengesetzt war. Satan und der Hochmut sind ein und dieselbe Sache. Ist aber die Demut nicht das wesentliche Merkmal Jesu? (. . .) Ohne Demut keine Liebe; wo die Liebe fehlt, ist es wegen der fehlenden Demut. Wir wissen es aus Erfahrung zu gut, daß der Großteil der Fehler, die wir uns gegen die schwesterliche Liebe vorwerfen, ihre Quelle und ihre Ursache im Fehlen der Demut hat!*[28]

Trotz dieser scharfen Mahnungen müssen wir feststellen, daß nur drei der 32 Rundbriefe sich ausdrücklich mit der Demut beschäftigen. Umso mehr, aber auf sehr mütterliche und persönliche Art, wird sie in den Privatbriefen der heiligen Mutter erwähnt, sowohl an die Oberinnen als an die Ratsmütter und die jungen Schwestern. Beim Selig- und Heiligsprechungsprozeß standen etwa zehntausend ihrer Briefe zur Verfügung. Eine erstaunliche Zahl, die heute durch neue Funde und Forschungen noch weit erhöht wurde. Abgerechnet die Zeiten ihrer langen Krankheiten und Reisen, hat sie täglich im Durchschnitt 15 Briefe geschrieben, mit deren Hilfe sie in der damaligen medienlosen und untechnischen Zeit die Gesellschaft und die einzelnen Seelen geleitet hat.

In schwierigen Zeiten schreibt sie an M. Galitzin:[29] *Meine Antwort wird kurz sein, ich habe sie aus meiner heutigen Betrachtung geschöpft: Sie war über Jesus vor Herodes. Ich will hier gar keine Anwendung anführen, dies ist nicht meine Absicht; ich möchte den Erlöser in seinem Schweigen nachahmen: „Jesus autem tacebat." Ich verschließe mich in diese drei Worte; sie sind meine Kraft und mein Trost.*

Und an eine andere Oberin: *Ich habe jetzt viel zu leiden (. . .) Ach, meine Tochter, wie treu muß man sein, um inmitten so vieler Schwierigkeiten ruhig zu*

[28] Lettres Circulaires (wie Anm. 25) 175.
[29] 1842 X 18. Zit. bei Charmot (wie Anm. 19) 324.

*bleiben! (. . .) Hüten wir uns davor zu klagen, verdienen wir lieber durch unsere Liebe und durch unsere Großmut, auf die Absichten des Herrn einzugehen!* [30]

*Es tut uns Not zu leiden, verdemütigt zu werden; (. . .) seien wir glücklich, wenn wir unsere Werke, welche die seinigen sind, verhindert, angegriffen, verleumdet sehen; größtenteils wird dies alles auf uns fallen, und eben hier ist der Gewinn! (. . .)* [31]

*Welche Verleumdungen hat man verlauten lassen! Die gegen meine Person gerichtet sind, erschüttern mich wenig: „Amplius!" (Noch mehr!) ist mein Ruf, – wenn nur das Herz Jesu die Gesellschaft rettet!* [32]

Noch persönlicher sind die Briefe an die *Ratsmütter.* In jedem der Häuser hatte die Oberin mindestens zwei Rätinnen, deren erste mit dem Amt der Assistentin, das heißt der Vertretung der Oberin betraut war und zugleich als Meisterin der Hilfsschwestern fungierte; die andere Rätin war Generalpräfektin und als Leiterin des Erziehungswerkes mit den Internen betraut. Die Generalpräfektinnen nannte man *die Seele des Hauses,* die dem eigentlichen Apostolat die Richtung gaben. Die folgenden Briefe (herausgegeben nur für den Gebrauch der Gesellschaft)[33] enthalten mütterliche, oft auch schonungslose Weisungen; es ging ja um den persönlichen Fortschritt der Verantwortlichen. In Auswahl:

An M. de Riencourt,[34] als Wahlspruch und Leitlinie, nach Aufzählung all ihrer Schwächen: *Prüfen Sie sich über all diese jämmerlichen Fehler, und: vergessen Sie sich, verschwinden Sie.* Ein andermal an dieselbe:[35] *Ich muß Ihnen mitteilen, daß ein so wenig zahlreich besetztes Haus gar keine Assistentin braucht. Also werden Sie es nicht mehr sein, sondern alle Ihre Pflichten in Demut und Einfachheit weiter verrichten. (. . .) Was Ihnen an der Leitung des Hauses nicht gefällt, das teilen Sie nur mir mit. Sie reden viel zu viel mit allen. Ich brauche Ihnen gar nicht zu sagen, liebe Alexandrine, daß Sie Ihre neue Oberin in jeder Hinsicht schätzen und stützen sollen! Wenn man Sie ausfragt, sagen Sie alles Gute, was Sie von ihr wissen (. . .) sie ist Stellvertreterin Jesu Christi für Sie alle, und Ihr gutes Beispiel wird ihr bei allen anderen helfen.*

An M. Hippolyte Lavauden:[36] *Wie fühlen Sie sich mit Ihrer neuen Mutter* (Oberin) *und Ihrer neuen Familie? Sie wissen es wohl, liebe Tochter, daß auf dieser Welt nichts vollkommen ist und daß man überall leiden muß, aber glauben Sie mir, daß die Sanftmütigen und von Herzen Demütigen, die sich nicht zur Geltung bringen wollen, die gar keine Ansprüche erheben, mit dem Maß des Ver-*

---

[30] 1839 XI 5. Charmot 324.
[31] 1839 X 19. Charmot 324.
[32] 1842 VIII 16. Charmot 324.
[33] Lettres choisies (wie Anm. 12) 34.
[34] Paris 1829 I 21. Lettres choisies 15.
[35] Paris 1829 IV 20. Lettres choisies 20.
[36] Paris 1849 VIII 21. Lettres choisies 27.

*trauens, das man ihnen schenkt, immer zufrieden sind; sie sind überall glücklich und erbaulich.*

An M. Bentivoglio:[37] *Seien Sie immer zur Stelle, wohin Sie die Pflicht ruft; und zeigen Sie sich überall mild, ansprechbar, ruhig, – überall Mängel rügend, aber ohne Heftigkeit und erst, wenn Sie sich vergewissert haben, daß die Berichte stimmen und nicht übertrieben sind. Trauen Sie sich nicht selber; halten Sie jede Selbstsicherheit in Ihren Aussagen fern; Ihre Meinungen und besonders Ihre Zurechtweisungen, wenn sie nötig sind, sollen immer von der Tugend der Demut eingegeben sein.*

Eine feine Nuance unterscheidet den Ton der Briefe an die Generalpräfektinnen von jenen an die Assistentinnen. Ihrem Auftrag gemäß haben sie mit der Jugend, mit vielen weltlichen Besuchern und mit den jungen Mitschwestern zu tun, die bei der Erziehung mitarbeiten.

An eine nicht Genannte:[38] *Im gegenwärtigen Moment, und wenn möglich, für immer, beruhigen Sie sich, liebe Tochter, und legen Sie Ihre Plagen in das Herz des Herrn. Was ist das alles im Vergleich zur Ewigkeit? Ach! mehr Demut, mehr Gleichförmigkeit gegenüber dem „Was wird man sagen?" – und Sie werden in innerer Ruhe leben können. Ich wiederhole, liebe Tochter: Beten wir und bleiben wir im Frieden.*

Das folgende Zitat aus einem Brief an M. de Tinseau[39] ist zu einem klassischen Stück aus den Worten der heiligen Mutter geworden: *Das eigene Ich und die eigenen Interessen vergessen, nichts suchen als das Herz Jesu Christi und die Seelen: Dir sei die E h r e, mein Gott! Mir die A r b e i t und die V e r d e m ü t i g u n g! Das sei Ihr Wahlspruch, liebe Tochter! Man tut nichts oder zu wenig, wenn der Apostel nicht in dieser Verfassung lebt.*

Dasselbe wird oft wiederholt, z. B. an M. Beaucaire:[40] *Für Ihn die Ehre; für mich die Arbeit und die Verdemütigung, wenn Er mich würdig dazu findet.*

Sie tröstet eine Präfektin, M. de St. Victor,[41] die von Unannehmlichkeiten überhäuft wird: *Jesus wird Ihnen helfen, wenn Sie das Heil der Seelen und Seine Ehre suchen. Nun, meine liebe Tochter, bin ich selbst ein wenig erschrocken über die Menge der Hindernisse, die an Sie von oben und von allen Seiten daherkommen. Es gibt keine andere Hilfe als das Gebet, die Geduld, die Demut. Es ist viel Ungerechtigkeit in jenen Beschuldigungen, aber unser Vorbild und Meister mußte sie ebenfalls durchstehen – und viel unschuldiger als wir.*

Eine Belehrung an eine abgesetzte Generalpräfektin: *Sie haben also diesen Akt der Demut doch vollbracht, der Ihnen viel gekostet haben muß! Sprechen Sie*

---

[37] Paris 1863 VI 28. Lettres choisies 12.
[38] Paris 1855 VIII 19. Lettres choisies 84.
[39] Conflans 1845 XII 11. Lettres choisies 98.
[40] La Ferrandière 1851 XII 28. Lettres choisies 123.
[41] Paris 1863 VII 8. Lettres choisies 163.

*aufrichtig und offen mit Ihrer Oberin und Mutter von all dem inneren Elend, das bisher zu wenig bekämpft wurde und sie unglücklich gemacht hat. Der Frieden, die Freude im Heiligen Geist können in keiner Seele herrschen, in welcher der Hochmut eine solche Empfindlichkeit erzeugt, daß alles drunter und drüber geht und alle Leidenschaften entkettet werden (. . .) Vertiefen Sie sich in das Leben Jesu Christi, in die Verdemütigungen und Leiden, die Er für uns auf sich genommen hat. Sollte Er allein das Opfer bleiben? (. . .)*[42]

Der unerwartet große Erfolg der Häuser in Nordamerika erfüllt sie fast mit Schrecken. Dieses Werk der ersten Missionarin der Gesellschaft, der hl. Philippine Duchesne,[43] hat eine andere hochbegabte Französin, M. Audé, weiterentwickelt. Ihr schreibt Magdalena Sophia am 8. November 1928:[44] *Es scheint, daß Ihr Haus immerfort wächst; dieser Erfolg würde mich erschrecken, wenn Sie nicht den ganzen Erfolg auf das Herz Jesu zurückführten und sich auf eine tiefe Demut gründeten. In diesem Sinn: Bitte, geben Sie nicht zu viel Geld aus, und beschränken Sie sich auf weniger.*

Allein aus den Briefen, die Magdalena Sophia an die andere Heilige des Ordens, Philippine Duchesne, geschrieben hat, könnte man ein ganzes Lehrbuch über die Demut zusammenstellen. Zur Heiligsprechung (3. Juli 1988) ist ein erster Band erschienen, der lediglich die nach Grenoble gesandten Briefe enthält (1804—1815). Von diesen 81 Briefen sprechen 21 unter anderem über die Demut. Es ist zu hoffen, daß auch die übrigen, die bis zum Tode der hl. Philippine (1852) geschriebenen, erscheinen werden. Sie wären geeignet, als Quellen der Seelenführung einer Heiligen durch eine andere erforscht zu werden.[45]

### *Prüfstein von Lehre und Leben – Krisenzeiten*

Bei jeder Theorie wird nach „des Lebens goldenem Baum“ gefragt; im Leben Magdalena Sophias wurde ihre Lehre auf harte Proben gestellt. Der ersten Krise in der Geschichte der Gesellschaft, ein drohendes Schisma schon in der Amiens-Phase durch einen gewissen Abbé de Saint-Estève[46] folgte eine noch gefährlichere in den Jahren 1839 bis 1842, wobei es nicht nur um die Gesellschaft vom Heiligsten Herzen ging, sondern um die unleugbaren, traditionellen Differenzen zwischen Auffassungen Roms über die von Leo XII. approbierten Konstitutionen und die Stellungnahme eines Teiles des franzö-

---

[42] Paris 1863 VIII 22. Lettres choisies 169.

[43] Barbara Walterskirchen, Rufe mich — sende mich! (Wien 1988).

[44] Paris 1828 X 23. Lettres choisies 182.

[45] Sainte Madeleine Sophie Barat — Sainte Philippine Duchesne, Correspondance. Textes manuscrits originaux. Première partie, Période de Grenoble (Rome 1988).

[46] Jarmai, Magdalena Sophia Barat (wie Anm. 4) 52.

sischen Episkopates, also um gallikanischen Widerstand. Beide Parteien luden ihre Vorwürfe auf die Generaloberin Magdalena Sophia ab, die in ärgste Bedrängnis geriet, zumal auch die engsten Mitarbeiterinnen geteilter Meinung waren. Die größte Anzahl der Schwestern aber war verwirrt und ratlos. Der Wahlspruch der Gesellschaft, *COR UNUM ET ANIMA UNA IN CORDE JESU*, kam ins Wanken. Eine der führenden Persönlichkeiten war die Generalsekretärin der Gesellschaft, M. Elisabeth Galitzin, deren Bekehrungs- und Berufungsgeschichte nicht der Romantik entbehren.[47] „Jede Gemeinschaft hat ihre ‚Zelanti': die Eifernden und Mehr-als-Hundertprozentigen, und zu diesen gehörte die Konvertitin Elisabeth Galitzin, die die Heilige zur Generalsekretärin bestellt hatte. Wie schwierig ist doch die Tugend des Maßhaltens! M. Galitzin und ihre Gesinnungsgefährtinnen, die es verstanden, durch Bestimmtheit und Kompromißlosigkeit zu beeindrukken, bestätigen dies aufs neue."[48]

Mehr als alle anderen theoretischen oder an Einzelpersonen gerichteten Worte Magdalena Sophias offenbart ihre erst 1988 entdeckte Korrespondenz mit Monsignore Mathieu, dem Bischof von Besançon, ihre Einstellung zur Demut, zur Verdemütigung und zum absoluten Ernst ihrer Entscheidung, Christus nachzufolgen. Das Ergebnis von Nachforschungen in belgischen Archiven (Jette, Bruxelles) wurde jüngst präsentiert.[49]

Über die Situation: Die beim Generalrat 1839 abgestimmten Dekrete haben die Gesellschaft — oder zumindest jene, die auf dem laufenden waren — in zwei Parteien gespalten: einerseits die „römische", andererseits die „Pariser" Partei. Anführerinnen der römischen Partei waren die Mütter de Limminghe und Galitzin, die beiden Generalassistentinnen. Sie waren die bewegenden Kräfte des Generalrates 1839, die den Antrieb dazu gaben, die 1826 approbierten Konstitutionen abzuändern, um sie denen der Gesellschaft Jesu noch mehr anzugleichen. So sollte der Sitz der Generaloberin nach Rom verlegt werden. Dieser Artikel hat in Frankreich, vor allem in Paris, lebhaften Widerspruch ausgelöst. Mutter Eugénie de Gramont, seit der vom Generalrat 1839 gewünschten Errichtung der Provinzen Provinzoberin des „Nordens" und Oberin des berühmten Hôtel Biron, stellte sich an die Spitze des Widerstandes gegen die neuen Dekrete. Der Gallikanismus ist in Frankreich nicht ausgestorben: Eine beträchtliche Anzahl französischer Bischöfe, besonders der Pariser Erzbischof, Monsignore Affre, möchte die Oberhand über die blühende Gesellschaft behalten.

---

[47] Jarmai, Magdalena Sophia Barat (wie Anm. 4) 109 ff.

[48] Fux, Mutter Barat (wie Anm. 4) 17.

[49] Jacqueline Parmentier, Comment notre Sainte Mère a vécu la crise de 1839, d'après sa correspondance avec Monseigneur Mathieu (1842—1843). (Jette/Bruxelles 1988). (Hektographiert)

Die hl. Magdalena Sophia will neutral bleiben und bemüht sich um die Einheit der Geister und Herzen. Dem opponierenden Teil der Gesellschaft schlägt sie vor, es drei Jahre lang ehrlich damit zu versuchen; dann soll ein Generalkapitel abgehalten werden, um die positiven Gründe für diese Dekrete zu bedenken. Am 22. Juli 1842 wird der Generalrat nach Lyon einberufen, auf halbem Weg zwischen Rom und Paris. Die Krise ist bei weitem nicht behoben! Mutter de Gramont flüchtet sich unter die Autorität Monsignore Affres, um ihr Kommen zu verweigern, und der Erzbischof schreibt einen strengen Brief an die Generaloberin: Sie hätte kein Recht, einen Generalrat außerhalb der Pariser Erzdiözese zu berufen, da sie vom Erzbischof abhängig sei. Vergebens sucht sich unsere heilige Mutter zu rechtfertigen, indem sie sich auf die Konstitutionen stützt; Monsignore Affre bleibt unbeugsam. Kardinal de Bonald, der Primas von Gallien, wagt nicht, den Kapitularinnen zu erlauben, den Generalrat abzuhalten. Mutter Barat schreibt nach Rom, wo eine Kommission von Kardinälen zusammentritt, um das Problem zu lösen. Wochen vergehen. Die Kapitularinnen machen geistliche Übungen, besprechen lokale Angelegenheiten, warten auf Antwort aus Rom. Ende August verschiebt Mutter Barat den Generalrat auf einen späteren Termin. Endlich erhält sie das Breve aus Rom, das Erzbischof Affre unrecht gibt. Die Unachtsamkeit eines Sekretärs trug Schuld daran, daß die praktischen Anweisungen dem Breve nicht beigefügt sind: Diese forderten Mutter Barat auf, Mutter de Gramont einzuberufen und den vorgesehenen Generalrat abzuhalten. Sie kommen erst im September an; es ist zu spät, alle Mütter zurückzurufen.

So hat das römische Breve nicht genützt! Monsignore Affre ist höchst ungehalten, daß ihm in Rom nicht recht gegeben worden ist. Auch der Kardinal-Protektor ist unzufrieden, weil Mutter Barat seinen Weisungen scheinbar nicht gehorcht hat. Unsere heilige Mutter, die nicht mehr weiß, was sie tun soll, wendet sich am Monsignore Césare Mathieu, den Erzbischof von Besançon, der früher im Pariser Mutterhaus ihr sehr geschätzter Beichtvater war. Magdalena Sophia öffnet ihr Herz, das Trost, Rat oder auch väterliche Weisung braucht. Sie offenbart sich darin als natürlich und lebensvoll, bald im höchsten Grade erregt, bald ergeben, bald humorvoll, immer demütig.

Der Kardinal-Protektor ist sehr aufgebracht. Darüber schreibt sie aus Lyon: *Der Brief des Kardinal-Protektors ist niederschmetternd, ich würde fast sagen ungehörig, wenn sein Rang nicht so hoch und meine Unwürdigkeit nicht viel größer als meine Würde wäre!* Da Monsignore Mathieu einen erklärenden Brief nach Rom geschrieben hatte, hält sie fest: *Wie sehr danke ich Ihnen, Monsignore und Vater, für Ihren Brief nach Rom und Ihr Interesse für eine arme Oberin, die wie ein vom Sturm nach allen Seiten geschüttelter Baum ist. Ohne Ihre Hilfe könnte ich nicht widerstehen (. . .)* (20. September 1842).

Mehrmals drückt sie ihren Schmerz aus: *Augenblicklich kann ich nur beten und leiden. Wenn ich wenigstens wüßte, ob ich im Willen Gottes bin. In mir stei-*

*gen schwere Bedenken auf, ob ich nicht meine Ideen verfolgt habe, daß ich blind den mir gegebenen Befehlen hätte gehorchen sollen, obwohl sie mir unklug und bar jeder Vernunft schienen, während ich doch auf eine außergewöhnliche Hilfe von seiten des lieben Gottes hätte rechnen können, und ob ich jetzt von Ihm im Stich gelassen sei! Und so vielerlei andere Gedanken, die mich zermürben!* (Paris, 7. November 1842).

Sie spricht sich mit vollem Vertrauen mit Monsignore Mathieu aus: *Ob mein Widerstand verstecktem Stolz entspringt? Ich glaube es nicht, denn ich wünsche mir nichts anderes, als nichts zu sein, aber wer ist vor Illusionen sicher? Ihnen gegenüber, Monsignore, dem ich vertraue und der den Schlüssel meiner Seele hat, spreche ich als zu meinem Beichtvater. Ich bin frei, es zu tun, weil Sie es richtigstellen können, und ich bitte Sie inständig darum!* (Lyon, 25. September 1842).

*Ich habe im Lauf des Tages kaum Zeit zu beten. Ich müßte es während der Nacht tun, dann bin ich vor Müdigkeit erschöpft und schläfrig. Ich glaube, Gott straft mich dafür, daß ich meine ursprüngliche Berufung zum Karmel aufgegeben habe. Können wohl mein Kreuz, die Demütigungen, die Leiden dies ausgleichen? Ich habe in dieser Prüfung noch so viele Sorgen über so viele Unvollkommenheiten und Einmischungen der Natur. So beten Sie, bitte, Monsignore, mein Vater, damit ich vom Herzen Jesu die Vergebung durch Seine Barmherzigkeit erlange, deren ich so ungeheuer bedarf* (Paris, 2. Dezember 1842).

Monsignore Mathieus Antwort bringt ihr Beruhigung: *Das Wörtchen für meine Seele hat mich ermutigt und gestärkt. Ich erwecke oft Gedanken der Ergebung und des vollen Vertrauens auf den Willen Gottes. Wenn mir dies die Betrachtung ersetzen könnte, wäre ich ruhiger* (Paris, 10. Dezember 1842). Aber sie wird weiter gequält: *Ich bin überzeugt, daß meine Sünden schuld sind an so vielen Übeln für die Gesellschaft. So findet man, um alles in Rom in Ordnung zu bringen, ich sei der Jonas, den man, ohne zu zögern, ins Meer wirft. Ich hänge an nichts in dieser Welt, außer daran, daß die Gesellschaft gerettet werde* (14. Dezember 1842).

Am 2. November ist die heilige Mutter nach Paris zurückgekommen, denn Monsignore Affre hat der Regierung Mitteilung von jener Änderung der Konstitutionen erstattet, die das Mutterhaus nach Rom verlegt. Die Regierung aber hatte unter Karl X. ihre Approbation einer Gesellschaft gewährt, deren Mutterhaus in Paris gesetzlich festgelegt war. Sollte die Gesellschaft nicht zu den 1827 approbierten Konstitutionen zurückkehren, so drohte ihr — laut Gesetz vom 24. Mai 1825 — die Auflösung, ihren Mitgliedern aber das Verbot zu unterrichten. Die Häuser würden zugunsten karitativer Werke veräußert werden.

Auf wen konnte sich die heilige Mutter stützen? Nur eine einzige ihrer Generalassistentinnen war bereit, sie zu begleiten, Mutter Félicité Desmarquest.

Was tun die übrigen Generalassistentinnen einstweilen? Mutter von Charbonnel ist in ihre „Provinz des Westens" zurückgekehrt und wartet ab. Mutter de Limminghe setzt in Rom Himmel und Erde in Bewegung — es ist „ihre" Provinz. Mutter Galitzin betätigt sich eifrig in Lyon. *Mutter de Limminghe (. . .) ist die rechte Hand der ersteren, dort wo Sie sind* (Mutter Galitzin, in Lyon), *und die eine begeht mehr Unklugheiten als die andere. Es ist höchste Zeit, sie an ihre Plätze zurückzustellen. Es sind gewiß die beiden Köpfe, die in der Gesellschaft am wenigsten zur Leitung geeignet sind. Sie sind übrigens sowohl begabt als auch tugendhaft: solange sie in der Hand ihrer Generaloberin waren, haben sie gute Dienste geleistet, denn ehe ihre Köpfe verdreht waren, waren sie mit mir eins und taten Gutes. Aber da sie ihr Oberhaupt beherrschen und selber leiten wollen, wird nur Verwirrung daraus entstehen (. . .)* (27. Jänner 1843).

Magdalena Sophia klagt sogar über Behinderung ihrer Freiheit: *Ich lebe hier unter tatsächlicher Überwachung. Monsignore Affre weiß von allen, mit denen ich spreche und selbst von wem ich Briefe bekomme (. . .) Seien Sie, Monsignore, bitte so gut, wenn Sie mir schreiben, durch eine andere Schrift als die Ihre adressieren zu lassen!* (Paris, 12. November 1842).

Monsignore Mathieu entschließt sich, zu einem „ad-limina"-Besuch nach Rom zu reisen, um diese verworrene Sache in Ordnung zu bringen. Er ist nicht eben optimistisch: *Ich gehe in der festen Überzeugung weg, daß ich mir den Kopf einrennen werde* (Besançon, 4. Jänner 1843). „Keiner weiß, wie die Schwierigkeiten gelöst und der Bestand der Gesellschaft gerettet werden kann. Schließlich bietet sich der Bischof von Besançon als Vermittler an; Mutter Barat geht auf seinen Rat nach Paris, er selber reist nach Rom und erreicht dort, daß eine päpstliche Kommission die Dekrete von 1839 eingehend prüft und durch ihre offizielle Stellungnahme die notwendige Entscheidung fällt. Der Ausschuß beschließt einstimmig, daß die Gesellschaft zu der ursprünglichen, 1826 von Leo XII. gutgeheißenen Regel zurückkehren solle. Der Beschluß wird vom Papst bestätigt und damit rechtskräftig — alle Ordensfrauen unterwerfen sich widerspruchslos, die Einheit in der Gesellschaft war wieder hergestellt."[50]

Monsignore Mathieu rät, Mutter de Limminghe einen Brief zu schreiben: *Um nach und nach diese so wünschenswerte Einheit* (der Geister und Herzen) *herbeizuführen, würde ich Sie bitten, an Mutter de Limminghe einen Brief zu schreiben, ganz gütig, ganz liebevoll, ganz mütterlich, in dem Sie ihr sagen, daß ich Ihnen von meinem Gespräch mit ihr Rechenschaft gegeben habe, und wie sehr Sie darüber befriedigt sind und darauf zählen, daß Sie Ihnen helfen wird, die Geister wieder zusammenzuführen* (Rom 2. Februar 1843). Aber zunächst widerspricht die heilige Mutter: *Ich glaube, ich muß darauf warten, daß diese Mutter*

[50] Vermehren, Smith, Mutter Barat (wie Anm. 4) 81.

*mir wenigstens ihr Bedauern darüber ausdrückt, mir Kummer bereitet zu haben. Denn, Monsignore, wenn ich mich als erste demütige (was mich gar nichts kosten würde), werden sie, wie schon früher, es schonungslos ausnützen (. . .) Meinen Glauben, meine Treue zum Heiligen Vater bezweifelt, dies anderen angedeutet zu haben, (. . .) und all das, ohne mich um ein Wort der Aufklärung gebeten, ohne gewußt zu haben, wie es sich eigentlich verhielt! (. . .) Wenn aber Eure Exzellenz meint, ich müsse es tun, werde ich es tun. Immer wird der Gehorsam mein Kompaß sein, (. . .) und bis nicht mit innerer Unterwerfung des Urteils gehandelt wird, bleibt er unvollkommen* (15. Februar 1843).

Dieser Brief muß sich mit jenem Monsignore Mathieus gekreuzt haben, in dem er ihr rät: *Was Sie selbst betrifft: umso milder, umso demütiger, umso liebevoller, umso geduldiger sein, je weniger es die anderen sind. Sie werden nichts erreichen durch Macht, wohl aber durch Güte. Daraufhin zielten die Briefe, die ich Ihnen angeraten habe. Es ist aber nicht meine Absicht, daß Sie sich entschuldigen, sondern daß Sie so mild und freundlich sprechen, als hätten Sie nichts auf dem Herzen. Und dann, verstehen Sie nicht – wenn man ein wenig übertreibt, muß es immer nach der Seite des Heilands sein, der sich uns immer als erster zuwendet, trotz unserer Fehler.* Aber Güte muß Hand in Hand gehen mit Festigkeit: *Was aber die Leitung der Gesellschaft betrifft, werden Sie mild und gütig für alle sein, zugleich aber fest und Oberin im vollen Sinn des Wortes. Darum dürfen Sie Ihre Freiheit und Zuneigung an niemanden verlieren: Alle müssen umfangen werden mit der Liebe unseres Herrn und sonst nichts. Bleiben Sie in Freiheit und bewahren Sie sich Ihre ganze Liebe* (Rom, 17. Februar 1843).

Diese Einladung zur Festigkeit kehrt oft in den Schreiben Monsignore Mathieus wieder. Die Milde und Geduld der hl. Magdalena Sophia waren für Schwäche gehalten worden. Besorgt um die Einheit der Geister und Herzen hatte sie abzuwarten gesucht. Mathieu fügt seinem Brief vom 23. Februar 1843 eine Nachschrift bei: *PS: Vergessen Sie nicht, daß man Sie hier* (in Rom) *als unsicheren Charakter gezeichnet hat, der konsultiert, um nicht zu handeln; eine Meinung, die ich zu bekämpfen hatte.* Er ist der Ansicht, man solle den Rücktritt der Generalassistentinnen annehmen, die, obwohl in den besten Absichten, dazu beigetragen haben, Verwirrung zu stiften. Mutter Barat würde vorziehen, sie ihr Mandat beenden zu lassen. Mathieus Antwort ist einfach und klar: *Es ist unmöglich, Mutter de Gramont oder irgend jemand von den Ihren zu verwenden. Haben Sie keine Angst vor dem, was man Ihnen sagen, was man von Ihnen fordern wird. Bleiben Sie stark allen gegenüber, aber ich beschwöre Sie, lassen Sie die Frucht unserer Bemühungen nicht durch Herumtasten verloren gehen, indem Sie in einer so wichtigen Angelegenheit zögern, da Sie doch sowohl das Brot als das Messer in Händen haben* (26. März 1843).

Ein Brief mit der Überschrift: *zu verbrennen*, kann nicht ohne Ergriffenheit gelesen werden. Zwischen Mutter de Gramont und deren Generaloberin bestand echte Freundschaft: *Ich bitte Eure Exzellenz, mir zu glauben, daß in meinem Eintreten zur Verteidigung Mutter de Gramonts keinerlei Schwäche gefühlsmäßiger Zuneigung mitspielt, sondern nur das Interesse der Gesellschaft. Der Heiland hat kräftige Mittel angewendet, um in mir alle menschliche Anhänglichkeit zu zerbrechen und selbst zu züchtigen. Ich glaube, daß ich davon profitiert habe* (21. März 1843).

Dank der heldenmütigen Liebe der hl. Magdalena Sophia beruhigen sich alle. Monsignore Affre scheint auf seine Ansprüche verzichtet zu haben: *Jetzt kann ich überall hingehen, ohne daß er etwas daran auszusetzen findet. Das schreibt er mir selbst mit einer Freundlichkeit, die er mir seit meiner Rückkehr noch nicht gezeigt hat* (6. Juli 1843). *Unsere Schwestern in der Rue de Varenne* (Mutterhaus) *haben mit Demut und sehr bescheiden die Nachricht ihres Sieges* (durch die Widerrufung des Dekretes) *aufgenommen* (17. März 1843). *Wie durch ein Wunder, das ich nicht erwartet habe, schickt mir Mutter Galitzin nicht nur ihre Unterwerfung, sondern bezeugt mir mehr Vertrauen und Aufmerksamkeiten denn je zuvor. Dieser Schlag hat ihr Ruhe und Vernunft wiedergeschenkt* (5. April 1843).

Monsignore Mathieu geht in seiner Freundlichkeit so weit, ihr die Entwürfe der Briefe zu schicken, die sie zu schreiben hat: *Da Eure Exzellenz so freundlich waren, mir Muster für meine Briefe anzugeben, hätte ich auch für die Abfassung des Rundschreibens an die ganze Gesellschaft Hilfe nötig. Dieses müßte gut begründet sein und eindringlich über die „Liebe" und den „Gehorsam" handeln. Vielleicht eine Erklärung der Beweggründe und der Unannehmlichkeiten, die den Heiligen Vater zur Ablehnung der Dekrete bewogen haben mögen. Ich fürchte, entweder zu viel oder zu wenig in diesem Brief zu schreiben. Mit einer Unterlage werde ich mit größerem Vertrauen und mehr Sicherheit erwarten, daß Jesus ihn segnen wird* (18. März 1843). Mathieu verbessert auch, was die heilige Mutter geschrieben hat: *Ich habe die Verbesserungen in meinem Rundbrief verstanden: man muß konsequent sein. Ich werde ihn so schreiben lassen, wie Sie es mir angeben, Monsignore, und ich hoffe, daß er die Köpfe beruhigen wird. Wenigstens für den Augenblick* (5. April 1843).

Wenn auch die Gesellschaft den Frieden wiederfindet, so fühlt doch die hl. Magdalena Sophia weiterhin den Schmerz, obwohl sie tief in ignatianischem Gleichmut gegründet ist: *Ich kann den Frieden noch nicht voll genießen, obwohl ich mir im Grunde das Zeugnis ausstellen kann, nichts anderes zu suchen als Gott und seinen heiligen Willen, da ich ja keine persönlichen Interessen habe, die mich leiten könnten. Ich hänge wirklich an absolut gar nichts; Örtlichkeiten, Menschen, alles gilt mir gleich. Ich fühle einzig das Bedürfnis nach einer Stütze und einem Führer, der mich aufrichtet und mir hilft* (3. Juni 1843). Sie vergibt restlos: *Ich bin fest entschlossen, mich so weit als möglich zu bemühen, alles zu vergessen, was ich von einigen zu leiden hatte, indem ich sie genau so behandle wie jene, die mir treu waren* (16. August 1843).

Zweifellos wurde dieser Vorsatz verwirklicht! Und die Krise von 1839 war der Ausgangspunkt, von dem aus Magdalena Sophia zur höchsten Heiligkeit emporstieg.[51]

[51] Es ist wenig bekannt, daß Papst Leo XIII., der gleich der hl. Magdalena Sophia Barat schmerzliche Perioden der Erniedrigungen durchlebt hatte, den angehenden Priestern besonders die Tugend der Demut ans Herz legen wollte: *Du aber, Jünger des göttlichen Meisters, (. . .) empfange gelehrig, was ich dir sagen werde (. . .) die wichtigste Lehre des Erlösers: Lernet von mir!* La Pratique de l'Humilité (Turin 1888) 19.

# III.
# GEWEIHTES LEBEN

# DAS FRÖMMIGKEITSLEBEN DER POLNISCHEN JAGIELLONEN

## GRUNDRISS UND ÜBERBLICK*

Von Urszula Borkowska OSU, Lublin

Die Jahre zwischen 1386 und 1572 bilden den Rahmen der Regierungszeit der jagiellonischen Könige in der Geschichte Polens. Zwischen diesen beiden Jahreszahlen regierten drei Generationen der Nachkommen Jagiellos. Dieser, der letzte heidnische Herrscher Europas und Großfürst von Litauen, nahm bei seiner Taufe in Krakau den Vornamen polnischer und ungarischer Könige an — Ladislaus.

Die Jagiellonen, durch Heiratsverträge mit den Habsburgern, den Fürsten deutscher Staaten, mit Ungarn, dem Fürstentum Moskau, mit Italien und Schweden verbunden, gründen ab der zweiten Generation dank ihrer dynastischen Politik die Fundamente der jagiellonischen Hausmacht, die gegen Ende des 15. und zu Beginn des 16. Jahrhunderts ihren Höhepunkt erreicht. Die Jagiellonen regieren über große Länder Mittel- und Osteuropas: über das Königreich Polen, über Litauen, Böhmen und Ungarn. Diese Politik erfährt schon im zweiten Jahrzehnt des 16. Jahrhunderts eine Niederlage und muß den Habsburgern, den Rivalen der Jagiellonen, den Vortritt lassen.

Die religiöse Kultur der vier Generationen der Jagiellonen setzt sich am Ende des Mittelalters und zu Beginn der Neuzeit fort. Es ist dies das Zeitalter der großen religiösen Auseinandersetzungen, mit dem Hussitentum im 15. und mit der Reformation im 16. Jahrhundert. Die Änderung des künstlerischen Geschmacks dieser Zeit spielt ebenfalls eine recht bedeutende Rolle. Nach und nach dringt die Renaissance in die gotische Welt dieses Teils Europas ein. Nur wenige Jahre, aber eine große psychologische Distanz trennen Jagiello, den aus einem heidnischen Land Gebürtigen, der — obwohl sehr eifriger christlicher Neophyt — nach zeitgenössischen Zeugnissen viele abergläubische Praktiken beibehielt, von seinen Enkeln Kasimir, dem heiligen königlichen Prinzen, der von der Kirche heiliggesprochen wurde, und Sigismund I., einer der größten moralischen Autoritäten unter den Herrschern Europas in der ersten Hälfte des 16. Jahrhunderts.

---

* Die Übersetzung der französischen Vorlage ist Frau Dr. Marlies Jilek zu danken.

## PRÄSENTATION DER QUELLEN[1]

Die Frage nach der religiösen Kultur der polnischen Jagiellonen, die in gewissen Biographien kaum am Rande aufgezeigt wird, findet ihre Hauptquelle, die bis heute nur fragmentarisch ausgeschöpft ist, in den königlichen Rechnungsbüchern. Trotz beachtlicher Lücken sind uns diese Rechnungsbücher in genügend großer Anzahl erhalten geblieben, und sie erlauben es, die Probleme vom Zeitalter Ladislaus Jagiellos bis zum Ende der Herrschaft Sigismund Augusts zu untersuchen. Diese Quelle gestattet es, die Frage nach den Frömmigkeitsübungen der Jagiellonen objektiv zu beantworten. Diese Dokumente wurden für die königliche Schatzkammer abgefaßt. Die Rechnungsbücher zeigen den Rhythmus der religiösen Praktiken des Tages, der Woche und des liturgischen Jahres auf, sie geben Informationen über den Sakramentenempfang und auch über die Almosen des Königs.[2]

Andere Quellen sind die erhaltenen Gebetbücher, die Eigentum der Familie der Jagiellonen waren (vier aus dem 15. und fünf aus dem 16. Jahrhundert), und auch religiöse Literatur, die für deren Gebrauch verfaßt wurde; diese Schriften erlauben einen Zugang zu den Frömmigkeitsübungen und deren geistlichem Gehalt.[3]

---

[1] Zu den Quellen und der reichen Literatur über die politischen, wirtschaftlichen und kulturellen Verhältnisse in der Epoche der Jagiellonen siehe den Katalog der Ausstellung: Polen im Zeitalter der Jagiellonen 1386—1572 (Katalog des nö. Landesmuseums, Neue Folge 171, Schallaburg 1986).

[2] Die königlichen Rechnungsbücher im Hauptarchiv in Warschau, Alte Akten, bilden einen Teil des Kronschatzarchivs. Die ältesten der 100 Bücher stammen aus dem Ende des 14. Jahrhunderts. Am reichsten ist der erhaltene Bestand für die Zeit Sigismunds I. und Sigismund Augusts, 1507—1572, doch gibt es auch in diesem Material durch einige Jahre Lücken.

[3] Die erhaltenen Andachtsbücher von Mitgliedern des Jagiellonenhauses sind: Das sogenannte „Gebetbuch des Ladislaus von Varna" aus dem 15. Jahrhundert, Oxford, Bodleian Library MS 15.857, bearb. und hg. von L. Bernacki, R. Ganszyniec und W. Podlaha, Modlitewnik Władysława Warneńczyka w zbiorze Biblioteki Bodlejańskiej (Lwów 1928); das Gebetbuch des Ladislaus Jagiello, Königs von Böhmen und Ungarn, aus der zweiten Hälfte des 15. Jahrhunderts in der Jagiellonen-Bibliothek in Krakau, MS 4289; das Gebetbuch von Bona Sforza, entstanden in Norditalien 1492, in den Sammlungen des königlichen Schlosses in Warschau, ohne Signatur. Vgl. S. Tomkiewicz, Modlitewnik królowej Bony w Wilanowie (Prace Komisji Historii Sztuki — Das Gebetbuch der Königin Bona in Wilanów. Arbeiten der Kommission für Kunstgeschichte 5, 1930—1934), 30—44; das Gebetbuch des Alexander Jagiello aus dem Jahr 1491, London, British Museum MS 38.603. Vgl. K. Dobrowolski, Modlitewnik królewicza Aleksandra. Ustęp z dziejów kultury umysłowej w 2 poł. XV w. (Das Gebetbuch des königlichen Prinzen Alexander. Ein Beitrag zur Kulturgeschichte der zweiten Hälfte des 15. Jahrhunderts, Kraków 1928); ferner das Gebetbuch Sigismunds I., London, British Museum, MS add. 15281, und das Gebetbuch der Bona Sforza, Oxford, Bodleian Library MS Douce 40. Diese beiden Gebetbücher wurden im ersten Viertel des 16. Jahrhunderts vom Miniaturenmaler Stanislaus Samostrzelnik, Zisterzienser der Abtei Mogiła, angefertigt. Vgl. Z. Ameisenowa, Cztery polskie rękopisy iluminowane z lat 1524—1528 ze zbiorów obcych (Vier polnische illuminierte

Außerdem gibt es die Grabreden, die anläßlich der Leichenfeiern der Könige und der Mitglieder der königlichen Familie entweder vorgetragen oder in Druck gegeben wurden, und die Chroniken, angefangen von jener des Jan Długosz, eines Zeitgenossen des Kasimir Jagiello, bis hin zu den Memoiren von Lukas Górnicki zur Zeit Sigismund Augusts, die ziemlich widersprechende Meinungen über die Religiosität des Herrscherhauses wiedergeben.[4]

Ebenso führen uns die pädagogischen Abhandlungen und die Predigten, von denen wir wissen, daß sie in Gegenwart des Monarchen gehalten wurden, in das Gebiet der christlichen Erziehung der Jagiellonen ein.[5] Alle diese

---

Handschriften aus den Jahren 1524—1528 in fremden Sammlungen, Kraków 1967), und B. Miodońska, Miniatury Stanisława Samostrzelnika (Miniaturen von Stanislaus Samostrzelnik, Warszawa 1983); das Beichtbüchlein der Königstochter Hedwig von 1526 in der Universitätsbibliothek Erlangen, MS 1798. Vgl. L. Malinowski (Hg.), Zabytek języka polskiego z początku XVI w. z rękopisu Biblioteki Uniwersyteckiej w Erlangen (Ein polnisches Sprachdenkmal aus dem Beginn des 16. Jahrhunderts . . ., Kraków 1898). Unter den gedruckten Gebetbüchern kann man nur eines nicht als Eigentum Sigismunds I. identifizieren; es besteht aus drei zusammengebundenen Einzeldrucken mit folgenden Titeln: *Psalterz* (Psalter); *Pozdrowienie członków Pana Jezusowych* (Begrüßung der Jünger des Herrn Jesus), das ist ein Kommentar zum Gebet des Herrn von Erasmus von Rotterdam; und *Tarcza duchowa* (Schild des Geistes). Die Einzeldrucke stammen aus dem Jahr 1533 aus der Druckerei von F. Ungler. Das einzige Exemplar des Bandes befindet sich in der Jagiellonenbibliothek in Krakau, Cim. 26—28. Vgl. K. Estreicher, Bibliografia polska XVI 88, XXV 198, XXXI 27 (Polnische Bibliographie). Diese erhalten gebliebenen Gebetbücher sind nur ein Teil der von den Jagiellonen verwendeten, was aus den Quellen ersichtlich ist. Von weiteren religiösen Büchern, die im Auftrag der Jagiellonen entstanden oder ihnen gewidmet sind, seien erwähnt: B. Opecia, Żywot Pana Jezu Krysta (Das Leben des Herrn Jesus Christus, Kraków 1922) — Bearbeitung eines Werkes des hl. Bonaventura auf Bestellung der Königstocher Elisabeth Jagiello. Auf Ersuchen der Barbara Jagiello, einer sächsischen Prinzessin, hat Marcus Weida die Schrift: *Der Spiegel hochlöblicher Bruderschaft des Rosenkranzes Mariae* verfaßt und 1514 in Leipzig herausgegeben. Ein für Hedwig Jagiello, Markgräfin von Brandenburg, geschriebener Kommentar zum „Salve Regina" von Jerzy Poznańczyk, Kaplan der polnischen Königstochter, befand sich in den vierziger Jahren des 16. Jahrhunderts in Berlin; die Handschrift ist heute in der Universitätsbibliothek in Erlangen, MS 1799.

[4] J. Długosz, *Historiae Polonicae libri XII*, tom. 1—5, hg. von A. Przeździecki in Opera omnia 10—14 (Cracova 1873—1878); M. Miechowita, *Chronica Polonorum* (Cracova 1519—1520); J. L. Decjusz, *De vetustatibus Polonorum* lib. I; *De Jagellonum familia* lib. II; *De Sigismundi regis temporibus* lib. III (Hg. Cracova 1521, zusammen mit Miechowita, *Chronica Polonorum)*; B. Wapowski, *Chronica*, hg. von J. Szujski in Scriptores rerum Polonicarum 2 (Kraków 1874); S. Orzechowski, *Annales Polonici ab excessu Divi Sigismundi Primi* (Dobromil 1611); M. Kromer, *De origine et rebus gestis Polonorum lib. XXX* (Bazylea 1555); L. Górnicki, *Dzieje w Koronie Polskiej (. . .) od roku 1538 aż do roku 1572* (Geschichte des polnischen Königreiches von 1538 bis 1572, Kraków 1637). Weitere Titel hiezu am vollständigsten in der Bibliographie zur polnischen Literatur: „Nowy Korbut". Piśmiennictwo staropolskie („Neuer Korbut". Die altpolnische Literatur) 2—3 (Warszawa 1964—1965).

[5] Der wichtigste dieser Traktate ist: *De institutione regii pueri*, hg. von H. Zeisberg, Kleinere Geschichtsquellen Polens im Mittelalter (Archiv für österreichische Geschichte 55, 1877), 99—136.

narrativen Quellen werden durch zum Teil schon ausgewertete Briefe, durch Dokumente und Inventare ergänzt. Was ebenfalls und wesentlich das Nachstehende bereichert, ist die Ikonographie, die die religiöse Vorstellungswelt dieser Zeit und deren Ausdruck aufzeigt.[6]

## DIE CHRISTLICHE ERZIEHUNG DER JAGIELLONEN

Die Erziehung der jungen Generation der Jagiellonen durch sorgfältig ausgewählte Pädagogen, deren berühmtester Jan Długosz, Historiker des 15. Jahrhunderts und Staatsmann von untadeliger Moralität, war, eine strenge Erziehung bei kärglicher Ernährung, bescheidener Kleidung und Anpassung an Unannehmlichkeiten, hatte zum Ziel, gemäß dem Idealbild für einen Monarchen, den jungen Mann zur Liebenswürdigkeit, zur Mäßigung, zum freundlichen Entgegenkommen, zur Wahrheitsliebe, zur Treue zum gegebenen Wort, zur Großzügigkeit und zum Wohlwollen für die Untertanen heranzubilden; all dies finden wir in einer pädagogischen Abhandlung aus dem Jahre 1502. Zusammen mit anderen Historikern betrachte ich Elisabeth von Österreich, Mutter von sechs Söhnen und sieben Töchtern, „Mutter der Könige", wie sie die polnische Geschichtsschreibung nennt, als Verfasserin dieser Abhandlung. Es ist dies eine Summe von pädagogischen Erfahrungen des Hauses der Jagiellonen. Gemäß dieser Abhandlung soll die religiöse Erziehung dergestalt sein, daß der königliche Prinz *Deum salvatorem ac intemeratam virginem Mariam praecipue veneratur ac timeat.* Die Abhandlung schlägt nur zwei von mehreren möglichen religiösen Übungen vor, aber sie sind sehr wichtig für die Heranbildung gesunder Frömmigkeitshaltungen. Wir finden darin das Gebot, daß der junge königliche Prinz nicht frühstücke, *nisi prius a sacerdotae* (sic!) *celebrationem hostiae christianae audiverit* und außerdem, daß er *dicat quotidie laudes Matris Jesu.*[7]

Die Rechnungsbücher und andere Quellen teilen uns mit, daß die Kinder des Herrschers schon sehr früh — mit vier Jahren — eigene Hauskapläne hatten, die für sie täglich die Messe in der Privatkapelle feierten. Außerdem wohnten diese Kinder, sowohl die Kasimir Jagiellos als auch die Sigismunds I., mit ihren Eltern von frühester Kindheit an an Sonn- und Feiertagen den in verschiedenen Kirchen gefeierten Messen bei. Königliche Chorstühle waren ganz nahe beim Altar aufgestellt, was zusammen mit der Kenntnis des Latein, das der jungen Generation sehr früh gelehrt wurde, eine wirksame Teilnahme an den liturgischen Feiern erlaubte.

Das besondere Bemühen, die Kirchen, Kapellen und die von den Jagiello-

[6] Siehe Anm. 1.

[7] *De institutione regii pueri* 103 und 135.

nen gestifteten Altäre mit Büchern, Gewändern und Altargeräten auszustatten, beweist ihr Verständnis für die Bedeutung des Officium divinum.

Wie aus der oben erwähnten Abhandlung hervorgeht, waren die Evangelien und andere Bücher der Bibel, wie auch die Schriften der Kirchenväter die Grundlage sowohl des Lateinunterrichts als auch der religiösen Bildung. In welchem Maße der Text der Bibel von den jungen königlichen Prinzen rezipiert worden war, bezeugen uns die Worte Martin Kromers über Sigismund I.: *Dieser konnte bis ins hohe Alter bei jeder Gelegenheit den passenden Vers der Heiligen Schrift auswendig hersagen.*[8] Desgleichen sind die Inventare der königlichen Bibliothek, wo Bibelexemplare nicht nur in Latein, sondern auch in polnischer, ruthenischer und sogar tschechischer Übersetzung den vorherrschenden Platz einnahmen, der Beweis für die Rolle, die dieses Buch bei der Erziehung der Jagiellonen spielte.[9]

Was ebenfalls das Streben nach christlicher Erziehung der Königskinder bezeugt, ist das Beichtbuch in polnischer Sprache, das zum Gebrauch für Hedwig, die Tochter Sigismunds I., wahrscheinlich von ihrem persönlichen Beichtvater, Pfarrer Alexis, verfaßt worden ist. Sie war zehn Jahre alt.[10] Es ist bezeichnend, daß man gerade den Frauen in der Familie der Jagiellonen, die eine geringere Kenntnis des Latein als die königlichen Söhne hatten, die bemerkenswerte Entwicklung der religiösen Literatur in der Landessprache zuschreibt. Diese Entwicklung ging von den teilweisen oder vollständigen Bibelübersetzungen aus, die für die Königinnen Hedwig und Sophie, Frauen des Ladislaus Jagiello, erstellt wurden, oder auch vom Leben Jesu des Balthasar Opeć, verfaßt über Auftrag Elisabeths, Tochter von Kasimir Jagiello, und schließlich von den apologetischen Kommentaren über das Salve Regina und die vier Evangelien, die für den Gebrauch der Töchter Sigismunds I. bestimmt waren, die dann durch ihre Heirat mit deutschen Fürsten in das protestantische Milieu gerieten.[11]

Die religiöse Erziehung setzte sich weiters durch das Predigthören während der Gottesdienste, an denen die königliche Familie teilnahm, fort. Die Sorgfalt, die man für die Auswahl der Prediger an der Kathedrale von Krakau aufwandte — meist waren es berühmte Theologen der Universität —, ge-

[8] M. Kromer, *Oratio in funere Sigismundi Primi* (Cracoviae 1548).

[9] Siehe M. Gębarowicz, Na śladach polskich bibliotek królewskich, Roczniki Biblioteczne (Auf den Spuren der Bibliotheken polnischer Könige, Jahrbuch der Bibliotheken 14, 1970), 116—121; K. Hartleb, Biblioteka Zygmunta Augusta (Die Bibliothek Sigismund Augusts, Lwów 1928).

[10] L. Malinowski, Zabytek języka; dazu die Textanalyse von U. Borkowska, Królewna Jadwiga i jej książeczka do nabożeństwa (Königin Hedwig und ihr Andachtsbüchlein); im Druck.

[11] Über diese religiöse Literatur A. Brückner, Literatura w Polsce średniowiecznej 1—3 (Die Literatur im mittelalterlichen Polen, Warszawa 1904), und J. Łoś, Przegląd zabytków staropolskich do 1543 r (Überblick über die altpolnischen Denkmäler bis 1543, Kraków 1915).

währleistete das hohe Niveau der Predigt in diesem vor allem von den Jagiellonen besuchten Gotteshaus. Vom Zeitalter Sigismund Augusts an scheinen in den königlichen Rechnungsbüchern die Honorare des Hofpredigers, der den König auf seinen Reisen durch das Land begleitete, auf. Die Bedeutung dieses Dienstes erregte auch die Aufmerksamkeit des Kardinals Stanislaus Hosius — zahlreiche Briefe bezeugen dies —, der sich dieser Tatsache in seinem langen Kampf, den er für die katholische Rechtgläubigkeit des letzten Jagiellonen führte, bediente.[12]

## DER RHYTHMUS DER RELIGIÖSEN ÜBUNGEN

Am Hof der Jagiellonen nahm die *capella regia*, die einem der beiden Reichskanzler unterstand, einen vorherrschenden Platz ein. Diese *capella regia* setzte sich aus den Kaplänen und, vom 16. Jahrhundert an, auch aus den Predigern und den Kantoren zusammen. Nach der Beschreibung des Hofes in dem Werk Martin Kromers mit dem Titel *Polonia, sive de situ, populis, moribus, magistratibus et republica regni Polonici*[13] *feierten* die Kapläne *jeden Tag und nacheinander Gottesdienste in Anwesenheit des Königs, beteten an den Festtagen das Brevier, segneten außerdem die Speisen der königlichen Tafel gemäß dem christlichen Ritus und sprachen Dankgebete.* Die königlichen Rechnungsbücher enthalten eine Namensliste der Kapläne, und im 15. und 16. Jahrhundert waren es manchmal mehr als zehn.[14] Diese Bücher geben uns auch Auskunft über die Honorare, die sie erhielten: Bargeld, Nahrung und Stoff für die Kleidung. Im 15. und 16. Jahrhundert war die *capella regia* – die Personen und auch die liturgische Ausstattung — oft unterwegs, um dem König auf seinen Reisen zu folgen. Einige Kapläne begleiteten diesen immer, außerdem kümmerten sich ein oder zwei Kleriker um die Altargeräte, die Gewänder,

---

[12] Über Prediger am Hof der Jagiellonen: J. Wolny, Kaznodziejstwo, in: Dzieje teologii katolickiej w Polsce 1, Średniowiecze (Die Predigt, in: Geschichte der katholischen Theologie in Polen 1, Das Mittelalter, Lublin 1964). Die erhalten gebliebene Korrespondenz des Hosius läßt dessen Rolle erkennen: Hosii Stanislai Epistolae, tum etiam eius orationes, legationes . . ., ed. F. Hipler und V. Zakrzewski 1—2, 1525—1558 (Kraków 1879—1888), 6, 1565, bearb. von G. Szorc, in: Studia Warmińskie 15 (1978).

[13] Hg. Frankfurt/Oder 1575, 2. u. 3. Aufl. Köln 1577.

[14] Zur Frage der *Capella Regia* vgl. Rachunki królewskie z lat 1471—1472 i 1476—1478 (Die königlichen Rechnungen aus den Jahren . . .) ed. S. Gawęda, Z. Perzanowski, A. Strzelecka (Wrocław 1960); T. Lalik, Kaplica królewska i publiczne praktyki religijne rodziny Kazimierza Jagiellończyka (Die königliche Kapelle und die öffentliche religiöse Praxis der Familie Kasimir Jagiellos), Kwartalnik historyczny 88 (1981), 391—415. Die Analyse der Rechnungen ließ eine bessere Kenntnis der Funktion der *Capella Regia* im 15. und 16. Jahrhundert und zugleich der religiösen Praxis der Jagiellonen zu.

die Kirchenwäsche und um den Einkauf des Weines und der Kerzen. Dank der königlichen Rechnungsbücher und der Liste über die Mitgift der Königinnen und der Königstöchter haben wir Kenntnis vom Reichtum der Ausstattung der Kapellen an tragbaren Altären, an Silber- und Goldkreuzen, an Kerzenleuchtern, Altargeräten, liturgischen Gewändern und Büchern; all dies wurde in Spezialtruhen transportiert. Die tägliche Messe in der Privatkapelle eröffnete den Tag des Königs. Dieser nahm daran teil und hielt dabei wahrscheinlich das Gebetbuch in der Hand. Die polnischen Königinnen verfügten in großen Schlössern, wie z. B. dem Wawel in Krakau oder dem Schloß von Wilna, über eigene Kapellen. An Sonn- und Feiertagen nahm die königliche Familie oder zumindest der König, wie bereits erwähnt, zusammen mit dem Volk am Gottesdienst in der Kirche teil. Während des Aufenthalts in Krakau oder in Wilna war dies in der Kathedrale der Fall, manchmal auch in einer anderen Kirche; während seiner Reisen durch das Land wohnte er der Messe in verschiedenen Stifts-, Pfarr- oder Abteikirchen bei. Am Freitag, wenn der König in Krakau war, nahm er oft an der Wallfahrt teil, die sich allwöchentlich von der Kathedrale des Wawel in die Kirche von Skałka begab, dem Ort des Martyriums des hl. Stanislaus, das sich der Legende nach gerade an diesem Wochentag zutrug.

Auffallend im Rhythmus der religiösen Praktiken ist die eifrige Teilnahme der Jagiellonen an der *Rorate*, das heißt an der Messe im Advent, die gemäß alter polnischer Tradition jeden Tag bei Tagesanbruch gefeiert wird. Man gab dem König und seiner Familie die *Rorate*-Kerzen. Es war dies der beliebteste Gottesdienst des letzten Jagiellonen. Sigismund August, der musikalisch war wie übrigens die ganze Familie, liebte es, mit dem Chor die lateinischen Texte dieser Messe laut zu singen.

Am Ende des Advents kamen Kleriker ins Schloß, die das ungesäuerte Brot brachten, das man dann während des Weihnachtsmahls, wie in jeder polnischen Familie, brach und teilte. Es kamen auch die Schüler und sangen zuerst Advent-, dann Weihnachtslieder. In der Christnacht nahm der König an der Mette teil, dann vormittags am Hochamt. Bei dieser Gelegenheit und ebenso zu Epiphanie brachte der Monarch eine Opfergabe dar: fast immer eine Goldmünze, Symbol der königlichen Würde.

Die Karwoche wurde außerordentlich feierlich begangen. Am Palmsonntag nahm der König an der Aufführung des Mysteriums der Passion teil, wobei die Anbetung des in der Mitte der Kirche errichteten Kreuzes ein wichtiges Element darstellte. Am Mittwoch in der Karwoche gab der Monarch dem Heilig-Geist-Spital, dem Hauptspital von Krakau, in das er sich manchmal persönlich begab, ein großzügiges Almosen. Am Karfreitag ging er gewöhnlich von Kirche zu Kirche, verehrte das Heilige Grab und gab den vor diesen Kirchen versammelten Armen persönlich ein Almosen. Die Feier der Karwoche endete mit der Teilnahme des Königs an der von den Priestern gesungenen Trauermette. Außerdem vermerken die Rechnungsbücher Summen, die an eigene Prediger bezahlt wurden, die während der Karwoche Ansprachen hielten. Sie geben auch über die Teilnahme an den öffentlichen Messen Auskunft, die zu Ostern, das drei Tage dauerte, gefeiert wurden, und an der Pfingstmesse. Bei dieser Gelegenheit gab man großzügige Opfergaben.

Fast jedes Jahr nahm der König, oft mit seiner Familie, an der feierlichen Prozession des Fronleichnamsfestes und an der Fronleichnamsoktav teil. Die Feste der Gottesmutter, vor allem Mariä Verkündigung, Mariä Himmelfahrt, Mariä Geburt und Unbefleckte Empfängnis, sowie die Feste der Patrone Polens, des hl. Stanislaus und des hl. Adalbert, sind in den Rechnungsbüchern wegen der großzügigeren Opfergaben und Almosen hervorgehoben.

Eine Tradition, die auf die Jagiellonen selbst zurückgeht, betrifft die Feier des 15. Juli, das sogenannte Fest der Sendung der Apostel. Gerade an diesem Tag trug im Jahre 1410 Ladislaus Jagiello in Grunwald (Tannenberg) einen glänzenden Sieg über die Deutschen Ritter davon. Um dieses Ereignisses zu gedenken und Gott dafür zu danken, ging jedes Jahr eine Prozession unter Teilnahme des Königs, wenn er in der Hauptstadt war, von der Krakauer Kathedrale zur Hedwigskirche am Fuße des Wawelhügels, unter Gesang von Hymnen zu Ehren der hl. Patrone des Reiches. Dann kam die Prozession zur Kathedrale zurück, wo zum Dank das Te Deum gesungen wurde.[15]

Die feierlichen Einzüge des Monarchen in die Hauptstadt oder seine Auszüge sind voll religiöser Komponenten. Dabei begab sich der König in die Kathedrale; in der Sakristei, wo man eine reiche Reliquiensammlung aufbewahrte, brachte er eine Opfergabe dar, und man reichte ihm die Reliquie zum Kuß. Diese Geste ist wahrscheinlich eine Andeutung des *Osculum-pacis*-Brauches. Der Bischof selbst, umgeben von den Klerikern der Kathedrale, hielt für den König eine passende Anrede als Willkommensgruß oder als Abschiedswort. Auf der Reise sprach man Gebete, sogenannte Itinerarien. Ein einziges dieser Gebete findet man noch im Gebetbuch Sigismunds I. Selbst kurze Jagdausflüge in die Urwälder bei Krakau oder Wilna liefen nach demselben Zeremoniell ab. Auf der Rückkehr vom Feldzug veranstaltete man feierliche Gebete, um Gott für den errungenen Sieg zu danken, und man legte die vom Feind erbeuteten Fahnen am Altar unter dem Sarkophag des hl. Stanislaus nieder. Dieser Brauch nahm mit Ladislaus Jagiello nach der Schlacht von Grunwald seinen Anfang und wurde in der Familie der Jagiellonen vom Vater an die Kinder und Enkelkinder weiter-

[15] T. Lalik, O patriotycznym święcie Rozesłania Apostołów w Małpolsce w XV w. Studia Żródłoznawcze (Die patriotische Feier der „Sendung der Apostel" in Kleinpolen im 15. Jahrhundert. Quellenstudien 26, 1981), 23—32.

gegeben. Außerdem trugen alle Generationen der Jagiellonen zur Vermehrung der Kunstschätze bei, die als Ex-voto-Gaben zum Altar unter dem Sarkophag des hl. Stanislaus gespendet wurden, der zum Altar des Vaterlandes geworden ist. Diese Ex-voto-Gaben erfüllten Gelübde der Könige zu jenen Zeiten, da dem Staat Gefahr drohte. Die königlichen Rechnungsbücher vermerken auch Geldsummen, die die Jagiellonen an die Kirchen und Klöster mit der Bitte um das Gebet sandten, wenn dem Land Gefahr drohte.

Eine religiöse Atmosphäre umgab auch die polnischen Landtage, deren Entwicklung und Entfaltung in die Zeit der Jagiellonen fällt. Die Votivmesse zu Ehren des Heiligen Geistes eröffnete die Sitzungen; der Dankgesang des Te Deum beendete sie. Die Teilnahme an dieser Messe, die für alle Senatoren und Abgeordneten verpflichtend war, wurde dann Streitgegenstand — päpstliche Legaten haben diese Auseinandersetzungen beschrieben —, da zur Zeit Sigismund Augusts diese soziale Gruppe unter den Einfluß des Protestantismus geriet.

## SAKRAMENTALE ANDACHTSÜBUNGEN

Auf dem Gebiet der sakramentalen Praxis der Könige vermischt sich das Religiöse in sehr auffallender Weise mit dem Politischen und Aufsehenerregenden. Man müßte wohl die Frage stellen, bis zu welchem Punkt das *sacrum* im *profanum* bei den Taufen, Hochzeiten und Beisetzungen in der königlichen Familie verborgen ist. In erster Linie war hier eine Gelegenheit gegeben, Feste für das Volk zu veranstalten.

Die Taufe der Königskinder fand im allgemeinen sofort nach deren Geburt statt. Meistens war es der Bischof, der der Zeremonie vorstand. Die Taufe der ältesten Söhne war besonders feierlich. Ladislaus, der Sohn Jagiellos, hatte 25 Paten. Eine Quelle aus der zweiten Hälfte des 16. Jahrhunderts, die Chronik eines anonymen Bürgers aus Krakau,[16] hat uns ein interessantes Detail zur Taufzeremonie des ältesten Sohns des Königs, die in der Kathedrale von Krakau stattfand, überbracht. Sofort nach der Taufe hatte man das Kind zum Altar des hl. Stanislaus getragen. Mit dieser Geste wollte man das mystische Band des künftigen Monarchen mit dem Patron des Reiches und dem Hüter der geweihten Kroninsignien bekräftigen. Dieser Brauch entstand wahrscheinlich schon vor der Zeit, aus der er überliefert wurde, und kann sich allem Anschein nach aus der Zeit der Jagiellonen herleiten. Die Taufspendung entfaltete sich in langen Zeremonien, während

[16] Kronika mieszczanina krakowskiego z lat 1575—1595 (Die Chronik eines Krakauer Bürgers aus den Jahren 1575—1595), hg. von H. Barycz (Kraków 1930) 165 ff.

derer auch der erste Kirchgang der königlichen Wöchnerin stattfand, das heißt ihre Reinigung nach der Niederkunft und ihr erster Gang in die Kirche.[17]

Nach den Aufzeichnungen der königlichen Rechnungsbücher gingen die Jagiellonen üblicherweise in der Karwoche zur Beichte, und zwar meistens am Mittwoch. In diesen Rechnungen findet man deshalb Aufstellungen, die sich auf die Beichten beziehen, weil bei dieser Gelegenheit den Beichtvätern eine Geldsumme übergeben wurde. Am Hofe der Jagiellonen übte man also diesen zur Zeit der Reformation so umstrittenen Brauch. Dank dem oben erwähnten Beichtbuch, das für Hedwig bestimmt war, wissen wir ungefähr, wie die Gewissenserforschung als Vorbereitung auf die Beichte vor sich ging, und in den Gebetbüchern der Jagiellonen finden wir ebenso Gebetsformeln als Einleitung zur Beichte, Gebete, die vor und nach der Beichte gesprochen wurden, wie auch die Bußpsalmen Davids, die beispielsweise in dem Orationale Ladislaus' II. dem schönen Text von Sühnegebeten beigefügt wurden. Eine nicht vollständige Liste der Beichtväter der Könige erlaubt die Feststellung, daß die meisten von ihnen Professoren an der Krakauer Universität waren, Theologen mit dem Doktortitel und Dominikaner, im allgemeinen Diplomierte der Alma Mater von Krakau.[18]

Es läßt sich schwer feststellen, ob die feierliche Kommunion des Herrschers in der Karwoche, durch eine besondere Opfergabe gekennzeichnet und dadurch zusammen mit der Opfergabe aus Anlaß der Beichte in den Rechnungsbüchern vermerkt, die einzige im Jahr war. Dadurch gäbe es keinen Unterschied zu der allgemeinen Praxis an den europäischen Königshöfen und bei den Gläubigen.[19]

Für gewöhnlich fand die Heiratszeremonie zusammen mit der Krönung der Königin statt. Da die Königin an diesem Tag die heilige Kommunion empfing, verschob man meistens die Vollziehung der Ehe auf später. Nach der Hochzeitsnacht war die Zeremonie der Reinigung der Königin in der Kathedrale vorgesehen, wohin sie sich im Gefolge ihrer Ehrendamen begab. Einige Hochzeitsgedichte, die sich erhalten haben, stellen wahre Katechesen dar, die das Wesentliche der christlichen Ehe hervorheben. In den Hochzeitsgedichten an Königstöchter, die deutschen Fürsten oder schwedischen

[17] Details der Taufzeremonien der Königskinder bei Jan Długosz, *Historiae Polonicae 4–5* (Cracoviae 1875—1878).

[18] Die aufgrund der Quellen aufgestellte Liste der königlichen Beichtväter ist nicht vollständig; aus den Jahren 1452—1588 enthält sie 32 Personen, von denen sicher 26 Universitätsausbildung hatten. Über die sechs übrigen gibt es keine Informationen. Über die Häufigkeit der Beichte in jener Epoche: Pratiques de la Confession. Des Pères du Désert à Vatican II. Quinze Études d'histoire (Paris 1983).

[19] Vgl. P. Browe, Die Verehrung der Eucharistie im Mittelalter (Rom $^{2}$1967); J. Toussaert, Les sentiments religieux en Flandre à la fin du moyen âge (Paris 1960).

Königen, die unter dem Einfluß des Protestantimus standen, zur Ehe gegeben wurden, finden sich starke Akzente religiöser Polemik und inständige Bitten, dem Glauben der Väter treu zu bleiben.[20]

In dem stets gleichlautenden Ausdruck der Chronisten hinsichtlich des christlichen Todes der Könige der Jagiellonendynastie verbirgt sich der große Reichtum an religiösen Zeremonien, die den aus dieser Welt scheidenden Monarchen begleiteten.[21] Es gab also die Generalbeichte, die Anwesenheit des Beichtvaters bis zum letzten Augenblick, die ständigen Gebete am Krankenbett und — wie es das damalige Zeremoniell für die Krankensalbung vorsah — die Lesung der Passion des Herrn. Die Krankensalbung wurde vom Bischof oder vom Beichtvater gespendet. Das Volk, von Predigern inständig dazu aufgefordert, begleitete den sterbenden Monarchen mit seinen Gebeten. Wenn der König die Wegzehrung empfing, läuteten die Glocken von allen Kirchen der Stadt. Nach dem Tod wurde der Leichnam des Königs, bekleidet mit seinem Prunkgewand, demselben, das ihm der Bischof am Tag seiner Krönung umgelegt hatte, bis zur Beisetzung öffentlich aufgebahrt. Die Bestattungszeremonien, die drei Tage dauerten und so der dreitägigen Krönung der polnischen Könige entsprachen, waren sowohl an religiöser als auch an politischer Bedeutung reich. Hervorzuheben ist der Brauch, im Verlaufe der Beisetzungszeremonien, und zwar am ersten Tag der Bestattung, den Sarg des Königs am Fuße des Altars des hl. Stanislaus in der Kathedrale von Krakau, die ab dem 14. Jahrhundert Gruft der polnischen Monarchen geworden war, niederzustellen. Man legte die Krone auf die Confessio des hl. Stanislaus und wiederholte damit die wohlbekannte Geste der Taufzeremonie, die die Einheit des Königs von Polen mit dem Patron dieses Landes unterstrich.

Die Jagiellonen zeichneten sich durch eine große Ehrfurcht gegenüber ihren Verstorbenen aus. Diese kommt in den Geldsummen zum Ausdruck, die für die Organisation der prunkvollen Beisetzung bestimmt waren, nicht nur für jene der Mitglieder der königlichen Familie, selbst derer, die außerhalb Polens herrschten, sondern auch für die der verstorbenen Würdenträger des Staates oder schließlich der obersten Hofbeamten. Die Beisetzung

[20] Für die Zeremonie der Verlobung sind neben den königlichen Rechnungen auch die Beschreibungen in der Chronik des Jan Długosz sowie die Chronikauszüge mit Texten der Verlobungsansprachen in der Sammlung Acta Tomiciana 1—17 wichtige Quellen: Bd. 1—8 hg. von T. Działyński, 9—14 hg. von Z. Celichowski, 15—16 hg. von W. Pociecha, 17 von W. Pociecha bearb. und von W. Urban und A. Wyczański hg. (Posen-Poznań u. a. 1852—1966); ferner Gedichte des Pedro Ruiz de Moroz zur Verlobung Sigismund Augusts mit Elisabeth und später mit Katharina von Habsburg: Carmina, hg. von N. Kruczkiewicz 1—2 (Kraków 1900).

[21] Über dieses Problem U. Borkowska, The Funeral Ceremonies of the Polish Kings from the Fourteenth to the Eighteenth Centuries, The Journal of Ecclesiastical History 36 (1985) 513—534.

letzterer war bescheidener. In den Rechnungsbüchern sind auch Summen vermerkt, die für zahlreiche Meßstipendien vorgesehen waren: man gab den Klöstern und den Priestern Almosen mit der Bitte um das Gebet für die Verstorbenen. Ladislaus Jagiello machte fast alle seine Stiftungen und gewährte alle Privilegien für kirchliche Einrichtungen mit der Bitte um das Gebet für die Verstorbenen seiner Familie. Ein sehr spektakulärer Ausdruck des Totengedenkens war die Errichtung von Mausoleumskapellen: die Kapelle über dem Grabmal des königlichen Prinzen Kasimir in der Kathedrale von Wilna, die auf Wunsch Kasimir Jagiellos errichtet wurde; die Heilig-Kreuz-Kapelle in der Kathedrale von Krakau, ebenfalls auf Verlangen Kasimirs und seiner Frau Elisabeth erbaut, sowie das imposanteste Mausoleum, die sog. königliche Kapelle in derselben Domkirche. Sigismund I. hatte die Idee zur Errichtung dieser Kapelle nach dem Tode seiner ersten Frau, Barbara Zapolya. Vom italienischen Architekten B. Berrecci (1517—1535) erbaut, ist diese Perle der polnischen Renaissance-Architektur, deren Ikonographie so reich an tiefreligiösen Symbolen ist, ein Ergebnis der engen Zusammenarbeit des Königs selbst mit dem Meister aus Florenz. Die Errichtung der Kapellen ging einher mit Stiftungen für den Klerus, der nach Absicht der Stifter für ständige Gebete zugunsten der Mitglieder der Familie der Jagiellonen sorgen sollte. Dieselbe Absicht bewog Sigismund August zur Errichtung einer Kapelle in der Kathedrale von Wilna, unter der seine beiden Frauen beigesetzt wurden: Elisabeth von Österreich und Barbara Radziwiłł[22].

[22] Zur ideologischen Bedeutung der königlichen Mausoleumskapellen in der Krakauer Kathedrale vgl. W. Kopczyński, Wątki polityczno-dynastyczne w programie ikonograficznym nagrobka Kazimierza Jagiellończyka. Próba interpretacji, in: Wit Stwosz. Studia i szkice o sztuce i recepcji (Die politisch-dynastischen Grundlinien im ikonographischen Programm des Grabmales Kasimir Jagiellos. Versuch einer Interpretation, in: Veit Stoß. Studien und Skizzen über dessen Kunst und Rezeption), hg. von A. S. Labuda (Warszawa 1986), 81—85; A. Różycka-Bryzek, Bizantyńsko-ruskie malowidła ścienne w kaplicy świętokrzyskiej na Wawelu, 1470, Studia do dziejów Wawelu (Byzantinisch-russische Wandmalereien in der Heilig-Kreuz-Kapelle auf dem Wawel, 1470; Studien zur Geschichte des Wawel 3, Kraków 1968), 175—293; H. Fischer, Nagrobek Jana Olbrachta i początki rzeźby renesansowej w Polsce, in: Renesans. Sztuka i ideologia, Materiały Sympozjum Naukowego Komitetu Nauk o Sztuce PAN, Kraków czerwiec 1972, oraz Sesji Naukowej Stowarzyszenia Historyków Sztuki, Kielce listopad 1973. (Das Grabdenkmal Johann Olbrachts und die Anfänge der Renaissance-Skulptur in Polen, in: Die Renaissance. Kunst und Ideologie, Schriften des Symposions des Komitees für Kunstwissenschaft PAN, Krakau, Juni 1972, und der Tagung des Vereins für Kunstgeschichte, Kielce, November 1973, Warszawa 1976) 451—466; L. Kalinowski, Treści artystyczne i ideowe Kaplicy Zygmuntowskiej, Studia do dziejów Wawelu (Der künstlerische und geistige Gehalt der Sigmunds-Kapelle, Studien zur Geschichte des Wawel 2, Kraków 1961), 1, 129; H. Kozakiewicz, z działalnoici budowlanej Króla Zygmunta Augusta, Biuletyn Historii Sztuki (Die Bautätigkeit des Königs Sigismund August, Kunsthistorisches Bulletin 30, 1968), 436—444.

Die Gebetbücher der Jagiellonen, die eine große Anzahl von Ablaßgebeten enthielten, um Vergebung für die Sünden der Verstorbenen zu erbitten, die Texte des Totenoffiziums und der Meditationen über die letzten Dinge sind gleichzeitig das Zeugnis eines flehentlichen Totengedenkens sowie der Widerschein der Angst vor dem Tod und des wachsenden Interesses am Problem des Todes, was für das Ende des 15. und den Beginn des 16. Jahrhunderts so charakteristisch ist.[23]

## EIGENE KULTE DER JAGIELLONEN

Das oben behandelte Material, das nun in diesem Teil unserer Betrachtung vervollständigt werden soll, unterstreicht in sehr deutlicher Weise die bevorzugte Verehrung der Passion — genauer des heiligen Kreuzes —, weiters den Kult der Eucharistie, die Verehrung der Muttergottes und der heiligen Patrone des Königreiches, vor allem den Kult des hl. Stanislaus.

Die Verehrung der Passion zeigte sich in den feierlichen Karwochenzeremonien. Ein sehr beredtes Zeugnis dafür gibt uns Bischof Samuel Maciejewski in seiner Grabrede bei der Beisetzung Sigismunds I. Er hebt hervor, daß der König *die ganze Karwoche im Gebet verbrachte, um der Passion Jesu Christi zu gedenken. Am Karfreitag hörte er die ganze Nacht und den ganzen Tag das Wort Gottes, bei Gebet und Kirchenbesuch.*[24] Man feierte auch und auf besondere Weise die beiden Feste des heiligen Kreuzes im Mai und im September. Außerdem fand dieser Kult seinen besonderen Ausdruck in der Beziehung der Familie der Jagiellonen zu dem Benediktinerkloster der Heiligsten Dreifaltigkeit in Łysa Góra, wo die Heilig-Kreuz-Reliquien aufbewahrt wurden. Das in der Mitte des Landes gelegene Kloster war Ziel der Wallfahrten aller Herrscher der Jagiellonen-Dynastie, und diese Wallfahrten trugen manchmal einen familiären Charakter.[25] In den Rechnungsbüchern scheinen

---

[23] Zu dem Problem U. Borkowska, Królewskie modlitewniki (Gebetbücher der Könige, Lublin 1988).

[24] S. Maciejowski, *Sermo*, in: *De Sigismundo Primo rege Poloniae duo panegyrici funebris dicti Cracoviae in eius funere nempe*, Mainz nach dem 22. Februar 1550, 55.

[25] Wallfahrten des Ladislaus Jagiello, erwähnt siebenmal in Jan Długosz, *Historiae Polonicae*, Bd. 4, 11—12, 179, 193, 230, 307, 318, 469, und Wallfahrten Kasimirs neunmal: Bd. 5, 50, 88, 305, 516, 543, 583, 648, 666, 696; von zwei weiteren erfährt man aus den königlichen Rechnungsbüchern: Rachunki królewskie (s. Anm. 14), 236, und *Liber quitantiarum regis Casimiri ab anno 1484 ad 1488*, Teki Pawińskiego (Sammlung Pawiński 2, Warszawa 1897), 134. In den königlichen Rechnungen, Hauptarchiv Warschau, Alte Akten, werden Wallfahrten Jan Olbrachts, Alexanders, Sigismunds und Sigismund Augusts erwähnt; es sind dies eher zufällige Erwähnungen, und außerdem haben diese Bestände so große Lücken, daß man ihnen betreffend die Regelmäßigkeit der Wallfahrten nichts entnehmen kann. Die Erwähnungen sind aber so zahlreich, daß sie einen Begriff von der Bedeutung der Wallfahrtsstätte zum Heiligen Kreuz in der Religiosität der Jagiellonen vermitteln. Über die Beziehungen der Jagiellonen zu der

auch große Summen auf, die bei dieser Gelegenheit dem Kloster übergeben und an die bei der Kirche versammelten Armen ausgeteilt wurden. 1392 ließ Ladislaus Jagiello ruthenische Maler kommen, um die Kirche mit byzantinischen Fresken ausschmücken zu lassen. Nach der Feuersbrunst des 15. Jahrhunderts wurde das Kloster mit Hilfe Kasimir Jagiellos wiedererrichtet. Seit Ladislaus Jagiello gewährten oder bestätigten alle Monarchen zahlreiche Privilegien. Die Verehrung der Passion ist auch belegt durch den obenerwähnten Namen der Gründung von Kasimir und Elisabeth: der Heilig-Kreuz-Kapelle. Diese ist mit ruthenischen Fresken, die bis zur heutigen Zeit erhalten sind, ausgeschmückt, und ihre byzantinische Ikonographie harmonisiert bestens mit der gotischen Innenausstattung. Eine Priestergruppe der Kathedrale, die von Elisabeth mit Einkünften versehen worden war, war verpflichtet, das Stundengebet vom Fest des heiligen Kreuzes zu beten und die heilige Messe für die Seelen der Gründer zu feiern. Wie wir dank der Inventarverzeichnisse und anderer Quellen wissen, besaßen Johannes Olbracht und Alexander zudem privat Heilig-Kreuz-Reliquien. Ihr Bruder Friedrich Jagiello schenkte einen Reliquienschrein mit einem Fragment des heiligen Kreuzes der Kathedrale von Gniezno (Gnesen), und Sigismund I. vermachte eine Reliquie daraus als Ex-voto-Gabe dem Kloster von Jasna Góra. Die Illustrationen der Gebetbücher der Jagiellonen, äußerst interessante Miniaturen, stellen die Monarchen dieser Dynastie in Anbetung vor dem Gekreuzigten dar, dem schmerzhaften Christus, den Symbolen der Passion des Herrn oder vor der Muttergottes von den sieben Schmerzen. Sie sind Ausdruck ein und desselben Kultes, der, was die Jagiellonen betrifft, augenscheinlich die Elemente der byzantinischen mit jenen der lateinischen Kultur verbindet.[26]

Der Kult der Eucharistie ist nicht nur durch die obenerwähnte Teilnahme an der Fronleichnamsprozession und an anderen Sakramentsprozessionen bezeugt, sondern auch durch eine Gründung Ladislaus Jagiellos, nämlich der

---

Abtei Heiligenkreuz auf dem Berg Łysa: T. M. Trajdos, Benedyktyni na Łyścu za panowania króla Władysława Jagiełły (Die Benediktiner auf Łysa unter der Herrschaft des Königs Ladislaus Jagiello, Rocznik historyczny 48, 1982), 1—47. Vgl. Anna Coreth, Pietas Austriaca. Österreichische Frömmigkeit im Barock (Wien ²1982); das Kapitel über die Kreuzverehrung in der Habsburgerfamilie zeigt eine deutliche Analogie zum Kreuzeskult der Jagiellonen.

[26] Das Inventar der Kathedrale von Krakau aus dem Jahr 1563, hg. von A. Bochnak, in: Zródła do dziejów Wawelu (Quellen zur Geschichte des Wawel 10, Kraków 1979); A. Bochnak, Mecenat Zygmunta Starego w zakresie rzemiosał artystycznego, Studia do dziejów Wawelu (Sigmund I. als Mäzen des Kunsthandwerks, Studien zur Geschichte des Wawel 2, Kraków 1961) 131—301; U. Borkowska, Pobożność rodziny Kazimierza Jagiellończyka (Die Frömmigkeit der Familie Kasimir Jagiellos, Analecta Cracoviensia 16, 1984) 23—41; A. Bochnak, Zabytki złotnictwa późnogotyckiego związane z kardynałem Fryderykiem Jagiellończykiem, Prace Komisji Historii Sztuki (Wertvolle spätgotische Goldschmiedearbeiten mit Beziehung zu Kardinal Friedrich Jagiello. Arbeiten der kunstgeschichtlichen Kommission 11, 1948) 1—26.

Corpus-Christi-Kirche in Poznan (Posen), die zum Ziel der Wallfahrten dieses Monarchen geworden ist, um vor militärischen Operationen Schutz zu erflehen und nach errungenen Siegen Dank zu sagen. Ebenfalls charakteristisch ist die Beziehung Kasimir Jagiellos und der Königin Elisabeth zur Corpus-Christi-Kirche in Krakau.[27] Zahlreiche eucharistische Gebete, die in den Gebetbüchern der Jagiellonen enthalten sind und die während der Wandlung, vor und nach der Kommunion gebetet werden sollten, vervollständigen unsere Kenntnis dieses Kultes.

Schon in ihrer Kindheit führte man die Jagiellonen in die Marienverehrung ein,[28] wie dies die Worte der Abhandlung aus dem Jahre 1502 bestätigen, in der empfohlen wird, daß der königliche Prinz neben der Anbetung des Erlösers die seligste Jungfrau in sehr herzlicher Weise verehrt. Diese Verehrung seitens der Jagiellonen findet in der feierlichen Begehung der Muttergottesfeste, in den religiösen Programmen ihrer Gründung und auch in den Beziehungen der Dynastie zur Ikone von Jasna Góra ihren Ausdruck. Der religiöse Eifer für diese Ikone, wesentlicher Bestandteil der heutigen Frömmigkeit der Polen, geht auf den Beginn der Herrschaft der Jagiellonen in Polen zurück. Ladislaus Jagiello war in der Tat der zweite Gründer von Jasna Góra. Er war es, der die Restaurierung des 1430 zerstörten Bildes übernahm. Übrigens gesteht er selbst in einem Brief an Papst Martin V., seit seiner Taufe und seiner Krönung eine besondere Verehrung für diesen Ort zu haben. So wie er selbst, machten auch seine Söhne und Enkel die Wallfahrt nach Jasna Góra. Kasimir war mit Königin Elisabeth und einigen Kindern im Buch der Bruderschaft der Pauliner-Eremiten eingeschrieben. Ein interessantes Detail ist die tiefe Verehrung, die Helena, die orthodoxe Gattin Alexander Jagiellos und Tochter Ivans III., für Jasna Góra hatte. Das Bild der Gottesmutter von Częstochowa (Tschenstochau) erinnerte sie an die byzantinischen Ikonen. Die Gründungsdokumente und jene, die dem Kloster Privilegien gewährten oder bestätigten, sowie die Ex-voto-Gaben der Jagiellonen, die bis zum heutigen Tage in der Schatzkammer von Jasna Góra aufbewahrt werden, beweisen die Verbindung der Dynastie mit diesem Heiligtum.

Die Überfülle der Mariengebete in den Gebetbüchern der Jagiellonen, die bekannte Verbundenheit des hl. Kasimir mit dem Hymnus *Omni die dic Mariae,* die Anzahl der Rosenkränze, die bei den Goldschmieden von Krakau für die Frauen und Töchter der Jagiellonen bestellt wurden, oder jene, die in den Inventaren ihrer Mitgift genannt werden, schließlich die Barbara, der Tochter Kasimir Jagiellos, gewidmete Abhandlung des Dominikaners

---

[27] U. Borkowska, Pobożność 23—41.

[28] Zu dieser Frage U. Borkowska, Jasna Góra w pobożności królów polskich (Der Helle Berg in der Frömmigkeit der polnischen Könige). Studia Claromontana 4 (1983) 126—146, mit Angabe von Quellen und Literatur zur marianischen Frömmigkeit der Jagiellonen.

Marc von Weida über die Bedeutung und die Geschichte des Rosenkranzes, von der sich nur mehr ein einziges Exemplar erhalten hat, vervollständigen das Bild von der Marienfrömmigkeit der Jagiellonen.

Sie verehrten Maria in so hohem Maße, daß sie es anscheinend nicht wagten, den königlichen Töchtern ihren Namen zu geben. Sehr interessant ist auch die Ikonographie, die die Jagiellonen in tiefer Verehrung Mariens zeigt, die meistens als Frau, mit der Sonne bekleidet, dargestellt wird. Dieses Symbol stellt Maria als Königin dar, zu deren Füßen die Königsinsignien niedergelegt sind, die Wappen von Polen und Litauen, was in der Bedeutung der Feudalsymbole die Unterwerfung des ganzen Landes unter Maria zum Ausdruck brachte.[29]

Die bereits erwähnte Verehrung der heiligen Patrone Polens, vor allem die des hl. Stanislaus, aber auch von Adalbert, Florian, Wenzel und Hedwig, zeigte sich in den Wallfahrten zu deren Reliquien. Vor allem ist es die in den Rechnungsbüchern am häufigsten vermerkte Wallfahrt, die Freitagswallfahrt nach Skalka, die unzählige Male unternommen wurde, um Ex-voto-Gaben darzubringen. Diese Verehrung der heiligen Patrone Polens wird auch von der Ikonographie bestätigt, die sich in der künstlerischen Verzierung der für den Gottesdienst bestimmten Gegenstände, die von den Jagiellonen geschenkt wurden, wiederholt und ebenso durch die Art der Darstellung des zu Füßen des hl. Stanislaus knienden Monarchen zum Ausdruck kommt.[30]

---

[29] Zur Königssymbolik des Bildes *Mulier amicta sole* mit dem vor Maria knienden Jagiellonen vgl. B. Miodońska, Rex regum i rex Poloniae w decoracji malarskiej Graduału Jana Olbrachta i Pontyfikału Erazma Ciołka. Z zagadnień ikonografii władzy królewskiej w sztuce polskiej wieku XVI (Die dekorative Malerei im Graduale des Jan Olbracht und in den Pontifikalien des Erasmus Ciołek. Zur Frage der Ikonographie der Königsherrschaft in der polnischen Kunst des 16. Jahrhunderts, Kraków 1979). Dort wird auch ein ähnlicher Kult der Frau mit der Sonne umkleidet am Hof der Habsburger, besonders unter Maximilian I., erwähnt. Hiezu Quellen, Geschichte und Symbolik im Lexikon der christlichen Ikonographie, hg. von E. Kirschbaum und W. Braunfels I (Rom 1968) 145—150. Über die Entwicklung der Idee des Königtums Mariens, die seit jeher zur polnischen Religiosität gehörte: A. Witkowska, Le culte Marial dans la vie religieuse Polonaise au XVI$^{e}$ siècle, in: De cultu Mariano saeculo XVI, Acta Congressus mariologici-mariani internationalis, Caesaro-Augustae anno 1979 celebrati, vol. 7: De cultu mariano apud varias nationes saeculi XVI, pars altera (Romae 1968) 343.

[30] Zu der besonderen Verbindung der Jagiellonen mit dem Kult des hl. Stanislaus und der „observantia in sanctos" vgl. das betr. Kapitel bei U. Borkowska, Modlitewniki królewskie (Königliche Gebetbücher, Lublin 1988). Als Dynastie, die nach den „natürlichen Herren" des Landes *(domini naturales)*, nämlich nach den Piasten, aus Litauen auf den polnischen Thron gekommen war, bemühten sich die Jagiellonen, den heiligen Stanislaus als Garanten der legitimen Herrschaft des neuen Geschlechtes durch einen Kult zu verehren — ähnlich wie ihn auch das Geschlecht der Andechser, das in Ungarn die Arpaden abgelöst hatte, den heimischen Volksheiligen erwies und wie es auch die Luxemburger in Böhmen taten, die dort dem Geschlecht der Premisliden gefolgt waren. Vgl. G. Klaniczay, Le culte des saints dans la Hongrie médiévale. Problèmes de recherche, in: Acta Historica Academiae Scientiarum Hungaricae 29

Die Theologie der christlichen Nächstenliebe, wie sie in den scholastischen Werken entfaltet worden ist, verbreitete die Auffassung, daß die Armen der Weg des Heiles für die Reichen sind. So waren die Almosen wie andere fromme Übungen ein Teil der religiösen Kultur der Jagiellonen.[31]

Zahlreiche Zeugnisse der Nächstenliebe, denen wir in den Totenreden und in den Chroniken dieser Zeit begegnen, finden ihren Niederschlag in den Rechnungsbüchern, obwohl diese nur einen Teil der Wohltätigkeitsgesten widerspiegeln, das heißt bloß die Geldspenden, die in diese Verzeichnisse einzutragen waren. Diese Quellen erlauben es uns, die Kontinuität gewisser Bräuche zu verfolgen. Außerdem bezeugen sie die Regelmäßigkeit, mit der die Almosen verteilt wurden. Wenn man sich auf die Rechnungsbücher stützt, kann man zwar nicht exakt die Anzahl der unterstützten Personen schätzen, aber man hat zumindest Kenntnis von den verschiedenen Kategorien. Da waren zunächst anonyme *pauperes,* sowohl die, die man in den Städten und Dörfern antreffen konnte — meistens bei den Kirchen —, als auch jene, die in den Spitälern Zuflucht fanden. Die zweite Kategorie gehörte den *monachos* an, wie man in den Rechnungsbüchern kollektiv die Vertreter der Bettelorden nennt. Die dritte Kategorie setzte sich aus Schülern zusammen, die in den Quellen als *scolares, clerici* oder *recordantes* erwähnt werden. Die Wohltätigkeit des Königs galt besonders den Armen, den Spitälern, den Klöstern und den Schülern der Hauptstadt. Unter den Orden erhielten die Bernhardiner bis zum Ende der Jagiellonenherrschaft besondere Gunsterweise. Unter den individuell unterstützten Personen findet man in den Rechnungsbüchern arme Priester, Eremiten, denen man auf Reisen begegnete, Pilger, die auf dem Weg nach Santiago de Compostella oder nach Rom waren, aus der tartarischen oder türkischen Gefangenschaft Entkommene, Kranke, Blinde, Krüppel, Greise und Kinder, aber auch Ausländer und am häufigsten Frauen.

Das Charakteristische an den königlichen Almosen ist ihre Vielseitigkeit. Die Rechnungsbücher Sigismund Augusts, während seines Aufenthaltes in Litauen in den Jahren 1544 bis 1548 sorgfältig geführt, geben uns Auskunft, daß er während der Fastenzeit nicht nur den Konventen und Spitälern des lateinischen Ritus, sondern auch den orthodoxen Klöstern und Hospitälern regelmäßig Almosen gab.

(1983) 56—77. In ähnlicher Weise trug Ladislaus Jagiello als König von Böhmen zur Förderung der Verehrung der Schutzheiligen des Landes bei. Vgl. Praha středověká. Čtveřo knih o Praze (Prag im Mittelalter. Das vierte Pragbuch), hg. von E. Poche u. a. (Praha 1983) 721.

[31] U. Borkowska, Królewskie miłosierdzie (Die königliche Barmherzigkeit); Aufsatz im Druck).

Wie weiters aus den Rechnungsbüchern hervorgeht, wurden die Almosen regelmäßig an Sonn- und Feiertagen verteilt. Am Sonntagmorgen kamen die Mönche der Bettelorden *ad mensam regiam,* ebenso die Leute aus den Spitälern mit Körben, in denen sie zusammen mit dem Geld wahrscheinlich auch Nahrungsmittel erhielten. Es kamen auch die *recordantes,* das heißt die singenden Schüler. Es besteht eine Analogie zwischen dieser Almosenverteilung *circa mensam regiam* und den „Armenausspeisungen" von verschiedenen Wohltätigkeitsvereinigungen in Westeuropa, die üblicherweise ebenfalls am Sonntag das Essen ausgaben. Außerdem, wie noch immer aus den Rechnungsbüchern erhellt, besuchte jemand vom Hofe im Namen des Königs an Sonn- und Feiertagen die Kirchen und gab das Almosen *propter Deum.*

Außer am Karfreitag, an dem der König, wie oben erwähnt, persönliche Almosen gab — ab dem Zeitalter Sigismunds wird der Betrag beachtlich und stieg bis zu 100 Gulden an —, gab es auch andere Gelegenheiten, bei denen der Monarch den Armen aus seiner mit kleinen Münzen gefüllten Börse Geldgeschenke gab; so bei den feierlichen Einzügen auf seinen Reisen und Wallfahrten. Was nun die Teilnahme der Königin an den Wohltätigkeitswerken betrifft, so wird diese Tatsache nur in den Rechnungsbüchern aus der Zeit Kasimir Jagiellos hervorgehoben, wo Geld für Almosen *tam ex parte domini regis quam domine regine* vermerkt ist. Einige Personen aus der Umgebung des Königs waren beauftragt, die Almosen zu verteilen. Ihre Namen scheinen in den Rechnungsbüchern auf, und das Zeitwort *distribui,* das sich hier findet, bestätigt, daß das Almosen auch vom Sekretär der Schatzkammer ausgeteilt wurde. All dies beweist, daß es am Hofe der Jagiellonen im Gegensatz zu den westeuropäischen Höfen kein königliches Almosenamt gab.

Die im königlichen Budget für die Armen bestimmten Summen waren eher bescheiden (ungefähr 0,02 % der Ausgaben), aber dank der Regelmäßigkeit der Almosen stand der König in gewissem Sinne am Beginn der ersten weltlichen Wohltätigkeitsinstitutionen. Beim Durchlesen der Rechnungsbücher bekommt man vor allem einen Eindruck von der Leutseligkeit des Monarchen. Die königliche Majestät hinderte ihn nicht daran, auf seinen Reisen, bei seinen Spaziergängen in der Stadt oder während seiner Aufenthalte in einer seiner Residenzen mit allen sozialen Schichten Kontakt aufzunehmen. Natürlich wurde das Problem der Armen vom König nach religiösen Kriterien behandelt und nicht als soziales Phänomen.

## SCHLUSS

Um die aufgeworfenen Probleme besser und richtig zu verstehen, ist es unerläßlich, eingehende Studien zu betreiben, angefangen vom weiten Umfeld der religiösen Kultur der Könige Polens und der Großherzöge von Litauen, vom Leben an ihrem in ethnischer und religiöser Hinsicht pluralistischen

Hof. Vermischt mit den Polen befanden sich dort Litauer und Ruthenen, aber auch Deutsche, Tschechen, Ungarn, Italiener und Juden, die in wechselnden und verschiedenartigen Proportionen und in verschiedenen Zeiträumen ein Ganzes bildeten. Zusammen mit den Katholiken gab es am Hof viele Orthodoxe und ab der Zeit Sigismund I. auch Protestanten.

Das religiöse Gefühl der Jagiellonen, vor allem in der ersten und zweiten Generation, entfaltete sich natürlich an der Berührung von zwei Kulturen: zur lateinischen Liturgie und Architektur gesellte sich in harmonischer Weise der byzantinisch-ruthenische Geschmack von Ladislaus Jagiello, Kasimir Jagiello und Alexander. In einer solchen Symbiose setzte sich auch die Haltung der Toleranz fest. Sie begegnet uns in der außergewöhnlichen Gunst des Bischofs und Primas von Polen, Friedrich Jagiello, gegenüber Helena, der Frau Alexanders. Trotz des Drucks des Papstes und einiger Gruppen des litauischen und polnischen Klerus gab Helena mit Zustimmung ihres Gemahls das orthodoxe Bekenntnis nicht auf und durfte nicht nur in Wilna, sondern auch im Schloß von Krakau selbst eine orthodoxe Kapelle haben. Dieselbe Toleranz fällt auch in der Haltung Sigismund Augusts gegenüber der zunehmenden Welle des Protestantismus unter den Feudalherren und dem polnischen und litauischen Adel auf. Dem Druck der Bischöfe, die vom König energische Maßnahmen gegen die Protestanten verlangten, konnte dieser entgegnen, daß er nicht der Herr des moralischen Gewissens seiner Untertanen sei; und das in einer Zeit, in der das Prinzip *cuius regio eius religio* maßgebend war.

Der beschränkte Rahmen dieser Studie führt zwangsläufig zu einigen Vereinfachungen der Präsentation der religiösen Kultur der Jagiellonen. Ich kann Ihnen den komplexen Reichtum des Quellenstudiums nicht nahebringen. Die Quellen zeigen ein statisches Bild und zugleich eine wirkliche Dynamik. Sie unterstreichen einerseits das Idealbild eines Monarchen und andererseits die individuellen und ureigenen Züge einiger Könige.

Ab dem 15. Jahrhundert vervielfältigen die Trauerliteratur, die Hochzeitsgedichte, die Gelegenheitspredigten und die Chroniken diese Modelle. In dieser Literatur wird die spezifische Haltung Ladislaus Jagiellos deutlich, des Apostels von Litauen und von Samogitien, sowie des Ladislaus von Varna, des Kreuzfahrers, der für Christus im Kampf gegen die Ungläubigen fiel; ebenso jene Kasimir Jagiellos und Sigismunds I., dieser frommen Monarchen und vollendeten Staatsmänner, und nicht zu vergessen die des königlichen Prinzen Kasimir, der hoch verehrt und zum Patron Litauens erklärt wurde.[32] In dieser Literatur erscheint auch das Vorbild der mildtätigen Königin, der Beschützerin der Waisen und Witwen, die dem Gebet und frommen

[32] Vgl. dazu T. Jakimowicz, Tematy historyczne w sztuce epoki ostatnich Jagiellonów (Historische Themen in der Kunst der Epoche der letzten Jagiellonen, Warszawa 1985).

Werken ergeben ist; der Königin, die sich vom politischen Leben fernhält, wie z. B. Elisabeth von Österreich, Gemahlin Kasimir Jagiellos, oder Barbara Zapolya und die von allen geliebte, jung verstorbene zweite Elisabeth von Österreich, Gemahlin Sigismund Augusts. Im Gegensatz dazu war die Königin Bona Sforza wegen ihres effektiven Einflusses auf die Politik am Lebensende Sigismunds I. verhaßt.[33]

Wie verhält sich nun die Wirklichkeit gegenüber diesem Idealbild? In welchem Maße war die durch die Quellen bestätigte Teilnahme an den religiösen Praktiken ein Konformismus gegenüber dem feststehenden Zeremoniell, in welchem Maße war sie gutes, den Untertanen bewußt gegebenes Beispiel, und in welchem Maße war sie schließlich Ausdruck persönlicher Frömmigkeit? Die Schwierigkeiten, auf die der Historiker stößt, der eine Antwort auf diese Fragen sucht, sind dieselben wie die, die bereits im 16. Jahrhundert von Martin Kromer geäußert wurden. In einem seiner Werke zeichnete er das Bild der Frömmigkeitsübungen Sigismunds I. und fügte diesen Kommentar hinzu: *Ich gestehe, daß das nur die äußeren Ausdrucksformen des Kults und der Sitten sind und daß sich das Wesentliche der Frömmigkeit keineswegs auf diese stützt. Die wahre, innere Frömmigkeit wird im Innersten unserer Seelen und unserer Willensakte gelebt (. . .) Nur Gott allein kennt die wahre Frömmigkeit, und sie offenbart sich uns bloß durch äußere Zeichen.*[34]

---

[33] W. Pociecha, Królowa Bona (1494—1557). Czasy i ludzie Odrodzenia (Königin Bona, Zeit und Menschen der Renaissance, 1—4, Poznań 1948—1953).

[34] M. Kromer, *Oratio in funere (. . .) Sigismundi (. . .) primi* (Cracoviae 1548) 51.

# AUS LIEBE FÜR ANDERE LEIDEN UND STERBEN

## PATER MAXIMILIAN M. KOLBE

Von Bischof Alfons Nossol, Opole

*Gekreuzigt zu sein aus Liebe zum Gekreuzigten, das ist das einzige Glück auf Erden,* schrieb Maximilian Kolbe schon im Jahre 1917. „Die Logik, die das Prinzip seines Denkens und seines Lebens war, ließ ihn einmal bekennen, daß das Leiden für ihn dazu notwendig sei, um das Übermaß an Glück ertragen zu können", hebt eine Biographie Pater Kolbes hervor. „Wir berühren hier einen geheimnisvollen und äußerst sublimen Punkt christlicher Mystik. ‚Leiden oder sterben', ‚Leiden und nicht sterben!' riefen die größten Mystikerinnen des Christentums aus: Katharina von Siena und Theresia von Avila. ‚Leiden und sterben' könnte Maximilian Kolbe sagen"[1] — und zwar: aus Liebe zu anderen. In der Tat gibt es keine größere Liebe, als wenn einer sein Leben für seine Freunde hingibt (Joh 15, 13). Eigentlich ist der biblische Rahmen des Lebens und des Todes Pater Maximilian Kolbes kaum prägnanter zu umschreiben, als es gerade in diesem Johannes-Zitat geschieht.

Inzwischen sind schon etliche Biographien unseres Heiligen erschienen. Zweifelsohne zählt unter ihnen das Kolbe-Buch des berühmten schweizerischen reformierten Hagiographen Walter Nigg zu den besten. Gott hat ihn am 17. März 1988 in die Ewigkeit gerufen. Er wünschte, auf der Todesanzeige diese Aussage anzubringen:

Herr, Du ließest mich Deine
Mystiker und Heiligen schauen, und
bei ihrem Anblick erglühte meine Seele.

Seine Sicht vom Leben Pater Kolbes, das heißt seinem Leiden und Sterben, begriffen als Liebe Gottes im Nächsten (I.), wollen wir hier bevorzugen, um sodann kurz auf diesen Heiligen als Märtyrer des Glaubens und der Liebe zu blicken (II.) und seine Haltung der gelebten Liebe als Existenz- und Daseinsform des Christen überhaupt hervorzuheben (III.). Diese Haltung ist nämlich als eine prägnante Vollzugsweise des *servitium pietatis* zu betrachten, und zwar geprägt vom Glaubensgehorsam der Magd des Herrn. Als solche eignet ihr geradezu exemplarischer Charakter, obwohl ihre Radikalität Berufung und Gnade erfordert.

---

[1] Kinga Strzelecka, Maksymilian M. Kolbe. Für andere leben und sterben (Freiburg 1981) 211.

Die Kirche von heute braucht an erster Stelle nicht Reformer, sondern Heilige. Mag man konfessionell differenziert oder gar kritisch zum Phänomen der Heiligen stehen — eines darf an ihnen nicht bezweifelt werden: Sie sind heroische Menschen, gestellt zwischen Gottes Barmherzigkeit und des Menschen Gerechtigkeit, die des öftern zur grausamsten Ungerechtigkeit entarten kann, wie wir es bei Pater Kolbe im Fall der Hölle von Auschwitz erkennen können. Und gerade hier stellte dieser Gottesmann die Macht seiner von Gottes Barmherzigkeit getragenen, also gnadenhaften menschlichen Existenz unter Beweis.

Der Lebenslauf Maximilian Kolbes weist deutlich drei Phasen auf, die zueinander im Verhältnis der Steigerung stehen. Dieser Mensch war zunächst ein korrekter Ordensmann, der mit seiner Energie Beachtliches leistete. Doch zuletzt, nach einer schweren Prüfungszeit, gelangte er zur Heiligkeit. Wenn jedoch von ihm gezielt gesprochen wird, sollte man es meiden, ihn zu idealisieren. „Man sollte aus ihm nicht einen Starchristen mit Universalrezepten machen.“[2] Raimund war der Taufname Kolbes. Er entstammte einer Arbeiterfamilie und wurde am 7. Jänner 1894 im polnischen Ort Zduńska Wola, in der Nähe von Łódź, geboren. Seine Vorfahren waren böhmischer Herkunft. Von der Jugendzeit Kolbes weiß man wenig, da er selten von sich sprach; andererseits ist oft gerade die Kindheit wegbestimmend für das Leben. Nie kreiste Pater Kolbe um sein Ich; er war eben schon immer für andere da. „Trotz seiner äußeren Armut war er fröhlich wild und auch mutwillig. Der Seufzer der Mutter: ‚Junge, was soll aus dir nur werden?‘ läßt auf einen natürlichen Buben schließen, der auch gelegentlich zu einem Streich aufgelegt war.“[3] Und so verliefen die frühen Jahre bei ihm normal; aufs Ganze gesehen, nahm Kolbes Jünglingszeit den üblichen Verlauf, und kein Geschehen deutete auf einen außerordentlichen Mann hin.

Nach Absolvierung des Gymnasiums begann für den jungen Kolbe das Noviziat bei den Franziskanern. Erst jetzt erhielt er den Ordensnamen Maximilian. Die Vorgesetzten erkannten bald seine ungewöhnliche Begabung und sandten ihn nach Rom in das internationale Collegium Seraphicum. Neben Theologie studierte er auch Philosophie an der Jesuiten-Universität Gregoriana und schloß beide Studien erfolgreich, das heißt mit dem zweifachen Doktorat, ab. In Rom empfing Kolbe auch die Priesterweihe.

Hier in Rom war Kolbe ein anderer Mensch geworden. Vor allem erwachte sein Interesse für die Kirche als weltweite Institution, und das christliche Bewußtsein trat einhellig in den Vordergrund. Eine von der italieni-

[2] Walter Nigg, Maximilian Kolbe. Der Märtyrer von Auschwitz (Freiburg 1980) 15.
[3] Nigg, Kolbe 19.

schen Freimaurerloge inspirierte antikirchliche Haltung veranlaßte Pater Kolbe am 16. Oktober 1917 zur Gründung einer geistigen Kampfgruppe mit dem Namen *Militia Immaculatae*, die später in seiner Heimat zu einer großen operativen Gemeinschaft heranwachsen sollte.

Er gedachte, auf diese Weise dem fortschreitenden Abfall vom Christentum zuvorzukommen. Unmißverständlich erklärte er in diesem Zusammenhang: *Europa hat sich heute sehr weit von Gott entfernt, deshalb mußten allerlei Prüfungen über dieses Europa kommen.* Die sich weit ausbreitende Gleichgültigkeit gegenüber dem Christentum erkannte Kolbe *als das wahre Gift unserer Zeit.* Ein beinahe prophetisches Erschrecken erfaßte ihn angesichts der modernen Indifferenz, die sich gleich einer schleichenden, alles lähmenden Krankheit von den Großstädten auf das Land ausbreitete. Und gegen diese bedrohende Krankheit war er bemüht mit seiner *Militia* eine Art aktiven Kreuzzug zu starten, um die Christen aus ihrer Lethargie herauszureißen. Hier erwies sich Pater Kolbe als kämpferischer Mensch, dem das Ineinandergreifen von Idee und Tat zu eigen ist. Er wollte um jeden Preis lebende Zentren schaffen, die dem nivellierenden Zeitgeist Widerstand leisten würden, weil es für ihn einfach keine Alternative für das Christentum in der modernen Welt gab. Unter diesem Gesichtspunkt ist integral auch sein großes Vorhaben zu sehen. Man könnte es wohl in gewisser Hinsicht als berüchtigte „Kreuzzugsideologie“ anprangern; es würde jedoch keineswegs zutreffen, ihm die mariologische Komponente zum Vorwurf zu machen. Freilich galt ihm *die Unbefleckte als die äußerste Grenze zwischen Gott und dem Geschöpf. Sie ist der treue Spiegel göttlicher Vollkommenheit und Heiligkeit,* und insofern rühmte er Maria überschwenglich. In dieser Hinsicht erweist er sich eben „als echter Sohn Polens und kommt damit auch dem Verehrungsbedürfnis des polnischen Volkes entgegen.“[4]

Man sollte jedoch dabei nicht außer acht lassen, daß Polen die Gottesmutter zur Königin des Landes erkoren und Tschenstochau zu einem Nationalheiligtum erklärt hat. Schließlich geht es dabei um keine autonome Marienverehrung, zumal schon immer das Antlitz der „Schwarzen Madonna vom Hellen Berg“ gleichzeitig als „Ikonographie der Menschwerdung“ angesprochen wurde. Und jetzt, nach dem Zweiten Vatikanischen Konzil, ist es auch im polnischen Katholizismus zur Selbstverständlichkeit geworden, von Maria nur noch „im Geheimnis Christi und der Kirche“ zu theologisieren.[5]

---

[4] Nigg, Kolbe 28. — Vgl. Theo Mechtenberg, Voll der Gnade. Betrachtungen über Maria (Graz 1980) 9 f.

[5] Lumen gentium, Kap. VIII: „Die selige jungfräuliche Gottesmutter Maria im Geheimnis Christi und der Kirche.“ Vgl. darüber Andrzej Krupa, Ateneum Kapłańskie (Athenäum der Priester) 65 (1965) 375—386; St. Celestyn Napiórkowski, Matka Boża w świetle teologii protestanckiej (Die Mutter Gottes im Lichte der protestantischen Theologie), in: W. Granat, Ku człowiekowi i Bogu w Chrystusie (Hin[wendung] zu Mensch und Gott in Christus 1, Lublin

Die richtige Marienverehrung liegt vor allem im Ernstnehmen ihres Hinweises auf Christus. Mag in Pater Kolbes Mariologie theologisch nicht alles ganz abgesichert gewesen sein, so hat er mit seinem beständigen Hinweis auf die Makellose „doch die Gemütskräfte im Menschen angesprochen". Bei echter Theologie darf nicht nur der Intellekt in Bewegung gesetzt werden und gleichzeitig das Herz kalt bleiben. „In aller Christlichkeit kommt es auch auf die Herzkräfte an, für die nicht nur das polnische Volk überaus empfänglich ist; sie gehören durchaus zu einem lebendigen Glauben (. . .) wir lieben das Evangelium mit dem Herzen, und wenn wir das nicht tun, ist es um uns geschehen."

Der Zeitschrift seiner Bewegung gab Pater Kolbe den Namen *Ritter der Immaculata.* Dabei ist zu bemerken, daß es ihm beim Rittertum um die Dimension der Verantwortung ging, und insofern hat er die Ritterschaft Christi für unsere Zeit neu entdeckt. „Es muß nämlich zu allen Zeiten Menschen geben, die vorbehaltlos dem Heiligen dienen und sich der Verfolgten und Schwachen annehmen. Pater Kolbe vertrat mit ganzer Seele ein Rittertum des Herzens, des Glaubens und des Geistes."[6]

Nach der Rückkehr Kolbes von Rom nach Polen brach bei ihm die Tuberkulose aus, und seit 1921 lebte er nur mit einer Lunge. Nichts lag ihm jedoch ferner als die Flucht in die Krankheit. Die Macht seines Willens erlaubte ihm das einfach nicht. Er hegte die Überzeugung: *Das Wesen der Gottesliebe besteht ja nicht aus Gefühlen, auch nicht aus süßen und gefühlvollen Worten, sondern nur im Wollen.* Und so nahm er auch unmittelbar nach seiner Entlassung aus dem Sanatorium 1927 die Gründung von Niepokalanów in Angriff, das sich zu einem der größten Klöster der modernen Welt entwickeln sollte, versehen mit modernsten Druckmaschinen und anderen technischen Errungenschaften der Neuzeit. Der hier geleisteten Arbeit lag aber immer unzweideutig der Wille zur Kontemplation und zur Aktion zugrunde, die bei Pater Kolbe stets eine Einheit bildeten. Diese Einheit hatte er auch im Sinn, als er 1930 nach Japan aufbrach, um dort am Berghang einer Vorstadt von Nagasaki ein zweites „Niepokalanów" zu gründen. Aber schon nach fünf Jahren riefen ihn die Ordensoberen nach Polen zurück und übertrugen ihm erneut die Leitung des Klosters Niepokalanów bei Warschau.

Nach Ausbruch des Krieges entließ Pater Kolbe seine vielen Brüder und riet ihnen, sich beim Polnischen Roten Kreuz zu melden, um den Verwundeten zu helfen. Zusammen mit den Zurückgebliebenen mußte auch er am

---

1972) 515; Jan Usiadek, Najświętsza Maryja Panna w tajemnicy Chrystusa i Kościoła (Die seligste Jungfrau Maria im Geheimnis Christi und der Kirche, Olsztyn 1980); St. Celestyn Napiórkowski, Spór o Matkę. Mariologia jako problem ekumeniczny (Streit um die Mutter. Die Mariologie als ökumenisches Problem). Teologia w dialogu (Theologie im Dialog 3, Lublin 1988).

[6] Nigg, Kolbe 31.

19. September 1939 das Kloster verlassen und in ein Lager gehen. Trotz der damals höchst ungewissen Zukunft blieb er ruhig und gefaßt und verlor nie den Mut. Einer Tatsache war er sich dabei gewiß: *Der Hitlerismus wird vergehen. Die Wahrheit wird siegen.* – Nach drei Monaten durften sie alle wieder nach Niepokalanów zurückkehren, das bald ein Zufluchtsort für ausgesiedelte und obdachlose Menschen wurde. Bedauerlicherweise dauerte die Geborgenheit im Notkloster nicht allzulange. Nach etwas mehr als einem Jahr begann nämlich für Pater Kolbe „der letzte Kreis der Hölle", wie man am zutreffendsten seine dritte und entscheidende Lebensphase, die Passion und Tod einschließt, umschreiben könnte.[7] Eigentlich sollte damit die Biographie unseres Heiligen begonnen werden, weil hier seine ganze Lebenseinstellung am deutlichsten zutage tritt, das heißt die anthropologische Dimension seiner Gottesliebe. Hier zählt überhaupt nur noch die Liebe, und der Mensch ist dabei als wahrer „Ort Gottes" begriffen. Am Morgen des 17. Februar 1941 wurde Pater Kolbe zusammen mit vier weiteren Patres im Kloster verhaftet und sofort ins Warschauer Pawiak-Gefängnis gebracht. Nach wenigen Wochen kam er dann ohne jedes Gerichtsverfahren in das Vernichtungslager Auschwitz, in den Ort des namenlosen Leidens, der Angst, der Schmerzen, der Qual, des Hungers und des Todes, in das polnische Hiroshima. In der Luft der inzwischen zum furchtbaren Museum-Mahnmal umgewandelten „Todesfabrik" spürt man die grausame Wahrheit jener Worte, die heute als Mahnung im Vernichtungslager Majdanek bei Lublin zu lesen sind: „Menschen bereiteten Menschen dieses Los". Dem Arbeitslager „Balice" als Nummer 16670 zugeteilt, mußte Pater Kolbe hier auch als kranker Mensch die härteste Arbeit verrichten. Er ergab sich einfach dem Willen Gottes und sah von nun an sein Dasein als Opferweg an, zumal Unzählige ebenso wie er gelitten haben. Er war sogar bemüht, Zweifelnden plausibel zu machen, *daß Gott auch hier wirklich über uns wache.* In der letzten Karte an seine Mutter bestätigte er am 15. Juni diesen Glauben, indem er ihr versicherte, *daß Gott an jedem Ort ist.* Er brachte es sogar fertig, seine Mithäftlinge in unbemerkten Augenblicken um sich zu versammeln und ihnen eindringlich zu sagen, doch nicht am Glauben zu verzweifeln, denn sonst verlören sie den letzten Halt. *Da es eine göttliche Gerechtigkeit gibt, brauchen wir unsere Widerstandskraft nicht aufzugeben,* pflegte er zu argumentieren. Obwohl ihm jede religiöse Handlung streng verboten worden war, nahm er den Mitleidenden heimlich auch die Beichte ab und erteilte ihnen die Absolution, weil sie der Gnade in ihrer bedrückenden Lage dringend bedurften. Und auf diese Weise verkündete Kolbe das Evangelium in der schwersten Situation und gab damit dem Wort „Zeuge" seine echte Bedeutung zurück.[8]

---

[7] Nigg, Kolbe 47.
[8] Nigg, Kolbe 52.

Das Unerwartete ereignete sich mitten im Sommer 1941, als sich beim Abendappell herausstellte, daß ein Sträfling aus dem Block 14 a fehlte. Hierauf verfügte der Lagerführer eine Kollektivstrafe, indem er durch eine „Auswahl" zehn Mann zum Hungerbunker 11 verurteilte. Unter den völlig willkürlich ausgewählten Männern befand sich auch ein junger Familienvater, der bei dem Gedanken an seine Frau und an seine zwei Knaben laut aufschrie. Es war der noch heute in Brzeg (Brieg) lebende Franciszek Gajowniczek. Pater Kolbe kannte ihn nicht näher, dennoch entschloß er sich, an seiner Stelle zu sterben. *Ich möchte statt jenes Verurteilten in den Tod gehen,* war seine spontane Reaktion. *Warum?* fragte der irritierte Lagerführer. Pater Kolbe antwortete schlicht: *Ich bin allein, aber jener da hat Frau und Kinder.* Und noch eine weitere verwirrte Frage: *Dein Beruf? – Katholischer Priester,* erwiderte Kolbe. Nach einem Augenblick peinlichen Schweigens, der alle Anwesenden in atemlose Erwartung versetzte, stieß der Lagerführer mit rauher Stimme die Worte hervor: *Geh!* Dies war der größte, ergreifendste Moment im Leben Pater Kolbes. Der völlig wehrlose, in Sträflingskleidung dastehende Priester hatte kraft einer unerklärlichen Macht den Lagerführer besiegt. Er trat einfach an die Stelle des Verurteilten. „Um dieser Tat willen wurde Maximilian Kolbe geboren, und in jenen dunklen Stunden erfüllte sich der Sinn seines Lebens" — die christliche Existenz in ihrer Radikalität. Alles, was er vorher geleistet hatte, verblaßt vor dieser heiligen und zutiefst menschlichen Tat, die dem Unvergänglichen angehört, das aller Zeiten Wandel überdauert.

Man schloß Pater Kolbe und seine Leidensgefährten in einen kahlen, ohne Lüftung und ohne Pritsche versehenen Kellerraum ein. Zunächst erstarben den auf grausamste Weise zum Tode verurteilten Menschen die Worte auf den Lippen. Kolbe versuchte aus allen Kräften, sie zu trösten. Und was bis dahin nie in Auschwitz vorgekommen war, hörte man jetzt: Aus dem Hungerbunker ertönten religiöse Lieder. — Die Männer litten grenzenlos unter dem Hunger und noch mehr unter dem Durst. Nach tagelangen Qualen starb einer nach dem anderen unter stöhnendem Röcheln. Als letzter verschied am 14. August Pater Kolbe, nachdem man ihm noch eine tödlich wirkende Phenolspritze gegeben hatte.

So gelang es diesem Ordensmann, noch seinem grausem Tod einen Sinn zu geben. Ja, es ist der Macht seines Glaubens gelungen, auch die Verzweiflung anderer zu besiegen und sie zu schöpferischem Ausharren aufzumuntern. Kolbes Opfertod löste nämlich im Lager Auschwitz eine starke Erregung aus, und tagelang sprachen die Gefangenen von nichts anderem. Alle spürten, wenn sie es auch nicht formulieren konnten, daß hier etwas geschehen war, dessen Tragweite niemand überschauen konnte, wie dies für gewöhnlich immer der Fall ist, wenn es um die schöpferische Liebe, um die radikal gelebte Gottesliebe geht. Kardinal Stefan Wyszyński stellte u. a. mit

Recht fest: „Pater Kolbe (ist) eine Gestalt, von der die Welt nicht so leicht loskommen wird", „er besiegte den Haß und gewann den Krieg!"[9] Seine vom Glauben getragene, grenzenlose Gottesliebe vollzog sich endgültig im radikalsten Sein, im Leiden und Sterben für andere. Und gerade deswegen darf heute mit dieser tatkräftigen Glaubenshaltung eine neue Hoffnung für die Erneuerung der Christenheit verbunden werden, eben ein neuer Zugang zum echten *servitium pietatis.*

## II. EIN MÄRTYRER DES GLAUBENS UND DER LIEBE

Obwohl Maximilian Kolbe am 17. Oktober 1971 als Bekenner, nicht als Märtyrer, seliggesprochen wurde, ändert das nichts an der Tatsache, daß er Bekenner geworden war gerade durch sein Martyrium, das sich sein ganzes Leben hindurch gesteigert hat, um sich am Ende in seiner größten Intensität zu offenbaren. Anders ausgedrückt: Wir wären in diesem Fall berechtigt zu behaupten, daß der Tod hier sowohl ein Bekenntnis des Glaubens als auch ein Bekenntnis der Liebe ist, denn der Glaube war es, der ihm eine solche Liebe befohlen hatte.

Auf ihrer Reise nach Polen äußerten jedoch deutsche Bischöfe in ihrem in der Todeszelle von Pater Kolbe gesprochenen Gebet vom 13. September 1980 ausdrücklich den Wunsch nach seiner „baldigen Heiligsprechung als Märtyrer der Liebe", weil er seine Christushingabe bis in den Tod bezeugt hatte.[10] Schon zwei Jahre später, am 5. Juni 1982, unterzeichneten sie zusammen mit polnischen Bischöfen in derselben Auschwitzer Zelle eine gemeinsame Petition an den Heiligen Stuhl, Kolbe am 10. Oktober dieses Jahres gerade als einen solchen Märtyrer heiligzusprechen.

Als Märtyrer des Glaubens und der Liebe ist er somit heute für uns „der Heilige Europas" und „der Heilige für die Zukunft", wie dies einmal Kardinal Höffner formulierte. Schon Kardinal Döpfner hatte jedenfalls in ihm einen „Märtyrer der Versöhnung" gesehen, nachdem sich die polnischen und deutschen Bischöfe während des Zweiten Vatikanischen Konzils gemeinsam für die Seligsprechung eingesetzt hatten.

Ökumenisch gesehen wäre es jedoch angebracht zu fragen, ob angesichts seiner überschwenglich erscheinenden Verehrung der Unbefleckten Jungfrau Umschreibungen dieser Art in der Tat angebracht sind und Anspruch auf allgemeine Gültigkeit erheben können. Dazu sei nur kurz bemerkt: Trotz ihrer marianischen Prägung war die Frömmigkeit Pater Kolbes im Grunde christozentrisch. Seine Worte, in denen der Name der Mutter so oft auf-

---

9 Nigg, Kolbe 65, 95.

10 Gemeinsames Kommuniqué beider Bischofskonferenzen vom 5. Juni 1982.

schien, daß der Name des Sohnes verschleiert zu werden drohte, konnten mißverständlich aufgefaßt werden. Denn nicht Maria, sondern Christus war letztes Ziel und Gegenstand seiner Liebe und seines Strebens, obwohl die Mutter Jesu der unmittelbare Gegenstand seiner Frömmigkeit war. Maximilians Kraft kam aus der geheimnisvollen innigen Verbindung mit Maria. Diese Haltung, die sein ganzes Leben und Sterben in einen einzigen, großen Hymnus zu Ehren der Mutter Gottes verwandelte, ist außerdem das alte Motiv der Lehre der östlichen Väter, wie es heute noch in der orthodoxen Theologie weiterlebt. Im einfachen franziskanischen Leben Kolbes überschneiden sich also zwei große Linien des Ostens und des Westens und geben ihm „katholisches", das heißt allgemeines Ausmaß. Wie östliche Väter und die Orthodoxen verband er in seiner Sicht Maria mit der Person des Heiligen Geistes.[11] Abgesehen von dieser theologischen Deutung sollte noch hervorgehoben werden, daß wir im „Lob der Mutter Jesu heute", schriftbegründet, in Maria die große Glaubende, die vollkommene Jüngerin des Herrn und die Gottesliebende sehen dürfen.[12] Johannes Paul II. pflegte im Marianischen Jahr in dieser Hinsicht stets an die biblische Aussage Mariens auf der Hochzeit zu Kana zu erinnern: *Was er euch sagt, das tut* (Joh 2, 5). Um eine zutiefst christologische Verankerung dieses Textes ist er auch in seiner Marienenzyklika *Redemptoris Mater* bemüht.[13]

Bei einer erneuten Pilgerfahrt deutscher Bischöfe am 26. August 1986 zur Schwarzen Madonna von Tschenstochau, deren Gnadenbild — wiederholen wir es noch einmal — in der polnischen Theologiegeschichte des öfteren auch als „Ikone der Menschwerdung" umschrieben wird, erwähnte Kardinal Höffner wiederum Pater Kolbe im Zusammenhang seiner großen Marienverehrung. Ausdrücklich wies er dabei auf drei Invokationen aus der Lauretanischen Litanei, die auch auf der dem Tschenstochauer Heiligtum geschenkten Votivkerze der deutschen Bischöfe zu lesen sind, hin:

Refugium peccatorum — Du Zuflucht der Sünder,
Consolatrix afflictorum — Du Trösterin der Betrübten,
Auxilium christianorum — Du Hilfe der Christen.

Gerade dies bedeutete die Gottesgebärerin für unseren Heiligen. Maria, die Magd des Herrn, ist auch für uns heute der exemplarische Mensch, indem sie stets auf Christus, das Heil der Welt, hinweist und zu ihm führt. Ja, sie geht den Weg durch die aktuell so komplizierte Zeit mit uns, als hielte sie unsere Hand in der ihren fest. Lassen wir uns somit von ihr, der Mutter der schönen

---

[11] Vgl. Strzelecka (wie Anm. 1) 212 f.

[12] Wolfgang Beinert, Das Lob der Mutter Jesu heute, in: „Dein leuchtend Angesicht, Maria . . ." Das Bild der Mutter Jesu in der Glaubensgeschichte, hg. von Wolfgang Beinert und Jürgen Hoeren (Freiburg 1988) 89—97.

[13] Vgl. Redemptoris Mater, Nr. 21, 30.

Liebe und der Friedenskönigin, führen; sie wird uns auch durch ihr Vorbild in unserem Alltag helfen, die Liebe als die Existenzform unseres Christseins walten zu lassen. Ohne diese Dimension darf überhaupt von einem wahren *servitium pietatis* nicht die Rede sein.

## III. LIEBE ALS EXISTENZFORM DES CHRISTEN

Gewiß gehört Pater Kolbe zu jenen Heiligen, von denen ohne weiteres gesagt werden darf: „Sie lebten die Liebe."[14] Liebe gehört zum Verständlichsten und Menschlichsten; sie stellt eben den Grundton des Christentums dar. Trotzdem fällt es uns Christen keineswegs leicht, von ihr überzeugend zu sprechen, denn als solche will sie nicht einfach „begriffen", sondern erlebt und gelebt werden; ja, man muß sich von ihr „ergreifen" lassen, weil wir in ihr schlicht die Existenz- und Daseinsform des Christen zu sehen haben.

Aus diesem Anlaß täte es gut zu erinnern: Der abstrakte Gottesbegriff als solcher ist schon Wagnis und Kühnheit, geschweige denn eine exakte Umschreibung Gottes, begriffen als seine „Definition". „Definire" heißt hier, dem Unbegrenzten Grenzen zu setzen. Und trotzdem enthält die Heilige Schrift eine Definition Gottes: *Gott ist die Liebe* (1 Joh 4, 18). All unser wahres Wissen um Gott ist Wissen durch Gott, und insofern haben wir Gott Glauben zu schenken. Der dreieinige Gott existiert und handelt als Liebe: Liebe nicht als Gefühl und bloße Gesinnung, sondern als Existenz- und Daseinsweise, als Seinsform. Gott hat so sehr die Welt geliebt, daß er seinen einzigen Sohn sandte, der uns bis zum bitteren Ende geliebt hat (vgl. Joh 3, 16; 13, 1). Der leidende Gottesknecht lebt sein Leben für die anderen bis zum Kreuzestode, durch die Agonie auf Golgota und durch das Dunkel des Grabes hindurch, durch das Schreckliche des Karfreitags, nicht des „spekulativen", auf Ostern hin, um kraft des Heiligen Geistes stets bei uns, unter uns und für uns zu sein. Liebe will eben Anwesenheit, Gegenwart und Mitsein, um das Alleinsein, die von Gott trennende Isolation, zu überwinden. 365 Verbote und 248 Gebote des Alten Testaments finden im Doppelgebot der Liebe bei Jesus eine Synthese (vgl. Mt 22, 37—40).[15]

In diesem Zusammenhang sollte nicht vergessen werden: Als Menschen kommen wir aus der Liebe; sie vervollkommnet unser irdisches Dasein, und in sie, als die ewige Seinsmacht, sollen wir auch zielbewußt einmünden. Wer nicht liebt, kann Gott nicht erkennen (vgl. 1 Joh 4, 8); das Wesentlichste er-

---

[14] Vgl. dazu das Lebensbild der heiligen Hedwig: „Sie lebte die Liebe" von Johannes Derksen (Leipzig 1975).

[15] Wolfgang Trilling, Das Evangelium nach Matthäus (Geistliche Schriftlesung. Erläuterungen zum Neuen Testament für die geistliche Lesung 1, 2, Leipzig 1966) 224.

kennt man überhaupt nur mit dem Herzen. Echte und wahre Liebe ist die tiefste und vielleicht integralste Erkenntnisweise. Und das menschliche Herz ist eben jener Punkt auf unserem Planeten, wo die Liebe zur Welt kommt. Zu bedauern und als zutiefst arm ist nur derjenige Mensch zu betrachten, der niemals geliebt wurde bzw. geliebt hat. Ein auf Liebe als Existenzform hinzielendes christliches Leben hat somit Zukunft, trotz der aktuellen Lauheit unseres so oft langweiligen Christseins. Was heute not tut, ist eben eine Radikalität und Universalität dieser Daseinsform im Alltag, damit sie wirklich zum Aufbau einer „Zivilisation der Liebe" in der Welt beiträgt.

Daß die Kunst des Liebens, auch jener integralen Liebe, die das Evangelium fordert, des öfteren in eine „Kunst des Leidens" umschlagen kann, sollte uns Christen nicht verwundern. Davon zeugen neben Maximilian Kolbe auch alle deutschen Märtyrer des christlichen Widerstands, die im langen *dies ater* des NS-Regimes zu Märtyrern aus Glaubensgehorsam geworden sind. Zu nennen sind hier, stellvertretend für viele, die selige Edith Stein, die Geschwister Scholl, Alfred Delp, Dietrich Bonhoeffer und Graf James von Moltke sowie der Wiener Grenadier Otto Schimeck. Brutal umgebracht für den Frieden und die Zukunft Europas — wie dies in ihrer unermüdlichen Wettbewerbstätigkeit die Reinhold-Schneider-Stiftung Hamburg unter Jugendlichen in der Bundesrepublik Deutschland, in Österreich und Polen seit langem immer schon herausstellte —, lieferten sie zugleich einen schöpferischen Beitrag zum Aufbau einer „Zivilisation der Liebe" in unserer Welt.[16] Diese heilsvolle Idee Pauls VI. einer solchen Zivilisation und Kultur griff Johannes Paul II. schöpferisch auf, um die Menschheit wachzurütteln und vor der autodestruktiven Alternative, einer „Zivilisation des Todes", zu bewahren, wie er dies ausdrücklich während seiner zweiten Pilgerreise nach Polen 1983 in Niepokalanów, dem Kloster Maximilian Kolbes, hervorhob.

Wollte man jetzt noch kurz die Struktur einer rettenden Zivilisation der Liebe umreißen, so wäre einfach auf einen sechsgliedrigen Vorrang hinzuweisen, das heißt auf den Primat der Person vor der Sache, der Ethik vor der Technik, des „Mehr-Sein" vor dem „Mehr-Haben", der Barmherzigkeit vor der Gerechtigkeit, des Gleichgewichts des Vertrauens vor dem „Gleichgewicht der Kräfte" und der Ökumene vor dem Internationalismus. Kurzum — wir sollten als Christen bemüht sein, in allen Lebensbereichen „die Macht der Liebe zur Macht kommen zu lassen",[17] ähnlich wie es uns Pater Kolbes Leiden und Sterben für andere lehrt, denn *es gibt keine größere Liebe, als wenn einer sein Leben für seine Freunde hingibt* (Joh 15, 13). Mit anderen Worten:

---

[16] Vgl. Alfons Nossol, Der Mensch braucht Theologie. Ansätze zu einer lebensnahen Glaubensreflexion (Sammlung Horizonte NF 24, Einsiedeln 1986) 152 ff.

[17] Heinz Zahrnt, Westlich von Eden. Zwölf Reden an die Verehrer und die Verächter der christlichen Religion (München 1981) 163.

Die Rettung unserer bedrohten Welt müßten wir Christen einfach in einer „Diktatur der Liebe“ suchen, denn nur sie allein kann sich konkret als höchste Frucht der Freiheit, die auch Quell der Freude ist, in einer „Diktatur des Gewissens“ bewähren, welches die Menschheit zum „befriedenden Frieden“ (Reinhold Schneider) drängt.

Der konkreteste und sicherste Weg zu einem derartigen Ziel besteht jedoch — so will es uns scheinen — einzig und allein in einem ernstgenommenen und zutiefst gelebten *servitium pietatis.*

# EDEL MARY QUINN, EIN EUCHARISTISCHES LEBEN

Von Hildegard Brem OCist, Mariastern

Ein besonderes Kennzeichen unserer Zeit ist das geschärfte Bewußtsein für die Berufung des Laien in der Kirche. Dabei ist die Aufmerksamkeit, die die Kirche dieser Frage zumißt, keineswegs bloß durch den gegenwärtigen Priestermangel in weiten Teilen Europas und Amerikas bestimmt; man kann schon seit Beginn des 20. Jahrhunderts ganz deutlich eine Neubesinnung auf die Berufung aller Getauften und auf ihre Sendung in der Welt feststellen. Papst Pius XI. und die von ihm so sehr geförderte Katholische Aktion, das Aufblühen der verschiedenartigen Laienorganisationen und der Säkularinstitute, das Zweite Vatikanische Konzil und dessen Dekret über das Laienapostolat sowie die Bischofssynode 1987 über die Berufung und Sendung der Laien sind hier zu nennen. Sicher ist hier der Heilige Geist mit seiner Gnadenführung am Werk, der die Kirche an alles erinnert und in die ganze Wahrheit einführt (vgl. Joh 14, 26; Joh 16, 13). Welcher Art ist nun aber diese Sendung der Laien? Wie kann sie in der heutigen Welt gelebt werden? Das Zweite Vatikanische Konzil und die Dokumente der Bischofssynode von 1987 geben wichtige Hinweise und Anleitungen. Gott hat sich jedoch in der Geschichte meistens nicht damit begnügt, die für das Leben der Kirche bedeutsamen Wahrheiten bloß durch amtlich-theologische Dokumente zu verkünden; er hat auch im entscheidenden Augenblick Menschen gerufen, als Heilige seinen Anruf in der Praxis vorzuleben. Sie sollten lebendige Beispiele sein, denen man nacheifern kann.

Ein solcher Wegweiser für unsere Zeit ist Edel Mary Quinn, die 1944 in Nairobi (Kenia) verstorbene Gesandte der Legion Mariens in Afrika. Von ihrer Jugend an durch Gottes Gnade geführt, kann sie den Laien unserer Zeit nicht nur als Vorbild für einen äußerst aktiven und begeisterten Einsatz bei der Verkündigung des Evangeliums dienen, sondern uns gleichzeitig auch den Weg zur Quelle zeigen, aus der alles Tun hervorströmen muß, um fruchtbringend zu sein.

## I. DAS LEBEN EDEL MARY QUINNS

1907 in Greenane/Cork, Irland, geboren, wuchs Edel Quinn als ältestes von fünf Kindern in einer guten und gläubigen Familie auf. Herr Quinn war Angestellter der Bank von Irland und mußte aus beruflichen Gründen oftmals den Wohnsitz wechseln, bis er sich mit seinen Angehörigen schließlich in Monkstown/Dublin niederließ.

Äußerlich gesehen verliefen die Kinder- und Jugendjahre Edels ohne auffallende Ereignisse. Sie war ein lebhaftes und fröhliches Kind, ein richtiger Wildfang, zugleich aber auch erstaunlich liebenswürdig, hilfsbereit und beherrscht. Schon in ihrer Schulzeit wurde sie Mitglied der Marianischen Kongregation und wußte die Kameradinnen für das Gute zu begeistern. Daneben war sie aber auch eine gute Sportlerin und eine hervorragende Tänzerin.

Da sie ihrer Familie, deren finanzielle Situation nicht die beste war, nicht durch den Besuch einer weiterführenden Schule zur Last fallen wollte, brach Edel ihre Ausbildung ab und besuchte statt dessen einen Handelskurs in Dublin, um eine Stellung annehmen zu können. Als Büroangestellte einer Baufirma verdiente sie genug Geld, um den Unterhalt ihrer Angehörigen, vor allem der vier jüngeren Geschwister, mittragen zu können. Nach außen hin unterschied sich ihr Leben durch nichts von dem anderer junger Mädchen, wenn man davon absieht, daß sie unter allen Umständen ihren Tag mit dem Besuch der heiligen Messe und dem Empfang der heiligen Kommunion zu beginnen suchte und vor allem fast den ganzen Sonntag in der Kirche verbrachte.

Von ihrem inneren Leben sprach sie fast nie, außer um einem Menschen in seelischer Not Mut zu machen und ihn zum Gottvertrauen zu ermuntern. So kann man fast nur aus äußeren Taten und Reaktionen auf ihr geistliches Leben schließen. Diese wahrnehmbaren Zeichen brachten allerdings ihre Gottverbundenheit klar zum Ausdruck: 1927 machte ihr der junge Firmenchef, bei dem Edel arbeitete, einen Heiratsantrag, da er seine fröhliche und stets verläßliche Mitarbeiterin schätzen und lieben gelernt hatte. Zu seiner Enttäuschung lehnte Edel taktvoll, aber bestimmt ab. Schon seit Jahren habe sie beschlossen, ihr Leben in einem kontemplativen Kloster der Klarissen ganz Gott zu weihen. Sie warte nur noch auf den Augenblick, da ihre Familie sie nicht mehr brauchte. Eine ähnliche Überraschung erlebte eine Freundin, als Edel sie bat, mit ihr zu einem Präsidiumstreffen der Legion Mariens kommen zu dürfen. Sie war zunächst skeptisch, mußte aber dann erleben, daß Edel von Anfang an mit innerer Anteilnahme und großem Eifer mitmachte und bald ein erfahrenes und wertvolles Mitglied dieser 1921 in Dublin entstandenen apostolischen Laienorganisation wurde.

Das Ziel der Legion Mariens, das Leben durch Gebet und tätigen Einsatz zu heiligen und dahin zu wirken, daß Gott in der Welt mehr geliebt werde, begeisterte das junge Mädchen, so daß es mit großem Eifer beinahe jede freie Minute in den Dienst Gottes und der Menschen, die sie brauchten, stellte. Zu dieser Zeit war eben das unglaubliche Abenteuer der Bekehrung und Säuberung des Prostituiertenviertels von Dublin abgeschlossen worden. Jetzt galt es, die zur Umkehr bereiten Straßenmädchen in einem sogenannten Hostel auf ein geordnetes Leben vorzubereiten und andere, die noch zögerten, zu einem neuen Anfang zu ermutigen. In dieser schwierigen Aufgabe erwies sich Edel als sehr geschickt und übernahm bald selbst die Leitung des Präsidiums. Trotzdem verlor sie ihren Plan, Gott ihr Leben im Klarissenorden zu weihen, nicht aus den Augen und wartete geduldig auf den Augenblick, bis ihre Familie sie entbehren konnte.

Schließlich schien der Zeitpunkt gekommen, um an den Klostereintritt denken zu können. Edel begann mit den Abschiedsbesuchen, doch Gott hatte andere Pläne. Ein Blutsturz wies auf eine Tuberkuloseerkrankung hin, die einen längeren Sanatoriumsaufenthalt notwendig machte. Edel sollte nie mehr gesund werden. Auch nach einigen Monaten der Behandlung hatte sich kaum eine Besserung ergeben, deshalb brach sie die (teure) Kur ab und nahm ihren Platz in Beruf und Legion wieder ein. So vergingen einige Jahre. Zunächst schien sich der Gesundheitszustand der jungen Irin etwas zu stabilisieren, doch dann schritt die Erkrankung allmählich fort, so daß die Ärzte ihr im Jahre 1936 nur noch ein Jahr Lebenszeit gaben.

In diesem Augenblick nahm ihr Leben eine entscheidende Wendung: Schon wiederholt hatte Edel beim Aufbau neuer Legionsgruppen in Irland und England mitgewirkt, und eben wollte sie sich wieder zu einem solchen Einsatz in Wales melden. Da trafen im Hauptquartier der Legion mehrere Bitten aus Zentralafrika um Einführung dieser neuen laienapostolischen Bewegung ein, die in Nigeria und Südafrika schon überraschend gute Resultate erzielt hatte. Ob nicht ein Gesandter kommen könnte, um die Gründung vorzunehmen? Edel erklärte sich mit Freude dazu bereit. Natürlich war es ein großes Risiko, ein schwer lungenkrankes Mädchen in ein fernes, nur wenig erschlossenes Land zu schicken, doch das Klima schien in Ostafrika infolge der Höhenlage und der warmen Witterung günstig, und Edel selbst wußte mit Geschick und Schlagfertigkeit diesen Plan zu verteidigen, so daß sie schließlich die Zustimmung aller erhielt. Nicht Abenteuerlust war es, die sie nach Afrika trieb, sondern der Wunsch, ihr Leben ganz und ungeteilt in den Dienst Gottes und der Ausbreitung seines Reiches zu stellen.

Nach langer, mühsamer Reise erreichte sie im Dezember 1936 Nairobi und begann sogleich mit ihrer Tätigkeit: Trotz der Rassen- und Sprachenprobleme und sonstiger Schwierigkeiten, die es in dieser Weise in Irland nicht gegeben hatte, entstand schon am 7. Dezember 1936 das erste Präsidium und wenige Tage später ein zweites, das ganz aus Eingeborenen bestand. Von Anfang an glich das Leben der Gesandten einer dauernden Safari quer durch Kenia, Tanganjika und Uganda. Später kamen noch die Insel Mauritius und Njassaland hinzu. Sie stieß oft als erste weiße Frau in gänzlich unerschlossene Gebiete vor und reiste quer durch endlose Steppen zu allen Missionsstationen. Überall hielt sie Informationsvorträge über die Legion Mariens und Einführungstreffen. Dann wurden die neu geworbenen Mitglieder mit ihren Aufgaben vertraut gemacht und zur Apostolatsarbeit angeleitet. Meist ging es ohne Rast gleich wieder weiter zur nächsten Station. Natürlich mußte man zu den schon bestehenden Gruppen Kontakt halten, sie durch Besuche und Briefe ermutigen und etwaige Fehler möglichst im Entstehen bekämpfen. Schließlich sollten „Höhere Räte" gegründet werden, die die von der Gesandten begonnene Arbeit selbständig und eigenverantwortlich weiterführen konnten. Und das alles in riesigen, kaum besiedelten Gebieten, deren Straßen, sofern sie überhaupt dieser Namen verdienten, durch Wochen unpassierbar waren, wo die Äquatorsonne niederbrannte und oft auch kaum geeignete Fahrzeuge zur Verfügung standen!

In den ersten Jahren hielt sie dank der inneren Freude gesundheitlich recht gut durch. 1941 gab es dann aber einen schweren Rückschlag, der einen längeren Sanatoriumsaufenthalt in Südafrika nötig machte. Von dieser Zeit an war die Gesandtin äußerst geschwächt und konnte kaum noch ein paar hundert Meter weit gehen. Dennoch kehrte sie sobald als möglich nach Zentralafrika zurück, um mit ihren letzten Kräften den weiteren Aufbau des Laienapostolats zu überwachen und zu fördern. Sie verausgabte sich buchstäblich bis zu ihrem letzten Atemzug und vermochte diese äußerste Hingabe mit einer fröhlichen Schlichtheit und durchaus gewissenhaftem Gehorsam gegenüber den Anweisungen des Arztes zu verbinden. Am 12. Mai 1944 starb sie in Nairobi nach einem schweren Herzanfall.

Allen Priestern, Schwestern und Laien, die Edel in Afrika getroffen und mit ihr zusammengearbeitet hatten, blieb sie unvergeßlich. Zwei Zeugnisse geben den allgemeinen Eindruck wieder: *Wenn ich von Edel Quinn spreche, stoße ich auf etwas, was Fleisch und Blut nicht erklären können. Ihr Werk und die Energie, mit der sie es sieben oder acht Jahre lang ausgeführt hat, stehen in keinem Verhältnis zu ihrer gebrechlichen und zarten Konstitution. Niemand hat sie je über ihre Gesundheit sprechen hören. Sie war immer glücklich und wollte auch andere Menschen glücklich sehen. Keine Legionsarbeit war ihr zu schwer. Was das Wohl der Legion erforderte, mußte geschehen, ganz gleich um welchen Preis. Nach den langen Versammlungen der Curia besprach sie mit jedem Präsidenten alle Einzelheiten seiner Gruppe. Die Versammlung unserer Curia begann gewöhnlich um 14.30 Uhr. Anders ließ es sich nicht einrichten. Obwohl gerade um diese Zeit eine schreckliche Hitze herrschte, war Edel immer ganz bei der Sache. So groß war ihre Willenskraft und die Herrschaft ihrer edlen Seele über den schwachen Körper.*[1]

Erzbischof Leen von Mauritius, der sie bei ihrem Wirken auf der Insel persönlich kennen und schätzen gelernt hatte, schrieb nach Erhalt der Todesnachricht nach Dublin: *Ich bin überzeugt, daß Edels Heiligsprechungsprozeß eines Tages eingeleitet werden wird. Nach meiner Meinung grenzte ihr geistliches Leben ans Heroische. Sie war immer ganz selbstlos; voller Vertrauen überließ*

[1] Léon-Joseph Suenens, Edel Mary Quinn. Eine Heldin des Apostolates (Frankfurt am Main [2] o. J.) 369 f. (1. Aufl.: Freiburg, Schweiz 1955).

*sie sich vollkommen der Vorsehung. Trotz der Schwierigkeiten, die so groß waren, daß Edel einen heroischen Mut aufbringen mußte, um ihnen zu begegnen, war ihrer Arbeit ein bewundernswerter Erfolg beschieden – oder soll ich ihn wunderbar nennen?*[2]

Das Zeugnis einer Oberin spricht mehr vom persönlichen Wesen der Gesandten: *Sie haben gewiß schon vom heiligmäßigen Sterben des Fräulein Quinn gehört. Die Kirche Afrikas wird in alle Zukunft ihr Andenken in Ehren halten. Sie hat ein erstaunliches Werk vollbracht und war bei allen beliebt, die sie kannten. Ja, mehr als das, sie wurde von allen verehrt. Immer fröhlich, lebhaft und heiter, hatte sie Erfolg selbst an Orten und in Lagen, die anscheinend ganz und gar hoffnungslos waren. Ich halte es für unmöglich, sich jemanden vorzustellen, der weniger auf seine eigene Bequemlichkeit bedacht ist. Sie war ganz einfach, dachte niemals an sich selbst, und doch hätte sie bei ihrer so gebrechlichen Gesundheit normalerweise seit Jahren arbeitsunfähig sein müssen. Bis zur letzten Stunde ihres Lebens hat sie sich im Dienste Gottes und der heiligsten Jungfrau verzehrt. Wir halten sie für die erste Martyrin der Legion; eine mächtige Fürbitterin für uns am Throne Gottes.*[3]

Edel Mary Quinn hat vorgelebt, daß jeder Christ dazu berufen ist, mit ganzer Kraft Gott zu lieben, wie es Jesus im ersten Gebot ausdrücklich verlangt (vgl. Mt 22, 37). Natürlich gibt es viele Wege und Möglichkeiten; doch kann Edel jedem Laien zeigen, daß auch er eine Aufgabe im Apostolat der Kirche zu erfüllen hat, wie sie seinen Verhältnissen angemessen ist, und daß auch sein Leben ganz und ohne Abstriche ein Gott wohlgefälliges Opfer sein soll.

Edel Mary Quinn hat ihre Kraft nicht aus Eigenem, sondern aus den Quellen der Erlösung geschöpft. Damit ist auch die Frage nach dem Geheimnis ihres Lebens gestellt.

## II. IHRE SPIRITUALITÄT

Hätte Edel gewußt, daß sich die Nachwelt einst für ihr inneres Leben interessieren würde, so wäre sie gewiß erschrocken und hätte nachdrücklich versichert: *Das ist nicht für die Öffentlichkeit bestimmt.* Dieser Satz kehrt nämlich wie ein Kehrreim in den meisten ihrer Briefe wieder. Humorvoll fügte sie manchmal hinzu: *Haben Sie diesen Satz schon einmal gehört?*[4] Edel hielt ihr geistliches Leben streng vor den Blicken anderer verborgen. Gewiß ist dieser Charakterzug ein wichtiger Hinweis auf die Lauterkeit ihres Strebens, wenn er uns auch andererseits den Zugang zu ihrem Inneren erschwert. Glück-

---

[2] Suenens, Quinn 363.
[3] Suenens, Quinn 371.
[4] Vgl. Suenens, Quinn 202 f., 345 f.

licherweise hat sie ein geistliches Tagebuch geführt, das uns erhalten geblieben ist. Im übrigen war ihr Tun eine so überzeugende Offenbarung ihrer inneren Einstellung, daß diese keinem ihrer Freunde verborgen bleiben konnte. Erzbischof Leen sprach diese Beobachtung kurz und bündig aus: *Edel war sehr einfach in ihren Andachtsübungen: Messe und Kommunion waren das Zentrale in ihrem geistlichen Leben.*[5] Ein Missionar, P. Margeot, drückte seinen Eindruck mit ähnlichen Worten aus: *Fräulein Quinns Seelenhaltung ist erstaunlich einfach. Sie war ganz vereint mit Gott und völlig ergeben in seinen Willen. Aus manchem, was sie sagte, gewann ich den Eindruck, daß sie das heilige Meßopfer innig miterlebte und daß es der Mittelpunkt ihres Lebens war. Auch glaube ich, daß die Gottesmutter einen besonderen Platz in ihrem Leben einnahm.*[6]

Noch überzeugender können wir aus ihren eigenen Worten und ihren stichwortartigen Aufzeichnungen die Eucharistie als Quelle und Mittelpunkt ihres inneren Lebens erkennen:
*Wie wäre das Leben einsam ohne die Eucharistie! Der Heiligsten Dreifaltigkeit unablässig für dieses Geschenk danken.*
*Dem göttlichen Erlöser im heiligsten Sakrament Gesellschaft leisten.*
*Die Jünger fragen: ‚Wo wohnst du?' Sie blieben bei ihm den ganzen Tag (...) Unser Glaube sagt, daß er in der Eucharistie zugegen ist, dort wollen wir ihn suchen. Wenn wir wüßten, wo wir ihn auf der Erde finden könnten, würden wir unser Möglichstes tun, um zu ihm zu gelangen. Wir haben ihn auf dem Altar. Bei ihm dort verweilen, ist besser als alle Bücher.*[7]

Und wieder kommt sie im Zusammenhang mit der Eucharistie auch auf Maria zu sprechen:
*Maria liebt Jesus in mir. Ihn durch Maria der Heiligsten Dreifaltigkeit aufopfern und ihm danken im Geist der Liebe und Anbetung.*[8]

Herr Giraud aus Mauritius berichtet: *Manche Leute wüßten vielleicht gerne etwas über die geheimen Triebkräfte ihres geistlichen Lebens. Ich fragte sie eines Tages danach, und sie antwortete mir ganz einfach, daß die heilige Kommunion, die Evangelien und die Andacht des heiligen Ludwig Maria von Montfort die wesentlichen Bestandteile ihres religiösen Lebens bildeten. Sie sagte, sie schöpfe aus der Kommunion Kraft zur Erfüllung der schwierigsten Aufgaben. Der Verzicht auf diese tägliche Nahrung in Zeiten der Krankheit oder wenn sie durch ein Gebiet reiste, in dem sie keine Messe hören konnte, war für sie das schwerste Opfer.*[9]

---

[5] Suenens, Quinn 363.
[6] Suenens, Quinn 259.
[7] Suenens, Quinn 278.
[8] Suenens, Quinn 277.
[9] Suenens, Quinn 260.

### *Liebe zur heiligen Messe*

Diese innere Ausrichtung Edels auf die Eucharistie, um die ihr Leben kreiste wie ein Planet um die Sonne, begann wie ihre Marienliebe sehr früh: Ein erster Höhepunkt war die Erstkommunion am 1. Juni 1916 in Cahir. Zwar haben wir keine besonderen Aufzeichnungen über diesen Tag, doch wissen wir, daß sein Eindruck unauslöschlich blieb. Zur Firmung wählte Edel den Namen Eucharia-Josef, offensichtlich in bewußtem Anklang an die Eucharistie. Von Jugend an war ihr die tägliche heilige Messe und Kommunion ein inneres Bedürfnis, das sich immer mehr vertiefte. So hören wir von der jungen Edel zu Beginn ihres Berufslebens in Dublin, daß sie täglich ohne Frühstück das Elternhaus verließ, die 7-Uhr-Messe und meist auch noch die 8-Uhr-Messe mitfeierte, und dann auf dem Weg ins Büro schnell einen Apfel oder eine andere Kleinigkeit als Imbiß verzehrte.

Vor allem der Sonntag gehörte ganz dem Gottesdienst: Zunächst besuchte sie die Messen um 7 und 8 Uhr. Dann kam sie zum Frühstück nach Hause, um anschließend in einer anderen Kirche die Messen um 10 Uhr, 11 Uhr, 11.30 Uhr und 12 Uhr mitzufeiern. Auch am Nachmittag war sie noch einmal zur Andacht und am Abend zum sakramentalen Segen in der Kirche anzutreffen. Das alles war für sie einfach Freude und Bedürfnis: *Ich könnte den ganzen Tag die Messe mitfeiern,*[10] sagte sie zu dieser Zeit einmal, und: *Ein Tag ohne Messe und Kommunion ist schrecklich leer.*[11] Dabei muß man immer wieder betonen, daß Edel vor Lebhaftigkeit sprudelte, gern und viel lachte und sich, soviel es ihre Pflichten erlaubten, an Tanz und Spiel erfreute. Auch war sie sich der Verbindung von Eucharistie und Alltagsleben durchaus bewußt. Es ist ferner interessant, daß Edel eine Zeitlang nach Ablehnung des Eheantrages in den Briefen an ihren Chef neben ihre Unterschrift die Buchstaben *H. B.* setzte, das heißt *Handmaid of the Blessed Sacrament* – Magd des Heiligsten Sakramentes.[12] Das ist der Name einer Eucharistischen Liga, der sie angehörte. Wahrscheinlich wollte sie damit immer wieder andeuten, daß ihr Herz nicht mehr frei war, sondern dem gehörte, der uns in der heiligsten Eucharistie die Frucht seiner Erlösungstat mitteilt und als Glieder seines Leibes an sich bindet.

Aus der Zeit vor der Abreise Edels nach Afrika ist uns eine kleine Begebenheit überliefert, die der Vizepostulator ihres Seligsprechungsprozesses aufzeichnete und mehrmals in Vorträgen erwähnte: Eines Tages kam sie unerwartet zu ihrer Freundin Kathleen McCarthy und verkündete ihr, daß sie sich zuletzt doch entschlossen habe, nicht nach Afrika zu fahren. Sie habe

[10] Suenens, Quinn 108.
[11] Suenens, Quinn 41.
[12] Suenens, Quinn 57.

ihre Meinung geändert. Kathleen war äußerst erstaunt, da ein solcher Wankelmut Edel sonst ganz fremd war. Doch sie antwortete: *Man hat mir gesagt, daß ich dort nur einmal in der Woche die heilige Kommunion empfangen könnte. Damit kann ich nicht leben.* Erst als man ihr versicherte, daß die tägliche heilige Kommunion durchaus möglich sein werde, ging sie frohen Herzens nach Afrika.[13]

Während ihrer Reisen im Schwarzen Kontinent hielt sie sich mit Vorliebe in Missionsstationen oder Klöstern auf, so daß es normalerweise keine Schwierigkeiten gab, täglich die heilige Messe zu besuchen. In ihrem Tagebuch betrifft die erste Eintragung jeden Tages die Zahl der heiligen Messen, die sie mitfeiern konnte.[14] Zeitweise verlangte das Apostolat von Edel, die ganze Nacht zu reisen, und damals war das Nüchternheitsgebot noch ziemlich streng. So aß sie bisweilen bis zu 18 Stunden lang nichts, um gleich bei ihrer Ankunft auf der nächsten Missionsstation die heilige Kommunion empfangen zu können. Das war stets ihr erstes Anliegen.

Während sie sich eine Zeitlang als Patient in einem protestantischen Sanatorium aufhielt, hatte sie nur am Sonntag die Möglichkeit zu kommunizieren. Später vertraute sie einer Freundin an, daß ihr dieser Entzug eine Ahnung davon gegeben hätte, was die Hölle sei.[15]

### *Anbetung des Allerheiligsten*

Die Liebe zur heiligsten Eucharistie zeigte sich bei Edel nicht nur in der Wertschätzung der heiligen Messe, sondern auch in der Pflege der Anbetung. Stets bedeutete es für sie eine besondere Freude, wenn sie in einem Kloster zu Gast war, da sie dort mit dem eucharistischen Herrn unter einem Dach wohnen konnte. Vor allem freute sie sich, wenn ihr Zimmer neben der Kapelle lag und sie nur durch eine Wand vom Tabernakel getrennt war. Einmal zeigte ihr die Oberin eines Hauses das Konventgebäude und führte sie unter anderem auch in die neue Kapelle. Als Edel den Tabernakel sah, kniete sie nieder und schien vollständig ins Gebet versunken zu sein. Die Oberin mußte sie erst wieder an den Zweck des Kirchenbesuches erinnern und hatte den Eindruck, daß Edel die Ausstattung des Gotteshauses kaum wahrnahm, wenn sie auch höflich sagte, es sei alles sehr schön.[16]

---

[13] P. Anselm Moynihan OP, Vortrag vom 12. 5. 1980 in Walkinstown; unveröffentlichtes Manuskript.

[14] Wie Anm. 13.

[15] Suenens, Quinn 277.

[16] Aus den Akten des Vizepostulators P. Anselm Moynihan OP, Vortrag in Bray City Quay 1981; unveröffentlichtes Manuskript.

Ähnliches erlebte Bischof Heffernan von Sansibar: Er hatte einmal noch etwas mit Edel Mary zu besprechen und wartete vor der Kirche auf sie. Sie kam und kam nicht. Endlich ging er selbst hinein und mußte sie beinahe schütteln, um ihre Aufmerksamkeit vom Tabernakel weg und auf sich zu lenken.

In Edels Tagebuch findet sich ein bezeichnender Satz: *Häufige, lange Besuche beim Allerheiligsten: Ehrfurcht, Sammlung, Verwandlung.*[17]

Die Glut der Liebe, die Edel zum Sakrament des Altares hintrieb und mit der sie in die Anbetung dieses großen Geheimnisses unseres Glaubens versunken war, konnte auf die Dauer nicht verborgen bleiben. So berichtet uns Herr Roger Giraud von Mauritius, der dem Legionsrat der Insel als Präsident vorstand: *Eines Tages mußte eine Freundin ihr etwas sagen und unterbrach sie bei der Danksagung nach der heiligen Kommunion. Da sah ich, daß ihr Gesicht verklärt war. Es schien zu leuchten von Strahlen aus einer anderen Welt. Wenn man mir gesagt hätte, daß sie Gott von Angesicht zu Angesicht sehe, wäre ich nicht erstaunt gewesen. So verändert war ihr Aussehen. Ihr Blick hatte einen überirdischen Ausdruck.*[18] Ähnliches berichtet eine Karmelitin aus Nairobi, in deren Kloster Edel zeitweise Quartier nahm: Sie betrat eines Tages die Kapelle und sah Edel vor dem Tabernakel knien. Edel hörte das Geräusch und schaute sich um. Die Schwester war tief ergriffen von der frohen Ausstrahlung ihres Gesichtes.[19]

### *Eucharistisches Leben im Alltag*

Eine andere direkte Frucht der Liebe zum Altarssakrament war der Eifer der jungen Irin im eucharistischen Apostolat. Es drängte sie, auch andere zu Christus, dem lebendigen Brot, hinzuführen, damit sie von ihm Leben, Kraft und jene Freude empfangen könnten, von der ihr Herz erfüllt war. Schon daheim in Dublin wirkte sie in dieser Richtung unter ihren Freundinnen und später im Legionsapostolat unter den Straßenmädchen. Eine Freundin erzählt, daß Edel sie während einer inneren Krise der Ängstlichkeit täglich ermutigte, am nächsten Tag die heilige Kommunion zu empfangen, und sie nicht früher verließ, als bis sie es ihr versprochen hatte.

Die eucharistische Ausrichtung Edels beschränkte sich keineswegs auf den Kirchenraum und die Liturgie, denn sie hatte die Absicht Jesu bei der Stiftung dieses Sakramentes tief erfaßt. Er sagte ja selbst in der eucharistischen Verheißungsrede: *Wer mein Fleisch ißt und mein Blut trinkt, der bleibt in mir und ich in ihm* (Joh 6, 56). Es geht nicht nur und nicht einmal in allererster

---

[17] Wie Anm. 16.

[18] Suenens, Quinn 260.

[19] Wie Anm. 16.

Linie um die kultische Verehrung und den festlichen Gottesdienst, sondern um die Vereinigung des ganzen Lebens mit dem Leben des Gottessohnes, um die innigste Gemeinschaft im Wollen, Denken, Handeln und Lieben, wie es im Wort *bleiben* ausgedrückt ist. Da unser natürliches Empfinden jedoch immer leicht von der vordergründigen Wirklichkeit beansprucht wird und unsere naturhaften Reaktionen mit der Gesinnung Jesu oft wenig zu tun haben, ist das Mühen um einen Raum der Stille und der Sammlung im Herzen unerläßlich. Nur so wird man fähig, die unsichtbare Wirklichkeit des Lebens nicht aus den Augen zu verlieren und auf die leise Stimme Gottes zu hören, der uns an sich ziehen will. Edel scheint von Natur aus eine gewisse Neigung zur Sammlung besessen zu haben. Schon von ihrer Schulzeit wird berichtet, daß ihr das Stillschweigen, so weit die Hausordnung im Pensionat dies vorgesehen hatte, stets ein Anliegen gewesen war. Später arbeitete sie dann noch bewußt an sich, wie ihre schlagwortartigen Aufzeichnungen aus Afrika bezeugen:
*Einfach beim Heiland weilen, in Vereinigung mit Maria. An Reisetagen den in meiner Seele gegenwärtigen Herrn lieben, indem ich mein Tun mit den entsprechenden Taten seines Lebens vereinige.*
*Meister, wo wohnst du? – Und sie blieben bei ihm. Mir wird der gleiche Vorzug zuteil.*
*Ruhig in seiner Gegenwart verweilen. Dann wird mein Schutzengel ihn statt meiner preisen.*
*Schweigen.*
*Alles für ihn, durch Maria.*
*Freude, sich ihm täglich und in allen Dingen mehr und mehr zu schenken, durch sie.*[20]

Sie war sich bewußt, ein Tempel des Heiligen Geistes und Wohnstätte der Heiligsten Dreifaltigkeit zu sein, und bemühte sich, ihr ganzes Leben immer mehr von dieser Wirklichkeit durchdringen zu lassen.

Die Menschen, die die Gesandte in Afrika gut gekannt hatten, betonten immer wieder die Einfachheit ihres Lebens. Es war Edel gelungen, mit ihrem durch Gottes Gnade erleuchteten Blick für das Wesentliche wirklich zum Zentrum des Glaubens vorzudringen, dem Erlösungsopfer Christi, das in der Eucharistie Höhepunkt und Quelle jeden christlichen Lebens ist.[21] Von ihrer Beziehung zu diesem Zentrum her ordnete sie die ganze Vielfalt des Lebens und wußte durch alles hindurch wieder zu dieser Mitte vorzustoßen. Das ganze Wesen, das Leben und die Frömmigkeit Edels gewannen dadurch große Klarheit, Geschlossenheit und Überzeugungskraft.

---

[20] Suenens, Quinn 175.
[21] II. Vatikanisches Konzil, Konstitution über die hl. Liturgie 10.

*Früchte*

*Wer in mir bleibt und in wem ich bleibe, der bringt reiche Frucht. Getrennt von mir könnt ihr nichts tun* (Joh 15, 5). Dieses Herrenwort wirft Licht auf das Leben und Wirken der Gesandten. Jedermann staunte über die Fruchtbarkeit ihres Wirkens, zuerst schon in Dublin, vor allem aber dann in Afrika.

Die Umstände waren äußerst ungünstig, da Probleme verschiedenster Art, von denen ein einziges schon das Wirken sehr erschweren mußte, gleichzeitig auftraten: Rassenkonflikte, Sprachenprobleme, mangelnde Seßhaftigkeit gewisser Eingeborenenstämme, Analphabetismus u. a. m. Nur dem Vertrauen auf die Macht Gottes und die Hilfe Mariens sowie der liebenswürdigen und beharrlichen Geduld der Gesandten war der ungewöhnliche Erfolg zu verdanken, daß in wenigen Jahren Hunderte von Legionspräsidien und Höheren Räten gegründet werden konnten. Sie war in Person der lebendige Beweis für die Wahrheit, daß das Wesentliche am Apostolat nicht das Tun, sondern das Sein ist.

Das Erstaunlichste bei Edel war gar nicht der Erfolg ihres Einsatzes, sondern ihre Persönlichkeit selbst. Wenn man bedenkt, daß sie unter normalen Umständen in einem Sanatorium in einem Lehnstuhl hätte sitzen müssen und seit ihrer Abreise nach Afrika von den Ärzten aufgegeben war, so ist es kaum zu fassen, wie sie fast acht Jahre hindurch unter den zermürbenden Bedingungen Zentralafrikas wirken konnte.

Und wie sie wirkte! Jeder Missionar legt nach einer langen und ermüdenden Fahrt zunächst eine kleine Ruhepause ein. Edel aber sprach schon wieder auf der nächsten Versammlung, um womöglich noch am selben Nachmittag weiterzureisen. Missionare und Schwestern, die sie beobachteten, bezeugten, daß ein solcher Einsatz schon bei einer Gesunden unglaublich gewesen wäre. Eigener Aussage zufolge schöpfte sie ihre Energie vor allem aus der heiligsten Eucharistie. Zum Beispiel bekannte sie Herrn Giraud gegenüber, sie gewinne aus dem Empfang des Altarssakramentes die Kraft zur Erfüllung der schwierigsten Aufgaben,[22] und in einem ihrer Briefe lesen wir: *Welch unbegrenztes Vertrauen müßten wir der göttlichen Liebe schenken! Unsere Liebe kann nicht zu groß sein. Geben wir uns ganz hin, feilschen wir nicht um den Preis. Gott wird unserem Glauben treu entsprechen. Tun wir für ihn, was wir können, und verlassen wir uns darauf, daß er uns jeden Tag die Kraft zu dem Werk gibt, das er von uns erwartet. Die Schwäche, die er uns läßt, soll uns nicht daran hindern. Sie ist unser Anteil an seinen Leiden. Welche Gnade ist es doch, ein wenig für ihn zu dulden. Wenn wir Glauben besitzen, wird das Brot des Lebens jeden Morgen bei der heiligen Messe sowohl unseren Leib wie unsere Seele stärken.*

---

[22] Suenens, Quinn 260.

*Wenn wir nur den Saum seines Gewandes berühren könnten (. . .) und wir haben soviel mehr!* [23]

Bei Edel ging die Verheißung Jesu: *Wie mich der lebendige Vater gesandt hat, und ich durch den Vater lebe, so wird jeder, der mich ißt, durch mich leben* (Joh 6, 57), wirklich in Erfüllung. Die heiligste Eucharistie war Mittelpunkt ihres Lebens; sie hatte den Mut, sich ganz auf deren Kraft zu verlassen. Der Vizepostulator ihres Seligsprechungsprozesses zog deshalb einen interessanten Vergleich: „Einige Heilige, wie Katharina von Siena, hatten einige Jahre ihres Lebens ausschließlich von der heiligen Kommunion gelebt, als ob der Herr dadurch die wirkliche und lebensspendende Kraft seiner eucharistischen Gegenwart bezeugen wollte. Die Eucharistie ist das lebendige und lebensspendende Brot. Edel lebte nicht allein von der Eucharistie, aber sie erwartete von ihr sogar körperliche Stärkung. Sie verließ sich darauf, wie sie es vor allem in ihrem Tagebuch sagte.“[24]

Wenn man in den Aufzeichnungen Edel Mary Quinns blättert, ist man überrascht, mit welch klarer Einsicht dieses einfache Mädchen ohne besondere theologische Bildung auch in das Geheimnis unseres Seins in Christus, das in der Taufe grundgelegt und durch die Sakramente, besonders die Eucharistie, genährt und vertieft wird, eingedrungen war. Man spürt, daß diese Aussage *in Christus* für sie lebendige Wirklichkeit war, und wird an die kraftvollen und dichten Aussagen des hl. Johannes und des hl. Paulus erinnert.

*In Christus leben – durch den Heiligen Geist und durch Maria. In Christus und unter der Führung des Heiligen Geistes können wir durch Maria die unendlichen Verdienste und Sühneleiden Christi dem ewigen Vater aufopfern, um dadurch unsere Sünden und die Sünden der ganzen Welt gutzumachen, sowie Gott Dank und Ehre zu erweisen. Versuchen wir, das ganz zu erkennen.*

*Er gibt uns Anteil an seinem Leben, und so wie er unsere Sünden auf sich geladen hat, macht er uns auch teilhaft seiner Verdienste. In ihm besitzen wir alles. Welche Möglichkeiten gibt uns das doch, Gnaden für andere Menschen und für uns selbst zu erlangen! Wir können gar nicht genug um Gnade beten.*[25]

*Christus konnte uns nur erlösen, indem er eins mit uns wurde – ein Leib mit uns: In Christus – Christus in uns.*[26]

Ein anderer dieser gehaltvollen Sätze, in denen Edel ihr Programm kurz zusammengefaßt hat, drückt das Ziel aller Verbindungen mit dem Erlöser aus:

---

[23] Suenens, Quinn 239.

[24] Wie Anm. 13.

[25] Suenens, Quinn 350.

[26] Persönliche Notizen von Edel Quinn, zitiert nach: Anselm Moynihan, Edel Quinn, A Life in the Trinity (Dublin o. J.) 3.

*Jesus sein Leben für den Vater wieder leben lassen in mir. Mit ihm vereint in der Liebe zum Vater. Mit Maria Jesus in mir lieben.*[27]

### *Eucharistie und Askese*

Damit das Leben Christi in uns immer mehr erstarkt, zieht Jesus uns in der heiligen Eucharistie an sich. Das wird jedoch nur in dem Maße möglich sein, als wir uns ergreifen lassen und uns ganz in seine Hand geben. Darum geht es in der Askese, die Edel von Jugend an im verborgenen geübt hat. Schon in Dublin verzichtete sie bewußt auf viele Annehmlichkeiten wie ein weiches Bett oder süße Nachspeisen. Daß sie dabei nicht bei äußeren Übungen stehen blieb, sondern auf wahre Selbstentäußerung bedacht war, können wir wieder aus ihren Aufzeichnungen erkennen:
*Wir müssen unsere eigenen Ideen, Urteile und Wünsche verlieren und nur noch die von Christus haben, um dem Vater zu gefallen, um ein Lobpreis seiner herrlichen Gnade zu sein.*[28]

Es mag uns ein Trost sein, daß auch Edel dabei die Schmerzen dieses inneren Sterbens und das Widerstreben der eigenwilligen Natur fühlte:
*Wie blutleer ist doch unsere Christusliebe! Wie gering ist unsere Bereitschaft, uns für Christus einzusetzen und zu opfern. Selbst in den kleinen Dingen ist das so, falls sie Anstrengung kosten.*[29]
*Laßt uns in der Gesinnung Christi leben, belehrt von Maria, in der Arbeit für den Vater, geführt vom Geist der Liebe. Reißen wir alles andere aus. Wie schwer ist es, alles auszureißen! Aber können wir ihm weniger geben? In Wirklichkeit ist das nur ein ganz kleiner Erweis der Dankbarkeit und Sühne!*[30]

Dieses innere Sterben gibt uns immer mehr Anteil am Leben des Erlösers und macht es ihm möglich, uns in sich zu verwandeln. Bei Edel Quinn springt gerade diese Frucht ihrer Liebe zur Eucharistie in die Augen. Sie wurde mehr und mehr ein „anderer Christus“ und wuchs gerade in jenen Haltungen Jesu, die er uns in der Eucharistie vor Augen stellt, zur großen Christusähnlichkeit heran: in der Liebe zur Verborgenheit, zum Kreuz und in der Bereitschaft zur letzten Hingabe.

### *Gleichgestaltung mit dem eucharistischen Herrn*

Der Wunsch Edels, ganz im verborgenen zu bleiben, wurde bereits erwähnt. Daß er nicht nur als Ausdruck persönlicher Schüchternheit zu werten ist,

---

[27] Suenens, Quinn 352.
[28] Persönliche Notizen von Edel Quinn, Moynihan (wie Anm. 26) 6.
[29] Suenens, Quinn 357.
[30] Suenens, Quinn 357.

sondern bewußte Nachahmung Jesu war, zeigt eine ihrer Notizen: *Das Beispiel Christi: verborgenes Leben im Gehorsam gegen Maria nach dem Willen des Vaters.*[31]

Ein Priester aus Nairobi, der Edel gut kannte, zog in einem Brief an den obersten Rat der Legion Mariens vom 4. Mai 1945 einen Vergleich zwischen Edel und der kleinen hl. Therese, die diese sehr liebte: *Es hat mich immer gewundert, daß sich das in Edel lodernde Feuer nicht unmittelbar zeigte. Sie machte niemals durch Worte oder ihr sonstiges Verhalten die geringste Andeutung über ihr Innenleben. Die kleine hl. Therese, der sie sonst sehr glich, tat das wohl.* Er fügte hinzu, daß er Edel niemals habe bewegen können, ihrerseits die *Geschichte einer Seele* zu schreiben.[32] Edel gehört zu jenen Christen, die ihre Anbetung Gottes durch völliges Zurücktreten der eigenen Person ausdrücken, während andere das im demütigen Lobpreis seiner Treue und Barmherzigkeit tun.

Edel wußte auch, daß Christus in der Eucharistie als Geopferter die Frucht seines Kreuzesopfers den Menschen mitteilt. Sie hatte es sich zur Gewohnheit gemacht, *durch Maria die unendlichen Verdienste und Sühneleiden Christi dem ewigen Vater aufzuopfern*[33] und diesen Akt während des Tages immer wieder zu erneuern. Sie zog aber auch die praktischen Konsequenzen aus dieser Erkenntnis im täglichen Leben. Wenn aller Segen und alle Gnade aus dem Sühneleiden Christi entspringen, so dürfen auch wir als Glieder seines Leibes nicht vor dem Kreuz fliehen; es gilt zu ergänzen, was am Leiden Christi noch fehlt (Kol 1, 24). So erwächst aus dem Kreuz Heil, Leben und Fruchtbarkeit.

Edel hatte in ihrem kurzen Leben vieles zu leiden, klagte aber nie und lenkte auch im Kreuz nie die Aufmerksamkeit der anderen auf sich. Im Gegenteil, sie war froh, wenn niemand etwas von ihrem Schmerz bemerkte. Schon daraus kann man ersehen, daß sie das Kreuz anzunehmen und mit Sinn zu erfüllen verstand.

Während der Exerzitien schrieb sie einmal folgende Gedanken nieder:

*Leiden sind kostbar.*

*Sich freuen, den Herrn nachahmen zu dürfen in der fröhlichen Annahme der Leiden: gesundheitliche Beschwerden und tägliche Unannehmlichkeiten sind seine ausgewählten Geschenke.*

*Die köstlichste Gabe, die unsere Mutter ihren Kindern schenkt, ist das Kreuz. Beten um die Gnade, es fröhlich und gerne anzunehmen in Gleichförmigkeit mit Christus.*[34]

---

[31] Suenens, Quinn 351.
[32] Suenens, Quinn 345 f.
[33] Suenens, Quinn 350.
[34] Suenens, Quinn 93.

*Welche Gnade ist es doch, ein wenig für ihn zu dulden,* [35] lesen wir in einem ihrer Briefe. In dieser Haltung antwortete sie auch einer Schwester im Sanatorium, die sie wegen ihrer Krankheit bedauerte:
*Leiden ist ebenso gut wie arbeiten. Wenn ich also nicht arbeiten kann, warum sollte ich da nicht leiden?* [36]

Die Sicht des Glaubens hatte ihr ganzes Denken und Empfinden durchdrungen:
*Wir müssen uns darüber klar sein, daß die Ereignisse, die unsere Pläne und Wünsche durchkreuzen, Gnaden, Zulassungen des göttlichen Willens oder ‚Verfolgungen' seiner Liebe zu uns sind. Wir sollten uns nicht dagegen sträuben, sondern den größtmöglichen Nutzen daraus ziehen, ungeachtet des geringen Preises, den uns das kostet. Sein Wille hat den Vorrang vor dem unseren. Die kleinen Opfer sind unseren schwachen Kräften angepaßt. Seien wir treu und nehmen wir sie gerne an. Unsere Mutter hilft uns dabei. Um unsere Liebe zu beweisen, haben wir nur dieses Leben, und vielleicht ist es nur ein kurzes Leben. Wir müssen uns anstrengen. Jesus und Maria werden uns helfen, bis zum Ende auszuhalten. Wenn wir die wahre Bedeutung der Dinge erkennten, wie würden wir uns dann über jede Krankheit und jede Ermüdung freuen. Sie sind unser Anteil an den Leiden und der Erlösungstat Christi.* [37]

Nur ein Ereignis ist uns bekannt, bei dem sie um die Annahme ihres Lebensschicksals innerlich ringen mußte. Erzbischof Leen von Mauritius erzählt: *Am Abend vor ihrer Abreise hatte Edel ihren Abschiedsbesuch bei der Familie Harel gemacht. Als Fräulein Harel sie dann zu den anderen Freunden begleitete, kamen der Gesandten plötzlich Tränen in die Augen, und sie sagte: ‚Das ist mein Leben. Sobald meine Arbeit interessant wird und ich richtige Freunde gefunden habe, muß ich mich davon losreißen und ins Ungewisse gehen.' Sie trat in eine benachbarte Kirche ein, verweilte eine Zeitlang vor dem Tabernakel und erschien wieder mit ihrem üblichen Lächeln. Ich glaube, daß das Fiat hochherzig und vollkommen war.* [38] Auch hier ist es kennzeichnend für Edel, daß sie im Besuch beim eucharistischen Herrn Kraft und Trost fand.

Schließlich bemühte sie sich, durch großmütige, vollkommene Hingabe den Herrn nachzuahmen, der uns in der Eucharistie den Leib schenkt, der für uns in den Tod hingegeben wurde. Alle, die das Wirken der Gesandten in Afrika mitverfolgten, waren von ihrer Selbstlosigkeit tief beeindruckt. Stellvertretend für die Beobachtung vieler schrieb P. Lynch am 5. Jänner 1950: *Ich halte Edel Quinn für den selbstlosesten Menschen, dem ich begegnet bin. Niemals*

---

[35] Suenens, Quinn 239.
[36] Suenens, Quinn 294.
[37] Suenens, Quinn 263 f.
[38] Suenens, Quinn 258.

*hielten die zu erwartenden Schwierigkeiten sie von einem Entschluß ab.*[39] Sie verbrachte wiederholt auch ganze Nächte vor der Eingangstür einer Missionsstation, weil sie bei später Ankunft nach einer Reise die Missionare und Schwestern nicht wecken und in ihrer wohlverdienten Nachtruhe nicht stören wollte. Sogar auf deren dringende Bitte hin ließ sie nicht von diesem Verhalten ab. So handelte jene, die zeit ihres Lebens um die Gnade des Martyriums gebetet hatte.

### *Eucharistie und Dreifaltigkeit*

Es ist beeindruckend, daß die Eucharistie bei Edel auch im Bezug auf die Heiligste Dreifaltigkeit gesehen wird. Aus ihren Aussagen kann man erkennen, daß das Leben mit dem dreifaltigen Gott und in ihm für sie konkrete Wirklichkeit geworden war. Die Lehraussage der Dogmatik, daß der Vater uns im Heiligen Geist Jesus als Brot des Lebens schenkt, ließ ihr Herz vor Dankbarkeit gegenüber dem dreifaltigen Gott erbeben: *Danken wir der Dreifaltigkeit oft und oft für dieses Geschenk!*[40] mahnte sie sich selbst in ihren Aufzeichnungen. Auch die schon zitierte Stelle über das Sühneleiden Christi zeigt den Dreifaltigkeitsbezug der Eucharistie auf:
*In Christus und unter der Führung des Heiligen Geistes können wir durch Maria die unendlichen Verdienste und Sühneleiden Christi dem ewigen Vater aufopfern . . .*[41] In Christus sind wir selbst in das innere Leben Gottes einbezogen und ein Tempel der Dreifaltigkeit:
*In Christus beten wir die Dreifaltigkeit an: Heilig, heilig, heilig. Bemühe dich, die Dreifaltigkeit in der Seele anzubeten, auch inmitten von Sorgen und äußeren Aufgaben.*[42]

Bei diesen Texten wird man unwillkürlich an die selige Elisabeth von Dijon und ihre Aussagen über die Einwohnung des dreifaltigen Gottes in der Seele erinnert. Dasselbe Feuer brannte in Edel inmitten ihres von äußerer Tätigkeit voll in Anspruch genommenen Lebens und führte sie zu einem Zustand ständiger Gottesvereinigung.

### *Maria und die heiligste Eucharistie*

Bei den bereits zitierten Worten Edels über die heiligste Eucharistie ist sehr oft auch von Maria die Rede. Mit ihr und durch sie bereitete sich die Gesandtin auf die Begegnung mit Gott in diesem Sakrament vor. „Mit Maria" und

[39] Suenens, Quinn 370.
[40] Suenens, Quinn 278.
[41] Suenens, Quinn 350.
[42] Suenens, Quinn 354.

„durch Maria": Diese beiden Ausdrücke bezeichnen sehr gut die helfende und führende Nähe der Gottesmutter im Leben dieser vorbildlichen Christin.

Wie die Liebe zur Eucharistie gehörte auch die Marienverehrung schon seit frühester Jugend zu den Kennzeichen des irischen Mädchens. So war Edel in ihrer Schulzeit ein eifriges Mitglied der Marianischen Kongregation gewesen, um dann in ihren Jugendjahren mit demselben Einsatz in der Legion Mariens zu arbeiten. Durch die Mitgliedschaft in marianischen Apostolatsgruppen wurde ihre Beziehung zu Maria zweifellos noch vertieft und entscheidend geprägt. Vor allem wurde sie mit der Lehre des hl. Ludwig Maria Grignion von Montfort vertraut, dessen Schriften von da an ihr geistliches Leben maßgebend prägten. Das Neue Testament, das Meßbuch und das *Geheimnis Mariens* Grignions waren die Bücher, die sie ihr ganzes Leben begleiteten. Schon früh hatte sie sich Maria in der vom hl. Ludwig vorgeschlagenen Form geweiht und hielt diese Selbstübereignung heilig wie ein Gelübde. Immer mehr ließ sie sich in allen Lebenslagen von der Gottesmutter wie ein Kind von seiner Mutter leiten. Ihre Notizen zeigen das deutlich:

*Verzichten wir auf unsere menschlichen Absichten und betrachten wir alles wie Maria, um uns in allen Dingen von ihrem Geist leiten zu lassen.*[43]

*Ich will Maria bitten, mir zu helfen, Christus anzuziehen.*[44]

*Um die Gnade bitten, die Bedeutung der Mutterschaft Mariens zu erkennen, das göttliche Leben in uns zur Entfaltung kommen zu lassen und mit Gott vereint zu bleiben.*[45]

Diese Abhängigkeit von Maria prägte Edels Leben bis in die kleinsten Einzelheiten. Beispielsweise gab sie nach ihrer eigenen Aussage während ihrer Gesandtentätigkeit nie einen Rat oder eine Mahnung, ohne dies vorher der Gottesmutter unterbreitet zu haben.[46] Sie nahm sich vor:

*Wenn ich Fehler begehe, will ich Maria bitten, die Sache wieder in Ordnung zu bringen. Sie weiß, wie dumm ich bin und wie wenig ich vermag, aber sie ist meine Mutter. Sie versteht es, das Gleichgewicht und die Harmonie wiederherzustellen, und leiht uns ihre Hilfe.*[47]

An der Hand Mariens und mit kindlichem Vertrauen näherte sie sich auch Jesus in der heiligsten Eucharistie:

*Opfern wir die Verdienste Christi durch Maria seinem Vater auf.*[48]

---

[43] Suenens, Quinn 347.
[44] Suenens, Quinn 351.
[45] Suenens, Quinn 355.
[46] Suenens, Quinn 251.
[47] Suenens, Quinn 353.
[48] Suenens, Quinn 352.

*Mich mit Christus vereinigen, der im Heiligsten Sakrament zugegen ist und seinen Vater anbetet. Die Gottesmutter anflehen, für mich zu beten und anzubeten.*[49]

In Edels geistlichem Tagebuch findet sich auch noch eine weitere tiefe Aussage über Maria und die Eucharistie: *Maria liebt Jesus in mir. Sie streichelt ihn und gießt ihr Mitleiden über alle seine Wunden. Aber besonders dankt sie ihm für die Eucharistie und dem Vater, daß er uns Jesus geschenkt hat.*[50]

An dieses Wort knüpft der Vizepostulator ihres Seligsprechungsprozesses an, um den Gedanken noch weiterzuführen: „Ich glaube, Mariens Dankbarkeit Jesus gegenüber für die heiligste Eucharistie steht in Beziehung zu ihrer Aufgabe als Mutter der Kirche. Sie ist die Mutter der Familie Gottes. Eine Mutter aber kümmert sich darum, daß ihre Kinder Brot zu essen haben. Jesus, ihr ältestes Kind, sorgt für das göttliche Brot für die ganze restliche Familie. Deshalb ist Maria wegen ihrer Liebe zu uns und wegen ihrer Aufgabe voll Dankbarkeit Jesus gegenüber für die Eucharistie."[51]

Zusammenfassend kann man wohl sagen, daß sich Edels Liebe zur heiligsten Eucharistie und ihre Marienverehrung gegenseitig befruchteten und vertieften. Maria lehrte Edel, Jesus aufzunehmen, anzubeten und in ihm zu bleiben, wie sie es stellvertretend für die ganze Kirche getan hatte. Jesus wiederum verwies Edel mit dem Wort *Siehe, deine Mutter* (Joh 19, 27) auf Maria und erinnerte sie an das Beispiel seines verborgenen Lebens in Nazareth, als er ihr untertan war und sich in allem von ihr belehren ließ.[52]

## III. AUSBLICK

Seit dem Tod der Gesandten in Nairobi sind nun bald fünfzig Jahre vergangen. Wenn Edel Quinn gerade unserer Zeit etwas zu sagen hat, so muß man wohl zuerst die Frage stellen, inwiefern ihre Frömmigkeitshaltung mit der Lehre des II. Vatikanischen Konzils übereinstimmt, das die Weichen für die innere Erneuerung der Kirche in der Gegenwart gestellt hat.

Eine kurze Prüfung der Konzilsdokumente beweist klar, daß die innere Haltung Edels in keiner Weise durch das Konzil überholt worden ist, im Gegenteil: Die Anweisungen der Konstitutionen über die heilige Liturgie, die Kirche und des Dekrets über das Laienapostolat erwecken eher den Eindruck, geradezu auf Edel zugeschnitten zu sein:

---

[49] Suenens, Quinn 351.
[50] Suenens, Quinn 277 f.
[51] Wie Anm. 13.
[52] Vgl. Suenens, Quinn 355.

*In der Liturgie, besonders im heiligen Opfer der Eucharistie, vollzieht sich das Werk unserer Erlösung, und so trägt sie in höchstem Maße dazu bei, daß das Leben der Gläubigen Ausdruck und Offenbarung des Mysteriums Christi und des eigentlichen Wesens der wahren Kirche wird, der es eigen ist, zugleich göttlich und menschlich zu sein, sichtbar und mit unsichtbaren Gütern ausgestattet, voll Eifer der Tätigkeit hingegeben und doch frei für die Beschauung ...*[53]
*Aus der Liturgie, besonders aus der Eucharistie, fließt uns wie aus einer Quelle die Gnade zu; in höchstem Maß werden in Christus die Heiligung der Menschen und die Verherrlichung Gottes verwirklicht, auf die alles Tun der Kirche als auf sein Ziel hinstrebt.*[54]
*Die Laien haben Pflicht und Recht zum Apostolat kraft ihrer Vereinigung mit Christus, dem Haupt (...) Durch die Sakramente, vor allem die heilige Eucharistie, wird jene Liebe mitgeteilt und genährt, die sozusagen die Seele des gesamten Apostolates ist.*[55]

Gottes Pläne sind unergründlich. Edel war ein tief beschaulich veranlagter Mensch, der in einem streng kontemplativen Ordensleben sicher die Erfüllung seines Sehnens gefunden hätte. Dieser Wunsch ging nicht in Erfüllung. Vielleicht deshalb, damit sie, die in ihrer tiefen Glaubenssicht das Herzstück der christlichen Existenz klar erkannt hatte, ein lebendiges Zeugnis und ein Vorbild für alle werden könnte, die in der Welt nach der inneren Mitte und Kraftquelle ihres Daseins suchen. Sie zeigt uns, wo die Energien zu finden sind, um in der Lebensform des Apostolats nicht zu ermüden oder zu erliegen: im Brot des Lebens, das Leib und Seele zur vollen Hingabe fähig macht. Sie lehrt uns schließlich, wie wir uns dem Herrn im heiligsten Sakrament am besten nahen und uns für ihn öffnen können: an der Hand Mariens.

Es ist deshalb sehr zu wünschen, daß der schon weit fortgeschrittene Seligsprechungsprozeß durch die Erhebung dieser Dienerin Gottes zur Ehre der Altäre bald zu einem positiven Abschluß kommt.

---

[53] II. Vatikanisches Konzil, Konstitution über die hl. Liturgie 2.
[54] Ebd. 10.
[55] II. Vatikanisches Konzil, Dekret über das Laienapostolat 3.

# FRIEDRICH WESSELY UND DAS ORATORIUM SANCTISSIMAE TRINITATIS

Von Martin Deininger CO, Wien

Friedrich Wessely (1901—1970) erweckt zunehmend Interesse. Biographisches steht uns zur Verfügung im Artikel seines Freundes, des Kirchengeschichtlers Univ.-Prof. Dr. Franz Loidl[1] (gest. 1987), und seit 1988 auch in der ausführlichen Lebensbeschreibung von Sr. Adelheid Liechtenstein OCist.[2] Die vorliegende Arbeit beschäftigt sich, wie schon die Diplomarbeit des Verfassers,[3] nur mit Wesselys Plan zur Gründung eines Oratoriums für Weltpriester in der Erzdiözese Wien. Das Thema wurde lebensgeschichtlich angegangen, um die Gedanken dieses Mystikers, Theologen und Seelsorgers als Stationen seines geistlichen Weges erfassen zu lassen, und um berechtigtem historischen Interesse Genüge zu tun. Bei Theologie und geistlicher Lehre wurde weitgehend versucht, Wessely selbst zu Wort kommen zu lassen.

## STATIONEN DES GEISTLICHEN WEGES

### *Berufung*

Wir übergehen Wesselys harmonische Kindheit „im Milieu einer echten altösterreichischen Beamtenfamilie",[4] obwohl sie für seine Persönlichkeit sehr bedeutsam ist, und fangen gleich bei der Erweckung zum geistlichen Leben an. Wessely wurde als 20jähriger Student der Geschichte in einer der Bibelpredigten, die der Jesuit P. Friedrich Kronseder 1920 bis 1923 in der Kirche

---

[1] Franz Loidl, Friedrich Wessely. Ein Leben für Mystik und Legion Mariens, in: Spiritualität in Moral. Festschrift für Karl Hörmann zum 60. Geburtstag. Hg. von der Kath.-Theol. Fakultät der Universität Wien (Wiener Beiträge zur Theologie 47, Reihe mystisch/spirituelle Theologie 2, Wien 1975). (Zit.: Loidl)

[2] Adelheid Liechtenstein, Friedrich Wessely (Reihe Maria am Werk 4, Maria Roggendorf 1988). (Zit.: Liechtenstein)

[3] Martin Deininger, Univ.-Prof. DDr. Friedrich Wessely und das Oratorium Sanctissimae Trinitatis. Geschichte und Gehalt eines religiösen Impulses. Diplomarbeit zur Erlangung des akademischen Grades eines Magisters der katholischen Theologie (Fachtheologische Studienrichtung) an der Kath.-Theol. Fakultät der Universität Wien, Wien 1984 (mschr.; Zit.: Deininger)

[4] Loidl 1. Für Wesselys Kindheit siehe die genannte Literatur.

Am Hof, Wien 1, hielt,[5] von der Gnade getroffen. Er erwählte Kronseder zu seinem Seelenführer. Das Verhältnis war freundschaftlich; Kronseder war ein gerngesehener Gast der Familie Wessely. Aus dieser Beziehung sind folgende drei Tatsachen bekannt, die für Wesselys späteres Leben von entscheidender Bedeutung sind:

1. Wesselys so charakteristische Schau der Heiligsten Dreifaltigkeit als Quell, Ruhepunkt und Ziel des christlichen Lebens wurde durch P. Kronseder grundgelegt, dessen Predigten beredtes Zeugnis von seiner Verwurzelung im Mysterium Trinitatis geben. Viele Jahre später hat Wessely einen ganzen Jahrgang seines *Jahrbuchs für Mystische Theologie* dem Abdruck einer Auswahl dieser Predigten gewidmet. In der „Einleitung" dazu schreibt Wessely: *Es scheint sicher zu sein, daß im Lauf der Zeit der Prediger selbst immer mehr vom Mysterium der Sanctissima Trinitas fasziniert wurde.*[6]

2. Von P. Kronseder stammt die Anregung zur Lektüre der Schriften des hl. Johannes vom Kreuz. Wesselys eigene Worte bezeugen, wie wichtig dies für ihn war: *Dieser Heilige hat mich schon vor meinen theologischen Studien sehr interessiert. P. Kronseder SJ, mit dem ich 1920 bis 1923 in enger Beziehung stand, machte mich auf den spanischen Mystiker aufmerksam, und die Lektüre seiner Werke hat mich von Anfang an gefesselt. Neue und ungeahnte Perspektiven für die eigene religiöse Entwicklung haben sich da eröffnet.*[7]

3. P. Kronseder entschloß sich 1924, als Exerzitienmeister tätig zu werden. An seinen ersten großen ignatianischen Exerzitien in Feldkirch nahmen nur fünf Priester teil und ein Laie — der 23jährige Geschichtsstudent Friedrich Wessely. Dies konnte nur auf persönliche Einladung P. Kronseders erfolgt sein und zeigt, wie sehr er Wessely geschätzt haben muß. Als Frucht der Exerzitien legte er die Gelübde der drei evangelischen Räte auf ein Jahr ab, nach einer seinem Stand angepaßten Form der Scholastiker-Gelübde der Gesellschaft Jesu.[8] Ein Jahr später in Georgenberg erneuerte er sie auf ewig.

---

[5] Siehe dazu K. Honek. Der Trinitätsmystiker P. Friedrich Kronseder SJ und der Bibelpädagoge P. Anton Stonner SJ. Theologisch-spirituelle Grundlegung und pastorale Implikationen ihrer Seelsorge in Wien (1920—1927), (Wien 1978). (theol. Diss. Wien; zit.: Honek)

[6] Friedrich Wessely, Einleitung: Jahrbuch für mystische Theologie (zit.: JbMyst) 12 (1966) 11. Im Vorwort schreibt er: *Der zwölfte Band des Jahrbuchs für Mystische Theologie beschäftigt sich ausschließlich mit der Persönlichkeit und dem Werk P. Friedrich Kronseders, S. J. Der Grund dafür ist zunächst ein persönlicher. Der Herausgeber erfüllt damit eine Dankespflicht, denn in den Jahren, da man die Entscheidung für den Lebensberuf fällt und dem Lebensweg eine bestimmte Richtung gibt, waren eine tiefe Freundschaft mit P. Kronseder und sein starker Einfluß ausschlaggebend gewesen.*

[7] Begleitschreiben zu Wesselys theologischer Habilitationsschrift *Johannes vom Kreuz, der Lehrer des vollkommenen Lebens* (zit.: Begleitschreiben): Fakultätsakt Wessely (Die Fakultätsakten sind am Dekanat der Kath.-Theol. Fakultät der Universität Wien alphabetisch geordnet).

[8] Vgl. Liechtenstein 34 f. und 412 f. (Anm. 15).

Die Religiosität des jungen Wessely muß von außergewöhnlicher Tiefe und Reife gewesen sein. Wir haben es ja bei ihm mit einer kontinuierlichen Entwicklung ohne Brüche zu tun und wissen aus seinen eigenen Worten, daß das, was ihm am Anfang geschenkt worden war, ständig Quelle seines Wirkens blieb. In diesem Sinn können wir einen Teil der Betrachtung, die er für die *Korrespondenz des Priestergebetsvereins „Associatio Perseverantiae Sacerdotalis"* schrieb, auf ihn selbst anwenden: *Das eine scheint aus der Erfahrung festzustehen, daß nicht am Ende der religiösen Entwicklung des einzelnen die ganz großen Gnaden und damit das ganz reine, „vollkommene" Leben geschenkt wird, sondern zu Beginn. Wie sehr auch die Fortschritte ins Tugendleben wachsen mögen, der religiöse Antrieb ins Vollkommene und Heroische zeigt sich am Anfang des Erwachens zum selbständigen religiösen Leben.*[9]

Außer P. Kronseder ahnte allerdings niemand etwas von dem, was sich im Inneren Wesselys vollzog. So erschien auch sein Eintritt in den zweiten Jahrgang des Wiener Priesterseminars im Herbst 1926, nachdem er im Mai desselben Jahres zum Doktor der Philosophie promoviert hatte, überraschend für seine Umwelt.

Bevor nun die Alumnatszeit Wesselys geschildert wird, sei ein vielsagender Text aus seiner philosophischen Dissertation zitiert:

*Noch immer waren die inneren Kräfte des Katholizismus von einem unermeßlichen Reichtum. Die Tätigkeit der hl. Theresia und des Johannes vom Kreuz, der größten katholischen Mystiker des 16. Jahrhunderts, zur Reformation des Karmeliterordens zeigten jetzt erst ihre Früchte, in Italien zeugte die Ausbreitung der Oratorianer, in Frankreich die von Bérulle ins Leben gerufene gleichnamige Congregation von der gewaltigen Persönlichkeit Philipp Neris. Die Schulen des Josef von Calasanz, des Gründers des Piaristenordens, standen in erster Blüte.*

*In Nordfrankreich widmete Vincenz von Paul sein Leben den Armen und übte auf die folgende Zeit durch die Gründung der Gesellschaft der Lazaristen und des Ordens der barmherzigen Schwestern eine ungewöhnlich große Fernwirkung aus. Im Süden arbeitete mit unermüdlichem Eifer der liebenswürdige Franz von Sales zuerst als einfacher Priester in Chablets, dann als Bischof von Genf an der Wiedergewinnung der Anhänger Calvins und schuf vereint mit Johanna Francisca von Chantal den Orden der Heimsuchung Marias.*[10]

Ob Wessely damals schon ahnte, wie wichtig die von ihm genannten Heiligen für sein eigenes Leben werden würden? Als Theologe wird er sich mit ihnen eingehend befassen und in der Seelsorge auf sie zurückgreifen. Über

---

[9] Friedrich Wessely, Darin zeigt sich die Liebe: Nicht wir haben Gott geliebt, sondern er hat uns geliebt, Korrespondenz des Priester-Gebetsvereines 'Associatio Perseverantiae Sacerdotalis' (zit.: KorrAPS) 56 (1935) Nr. 7, 102

[10] Friedrich Wessely, Beitrag zur Politik der römischen Curie unter Papst Paul V. 1605—1621 (Wien 1925) 2. (Phil. Diss. Wien; mschr.)

Johannes vom Kreuz wird er sich habilitieren und auf ihm seine mystische Theologie aufbauen. Er wird seine Werke kommentieren und herausgeben.[11] Als Spiritual im Karmel wird ihm auch seine Kenntnis Theresias von Avila helfen. Auf den Spuren Philipp Neris und Bérulles wird er Priester zum Oratorium der Heiligsten Dreifaltigkeit sammeln. Die Spiritualität Bérulles wird ihn zur vollkommenen Andacht zu Maria nach der Lehre des hl. Ludwig M. Grignion von Montfort und so zu den geistlichen Grundlagen der Legion Mariens führen, die er in Österreich gründen wird. Auf den Orden der Heimsuchung Mariens wird er durch Franz von Sales und Johanna Franziska von Chantal vorbereitet sein.

### *Alumne im Wiener Priesterseminar*

Das Priesterseminar wird nun von 1926 bis 1945 sein Zuhause, unterbrochen nur von einer dreijährigen Kaplanstätigkeit. Das Seminarleben war mehrfach beeinträchtigt. Während der Streitigkeiten zwischen Sozialdemokraten und Christlichsozialen wurde öfters der Seminargarten zum Polizeistützpunkt erkoren. Das Lehrangebot an der Universität ließ aufgrund der schlechten wirtschaftlichen Lage Österreichs zu wünschen übrig. Im Seminar selbst hatten sich zwischen den Alumnen, die katholischen Vereinigungen angehörten (Bund Neuland, Cartell-Verband, Marianische Kongregation, Pfadfinder u. a.), unerfreuliche Parteiungen ergeben. Regens Karl Handloß, ein Vorbild an Innerlichkeit und seelsorglicher Gesinnung, regierte mit Güte und nicht durch strenges Handhaben der Regel.

In diesen Verhältnissen setzte Wessely, der keiner Vereinigung angehörte, seinen Weg unbeirrbar fort. Seine Mitalumnen erlebten ihn als stillen, verständnisvollen Zuhörer. Manchen fiel seine verborgene Beobachtungsgabe und Menschenkenntnis auf, sein heiteres Wesen, sein ungekünstelter Humor. Schon damals besaß er jene Ausstrahlung, durch die ihn die anderen als vergeistigten, innerlichen Menschen erfuhren, der, ohne viel Worte zu machen, Vertrauen erweckte. Sein Verständnis für die mystische Theologie wurde vor allem durch das Handbuch des Dominikaners Réginald Garrigou-Lagrange[12] gefördert: *Die hier vorgetragene Lehre erschien mir so einleuchtend und schön, daß ich damals schon diese einem Kreis von Theologen auseinandersetzte.*[13]

---

[11] Johannes vom Kreuz, Aufstieg zum Berge Karmel, 3 Bde., (Wien 1953); Friedrich Wessely, Der Aufstieg der Seele zu Gott nach dem Geistlichen Gesang des hl. Johannes v. Kreuz (Wien 1951). Siehe auch seine Artikel im JbMyst: Das Ziel des Lebens nach Johannes vom Kreuz und Theresia von Avila, 1 (1955) 115—177; Der Angelpunkt der Lehre des hl. Johannes vom Kreuz, 4 (1958) 9—32; Johannes vom Kreuz: Die dunkle Nacht, 13 (1967/68) 63—85.

[12] Réginald Garrigou-Lagrange, Mystik und christliche Vollendung (Augsburg 1927)

[13] Begleitschreiben (wie Anm. 7)

Wovon das Herz überging, davon mußte der Mund reden. Fast überrascht es, schon damals in diesem besonnenen Studenten den Hang zum Apostolat festzustellen, doch es wird von Josef Moser (1928 eingetreten, 1933 zum Priester geweiht) bestätigt: *Er warb im Stillen auch unter Neueingetretenen für seine tiefen Gedanken und großen Pläne. Auf drei von uns Neuen setzte er einige Hoffnung. So hielt er es mit einiger Sicherheit vorher und nachher. Es widersprach seinem ganzen Wesen, Werbeversammlungen etwa zu halten. Mehr still und persönlich suchte er auszuloten, wie weit, mit welchem Verständnis oder Begeisterung wir seiner Spiritualität Interesse oder Mittun entgegenbrachten.*[14]

Wir lernen Wessely so als bescheidenen, unauffälligen, aber doch mitteilsamen, ja von apostolischer Gesinnung erfüllten Kollegen kennen. Diese für ihn so typische Verbindung von Innerlichkeit und Interesse am Menschen wird später noch deutlicher zutage treten. Zu den Alumnen, die ihm damals von 1928 bis 1930 besonders nahestanden, darf sein „Tisch" gezählt werden,[15] also Franz Loidl, Friedrich Mittelstedt, Josef Moser und Ernst Müller, und wohl auch Franz Sotola, der schon als Ministrant in Währing eine kurze, aber nachhaltige Begegnung mit dem Seminaristen Wessely hatte.

Wessely stand ständig mit P. Kronseder in Briefkontakt. Dieser begann gegen Ende der zwanziger Jahre mit den Kartäusern von La Valsainte in der Schweiz fruchtbare geistliche und theologische Beziehungen aufzunehmen. Er gab einige ihrer Schriften heraus,[16] von denen das Buch *Das weiße Paradies* größere Bekanntheit erlangte und später auch im Priesterseminar durch Wessely als Studienpräfekt begeisterte Leser finden sollte.

### *In der Vorstehung des Priesterseminars*

Am 30. Juli 1930 wird Friedrich Wessely gemeinsam mit 26 anderen von Kardinal Piffl zum Priester geweiht. Er verbringt drei Kaplansjahre in Mödling bei Wien an der Pfarre St. Othmar, wobei ihm der erste Kaplan, Dr. Lothar Kugler (gest. 1931), zu einem bleibenden Vorbild wird.[17] Am 1. Oktober 1933 wird er als Studienpräfekt ans Wiener Priesterseminar gerufen. Regens Karl

---

[14] Brief vom 19. 5. 1984 an den Verf.

[15] Wessely war „Tischpräfekt". Jedem Tisch im Refektorium — die Jüngeren saßen daran in alphabetischer Sitzordnung — wurde zur Einführung und Betreuung ein Höhersemestriger als Tischpräfekt beigegeben.

[16] Zum Kartäuserideal: Zeitschrift für Aszese und Mystik 3 (1928) 137—145; Pieter van der Meer de Walcheren, Das weiße Paradies (München 1930) 97—134; Im Banne der Dreieinigkeit (Regensburg 1931, [6]1948); Das Leben in Gott. Einführung ins geistliche Leben (Regensburg 1935, [2]1938, [3]1950).

[17] Wessely verfaßte sein Lebensbild: Dr. Lothar Kugler. Der Kaplan von St. Othmar (Wien 1948).

Handloß stirbt am 10. April 1934. Zum Nachfolger wird Domprediger Dr. Walter Taubert bestellt, der einschneidende Reformen herbeiführt. Zusammen mit Generalvikar Dr. Franz Kamprath erstellt er eine lückenlose Seminarordnung: der Ausgang wird genau geregelt, Vereinsmitgliedschaften, jede externe Tätigkeit und sogar private Zusammenkünfte im Seminar werden ausnahmslos verboten. Als Ersatz dafür werden Arbeitskreise geschaffen. Die Seminarleitung weist Wessely einen für Dogmatik und einen für Liturgik zu. Dieser entwickelte darüber hinaus Eigeninitiative: am Sonntagvormittag hielt er Bibelgespräche. In Studienzirkeln konnte er einige Studenten für die mystische Theologie begeistern, was unter anderem zwei Artikelserien in der *Korrespondenz des Priestergebetsvereins* zur Folge hatte.[18] Weitere Initiativen stellen die Sommerexkursionen dar. Im Juli 1935 fuhr er mit einigen Seminaristen und Neupriestern in die Kartause La Valsainte — angeregt durch die Erfahrungen P. Kronseders —, wobei ihnen *Das weiße Paradies* als geistliche Vorbereitung diente. Ein Jahr später ging die Fahrt nach Assisi. Dies waren keine Exerzitien, sondern echte Ferienfahrten, die sich aber unter Wesselys Führung zu einem unvergeßlichen geistlichen Erlebnis gestalteten. Ein wichtiges Anliegen war ihm weiters die Teilnahme der Alumnen an den Großen Exerzitien. P. Kronseder war im Seminar kein Unbekannter mehr, hatte er doch 1930 dem ersten Jahrgang die Weihnachtsexerzitien gehalten. Im darauffolgenden Sommer nahmen auf seine Einladung 21 Seminaristen an seinen Großen Exerzitien im Stift Altenburg (Niederösterreich) teil. Von 1933 bis 1938 gab er jedes Jahr einen derartigen Kurs (ab 1934 im Priesterseminar St. Georgen in Frankfurt am Main), wozu Wessely im Stillen einlud. Er wollte bei all diesen Unternehmungen, an denen auch zukünftige Oratorianer teilnahmen, die ihm Anvertrauten zu übernatürlichem Denken anleiten, der Eigenart des einzelnen angemessen. Gott selbst sollte allmählich die Führung eines jeden Lebens übernehmen. Dabei ging es bei Wessely immer ganz natürlich zu, da war nichts steif oder gespreizt. Man bewunderte bei ihm die Einheit von Natur und Übernatur. Dazu ein Ausschnitt aus einem frühen Artikel über das priesterliche Wirken,

---

[18] Mysterium Crucis, KorrAPS 56 (1935) Nr. 4, 49—68; Johannes vom Kreuz, KorrAPS 57 (1936) Nr. 1, 8—12; Nr. 2, 27—30; Nr. 3, 41—44; Nr. 4, 56—60; Nr. 5, 73—76; Nr. 6, 87—90; Nr. 7, 107—110; Nr. 8, 119—122; Nr. 9, 137—140. Der Priestergebetsverein "Associatio Perseverantiae Sacerdotalis" wurde 1880 vom damaligen Regens des Wiener Priesterseminars und späteren Bischof von Linz, Ernest W. Müller, gegründet. Moderator war der jeweilige Seminarregens. Die Mitglieder verpflichteten sich unter anderem zur Förderung der Herz-Jesu-Verehrung, zum täglichen Gebet um Beharrlichkeit (Vaterunser, Ave Maria, Anrufung „Jesu mitis et humilis Corde, fac cor meum secundum Cor Tuum") und Exerzitien wenigstens alle drei Jahre. In der „Korrespondenz", dem Mitteilungsblatt für die Mitglieder, erschienen von 1934 bis 1940, als das Blatt durch die NS-Regierung eingestellt wurde, 36 Artikel von Friedrich Wessely.

der Wesselys „theozentrische“ Einstellung verrät und damit gleichzeitig die Bewegung, in die er seine Seminaristen hineinziehen will:

*Bisher hatte man praktisch nicht ganz erfaßt, was es heißt: mit der Gnade Gottes mitwirken. Bisher hatte man sich als den „operator“, die Gnade als „co-operator“ gewertet. Es gilt nun für das Bewußtsein, für das religiöse Erleben, die Bezeichnung gerade umzukehren, Gott in allem als den Beweger zu erkennen und sich als den Mitbeweger, und wieder nicht so, als wären hier zwei Arbeiter, von denen jedem ein bestimmter Teil zukommt, Gott der größere, dem Geschöpf der kleinere, vielmehr fällt Gott als causa principalis der ganze Anteil zu, dem Geschöpf aber nur soweit, als es eingeschaltet ist in das Wirken Gottes. Da es sich so verhält, so ergibt sich als das unum necessarium, Tag für Tag den Blick hingerichtet zu halten auf den ersten Beweger und nicht bloß nichts zu tun, was ihm mißfällt, sondern nur zu tun, was ihm gefällt. Wie wenn jemand, der sich in ganz neue Verhältnisse versetzt sieht, die ihm ganz unbekannt sind, ohne zu reflektieren zunächst nur aufnimmt, was sich ihm darbietet, so muß auch unser Blick vom eigenen Ich abgewandt, ganz Gott zugewendet werden. Dabei enthüllt sich dem staunenden Auge die Tatsache, daß es im Grunde genommen nur ein einziges Geschehen gibt auf der Welt, das unseres Bemerkens würdig ist, das wir sowenig ändern können wie den Lauf der Gestirne, in das wir, ob wir wollen oder nicht, hineingezogen sind. Dieses einzigartige Ereignis ist die Versöhnung Gottes mit der Welt durch das immerwährend Opfer des Menschensohnes, durch seine Hingabe bis zum Äußersten; es ist die Einbeziehung der vielen in dieses Liebeswerk durch die Ströme der Gnade, die vom Kreuz aus sich ergießen, um die Herzen der Menschen zu erfüllen und sie zu einen mit dem heiligsten Herzen Jesu; es ist die Erhebung der durch das Blut Erkauften in den väterlichen Schoß, die Wiederbelebung durch den Hauch der Liebe, durch die Mitteilung des osculum suavissimum et secretissimum, den süßen und geheimen Kuß, der nur vom Vater und Sohn gewechselt wird.*

*Es erhebt sich die Frage: Gibt es neben dieser Wirklichkeit noch eine andere, die beachtet werden müßte? Es gibt keine. Das, was so viele der religiösen Wirklichkeit als das „Reale“ gegenüberstellen, ist nur von Bedeutung infolge seiner Beziehung zu jener einzigen Wirklichkeit. Die Unterscheidung von innerlichem Leben und äußerer Wirksamkeit oder besser ihre Gegenüberstellung hat deshalb ihren Grund nur darin, daß man noch kaum angefangen hat, „innerlich“ zu leben. Freilich solange die eigenen inneren religiösen Bewußtseinsvorgänge und die Reflexion darüber Mittelpunkt des religiösen Strebens sind, solange wird man immer eine Störung bemerken, wenn man sich dem äußeren Leben hingeben muß; hat man aber einmal unter dem Wirken der Gnade sich neuerdings bekehrt, hat man sich entschlossen, „seine Hütte in Ruhe stehenzulassen“, ist das eigene Ich in seiner erbärmlichen Schwäche zu tief erkannt und daher allzu uninteressant geworden, um in den Vordergrund des religiösen Lebens gestellt zu werden, ist man so still geworden, daß man nur mehr das Einzige, das Wirken Gottes bewundert, und ist es unsere Freude geworden, dieses Werk Gottes wirken zu dürfen, dann werden wir uns durch nichts mehr gehindert fühlen. Oder ist der Gott der Seele ein anderer als der Gott der Außenwelt?* [19]

Dieses Bemühen um die christliche Vollkommenheit verrät sich auch in seiner wissenschaftlichen Tätigkeit. Er promovierte am 29. Mai 1936 zum Doctor theologiae mit der Dissertation *Meister Eckeharts Lehre vom vollkommenen Leben* (Wien 1934, mschr.) und habilitierte sich am 3. Juni 1938 mit der Arbeit *Johannes vom Kreuz, der Lehrer des vollkommenen Lebens* (Wien 1938) für Moral und Mystik. Aus dem Begleitschreiben zu dieser Habilitationsschrift wird das leitende seelsorgliche Interesse deutlich: *In der Seelsorge habe ich versucht, die Lehre vom mystischen Leben einem weiteren Kreis von Laien zugänglich zu machen, und ich machte dabei die Erfahrung, daß auch ganz einfache Menschen ein erstaunliches Verständnis aufbringen für die mystische Theologie und von ihr einen starken Antrieb für ein gesundes religiöses Leben erhalten. Die praktische Bedeutung der mystischen Theologie kam mir besonders in meiner Tätigkeit als Beichtvater zum Bewußtsein. Ohne ihre Hilfe wäre es mir nicht möglich gewesen, mystisch begnadeten Seelen ein Führer zu sein und echte von unechten Begnadungen so leicht zu unterscheiden. Es regte sich daher in mir der Wunsch, den heranwachsenden Priestern die mystische Theologie vorzutragen und dadurch beizutragen, daß dem Volk eine vertiefte Lehre der christlichen Vollkommenheit geboten wird.*[20]

Er will also durch die mystische Theologie bewußt dem ganzen christlichen Volk einen Dienst erweisen. Auch das *Jahrbuch für Mystische Theologie*, das er ab 1955 gemeinsam mit André Combe und Karl Hörmann herausgeben wird, will mehr als nur wissenschaftlichen Interessen genügen: *Das Institut für Christliche Philosophie und Mystik will durch die Herausgabe des Jahrbuches für Mystische Theologie (...) den Blick der gebildeten Katholiken auf das Wesen und die Wirklichkeit des übernatürlichen Lebens hinlenken, damit seine zeitlose Gültigkeit und Bedeutung in gebührendem Maß hervortritt.*[21] Dieses Zitat gibt Gelegenheit, auf eine grundlegende Maxime Wesselys hinzuweisen: die Überzeugung, daß alle Christen zur Heiligkeit berufen sind (eine vom Zweiten Vatikanischen Konzil wieder ins Licht gestellte Wahrheit). Dazu gesellt sich eine weitere, die sich zu seiner Zeit allmählich wieder durchzusetzen begann: In dieser allen zugänglichen Heiligkeit besteht der eigentliche Gegenstand der Mystik als Wissenschaft (und daher ist Mystik von Aszese nicht zu trennen). Anders ausgedrückt: Der von der Mystik vorgestellte Gipfel des geistlichen Lebens kann und soll von jedem Christen erreicht und erfahren werden. Erst sekundär hat sie es mit außergewöhnlichen Phänomenen zu

---

[19] Friedrich Wessely, Soli Deo, KorrAPS 55 (1934) Nr. 7, 98 f.

[20] Begleitschreiben (wie Anm. 7)

[21] Friedrich Wessely, Vorwort, JbMyst 4 (1958) 7.

tun, die sich als Begleiterscheinungen einstellen können, aber nicht wesentlich zur Heiligkeit gehören. Wessely eignete sich die Kunst an, höchste Theologie einfach, klar und verständlich auszudrücken: *Wenn ich meine Theologie nicht der Hausmeisterin erklären kann, nützt sie mir nichts.* Daß seine Worte unmittelbar ins Herz trafen, bezeugen diejenigen, die ihn gekannt haben.

## DIE IDEE VOM ORATORIUM

Wir kommen nun zu einem weiteren Stadium in Wesselys Leben, zum Erwachen seiner Pläne zur Gründung einer Weltpriestergemeinschaft. Er war mittlerweile zum Subregens (1. Juli 1936) bestellt worden und hatte schließlich den ins Domkapitel berufenen Dr. Franz Gundl als Spiritual abgelöst (1. September 1937). „Die Pflichten eines Spirituals waren fest umrissen. Neben der wöchentlichen Beichte und Seelenführung des einzelnen hatte er jeden Abend nach der Komplet für alle Theologen Betrachtungspunkte zu geben, die sie für ihre persönliche Betrachtung in der Früh benützten, sowie den ersten Jahrgang in die Betrachtung einzuführen. Dazu kamen an Sonn- und Feiertagen Ansprachen beim Gottesdienst sowie Einzelexerzitien für die Kandidaten der verschiedenen niederen Weihen.“[22]

Wessely war der *geborene Spiritual.* So lautet das einhellige Urteil der Priester, die zu den von ihm betreuten Jahrgängen gehörten. Er wurde scherzhaft *Bruder Immerfroh* genannt, dessen „frohes Wesen imponierte“, der „an die Heiligen Franz von Assisi und Philipp Neri erinnerte“. „Er (. . .) wurde bald und für nicht wenige zum ‚hochgeschätzten Spiritual und Beichtvater und Meister der Mystik‘ und ihrer Verwirklichung im Leben (. . .) bis heute, wie aus Äußerungen und Gesprächen immer wieder bestätigt wird.“[23]

Wesselys Auffassung von der übernommenen Verantwortung war hoch. Mit dem Amt des Spirituals hatte ihm die Vorsehung, davon war er überzeugt, den Hebel für die Erneuerung der Kirche Wiens in die Hand gegeben. Wenn er an die Bedeutung des Seminars für den Klerus einer Diözese dachte, konnte er zu keinem anderen Schluß kommen. Die im Seminar empfangene Formung würde entscheidend sein für die spätere priesterliche Tätigkeit, und vom Klerus mußte die Bekehrung des Volkes ausgehen. Mit anderen Worten: Gott würde, um das Volk wieder christlich zu machen, im Seminar damit beginnen. Wessely wußte auch, daß er, um den Hebel bewegen zu können, eine Kerngemeinschaft von rückhaltlos dem Herrn hingegebenen Priestern brauchte. Sein Wirken im Seminar (genaugenommen schon als

---

[22] Liechtenstein 73.

[23] Loidl 5. Vgl. auch Rudolf Weiler, Predigt im Gedenken an Prof. Wessely, Regina Legionis (1971) 57.

Seminarist) galt der Heranbildung solcher Menschen, durch die Gott sein Erneuerungswerk durchführen konnte. Um die Darstellung dieser Absichten Wesselys hat sich auch treffend Franz Loidl bemüht: *Bezeichnend für seine ernste und historisch unterbaute Planung war, daß er sich die Frage stellte, was Clemens Maria Hofbauer eigentlich in Wien gewollt hat. Richtig erkannte er, daß Hofbauer nicht, wie meistens von seinen Biographen behauptet wird und wurde, die Erneuerung Wiens im Auge gehabt hatte, sondern die Einführungserlaubnis seines Ordens, des Redemptoristenordens, anstrebte. Deshalb sammelte er die jungen Leute, Studierende und Akademiker, um sich, um sie in seinem Kreis zu formen, so daß nach der kaiserlichen Erlaubnis oder Einführungsbewilligung durch Kaiser Franz I. sofort ein großer Teil seiner jungen Leute eintreten konnte. Wessely sagte sich deshalb auch: Ich muß an einer Stelle anpacken und etwas ganz klar wollen. Und so wie Wessely als Subregens und Spiritual, wie er selbst im Curriculum vitae angab, einen Kreis von Klerikern sammelte, durch die Mystik verinnerlichte und so auf das Volk einwirken wollte, so sah er in der 1920 von Frank Duff in Dublin (Irland) ins Leben gerufenen apostolischen Laienbewegung, der Legio Mariae, nicht nur einen Weg, sondern das Mittel, seelsorglich breiter und verinnerlichender zu wirken.*[24] Von der Legion Mariens wußte er damals noch nichts, sein Ansatzpunkt waren zunächst die Priester. Es fing damit an, daß kurz nacheinander Taschner,[25] Sotola[26] und Kurz[27] in die Vorstehung des Priesterseminars berufen wurden.

---

[24] Loidl 9 f.

[25] Otto Taschner empfing 1935 die Priesterweihe. Er hat Wessely zwei Jahre lang als Studienpräfekt erlebt und ließ sich (wie auch Robert Lux und Franz Göstl) besonders für Wesselys mystische Theologie begeistern. 1933 machte er die 30tägigen Exerzitien bei P. Kronseder mit, 1935 die Fahrt nach La Valsainte. Am 1. Juli 1936 kam er als Studienpräfekt ans Seminar, wo er bis zu seiner Berufung in die Finanzkammer der Erzdiözese Wien im Jahre 1939 blieb. Nach 1945 hörte der Kontakt zu Wessely berufsbedingt auf, nicht aber seine Loyalität und Hilfsbereitschaft ihm gegenüber. Er wurde Anfang der sechziger Jahre Rektor des Hauses der Barmherzigkeit und starb am 22. Juni 1984.

[26] Franz Sotola war langjähriger Ministrant an der Währinger St.-Gertrud-Kirche und soeben frischgebackener Maturant, als ihm vor der Sakristei sein Freund Friedrich Mittelstedt, Seminarist im ersten Jahrgang, den sechssemestrigen Friedrich Wessely vorstellte. *Die erste Begegnung mit ihm ist mir unvergeßlich*, erinnert er sich nach 56 Jahren. Im Herbst desselben Jahres (1929) trat er selbst in das Priesterseminar ein und wurde am 22. Juli 1934 zum Priester geweiht. Er hat Wessely also als Seminaristen und als Studienpräfekten erlebt. 1931 machte er die Großen Exerzitien mit, 1936 die Fahrt nach Assisi, und 1937 wurde er als Studienpräfekt ans Priesterseminar gerufen. Diese Funktion übte er bis zu seiner Bestellung zum Religionsprofessor in Hollabrunn am 1. September 1945 aus. 1950 bis 1984 bekleidete er das Amt des Spirituals am Knabenseminar Hollabrunn. Dann wurde er in das Domkapitel berufen und leitete zuletzt das Referat für Heilig- und Seligsprechung der Erzdiözese Wien. Er starb am 8. August 1988.

[27] Johann Kurz trat 1933 ins Priesterseminar ein, 1934 machte er die Großen Exerzitien bei P. Kroneder mit und wurde 1937 zum Priester geweiht. Am 11. November 1939 wurde er anstelle von Otto Taschner als Studienpräfekt in das Seminar gerufen. Am 1. November 1945

Mit Sotola und Kurz verband Wessely lebenslange Freundschaft und ständiger Kontakt. Es waren dies Menschen, die mit Wessely eines Sinnes waren und sich dessen auch immer mehr bewußt wurden. Diese geistige Gemeinschaft war einerseits schicksalhaft, andererseits bewußt gesucht und bejaht; schicksalhaft wohl wegen ihrer durch P. Kronseder empfangenen geistigen Verwandtschaft und der gemeinsamen Jahre im Priesterseminar, gesucht und gefunden aber aufgrund des Vollkommenheitsstrebens, das jedem von ihnen eigen war. Wie von selbst lenkte es ihre Blicke auf Wessely, in dessen Person sie einen guten Teil ihres Ideals sich verwirklichen sahen, und der es auch artikulieren und sie darin weiterführen konnte. Was anzog, war nicht primär der von Wessely vermittelte Gegenstand, sondern er selbst: *Ich glaube, es war einfach die Persönlichkeit Wesselys. Er hat uns sicher mit Bérulle sehr beeindruckt, mit der Französischen Schule, und vielleicht mit Johannes vom Kreuz noch mehr. Aber wenn er statt Johannes vom Kreuz mehr mit Bérulle gekommen wäre, wären wir genauso darauf eingestiegen. Es war in allem doch seine geistige und geistliche Persönlichkeit. Aber natürlich hat dabei Johannes vom Kreuz eine große Rolle gespielt, eine nicht ganz so große, aber ähnliche, Bérulle.*[28]

## DIE ABSICHTEN GOTTES

Die Gemeinschaft wuchs nun gut zusammen. Der Kontakt mit Wessely war für alle ein großer menschlicher und geistlicher Gewinn. „Ich habe nie mehr eine solche Atmosphäre erlebt: innere Verbundenheit, Fröhlichkeit, dabei geistliche Atmosphäre“ (Franz Sotola). Die Gespräche mit Wessely, besonders als Seelenführer (alle Priester, aus denen dann das Oratorium entstehen sollte, waren einmal in diesem Verhältnis zu ihm gestanden), waren in großer Reinheit auf das Übernatürliche ausgerichtet und vermittelten die Intimität, die zwischen Gott und der Seele herrscht. Er war auch Anstoßgeber. Er legte ihnen bald die Frage vor, ob Gott nicht bestimmte Pläne hatte mit der so im Vorsteherkreis des Priesterseminars gefundenen geistlichen Freundschaft (Regens Taubert schloß sich ihr nicht an). Wessely schrieb ihnen, wie es seine Gewohnheit war, ein paar Zeilen zum Nachdenken. Dieses Schreiben, das in den Anfang der vierziger Jahre zu passen scheint und aus dem Besitz von Otto Taschner stammt, hat folgenden Text:

*Absichten Gottes mit uns*

*1. Hat Gott uns überhaupt zusammengeführt?*

*Gründe dafür:*

---

wurde er Spiritual am Knabenseminar Hollabrunn, wo er 1947 bis 1984 Rektor war. Er starb am 6. August 1985.

[28] Johann Kurz in einem Tonbandinterview vom 22. 11. 1983.

*Gemeinsame Hinneigung zum Mysterium Sanctissimae Trinitatis, der Wille, dieses Mysterium zu verherrlichen in Glaube, Hoffnung und Liebe. Das Streben, dieses Leben zu verwirklichen durch die Teilnahme am Leben Jesu. Das Verständnis dafür, daß die Zuständlichkeiten des Lebens Jesu uns mitgeteilt werden sollen. Man findet sich immer wieder in diesen Gedankengängen, und sie sind Antrieb, heiliger zu leben.*

*2. Welche Absicht hat Gott mit uns?*

*Der Dreieinige soll durch die Gemeinschaft in ganz bestimmter Weise verherrlicht werden. Wir wissen, daß Jesus seine Zuständlichkeiten der Menschheit mitteilen will, aber jedem ist nur eine bestimmte Weise der Nachahmung möglich. Will Gott durch uns der Welt ein bestimmtes Wort sagen, und wenn ja, welches ist dieses Wort?*

*3. Die Verherrlichung der Sanctissima Trinitas geschieht dadurch, daß sie offenbar wird. Sie wird es durch das Zeugnis, das wir von ihr ablegen. Wie kann das Zeugnis abgelegt werden?*

*Das Zeugnis, das Johannes der Täufer und der Apostel Johannes nahelegt.*

*Welcher Art ist das Zeugnis des Täufers? Auffallend zuerst die überaus große Demut, die ihn nötigt, bloß zu sagen, was er nicht ist, und die ihn über sich selbst schweigen läßt und nur das Amt nennt, das er zu vollbringen hat. Die Demut hat vielleicht ihren Gipfel erreicht, als die neue Erkenntnis über ihn kam. Die neue Erkenntnis, die ihm Jesus in ganz neuem Licht erscheinen läßt, sodaß er, der Jesus kannte, doch sagen konnte: Ich kannte ihn nicht. Diese neue Erkenntnis kam über ihn, als er, der Jesus bisher nur als den Messias, der die Wurfschaufel in der Hand hat, kannte, nun in der demütigen Gestalt am Jordan von seinem Vater als Sohn bestätigt sieht. Da kommt über ihn die überwältigende Erkenntnis: Sehet! – Das Lamm! Früher kannte er ihn als den, der seine Tenne reinigen wird – jetzt als den Bräutigam, über dessen Stimme sich der Freund des Bräutigams freut.*

*Johannes, der Apostel, vertieft diese Erkenntnis des Täufers. Er sieht in Jesus das Lamm, das Hochzeit hält!*

*Die Braut gibt Zeugnis vom Bräutigam, insofern sie sich als Braut bekennt. Für das Lamm, dem der Vater Hochzeit hält, wird als Braut Zeugnis abgelegt durch die Liebe zum ganz wahren, demütigen Leben und dadurch, daß das Verhältnis zu Christus aufgefaßt wird als das Verhältnis, wie es im Hohenlied zwischen Braut und Bräutigam beschrieben wird. Es ist damit die besondere Liebe zum jungfräulichen Leben gegeben. Das Zeugnis wird abgelegt durch das eigene Leben, aber auch durch die Predigt, in welcher die Wahrheit, die durch das Gleichnis der Ladung der Lahmen und Blinden zur Hochzeit dargestellt wird, ihren entsprechenden Platz findet.*

(Handschriftliches, an Taschner gerichtetes Postskript:)

*Vor allem ist es wichtig, alle Forderungen Gottes und Eingebungen der Gnade aufzufassen als das Liebeswerben Jesu um unsere Seele, die er mit sich ganz eins machen will.*

*Um das wahre Verhältnis zu beschreiben, reicht das Bild von Braut und Bräutigam aber noch nicht aus, wenn man es nicht in seiner Verwirklichung bei bestimmten Heiligen betrachtet. Darüber schreibe ich Dir und den anderen in den nächsten Tagen eine Epistel. Ich glaube, zu dem Letzten gekommen zu sein, und durch die Hilfe Gottes, die er mir durch Menschen zuteil werden ließ, zur vollen Klarheit über unsere Gemeinschaft gekommen zu sein.*

*Herzlichst Dein Friedrich*

*Kommentar*

Mit der gebotenen Kürze soll dieser Text in seiner dichten Theologie sowie in seinem konkreten Kontext erklärt werden. Die darin enthaltenen drei Gedanken sind typisch für Wessely und kehren immer wieder: die Verherrlichung der Heiligsten Dreifaltigkeit, das Anteilbekommen an den Zuständlichkeiten Jesu, und die biblische Vermählungssymbolik.

Wessely stellt eingangs die Frage: *Hat Gott uns überhaupt zusammengeführt?* und bejaht sie dadurch, daß er wohl *Gründe dafür*, aber keine dagegen anführt. Diese Gründe sind: Es wurde ein hoher Grad an Übereinstimmung im Verständnis des christlichen Glaubens erreicht. Fasziniert vom Geheimnis des dreifaltigen Gottes, wurde nach dessen Verherrlichung gestrebt, und zwar durch das Anteilbekommen an den Zuständlichkeiten Jesu. Diese Lehre von den *états de Jésus* macht einen Grundpfeiler in Wesselys Spiritualität aus; er hat sie beim Gründer des französischen Oratoriums, Kardinal Pierre de Bérulle, gefunden und in den ersten Kriegsjahren besonders genau studiert.

Die zweite Frage geht davon aus, daß diese Anteilhabe aufgrund der menschlichen Begrenztheit nicht vollständig, sondern nur partiell sein kann. Daher kommt es für den einzelnen wie für die Gemeinschaft darauf an, die besondere, von Gott zugedachte Weise der Imitatio Christi zu finden und darin zu leben.

Dieses Leben wird wie von selbst Zeugnis ablegen für Gott, und so fragt Wessely drittens nach der Art dieses Zeugnisses. Den folgenden Exkurs kann man vielleicht als Konkretisierung der „drei Wege“ der Mystik auslegen: Johannes der Täufer kennt Jesus zunächst als den, *der seine Tenne reinigen wird* (via purgativa), dann erkennt er ihn ganz neu als *Sohn, Lamm, Bräutigam* (via illuminativa), und schließlich führt Johannes der Evangelist zur *Hochzeit des Lammes* (via unitiva). Da Wessely seinen Freunden ein Gefühl für die Realität dieser Bilder geben möchte, will er *das Bild von Braut und Bräutigam (...) in seiner Verwirklichung bei bestimmten Heiligen betrachten* und darüber Taschner *und den anderen in den nächsten Tagen eine Epistel* schreiben. (Ob es dazu kam, ist unbekannt.)

Was das handschriftliche Postskript besonders interessant macht, ist die

Versicherung Wesselys, er sei *zu dem Letzten gekommen,* was im Kontext nur heißen kann: zur Konkretisierung des bräutlichen Verhältnisses zu Christus. Und außerdem sei ihm — durch menschliche Hilfe — die Art ihrer Gemeinschaft völlig klar geworden. Welcher Art seine Erkenntnis war, bleibt für uns im Dunkeln. Daß er an eine Weltpriestergemeinschaft dachte, darf man nicht nur im Blick auf das Kommende, sondern auch aufgrund folgender Anhaltspunkte annehmen: Philipp Neri, Kardinal de Bérulle und Kardinal John H. Newman waren schon gut bekannt,[29] und in den Priesterexerzitien von 1941 spricht Wessely von *Frömmigkeitsformen, wie sie vom Oratorium des Kardinals Bérulle herausgebildet wurden.* Mehr Hinweise auf ein Oratorium gibt es zu dieser Zeit noch nicht.

Wir befinden uns nun mitten im Zweiten Weltkrieg. Wessely hatte 1939 als Privatdozent Vorlesungen aus Mystik an der Universität gehalten *(Die Mystik Spaniens im 16. Jahrhundert).* Am 11. Jänner 1940 entzog ihm das Regime ohne Angabe von Gründen die Lehrbefugnis. Das Priesterseminar begann sich aufgrund der Einberufung vieler Alumnen zu leeren. Wessely hielt durch Rundbriefe mit ihnen Kontakt. 1940 sandte er allen ein Weihnachtsgeschenk; Sein soeben erschienenes Buch *Leben aus Gott und für Gott.* Den Daheimgebliebenen, Weihekandidaten, Neupriestern oder auf Heimaturlaub Befindlichen stand er unermüdlich durch Exerzitien und im Seminar gehaltene Vorträge geistlich bei. Auch materielle Hilfe konnte man von ihm haben. Was er für Laien tat, kann hier nur kurz erwähnt werden: Auf Einladung von Frau Dr. Margarete Schmid hielt er im Rahmen der „Theologischen Kurse für Laien“ 1941/42 Seminare über *Das christliche Leben* und *Die Geschichte der christlichen Frömmigkeit.* Für diese Hörer hielt er 1941, 1942 und 1943 Einkehrtage.

### *Die Weihe der Welt an das Unbefleckte Herz Mariens*

Das Jahr 1942 war für Wessely sehr wichtig: Am 31. Oktober 1942 weihte Papst Pius XII., dem Ruf der Muttergottes in Fatima folgend, die ganze Welt dem Unbefleckten Herzen Mariens. Im September begann Wesselys Spiritualstätigkeit bei den Karmelitinnen (Wien 13), die durch den Passionisten P. Johannes Schmid bereits in die „Vollkommene Hingabe an Jesus durch Maria“ eingeführt worden waren und versuchten, danach zu leben. Hören wir, wie der für die Gottesmutter entflammte Passionistenpater die Weltweihe Pius' XII. kommentierte: *Am 31. Oktober des Jahres hat Pius XII. als Vater der ganzen christlichen Familie und als Stellvertreter Gottes auf Erden das ganze menschliche Geschlecht dem Unbefleckten Herzen Mariä geweiht. Das ist*

[29] „Damals waren für uns beim Gedanken an das Oratorium Philipp Neri, Bérulle und Newman ungefähr gleichwertig.“ Wie Amn. 28.

*das große und gewaltige Ereignis. Lassen wir das einmal auf uns wirken. Der Stellvertreter Gottes weiht das ganze Menschengeschlecht dem Unbefleckten Herzen Mariä. Das, was Leo XIII. getan hat dem heiligsten Herzen Jesu gegenüber. Hier haben wir nichts mehr zu wollen: Wir sind dem Unbefleckten Herzen Mariä geweiht, wir alle, das ganze Menschengeschlecht. Es bleibt nur mehr übrig, daß jeder das Amen dazu sage, und zwar aus ganzem Herzen!*

*Nun werden sich einige fragen: Wie ist das aber möglich, da wir doch dem Herzen Jesu geweiht sind? Können wir nun auch dem Herzen Mariä geweiht sein? Solche Fragen stellen all jene, die eben die Stellung der Muttergottes im ganzen Heilsplan Gottes nicht verstehen. Wer Maria nur als Seitenkapelle im ganzen großen Dom der Kirche betrachtet, eine Seitenkapelle, wo man nur von Zeit zu Zeit eintritt, um dort gelegentlich seine Andacht zu verrichten, der kann das freilich nicht verstehen. Maria ist aber keine Seitenkapelle, sondern der Dom selbst. Die Kirche ist ein Mariendom. Halten wir uns das immer vor Augen! Maria ist die Kirche, die alles umschließt, das Haupt und die Glieder, das Allerheiligste und die ganze Gemeinde. Maria und Jesus sind eins, ganz eins, so wie die Mutter und das Kind, das sie in ihrem Schoße trägt. „Maria ist die zusammengefaltete Kirche, die Kirche aber die entfaltete Maria" (hl. Augustinus). Maria enthält knospenhaft die ganze Kirche, die aus ihr herausgewachsen ist (. . .).*

Man wird diese beiden Ereignisse — die Weltweihe und die Begegnung mit dem Karmel — auch im Zusammenhang mit Wesselys persönlichem religiösen Leben sehen dürfen. Seine immer schon tiefe, aber verborgene Liebe zu Maria wurde dadurch nicht nur bestätigt, sondern wollte von da an mehr nach außen dringen. Er spricht mehr von Maria und ihrer Stellung im Heilsplan, zum Beispiel schon eine Woche später beim Einkehrtag für die theologisch interessierten Laien (7.—8. September 1942): *Wir fragen uns: Welche Stellung hat die Muttergottes in diesem Plan? So ähnlich wie Christus dem Vater den vollen Triumph der Schöpfung bietet, so bietet Maria Christus den vollen Triumph seines persönlichen Werkes der Erlösung. Christus ist gekommen, um die Menschheit zu erlösen, der Menschheit Anteil zu geben an seinem Leben und dem Leben Gottes. Das ist Erlösung. Dazu ist Christus gekommen. Ein Maß von Gnaden hat er festgesetzt, das durch ihn dem gesamten Universum zuströmen soll. Nun ist Maria der Mensch, dem diese Gnadenfülle, die für das ganze Universum bestimmt ist, wirklich zuströmt, und diese Gnadenfülle wird auch von ihr aufgenommen (. . .). Das ist ihre Tat. Dadurch findet Christus, wenn er auf sie blickt, sein volles Genügen. Und was die anderen bieten, ist ihm eine Freude, es ist ein Einmünden in die Gnadenfülle, die Maria schon besitzt. Das hat wieder eine Folge: daß jeder Mensch zur Muttergottes anders steht als zu den anderen Heiligen, daß man in ihr wieder seinen eigenen Weg finden kann. Die große hl. Theresia hätte im hl. Franziskus nicht ihren Weg finden können, der hl. Johannes hatte nicht die Gnade des hl. Petrus und umgekehrt. Sie alle aber haben keine Gnade, die nicht auch Maria gehabt hätte.*

Wessely gab vom 16. bis 20. August 1943 Exerzitien in Seebenstein, an denen die drei schon erwähnten Kollegen aus dem Seminar und Augustin Neudekker[30] teilnahmen. Er hat die Vorträge eigenhändig niedergeschrieben. Es scheint darin um die vollständige, die „zweite" Bekehrung zu gehen. Typisch für Wessely ist der ignatianische Beginn nach dem Exerzitienbüchlein Nr. 23, *Prinzip und Fundament,* sowie die Hohelied-Meditationen am Schluß der Exerzitien. Die verwendeten Gedanken *Subsistenz, Anbetung durch Akte und Zustände* usw. sowie manche ausdrückliche Erwähnungen verraten eine verstärkte Beschäftigung mit Bérulle. Die Beziehung zu Maria wird thematisiert. Aber abgesehen vom Inhalt, so aufschlußreich er auch für die Spiritualität Wesselys ist, offenbart allein schon die Exklusivität des Teilnehmerkreises den Zweck der Exerzitien: den schon vorhandenen Sinn für die entstehende Priestergemeinschaft zu vertiefen, zu festigen und bewußter zu machen.

Die Gemeinschaft scheint große Fortschritte gemacht zu haben, denn ein Jahr später kam es zu einer Art Zusammenschluß: „Am 15. August 1944 fanden sich alle, denen es möglich war — im ganzen sechs Priester, nämlich Wessely selbst, Sotola, Kurz, Taschner, Neudecker und Hörmann[31] —, im Sterbezimmer des hl. Klemens Maria Hofbauer (Ursulinenkloster, Johannesgasse, Wien 1) ein und vollzogen in einer schlichten Feier die Weihe (an Maria und durch sie an den dreifaltigen Gott; Anm. d. Verf.). Danach unterzeichnete jeder das Weihegebet. Die Wahl des Sterbezimmers des Apostels von Wien für den Akt, durch den das Oratorium konstituiert wurde, zeugt von der Entschlossenheit der kleinen Gemeinschaft, sich nach dessen Beispiel für die innere Erneuerung dieser Stadt und der ganzen Erzdiözese einzusetzen."[32] Josef Toriser, auf Heimaturlaub in Wien, legte die Weihe am 7. Oktober 1944 ab. Später werden dies auch Alexander Goldinger, Hans Groër (beide 1945), Karl Gallo, Hermann Schießl (beide 1946), Erwin Kubat (1949), Herbert Madinger (1953) und als letzter Heribert Bastel (1954) tun.

---

[30] Augustin Neudeckers Beziehung zu Wessely stammt aus dem Alumnat. Nach seiner Priesterweihe 1938 war er Lokalprovisor in Obritz (NÖ), ab 1943 Kaplan an der Muttergottespfarre, Wien 3, und wurde 1946 zum Spiritual im Seminar Hollabrunn bestellt. Als Spiritualprovisor der Pfarre St. Josef, Wien 2, (1950—1955) errichtete er unter Mithilfe von Prof. Wessely einige Präsidien der Legion Mariens. Danach wurde er wieder aufs Land versetzt, und der Kontakt mit Wessely hörte auf.

[31] Er trat 1934 in das Priesterseminar ein und behielt den Kontakt mit Wessely auch nach seiner Priesterweihe 1939 bei. Nach Jahren der Seelsorge in Hollabrunn und Stockerau zog er in das Salesianerinnenkloster (Rennweg 10, Wien 3), wo Wessely bereits seit fünf Jahren wohnte, und habilitierte sich für Moral und Mystik. Er zeigte sich stets aufgeschlossen für Wesselys Pläne vom Oratorium. 1953 wurde er Professor für Moral an der Kath.-Theol. Fakultät der Universität Wien, was er bis zu seiner Emeritierung 1985 blieb.

[32] Liechtenstein 95 f.; Text des Weihegebetes: 395 f.

*Kommentar zum Weihegebet*

Dieses Weihegebet ist in vierfacher Hinsicht interessant: durch die formale Verwandtschaft mit Bérulle, durch seine Theologie, durch seine Kairologie, und durch die erstmalige Festlegung auf ein Oratorium.

1. Durch seine Orientiertheit an Kardinal Pierre de Bérulle: Es richtet sich zunächst an die *Muttergottes, Königin des Weltalls,* dann an die Dreifaltigkeit als ganze, dann an jede einzelne der drei göttlichen Personen. So stimmt es formal und inhaltlich mit den von Kardinal de Bérulle verfaßten Gebeten überein, die er *élévations* oder *voeux* genannt hat[33] und zum Zweck einer „vollkommenen Entfaltung der Taufgnade"[34] zuerst für die Oratorianer, dann auch für die Karmelitinnen verfaßt hat. Um sich gegen falsche Interpreten zu verteidigen, die ihm vorwarfen, bei den Karmelitinnen das *voeu de servitude* (Gelöbnis der Knechtschaft) als viertes Gelübde einzuführen, hat es Bérulle als organische Entfaltung der Taufgelübde erläutert.[35] Es ist eine Übung der Frömmigkeit ohne kirchenrechtliche Konsequenzen. Mit nichts anderem haben wir es bei der zirka hundert Jahre später vom hl. Ludwig Maria Grignion von Montfort gelehrten *Ganzhingabe an Jesus durch Maria* zu tun. Er hat ja während seines Studiums am Pariser Seminar von Saint-Sulpice 1693 bis 1700 die „Französische Schule" (Sammelbegriff für die von Bérulle inspirierte Theologie) gründlich kennengelernt. Dem heiligen Volksmissionar kommt das Verdienst zu, diese Art der Frömmigkeit durch eine handlich präsentierte Mariologie der breiten Masse des Volkes zugänglich gemacht zu haben. Aus seinen Schriften spricht Glaube und prophetischer Ernst. Es geht ihm darum, die Stellung Mariens im Heilsplan richtig erfassen zu lassen, und den Leser zu einer persönlichen Entsprechung, nämlich zur vollständigen Schenkung an Maria zu führen. *Ich übergebe und weihe Dir, als Dein Sklave, meinen Leib und meine Seele, meine inneren und äußeren Güter, ja selbst den Wert all meiner guten Werke, der vergangenen, gegenwärtigen und zukünftigen. Ich überlasse Dir voll und ganz das Recht, über mich und das Meine ohne Ausnahme nach Deinem Wohlgefallen zu verfügen, zur größeren Ehre Gottes, für Zeit und Ewigkeit.*[36]

---

[33] Les Oeuvres de l'éminentissime Pierre Cardinal de Bérulle. Par les soins du R. P. Bourgoing, 1 (Paris 1644) 410—414, 526—548. (Photomechanische Reproduktion dieser Ausgabe: Oeuvres Complètes du Cardinal de Bérulle. Reproduction de l'édition princeps. Hg. vom Maison d'Institution de l'Oratoire, Montsoult 1960)

[34] Heribert Bastel, Der Kardinal Pierre de Bérulle als Spiritual des französischen Karmels (Wiener Beiträge zur Theologie 43, Reihe Mystische Theologie 1, Wien 1974) 53 (zit.: Bastel).

[35] Unter anderem 1623 im *Discours de l'état et des grandeurs de Jésus.*

[36] *Übersetzung aus dem Französischen: Louis Marie Grignion de Montfort, L'Amour de la Sagesse Eternelle, Nr. 225, in: Oeuvres complètes (Paris 1966) 215 f.*

Mit anderen Worten sagt Wessely das gleiche: *Mutter Gottes! Königin des Weltalls! Am Tag Deiner Krönung im Himmel erscheine ich vor Dir, um mich Dir zu schenken. Zur Verehrung jener Hingabe, durch die der Sohn Gottes sich zu Deinem Kind gemacht hat, um Dir untertan zu sein, will ich heute alles, was ich besitze, alle Güter des Leibes und der Seele und deren Gebrauch Dir restlos und rückhaltlos schenken. Ich bitte Dich, alles was ich bin und habe, so an Dich zu nehmen, daß ich nur mehr in Gemeinschaft mit Dir und in Unterordnung unter Dich tätig sein kann und besonders jene Akte der Hingabe an Gott in jener Vollendung vollbringe, die Gott von mir erwartet.*

2. Durch seinen theologischen Gehalt:[37] Der Geist dieses Weiheaktes hängt engstens mit Wesselys mystischer Theologie zusammen. Er nimmt ihr Ziel vorweg: die Vereinigung von Gott und Mensch, die volle Inbesitznahme des Schöpfers durch das Geschöpf. Wie, das kann hier nur angedeutet werden. Die „vollkommene Hingabe" seiner selbst an die Muttergottes und somit an Jesus trägt deutliche Zeichen der Passivität gegenüber dem göttlichen Wirken. Man kann sie, wenn man sie nur von der menschlichen Leistung oder Willensanstrengung her betrachtet, nicht adäquat verstehen. Der Herr selbst muß eine neue Disposition der Seele schaffen, die zu dieser Tat befähigt. Kraft dieser Disposition kann die Seele, die ganz Gottes Eigentum zu werden wünscht, nicht nur das hergeben, was sie von sich gegenständlich erkennt, wie den Wert ihrer guten Handlungen, ihrer Leiden, ihren guten Willen, also ihre „Akzidentien", sondern auch die „Substanz", ihr Innerstes, worin ihre Freiheit wurzelt. Diese Hingabe des Wurzelgrundes des eigenen Seins muß ihrem Wesen nach uneingeschränkt und unwiderruflich sein, schließt sie doch die Übergabe aller Rechte über den freien Gebrauch der eigenen Fähigkeiten notwendig mit ein. Als Ergebnis wird Gott die Seele als zu ihm gehörend betrachten, sie seinem Sein und seinen Wirkungen zueignen. Dann erfüllt sich das Wort *Ich lebe nicht mehr, Christus lebt in mir* (Gal 2, 20). Die göttlichen Tugenden und die Gaben des Heiligen Geistes können sich dann vollkommen und ungehindert entfalten. Mit Bérulle gesagt: Der Mensch ist übergegangen in den *Zustand der Anbetung:* Er betet Gott nicht erst durch Akte des Verstandes und des Willens, sondern durch das bloße Dasein und Sosein an, wie ein neugetauftes Kind.

So versteht man Wesselys Bitte im Weihegebet, nicht anders mehr tätig sein zu können als in Unterordnung unter Maria: Es ist die Bitte um die heilige Sklavenschaft,[38] in die sich die Ewige Weisheit selbst begeben hat. Der Begriff „Sklavenschaft" ist einerseits inadäquat, weil man sich völlig freiwillig hineinbegibt (sie ist also keine „Versklavung"), andererseits genau zu-

---

[37] Vgl. dazu Bastel 52 f.

[38] Bei Grignion *esclavage*, bei Bérulle auch *servitude* genannt, wobei es sich bei diesem um eine Anwendung seiner Lehre von den „Zuständlichkeiten" handelt.

treffend, denn es handelt sich um eine unwiderrufliche, allumfassende Abhängigkeit.

Man versteht weiters, warum es sich dabei um eine „vollkommene Erneuerung der Taufgelübde“ handelt: In der Taufe wurde der Seelengrund geheiligt und Gottes Eigentum und Wohnstatt; und seitdem wartet Gott, daß ihm das, was ihm gehört, vom Christen freiwillig übergeben werde. Anders gesagt: Er erwartet die vollständige, freie Zustimmung des Geschöpfes dazu, daß es in der Taufe umgeschaffen worden ist, daß es nicht mehr in sich selbst „subsistiert“, sondern in Christus, so wie die Menschheit Christi im Ewigen Wort subsistiert. Dazu muß Gott durch das Glaubenslicht irgendwie die Vergöttlichung des Seelengrundes (der an sich für den Menschen unverfügbar und unerkennbar ist) verstehen lassen. Als Illustration für ein solches „Licht“ sei aus Wesselys Predigt zum Jubiläum *50 Jahre Fatima* (1967) zitiert. Als die Seherkinder sich bei der ersten Erscheinung zum Leiden für Gott bereiterklären, *erhalten sie die erste ganz große Gnade: Es wird da berichtet, daß von den Händen der Muttergottes (. . .) Lichtstrahlen ausgegangen sind, daß sie in diesen Strahlen sich selbst in Gott geschaut haben. Was das im einzelnen heißt, können wir nicht mit Sicherheit sagen, aber jedenfalls haben sie sich nicht mit irdischen Augen gesehen, jedenfalls nicht mit den Augen des Verstandes gesehen, sondern in einem gnadenhaften Licht. Und vielleicht gehen wir nicht fehl, wenn wir annehmen, daß sie sich gesehen haben gebunden gnadenhaft an das Haupt Jesus Christus durch die Kraft des Heiligen Geistes. Denn die unmittelbare Wirkung dieser Schau war, daß die Kinder niedergefallen sind und gebetet haben: „Heiligste Dreifaltigkeit, wir beten Dich an.“*

3. Durch Wesselys pastorales Gesamtkonzept: Um Wesselys besondere Hinwendung zu Maria und sein Bestreben, möglichst viele Menschen zur persönlichen Weihe an die Gottesmutter zu führen, verstehen zu können, darf man das kairologische Moment nicht außer acht lassen. Unser Jahrhundert war ihm zu einem *Zeitalter Mariens*[39] geworden, in dem sich das *Geheimnis Mariens*[40] machtvoll offenbaren und viele Menschen zu Christus führen sollte. Die von Pius XII. vollzogene Weihe und die Heiligsprechung Grignions am 20. Juli 1947 waren für Wessely sozusagen kirchliche „Approbationen“ dieser Geistigkeit, ja die Bestätigung dafür, daß sich Grignions prophetische Schau eines (endzeitlichen) marianischen Zeitalters[41] zu erfüllen begann: *Dennoch müssen wir uns nicht auf sie* (die Erscheinung von Fatima; Anm. d. Verf.) *stützen, um sicher zu sein, daß Gott ein großes Wunder der Gnade*

[39] Vgl. die gleichnamigen Predigten, gehalten vom 4. bis 6. 11. 1948.

[40] Vgl. die gleichnamigen Predigten, gehalten vom 21. bis 28. 4. 1948.

[41] Louis Marie Grignion de Montfort, Abhandlung über die wahre Andacht zu Maria Nr. 49 bis 59: Das Goldene Buch der vollkommenen Hingabe an Jesus durch Maria. Übers. und Bearb. von Hilde Firtel. Vorwort und einleitende Kapitel von Rudolf Graber (Freiburg [22]1980) 70—80.

*wirken will. Wir stützen uns vielmehr auf ein untrügliches Zeichen, und das ist nichts anderes als die Weltweihe des Heiligen Vaters an das Unbefleckte Herz Mariens. Diese Weihe ist von ungezählten Diözesen und Pfarren, von Gruppen und Gemeinschaften nachvollzogen worden. In einer Weise, wie es noch nie da war, ist die ganze katholische Welt hingewiesen auf Maria. Das ist eine Tatsache, die niemand leugnen kann. Die andere Tatsache ist, daß diese Hinwendung geschehen ist durch Pius XII., geschehen ist also durch den Heiligen Geist, der die Kirche lenkt, daß es also Gott ist, der die Aufmerksamkeit der katholischen Welt hinlenkt auf Maria, die er geschaffen hat, um der Welt den Erlöser zu schenken.*[42]

4. Durch das erstmalige Aussprechen des Willens zur Gründung eines „Oratoriums“:[43] *Mutter Gottes! Mit Deiner Hilfe und zu Deiner Freude wollen wir am heutigen Tag durch unsere Weihe an den dreieinigen Gott die segensreiche Priestergemeinschaft des hl. Philipp Neri in neuer Weise fortführen helfen (...). Betrachte unser kleines Oratorium als Dein Eigentum.* Es wurde also ganz klar eine Gemeinschaft von Weltpriestern nach dem Vorbild des Oratoriums des hl. Philipp Neri (1515—1595) angestrebt. Zur Begriffserklärung ein kurzer historischer Überblick: Das Oratorium als Weltpriestergemeinschaft hat sich im römischen und, davon inspiriert, auch im französischen Oratorium verwirklicht.

Das Oratorium des hl. Philipp Neri war dadurch entstanden, daß der charismatische Seelenführer und „Apostel Roms“ einige Männer aus seinem (später *Oratorium saeculare* genannten) Jüngerkreis zu Priestern weihen ließ. Mit der Bulle Papst Gregors XIII. *Copiosus in misericordia* vom 15. Juli 1575 wurde es kanonisch errichtet. Philipp Neri hatte nie eine Gründung beabsichtigt und wehrte sich dagegen, „Gründer“ genannt zu werden. Vielmehr sei *die Muttergottes, die Baumeisterin des Paradieses, auch die Gründerin der Kongregation des Oratoriums auf Erden.*[44] Eine schöne Parallele zu Wesselys Oratorium können wir darin sehen, daß Neueintretende sich *nach einer Generalbeichte dem Schutz der Muttergottes anvertrauen mußten, indem sie sie als Mutter und Fürsprecherin erwählten.*[45] Diesem römischen Oratorium wurden

[42] Friedrich Wessely, Das Geheimnis Mariens. Acht Predigten (Wien 1973) 10.

[43] Zu diesem Punkt über die Geschichte des Oratoriums siehe: R. Addington, The Idea of the Oratory (London 1966); A. Cistellini, Collectanea vetustorum ac fundamentalium documentorum Congregationis Oratorii Sancti Philippi Nerii (Testi e studi oratoriani 2, 1982); ders., Oratoriani: Dizionario degli Istituti di Perfezione. Hg. v. G. Rocca (Rom 1980) 765; A. Venturoli, San Filippo Neri. Vita, contesto storico e dimensione mariana (Casale Monferrato 1988) (zit.: Venturoli); A. George, L'Oratoire (Les grands monastiques et instituts religieux 3, Paris $^{2}$1954); M. Houssaye, Le Père de Bérulle et l'Oratoire de Jésus 1611—1625 (Paris 1874); M. Dupuy, Pierre de Bérulle (Témoins de la Foi, Paris 1964); ders., Bérulle et le sacerdoce. Etude historique et doctrinale. Textes inédits (Paris 1969); L'Oratoire de France (Paris 1950).

[44] G. Marciano, Memorie Historiche della Congregazione dell'Oratorio, 1 (Neapel 1693) 5 f.; Venturoli 117.

[45] Ebd. Vgl. Esercizi dell'Oratorio (Rom 1785) 98.

bald darauf zwei andere angegliedert (Neapel und San Severino), und Philipp Neri wurde gegen seinen Willen deren *Generalpräpositus.* Schon 1587 beschloß das römische Oratorium, in Hinkunft nur als Modell für andere Häuser, die *ad instar Congregationis in Urbe* errichtet werden sollten, nicht aber als Zentralinstanz dienen zu wollen. So wurden San Severino 1601 und Neapel 1602 selbständig. 1612 hat sich durch die Approbation der Konstitutionen durch Paul V. auch beim Heiligen Stuhl der einheitliche Modus von Neuerrichtungen *ad instar Congregationis in Urbe* durchgesetzt: keine Gelübde, Unabhängigkeit der Häuser, keine Übernahme von seelsorglichen Aufgaben, die das Gemeinschaftsleben behindern, Beibehaltung des Privateigentums, jedoch regelmäßige Beitragsleistung an die Gemeinschaft. Es gab also zwischen den einzelnen Häusern, die bald auch in anderen Ländern und in Übersee entstanden, keine juridische Verbindung; jedes war unmittelbar dem Heiligen Stuhl unterstellt. Durch John H. Newman (1801—1890, Kardinal 1879) wurde das Oratorium 1847/48 nach England gebracht. Er hat dadurch, daß er in der 1612 vom Papst als unveränderlich erklärten Regel des Oratoriums zwischen Dekreten unterschieden hat, die das Wesen des Oratoriums betreffen, und Bräuchen, die zwar aus der Zeit des hl. Philipp stammten, aber teilweise zeitbedingt waren und deshalb des Aggiornamento bedurften, viel zum rechten Verständnis des Oratoriums beigetragen. In Italien brachte das Risorgimento viele Kongregationen an den Rand des Ruins. So wurde erstmals auf die Schaffung von Zentralorganen gesonnen, um den einzelnen Häusern geistlich und materiell zu Hilfe kommen zu können, ohne jedoch ihre Unabhängigkeit anzutasten. Das Ergebnis des langwierigen, seit 1893 von Sizilien ausgehenden Verständigungsprozesses unter den Oratorien und mit dem Heiligen Stuhl waren die Beschlüsse des ersten oratorianischen Generalkongresses (Rom 1933): Es wurde der Begriff *Institut des Oratoriums* eingeführt, um zu zeigen, daß es sich dabei um eine bestimmte kirchenrechtliche Figur handelte; es wurden die Ämter des Generalprokurators sowie des Apostolischen Visitators mit sehr limitierten Vollmachten geschaffen; und es wurde beschlossen, alle zehn Jahre einen Generalkongreß abzuhalten. Ab 1969 begann man, statt *Institut* von der *Konföderation der Kongregationen des Oratoriums* zu sprechen, um deutlich zu machen, daß das Oratorium kein Orden ist, und um es gegen ähnliche Gemeinschaften, wie das französische Oratorium, abzugrenzen.

Bei Pierre de Bérulle (1575—1629) lagen die Dinge etwas anders. Sein Anliegen war die Reform des französischen Klerus gemäß den Wünschen des Trienter Konzils. Die Hierarchie und der Köngshof unterstützten ihn in seinem Bemühen und empfahlen ihm die Einführung des römischen Oratoriums, das bereits mit zwei Häusern in der Provence Fuß gefaßt hatte. Sein Freund Franz von Sales erzählte ihm 1602 von den Anfängen seines eigenen Oratoriums in Thonon. Von da an versuchte Bérulle zehn Jahre lang vergeblich, Oratorianer aus Frankreich oder Italien für eine Gründung in Paris zu gewinnen, da er sich selbst nicht für geeignet und würdig hielt. Man drängte ihn aber immer mehr zu eigener Initiative, und so begann er, vom Pariser Bischof beauftragt, mit fünf vertrauten Priestern ein oratorianisches Gemeinschaftsleben. Zur gleichen Zeit arbeitete er Konstitutionen aus. Er reglementierte das Leben etwas strenger, als es im römischen Haus üblich war, wollte aber wie dieses nur die normale priesterliche Seelsorge und keine Spezialaufgaben übernehmen. Aufgrund des stets virulenten Gallikanismus mußte er jedes Haus unter bischöflicher Jurisdiktion belassen, was, um die Einheit nicht völlig preiszugeben, eine zentralistische Leitung durch einen Generaloberen nötig machte. Bérulle hat nie um einen exemten Status gekämpft. Er wollte die Beziehungen zwischen Kirche und Staat nicht durch einen weiteren, direkt dem Papst unterstellten Organismus belasten. Für Konfliktstoff sorgten schon die Jesuiten, die 1595 verboten und 1603 wieder erlaubt worden waren. Der Papst erfüllt in der Bulle *Sacrosanctae* vom 10. Mai 1613, mit der er das Oratorium kanonisch errichtete, die Wünsche Bérulles: Dem Generaloberen wurden alle Vollmachten zur freien Organisation der einzelnen Häuser verliehen. Nur den Punkt der Beschränkung auf die gewöhnliche Seelsorge akzeptierte der Papst nicht: Er trägt dem Oratorium ausdrücklich die Sorge um die Erziehung der Jugend auf. Dadurch mußte sich das Oratorium von Anfang an mit Schulen und Kollegien befassen. Die schon bestehenden philippinischen Oratorien in der Provence schlossen sich bald Bérulle an (Cotignac 1614, Aix 1619). Als nun die französischen Bischöfe allmählich begannen, nach den Vorschriften des Trienter Konzils Seminarien zu gründen, übertrugen sie diese den Priestern des Oratoriums. Bérulle beauftragte als ersten Charles de Condren (1588—1641) mit der Leitung eines Seminars (Langres, 1619). Jean-Jacques Olier (1608—1657), der Schüler Condrens, spezialisierte sich mehr auf die Priesterausbildung und gründete das Seminar Saint-Sulpice in Paris. Aus der leitenden Priestergruppe entstanden die Sulpizianer, ebenfalls eine Weltpriestergemeinschaft. Die Französische Revolution führte zur Auflösung des Oratoriums am 6. April 1792. In der Mitte des 19. Jahrhunderts wird die Idee wieder lebendig. Der Pfarrer Pététot und der Theologieprofessor Alphonse Gratry gründen 1852, von Pius IX. ermutigt, das Oratorium zum zweiten Mal. Sie halten sich genau an die alten bérulleschen Konstitutionen und an die Bulle *Sacrosanctae* von 1613, was der Papst im Dekret vom 22. März 1864 billigt. Er anerkennt auch die Erweiterung des Namens: Dem bérulleschen Namen *Oratoire de Jésus Christ Notre Seigneur* wird *et de Marie-Immaculée* hinzugefügt. Das Werk des Theologen Henri Bremond[46] (1865—1933) half den Oratorianern,

[46] Sein Hauptwerk ist: Histoire littéraire du sentiment religieux en France, depuis la fin de guerres de religion jusqu'à nos jours, t. 1—12 (Paris 1916—1936).

Bérulle erneut zu studieren und nach seinem Geist zu leben. Dabei fühlten sie sich immer auch dem hl. Philipp Neri als ihrem Vater verpflichtet. Schon 1692 verteidigten sie sich gegen den Vorwurf, daß sie eher ein Orden als ein Oratorium seien: „Im Wesentlichen stimmen wir mit dem Oratorium des hl. Philipp überein. Nach dem Vorbild dieser ehrwürdigen Gemeinschaft hat Bérulle ja 1611 das Oratorium geformt.“[47]

Mit diesen beiden Formen verbindet sich bis heute der Begriff „Oratorium“. Welcher wollte Wessely sich anschließen? Die Frage wurde nicht wirklich gestellt, weil sie nie aktuell wurde. Man wollte einfach wie ein Oratorium zusammenleben. Die juridische Anerkennung mußte man der kirchlichen Obrigkeit überlassen. Vom heutigen Standpunkt aus gesehen, kann man sagen, daß alle Wesensmerkmale eines philippinischen Oratoriums wenigstens in spe vorhanden waren: etwa der Weltpriesterstatus, die Unabhängigkeit, der Wunsch nach dem gemeinsamen Leben, die tägliche Anbetung. Auch besaßen die meisten Oratorianer einige deutliche Hinweise auf den hl. Philipp Neri: eine kurze Lebensbeschreibung, die von Kardinal Newman verfaßte Litanei zum hl. Philipp und Wesselys eigenes Gebet zum *geliebten Patron des Oratoriums.*

Wessely hatte zu seiner Freude eine vorläufige Erlaubnis von Generalvikar Dr. Franz Kamprath erhalten. Als ihm Wessely die Liste der Oratoriumsanwärter unterbreitete, meinte jener in der für ihn typischen Art: *Da haben Sie sich ja die Zibeben herausgesucht.*

## DER PLAN ZUR REFORM DES PRIESTERSEMINARS

Der Oratoriumsplan war bei Wessely integriert in ein Konzept für eine Reform des Priesterseminars. Aus zwei Schriften, die in den letzten Kriegsjahren entstanden sind, geht klar hervor, daß er das Oratorium mit der Vorstehung des Seminars betraut sehen wollte. Der Geist, aus dem das Oratorium lebte, sollte auch das Seminar beseelen. Dahinter steckte die schon angedeutete Kairologie: Die Erlösungstat Christi, ein für allemal vorgegeben, muß sich stets neu in der jeweiligen Zeit konkretisieren. Christus wollte für die damalige Zeit einen ganz bestimmten Typ von Priestern heranbilden. So geht es jedenfalls aus dem Schreiben hervor, das im folgenden auszugsweise wiedergegeben wird.[48] Man wird als Adressat Regens Taubert und als Datum einen Zeitpunkt, an dem schon an ein Ende des Krieges gedacht werden konnte, annehmen dürfen.

---

[47] A. George, L'Oratoire (Les grands ordres monastiques et instituts religieux 3, Paris 1954) 111.

[48] Ganzer Text: Liechtenstein 382—384; Deininger 36 f.

*1. Die gegenwärtige Lage des Priesterseminars, das Leerstehen des Hauses, die geringe Zahl der Alumnen ist zwar an sich bedauerlich, bietet aber die Möglichkeit, neu aufzubauen.*

*2. Das künftige Alumnat soll nicht nur eine Stätte sein, an der die Theologen durch verschiedene Unterweisungen und durch die Auseinandersetzungen mit den dargebotenen Wahrheiten sich allmählich einen priesterlichen Geist erwerben, es soll auch eine Stätte sein, an der ein ganz bestimmter Geist, in den die Alumnen hineingebildet werden, herrschend ist.*

*4. Die erste Schar, die in das Haus aufgenommen wird, muß sich von dem Ziel begeistern lassen, unter der Führung ihrer Vorgesetzten das Alumnat geistig neu aufzubauen. Sie müssen Freude daran haben, mitbauen zu dürfen. So werden sie auch selbst darauf bedacht sein, das Werk, das sie mitgeschaffen haben, auch zu bewahren. Sie werden die Neueintretenden in die ihnen selbst eigene Haltung einzuführen bestrebt sein.*

*5. So wie der in einen bestimmten Orden Eintretende nicht nur den Willen hat, Priester, und zwar Ordenspriester, zu werden, sondern Ordenspriester einer bestimmten Richtung, so soll künftig der in das Wiener Priesterseminar Eintretende das Ziel haben, Weltpriester einer ganz bestimmten Prägung zu werden. Er darf das Haus nicht nur als notwendigen Durchgang zum Priestertum ansehen, (...) sondern als jene Stätte, an der dauernd ein bestimmter Geist herrscht und weitergegeben wird. Er muß den Willen haben, diesen Geist selbst zu erwerben. Er muß, angezogen von diesem Geist, mit Freuden und freier Zustimmung bewußt dieses Haus wählen, um sein Ziel zu erreichen.*

*6. Dieser Gedanke ist nicht neu. In der Krisenzeit des Reformationszeitalters hat man auch Weltpriester eines ganz bestimmten Geistes gebraucht und daher das Germanikum errichtet.*

*8. Die Durchführung der hier ausgesprochenen Gedanken ist an die Voraussetzung gebunden, daß die Leitung des Hauses selbst den Geist repräsentiert, der hier weitergegeben werden soll (...).*

*9. Diese Kommunität, die die Vorstehung des Hauses bildet, ist natürlich eine Weltpriesterkommunität und lebt nach einer Regel, die sich einerseits aus dem erkannten Priesterideal, anderseits aus der vom Bischof gestellten Aufgabe der Heranbildung des Klerus ergibt.*

*10. Das Priesterideal dieser Kommunität ist das Ideal des Seminars und kann aus den Konstitutionen ersehen werden.*

Wir kommentieren in Kürze diesen Text:

1. Das Seminar ist hier als gemeinsames Werk von Alumnen und Vorstehern konzipiert. Die Vorstehung soll eine echte religiöse Gemeinschaft sein. Diese Voraussetzung ist wesentlich. Eine religiöse Gemeinschaft hat als einzigen Zweck die Ehre Gottes. Sie wird nicht zuerst durch eine Aufgabenstellung, sondern durch selbstlose Nächstenliebe zusammengehalten. Die Alumnen fühlen sich also durch den Eintritt *einer Kommunität beigesellt.*

Sie sehen darin das Ideal vorgelebt, dem sie selbst zustreben. Der Beitrag der Seminaristen für das Leben im Seminar (die *Opfer, die erforderlich sind, um ein wahres religiöses Gemeinschaftsleben aufzubauen)* wird nicht nur erwünscht sein, sondern auch unentbehrlich für die Weitergabe des Priesterideals, von dem das Seminar beseelt sein soll. Vorsteher und Seminaristen bilden eine Art Lebensgemeinschaft, eine Gemeinde, die in lebendigem gegenseitigen Austausch versucht, gemeinsam das hohe Ziel zu erreichen. Als Vorbild gibt Wessely das von den Jesuiten in Rom gegründete Germanikum an, er hätte auch das französische Oratorium oder die Sulpizianer nennen können.

Der Reformvorschlag stellt eine gewisse Kritik am damaligen Führungsstil des Seminars dar. Die verlangte „militärische" Observanz konnte eine Art Gesetzesfrömmigkeit hervorrufen, die glaubte, in der Erfüllung der Seminarregel schon alles Notwendige getan zu haben. Oder man unterwarf sich der Regel nur, um nicht aufzufallen, ohne innere Bejahung. So waren Vorsteher und Alumnen in Gefahr, sich hinter einer Anzahl von Regeln zu verschanzen, gegeneinander ausgespielt werden zu können und das gegenseitige Vertrauen zu verlieren, wie Wessely selbst erfahren hatte. Seine Idee nun ließ diese Gefahr erst gar nicht aufkommen.

2. Die Vorstehung sollte die Quelle des Lebens im Seminar sein, und zwar nicht zuerst durch Aktivitäten, sondern durch ihr Sein. Dieses Sein ist im priesterlichen Charakter grundgelegt und faltet sich in jenem besonderen Anteilhaben an den Zuständlichkeiten Jesu aus, auf das Bérulles Lehre und Wesselys Kairologie hinweisen. Immer, wenn Wessely von dem *bestimmten Geist*, der *bestimmten Prägung*, dem *Priesterideal* usw. spricht, bezieht er sich auf diese besondere Anteilhabe. Er hat sie in den noch zu besprechenden *Konstitutionen*, die gleicherweise für Vorstehung und Alumnat gelten, erläutert. Die Aufgabe der Vorstehung besteht darin, die eigene Weise, das Priestertum Christi zu leben, weiterzugeben, also sich selbst mitzuteilen.

Nun zu der in Punkt 9 verheißenen *Regel*, die nur für die Priesterkommunität gelten sollte: Sie ist nicht bekannt und hat vielleicht nie existiert. Schon allein die Idee aber macht ersichtlich, daß Wessely auf einen bleibenden Unterschied zwischen Vorstehung und Alumnat bedacht war. Er wußte, daß die Gemeinschaft nur dann, wenn sie ihrer allen äußeren Aufgaben vorausliegenden Berufung die Treue bewahrt, geistige Quelle des Seminars bleiben konnte. Dazu bedurfte sie eines gewissen Eigenlebens.

Nun ist der Rahmen von Wesselys Seminarreform im wesentlichen umrissen. Es fehlt noch der Inhalt, nämlich das *Priesterideal*, um das es ihm ging. Er hat es in dem längeren Schriftstück *Vom Geist des Seminars* niedergelegt, das die Grundlage der *Konstitutionen* bilden sollte. Nach der Ablehnung seiner Pläne hat er es leicht umgearbeitet und *Der Geist des Oratoriums*[49]

[49] Beide Texte: Deininger 62—69; *Vom Geist des Seminars*, auch Liechtenstein 385—394.

genannt. Es bildete gemeinsam mit einer detaillierten Lebensordnung die *Statuten des Oratoriums Sanctissimae Trinitatis* (der Ausdruck *Statuten* wird hinfort beibehalten). Es faßt das Wesentliche von Wesselys Theologie schematisch zusammen und ist gleichzeitig das Grunddokument für die Spiritualität der Oratorianer. Das Papier resultiert aus dem langjährigen Bemühen, dem einmal erkannten Ideal die Treue zu halten und es durch Gebet und Studium sowie das Gespräch mit den Mitbrüdern immer mehr zu vertiefen. Der Text handelt einen einzigen, höchst einfachen Grundgedanken ab: der dreifaltige Gott in seiner Selbstmitteilung. Wessely zeigt in kraftvoller Synthese, wie alle wichtigen Themen, die Priestertum und Oratorium betreffen, im Geheimnis der Dreifaltigkeit eingeschlossen sind. Im folgenden wird das Priesterideal durch drei Verstehensvoraussetzungen eingeführt und mit Hilfe von Originaltexten vorgestellt.

## THEOLOGISCH-SPIRITUELLE VORAUSSETZUNGEN DES PRIESTERIDEALS

### *Leben aus dem reinen Glauben (Johannes vom Kreuz)*

Gott kann nur im Glauben erkannt werden. Der Glaube, eine durch die Gnade ermöglichte menschliche Fähigkeit, liegt jeder Erkenntnis voraus. Dies ist der Grundgedanke des hl. Johannes vom Kreuz. Er kommt in den Statuten nicht ausdrücklich vor, ist aber logisch vorausgesetzt. Wessely hat dafür gesorgt, die ersten Oratorianer mit den Werken des Kirchenlehrers gründlich vertraut zu machen. Ein Kommentar zu einem Gedicht des spanischen Mystikers zeigt, wie „rein“ Wessely den Glauben versteht: *Was hier zum Ausdruck kommt, ist nichts anderes als das Dogma der heiligsten Dreifaltigkeit und unserer Erlösung, die mir durch die heilige Eucharistie mitgeteilt wird. Mehr braucht es nicht. Das weiß ich durch den Glauben. Mehr brauche ich nicht zu wissen und zu empfinden. Darauf baue ich jetzt mein Leben auf.* Genauso möchte Wessely verstanden sein, wenn er die Offenbarungstatsachen in den Statuten darlegt. Auf sie und nichts anderes soll sich das priesterliche Wirken gründen. Damit stellt Wessely Herrlichkeit und Problematik des christlichen Lebens vor: einerseits die Aussicht, im Glauben zu Gott zu gelangen, anderseits die Pflicht, alles zu unterlassen und als Nichts zu betrachten, was nicht um des letzten Zieles willen angestrebt wird.

### *Die Heiligste Dreifaltigkeit als Ausgangspunkt*

Das Wesen des christlichen Lebens besteht nach Wessely in der „Freundschaft mit Gott“. Er definiert: Freund ist, wer mit dem Geliebten e i n Leben lebt. Das christliche Leben besteht also darin, das Leben Gottes zu leben.

Anders gesagt: Gott ist nicht nur sein eigenes Leben, das er seit Ewigkeit in sich selbst lebt, sondern — durch Christus — auch das seiner Geschöpfe. Wessely folgert an anderer Stelle:[50] *So können wir also nicht bei der Feststellung stehenbleiben, daß das christliche Leben ein Leben der Freundschaft mit Gott ist, sondern müssen, um es zu verstehen, noch weiter fragen, was das Leben Gottes ausmacht.* Das Leben Gottes, das ist die Liebesekstase der drei göttlichen Personen. Wessely beschreibt nun mit klaren Begriffen das innergöttliche Leben, die Proprietäten der göttlichen Personen. Vor allem durch den Begriff der Herzenseinheit in Gott kann er deutlich machen, daß das Menschenherz alles, was es sich nur wünschen kann, in Gott besitzt. Ziel dieser Pädagogik ist die Schwerpunktverlagerung weg vom Ich hinein in Gott, und das auf theologischer wie auf existenzieller Ebene. Wesselys Theologie geht von der Dreifaltigkeit aus und kommt beim Menschen an. Das ist ganz theozentrisch. Insofern er aber alles aus Jesus Christus schöpft, ist er christozentrisch. Nirgends wird das so deutlich wie in den Statuten.

*Die Lehre von den Zuständlichkeiten (Bérulle)*

Wessely war sich seiner inneren Verwandtschaft mit Kardinal de Bérulle bewußt. Henri Bremond hatte, um Bérulles Theologie zu charakterisieren, den Ausdruck „Theozentrismus“ gewählt. Wessely sah jedoch im Theozentrismus weniger eine Theologie als eine innere Disposition, nämlich den von Gott selbst hervorgerufenen Zustand der Anbetung, der Einheit mit Jesus, dem Anbeter. Es heißt im ersten Teil der Statuten: *Gott anbeten heißt, mit dem göttlichen Anbeter eins sein wollen. Daher ist die Anbetung um so vollkommener, je mehr man sich dem Gnadeneinfluß Jesu öffnet, je mehr man bereit ist, die inneren Dispositionen des göttlichen Herzens in sich aufzunehmen. Wenn wir also die Anbetung als besondere Verpflichtung auf uns nehmen, so meinen wir damit eine Übung, die sowohl Bereitung für die Anbetung wie auch Anbetung selbst ist und uns mit den inneren Gesinnungen Jesu der Anbetung, der Liebe, des Opfers erfüllt. Denn die wahre Anbetung ist nur im Geist – das ist im Heiligen Geist – und in der Wahrheit – das ist in Jesus – möglich.*

Dazu eine kurze Begriffsbestimmung der Lehre von den Zuständlichkeiten („états“) Jesu.[51]Das irdische Leben Jesu, das Gott als ganzes und in jedem Element vollkommen verherrlicht, soll im Christen fortgesetzt werden. Jedes Ereignis des Lebens Jesu ist eine für alle Zeiten offenstehende Gnadenquelle, ein “Mysterium“. Die konkreten historischen Umstände einer Tat

---

[50] Friedrich Wessely, Eins mit Gott durch Maria (Wien $^{2}$1951) 15; Neuauflage (Reihe Maria am Werk 3, Maria Roggendorf 1987) 25.

[51] Siehe dazu F. G. Preckler, «Etat» chez le Cardinal de Bérulle. Theologie et spiritualité des «état» bérulliens (Analecta Gregoriana 197); hier bes. Bastel 29 f., 51 ff.

sind vergangen (was Bérulle den „Leib" des Mysteriums nennt), die Gesinnung aber, mit der Jesus die Tat vollbracht hat (die Liebe, die Sühne, das Opfer, der Gehorsam usw. ), ist so ewig wie der Menschensohn selbst; das meint Bérulle, wenn er von *Geist, Kraft* oder *Verdienst* eines Mysteriums spricht. Der Herr möchte nun diese seine Zuständlichkeiten dem Christen je nach seiner Empfänglichkeit einflößen. Er teilt ihm ein Mysterium zu, das der Christ in sich aufnehmen soll, um den eigenen Zustand in der Kraft und Gesinnung Jesu verleben zu können. Das *Leben im Mysterium Jesu*[52] muß nach Bérulle drei Stufen durchlaufen: 1. soll man das unbekannte Mysterium ehrfürchtig und unterwürfig verehren (*honorer*). 2. wird der Herr dann die Seele enger mit dem Mysterium verbinden (*liaison, appartenance*), die ihm ihrerseits noch aktiver anhängt (*adhérence*), bis er sie schließlich 3. in den Zustand der Knechtschaft (*servitude*) versetzt, der als passiv beschrieben wird und in dem sie nur mehr vom Mysterium bestimmt ist und jede Selbstbestimmung, auch den freien Willen, freiwillig hingegeben hat. Das wurde ja bereits im Zusammenhang mit dem Weihegebet erläutert.

Die Lehre von den Zuständlichkeiten ist nicht zu trennen vom Einssein Jesu und Mariens. Denn die hypostatische Union, die ja der grundlegende Zustand Jesu ist, aus dem alle anderen hervorgehen, ist dadurch entstanden, daß das ewige Wort das Fleisch der Jungfrau annahm und sich so gleichsam zum Sklaven der Magd des Herrn machte. Die Kenose des ewigen Wortes ist einer der Hauptgründe dafür, warum Bérulle vom Inkarnationsmysterium so ergriffen war und die Einheit der beiden Herzen so verehrte.

## DAS PRIESTERIDEAL

Wessely brachte es auf die Kurzformel *Testes fideles Sanctissimae Trinitatis in corde Jesu et Mariae.* Der erste Teil der Statuten beginnt mit vier Grundsätzen, von denen die beiden ersten lauten: *1. Das Oratorium ist eine Weltpriestervereinigung, deren oberster Zweck die Verherrlichung der hl. Dreieinigkeit durch ein Leben innigster Vereinigung mit Jesus Christus ist. 2. Das Oratorium will auf diesem Weg des Strebens nach Vereinigung mit Christus der Seelsorgearbeit, deren Fruchtbarkeit vom Grad der Vereinigung mit Gott abhängt, den Erfolg sichern.*

*Der Geist des Oratoriums* (der zweite Teil der Statuten) liefert nun dazu die theologische und spirituelle Grundlage. Wessely betrachtet darin die heiligste Dreifaltigkeit in einer dreifachen Blickrichtung: zunächst Gott, wie er in

[52] Vgl. das gleichnamige Buch: Pierre de Bérulle, Leben im Mysterium Jesu. Ausgewählte Werke übertr. und eingel. von Hans Urs von Balthasar (Christliche Meister 22, Einsiedeln 1984).

sich selbst ist; sodann das menschgewordene Wort, insofern alles an ihm *Abglanz der innertrinitarischen Herrlichkeit* ist und für sie Zeugnis ablegt; und schließlich die Priester, insofern sie diese Zeugenschaft fortsetzen.

*Die Voraussetzung: Zeugenschaft durch den Weihecharakter*

*2. Testis fidelis wird in der Apokalypse Jesus Christus genannt. Er ist der Zeuge, der für den Vater Zeugnis ablegt. Er ist der Zeuge durch sein Wesen, denn er ist das Wort des Vaters; er ist Zeuge durch sein unsichtbares Leben, das in seinem Herzen verborgen ist, und durch sein äußerlich sichtbares Leben mit seinen verschiedenen Zuständlichkeiten, Taten und allen Einzelheiten. Durch all dies ist er Zeuge, weil all dies der Abglanz der innertrinitarischen Herrlichkeit ist, die zu offenbaren Jesus gekommen ist.*

*3. Testes fideles sollen die Priester sein. Jesus Christus hat das Priestertum als den ersten, absolut notwendigen Stand seiner Kirche eingesetzt, um dadurch seinen Geist auf die Welt auszugießen, sein Leben der Welt mitzuteilen. Er hat daher die zu Priestern Gerufenen mit einer Salbung gesalbt, die ein Ausfluß jener Salbung ist, mit der er am Tag seiner Menschwerdung gesalbt wurde. Durch diese Salbung sind die Priester in besonderer Weise und dauernd an Christus gebunden. Die Weihegnade in ihnen drängt stets dazu, daß alles an ihnen dem Einfluß Jesu sich öffne, so daß ihr ganzes Leben nichts anderes sei als der Abglanz des Lebens Jesu. Dadurch sind die Priester selbst zu getreuen Zeugen Jesu und damit der innertrinitarischen Herrlichkeit geworden.*

Die Zeugenschaft wird hier ontologisch mit dem priesterlichen Charakter (Ausfluß der Salbung Christi) begründet. Da sich alles Folgende mit dem Streben nach Vollkommenheit, das ja wesentlich in der Vermehrung der heiligmachenden Gnade besteht, befassen wird, sei kurz erläutert, wie sich das Weihesakrament dazu verhält. Die Priesterweihe wird nicht zum Heil des Empfängers gespendet, sondern zur Heiligung der anderen Menschen; sie ist eine *gratia gratis data.* Sie besteht in einer solchen Angleichung an die hypostatische Union, daß, wenn der Priester sein Amt in Verkündigung und Sakramentenspendung ausübt, Christus selbst seinen Leib aufbaut und heiligt. Das geschieht unabhängig vom Gnadenstand des Priesters. Warum besteht also Wessely — und auch das II. Vatikanum — darauf, daß die Heiligkeit der Priester nicht nur ihnen selbst, sondern auch der Herde notwendig ist? Diese Frage verdiente eine grundlegende Erörterung, die hier nicht geleistet werden kann. Es soll deshalb nur die (noch nicht bewiesene) These aufgestellt werden: Das Amt des Priesters besteht nicht nur darin, heiligende Handlungen zu setzen, sondern selbst heilig zu sein. Durch die Unheiligkeit bringt er nicht nur sich selbst, sondern auch seine Herde in Gefahr.

In der Folge weist Wessely originell und stringent auf, wie sich aus der priesterlichen Salbung das rechte Handeln in der rechten Gesinnung ergibt.

Die genannte dreifache Perspektive (Dreifaltigkeit — Christus — Priester) wird in einen Raster gelegt, der sich aus einer Differenzierung der Einheit Gottes ergibt: Wessely unterscheidet zunächst die Wesenseinheit von der Herzenseinheit Gottes, die er wiederum durch drei Grundvollzüge Gottes zustandegekommen sieht.

*Wesenseinheit (ontologische Grundlegung)*

*In Jesus Christus finden wir die wunderbare Einheit der Sanctissima Trinitas dargestellt, die wir zuerst als eine Wesenseinheit erfassen, denn Gott Vater schenkt die göttliche Wesenheit dem Sohn, und Vater und Sohn schenken dieselbe Wesenheit an den Hl. Geist.*

*Ein Abbild dieser Einheit in Gott ist die Einheit der göttlichen und menschlichen Natur in Christus durch die hypostatische Union. Zwei voneinander unendlich getrennte Naturen werden in der Person des Wortes geeint, und diese Einheit blickt gleichsam hin auf die Wesenseinheit in Gott als auf ihr Urbild und ist zugleich das Vorbild unserer Einigung mit Gott auf Grund der Gnade, der Einheit des natürlichen und übernatürlichen Lebens, eine Einheit, die ihre höchste Vollendung in der Einheit Mariens mit Jesu gefunden hat.*

Etwas ist also in der Trinität und in der hypostatischen Union gleich: Es wird die Gottheit mitgeteilt, „geschenkt“. Die hypostatische Union ist die substantielle, nicht gnadenhafte Mitteilung der göttlichen Wesenheit an eine menschliche Natur. Bérulle spricht von diesen „beiden Gemeinschaften“ (Trinität und hypostatische Union) als Vorbild jeder menschlichen Gemeinschaft. Wessely scheint eher an eine einzige Gemeinschaft zu denken, die Trinität, zu der sich die hypostatische Union wie das Abbild zum Urbild verhält, sodaß die Inkarnation, aus menschlicher Warte das absolute Novum, in Gott nichts wesentlich Neues darstellt. Bei uns Menschen geschieht das gleiche: die Gottheit wird mitgeteilt, allerdings nicht substantiell und hypostatisch, sondern akzidentell und gnadenhaft. Bei Christus konnte man sagen: wo der Mensch handelte, handelte das Wort (Idiomenkommunikation). Das gleiche gilt bei der Sakramentenspendung: Die Handlung des Priesters ist in Wirklichkeit Christi Handlung. Wessely geht es hier aber um die *gratia gratum faciens* (Heiligungsgnade). Da muß man unterscheiden: Durch die heiligmachende Gnade und die eingegossenen Tugenden werden unsere Handlungen ins Übernatürliche erhöht, bleiben aber immer menschliche Handlungen. Durch die Gaben des Heiligen Geistes, die wir ebenfalls in der Taufe empfangen, können wir aber auf göttliche Weise handeln. Im ersten Fall verherrlicht sich Gott in seinen geschaffenen Wirkungen (menschliche Formalität), im zweiten Fall verherrlicht sich Gott durch sich selbst (göttliche Formalität). Die zweite Weise ist natürlich vollkommener, kann aber nicht die einzige sein, denn wäre der Heilige Geist unser einziges Handlungsprinzip, dann hörten wir auf, Mensch zu sein, und wären zu Gott geworden. Auch die Gottesmutter ist nur aus Gnade, was sie ist. Bei ihr ist die übernatürliche Erhöhung der Menschennatur und die passive Fügsamkeit gegenüber dem Heiligen Geist so vollkommen, daß man sagen kann: Alles, was Christus von Natur ist, ist Maria aus Gnade.

Durch diese Erklärung sollte deutlich werden, daß die gnadenhafte Einigung mit Christus weder eine uneigentliche noch eine unvollkommene Abbildung der Dreifaltigkeit ist, sondern sie ist so vollkommen, wie auf geschöpflicher Ebene überhaupt nur möglich.

*Herzenseinheit*

*In Jesus Christus finden wir ferner jene Einheit des dreieinigen Lebens dargestellt, die man als eine Einheit des Herzens bezeichnen kann und die die Frucht der Wesenseinheit ist. Wir verstehen darunter, daß die drei göttlichen Personen miteinander eins sind, indem sie sich einander hingeben, indem sie sich wechselseitig in ihr innergöttliches Wirken einfügen und indem sie in der Einheit des Hl. Geistes ruhen.*

Der Theologie ist mittlerweile die Rede vom Herzen Gottes geläufig. Es ist eine analog zum menschlichen Herzen gebildete Rede (insofern anthropomorph), kann aber mehr ausdrücken als die streng essentielle Rede von der „Wesenheit“. In der Anthropologie gilt „Herz“ als Urwort, das weder ableitbar noch klar definierbar ist. Nur eine Person kann ein Herz haben, und nur in der personalen Begegnung wird es erfahrbar. In dieser seiner Personmitte ist der Mensch am verletzlichsten, nur dort ist ihm aber Erfüllung und Glück möglich. Wenn nur der Mensch das, worin seine Personwürde wurzelt — sein in unverfügbarer Freiheit sich ausfaltendes Herz —, Gott zuschreibt, dann bekennt er damit, daß Gott als Schöpfer der Person ebenfalls mindestens Person ist, und daß in ihm das Personsein sich in vollendeter Vollkommenheit verwirklicht, was eine Umschreibung für menschliches Glück ist. So ergibt sich aus der Analogie des Seienden, daß nur Gott im eigentlichen Sinn ein Herz hat, und daß daher vom menschlichen Herzen nur analog zum göttlichen gesprochen werden dürfte, dessen Abbild (oder besser: durch die Erbsünde entstelltes Zerrbild) es darstellt. Es handelt sich also bei der Rede vom Herzen Gottes um echte Theologie, obwohl sie vom Menschen herkommt.

Das Originelle an Wesselys Entwurf scheint in den drei Vollzügen der Herzenseinheit zu liegen: die Hingabe, das Einfügen und das Ruhen.

*Die Hingabe*

*Die drei göttlichen Personen sind eines Herzens, indem sie sich aneinander verschenken. Die Wesenseinheit kommt dadurch zustande, daß die Wesenheit geschenkt wird, vom Vater an den Sohn und von Vater und Sohn als einziges Prinzip an den Hl. Geist.*

*In diese innergöttliche Herzenseinheit sehen wir Jesus in seiner hl. Menschheit hineinversetzt, denn im Augenblick seines Eintretens in die Welt und beim Verlassen der Welt spricht er die Worte der Hingabe, die sein ganzes Leben umrahmen: „Siehe, ich komme ...“ und „Vater, in deine Hände empfehle ich meinen Geist“. Bei Jesus fällt das tatsächliche Einssein der beiden Naturen und das Einssein durch die Willenstat zusammen, und beide dauern ohne Unterbrechung durch die ganze Zeit und Ewigkeit hindurch an.*

*Bei uns ist es anders. Wir sind schon lange durch die Gnade mit Gott vereint, ohne auch durch eine Willenstat dieser Einigung Rechnung getragen zu haben, und wenn wir uns willentlich mit Gott einen, dann entspricht dies nicht der Tiefe unserer realen Gnadenverbindung mit Gott. Wenn wir mit Jesus Zeugnis ablegen wollen für die Einheit durch wechselseitige Schenkung aneinander, wie dies in der hl. Dreieinigkeit geschieht, dann müssen wir die Gnadenkraft, die uns zur Verfügung steht, jeweils ganz ausschöpfen, d. h., wir müssen stets das tun, was wir als das Vollkommenere erkennen.*

Wenn man die Herzenseinheit Gottes definiert als das Ja des Willens Gottes zu sich selbst, dann wird man die Hingabe der drei göttlichen Personen aneinander darin sehen können, daß sie sich so völlig verschenken, daß sie jeweils im anderen leben. Indem der Vater dem Sohn die Gottheit schenkt, schenkt er sich selbst ganz dem Sohn und lebt so im Sohn. Der Sohn hat alles vom Vater empfangen, schreibt alles dem Vater zu und lebt so im Vater. So sind beide eins in der Selbstentäußerung und hauchen als Ausdruck ihrer völlig selbstlosen Liebe den Heiligen Geist, der seinerseits nur in Sohn und Vater lebt (vgl. Joh 16, 13—15). Wessely kehrt hier seinen früheren Gedanken, daß die Herzenseinheit die Frucht der Wesenseinheit ist, genau um: Die Wesenseinheit erscheint nun als Frucht der Herzenseinheit. Das ist legitim, denn bei Gott sind Sein, Wollen und Tun eins. So ist natürlich die Menschheit Jesu nicht nur faktisch, sondern auch wissentlich und willentlich mit dem Ewigen Wort uniert. Der Christ hingegen kennt das Ausmaß seines „Gnadenkapitals“ nicht. Bei ihm klaffen Sein und Erkennen, Wollen und Tun auseinander. Aber die Gnade selbst zieht ihn zum Glauben, durch den Glauben zur Erkenntnis, und diese Erkenntnis demütigt. Denn man kann nicht erfahren, wie unendlich reich man durch Gott beschenkt ist, ohne gleichzeitig zu fühlen, wie tief man in seiner Schuld steht. Hingabe kann nur Antwort sein auf empfangene Gnade. Wessely überspringt diese Schritte und kommt gleich bei der Forderung an, stets das zu tun, was man „als das Vollkommenere“ erkennt. Das klingt harmlos, ist aber in Wirklichkeit eine ganz große Gnade. Manche Heiligen haben Gott dafür zu danken versucht, indem sie das Gelübde ablegten, stets das Vollkommenere zu tun. Man kann dies nur vollbringen, wenn man nicht mehr sein eigener Herr ist, wenn man seinen eigenen Willen und sein eigenes Urteil so abgetötet hat, daß man gegenüber den Gnadenanregungen Gottes ganz beweglich geworden ist.

*Das Einfügen*

*Die Einheit des Herzens in Gott besteht ferner darin, daß sich jede der drei göttlichen Personen ganz in das innergöttliche Wirken der anderen einfügt. Der Vater zeugt den Sohn und läßt ihn aus sich hervorgehen. Der Sohn Gottes will nichts anderes sein als der aus dem Vater Hervorgehende. Vater und Sohn hauchen den Hl. Geist, und der Hl. Geist will nichts anderes sein als der Gehauchte. In der Art also, wie die göttlichen Personen voneinander ausgehen, zeigt sich in Wahrheit ihr Zueinander- und Miteinandersein.*

*Auch dieses Geheimnis der innergöttlichen Herzenseinheit auf Grund der Ausgänge ist uns eröffnet worden durch die Menschwerdung des Wortes; denn Kraft der gleichen Macht, durch die der Vater seinen eingeborenen Sohn in seiner göttlichen Natur hervorgehen läßt, läßt er ihn auch in seiner angenommenen Menschennatur hervorgehen. D. h. kraft derselben Macht, durch die der Vater seinen Sohn aus sich hervorgehen läßt, s e n d e t er ihn auch in die Welt. Die Herzenseinheit auf Grund der innergöttlichen Hervorgänge zeigt sich nun in Jesus seiner menschlichen Natur nach, denn hier will Jesus nichts anderes sein, als der G e s a n d t e des Vaters. (. . .) Wie das Hervorgehen der göttlichen Personen das Wesen der göttlichen Tätigkeit ausmacht, so gehört es zum Wesen des Lebens Jesu, daß er stets der Gesendete ist. Das Kommen in verschiedene Orte, zu verschiedenen Menschen, um verschiedene Wirkungen hervorzubringen, die alle darauf hinzielen, die Menschen mit Gott zu vereinen, ist immer das Kommen auf Grund der Sendung und hat seinen Ursprung im Hervorgehen des Sohnes aus dem Vater. Die Sendung findet ohne Unterlaß statt, denn ohne Unterlaß geht der mit der menschlichen Natur geeinte Sohn Gottes aus dem Schoß des Vaters hervor. Das irdische Leben Jesu, sein Hervorgang aus dem jungfräulichen Schoß Mariens, sein unaufhörlicher Hervorgang aus dem Schoß der Kirche in der eucharistischen Gestalt ist ein Nachbild des ewigen Hervorganges aus dem Vater. (. . .)*

*Jede andere Sendung hat in der Sendung des Sohnes ihren Ursprung und ist eine Fortführung der Sendung des Sohnes. „Wie mich der Vater gesendet hat, so sende ich euch." Dies sagt uns, daß wir nicht von uns aus zu den Menschen kommen dürfen, sondern als Gesandte. Der Priester ist kraft der Weihe gesendet. D. h. durch seine priesterlichen Funktionen, durch seine Lehre und sein Leben, durch sein Wirken und sein Leiden soll er nicht sich, sondern Christus aufleuchten lassen unter den Menschen. Die Bestimmung zu einer seelsorglichen Arbeit ist gewiß Sendung. Aber mit ihr erschöpft sich noch nicht die Sendung, weil der Priester kraft seiner Verbindung mit Christus der Gesendete ist und diese Verbindung immer da ist. Aber nur dann, wenn er auch immer und überall der Gesendete sein will und nichts anderes als dies sein will, nur dann ist er in wahrer Herzenseinheit mit dem göttlichen Gesandten.*

*Aus dieser inneren Erwägung wird unsere Haltung klar. Jeder Selbstherrlichkeit, jedem Nachgeben des bloß natürlichen Aktivitätsdranges, jedem eigenmächtigen Vorgehen in Gedanken, Worten und Werken muß der Kampf angesagt werden. Nur soweit wird das Leben der Sendung wirklich gelebt, und nur soweit legt man für die Herzenseinheit in Gott Zeugnis ab, als man sich einzig und allein von der Gnade leiten läßt.*

Wir sehen, daß Wessely mit Rücksicht auf die priesterliche Existenz der ihr wesentlichen Sendung hier in den Statuten breitesten Raum gewährt. Die Einheit in Gott aufgrund der Hervorgänge ist klar: Jede göttliche Person ist mit den ihr zukommenden Proprietäten vollkommen zufrieden und wünscht darüberhinaus nichts. In Gott ist das Wollen eins. Wesselys Zitat aus Joh 20,21 *(Wie mich der Vater gesandt hat, so sende ich euch)* drückt die Abbildhaftigkeit hinreichend aus, wenn man sie so versteht, daß das Gesendetsein Jesu identisch ist mit seiner innergöttlichen Relation, dem Hervorgang der Zeugung: *Kraft der selben Macht, durch die der Vater seinen Sohn aus sich hervorgehen läßt, s e n d e t er ihn auch in die Welt.*

Für den Priester ist damit ein ganz bestimmter Problemkreis angesprochen: der Gehorsam. Seine Sendung empfängt er von Christus, umschrieben wird sie von der kirchlichen Autorität. Wenn Wessely vom wechselseitigen Einfügen der göttlichen Personen spricht, stellt er damit den Priestern das vollendete Urbild des Gehorsams vor Augen: nichts anderes tun und wollen als das, wozu man berufen und beauftragt ist. In der Dreifaltigkeit, vordemonstriert von der zweiten göttlichen Person, findet der Priester vollendet, was ihm selbst dauernde Pflicht und oftmaliges Problem ist. Diese Sicht wird ihm helfen, seine eigene Identität anzunehmen: er ist *nicht von der Welt*, aber in die Welt gesandt. Wessely drückte es bei Exerzitien einmal so aus: *Die Sendung von Menschen bedeutet, daß Menschen in die Welt hineingestellt sind, deren ganzes Sein auf den Vater ausgerichtet ist.*

### *Das Ruhen*

*Die Herzenseinheit der hl. Dreieinigkeit zeigt sich nicht nur in der Hingabe aneinander, nicht nur im Ausgehen der göttlichen Personen voneinander, sondern auch in der seligen Ruhe ineinander. Es ist dies eine Einigung, an die wir durch die Kirche am häufigsten erinnert werden, wenn sie uns beten läßt: der Du lebst und herrschest in der Einheit des Hl. Geistes. Der Hl. Geist ist Ziel und Ruhepunkt der innergöttlichen Tätigkeit. Von ihm gibt es keinen Ausgang mehr, er empfängt und schöpft die göttliche Fruchtbarkeit gleichsam aus. In ihm ruhen Vater und Sohn in unendlicher Liebesseligkeit.*

*Dieses innergöttliche Ziel wird im Leben Jesu sichtbar, denn Jesus gibt sich nicht nur dem Vater hin und empfängt nicht nur alles vom Vater, sondern ruht auch darin aus und ist durch dieses Tun und Empfangen gesättigt. „Ich und der Vater sind eins"; „Meine Speise ist es, den Willen des Vaters zu tun". Als Ebenbild des innergöttlichen Lebens ist er aber auch selbst die Ruhestätte für alle Geschöpfe. „Kommt alle zu mir, die ihr mühselig und beladen seid, ich will euch erquicken".*

*Als Zeugen Jesu müssen wir uns der Aufgabe bewußt sein, auf Grund der Sendung und Hingabe auch in Gott zu ruhen. Da die Hingabe aber nichts anderes ist als die Übung übernatürlicher Liebe, so sehen wir darin unsere Aufgabe, in dieser Liebesübung auch zu ruhen. Daher ist für uns das Gemeinschaftsleben wesentlich, weil es das äußere Zeichen unseres Ruhens im Hl. Geist ist, der ein Geist der Einheit und der Gemeinschaft ist.*

Gottes Aktivität ist insofern Ruhe, als sie nicht auf ein noch zu erreichendes Ziel hin tendiert, sondern bereits ständig dort angekommen ist und es genießt (Seligkeit). An dieser Ruhe nimmt auch der Menschensohn, substantiell und willentlich mit Gott geeint, teil. Er ruht aus in der Erfüllung des Vaterwillens, also in Hingabe und Sendung. So kann auch beim Priester dieses Ruhen nicht im Widerspruch stehen zur angestrengten Aktivität, denn es bezeichnet das ständige, wesensgemäße Verhalten, und das muß ja in jeder Situation möglich sein.

Gegenüber der Urschrift *Vom Geist des Seminars* macht Wessely hier eine bedeutsame Ergänzung: Er sieht gerade das Gemeinschaftsleben des Oratoriums als Ausdruck dieses Ruhens im Heiligen Geist, also als habituelles Einander-Zugewandtsein in der Übung der übernatürlichen Liebe, oder mit Wesselys Worten im ersten Teil der Statuten: Es geht darum, *durch eine wahre vita communis das Einssein der göttlichen Personen anzubeten.* Dieser Gedanke findet sich schon in betonter Ausdrücklichkeit bei Bérulle[53].

Nach dieser systematischen Grundlegung verrät Wessely ihr Woher: das geöffnete Herz des Erlösers: *Man muß das Leben Jesu an seiner Quelle betrachten, man muß das Herz des Erlösers betrachten und anbeten.* Daraus fließen *die unsichtbaren, unendlich zärtlichen und innigen Beziehungen zu seinem Vater und zum Hl. Geist, die in engster notwendiger Verbindung sind mit seinem Hingabewillen an das Menschengeschlecht.* Es wäre mehr Raum nötig, um zu zeigen, wie Wesselys gesamte Theologie im Herzen Jesu ihren Ursprung hat. Aus der Öffnung des Herzens ist der Wille zur schrankenlosen Selbstmitteilung zu erkennen, für die das Wort *Ich lebe nicht mehr, Christus lebt in mir* steht und die sich nirgends so vollständig wie in Maria ereignet hat. Das hat Bedeutung für private Frömmigkeit und Ekklesiologie: *Wir glauben an die allgemeine Gnadenvermittlung Marias und sehen in dieser Lehre*

---

[53] Siehe Pierre de Bérulle, Correspondance de Cardinal Pierre de Bérulle. Hg. von J. Dagens, t. 3. (Bibliothèque de la Revue d'Histoire Ecclésiastique 19, Paris 1939) 414 f.

*einen Ausdruck für die Tatsache, daß Jesus sich seiner Mutter schrankenlos mitgeteilt hat, und daß er nicht aus einem Mangel an Macht auf ihre Hilfe angewiesen ist, sondern aus Liebe Maria an allem Anteil gibt und nichts allein ohne sie tun will. Durch diese Lehre kommt die vollkommene Herzenseinheit erst ganz zur Geltung.*

Die Statuten schließen mit Vorsätzen, die das Verhalten zur Kirche betreffen: Man soll die konkrete römisch-katholische Kirche lieben und dem Bischof *freiwilligen und freudigen Gehorsam* entgegenbringen. Man will *den von der Kirche empfohlenen Weg der Selbstheiligung gehen* und dabei das für das Wesentliche halten, *was die Kirche für das Wesentliche hält*, nämlich *die tägliche Anbetung vor dem Sanctissimum* und die *Gewohnheit, das Sakrament der Buße sehr oft zu empfangen.*

## DIE ENTWICKLUNG DES ORATORIUMS BIS ZUM TODE WESSELYS

Wesselys Pläne zur Reform des Priesterseminars stießen noch vor Ende 1945 auf Ablehnung. Das hat ihn sehr geschmerzt. Er wurde vom Seminar abberufen und bekam den Lehrauftrag für Philosophie und Mystik an der Kath.-Theol. Fakultät der Universität Wien. Eine Unterschriftenaktion der Seminaristen erreichte sein Bleiben am Seminar nicht. Er wurde Kirchenrektor im Kloster der Salesianerinnen (Wien 3.), die er geistlich betreute. Wessely dachte nicht daran, die nun in Frage stehende Idee vom Oratorium aufzugeben, obwohl sie sich nicht so, wie ursprünglich geplant, verwirklichen ließ. Durch zwei Schriften zu Weihnachten 1945 rief er seine Mitbrüder zur Erneuerung der Weihe an die Gottesmutter auf. In größeren Abständen schickte er ihnen immer wieder ein paar Seiten zur Betrachtung und Erneuerung. Er verfaßte ein inniges Gebet an den hl. Philip Neri, in dem unter anderem um *eine Stätte gemeinsamer segensvoller Wirksamkeit* für *das Oratorium zu Ehren der hl. Dreifaltigkeit* gebetet wurde. Er schlug Alexander Goldinger (bis 1948 Kaplan an der Pfarre Lichtental in Wien 9, dann Spiritual am Priesterseminar) eine oratorianische *vita communis* in seiner Pfarre vor. Auch dem erstaunten Johann Bauderer (1949 bis 1963 in der Vorstehung des Priesterseminars) teilte er seinen Plan zur Gründung eines Oratoriums für Weltpriester mit. Das Knabenseminar Hollabrunn wurde ein neues Zentrum des Oratoriums. Rektor war Johann Kurz, Spiritual Augustin Neudecker, der 1950 von Franz Sotola abgelöst wurde, und Studienpräfekten waren der Reihe nach Hans Groër, Hermann Schießl und Karl Schubert. Die Oratorianer kamen zu monatlichen Einkehrtagen und jährlichen Exerzitien unter Wesselys Leitung zusammen.

Das Jahr 1948 brachte jenes Ereignis, das die noch verbleibenden 22 Lebensjahre Wesselys bestimmen sollte. Er konnte eine stattliche Anzahl von

Laien zur vollkommenen Hingabe an die Gottesmutter führen. Wie aus diesen bald darauf die Legion Mariens entstand, darüber berichtet ein anderer Beitrag dieser Festschrift. Man wird sagen dürfen, daß Wessely schon länger aus dem Geist der Legion, die er nicht kannte, lebte. Dennoch war die Legion für ihn mehr als bloß die Verwirklichung seiner Ideale, wie eben die Werke Gottes immer die kühnsten menschlichen Vorstellungen übertreffen. Sie ermöglicht es, daß die inneren Gnadenschätze, mit denen der Herr jeden Christen beschenkt, mit aller Macht, wie sie es eigentlich sollten, sich nach außen offenbaren und so für die Mitmenschen wirksam werden. Dazu kommt, daß die Legion genau die Sendung des Priesters fortsetzt und ihn so „multipliziert". Die Legion ist, wie Wessely sagt, *sichtbar gewordene Gnade.* Unter diesem Gesichtspunkt verwirklicht sie das, was Wessely in den Statuten den Oratorianern klarzumachen versuchte: die übernatürliche Wirklichkeit offenbaren, indem man aus ihr lebt. Das sagte er ihnen auch: *Die Spiritualität der Legion steht in einer auffallenden Übereinstimmung mit der des Oratoriums.*[54] Und: *Das Oratorium muß es zu seiner Aufgabe machen, innerhalb der Legion für die Erhaltung und Pflege der Legionsspiritualität zu sorgen und nach außen hin für ihre Ausbreitung so viel wie möglich zu tun. Dazu ist aber das tiefe Verständnis für die Legion notwendig. Nur dann wird man sehen, wie sie geistig mit dem Oratorium verwandt ist, und daß man für das eigene Leben sorgt, wenn man für die Legion sorgt.*[55]

Manchen Oratorianern bedeutete dieses Vorschreiben eines bestimmten Handlungsgebietes eine unverständliche Wende in Wesselys Führungsstil. Bisher hatte man nur von Spiritualität gesprochen, und nun sollte auf einmal ein ganz bestimmtes äußeres Aufgabengebiet für das Leben des Oratoriums so wesentlich sein? Manche bekamen den Eindruck, daß er das Oratorium nur mehr als Hilfe für die Legion Mariens ansah. Dem war nicht so. Genauso wie das Oratorium mit dem Reformkonzept für das Priesterseminar nicht unterging, genauso sollte es auch gegenüber der Legion Mariens selbständig bleiben. Es sollte aber an den Gnaden teilnehmen, mit denen *Gott unser Land gesegnet hat,*[56] ja sie mit ausspenden helfen und so seiner eigenen Berufung treu bleiben. Die meisten Oratorianer nahmen das Gnadengeschenk an und halfen der Legion als geistliche Leiter.

Da Wessely als Hauptverantwortlicher für die Legion Mariens in Österreich ihr all sein Denken und seine Energien widmen mußte, brachte er

---

[54] *Der Gegenstand unserer Erwägungen am Einkehrtag des Oratoriums SS. Trinitatis in Hollabrunn am 31. August 1950* (Manuskript Wesselys).

[55] *Das Oratorium (Erwägungen).* (Manuskript Wesselys für den 11. Vortrag der Exerzitien 1954 in Hollabrunn).

[56] Friedrich Wessely, Gott hat unser Land gesegnet, Regina Legionis (1959) 26—28; gleichnamige Broschüre: Wien 1964 (16 Seiten).

immer weniger Kraft für das Oratorium auf. Er übergab alle äußeren Angelegenheiten Rektor Kurz und behielt sich selbst die spirituelle Leitung vor. Die letzten Exerzitien in Hollabrunn hielt er 1957. Der Wille zu einem gemeinsamen Leben war bei den meisten nicht stark genug. Man begnügte sich, die Ideale des Oratoriums dort zu leben, wo man sich von der Vorsehung hingestellt sah. Die Oratorianer trafen sich ab 1962 einige Male bei Prof. Karl Hörmann. Wessely versprach sich nicht viel davon und nahm kaum daran teil. Seit seinem Herzinfarkt 1960 verschlechterte sich sein Gesundheitszustand ständig. Nur mit größter Mühe konnte er seinen Verpflichtungen als Geistlicher Leiter des Senatus von Österreich nachkommen. Er zog sich immer öfter ins Legionshauptquartier in der Nußwaldgasse (Wien 19) zurück, wo er ungestört arbeiten konnte. In der nahegelegenen Kirche der Karmeliter, in der das Bild *Unsere liebe Frau mit dem geneigten Haupt* verehrt wird, hielt er ab 1965 jeden 13. des Monats eine abendliche Sühneandacht, die dann *Stunde der Legion* genannt wurde. Seit Jahren beschäftigte ihn die Idee einer Monatswallfahrt im Geiste Fatimas. Es fehlte ihm aber die Kirche und die Kraft dazu. Sein Nachfolger Hans Groër hat die Idee 1969 durch die Wiederbelebung des Wallfahrtortes Maria Roggendorf verwirklicht. 1967 begann Wessely etwas Neues: die sogenannte *Katholische Gebets- und Arbeitsgemeinschaft*, die er dem Schutz des hl. Philipp Neri unterstellte und wie ein „Oratorium" (so nannte sich die Gebetszusammenkunft Philipp Neris mit seinen Jüngern) führte: Schriftlesung, Ansprache, geistliches Gespräch, Tee, Gebet. Im Zusammenhang damit rief er Ende 1969 die Zeitschrift *Unser Ziel – Unser Weg* ins Leben, die, sehr praktisch gehalten, den Sinn für das geistliche Leben und geistliche Berufe wecken wollte. Sein Tod erfolgte nach langem, schwerem Leiden am 6. Dezember 1970. Die Zeitschrift wurde noch für kurze Zeit von Franz Sotola weitergeführt.

Was Friedrich Wessely nicht mehr erlebt hat, wurde seinem Schüler Heribert Bastel 1978 zuteil: Auf Wunsch von Kardinal König errichtete der Heilige Stuhl die Wiener Kongretation des Oratoriums des hl. Philipp Neri. Nicht alle bejahen die Frage, ob damit Wesselys Oratorium verwirklicht sei. Die Frage ist aporetisch, weil die Antwort ständig neu erbracht werden muß: dem Ideal Wesselys — und das ist allein Christus, der Herr — gerecht zu werden.

# FRIEDRICH WESSELY ALS GRÜNDER DER LEGION MARIENS IN ÖSTERREICH

Von Adelheid Liechtenstein OCist, Marienfeld

Friedrich Wessely, ein gebürtiger Wiener (1901—1970), rief diese Bewegung des Laienapostolates in unserem Land ins Leben. Er widmete ihrem inneren und äußeren Aufbau all seine Kräfte. Mehr noch! Eine Gesamtschau seines priesterlichen Wirkens führt zur Überzeugung, daß die Gründung der Legion Mariens dessen Mitte bedeutet. Alles tendierte auf sie hin, fand in ihr seine Erfüllung. Die vielseitige, oft ganz neuartige Tätigkeit, die sich daraus ergab, bestimmte völlig die letzten zwei Jahrzehnte seines Lebens.

Dieser Beitrag skizziert einerseits das Bild, das man sich, von außen gesehen, über Wessely machte, andererseits die innere Entwicklungslinie dieses begnadeten Priesters. Dabei sollen vor allem seine eigenen Worte aufzeigen, was er zur Bekehrung des Volkes erstrebte, wie er die Legion Mariens entdeckte, an ihrer Gründung arbeitete, sie innerlich festigte und nach außen entfaltete.

## BEKANNT ALS UNIVERSITÄTSPROFESSOR FÜR MYSTIK UND SCHWESTERNBEICHTVATER

Als Friedrich Wessely die Legion Mariens gründete (1949), stand er im 48. Lebensjahr. Er stellte eine Persönlichkeit mit klar umrissenem geistlichen Profil dar. 1930 zum Priester geweiht und zum Kaplan bestellt, war er nach drei Jahren an das Wiener Priesterseminar berufen worden. Dort wirkte er zunächst als Studienpräfekt und ab 1937 als Spiritual. Von Herbst 1945 an lehrte er Christliche Philosophie und Aszetik und Mystik an der Universität Wien. Schon sieben Jahre zuvor hatte er sich mit einer Arbeit *Johannes vom Kreuz, der Lehrer des vollkommenen Lebens* für Moral und Mystik habilitiert. In den folgenden Jahren und Jahrzehnten machte er sich als Kenner der Mystik in Österreich und über dessen Grenzen hinaus einen Namen. Dieses Wissen war aber nicht bloß theoretisch, es beruhte vielmehr auf der eigenen Lebenserfahrung. Wessely folgte seit seiner Studentenzeit der Lehre des großen spanischen Mystikers, die ihm — wie er in einem Begleitschreiben zur Habilitationsarbeit bekennt — *ungeahnte Perspektiven für die eigene religiöse Entwicklung eröffnete.* Darüber hinaus konnte er durch die Vertrautheit mit den Schriften des Johannes vom Kreuz *bei seiner Tätigkeit als Beichtvater mystisch begnadeten Seelen ein Führer sein und echte von unechten Begnadungen leicht unterscheiden.*[1] Dadurch ergab es sich, daß er schon in jungen Jahren als Seelenführer gesucht war und einige Frauenklöster seiner geistlichen Obhut anvertraut wurden.

Daß nun ausgerechnet dieser Universitätsprofessor, Mystikkenner und Schwesternseelsorger die Gründung einer laienapostolischen Bewegung in Angriff nahm und mit großer Energie betrieb, schien einfach unverständlich. Stellte das nicht einen Bruch mit seiner ganzen bisherigen Wirkungsweise dar? Äußerlich gesehen hat die Frage eine gewisse Berechtigung.

## DER UNBEKANNTE INNERE WERDEGANG

Doch Wesselys innerer Werdegang ist von einzigartiger Geradlinigkeit und Klarheit. Er vollzog sich in vier Schritten, die nicht nur aufeinander folgten, sondern miteinander ein organisches Ganzes bildeten: Leben in Gelübden — Weihe an das Unbefleckte Herz Mariens — Verlangen nach Bekehrung des Volkes — Gründung der Legion Mariens.

### *Leben in Gelübden*

Der junge Fritz Wessely studierte Geschichte, gewann Interesse an den Bibelpredigten des Jesuitenpaters Friedrich Kronseder, unterstellte sich dessen geistlicher Leitung und machte bei ihm die 30tägigen Ignatianischen Exerzitien. Am Schluß legte der 23jährige Student — den evangelischen Räten folgend — die Gelübde der Armut, der Jungfräulichkeit und des Gehorsams ab, was für gewöhnlich mit dem Eintritt in den geistlichen Stand verbunden ist. Er aber blieb in der Welt, vollendete seine Geschichtsstudien, die er im Alter von 25 Jahren im Frühjahr 1926 mit dem Doktorat abschloß. In dieser Zeit gaben ihm die Gelübde, von denen seine Umgebung nichts ahnte, die innere Kraft, an seiner Berufung zum Priestertum festzuhalten. Führung für sein religiöses Leben boten ihm schon damals die Schriften des hl. Johannes vom Kreuz, auf die ihn Pater Kronseder aufmerksam gemacht hatte. Sie blieben — ebenso wie die Gelübde — für sein ganzes weiteres Leben bestimmend.

So trat der junge Doktor der Philosophie im Herbst 1926, wenige Monate nach seiner Promotion, in das Wiener Priesterseminar ein. Es sollte für die nächsten zwei Jahrzehnte zu seiner zweiten Heimat werden. Auch noch während seiner dreijährigen Tätigkeit in der Pfarrseelsorge in Mödling blieb

---

[1] Begleitschreiben Wesselys zu seiner Habilitationsarbeit *Johannes vom Kreuz, der Lehrer des vollkommenen Lebens* im Fakultätsakt Wesselys am Dekanat der Kath. Theol. Fakultät der Univ. Wien. Die Arbeit ist erschienen bei Mayer & Co, Wien 1938; 247 Seiten.

er in starker Verbindung mit dem Seminar und einer Anzahl von Seminaristen.

In diesem ganzen Zeitraum trat Wesselys Liebe zum Leben in den evangelischen Räten hervor. Sein Zimmer war, wie ein Freund berichtet, *von bestürzender Bescheidenheit.* Auf die Vorhaltung: *Nicht einmal ein Kreuz hast Du,* deutete Wessely auf die dunklen Umrisse an der Wand vom Kreuz des früheren Bewohners und meinte: *Freilich habe ich eines.* Allgemeine Anspruchslosigkeit und der Drang zu verschenken, um anderen Freude zu machen und zu helfen, zeichneten ihn aus.[2] Die Hochschätzung für die Jungfräulichkeit bemühte er sich in seiner Stellung als Spiritual den Alumnen einzupflanzen. Den Gehorsam der Kirche gegenüber, angefangen vom Heiligen Vater bis zu den unmittelbaren Vorgesetzten, vollzog er sein ganzes Leben hindurch in Wort und Tat. So stand der für Wessely schmerzliche Weggang vom Priesterseminar unter Verzicht auf einen großangelegten Reformplan und die Übernahme der Lehrverpflichtung für Christliche Philosophie an der Theologischen Fakultät im Zeichen des gelobten Gehorsams. Diese seine persönliche Erfahrung mit dem Leben in Gelübden kam ihm bei seiner Seelsorge für Gemeinschaften geistlicher Schwestern, die seit Beginn der vierziger Jahre immer mehr zunahm, sehr zugute.

### *Weihe an das Unbefleckte Herz Mariens*

Die große Treue im inneren Leben, die Wessely, wie er im Gelübde sagte, aus Liebe zu Jesus Christus täglich in allen Lebensbereichen übte, führte zu einer Spiritualität von grandioser Einfachheit und ging daraus hervor.

Sie baute auf einer tiefen, biblisch fundierten Erkenntnis Jesu Christi auf, die sich immer mehr dem Geheimnis der Heiligsten Dreifaltigkeit öffnete. Sie war außer durch Johannes vom Kreuz von den deutschen Mystikern[3] und von den Ignatianischen Exerzitien geprägt. Das Buch *Leben aus Gott und für Gott,* von Wessely 1940 herausgebracht, war eine Frucht des ersten Jahrzehnts seines priesterlichen Wirkens, ein Zeugnis dieser Geistigkeit.[4]

Ihre volle Entfaltung brachten Wessely die nächsten Jahre durch das Studium der Schriften von Kardinal Pierre de Bérulle und der „Französischen Schule“ und die daraus folgende Entdeckung der Hingabe an Jesus durch Maria nach Ludwig Maria Grignion von Montfort. Er gewann tiefe Einsich-

---

[2] Vgl. Adelheid Liechtenstein, Friedrich Wessely (Maria Roggendorf 1988) 56. Die knappen Darlegungen dieses Artikels stützen sich auf die ausführlichen Angaben des Buches.

[3] Friedrich Wessely, Meister Eckeharts Lehre vom vollkommenen Leben. Diss. theol. (Wien 1936).

[4] Friedrich Wessely, Leben aus Gott und für Gott (München $^{1}$1940, $^{2}$1941) 264 Seiten.

ten in die Person des Erlösers und — damit verbunden — in das Geheimnis der Menschwerdung, das ihm die Stellung Mariens im Erlösungsplan Gottes erschloß.

Ohne es zu ahnen, bereitete sich Wessely, seiner inneren Führung folgend, für ein Ereignis weltweiter Bedeutung vor: die Weihe der Menschheit an das Unbefleckte Herz Mariens durch Papst Pius XII. mitten in den Schrecken des Zweiten Weltkrieges, im Jahr 1942. Wessely erkannte das große Gnadenangebot und die volle Tragweite dieser Weihe und setzte sich daher mit aller Kraft dafür ein.

Die ersten, die er an seinen neuen Erkenntnissen und den Folgerungen daraus teilnehmen ließ, waren einige junge Priester, die sich ihm schon in den Studienjahren enger angeschlossen hatten. Jetzt gründete er mit ihnen nach längerer Vorbereitung das „Oratorium Sanctissimae Trinitatis" (Oratorium der Heiligsten Dreifaltigkeit). Die Mitglieder sollten zu getreuen Zeugen der Heiligsten Dreifaltigkeit im Herzen Jesu und Mariens herangebildet werden. Die Aufnahme vollzogen sie durch die Weihe an Maria. Dies geschah zum erstenmal bei der eigentlichen Gründung am 15. August 1944.[5]

Auch die Schwesterngemeinschaften, die Wessely betreute, gewann er sorgsam und geduldig für die vollkommene Hingabe an Jesus durch Maria. Es festigte sich nämlich in ihm die Überzeugung, daß die heutige Zeit Heilige brauche, und zwar nicht vereinzelt, da und dort, sondern Heilige in großer Zahl. Dazu schienen ihm die Gottgeweihten in erster Linie berufen. Als wirksamstes Mittel zur vollkommenen Hinkehr zu Gott hatte er die Weihe an das Unbefleckte Herz Mariens erkannt.

### *Bekehrung des ganzen Volkes*

Bald aber ging Wessely einen entscheidenden Schritt weiter. Wenn viele Heilige zur Bekehrung der Sünder, zur Rettung der Welt notwendig sind, müssen auch, ja vor allem, die Laien für ein radikales Streben nach Heiligkeit gewonnen werden. Diese Einsicht gewann Wessely, als eine größere Anzahl von Laien seiner seelsorglichen Obhut anvertraut wurde. Das war von September 1945 an der Fall, als er seine Lehrtätigkeit an der Universität aufnahm und vom Priesterseminar in das Kloster der Salesianerinnen auf dem Rennweg übersiedelte. Dort übernahm er sowohl die Seelsorge der Schwestern als auch der Gläubigen, die die Klosterkirche — unter dem Namen „Heimsuchungskirche" bekannt — besuchten.

Nach neun Monaten hielt Wessely die erste größere Veranstaltung: all-

---

[5] Martin Deininger, Univ. Prof. DDr. Friedrich Wessely und das Oratorium Sanctissimae Trinitatis, Diplomarbeit an der Kath. Theol. Fakultät der Univ. Wien (Wien 1984) 17.

abendliche Herz-Jesu-Predigten im Juni 1946 unter dem Titel: *Eins mit Gott in Jesus.* Schon am ersten Abend äußerte er den Wunsch: *Es wäre wunderbar, wenn wir in dieses Göttliche Herz nicht nur tiefer eindringen, sondern ihm auch die Antwort geben könnten, die es verdient! Wenn wir Liebe für Liebe geben könnten! Wenn wir hier großzügig sein wollten! Wenn wir wirklich so antworten wollten, wie der Heiland es erwartet und sicherlich verdient!* [6]

Mitten in einer dieser Predigten — sie handelte vom Vertrauen — warf Wessely die Frage auf: *Warum hat sich diese unsere Stadt noch nicht bekehrt? Zweifeln wir nicht daran, ob sie sich als Ganzes zu bekehren vermag? Sagen wir nicht: Die Menschen sind schlecht? – Freilich! –Aber Gott ist mächtig genug, sie umzuwandeln! Hätten wir einen großen Glauben, das Gnadenwunder wäre schon geschehen!* Damit sprach er mehr als einen Herzenswunsch aus. Er verriet etwas von seiner inneren Berufung, die ihm immer klarer wurde.

### *Durch Maria*

In der Folgezeit reifte in Wessely der Entschluß, etwas Großes zur Bekehrung der Stadt zu unternehmen: *Das Verlangen, ein wirkliches Versäumnis aufzuholen, Gottes Absichten zu verwirklichen und vielen Menschen einen Weg zum wahren Leben zu bahnen, führte zu dem Entschluß, durch einen Predigtzyklus die Stellung Mariens im Weltplan aufzuzeigen und die Bedeutung der vollkommenen Hingabe an Maria darzulegen.*[7] So erklärt Wessely die innersten Beweggründe für die Veranstaltung, die unter dem Titel *Das Geheimnis Mariens* in der Salesianerinnenkirche vom 21. bis 28. April 1948 stattfand. Der letzte Tag war das Fest des erst vor wenigen Monaten heiliggesprochenen Ludwig Maria Grignion von Montfort, des Lehrers der Vollkommenen Andacht zu Maria. Durch Plakate und persönliche Einladung wurde darauf aufmerksam gemacht. Viele Menschen aus der ganzen Stadt kamen in die Klosterkirche, in der eine ausgezeichnete, freudige und weihevolle Stimmung herrschte.

Wessely ging in seinen Betrachtungen von der Tatsache aus, *daß der Ungeist dieser Welt überwunden werden muß und überwunden werden kann durch den Geist der Liebe, der Wahrheit, den Heiligen Geist Jesu Christi. Daß die Masse des noch christlichen Volkes vom Heiligen Geist erfüllt werden muß.*

*Diese Umwandlung* kann *nur durch ein Gnadenwunder geschehen, aber wir sind überzeugt, daß Gott bereit ist, es zu wirken, weil ein Zeichen erschienen ist. Mit diesem Zeichen meinen wir nicht eine Vision, sondern die Tatsache, daß der Stellvertreter Christi die Aufmerksamkeit der ganzen christlichen Welt auf Maria hingelenkt hat (. . .) Aber selbst ein Gnadenwunder wird nicht ohne uns gewirkt,*

---

[6] Eins mit Gott in Jesus, Herz-Jesu-Predigten 1946 (Mitschrift); 1. Juni, Herzeröffnung, 3; 3. Juni, Vertrauen, 10.

[7] Friedrich Wessely, Gott hat unser Land gesegnet (Wien 1964) 3.

*und die Weise, wie wir mitzuwirken haben, wird ebenfalls durch ihn, der im Heiligen Geist spricht, verdeutlicht: Er hat die Welt dem Unbefleckten Herzen Mariens geweiht, in der Voraussetzung, daß die Welt diese Weihe nachvollzieht (. . .) Diese Weihe ist so mit dem Wesen des christlichen Lebens, der Vereinigung mit Gott verbunden, daß sie nicht davon losgetrennt werden kann.*

*Wenn wir die vollkommene Hingabe an Maria machen wollen, müssen wir wissen, daß wir uns damit auf einen Weg begeben, der zum Ziel hat, daß wir nichts mehr aus uns allein tun wollen, sondern alles in der Weise Jesu und Mariens, die nie aus sich etwas tun, sondern in Gemeinschaft mit dem andern und für den andern. Wir werden also, was wir besitzen, so besitzen, als ob wir es nicht besäßen, immer wissend, daß der andere der eigentliche Eigentümer ist, an dessen Eigentum wir nur irgendwie Anteil haben. So wird es darauf ankommen, daß wir in allem uns selbst, unserem Wirken entsagen, daß wir nicht uns in den Mittelpunkt stellen, sondern den anderen – nicht einen anderen Menschen, sondern Gott Vater und Jesus und Maria (. . .)*

*Wir sind zu einem Leben in vollkommener Einheit mit Gott gerufen, und dieses Leben kann nur verwirklicht werden, wenn wir uns Jesus, dem Sohn Mariens, ausliefern (. . .)*

*Maria übt Einfluß auf ihre Kinder aus, die sich ihr geschenkt haben: Sie richtet sie auf Gott hin, sie läßt sie beten und Opfer bringen und Tugenden üben und bewahrt sie vor dem Bösen (. . .) Sie wird auch über uns ihre schützende Hand halten, wird nicht zulassen, daß der böse Feind uns überwältigt. Sie wird uns das Auge öffnen und die Geister unterscheiden lassen – in uns selbst und in anderen. Sie wird uns erkennen lassen, wo sich der Böse in einen Lichtengel verkleidet, und uns nicht erzittern lassen, wenn er frech als Gottloser auftritt, sie wird uns die Gewalt geben, ihn zum Erzittern zu bringen. Darin liegt die Bedeutung der Hingabe: daß wir mit Maria das Böse überwinden.*

*Wir werden daher auch das, was wir selbst getan haben, nämlich uns der Muttergottes zu weihen, nicht in der Stille bewahren, sondern auch andere dazu anlokken, bis die Schar derer, die Maria unterworfen sein wollen, immer größer wird, bis Wien eine Stadt wird, die sich der Muttergottes unterworfen hat, deren Ruhm es ist, eine Stadt der Muttergottes geworden zu sein. Das ist unser Ziel, und wir dürfen nicht früher aufhören, zu beten und uns ihr zu weihen und zu arbeiten, (. . .) und wenn wir dabei sterben müssen, bis dieses Ziel erreicht ist. Amen.*[8]

Das also war Wesselys fester Wille: viele Menschen durch die Weihe an Maria zur Fülle des christlichen Lebens, zur Heiligkeit zu führen, um durch diese vom Heiligen Geist erfüllten Menschen die ganze Bevölkerung für ein wahrhaft christliches Leben zu gewinnen. Das Ziel stand von da an unver-

---

[8] Friedrich Wessely, Das Geheimnis Mariens. Acht Predigten (Wien 1973) 65 f., 53, 73, 74 f. — In der Folge führte Wessely die Grundgedanken des Zyklus in einem Buch aus: Eins mit Gott durch Maria (Wien 1950). Neuauflage: Maria Roggendorf 1987.

rückbar vor seinen Augen. Mit aller Kraft setzte er sein ganzes weiteres Leben dafür ein — bis zu seinem letzten Tag.

Ein großer Kreis von Menschen vollzog die Weihe. Durch die monatliche Feier der Herz-Mariä-Samstage in der Heimsuchungskirche wurden sie geeint. *Gerade diese Menschen, die mit dem religiösen Leben vollen Ernst machen wollten, stellten immer wieder die Frage, was noch weiterhin zur Verehrung der Muttergottes geschehen könnte (. . .) Man dachte daran, in der ganzen Stadt ähnliche Predigtzyklen zu halten wie in Maria Heimsuchung und daselbst auch immer wieder durch verschiedene Vorträge den Eifer wach zu erhalten.*[9] Das war nach Wesselys eigenen Worten seine Absicht und die der Menschen um ihn.

## GRÜNDUNG DER LEGION MARIENS

Da trat etwas völlig Unerwartetes ein: *Mitten in diese Pläne erhielten wir Kunde von der Legion. Ein französisches Legionsbuch wurde uns von einer aus unserem Kreis vermittelt, und damit gewannen alle unsere Pläne sofort eine andere Richtung.*

*Es war nicht schwer zu erkennen, daß dieses Buch die tiefsten Geheimnisse des Glaubens zu vermitteln wußte, daß es der Stellung der Muttergottes im Erlösungsplan gerecht wurde und ihre Bedeutung für das Leben des einzelnen Menschen in einer ebenso klaren wie ansprechenden Weise darzulegen wußte. Ja dieses Handbuch zeigte es deutlich, wie all diese Tatsachen unseres Glaubens ins Leben umgesetzt werden wollen und wie ein Leben aussieht, wenn es von der Gnade des Heiligen Geistes gelenkt wird. Und dieses Buch war das Buch der Legion; es enthielt das, was schon gelebt wurde, was auf vielen Kontinenten und von zahlreichen Gläubigen verwirklicht wurde. Das Buch brachte uns also nicht eine Theorie, sondern stellte uns die Legion vor. Wenn die Wirklichkeit nur zum Teil dem entsprach, was in dem Buch geschrieben stand, dann mußte es sich um eine überwältigend große Sache handeln.*

Wie reagierte Wessely auf diese Entdeckung? Weder aufgeregt-überstürzt noch mißtrauisch-zögernd, sondern bedachtsam und bescheiden — nach der Art Mariens. Er wollte sich nicht allein auf sein eigenes Urteil stützen, daher zog er einige aus dem Kreis der von ihm Geführten ins Vertrauen. Als ihr Eindruck vom Handbuch mit dem seinen übereinstimmte, *wurden zunächst in aller Stille einer um den anderen über das Wesentliche der Legion informiert. Es waren zunächst nur wenige, die voll Freude das, was ihnen erst in Umrissen erkennbar wurde, aufnahmen.*

*Natürlich begnügten wir uns nicht mit dem Buch, sondern suchten persönlichen Kontakt mit dem Concilium der Legion,* dem obersten Rat, dem die Be-

---

[9] Dieses und die folgenden Zitate: Wessely (wie Anm. 7) 3—5.

wegung auf der ganzen Welt untersteht. Er hat seinen Sitz in Irlands Hauptstadt Dublin, wo Frank Duff die Legion 1921 gegründet hatte. *Unser Mittelsmann war Frater Walsh SVD, ein irischer Legionär, der in St. Gabriel (Mödling) studierte. Aus seinem Briefwechsel mit Frank Duff erkannten wir, daß uns zu einer Zeit, da noch alles im Nebel lag – es war noch nicht die bischöfliche Erlaubnis für die Legion erlangt –, die höchsten Ziele gesteckt wurden. Frank Duff schrieb am 20. November 1948:*

*Die Hauptsache ist es, das erste Präsidium* (= Legionsgruppe) *möglichst vollkommen zu machen, da es das Modell darstellt, nach dem all die folgenden Präsidien gebildet werden sollen (...) es muß gut sein; es muß besser als gut sein; denn es wird den Schlüsselpunkt für die Zukunft bilden. Von diesem Schlüsselpunkt wird alles in Österreich abhängen. Wenn in diesem Präsidium eine Gruppe von Feuerseelen ist, werden sie sich gegenseitig immer mehr in Glut bringen, und eine Flamme des Glaubens und des Eifers wird von diesem Präsidium ausgehen. Vor dieser Feuersbrunst werden alle Schwierigkeiten und Probleme des Landes sich auflösen. Die Glut wird sich allen erkalteten Seelen mitteilen. Dort, wo gegenwärtig das Eis alles erstarrt hält, wird Eifer herrschen. Und wenn einmal Österreich zu einem bemerkenswerten Grad christlicher Praxis zurückgekehrt ist, wird die Glut dieses Feuers die Grenzen überschreiten und die umliegenden Länder zu entzünden beginnen. – All dies ist die große Aufgabe des ersten Präsidiums, das bezeichnenderweise den Namen „Königin des Weltalls" führen soll. Darum muß es, wie ich schon gesagt habe, über alle Maßen hervorragend sein.*

Wessely sagt offenherzig: *Mit Freude und Begeisterung nahmen wir den Brief auf. Am 21. November zu Mariä Opferung erneuerten wir unsere Weihe an das Unbefleckte Herz, und zwar vor dem Bild der Königin des Weltalls in der Heimsuchungskirche. Das Bild war von einem der künftigen Legionäre gestiftet worden* (niemand anderem als Wessely selbst). *Regelmäßig traf man sich nun am Rennweg, studierte gemeinsam das Handbuch und Duffs Montfort Telescop, eine Einführung in die vollkommene Hingabe.*

### *Das erste Präsidium*

Knapp vor Weihnachten, am 23. Dezember 1948, erlangte Wessely von Kardinal Dr. Theodor Innitzer die Erlaubnis zur Einführung der Legion und zur Errichtung des ersten Präsidiums. Der Verlauf des Besuches zeigte, wie sich Wesselys und Duffs Auffassungen von der Legion deckten. Wessely hatte das ganze Land vor Augen, als er sein Vorhaben, die Gründung der Legion Mariens, dem Erzbischof unterbreitete. Er hielt *ein kurzes Referat, in dem er zeigte, daß die Legion Mariens etwas Neuartiges sei. „Gegen etwas Gutes wird man nichts einzuwenden haben"*, meinte der Kardinal. Hierauf äußerte Wessely seine Überzeugung, *daß sich die Legion sicher bald über ganz Österreich ausbreiten würde und daß es daher vielleicht gut wäre, wenn in Wien der Haupt-*

*sitz sein könnte.*[10] Der Kardinal stimmte dieser Auffassung zu und bat, noch eine schriftliche Eingabe an das Ordinariat zu richten. In der Folge wurde die Erlaubnis zur Errichtung der Legion Mariens mit Dekret vom 24. Jänner 1949 formell erteilt und Professor Wessely zum Geistlichen Leiter bestellt.

*Am Abend des 2. Februar 1949, dem Ausklang des Festes der Aufopferung Jesu im Tempel, kamen achtzehn Personen im Heimsuchungskloster zum ersten Treffen des ersten österreichischen Präsidiums „Königin des Weltalls" zusammen.*[11] Alle um Maria Versammelten — spirituell und praktisch gründlich vorbereitet — hielten diese Zusammenkunft schon vollkommen nach den Regeln der Legion ab: Auf die Einleitungsgebete mit der Anrufung des Heiligen Geistes und dem Rosenkranz folgte eine Lesung aus dem Handbuch der Legion: *Die Legion muß sich an den einzelnen wenden.*[12] Hierauf erläuterte Professor Wessely die Pflichten der Amtsträger (Präsident, Vizepräsident, Schriftführer und Kassenführer) und ernannte sie. Die Neuernannten übernahmen sofort ihre Ämter, und eine Liste der Anwesenden wurde erstellt. Mit dem Beten des Magnifikat kam das Treffen zu seinem Höhepunkt.

Anschließend zeigte Wessely als Geistlicher Leiter in der Allocutio, einer kurzen Ansprache, auf, *daß dieser Tag für jeden einzelnen durch die Unterwerfung unter das Legionssystem zu einem Wendepunkt in seinem Leben werden könne. Nach einem Wort des heiligen Johannes vom Kreuz bedeute jede Abwendung vom Weg des Eigenwillens ein Sichfügen dem Willen Gottes, einen Schritt hin zur Vereinigung mit ihm. Das Zittern der Natur wird durch die Gewißheit, den Willen Gottes zu erfüllen, als sein Werkzeug benützt zu werden, überwunden. Dieses Werkzeug wird zum Unterschied von einem gewöhnlichen Werkzeug nicht bis zur Abnützung gebraucht, um dann weggelegt zu werden, sondern geht mit Gott eine weit innigere und dauerndere Verbindung ein, um immer mehr befähigt zu werden, im Sinn Christi und als Glied seines mystischen Leibes zu leben. Das zeigt sich klar am Beispiel der Muttergottes, die das Herz des mystischen Leibes ist. Weil wir uns als Legionäre durch unsere Tätigkeit in Wirklichkeit im Herzen Mariens bergen, so bedeutet das legionäre Leben auch den Weg zur denkbar innigsten Vereinigung mit Christus, mit Gott.*[13]

Vor Verrichtung der Schlußgebete wurden die Anwesenden paarweise eingeteilt und jedem Paar einige Häuser der Salesianergasse zugewiesen, um möglichst mit allen Bewohnern Kontakt aufzunehmen. *Je nach der Situation, die sie antreffen würden, sollten die Legionäre helfen und der Gnade einen Weg bereiten.* Sie übernahmen diesen Auftrag in dem Glauben: *Die Muttergottes wird uns bei diesem schwierigen Unternehmen begleiten. Wir gehen nicht allein.*

---

[10] Wessely an Duff, 8. 2. 1949.

[11] Wessely (wie Anm. 7), 5.

[12] Das Handbuch der Legion Mariens. Autorisierte Übersetzung (Wien $^{3}$1980) 329.

[13] Protokoll des 1. Treffens des Präsidiums „Königin des Weltalls", 2. 2. 1949.

Beim nächsten Treffen erwarteten alle voll Spannung den Ausgang dieses ersten Abenteuers. *Freudig berichteten die Mitglieder, es war längst nicht so arg, als sie gefürchtet hatten. Viele Türen öffneten sich ihnen, und sie lernten Menschen kennen, die religiös wohl sehr verwahrlost waren, mit denen man aber doch, von wenigen Ausnahmen abgesehen, reden konnte; die Tür blieb für weitere Besuche offen.*[14]

Dieses erste Treffen kann — wie einleitend angedeutet — als Angelpunkt im Leben Wesselys angesehen werden. Neun Monate waren seit der Weihe an Maria vergangen — vergleichbar der Zeit von der Empfängnis bis zur Geburt —, eine stille Zeit gnadenhaften Heranreifens unter der mütterlichen Obhut Mariens. An jenem Abend vollzog sich die Geburt ihrer Legion, und die Paare wurden in ihrem Geist zu den ersten Apostolatsbesuchen ausgesandt. Sie sollten die ersten eines großen Heeres werden.

Die Wurzeln dieses Ereignisses reichen aber noch viel tiefer. Die Allocutio verrät es. Sie beginnt mit einem Wort von Johannes vom Kreuz, das auf das Ziel des christlichen Lebens, die Vereinigung mit Gott, hinweist. Dem Verkünden dieses in seiner ganzen Schönheit aufleuchtenden Zieles hatte Wessely seine priesterliche Tätigkeit von Anfang an geweiht. Von jetzt an wird er in der Legion und durch ihr System — Gebet und apostolische Arbeit — die Mitglieder zur Einheit mit Maria führen und in und durch sie zum Dreifaltigen Gott. Die Legionäre wiederum werden viele andere für denselben Weg begeistern und gewinnen.

So fand Wesselys gesamtes bisheriges Wirken seine Erfüllung in der Gründung der Legion Mariens. Sich selbst vergessend, setzte er sein weiteres Leben für deren innere und äußere Entfaltung ein.

*Wir waren uns klar darüber,* schreibt er, *daß die Legion ihres übernatürlichen Ursprungs wegen von eminenter Bedeutung ist und daß sie betend und arbeitend mit festem Willen an die Ausbreitung des Reiches Gottes zu gehen hat.*[15]

### *Entscheidende Schritte*

Woche für Woche folgte ein Treffen dem anderen mit großer Selbstverständlichkeit. Wessely bemerkte einmal gesprächsweise, daß er die ersten Male immer wieder ganz erstaunt war, daß sich alle Mitglieder pünktlich eingestellt und die aufgetragene Arbeit ausgeführt hatten. Er sah darin ein Zeichen der mächtigen Anziehungskraft Mariens.

---

[14] Beide Zitate: Friedrich Wessely, Die Legion Mariens in Österreich. Regina Legionis (1968) 72.

[15] Wessely (wie Anm. 14) 142.

*Das Concilium verfolgte unsere ersten Schritte mit großer Aufmerksamkeit und war sehr hilfreich,* erinnert sich Wessely. *Trotz der Mahnung, nicht zu stürmisch voranzugehen, wurde dennoch auf den Wert einer baldigen Curiengründung hingewiesen. Doch infolge eines inneren Hemmnisses verlangsamten sich unsere Bestrebungen, die Legion zu fördern.*[16] Wessely war sich nämlich nicht klar, wie weit seine Befugnisse als Geistlicher Leiter, der die ersten Legionäre um sich gesammelt hatte, reichten. Durfte er als solcher die Ausbreitung der Legion im ganzen Land vorantreiben oder war diese Aufgabe einzig und allein von dafür ernannten Gesandten auszuführen?

Ein Schreiben Frank Duffs vom März 1949 brachte Wessely volle Klarheit. In diesem heißt es: *Sie erwähnen, daß Sie sich einige Zurückhaltung auferlegt haben, weil Sie nicht sicher waren, wie unsere Einstellung Ihnen gegenüber sei. Nun lassen Sie mich erklären, welches unser Standpunkt Ihnen gegenüber ist. Wir sind uns vollkommen sicher in unserer Überzeugung und sehen Sie als den von der Vorsehung und Unserer Lieben Frau für die Legion Ausersehenen an. Das Concilium ist sich seiner Sache vollkommen sicher. Es betrachtet Sie als einen Bruder der Einsicht und dem Geiste nach. Es erkennt in Ihnen ein völliges Verständnis für die Schwester Legion. Es ist der sicheren Überzeugung, daß Sie geeignet sind, ihr Schützer in einem neuen Land zu sein. Des Conciliums wegen sage ich dies frei heraus. Sie werden mir verzeihen, wenn ich hinzufüge, daß ich volles Vertrauen habe, daß wir in diesem Belang niemals auch nur den Schatten einer Enttäuschung erleben werden. Damit habe ich Ihnen alle Freiheit gegeben, dieses Werk für die Legion so in Angriff zu nehmen, wie es Ihnen gut scheint.*

Wessely faßte die Antwort so auf: *Das bedeutete eine offizielle Bestätigung der Vollmacht, die Legion über das ganze Land auszubreiten, und nahm vollkommen die Befürchtung, eigenmächtig vorzugehen.*

### *Curia Wien*

Infolgedessen *wurde weiter emsig an der Vorbereitung der Curia gearbeitet. Das erste Präsidium war weiter erstarkt, sodaß es geteilt werden konnte, und in der Nachbarpfarre in der Jacquingasse hatten sich einige Leute interessiert, aus denen das dritte Präsidium errichtet werden konnte. So war es also soweit: Am 2. April kam es zur Gründung der Curia. Aus der Wahl gingen Luise Zacherl* (Präsident), *Marianne Grünzweig* (Vizepräsident), *Gregor Zacherl* (Schriftführer) *und Trude Jauernig* (Kassenführer) *als Amtsträger hervor. Zweifellos war damit ein entscheidender Schritt nach vorwärts getan.*[17]

In der Allocutio führte der Geistliche Leiter die elf Anwesenden (vier

---

[16] Wessely (wie Anm. 14) 72.

[17] Wessely (wie Anm. 14) 72—74. — Curia: lokaler Legionsrat.

Amtsträger von jedem Präsidium, einer fehlte) in die Tiefe des Geheimnisses Mariens und ihrer eigenen Berufung. Dabei ging er vom Nächstliegenden, den Namen der drei Präsidien, aus: *Die Führungsaufgabe der Curia sei in den drei gewählten Titeln „Königin des Weltalls", „Mutter der göttlichen Gnade" und „Mittlerin aller Gnaden" schon angedeutet: „Königin des Weltalls" erinnert an die der Legion gestellte Aufgabe, die Welt für Maria zu erobern. Die Bezeichnung „Mutter der göttlichen Gnade" oder, wie die alten Theologen sie nannten, „Mutter der ungeschaffenen Gnade", erinnert uns daran, daß diese Gnade eben Gott selbst ist, der mit jeder seiner Gnaden eigentlich sich selbst uns schenken will, in uns ruhen will, so wie er in Maria, dem tabernaculum Altissimi, dem Zelt des Allerhöchsten, geruht hat. Sein Ruhen besteht in seiner Tätigkeit, das heißt, er ruht dort, wo seiner Tätigkeit sich keinerlei Hindernisse entgegenstellen, so wie es tatsächlich bei der Muttergottes der Fall war. Sie hatte sich in allem und jedem, in jedem ihrer Akte und Lebensäußerungen, ganz ihm unterstellt und ließ damit seiner Tätigkeit nicht nur in ihr selbst, sondern durch sie der ganzen Welt gegenüber freien ungehinderten Lauf. So ist sie zur Mittlerin aller Gnaden geworden. Ebenso soll es die Aufgabe der Legion sein, alles Maria zu unterwerfen und in dieser Unterwerfung selbst Zelt und Wohnung Gottes zu werden, wo er ruht: um dadurch Gottes Auswirkung in ihr Raum zu geben, selbst Kanal und Mittler seiner Gnade den übrigen Menschen gegenüber zu werden.*[18]

Hatte Wessely bei der Gründung des ersten Präsidiums gezeigt, daß dieser Tag zu einem Wendepunkt im Leben des einzelnen werden könne, so sprach er bei der Errichtung der Curia von der Führungsaufgabe dieses kleinen Legionsrates. Seine Aufgabe bestehe in nichts anderem, als in und mit Maria, der Muttergottes, Gnade zu vermitteln. Daß die noch ganz „neuen" Legionäre in dieser Gesinnung zu leben und zu handeln beginnen, darauf richtete der Geistliche Leiter all sein Bemühen. Und tatsächlich ließen sie sich — gleich den zwölf Aposteln — aussenden und nahmen Aufgaben in Angriff, an die sie sich wenige Wochen zuvor niemals herangewagt hätten. Sie lernten mehr und mehr, nicht auf die eigene Schwachheit zu achten, sondern auf die mächtige Hilfe Mariens zu vertrauen, der sie sich ja ganz übergeben hatten. Dieser inneren Haltung entsprachen große äußere Fortschritte.

### *Senatus von Österreich*

Der Führung der Legion in Dublin, die monatlich die Curienprotokolle erhielt und in regem Briefverkehr mit den Amtsträgern stand, fiel die gute Entwicklung auf. Bei allen Bemühungen um die Ausbreitung sprang die wohlüberlegte, kraftvolle Handlungsweise in die Augen. Wie Frank Duff in den folgenden Jahrzehnten Besuchern gegenüber wiederholt versicherte, war

[18] Protokoll des 1. Curientreffens, 2. 4. 1949.

ihm ein derartig planmäßiges Vorgehen sonst nirgends auf der Welt begegnet.

Um den jungen österreichischen Legionszweig noch besser kennenzulernen und ihm auf persönliche Weise zu helfen, lud Frank Duff die Curienpräsidentin, Luise Zacherl, nach Irland ein. Hier zeigte er ihr die Legion an der Quelle. Er und die führenden Legionäre erhielten aber auch in der Person der Curienpräsidentin ein lebendiges Bild der Legion in Österreich.

Beim Treffen des Conciliums im Juni 1950 gab Luise Zacherl einen Bericht über die Curia Wien, den Frank Duff ergänzte. Hierauf stellte er den Antrag, diesen Rat zum Senatus von Österreich[19] zu erheben, was der höchste Legionsrat sodann auch beschloß. Das war ein ungewöhnlicher Vertrauenserweis: Die Legion bestand erst seit 17 Monaten in unserem Land und zählte 17 Präsidien.

Das Vertrauen sollte sich als berechtigt erweisen. In ganz Österreich gab es nach zehn bzw. 25 und 40 Jahren folgenden Stand:

1959: 306 Präsidien (davon 26 Jugendpräsidien)
21 Curien (davon 1 Jugendcuria)
1974: 498 Präsidien (davon 101 Jugendpräsidien)
3 Comitien, 44 Curien (davon 9 Jugendcurien)[20]
1989: 555 Präsidien (davon 64 Jugendpräsidien)
7 Comitien, 59 Curien (davon 13 Jugendcurien)[21]

Von den Geschehnissen der ersten eineinhalb Jahre gibt Wessely folgende Zusammenfassung: *Man wird sagen können, daß die Legionäre tatsächlich von dem Willen erfüllt waren, Österreich wieder zu einem Land der Muttergottes zu machen, und voll des Glaubens waren, daß dieses Ziel durch die Ausbreitung der Legion erreicht werden kann. Daraus erklärt sich die peinlich genaue Einhaltung aller Regeln und die emsige und umsichtige Arbeit an der Ausbreitung, die durch die Erhebung zum Senatus vom Concilium anerkannt und belohnt wurde.*[22]

Wie kam es zu dieser raschen Entwicklung der Legion in Österreich? In erster Linie war es das Verdienst von Friedrich Wessely. Er hatte im System der Legion und in ihrer Spiritualität ein ausgezeichnetes Instrument entdeckt zur Bekehrung der Stadt Wien, ja von ganz Österreich, denn er sah in der Legion Maria am Werk. Deshalb setzte er alles daran, daß sie über das ganze Land ausgebreitet und in ihrem Wesen richtig erkannt werde. Vor

---

[19] Senatus: Legionsrat für ein großes Gebiet oder ein ganzes Land.

[20] Rudolf (P. Alfons OSB) Möstl, Grundlegung der Legion Mariens in Österreich (1949 bis 1959). Diplomarbeit, Pontificio Ateneo S. Anselmo (Rom 1982) 74. — Das Comitium ist eine Curia, der mehrere andere Curien unterstellt sind.

[21] Stand der Legion Mariens in Österreich, 31. Dezember 1988, Regina Legionis (1989) 83.

[22] Wessely (wie Anm. 14) 79.

allem scheute er keine Mühen und Strapazen, um die Mitglieder voll einzuführen und ihnen zu helfen, ausgezeichnete Legionäre zu werden.

## DIE HERANBILDUNG DER AMTSTRÄGER

Diese lag Wessely besonders am Herzen. Der Geistliche Leiter ließ den Amtsträgern, gleich guten Eltern, die wissen, wie entscheidend die Erziehung für ihr Kind in den ersten Jahren ist, von Anfang an eine intensive geistliche wie praktische Schulung angedeihen. Dafür nützte er die Zusammenkünfte der Curia von deren Errichtung an. Dieser kleine, junge Legionsrat hatte die Verantwortung für die — zunächst drei — angeschlossenen Präsidien wie auch für die Ausbreitung in Wien und in ganz Österreich. Die Curia bestand aus sehr verschiedenartigen Menschen, was Herkunft, Beruf und religiöse Bildung anlangte. Bei ihrer Gründung betrug das „Legionsalter" von etwa der Hälfte der Mitglieder, den „alten" Legionären, zwei Monate, bei den übrigen — zwei Wochen. Allerdings hatten die meisten von ihnen an den Vorträgen über *Das Geheimnis Mariens* teilgenommen und die Weihe vollzogen. Sie brachten also eine gute Grundlage mit; nicht wenige von ihnen standen auch unter der persönlichen geistlichen Führung Wesselys.

### *Durch geistliche Unterweisung*

Diese bunt zusammengewürfelte Gruppe galt es nun, zur Einheit durch Maria in ihrer Legion zu führen. Nur so konnte sie zur Erfüllung großer Aufgaben befähigt werden. In den ersten entscheidenden Monaten stellte Wessely ihnen in den Allocutiones einige Grundwahrheiten auf immer neue Weise vor Augen. Hier einige Merksätze:

*Die Legion als Werk des Heiligen Geistes hat Einheit besonders nötig.* Alles kommt darauf an, *sie zu einem geeigneten Werkzeug des Heiligen Geistes zu machen. Daher müssen alle Hindernisse für sein Wirken beseitigt werden, wie Furchtsamkeit, Ängstlichkeit, Zweifel am Erfolg.*

*Die Curia ist die für die Ausbreitung der Legion verantwortliche Körperschaft und hat nichts anderes zu erstreben, als den Willen Mariens zu erfüllen. Wenn wir die Größe ihrer Aufgabe bedenken, könnten wir wahrhaft erschrecken. Handelt es sich doch um nichts anderes, als daß die Muttergottes die Rettung des ganzen Landes von den Anstrengungen einiger weniger abhängig macht. Und doch ist zum Erschrecken kein Anlaß. Wir haben uns ihr ja nur als Werkzeug zur Verfügung zu stellen und nach dem Beispiel der kleinen heiligen Theresia das weiterzugeben, was sie an Gnaden für dieses Land und seine Bewohner uns übermittelt, in dem Bewußtsein, daß das Gute, was damit erzielt wird, nicht uns, sondern der Muttergottes zuzuschreiben ist.*

*Im Legionsversprechen heißt es: „Ihr Herz und das meine sind ja eins. Und aus diesem einen Herzen spricht sie wie damals: Ich bin die Magd des Herrn."*[23] *Sind wir alle eines Herzens mit der Muttergottes, so müssen wir es notwendig auch untereinander sein. Aber das setzt voraus, daß wir uns wirklich vollkommen geschenkt haben, und so müssen wir uns fragen, ob dem abgelegten Versprechen auch wirklich die Tat gefolgt ist. Und diese Tat kann nur das Opfer der Selbstverleugnung sein, das Zurücktreten alles Persönlichen, Ichbedingten zugunsten der Vollbringung des Werkes Mariens, daß so die Mitglieder der Curia wirklich eine Einheit bilden! Denn die Curia ist das Herz der Legion Österreichs.*

*Voraussetzung zur Erfüllung der großen Aufgabe der Legion ist das Vorhandensein einer Liebe bis zum Äußersten, und zwar als Charakteristikum der Organisation als solcher.*

*Immer wieder wird die Legion mit den ersten Christengemeinden verglichen. Es waren Gemeinschaften voll des Heiligen Geistes, ausgezeichnet durch Ordnung (...) und Sinn für ihre Mitverantwortlichkeit für den Sieg des Reiches Christi. Jeder einzelne hatte eine enge Verbindung zu Jesus Christus und daraus das Bewußtsein des Gesendetseins. Er fühlte sich als Glied am Mystischen Leib in Geistesverwandtschaft mit allen übrigen Gliedern (...) Auch für die Legionäre soll charakteristisch sein: der Geist der Ordnung, der Geist der geistigen Verwandtschaft und der Geist der Sendung.*

*Alle Werke Gottes sind in ihrem Entstehen, ihrer Zielsetzung und in der Weise ihrer Durchführung verborgen. Dies gilt insbesondere von seinem größten Werk, der Menschwerdung (...) Auch die Legion, das Werk Marias, nimmt an dieser Verborgenheit teil (...) Sie hat auch teil am Ziel der Werke Gottes – der Wandlung der Herzen.*

*Die Curia wird entweder etwas ganz Großes oder sie wird gar nichts. Hier hat Mittelmäßigkeit keinen Platz.*

Doch bei allem unerbittlichen Streben nach dem großen Ziel, konnte er sein Herzensanliegen auch mit einem heiteren Ausblick in die Zukunft verbinden: *Ist diese Einheit einmal Wirklichkeit, so wird die Curia rasch arbeiten, und große Erfolge werden sich einstellen, neue Präsidien werden wie die Schwammerln aus dem Boden sprießen und werden zusammengefaßt sein im Geist der Einheit.*[24]

Die angeführten Leitgedanken kehrten aber nicht nur in den Allocutiones der Treffen wieder. Systematisch legte Wessely die geistlichen Grundlagen für den Legionsdienst in eigens dafür angesetzten Exerzitien dar. Die ersten hielt er Ende August 1949 für 39 Legionäre aus den drei Präsidien der Curia. Bald wurden mehrere Kurse im Jahr notwendig. Ein still gelegenes Haus konnte zu diesem Zweck gemietet werden, und Wessely bot, unter-

---

[23] Handbuch (wie Anm. 12) 58.

[24] Zitate aus den Protokollen des 2., 3., 4., 5., 7., 8. und 10. Curientreffens.

stützt von anderen Geistlichen Leitern, in den Sommermonaten an einem Großteil der Wochenenden Gelegenheit zu Legionsexerzitien.

*Durch große Aufgaben*

Über die mündliche Unterweisung hinaus führte Wessely die Mitglieder durch entsprechende Aufgabenstellung und Zielsetzung in das Legionsleben ein. Voller Begeisterung legte er der Curia schon beim vierten Treffen eine briefliche Anregung Frank Duffs vor: *Systematisch alle Priester in Österreich aufzusuchen, sie für die Legion zu gewinnen zu suchen und ihnen einen Sonderdruck der Priester-Korrespondenz zu ihrer Information einzuhändigen.* (Wessely hatte nämlich im Maiheft 1949 dieser Korrespondenz Wesen und Wirksamkeit der Legion dargelegt.[25] Der Sonderdruck wurde unter dem Namen *Wagnis für Gott* verbreitet und überall bekannt.) Die Legionäre erhielten Adressen bestimmter Priester und machten sich kühn an die Arbeit. Wenige Monate danach erfolgte die Einteilung der Erzdiözese in drei Bereiche (die übrigens den jetzigen Vikariaten entsprachen), um wirklich ganze Arbeit zu leisten und alle Priester zu erreichen. Für jedes Gebiet übernahm ein Legionär die Verantwortung, der sich weitere Helfer suchte. Darüber hinaus wurden auf Vorschlag Wesselys Verantwortliche für zunächst vier Diözesen bestimmt, um vor allem die Erlangung der bischöflichen Erlaubnis zu betreiben. Das war die Art, wie Wessely seine Curia schon in den Kinderschuhen zu großangelegtem, zielstrebigem Vorgehen im Geist des Glaubens erzog.

Die Protokolle füllten sich mit Namen der besuchten Pfarren, die Zahl der Interessenten und in der Folge der Präsidien stieg. Im September- und Oktobertreffen konnten die Amtsträger für jeweils eine neue Legionsgruppe, im November für zwei, im Dezember sogar für drei — davon zwei in Linz — ernannt werden. So war Ende des Jahres 1949 ein Gesamtstand von zehn erreicht. Und was vielleicht noch mehr bedeutete: Die kleine Curia hatte es zuwegegebracht, mit allen österreichischen Diözesen und deren Oberhirten Verbindung aufzunehmen und — mit nur einer Ausnahme — die Erlaubnis zur Einführung der Legion zu erhalten.

Diese rapide Entwicklung nahm in den ersten Monaten des Jahres 1950 noch zu. In knapper Aufeinanderfolge entstanden die ersten Präsidien in Innsbruck und in Graz, weitere fünf in Wien und Umgebung folgten.

*Nun war man sich schon klar geworden, wie man bei der Arbeit vorgehen sollte,* bemerkt Wessely, *und die Curienprotokolle zeigen, daß die Aktionen zügig vorangetrieben wurden; sie atmen den Geist der Freude, der Einheit und der*

---

[25] Korrespondenz des Priester-Gebetsvereines Associatio Perseverantiae Sacerdotalis (1949) Nr. 2, Mai, 1—17. — Friedrich Wessely, Wagnis für Gott. Wesen und Wirksamkeit der Legion Mariens (Wien [1]1949, [2]1953, [3]1969).

*Unternehmungslust.*[26] Dadurch kam es — wie schon berichtet — zur Erhebung zum Senatus.

### *Durch sein persönliches Beispiel*

Danach ging es mit noch größerem Schwung weiter. In den folgenden Monaten wurden vier Curien in drei Diözesen errichtet und ganz neuartige Unternehmungen in Angriff genommen. Überall war es Friedrich Wessely, als Gründer des österreichischen Legionszweiges, der die ersten Aktionen — jeweils einem Senatusbeschluß folgend — in die Hand nahm und damit hohe Leitbilder setzte. Er begleitete die Senatuspräsidentin nach Innsbruck, um die erste Curia zu gründen, er hielt im Arbeitsjahr 1950/51 die ersten Einkehrtage für Fernstehende mit großem Erfolg — etwas für die bisherige Seelsorge Unbekanntes —, er übersiedelte mit dem Präsidium „Königin des Weltalls" für einige Monate vom Rennweg in den zweiten Bezirk, um dort dem Problem der ungetauften Kinder nachzugehen und es einer Lösung zuzuführen, er übernahm die Redaktion des ab Mai 1951 erscheinenden Mitteilungsblattes *Regina Legionis,* gab dem kleinen Exerzitienhaus der Legion seine Ordnung, die ihm eigentümliche Atmosphäre der Sammlung und Stille, inspirierte die Aufstellung einer Vinzenzgemeinschaft zur Linderung der materiellen Not, wies in Predigten auf ihre Ideale hin und übernahm anfänglich ihre geistliche Leitung, um nur einige Beispiele aus den ersten Jahren zu nennen.

Wie er dies alles neben seiner vollen Tätigkeit als Universitätsprofessor, Kirchenrektor, Schwesternseelsorger und gesuchter Beichtvater zustandebringen konnte, ist unbegreiflich. Noch dazu galt er von Jugend an als zart, und durch die andauernde Überanstrengung wurde sein Gesundheitszustand besorgniserregend — für seine Umgebung. Er selbst blieb unbekümmert, weil ihm dieser persönliche Einsatz einfach notwendig schien.

Er ging dabei so vor, wie er es sein Leben lang gehalten hatte. Als Spiritual, Professor, Prediger, Exerzitienmeister und Seelenführer lehrte er aus eigenster Erfahrung heraus. Das gab seinen einfachen Worten Leben und Überzeugungskraft. Ebenso erprobte er nun in der Anfangszeit der Legion neue Methoden und Aktionen persönlich, bevor er die Mitglieder — gemäß seiner Erfahrung — in größerem Maßstab einsetzte oder andere Priester bat, eine bestimmte Tätigkeit zu übernehmen. Mit allen aber blieb er weiterhin in enger Fühlung. Dieses Beispiel ihres Geistlichen Leiters wurde den Legionären zum Vorbild und spornte ihren Eifer an.

In den folgenden Jahren und Jahrzehnten hielt Wessely Predigtfolgen, Vorträge, Einführungen und Wallfahrten besonderer Art, um die Legion in

---

[26] Wessely (wie Anm. 14) 76.

rechter Weise bekannt zu machen und das geistliche Leben zu fördern. Er leitete die Legionäre durch großangelegte Planungen für die Sommer-Ausbreitungen an, die Pfarren, Stadtteile, ganze Städte und weite Gebiete Österreichs einbezogen. Er stellte mannigfache „Legionsliteratur" als Hilfe für die Arbeit der Mitglieder her, die aber ebenso zur eigenen religiösen Vertiefung diente (Flugblätter, Kleinschriften, Sondernummern der *Regina Legionis),* und schließlich sorgte er für die geistliche Führung des immer größer werdenden Senatus, einer Anzahl von Präsidien sowie der einzelnen Legionäre, damit sie die Legion als Werk Mariens und als Weg zur Heiligkeit immer besser und tiefer verstehen lernten.

Bei diesem unermüdlichen Wirken nach außen darf etwas nicht ausgeklammert werden, das all seinen Tätigkeiten zugrundelag, ja deren eigentliche Quelle und Antrieb war.

## DAS GEBET

Wessely, Kenner der Mystik, verrät sich selbst als Mystiker in den von ihm stammenden Gebeten. Für die alljährliche Acies, die Hauptfeier der Legion, bei der alle Mitglieder die Weihe an Maria vollziehen, verfaßte er — jedes Jahr neu — das Weihegebet. Daraus sprechen mystische Tiefe und kindliches Vertrauen. Immer wieder äußert sich in ihnen der Entschluß, Maria auf die vollkommenste Weise angehören zu wollen, nicht wie er selber oder der einzelne es will, sondern wie sie es wünscht. Das schließt den Verzicht auf alle Eigenwilligkeit und Härte ein.

Er selber hatte in steigendem Maß mit Widerständen und Gegnern nicht nur außerhalb der Legion, sondern in den letzten Jahren auch innerhalb der eigenen Reihen zu kämpfen. Es war die Zeit allgemeiner Unruhe in der Kirche, und — wie überall — gab es auch in der Legion Kräfte, die die Regeln und das System dem Geist der Welt anpassen wollten. Gestützt auf die Kraft des Gebetes, zeigte Wessely unermüdlich die ursprünglichen Ideale der Legion in ihrer Reinheit und Schönheit auf. Schon schwer krank, trat er den zunehmenden Schwierigkeiten klar und gelassen in Wort und Schrift entgegen. Doch die Uneinigkeit war so groß, daß die Legion in ihrer Existenz bedroht erschien. Mitten in der äußersten Gefährdung seines Lebenswerkes brachte Wessely das Opfer seines Lebens und erreichte die letzte Ähnlichkeit mit dem Herrn. Darin lag schon der Keim zur Auferstehung verborgen.

Wessely hatte einige Monate vor seinem Tod (1970) dafür gesorgt, daß Dr. Hans Groër, damals Religionsprofessor in Hollabrunn, vom Oberhirten der Erzdiözese Wien, Kardinal Dr. Franz König, zu seinem Nachfolger ernannt wurde. In aller Stille wuchs seit etwa einem Jahr unter Groërs Führung eine frische Keimzelle heran: ein Jugendpräsidium in Maria Roggendorf, das, im ursprünglichen Geist der Hingabe an Jesus durch Maria herangebildet, zunächst die notwendigen Hilfsdienste bei den eben erst ins Leben gerufenen Monatswallfahrten leistete. Als es innerlich erstarkt war, machte es sich daran, die wahre Marienverehrung und die Legion Mariens unter der Jugend zu verbreiten: in der näheren Umgebung, in der Erzdiözese Wien, in ganz Österreich.

Maria konnte durch Friedrich Wessely, den Gründer und Geistlichen Vater der Legion in unserem Land, am Werk sein, wie er es im Weihegebet von 1951 wünschte. Die Tatsache, daß er es in der letzten von ihm redigierten Nummer der *Regina Legionis* (Dezember 1970) nochmals abdrucken ließ, bezeugt, daß es für sein ganzes Leben und Wirken Gültigkeit hat. Als das Heft erschien, war Friedrich Wessely schon heimgegangen.

*Weihegebet*

*Muttergottes, makellose Braut des Heiligen Geistes!*
*Der Senatus von Österreich, im Geist geeint mit allen Legionsbrüdern und -schwestern der ganzen Welt, will Dir heute huldigen. Er will es in einer Weise tun, die Dein Herz am meisten erfreuen kann. Er will Dir so huldigen, daß sogar Deine tiefblickende und alle Legionskinder umfassende Seele in Erstaunen darüber gerät, daß Deine Kinder trotz ihrer Sündhaftigkeit und Schwäche Dich dennoch so zu lieben verstehen, daß sie Deine geheimsten, nur Dir und dem Heiligen Geist bekannten Wünsche erraten.*

*Muttergottes, in der Legion bist Du selbst am Werk. In der Legion betrittst Du auf geheimnisvolle Weise unsere Welt, und Du tust es in dem Maß, als Deine Kinder sich Dir überlassen und darauf verzichten, ein anderes Leben als das Deine leben zu wollen.*

*Siehe, wir kommen zu Dir im Bewußtsein unserer Schwäche, Armut und Sündhaftigkeit, aber wir wissen auch, daß Dein Sohn gekommen ist, um aus Sündern Heilige zu machen. Wir kommen zu Dir, um Dir zu sagen, daß es unser Wunsch und wohlüberlegter Entschluß ist, Dir nicht nur irgendwie, sondern auf die vollkommenste Weise anzugehören, daß wir Dir angehören wollen, nicht nur wie wir selbst es uns ausdenken können, sondern wie Du es Dir in Deinem Herzen wünscht. Wir kommen heute zu Dir, um Dir zu sagen, daß wir Dir in einem solchen Maße angehören wollen, daß Du in uns nicht nur ungehindert schalten und walten kannst, sondern daß Du uns Dein Herz anvertrauen kannst, daß Dein Herz wahrhaft und wirklich unser Herz sei, Dein Herz, das nur für Jesus schlägt, das alle Worte Jesu erwägt und anbetet, das keine andere Freude kennt als jene, die das Herz Deines Sohnes erfreut, und keinen anderen Schmerz als den, der das göttliche Herz durchbohrt. So soll von nun an alle Eigenwilligkeit und Härte, alle Mißgunst und kleinliche Kritik, aller Neid und alle Eifersucht, alles, was Dir wesensfremd ist, ersterben und unser Senatus jenem einsamen Nazareth gleichen, in dem Du mit uns ohne Unterlaß die Botschaft von der Menschwerdung vernimmst und von wo aus Du diese Botschaft des Friedens durch uns wirksam in die Welt trägst. Amen.*[27]

[27] Die Acies-Feier in Wien. Regina Legionis (1951) H. 1, 15. — Wie die ersten Legionäre in Österreich die Legion verstanden. Regina Legionis (1970) 186. — Es wurde die Schreibweise des Originals beibehalten.

# IV.
# KIRCHENGESCHICHTE

# DIE WALLFAHRT NACH KLOSTERNEUBURG

Von Floridus Röhrig CanReg., Klosterneuburg

Das Pilger- und Wallfahrtswesen gehört zu den ältesten religiösen Bräuchen der Menschheit. Schon in vielen vorchristlichen Religionen war die Pilgerfahrt zu heiligen Stätten üblich. Bei den Juden war die Wallfahrt nach Jerusalem eine Selbstverständlichkeit. Im Christentum erhält die Wallfahrt eine ganz neue Dimension, nämlich eine eschatologische. Die Wallfahrt wird als Bild des Lebens aufgefaßt, vor allem in dem Sinn, daß auch das Leben einem Ziel zustrebt: dem himmlischen Jerusalem. Daher war das irdische Jerusalem der älteste und bevorzugte Wallfahrtsort für die Christen. Seit dem 2. Jahrhundert pilgern die Gläubigen dorthin, und aus dem 4. Jahrhundert besitzen wir das berühmte Reisetagebuch der Pilgerin Aetheria oder Egeria.[1] Zu diesem ältesten Wallfahrtsort der Christenheit treten aber bald zwei andere in Konkurrenz: die Stadt Rom mit den Grabstätten der Apostel Petrus und Paulus, und Santiago de Compostella, seit dort am Anfang des 9. Jahrhunderts die angeblichen Reliquien des Apostels Jakobus aufgefunden wurden.[2] Diese drei großen Pilgerwege hießen *Peregrinationes maiores.*[3] Es gab aber auch die *Peregrinatio minor.* Sie führte entweder zu überregionalen Wallfahrtsstätten, wie sie in Frankreich besonders häufig waren, oder auch zu lokalen Heiligtümern.[4] Mit dem Heiligen Jahr, das Papst Bonifaz VIII. 1300 in Rom verkündete, kam die periodische Pilgerschaft im Abendland auf.[5] Hatte die Pilgerfahrt nach Jerusalem stark eschatologischen Charakter — tatsächlich war sie oft eine Reise ohne Wiederkehr,[6] so sind es später die Ablässe, die Wallfahrten attraktiv machen. Carlen behauptet, daß ursprünglich nur für Wallfahrten nach Rom Ablässe gewährt wurden,[7] doch gibt es bereits im 11. Jahrhun

[1] Die Pilgerreise der Aetheria, hg. von Helene Pétré, übers. von Karl Vretska (Klosterneuburg 1958).

[2] Hermann J. Hüffer, Von Jacobus-Kult und Pilgerfahrt im Abendland, in: Vera u. Helmut Hell, Die große Wallfahrt des Mittelalters (Tübingen $^{4}$1985) 8 ff.

[3] Ludwig Schmugge, Kollektive und individuelle Motivstrukturen im mittelalterlichen Pilgerwesen, in: Migration in der Feudalgesellschaft, hg. von Gerhard Jaritz u. Albert Müller (Studien zur historischen Sozialgeschichte 8, Frankfurt/M. 1988) 264.

[4] Ludwig Schmugge, Pilgerfahrt macht frei. — Eine These zur Bedeutung des mittelalterlichen Pilgerwesens, Römische Quartalschrift für christliche Altertumskunde u. Kirchengeschichte 74 (1979) 16.

[5] Schmugge (wie Anm. 3) 266.

[6] Schmugge (wie Anm. 3) 269.

[7] Louis Carlen, Wallfahrt und Recht im Abendland (Freiburger Veröffentlichungen aus dem Gebiet von Kirche und Staat 23, Freiburg/Schweiz 1987) 144.

dert Ablässe für Compostella.[8] Der Übergang von den individuellen Bußerlässen und den Redemptionen zu den generell erteilten Ablässen vollzog sich allmählich im Laufe des 11. Jahrhunderts.[9] In dem Maße, als sie mit Ablässen ausgestattet wurden, wuchs die Anziehungskraft der Wallfahrtsorte.[10] Bisweilen scheint eine Pilgerreise ein einziges Sammeln von Ablässen gewesen zu sein.[11]

Neben diesem Wallfahrtsmotiv spielen aber auch andere Beweggründe eine Rolle. Schon die Verbindung mit dem Ablaß zeigt ja an, daß die Pilgerfahrt auch eine Bußübung war. Sehr häufig wurden Wallfahrten als Buße für Sünden unternommen und auch auferlegt. Ja, die Wallfahrt galt vielfach als reguläre Strafe und wurde vornehmlich für Totschlag verhängt, da hier gleich für das Seelenheil des Opfers gebetet und geopfert werden mußte. In Österreich und Deutschland wurden allerdings selten Strafwallfahrten verhängt, hingegen häufig in Frankreich und in den Niederlanden.[12] Natürlich mußte der Verurteilte nachweisen können, daß er die Pilgerfahrt tatsächlich unternommen hatte. Zu diesem Zweck dienten die Pilgerzeichen, die im Mittelalter an den meisten Wallfahrtsorten ausgegeben wurden.[13] Diese Abzeichen wurden aber bald zu bloßen Reiseandenken und erhöhten das Sozialprestige des Trägers. Das wurde an den Wallfahrtsstätten kommerziell ausgenützt, aber damit verloren die Zeichen auch ihre Beweiskraft.[14] Hinfort wurde eine schriftliche Bestätigung des für den Wallfahrtsort zuständigen Bischofs oder Kirchenrektors gefordert.

Die Strafwallfahrt war in unseren Gegenden von untergeordneter Bedeutung. Hier war das Motiv für eine Wallfahrt gewöhnlich die Hoffnung auf Genesung.[15] Für den einfachen Menschen war ja vielfach der Heilige der einzig erschwingliche Arzt.[16] Auch zur Abwendung von Katastrophen, z. B. von Seuchen, wurden Wallfahrten unternommen.[17] Und dann gab es natürlich die Dankwallfahrt, durch die für erwiesene Gnaden gedankt wurde. Manchmal unternahmen auch größere Gruppen, etwa ganze Ortschaften, solche

---

[8] Schmugge (wie Anm. 3) 271.

[9] Nikolaus Paulus, Geschichte des Ablasses im Mittelalter (Paderborn 1922—1923) Bd. 1, 24 ff.

[10] Schmugge (wie Anm. 4) 19.

[11] Schmugge (wie Anm. 3) 281.

[12] Carlen (wie Anm. 7) 83 ff.

[13] Carlen (wie Anm. 7) 98 f.

[14] Schmugge (wie Anm. 4) 29.

[15] Schmugge (wie Anm. 4) 31.

[16] Josef Staber, Volksfrömmigkeit und Wallfahrtswesen des Spätmittelalters im Bistum Freising (Beiträge zur altbayrischen Kirchengeschichte 20, München 1955) 60 ff.

[17] Eine Entartung dieses Motivs tritt in den mittelalterlichen Geißlerprozessionen zutage. Vgl. Ausstellungskatalog „Die Zeit der frühen Habsburger" (Wiener Neustadt 1979) 68 f., 360.

Wallfahrten, um für Schutz oder Verschonung zu danken. Nicht selten wurden aus solchen Anlässen periodisch wiederholte, etwa jährliche Wallfahrten gelobt, und die Nachkommen erfüllten solche Gelübde mit großer Treue, mitunter bis zum heutigen Tag. Zu all diesen Motiven kommt aber noch das eine, entscheidende hinzu, daß man zu allen Zeiten die *loca sanctorum* als Orte außerordentlicher Gottesnähe empfand.[18]

Martin Luther und die Reformatoren verwarfen die Wallfahrten ganz und gar, obwohl dieser Brauch doch in die ältesten Zeiten des Christentums zurückreicht. Entscheidend war für sie jedoch, daß damals die Wallfahrt so eng mit dem Ablaßwesen verknüpft war, und dieses hatte für Luther den Stein des Anstoßes an der katholischen Tradition gebildet. Umso mehr galt die Teilnahme an Wallfahrten als Demonstration und Beweis des katholischen Glaubens.[19] Im Zuge der Gegenreformation wurden Wallfahrten ganz bewußt als Seelsorgemittel eingesetzt, wie auch weiter unten von Klosterneuburg berichtet werden kann.

Eng verwandt damit ist die „Politische Wallfahrt". Die Pilgerfahrten der Fürsten zu heiligen Stätten der Landespatrone oder etwa zu den Heiligen Drei Königen nach Köln hatten durchaus den Charakter politischer Demonstrationen.[20] Schließlich sind auch die Romfahrten der Kaiser in diese Kategorien einzuordnen. Für das Haus Österreich waren die Hofwallfahrten der Barockzeit ein wesentlicher Bestandteil der *Pietas Austriaca*.[21] Sie sollten durch das eindrucksvoll öffentlich dargestellte Beispiel die Frömmigkeit im Volke fördern und andererseits die geistigen Bande zwischen der Dynastie und dem Volk stärken. Die Hofwallfahrten zum hl. Leopold nach Klosterneuburg hatten dabei, wie weiter unten gezeigt wird, eine besondere Funktion.[22]

Viel wirksamer als der Protestantismus bekämpfte die Aufklärung das Wallfahrtswesen. Dabei spielten nicht nur ideologische, sondern auch ökonomische Gründe eine Rolle: Arbeitszeit werde versäumt, der Liederlichkeit Vorschub geleistet, Exzesse an den Wallfahrtsorten gefördert usw. Überhaupt könne man zu Hause genauso gut beten wie an einem Wallfahrtsort. Gerne wurde die Behauptung aufgestellt, der Wallfahrtsgedanke diene nur als Vorwand für Vergnügungsreisen des Volkes. Schon unter Maria Theresia wurden Verordnungen gegen Wallfahrten und Prozessionen erlassen, wobei

---

18 Schmugge (wie Anm. 3) 270.

19 Carlen (wie Anm. 7) 114.

20 Carlen (wie Anm. 7) 105 ff.

21 Anna Coreth, Pietas Austriaca, Österreichische Frömmigkeit im Barock (Wien $^{2}$1982) 62 ff., 75 f.

22 Elisabeth Kovács, Der hl. Leopold — Rex perpetuus Austriae? (Jahrbuch des Stiftes Klosterneuburg NF 13, 1985) 191 ff.

ökonomische Argumente im Vordergrund stehen. Es geht hier nicht um die Wallfahrten an sich — die die Kaiserin selbst gerne unternahm —, sondern um vermeintliche Mißbräuche.[23] Die gleiche Tendenz weist der berühmte Hirtenbrief des Wiener Erzbischofs Johann Joseph Graf Trautson vom 1. Jänner 1752 auf.[24] 1772 werden alle Prozessionen, die länger als einen Tag dauern, also mindestens eine Übernachtung einschließen, streng untersagt. Eine Ausnahme wird nur für Wallfahrten nach Mariazell zugestanden.[25] Vier Jahre später muß der Befehl neuerdings eingeschärft werden.[26]

Betrafen diese Maßnahmen nur bestimmte Bräuche und „Auswüchse", so sollte es unter Kaiser Joseph II. den Wallfahrten prinzipiell an den Kragen gehen. Eine Entschließung Josephs II. verbot 1784 alle Wallfahrten.[27] Das Volk wollte sich aber diesen Brauch nicht nehmen lassen. Es suchte das Verbot dadurch zu umgehen, daß es ohne Vorbeter und Priester auszog und sich erst am Wallfahrtsort sammelte. Aber jeder Seelsorger, der sich daran beteiligte, wurde zu einer Geldstrafe von zwölf Reichstalern verurteilt.[28] Aber noch 1786 muß ein kaiserliches Dekret energisch verlangen, den noch immer grassierenden Unfug der Prozessionen und *Winkelandachten* abzustellen.[29] Und so kann es nicht verwundern, daß Josephs Nachfolger Kaiser Leopold II. bereits 1791 die Prozessionen wieder gestattet, sofern das Volk sie verlangt und sie nicht in zu große Entfernung gehen.[30] Schließlich gestattet Kaiser Franz II. 1796 generell die Wallfahrt nach Mariazell. Bezeichnenderweise wird diese Erlaubnis 1805 vom Wiener Erzbischof angefochten, aber der Kaiser bleibt bei seiner Entscheidung.[31]

Die Aufklärung wurde von der Romantik besiegt. Die kirchliche Romantik, deren Wegbereiter in Österreich der hl. Clemens Maria Hofbauer (1751—1820) war, erweckte auch das Wallfahrtswesen zu neuem Leben. Weitere Impulse erhielt es durch das erstarkende katholische Vereinsleben. Zahlreiche Vereine hatten überhaupt die Wallfahrt zum Hauptzweck, wie die Mariazeller-Vereine, Maria-Taferl-Vereine und ähnliche Zusammenschlüsse in vielen Pfarren. Über die katholischen Vereine drangen aber auch mannig-

[23] Hans Hollerweger, Die Reform des Gottesdienstes zur Zeit des Josephinismus in Österreich (Regensburg 1976) 78.

[24] Hirtenbrief des hochwürdigsten Herrn Johann Joseph, Erzbischofs zu Wien, Reichsfürsten, Grafen Trautson von Falkenstein an die Geistlichkeit, besonders an die Prediger seines Kirchensprengels (Wien o. J.); abgedruckt bei Joseph Kopallik, Regesten zur Geschichte der Erzdiöcese Wien, Bd. 2 (Wien 1894) 379 ff.

[25] StAKl (= Stiftsarchiv Klosterneuburg) K 474, Nr. 38, fol. $31^v$—$32^r$. Circulare 1772 IV 27.

[26] Ebenda Nr. 45, Circulare 1776 XII 20.

[27] StAKl K 2372, Circulare 1784 III 21.

[28] Hollerweger (wie Anm. 23) 222.

[29] StAKl K 2373, Circulare 1786 VII 31.

[30] StAKl K 222, Nr. 71, Circulare 1791 III 17.

[31] Hollerweger (wie Anm. 23) 372.

faltige politische Elemente ins kirchliche Leben ein. Viele Wallfahrten nahmen jetzt den Charakter kirchenpolitischer Demonstrationen an, wie vor allem die von P. Heinrich Abel SJ (1843—1926) begründeten Männerwallfahrten nach Mariazell und Klosterneuburg.

Nach dem Ersten Weltkrieg verstärkte sich dieser Zug, was angesichts der politischen Polarisierung in der Ersten Republik nicht wundernehmen kann. Der christliche Ständestaat versucht auch große Wallfahrten seinem politischen Programm einzuverleiben. Zugleich aber gewinnt ein neues Phänomen immer mehr an Boden: die touristisch organisierte Wallfahrt. Angesichts der verbesserten Verkehrsverhältnisse sind Fernwallfahrten weder so gefährlich noch so kostspielig wie in früheren Zeiten. Die Pilgerfahrten ins Heilige Land oder nach Lourdes, später nach Fatima, werden für jedermann erschwinglich, mag er einzeln oder in Gruppen reisen. Hitler-Herrschaft und Zweiter Weltkrieg bringen eine kurze Unterbrechung, aber nach dem Krieg gehen die Pilgerreisen in früher unvorstellbarem Maße weiter.

Inzwischen war wieder ein neues Element im Wallfahrtswesen spürbar geworden. Die Wanderbewegung, die am Beginn des 20. Jahrhunderts weite Kreise der Jugend erfaßte, brachte auch eine Erneuerung des Wallfahrtsgedankens mit sich, namentlich eine neue Zuwendung zur fast abgekommenen Fußwallfahrt. Dieser neue Impuls blieb zunächst auf relativ kleine Kreise beschränkt. Nach der Unterdrückung durch das nationalsozialistische Regime, während derer sich der christliche Glaube auf vielfache Art zu bewähren hatte, war in der neu erstarkten Kirche das Bekenntnis zum Glauben vor allem ein Anliegen der Jugend. Die sogleich nach Kriegsende einsetzenden Jugendwallfahrten haben diesen Bekenntnischarakter; sie wollen in der Öffentlichkeit Zeugnis für die Treue zur katholischen Kirche ablegen. Namentlich die Jugendwallfahrten nach Klosterneuburg zeigen diese Tendenz.

Seit den 1960er Jahren mußte die Kirche den Rückgang dieser Bekenntnisfreude erleben. Dementsprechend hörten auch die organisierten Wallfahrten der Katholischen Jugend auf. Das heißt aber nicht, daß damit der Wallfahrtsgedanke seine Anziehungskraft eingebüßt hätte, im Gegenteil! Gerade unter der Jugend erfährt heute die Idee der geistlichen Wanderung eine neue Belebung. Freilich stehen dabei wieder andere Gedanken im Vordergrund. Dem Menschen der Gegenwart, insbesondere dem jungen Menschen, geht es bei der Wallfahrt zuvorderst um geistige Einkehr und Selbstfindung, um die Eroberung neuer Dimensionen des Glaubens. Dafür sind heilige Orte als Stätten der besonderen Gottesnähe vor allen anderen geeignet, noch dazu, wenn die Beschwerlichkeiten des Weges als eine Form der persönlichen Buße darauf vorbereiten. An dieser Neubelebung des so oft vergeblich unterdrückten Wallfahrtsgedankens in Österreich hat der Jubilar, dem diese Festschrift gewidmet ist, erheblichen Anteil.

* * *

Am 12. Juni 1114 legte Markgraf Leopold III. den Grundstein zur Klosterneuburger Stiftskirche, die das Patrozinium Mariä Geburt führte. Mit größter Wahrscheinlichkeit stand an ihrer Stelle schon früher eine kleinere Marienkirche.[32] Aber nicht das Marien-Patrozinium machte diese Kirche zum Wallfahrtsort, sondern das Grab ihres Stifters. Die Kirche wurde am 29. September 1136 feierlich geweiht, und bald darauf, am 15. November desselben Jahres, starb der Markgraf eines plötzlichen Todes, vermutlich auf der Jagd.[33]

Spätere, fromme Berichte erzählen, daß Markgraf Leopold schon zu seinen Lebzeiten als Heiliger angesehen wurde.[34] Ob dies den Tatsachen entspricht, mag dahingestellt bleiben, aber beliebt war der *milde Markgraf* bei seinem Volk in hohem Maße. Zwei Gründe waren dafür maßgebend. Seine konsequente Friedenspolitik, die ihn jeden Krieg vermeiden ließ — nur zweimal, 1118/19 und 1133, mußte er ungarische Einfälle abwehren[35] —, verschaffte seinem Land eine jahrzehntelange Epoche des Friedens und Wohlstands. In der Heiligsprechungsbulle hebt Papst Innozenz VIII. ausdrücklich hervor: *Während andere Länder unter Mord und Blutvergießen litten, hat er die ihm anvertraute Mark Österreich in gottgefälligem Frieden erhalten.*[36] Der zweite Grund für seine große Beliebtheit war sein soziales Wirken. Er gründete Klöster und bestiftete sie reich, ließ auch bereits bestehenden kirchlichen Institutionen großzügige Schenkungen zukommen. Diese Schenkungen dienten dazu, den Klöstern und Kirchen ihre sozialen Aufgaben zu ermöglichen. In jener Zeit lag das Unterrichtswesen, die Krankenpflege, ja die gesamte soziale Fürsorge in den Händen der Kirche, was in Österreich hieß: in den Händen der Klöster und Stifte. Leopolds Stiftungen kamen also dem ganzen Volk zugute, und das wußte das Volk zu schätzen.

Das früheste Zeugnis einer Verehrung Leopolds ist das *Chronicon pii marchionis,* ein Einschub in die Klosterneuburger Annalen, verfaßt von einem Chorherrn dieses Stiftes um 1170. Es ist ganz im Stil einer Heiligenbiographie gestaltet.[37] Bald nach 1194 macht Agnes, die Witwe des Albert von Pfaffstätten, eine große Stiftung für das Seelenheil ihres verstorbenen Gatten und bestimmt einen Teil des Kapitals nach dessen letztem Willen dazu, daß das Grab des Markgrafen im Kapitelsaal immer beleuchtet werde. Dieser Zweck ist so wichtig, daß Störern desselben der Bannfluch angedroht wird.[38]

---

[32] Floridus Röhrig, Leopold III. der Heilige, Markgraf von Österreich (Wien 1985) 83 ff.

[33] Röhrig (wie Anm. 32) 119 ff.

[34] Z. B. Johannes Franciscus de Pavinis, Rede auf den hl. Leopold, hg. von Ludwig Bieler, mit Beiträgen von Hermann Maschek (Innsbruck 1936) 28.

[35] Röhrig (wie Anm. 32) 101 f.

[36] Röhrig (wie Anm. 32) 161.

[37] Lateinischer Text, ed. W. Wattenbach, MG SS 9, 609 ff.; deutsche Übersetzung bei Röhrig (wie Anm. 32) 44 ff.

[38] FRA II/4, Nr. 397.

An sich waren Lichtstiftungen an den Gräbern Verstorbener nicht selten, aber dieser Fall deutet doch auf eine Art kultischer Verehrung hin. Auch Armenspenden am Todestag von Klosterstiftern waren keine Seltenheit, aber in Klosterneuburg nahm die noch im 12. Jahrhundert beschlossene Ausspendung so großzügige Ausmaße an, daß man dabei schon an einen Wallfahrtsbetrieb denken kann.[39]

Im 13. Jahrhundert scheint die Wallfahrt zum Grab des Markgrafen üblich geworden zu sein, doch fehlen leider schriftliche Zeugnisse darüber. Jedenfalls wurde schon im Jahre 1323 ein Verzeichnis der Gebetserhörungen auf Fürsprache des Markgrafen Leopold angelegt.[40] Daß schon eine richtige Wallfahrt existierte, beweist eine prächtige Ablaßurkunde, die am 15. September 1326 an der päpstlichen Kurie in Avignon ausgestellt und von zwölf Bischöfen gesiegelt wurde. Sie verleiht allen, die am Grab des Markgrafen Leopold, welcher durch viele Wunder glänze *(multis ibidem coruscat miraculis)*, an bestimmten Festtagen zur Ehre Gottes und des obgenannten Markgrafen beten und heiligen Handlungen beiwohnen, einen Ablaß von 40 Tagen. Die Gewährung des Ablasses wird allerdings von der Zustimmung des Diözesanbischofs abhängig gemacht. Diese Zustimmung erteilte der Passauer Bischof Albert von Sachsen am 4. April 1330 und hängte sein Siegel als dreizehntes an die Urkunde.[41]

Eine ganze Menge von Tagen bot Gelegenheit, diesen Ablaß zu gewinnen: alle großen Feste des Kirchenjahres einschließlich der Apostelfeste, alle Sonntage und alle Feste von Heiligen, die in Klosterneuburg besonders verehrt wurden (Augustinus, Nikolaus, Martin, Maria Magdalena, Barbara, Katharina, Margarete, Gertrud, Afra und Ursula). Diese große Zahl von Ablaßtagen legt die Annahme nahe, daß häufig Wallfahrer zum Grab des Markgrafen in den Kapitelsaal von Klosterneuburg kamen. Ihretwegen wurden wohl auch in den Fenstern des Kreuzganges zwischen 1330 und 1335 die bekannten Glasmalereien mit den Bildern Leopolds III. und seiner Familie angebracht.[42]

In den Zusammenhang mit der Wallfahrt muß man wohl auch die Errichtung eines neuen Altars beim Grab des Markgrafen im Jahre 1338 stellen.[43]

---

[39] Röhrig (wie Anm. 32) 192, Anm. 6.

[40] Österr. Nationalbibliothek, Cvp 364, fol. 141 ff. Diese Handschrift stammt aus dem Stift Klosterneuburg, wie der alte Besitzvermerk ausweist.

[41] StAKl Urk. 1326 IX 15; Druck: FRA II/10, Nr. 226. — Ausstellungskatalog „Der hl. Leopold — Landesfürst und Staatssymbol" (Klosterneuburg 1985) Nr. 165.

[42] Eva Frodl-Kraft, Gotische Glasmalereien aus dem Kreuzgang in Klosterneuburg (Klosterneuburger Kunstschätze 3, Klosterneuburg 1963). — Dies., Corpus vitrearum medii aevi (Österreich Bd. 2, Wien 1972) 165 ff., Abb. 531 ff.

[43] Die Klosterneuburger Chronik, in: Deutsche Chroniken, hg. von Hermann Maschek (Leipzig 1936) 288, 337.

Sicherlich wurden den Wallfahrern dort auch die „Reliquien" des Markgrafen gezeigt. Das waren natürlich nicht seine Gebeine (die lagen noch in der Gruft), aber verschiedene Gegenstände, die angeblich oder wirklich aus seinem Besitz stammten: sein Gewand, sein Schreibzeug und sein Salzfaß, sein Kreuzreliquiar, der Schleier seiner Gattin und anderes mehr.[44]

Über die Wallfahrer selbst besitzen wir nur vereinzelte Nachrichten in den Küchenrechnungen des Stiftes. Dort wurden allerdings nur die prominenten Gäste verzeichnet, die im Konvent zu Tisch geladen wurden, und auch hier kann man nicht zwischen gewöhnlichen Gästen unterscheiden und solchen, die als Pilger zum Leopoldsgrab kamen.[45] Die prominentesten Wallfahrer waren wohl Herzog Albrecht II. und seine Familie. Seine Ehe war 15 Jahre kinderlos geblieben. Albrecht und seine Gattin Johanna von Pfirt unternahmen große Pilgerfahrten nach Aachen und Köln, um Nachkommen zu erlangen. Als dann endlich 1339 der Sohn Rudolf und in der Folge noch fünf weitere Kinder geboren wurden, wallfahrtete fortan die Herzogin allein oder mit ihrem Gatten fast jedes Jahr am 15. November nach Klosterneuburg, um am Grab des kinderreichen Vorfahren für den Kindersegen zu danken.[46] Noch zu Albrechts Regierungszeit entstand in Klosterneuburg ein lateinischer Hymnus, in welchem auf panegyrische Weise dem Schöpfer der Welt die Bitte um Heiligsprechung des frommen Markgrafen vorgetragen wird.[47]

Den ersten Anlauf zum Heiligsprechungsprozeß Leopolds III. unternahm Herzog Rudolf IV. im Jahre 1358, doch nach seinem frühen Tod 1365 schlief der Prozeß wieder ein.[48] Die Wallfahrten an das Grab des Markgrafen nahmen jedoch weiter zu. 1366 kauft Propst Ortolf Gelddienste in Ottakring, um damit auf Dauer eine prächtige Beleuchtung *auf dez seligen margrafen grab* zu finanzieren.[49] 1402 finden sich Ausgaben für Kerzen am Leopoldsgrab,[50] ein Glöcklein wird an diesem Grab 1472 aufgezogen.[51] Selbstverständlich wird auch weiterhin über alle Gebetserhörungen Buch geführt, die im 15. Jahrhundert besonders zahlreich sind, was auf einen regen Wall-

[44] Floridus Röhrig, Echte und falsche Babenberger-Überlieferungen in Klosterneuburg, Jahrbuch für Landeskunde von Niederösterreich, NF 42 (1976) 235 ff. — Katalog hl. Leopold (wie Anm. 41) Nr. 148—154. — Vgl. auch Gustav Gugitz, Österreichs Gnadenstätten in Kult und Brauch, Bd. 2 (Wien 1955) 66 ff.

[45] Röhrig (wie Anm. 32) 133 f.

[46] StAKl Rb 6/1 a und 6/1 b passim; Druck: FRA II/28, 227, 230, 232, 239, 243 f.

[47] Cvp 364 (wie Anm. 40) fol. 143$^{r}$—143$^{v}$; ebenso StBKl (= Stiftsbibliothek Klosterneuburg) CCl 717, fol. 28$^{v}$—29$^{v}$. Druck: Vinzenz Ludwig, Der Kanonisationsprozeß des Markgrafen Leopold III. des Heiligen, Jahrbuch des Stiftes Klosterneuburg 9 (1919) XLIII f.

[48] Röhrig (wie Anm. 32) 134 f.

[49] FRA II/10, Nr. 432. — Katalog hl. Leopold (wie Anm. 41) Nr. 166.

[50] StAKl Rb 3/1, fol. 4$^{r}$.

[51] StAKl Rb 5/1, fol. 421$^{r}$.

fahrtsbetrieb schließen läßt. Diese Aufzeichnungen finden sich in den Akten des Heiligsprechungsprozesses.[52]

Der Heiligsprechungsprozeß wurde 1465 neuerlich in Gang gebracht und kam mit der Kanonisation Leopolds III. am 6. Jänner 1485 zu einem glücklichen Abschluß. Da über diesen Prozeß bereits ausführlich gearbeitet wurde, ist es nicht nötig, ihn hier zu behandeln.[53] Damit war Klosterneuburg zu einem offiziell anerkannten Wallfahrtsort geworden. Wie an allen bedeutenden Wallfahrtsstätten wurden auch hier die oben erwähnten Pilgerzeichen ausgegeben. Zum ersten Mal wird 1489 ein Model für die Prägung dieser Zeichen verrechnet,[54] und die hohe Zahl von *zaychen,* die in den folgenden Jahren geprägt und ausgegeben werden, läßt auf große Pilgerscharen schließen.[55]

Das Stift sorgte auch für die Adaptierung der nunmehr offiziellen Wallfahrtsstätte. Der Raum verlor endgültig seine Funktion als Kapitelsaal. Als solcher diente fortan das bisherige Refektorium (heute Lapidarium), und deshalb wurde 1508 ein neues Refektorium (heute Augustinus-Saal) an das Klostergeviert angebaut.[56] Wie das Innere der nunmehrigen Leopoldskapelle aussah, davon gibt der berühmte Bildteppich des Dr. Johann Fuchsmagen, der zwischen 1499 und 1510 entstand, einen Begriff.[57] Im Kreuzgang wurde in der Nähe dieser Kapelle das gewaltige Triptychon des Babenberger-Stammbaums (gemalt 1489—1492) aufgestellt, um den Pilgerscharen die Herkunft und die Nachkommen des neuen Heiligen zu veranschaulichen.[58] Und damit sie die zahlreichen Bilder dieses riesigen Gemäldes richtig verstehen konnten, wurden daneben acht Pergamentblätter aufgehängt, welche kunstvoll geschmückt in deutscher Sprache die Geschichte der Babenberger erzählten, die der Wiener Domherr Ladislaus Sunthaym verfaßt hatte.[59] Dieses Arrangement für die Wallfahrer nimmt im Grunde schon moderne Ausstellungsprinzipien vorweg und kann als Volksbildung im heutigen Sinn verstanden werden.

---

[52] StAKl Hs 20; StBKl CCl 717.

[53] Ludwig (wie Anm. 47). — Floridus Röhrig, Die Heiligsprechung Markgraf Leopolds III., in: Katalog der Ausstellung „Friedrich III." (Wiener Neustadt 1966) 225 ff. — Röhrig (wie Anm. 32) 137 ff.

[54] StAKl Rb 5/5, fol. 20$^{v}$.

[55] Floridus Röhrig, Das kunstgeschichtliche Material aus den Klosterneuburger Rechnungsbüchern, Jahrbuch des Stiftes Klosterneuburg NF 6 (1966) 143, 174 ff.; NF 7 (1971) 140, 146 ff.; Katalog hl. Leopold (wie Anm. 41) Nr. 180.

[56] Hartmann Zeibig, Aufzeichnungen der Klosterneuburger Stiftsdechante, Notizenblatt 4 (1854) 266 f.

[57] Katalog hl. Leopold (wie Anm. 41) Nr. 241. — Röhrig (wie Anm. 32) 139 f.

[58] Floridus Röhrig, Der Babenberger-Stammbaum im Stift Klosterneuburg (Wien $^{2}$1977). — Katalog hl. Leopold (wie Anm. 41) Nr. 303.

[59] Röhrig (wie Anm. 58) 13 ff. — Katalog hl. Leopold (wie Anm. 41) Nr. 304—311.

Auch das Grab des heiligen Markgrafen mußte verändert werden. Die logische Folge jeder Heiligsprechung war die Translation, die Erhebung der Reliquien. Dabei wurden die Gebeine des Kanonisierten aus der Grabstelle entnommen und in einem Schrein zur Verehrung ausgesetzt. Den großen Silberschrein für die Gebeine des hl. Leopold stiftete Kaiser Maximilian I.[60] Ob schon damals die Schädelreliquie des Heiligen von dessen übrigen Gebeinen getrennt wurde, ist nicht sicher.[61] Auch baulich erfuhr die Grabstätte eine Veränderung. Man hob am Fußende der Gruft einen tiefen Schacht mit zwei Treppen aus, in den die Wallfahrer hinabsteigen und in das nunmehr leere Grab, das am Fußende offen gelassen wurde, Tücher und Andachtsgegenstände zur Berührung hineinlegen konnten. Diese Anlage entsprach ganz dem, was an einem Wallfahrtsort üblich war. Auf der Deckplatte der Gruft, die aus rotem Marmor besteht, fand der neue Silberschrein seinen Platz, und man kann auf ihr noch heute die Spuren von den Knien vieler Beter wahrnehmen.[62] Die offizielle Feier der Translation mußte verschoben werden, weil Kaiser Maximilian persönlich daran teilnehmen wollte, wie er in einem Brief aus Mecheln vom 21. September 1494 mitteilte.[63] Das Stift hatte aber mit der Verehrung des neuen Heiligen bereits begonnen. Sogleich nach der Kanonisation wurde ein Leopoldsaltar errichtet, der schon 1486 bezeugt ist.[64] Man stattete ihn mit Kirchenfahnen und Lampen aus, und eine Lade für Opfergaben fehlte natürlich auch nicht.[65]

Die glanzvolle Feier der Reliquien-Translation am 15. Februar 1506 kann als die erste offizielle Hofwallfahrt nach Klosterneuburg angesehen werden. Sie hatte stark politischen Charakter. Kaiser Maximilian I. nahm in den Gewändern eines Erzherzogs von Österreich daran teil, um zu dokumentieren, daß er der Nachfolger des neuen Heiligen sei. Die kirchlichen Zeremonien nahm der Erzbischof von Salzburg vor, assistiert von den Bischöfen von Passau und Gurk. 27 infulierte Prälaten und viele andere Geistliche nahmen an der Feier teil; dem Kaiser folgten im Zug die Herzöge von Jülich und Cleve und der vornehmste erbländische Adel. Die genaue Beschreibung der Feierlichkeiten lieferte der Humanist Johannes Cuspinian.[66] Zunächst wurden

---

[60] Georg Wacha, Reliquien und Reliquiare des hl. Leopold, Jahrbuch des Stiftes Klosterneuburg NF 3 (1963) 9 ff. — Katalog hl. Leopold (wie Anm. 41) Nr. 580.

[61] Katalog hl. Leopold (wie Anm. 41) Nr. 562.

[62] Katalog hl. Leopold (wie Anm. 41) Nr. 36. — Alte Ansicht der Grablege des hl. Leopold bei Marquard Herrgott, Topographia principum Austriae, Bd. IV/2 (Freiburg 1772) Taf. 5. — Röhrig (wie Anm. 32) 248.

[63] StAKl Urk. 1496 IV 29. — Katalog hl. Leopold (Anm. 41) Nr. 179. — Röhrig (Anm. 32) 248.

[64] StAKl Rb 5/1, fol. 556$^{v}$. — Röhrig (Anm. 55) NF 6, 173.

[65] StAKl Rb 5/5, fol. 6$^{r}$; fol. 132$^{v}$; fol. 51$^{r}$. — Röhrig (Anm. 55) NF 6, 174 f.

[66] Johannes Cuspinianus, Austria (Basel 1553) 66. — Hans Ankwicz von Kleehoven, Das Tagebuch Cuspinians, MIÖG 30 (1909) 297.

die Gebeine des Markgrafen vom Salzburger Erzbischof Leonhard von Keutschach aus der Gruft entnommen und gewaschen, sodann in den Silbersarg gelegt und in großer Prozession in die Stiftskirche getragen. Hier hielt der Erzbischof ein feierliches Pontifikalamt mit anschließendem Te Deum. Dann wurde der Reliquienschrein wieder in den ehemaligen Kapitelsaal, die nunmehrige Leopoldskapelle, zurückgebracht, wo er auf der Gruftplatte über dem leeren Grab des Markgrafen seinen endgültigen Platz erhielt. Die Beteiligung des Volkes an der Feierlichkeit war enorm, die Andacht Kaiser Maximilians soll viele Pilger zu Tränen gerührt haben. Papst Julius II. hatte allen Teilnehmern an der Feier einen vollkommenen Ablaß verliehen.[67] Der Tag der Reliquienerhebung (15. Februar) galt von nun an als Festtag in Klosterneuburg, und auch fernerhin winkte allen Pilgern an diesem Tag ein Ablaß.[68]

Die Wallfahrten nach Klosterneuburg nahmen nun einen gewaltigen Aufschwung, wie überall am Vorabend der Reformation. Bezeichnenderweise brachte aber in Klosterneuburg das Auftreten des Luthertums noch nicht automatisch ein Aufhören des Wallfahrtsbetriebes mit sich. Das patriotische Element war hier so stark, daß sich die adeligen Landstände, die Träger der neuen Lehre, stets als Anhänger des hl. Leopold bekannten und sich auch auf ihn beriefen, um ihre alten Privilegien zu wahren. Die Pilgerzeichen wurden allerdings nur bis zum Türkeneinfall hergestellt. Die letzte Nachricht über ihre Prägung stammt aus dem Jahr 1528.[69] Die Invasion der Türken 1529 führte zur Einstellung der Prägungen. Im selben Jahr mußte der Reliquienschrein des hl. Leopold wie alle Geräte aus Silber und Gold an die kaiserliche Münze abgeliefert werden, um die Abwehr gegen die Türken zu finanzieren.[70] Dies mag dazu beigetragen haben, die Wallfahrt zu vergessen. Die wirtschaftlichen Schwierigkeiten der folgenden Jahre ließen die Verteilung der Pilgerzeichen ganz aufhören, und der Protestantismus, der Stadt und Stift Klosterneuburg eroberte, tat das Seine dazu. Doch obwohl die Stadt und seit der Mitte des 16. Jahrhunderts auch das Stift protestantisch waren, erlosch doch hier der Kult des hl. Leopold niemals gänzlich. Das Landesbewußtsein, das die protestantischen Stände pflegten, räumten auch dem Landespatron entsprechenden Platz ein.[71]

Trotzdem hörte natürlich die Wallfahrt nach Klosterneuburg auf. In der Gegenreformation wurde dann der Kult des hl. Leopold ganz bewußt ein-

---

[67] StAKl Urk. 1506 I 10. — Katalog hl. Leopold (wie Anm. 41) Nr. 181.

[68] StAKl Urk. 1506 VII 28. — Katalog hl. Leopold (wie Anm. 41) Nr. 182.

[69] StAKl Rb 5/10, fol. 7$^{v}$. — Röhrig (Anm. 55) NF 7, 173.

[70] Franz Staub, Ein Schatzinventar des Stiftes Klosterneuburg, Berichte u. Mitteilungen des Altertums-Vereins in Wien 35 (1900) 43. — Wacha (wie Anm. 60) 12.

[71] Vgl. dazu StAKl Rb-S 1574, fol. 191$^{v}$. — Röhrig (wie Anm. 55) NF 7, 197.

gesetzt, um die alte Konfession wieder zu beleben. Die Stiftung des neuen Leopoldischreines durch Kaiser Ferdinand I. im Jahre 1549 sollte diesem Zweck dienen,[72] doch läßt sich nicht feststellen, ob diese Maßnahme schon den gewünschten Erfolg brachte. Zu starker Wirkung führte erst die Einführung der Leopoldspfennige. In gewissem Sinn traten sie die Nachfolge der alten Pilgerzeichen an, hatten aber einen anderen Zweck. Die neuen Pfennige, die Propst Balthasar Polzman (1584—1596) seit dem Jahre 1584 prägen bzw. gießen ließ, waren nicht mehr bloße Wallfahrtsandenken, sondern Wertgegenstände.[73] Mit diesen Denkmünzen, die aus Silber, mitunter sogar aus Gold waren und im lokalen Bereich als Zahlungsmittel angenommen wurden, brachte das Stift recht wirkungsvoll einen katholischen Heiligen unter das Volk. Und dies belebte auch die Wallfahrt nach Klosterneuburg ungemein, wie denn überhaupt die Verehrung des hl. Leopold sehr bewußt in den Dienst der Gegenreformation gestellt wurde.[74]

Der Wiener Bischof Johann Caspar Neubeck (1574—1594) war ein großer Förderer der Klosterneuburger Wallfahrt. Er pflegte gewöhnlich am Leopoldsfest in der Stiftskirche zu predigen. Die Predigten der Jahre 1585 bis 1593 sind im Druck erschienen.[75] Einen staatspolitischen Anstrich erhielt die Wallfahrt ans Grab des hl. Leopold durch die Stiftung des österreichischen Erzherzogshutes. Am 15. November 1616 kam Erzherzog Maximilian III., Hoch- und Deutschmeister sowie Statthalter von Tirol, nach Klosterneuburg und brachte hier zwei kostbare Weihegaben dar: eine silberne Reliquienbüste des hl. Leopold und den Erzherzogshut, die Krone des Erzherzogtums Österreich (der heutigen Bundesländer Nieder- und Oberösterreich). Diese Krone war von vornherein als heilige Landeskrone geplant, sie sollte als Leopoldskrone ein Gegenstück zur ungarischen Stephanskrone und zur böhmischen Wenzelskrone bilden. Deshalb erbat der Stifter für dieses kostbare Kleinod auch kirchliche Privilegien, die Papst Paul V. gewährte.[76] Die Übergabezeremonie in der Stiftskirche wurde überaus feierlich gestaltet.[77] Fortan galt auch die Krone als Heiligtum. Sie wurde ebenso wie die Kopfreliquie des hl. Leopold auf einem eigenen Polster in Prozessionen mitgetragen. Das von Adam Scharrer 1670 veröffentlichte Mirakelbuch führt unter den Heiligtümern der Klosterneuburger Stiftskirche neben

---

[72] Wacha (wie Anm. 60) 12 f. — Katalog hl. Leopold (wie Anm. 41) Nr. 581—582.

[73] Edith Specht, Die Leopoldspfennige, in: Katalog hl. Leopold (wie Anm. 41) 112 ff., Nr. 344—424.

[74] Katalog hl. Leopold (wie Anm. 41) S. 371 ff.

[75] Katalog hl. Leopold (wie Anm. 41) Nr. 446.

[76] Katalog hl. Leopold (wie Anm. 41) S. 84 ff., Nr. 608—612.

[77] Genaue Beschreibung bei Berthold Cernik, Das Augustiner-Chorherrenstift Klosterneuburg, statistische u. geschichtliche Daten (Klosterneuburg $^{2}$1958) 39 ff.

den verschiedenen Reliquien auch den Erzherzogshut auf.[78] Dieses Buch war für die Wallfahrer bestimmt. Es bringt neben der Lebensgeschichte des hl. Leopold alle Wunder, die seit 1323 an seinem Grab geschehen sind, und enthält auch ein vollständiges Festoffizium des hl. Leopold in deutscher Sprache. Die Pilger sollten also animiert werden, das feierliche lateinische Chorgebet in ihrer Muttersprache mitzuverfolgen — das mutet fast wie eine ferne Vorahnung der Volksliturgischen Bewegung an, die ja im 20. Jahrhundert von Klosterneuburg ihren Ausgang nahm.

Das Besondere an der Klosterneuburger Wallfahrt war, daß hier seit dem 17. Jahrhundert neben der Frömmigkeit auch politische Motive sichtbar und sogar deutlich betont wurden. Die kaiserliche Familie kam öfter zum Leopoldsfest am 15. November nach Klosterneuburg. Erzherzog Matthias ist schon vor seiner Kaiserkrönung (1612) wie sein jüngerer Bruder Maximilian III. oft zum Grab St. Leopolds gepilgert und behielt diesen Brauch als Kaiser bei. Kaiser Ferdinand III. feierte 1649 das erste Leopoldsfest nach dem Ende des Dreißigjährigen Krieges mit seinen Söhnen Ferdinand und Leopold und dem ganzen Hof in Klosterneuburg. Der Sohn Leopold, seit 1658 Kaiser, proklamierte seinen Namenspatron 1663 zum Schutzpatron von Österreich.[79] Seit dem 15. November 1661 pilgerte der Kaiser fast jedes Jahr zu dessen Grab. Anfangs war dieser Besuch noch mit Jagd und Schiffahrt verbunden[80], aber ab 1669 war er nur noch ein religiöses Ereignis, umgeben von vielen Zeremonien und großer Prachtentfaltung.[81] Kaiser Leopold komponierte selbst für diesen Anlaß Kirchenmusik. Diese Hofwallfahrten gehören zu den charakteristischsten Zeugnissen der barocken österreichischen „Staatsmystik“. Die bei diesem Anlaß gehaltenen Predigten sind ganz von dieser Geistigkeit erfüllt.[82] Die prunkvollen höfischen Wallfahrten verdrängten aber nicht etwa die Pilgerfahrten des einfachen Volkes, sondern trugen sogar beträchtlich zur Popularisierung der Leopoldswallfahrt bei.

Dieser Entwicklung trug das Stift Klosterneuburg dadurch Rechnung, daß die Leopoldskapelle, der ehemalige Kapitelsaal, in den Jahren 1677 bis 1680 prächtig umgestaltet wurde. Damals wurde die angrenzende, romanische Nikolauskapelle als Schatzkammer eingerichtet. Der Inhalt einer solchen bestand ja hauptsächlich aus Reliquiaren und heiligen Gefäßen. So entstand hier ein ganz einmaliges Ensemble von Reliquienschrein, Heiligengrab und Schatzkammer. Das Kopfreliquiar des hl. Leopold erhielt damals seine

[78] Adam Scharrer, Oesterreichische Marg-Graffen, (...) unter welchen Leopoldus der Gottesfürchtige oder Heilige der Glorwürdigist ... (Wien 1670) 291 ff.

[79] Kaiserliches Patent von 1663 X 19. — Katalog hl. Leopold (wie Anm. 41) Nr. 518 a.

[80] Historia Canoniae Claustroneuburgensis 1611—1677; StAKl K 219, Nr. 37.

[81] Kovács (wie Anm. 22) 191 ff. Hier werden die Zeremonien eingehend geschildert.

[82] Katalog hl. Leopold (wie Anm. 41) Nr. 448, 450.

kostbare, noch heute bestehende Fassung. Die Deckenfresken von Johann Christoph Prandtl stellen nicht nur Allegorien auf die Tugenden des hl. Leopold dar, sondern auch viele wunderbare Begebenheiten aus dem kürzlich erschienenen Mirakelbuch, um dem Pilger die Früchte der andächtigen Wallfahrt anschaulich vor Augen zu führen.[82a]

Nach dem Tode Kaiser Leopolds I. 1705 wurde der Brauch der Hofwallfahrt von seinen Söhnen Joseph I. (1705—1711) und Karl VI. (1711—1740) fortgesetzt. Der letztere plante sogar den Ausbau des Stiftes Klosterneuburg zu einer gigantischen Klosterresidenz nach dem Vorbild des spanischen Escorial. Dieses Konzept wäre eindeutig zum Höhepunkt der politisch-mystischen Leopoldsverehrung geworden, denn die Grabstätte des Landespatrons sollte dem dynastischen Denkmal die sakrale Weihe geben.[83] 1730 wurde mit dem Bau begonnen, zehn Jahre später starb der Kaiser unverhofft, und damit war der entscheidende Antrieb weggefallen. Der Bau blieb ein Torso.[84]

Der Wallfahrtsbetrieb wurde durch die Bautätigkeit nicht gestört, denn Kirche und Klostergebäude sollten erst später erneuert werden und blieben daher vom Umbau verschont. Leopoldspfennige wurden weiterhin in großer Zahl geprägt. Erst die wirtschaftlichen Schwierigkeiten unter der Regierung Maria Theresias zwangen das Stift, die kostspielige Pfennig-Spende zu reduzieren.[85]

Die Tradition der Hofwallfahrten setzte Maria Theresia fort, ja sie unternahm sogar in höchster Bedrängnis, als bayrische und französische Truppen in Österreich eingedrungen waren, 1741 mit ihrem engsten Familienkreis eine spontane Pilgerfahrt zum Landespatron.[86] Der gewaltige, barocke Aufwand der Hofwallfahrten wurde allerdings eingeschränkt. Seit 1753 fanden sie nur am 15. November selbst statt (bisher hatten die Feierlichkeiten zwei bis drei Tage gedauert), die Kirchenkompositionen Kaiser Leopolds I., deren alljährliche Aufführung beim Vespergottesdienst drei Stunden gedauert hatte, wurden erheblich gekürzt.[87] 1765 verzichtet die Kaiserin ein für allemal auf die kostspielige Hoftafel im Stift, und 1766 beschließt das Stiftskapitel, die Austeilung der Leopoldspfennige ganz einzustellen.[88] Damit hörte aber die Prägung der Pfennige nicht gänzlich auf. Sie verloren nur ihren Charakter als Wallfahrtsspenden und wurden zu Denkmünzen, die zu besonde-

---

[82a] Katalog hl. Leopold (wie Anm. 41) 149 ff.

[83] Floridus Röhrig, Stift Klosterneuburg und seine Kunstschätze (St. Pölten 1984) 32 ff.

[84] Wolfgang Pauker, Beiträge zur Baugeschichte des Stiftes Klosterneuburg, 2 Bde. (Wien 1907—1908).

[85] Specht (wie Anm. 73) 116.

[86] StAKl Hs 176, pag. 123 f. — Kovács (wie Anm. 22) 200 f.

[87] StAKl Hs 176, pag. 8 f. — Cernik (wie Anm. 77) 62 f.

[88] Specht (wie Anm. 73) 117.

ren Anlässen ausgegeben wurden. Dies ist bis heute üblich, der letzte Leopoldspfennig wurde zum Jubiläum des Jahres 1985 geprägt.

Trotz dieser materiellen Einschränkungen nahm aber die Wallfahrt zum hl. Leopold nicht ab, sondern erfuhr im 18. Jahrhundert sogar eine starke Belebung. Seit 1759 kam alljährlich eine große Prozession der Pfarre Mariahilf (heute Wien 6) nach Klosterneuburg, deren Kosten von der dortigen Christenlehr-Bruderschaft bestritten wurden.[89] Schon seit 1739 pilgerten die Holzscheiber und Schiffleute aus Lichtental und der Rossau nach Klosterneuburg, sie zogen allerdings weiter zur Kreuzkapelle nach Weidling. Diese war zwar erst 1737 erbaut worden, wurde aber sehr rasch zu einem Wallfahrtsziel.[90]

Die schon oben erwähnten Verbote Kaiser Josephs II. brachten die zahlreichen Pilgerströme zum Versiegen. Dadurch, daß am 9. August 1783 auf kaiserlichen Befehl alle Bruderschaften aufgelöst wurden, erloschen von selbst alle von Bruderschaften veranstalteten Wallfahrten. Und durch Dekret vom 21. März 1784 wurden alle Wallfahrten und Prozessionen generell verboten.[91] Die genannte Pfarre Mariahilf suchte ihre besonders beliebte Pilgerfahrt dadurch zu retten, daß sie die Prozession nach Klosterneuburg einfach zu einem Bittgang erklärte — deren zwei im Jahr an Feiertagen waren nämlich jeder Pfarre erlaubt — und am Pfingstmontag, dem 31. Mai 1784, mit ihrem Pfarrklerus zum hl. Leopold pilgerte. Der Pfarrer hielt das Hochamt, ein Kooperator predigte.[92]

Unmittelbar nach dem kaiserlichen Verbot, am Ostersonntag, dem 12. April 1784, begann sogar eine neue Wallfahrt. Die Pfarre Lichtental pilgerte an diesem Tag zum ersten Mal nach Klosterneuburg, an der Spitze der Pfarrer und Konsistorialrat Zacharias Zollner, der auch als Dechant für Klosterneuburg zuständig war. Diese Prozession wurde mit besonderer Feierlichkeit vom Stiftsdechant mit großer Assistenz unter Vorantragung des Kapitelkreuzes begrüßt, Choralisten und Sängerknaben wirkten mit.[93] Es scheint, daß diese Feierlichkeit eine bewußte Demonstration gegen das Wallfahrtsverbot war. Die Lichtentaler dürften auch weiterhin an ihrer Wallfahrt festgehalten haben, denn Stiftsdechant Marcellin Jani schreibt ausdrücklich, daß sie 1784 *zum ersten Mal* kamen. Demnach scheint es im Josephinismus mit der Leopoldsverehrung ähnlich wie in der protestantischen Zeit gehalten worden zu sein: trotz grundsätzlicher Ablehnung der Wallfahrt duldete man den Kult des hl. Leopold wegen seiner patriotisch-dynastischen Dimension.

---

[89] StAKl K 220, Nr. 41 (Aufzeichnungen des Stiftsdechants Marcellin Jani)

[90] Johann Forthuber, Weidling — Dorf im Donauschicksal (Klosterneuburg 1983) 118 ff.

[91] StAKl K 2372, Circulare 1784 III 21.

[92] StAKl K 220, Nr. 41 (vgl. Anm. 89).

[93] Ebenda.

Insgesamt nahm aber infolge der josephinischen Maßnahmen in ganz Österreich die Freude an der Wallfahrt ab. Das machte sich auch in Klosterneuburg bemerkbar. Die katholische Romantik, deren Wegbereiter in Österreich der hl. Clemens Maria Hofbauer war, belebte zwar die Wallfahrtsbegeisterung wieder. Dies kam aber in erster Linie dem Wallfahrtsort Mariazell zugute. Obwohl Hofbauer enge persönliche Beziehungen zum Stift Klosterneuburg unterhielt,[94] gehörte die Leopolds-Wallfahrt nicht zu seinen Anliegen. Im Vormärz kamen zwar sehr häufig prominente Besucher nach Klosterneuburg,[95] doch interessierten sie sich mehr für die Kunstschätze des Stiftes als für den Landespatron. Auch die Besuche des kaiserlichen Hofes hatten nicht mehr den Charakter von Wallfahrten, wenn auch der fromme Kaiser Ferdinand am 20. November 1843 eine Leopolds-Reliquie verehrte.[96]

Die Wiederbelebung der Wallfahrt nach Klosterneuburg ist dem katholischen Vereinswesen zu danken, das seit der Mitte des 19. Jahrhunderts kräftig aufblühte. Besonders eifrig war in dieser Hinsicht der Severinusverein in Heiligenstadt, der seit 1858 regelmäßig Wallfahrten zum hl. Leopold veranstaltete.[97] Auch aus anderen Pfarren kamen immer häufiger Pilger,[98] und das Heiligsprechungsjubiläum des Jahres 1885, an dem Kaiser Franz Joseph mit seiner Familie in feierlicher Form teilnahm, gab der Leopoldswallfahrt starke Impulse.[99] Wirklich volkstümlich wurde die Pilgerfahrt zum hl. Leopold durch den Jesuiten P. Heinrich Abel (1843—1926). Dieser populäre Männerapostel führte seit 1904 alljährlich Tausende Wiener Männer nach Klosterneuburg, gewöhnlich am Sonntag vor dem Leopoldsfest, meist angeführt vom Wiener Oberhirten oder einem anderen Bischof.[100] Diese Männerwallfahrten verbanden mit der Andacht zum Landespatron auch stets ein kirchenpolitisches Anliegen, die Predigten entwickelten gewöhnlich ein kirchen- oder gesellschaftspolitisches Programm und wurden in der Öffentlichkeit stark beachtet. So konnte es geschehen, daß in einem großen Werk über die österreichischen Wallfahrtsorte die merkwürdigen Worte stehen: „Es kommen auch heute noch zahlreiche Wallfahrer, namentlich aus Wien, zum Grab des hl. Leopold (. . .) Im Monat November findet alljährlich von Wien aus, unter Führung der Geistlichkeit, eine große Männerfahrt nach Klosterneuburg statt, die aber eher den Charakter einer Vereinsversamm-

---

[94] Röhrig (Anm. 83) 40.

[95] Vinzenz Ludwig, Klosterneuburg — Kulturgeschichte eines österreichischen Stiftes (Wien 1951) 158 ff.

[96] Katalog hl. Leopold (wie Anm. 41) Nr. 572.

[97] StAKl K 38; K 333 Nr. 56 a; K 452 Nr. 5; K 2380 Nr. 35; K 2382 Nr. 7.

[98] Z. B. die Weidlinger 1859, StAKl K 2382 Nr. 20.

[99] Katalog hl. Leopold (wie Anm. 41) 352 f.

[100] StAKl K 2369 Nr. 39. Hieraus ergibt sich, daß das bei Cernik (wie Anm. 77) genannte Datum 1905 falsch ist.

lung als den einer Wallfahrt trägt."[101] Die Männerwallfahrt überlebte ihren Begründer P. Abel und findet noch heute statt.

Das Leopolds-Jubiläum des Jahres 1936 führte wiederum zu einer Belebung der Klosterneuburger Wallfahrt. Als Neuheit kamen die organisierten Wallfahrten hinzu: an bestimmten Tagen rund um das Leopoldsfest pilgerten nun die einzelnen österreichischen Diözesen mit ihrem Bischof, der den feierlichen Gottesdienst hielt, ebenso auch das Bundesheer und andere Körperschaften, wie die Kameradschaft Katholischer Schulen, und besonders die dem Stift inkorporierten Pfarren.[102] Anläßlich dieses Jubiläums wurde die Stiftskirche von Papst Pius XI. zur *Basilica minor* erhoben.[103] Selbstverständlich versuchte auch der „Christliche Ständestaat", den Kult des hl. Leopold in den Dienst seines politischen Systems zu stellen. Mit dem Anschluß Österreichs an das nationalsozialistische Deutschland im Jahre 1938 wurde den offiziellen Wallfahrten nach Klosterneuburg ein jähes Ende bereitet.

Nach der Befreiung Österreichs im Jahre 1945 waren zunächst wegen der schwierigen politischen und wirtschaftlichen Lage — Klosterneuburg lag in der russischen Besatzungszone — Wallfahrten in größerem Stil nicht möglich. Aber bereits im Herbst 1946 setzte ein reger Pilgerzustrom ein. Es wurde nicht nur die Tradition der Männerwallfahrten wieder aufgenommen (die Wallfahrt dieses Jahres führte Kardinal Innitzer an), es gab erstmals auch eine eigene Kinder- und eine Jugendwallfahrt nach Klosterneuburg.[104] Besonders die Jugendwallfahrt gestaltete sich jedes Jahr zu einer machtvollen Glaubensdemonstration, und die vom Chorherrn Ortwin Ableidinger komponierten Leopoldi-Rufe gaben ihr ein besonderes Gepräge. Dazu kamen dann noch eine Frauenwallfahrt und eigene, große Wallfahrten aus Meidling und Floridsdorf. Diese Pfarrwallfahrten hörten als erste auf, denn ihre Teilnehmer schlossen sich den entsprechenden Standesgruppen an. Bald wurde wegen ihres geringen pastoralen Wertes auch die Kinderwallfahrt eingestellt. Die Jugendwallfahrt hörte von selbst auf, als die Katholische Jugend an Zahl und Bedeutung schrumpfte, und auch die Frauenwallfahrt wurde aufgegeben. Es überlebte nur die Männerfahrt, die nunmehr von der Katholischen Männerbewegung veranstaltet (früher war die von P. Abel gegründete Kaufmännische Kongregation Veranstalter gewesen) und jedes Jahr unter ein bestimmtes Motto gestellt wird. Es konnte nicht ausbleiben, daß auch tagespolitische Schlagworte und modische Parolen in die Texte dieser Veranstaltung einflossen. Dies veranlaßte im Jahre 1968 Viktor Reimann zu dem bos-

[101] Alfred Hoppe, Des Österreichers Wallfahrtsorte (Wien 1913) 861 f.
[102] StAKl K 37; Katalog hl. Leopold (wie Anm. 41) 354 f.
[103] StAKl Urk. 1936 IX 24. — Katalog hl. Leopold (wie Anm. 41) Nr. 481.
[104] StAKl K 38.

haften, aber nicht unberechtigten Artikel „Heiliger Mao, bitte für uns!".[105] Inzwischen haben die Wallfahrten zu ihrem ursprünglichen Sinn zurückgefunden, es steht wieder die Gestalt des Landespatrons im Mittelpunkt. Dazu hat wohl auch die Landesausstellung des Jubiläumsjahres 1985 beigetragen, die diesem Heiligen gewidmet war.[106]

Die Wallfahrt nach Klosterneuburg hat aber in den letzten 20 Jahren nicht nur abgenommen. Seit 1979 findet jährlich die Ministrantenwallfahrt nach Klosterneuburg statt, eine eindrucksvolle und sehr beliebte Veranstaltung.

* * *

Zum Abschluß sei noch ein Blick auf jene Wallfahrtsstätten geworfen, die das Stift Klosterneuburg betreute oder zu betreuen suchte. Der eigentliche Wallfahrtsort des Stiftes war die Marienkirche von Hietzing. Seit 1253 war das Stift im Besitz dieser Eigenkirche,[107] mußte aber durch Jahrhunderte um die Jurisdiktion über sie streiten.[108] Seit wann die dortige Gnadenstatue (eine Kopie jener von Maria Einsiedeln) verehrt wurde, ist nicht genau feststellbar. Eine Stiftung der Herzogin Johanna, Gattin Albrechts II., die wir schon als Pilgerin nach Klosterneuburg kennengelernt haben, läßt solches schon für 1340 vermuten.[109] Am Beginn des 15. Jahrhunderts ist jedenfalls schon ein reger Zustrom von Pilgern, auch aus Mähren, Böhmen und Ungarn, bezeugt.[110] Eine wunderbare Begebenheit anläßlich der Türkenbelagerung 1529 steigerte die Beliebtheit der Wallfahrt. Das Stift Klosterneuburg setzte sie auch als Mittel der Rekatholisierung sowie als Glaubensdemonstration ein. Propst Balthasar Polzman richtete 1586 einen Erlaß an alle Untertanen des Stiftes, insbesondere jene von Weidling, Salmannsdorf, Sievering, Ottakring, Döbling, Grinzing, Heiligenstadt, Nußdorf und Kahlenbergerdorf, durch den er den althergebrachten Brauch der Wallfahrt nach Hietzing wieder *erwegkhen* will: von jedem Haus sollen wenigstens ein oder zwei Personen am Sonntag, dem 11. September 1586, zu einer Wallfahrt nach Hietzing aufbrechen. Die Weidlinger sollen sich in der Stiftskirche zu Klosterneuburg versammeln, alle anderen in der Pfarrkirche von Heiligenstadt.[111]

Die erste Prozession in großem Rahmen hatte offenbar Erfolg und „erweckte" tatsächlich die Wallfahrt nach Hietzing wieder, denn hinfort gibt es

---

105 „Die Presse" vom 4. Dezember 1968.

106 Katalog hl. Leopold (wie Anm. 41).

107 StAKl Urk. 1253. — Wolfgang Pauker, Die Pfarrkirche von Hietzing (Wien 1899).

108 Floridus Röhrig, Die Kapelle von Hietzing — ein kirchliches Streitobjekt, Jahrbuch des Vereins für Geschichte der Stadt Wien 34 (1978) 122 ff.

109 StAKl Urk. 1340 XII 21. — Röhrig (wie Anm. 108) 123.

110 Gugitz (wie Anm. 44) Bd. 1, 84 ff.

111 StAKl K 317, Nr. 2. — Röhrig (wie Anm. 108) 128.

Nachrichten über zahlreiche Pilger, die sowohl als einzelne wie in geschlossenen Gruppen kamen. Hietzing war der bevorzugte Wallfahrtsort der gehobenen Gesellschaftsschichten und des Hofes, was durch die Nachbarschaft des Schlosses Schönbrunn erklärbar ist.[112] Bis an die Schwelle unseres Jahrhunderts gibt es zahlreiche Zeugnisse für Wallfahrten nach Hietzing.[113] In der Gegenwart ist die Wallfahrt so gut wie erloschen. Die Hietzinger Pfarrkirche ist zwar eine beliebte Hochzeitskirche, aber Pilgerscharen finden nicht mehr den Weg dorthin.

Hat an dieser Stätte die Wallfahrt von selbst aufgehört, so wurde in anderen Fällen der Wallfahrtsbetrieb von den kirchlichen oder staatlichen Behörden verboten und unterdrückt. Gleich drei solcher Fälle ereigneten sich in Ortschaften, die dem Stift Klosterneuburg unterstanden.

Die Wallfahrt nach Tattendorf wurde bereits eingehend bearbeitet[114] und braucht daher nur kurz erwähnt zu werden. Am 3. September 1672 entdeckte ein *lediger Geselle* im Geäst einer Eiche ein Marienbild, das trotz starken Regens trocken geblieben war. Auch über Lichtzeichen an diesem Baum wird berichtet. Sofort setzte ein großer Zustrom von Wallfahrern ein, Wunderheilungen sollen sich ereignet haben. Der Propst von Klosterneuburg ließ daraufhin um die Eiche eine hölzerne Kapelle bauen. Der zuständige Dechant von Traiskirchen wollte diese abreißen lassen, was nicht gelang, aber er erreichte immerhin, daß das „Gnadenbild" in die Tattendorfer Pfarrkirche gebracht wurde. Das Volk strömte aber weiterhin zur Eiche, ein Einsiedler ließ sich dort nieder. Kirchliche Maßnahmen gegen diese Wallfahrt führten dazu, daß nun auch eine literarische Propaganda zu ihren Gunsten einsetzte. Ein Wallfahrtslied entstand, sogar Kaiser Leopold I. wurde eine gereimte Botschaft zugespielt. Aus deren unbeholfenen Versen spricht erschütternd die Not der armen Leute.[115] Nun ordnete auch der Kaiser Maßnahmen gegen den verbotenen Kult an. Auf Betreiben des Dechants wurde 1673 die Eiche gefällt und der Wurzelstock ausgegraben, aber die Leute pilgerten weiterhin in Scharen zu dem Platz, richteten dort zwei Kreuze auf und brachten Opfergaben dar. Trotz aller Verbote nahm die Wallfahrt weiter zu. Daß sie sogar dem Sonntagberg Konkurrenz gemacht hätte, beruht allerdings auf einem Irrtum.[116] Mehrere wunderbare, zum Teil beglaubigte Heilungen

---

[112] Gugitz (wie Anm. 44) Bd. 1, 85.

[113] StAKl K 2384 Nr. 11 (18. Jh.), K 834 (1783), K 2 (19. Jh.).

[114] Anselm Joseph (= Gustav Gugitz), Die Wallfahrt nach Tattendorf, Unsere Heimat 18 (1947) 5 ff.

[115] DAW (= Diözesanarchiv Wien) fasc. Tattendorf 1585—1759. Unter dieser Signatur sind sämtliche Akten über die Tattendorfer Wallfahrt zu finden. Das Bittgesuch an Kaiser Leopold ist in drei verschiedenen Versionen vorhanden.

[116] Ein lateinischer Brief des Superiors vom Sonntagberg, der bei den Tattendorfer Akten

werden verzeichnet. Der Pfarrer von Tattendorf und sein Propst in Klosterneuburg duldeten stillschweigend das Treiben. Noch 1688 wird dem Propst befohlen, Maßnahmen gegen die *Abgötterei* zu ergreifen. Ob dies geschah, ist nicht bekannt. Jedenfalls hörte der Wallfahrtsbetrieb gegen Ende des Jahrhunderts auf. Das „Gnadenbild" ist in den Akten noch vorhanden: ein schlichter Blinddruck auf weißer Pappe im Format 15,5×11 cm, darstellend im Oval ein Brustbild der Gottesmutter mit der Umschrift *In tribulationibus nostris succurre nobis Beata Virgo Maria.*

Das Dorf Haselbach war gleichfalls dem Stift Klosterneuburg zugehörig. Es besaß keine eigene Pfarre, sondern gehörte zur Pfarre Niederhollabrunn. Die eigentliche Kirche von Haselbach war aber die Kapelle auf dem nahegelegenen Michelsberg, ein altes und vielbesuchtes Heiligtum des hl. Michael. Dort wurde am Weißen Sonntag, dem 30. März 1704, beobachtet, daß ein die Verkündigung Mariä darstellendes Bild auf unerklärliche Weise zu schwitzen begann.[117] Sofort setzte ein reger Zustrom des Volkes ein, weshalb der Pfarrer von Niederhollabrunn bereits am 4. April beim Passauer Konsistorium Beschwerde erhob. Ein Gutachten des Vizeoffizials Bermeitinger führt sechs mögliche natürliche Ursachen für diese Flüssigkeitsentwicklung an (die er allerdings zum Teil selbst entkräftet) und rät im übrigen zuzuwarten. Trotzdem entschied das Konsistorium einstimmig für die Entfernung des Bildes und Bestrafung der Haselbacher. Es wurde eine Kommission eingesetzt, die am 6. Juni einen umfangreichen und sehr kritischen Bericht erstellte. Da die Pilgerscharen immer zahlreicher wurden, holte der Vikar von Niederhollabrunn am 12. Juni das Bild ab und hängte es in seiner Pfarrkirche auf. Wenige Tage später holten es sich aber die Haselbacher zurück. Daraufhin wurde Anzeige beim Propst von Klosterneuburg erstattet und den Haselbachern die Exkommunikation angedroht; der Propst aber nahm seine Untertanen in Schutz. Schließlich einigte man sich darauf, daß das Bild in Haselbach bleiben, aber in einem Kasten der Sakristei verschlossen gehalten werden solle. Die Wallfahrten hörten aber nicht auf, wodurch die Einnahmen der Kapelle auf dem Michelsberg gewaltig stiegen. Das dürfte den Kaplan von Niederhollabrunn veranlaßt haben, im Jahre 1712 neuerlich das Bild zu entwenden. Auf die energische Beschwerde der Haselbacher mußte er es nach drei Tagen zurückbringen, es wurde wieder im Sakristeikasten eingesperrt. Dort blieb es, bis in den Jahren 1745 bis 1749 eine neue,

---

liegt, berichtet nur von ähnlichen Erscheinungen in Maria Taferl (!) und Pöggstall, enthält aber keine Beschwerde gegen die Tattendorfer Wallfahrt.

[117] DAW, Pfarre Haselbach, fasc. 8. Unter dieser Signatur liegen alle Akten über die Wallfahrt. — Paul Weitzer, Die Geschichte der Pfarre Haselbach und ihrer Kapelle auf dem Michelsberg, Theol. Diplomarbeit (ungedruckt, Wien 1975) 41 ff. — Floridus Röhrig, Haselbach und das Stift Klosterneuburg, in: Katalog der Ausstellung „Thomas Ebendorfer von Haselbach" (Perchtoldsdorf 1988) 66 f.

prächtige Kirche auf dem Michelsberg erbaut wurde. Die Haselbacher suchten beim Passauer Konsistorium um die Erlaubnis an, das alte Verkündigungsbild in der neuen Kirche anbringen zu dürfen, und siehe da! — was vor 40 Jahren noch als Aberglaube galt, erregte 1747 keine Bedenken mehr.[118] Das Bild wurde über dem Tabernakel des Hochaltars angebracht. Die Wallfahrt dürfte allerdings zurückgegangen sein. Nachdem ihr Dorf 1785 zur Pfarre erhoben wurde, brachen die Haselbacher die große, allzu weit entfernte Kirche auf dem Michelsberg ab und bauten sie etwas kleiner bis zum Jahr 1788 unten im Ort wieder auf. Noch heute ist dort über dem Tabernakel das schöne, barocke Bild der Verkündigung zu sehen, aber kaum jemand denkt daran, daß es einst ein vielbesuchtes Gnadenbild war.

Hatte das Stift Klosterneuburg sowohl in Tattendorf als auch in Haselbach die aufkommenden, volkstümlichen Wallfahrten in Schutz genommen und sogar gefördert, so war das im Zeitalter der Aufklärung anders. Auf dem zur Pfarre *Weidling* gehörigen Hermannskogel ist im Jahre 1804 neben einer Quelle ein Maria-Hilf-Bild an einer Buche aufgehängt worden. Und 13 Jahre später brach ein großer Wallfahrtsrummel aus, nachdem dort angeblich ein Weib Erscheinungen gehabt habe. Scharenweise zogen Wiener hinauf, brachten Opfergaben und hängten weitere Bilder bei der Quelle auf. Alle diese Bilder ließ der Propst von Klosterneuburg am 14. August 1817 entfernen und im Stift verwahren. Die „Seherin" und der Dorfrichter von Untersievering, von wo die meisten Wallfahrer kamen, wurden von der Polizei eingesperrt. Trotzdem kamen weiter „polizeiwidrige" Wallfahrten auf den Hermannskogel, sogar eine Prozession von weißen Mädchen aus Sievering.[119] Die Regierung traktierte den Erzbischof von Wien, Sigismund Graf Hohenwart, ständig mit Anzeigen und versuchte sogar, die Verantwortung für diese abergläubischen Bräuche P. Clemens Maria Hofbauer in die Schuhe zu schieben, der durch seine Verbindung mit dem *berüchtigten Schwärmer* Zacharias Werner verdächtig sei. Die Oberin des Wiener Ursulinenklosters nahm allerdings ihren Seelsorger am 2. September 1817 energisch in Schutz. Inzwischen hatte die Regierung das Quellwasser chemisch untersuchen und feststellen lassen, daß es ganz gewöhnliches Wasser sei. Trotzdem wurde ein reger Handel damit betrieben, und ein Sieveringer Hauer, der am Brünnl seinen Wein ausschenkte, machte das Geschäft seines Lebens.[120] Tatsächlich scheint bei den Pilgerfahrten auf den Hermannskogel nicht nur Frömmigkeit, sondern auch eine tüchtige Portion Aberglaube mit im Spiel gewesen zu sein, weshalb staatliche und kirchliche Obrigkeit bemüht waren, dem Betrieb rasch ein Ende zu bereiten. Erzbischof Hohenwart befahl dem Propst

[118] Weitzer (wie Anm. 117) 58.
[119] DAW, Pfarre Weidling. Alle Akten unter dieser Signatur.
[120] Forthuber (wie Anm. 90) 88 ff.

von Klosterneuburg, das angebliche Gnadenbild in die Pfarrkirche von Weidling bringen und später ganz verschwinden zu lassen.[121] Das Letztere geschah allerdings nicht, denn das Bild hängt noch heute in der Beichtkapelle der Weidlinger Kirche. Gegen die Prozessionen wurde mit Polizei und Militär eingeschritten, noch im Jahre 1817 wurde die große Buche umgehauen und die Quelle verschüttet. Damit hat man allerdings nur erreicht, daß die gläubige Andacht vollends dem Aberglauben wich. Auf etwas rätselhafte Weise mischte sich die Erinnerung an die Andachtsstätte mit der Legende von einem versunkenen Kloster. Eine gewisse Agnes – der Name ist den Klosterneuburgern ehrwürdig als jener der Mitstifterin des Klosters – wird zu einer zwielichtigen Sagengestalt,[122] aus der verschütteten Quelle, nunmehr Agnesbrünnl genannt, sucht man Lotterienummern zu erkennen.[123] So hat auch die Perversion des Wallfahrtsgedankens in Klosterneuburg ihre Verwirklichung gefunden.

---

[121] StAKl K 183, Nr. 10.

[122] Heide Dienst, Agnes – Herzogin, Markgräfin, Ehefrau und Mutter (Wien 1985) 182 ff.

[123] Walter Hirschberg, Das Agnesbrünnl. Volkskundliches um eine Quelle im Wienerwald (Wien 1949).

# WALLFAHRT IM DIENST DER GLAUBENS-ERNEUERUNG

Von Karl Hörmann, Wien

*Leute, die viel wallfahrten, werden* (dadurch) *selten heiliger (Qui multum peregrinantur, raro sanctificantur).*[1] Diese Kritik am Wallfahrtswesen richtet sich gegen Mißbräuche und unlautere Motive,[2] nicht gegen das rechte Wallfahrten, für das die Konzilskongregation 1936 Richtlinien erlassen hat.[3] Vom richtig geübten Wallfahrten hat man sich allzeit eine Vertiefung des religiösen Lebens erhofft, so auch in der Zeit der katholischen Erneuerung im 17. Jahrhundert. Dafür ein Beispiel aus dem Gebiet an der Grenze zwischen Niederösterreich und Mähren, näherhin aus den Pfarren Laa an der Thaya und dem in Mähren gegenüberliegenden Höflein.

Die älteste Urkunde, in der Laa erwähnt wird, stammt aus der Zeit um 1150;[4] entstanden ist der Ort natürlich schon früher. Herzog Leopold VI. (1230—1246) baute ihn zur Festung aus.[5] Kirchlich gehörte Laa zum Passauer Bereich. Von der Mutterpfarre Gaubitsch aus entstand die Pfarre Fallbach, die bald nach Laa übertragen wurde.[6] 1297 wirkten in Laa der Pfarrer Reicholf und die drei Hilfspriester Penhover, Chunradt und Ulrich, wie aus der Urkunde hervorgeht, mit der der Gutsherr von Großtajax in Mähren, Leopold von Jakobau, der Pfarre Laa eine Wiese überließ.[7]

Höflein dürfte um 1200 durch einen Přemysliden-Herrscher gegründet worden sein. Es blieb im Mittelalter Eigentum der mährischen Landesfürsten, wie anderseits auch Laa landesfürstliche Stadt der österreichischen Herrscher war. Übrigens waren schon im Mittelalter die österreichischen Herrscher wiederholt auch Landesherren von Mähren. Höflein lag in dem Gebiet, in dem nachweislich die Olmützer Bischöfe die Jurisdiktion ausüb-

---

[1] De imitatione Christi 1, 23, ed. Desclée & Socii (Parisiis, Tornaci, Romae 1934) 45.

[2] Vgl. B. Kötting, Wallfahrt, LThK ²10, 941—946, 945.

[3] AAS 28 (1936) 167.

[4] Otto, Walchun und Petrissa von Machland schenken 1150 dem Bistum Passau einen Hof in Laa. Monumenta boica 29 b (Monachii 1831) 214 = Urkundenbuch des Landes ob der Enns 1 (Wien 1852) 479; Adam Maidhof, Die Passauer Urbare 1: Urbare des Hochstiftes (Passau 1933) 325—328, 326.

[5] Max Vancsa, Geschichte Nieder- und Oberösterreichs 1 (Gotha 1905) 398.

[6] Ernst Tomek, Kirchengeschichte Österreichs 1 (Innsbruck 1935) 319, 326; Hans Wolf, Erläuterungen zum historischen Atlas der österreichischen Alpenländer 2/6 (Wien 1955) 363, 365.

[7] Heinrich Brunner, Geschichte der Ortsgemeinde Großtajax. Von den ältesten Zeiten an bis zum Jahre 1657, 1 (Brünn 1923) 4 f.; Johann Bischinger, Karl Keck, Series parochorum. Laa a. d. Thaya, Beiträge zur Wiener Diözesangeschichte. Beilage des Wiener Diözesanblattes 4 (1963) 27 f.

ten.[8] Vor der Errichtung des Prager Erzbistums gehörten Böhmen und Mähren zur Mainzer Kirchenprovinz; an der Thaya stießen also die Kirchenprovinzen Salzburg und Mainz aufeinander. Höflein hatte 1282 eine Marienkirche, einen Pfarrer Jakob und einen Hilfspriester Marquard.[9] Es ist anzunehmen, daß die mährischen Landesfürsten in dem von ihnen begründeten Dorf Höflein das kirchliche Patronatsrecht ausübten. Allerdings dürften sie dieses Recht schon bald weitergegeben haben. Auf Anregung des böhmischen Königs Wenzel II., der zugleich Markgraf von Mähren war, erhob nämlich der Olmützer Bischof Dietrich von Neuhaus 1296 die Kirche St. Peter in Brünn zur Propsteikirche, ernannte ihren damaligen Rektor Peter Aichspalt zum Propst und errichtete ein Kollegiatkapitel.[10] Zur Versorgung der Kanoniker mit Einkünften wurden mehrere Pfarrpatronate auf das Kapitel übertragen, darunter das von Höflein.[11] Die Brünner Kanoniker ließen die Pfarre Höflein durch Stellvertreter (Vikare) betreuen.[12]

Zur Zeit der Reformation verbreitete sich in Niederösterreich unter dem Einfluß des Adels und der Städte rasch der Protestantismus. In Laa gab es von 1543 bis 1591 eine Reihe von Pfarrern, die mehr oder minder dem Protestantismus zugetan waren.[13]

In Böhmen und in Mähren war es schon im 14. und im 15. Jahrhundert zu revolutionären religiösen Bewegungen und Abspaltungen von der Kirche gekommen. Diese fanden besonders im tschechischen Adel ihre Beschützer und Förderer. In der ersten Hälfte des 16. Jahrhunderts drangen auch in Mähren die Bewegungen Luthers und anderer Reformatoren ein, wieder vielfach vom Adel begünstigt. So wurde z. B. Nikolsburg, das den Herren von Liechtenstein gehörte, ein Sammelpunkt der Wiedertäufer, die im 16. Jahrhundert in Mähren an etwa achtzig Orten Gemeinden bildeten.[14] Die angesehenen Herren von Lipa, die in Südmähren begütert waren, beriefen mehrmals protestantische Pastoren nach Großtajax.[15]

---

[8] Der Olmützer Bischof Dietrich von Neuhaus setzte 1289 einen Geistlichen Wilhelm als Pfarrer von Großtajax ein. Brunner 4 f.

[9] Vertrag des Höfleiner Pfarrers Jakob mit dem Laaer Bürger Friedrich Mawer über einen Krautzehent, 15. Okt. 1282, Urkunde im Haus-, Hof- und Staatsarchiv in Wien (= HHStA).

[10] Gregor Wolny, Kirchliche Topographie von Mähren 2/1 (Brünn 1856) 31 f.; Emil Weinbrenner, Mähren und das Bistum Brünn (Brünn 1877) 45, 52 f., 87.

[11] Wolny 2/1, 31, 32.

[12] Gregor Wolny, Kirchliche Topographie von Mähren 2/2 (= 7) (Brünn 1858) 146 f.

[13] Theodor Wiedemann, Geschichte der Reformation und Gegenreformation 3 (Prag 1882) 250—253.

[14] Richard A. Hofmann, Reformation und Gegenreformation in der Herrschaft Nikolsburg. Ein Überblick, Archiv für Kirchengeschichte von Böhmen-Mähren und Schlesien 5 (1978) 434—439; Grete Mecenseffy, Geschichte des Protestantismus in Österreich (Graz, Köln 1956) 35, 30—42; F. Blanke, Wiedertäufer, LThK $^{2}$10, Sp. 1107—1109.

[15] Brunner 56, 60.

Das Dorf Höflein, das im Mittelalter den mährischen Landesfürsten gehört hatte, ging um 1500 in das Privateigentum adeliger Herren über und wurde mit der Herrschaft Grusbach verbunden. 1561 erwarb Berthold von Lipa, der Herr von Großtajax, diese Herrschaft. Nun geschah etwas, was die Entwicklung in Richtung Protestantismus nicht unbeträchtlich gefördert haben dürfte. Das Brünner Kollegiatkapitel, das das Patronat über die Höfleiner Pfarre innehatte, konnte auf die Verhältnisse hier kaum mehr Einfluß nehmen. Wegen der großen Entfernung und der geringen Einkünfte überließ das Kapitel unter dem Propst Johann Grodecky von Brod das Patronat gegen einen jährlichen Zins und unter der Bedingung, daß stets nur ein katholischer Pfarrer eingesetzt werden sollte, dem Herrn von Großtajax, Berthold von Lipa.[16] Bald zeigte sich aber, daß diese Absicherung nicht genügte.

1570 fand der protestantische Pfarrer von Laa, Martin Schich, in einer Auseinandersetzung im gewesenen Pfarrer von Oberleis, Alexius Schwarz, und im Pfarrer von Höflein (der nicht namentlich genannt wird) Gesinnungsgenossen.[17]

Berthold von Lipa verkaufte die Herrschaft Grusbach mit Höflein und anderen Ortschaften an Peter Skoch von Čertorej (Čertorejsky).[18] Dessen Sohn Johann berief den unrühmlich bekannten[19] Alexius Schwarz als Pfarrer nach Höflein, hatte aber bald mit ihm Schwierigkeiten.[20] Eine Klage des Brünner Kollegiatkapitels gegen Bernhard Čertorejsky, in dessen Hand Höflein schließlich gelangt war, beim Landgericht in Brünn, daß dieser vertragswidrig keinen katholischen Pfarrer in Höflein einsetzen wolle, blieb 1600 anscheinend erfolglos, da noch 1615 der protestantische Prediger Bartholomäus Heumann in Höflein tätig war.[21] In einem Schreiben an den Grafen Trautson, den damaligen Burgherrn von Laa, beschwerte sich am 29. September 1608 der Laaer Pfarrer Püdler, daß er auf dem Platz von Laa vom Höfleiner Prädikanten grob beschimpft worden sei.[22] Anderseits kamen auch offensichtlich katholische Leute aus Mähren nach Laa beichten, wie sich aus einem Ansuchen des Pfarrers Püdler, sie lossprechen zu dürfen, ergibt.[23]

---

[16] Wolny 2/2, 146.

[17] Wiedemann 3, 251 f.

[18] Brunner 334.

[19] Wiedemann 3, 251 f. — Bei Bernhard Raupach, Presbyteriologia Austriaca (Hamburg 1741), und: Evangelisches Österreich, 4 Bde (1732—1740), wird Alexius Schwarz nicht genannt; wahrscheinlich war er den evangelischen Kirchenbehörden auch nicht genehm.

[20] Wolny 2/2, 147.

[21] Ebd.

[22] Pfarrarchiv Laa; Baumann-Gregora, Geschichte der Pfarre Laa an der Thaya (handschriftlich, Pfarrarchiv Laa) 32.

[23] Wiener Diözesanarchiv, Laa, 8. Juli 1619.

In Laa gab es seit 1591 wieder katholische Pfarrer (Nikolaus Penold wurde am 21. August 1591 als solcher ernannt).[24] Besonders eifrig war für die Rekatholisierung Dr. Josef Püdler tätig, der von 1606 bis 1616 und wieder von 1618 bis 1634 dort Pfarrer war.[25] Im Auftrag des Kaisers Ferdinand II. führten der Inhaber der Herrschaften Asparn an der Zaya und Staatz, Freiherr Seifried Christoph Breuner, und der Dechant von Mistelbach, Paul Pörsius, eine Überprüfung der religiösen Verhältnisse im Dekanat Mistelbach, das damals 58 Pfarr- und Filialkirchen zählte, durch. Im Bericht darüber an den Kaiser heißt es von Laa: *Pfarrer alda über die 20 Jahr Joseph Pütler, Welcher in seinem berueff vnd anuertrauten Weingarten also fleißig, das er khain Vnkraut darin geduldt, dahero alle seine Schäffel Catholisch auser aines Schmidts, welcher Vnlengst die Conuersion promittiert doch bishero nicht VolZogen.*[26] Manche Bürger der im großen und ganzen wieder katholisch gewordenen Stadt blieben heimlich Protestanten. Noch 1612 ging der Bürger Caspar Lübich, der samt seiner Frau lutherisch war, nach Höflein, um da vom Prädikanten das Abendmahl zu empfangen;[27] im Laaer Sterbebuch ist später vermerkt, daß Caspar Lübich am 9. Oktober 1629 *nach vorgehender beicht vnnd h. Communion, in Gott entschlaffen* ist.[28]

Wie in Österreich Kardinal Melchior Klesl, war in Mähren der Bischof von Olmütz, Kardinal Franz von Dietrichstein, Hauptträger der kirchlichen Gegenreformation. Seine Familie besaß seit 1575 die Herrschaft Nikolsburg. Franz von Dietrichstein, der 1570 als Sohn des kaiserlichen Gesandten in Spanien, Adam von Dietrichstein, in Madrid geboren worden war, studierte in Rom, wurde 1597 zum Priester geweiht, 1599 zum Kardinal erhoben und zum Bischof von Olmütz gewählt. Nachdem seine älteren Brüder gestorben waren, trat er 1611 die Herrschaft Nikolsburg an. Seinen vielfältigen Bemühungen, ganz Mähren zum katholischen Glauben zurückzuführen, waren nur Teilerfolge beschieden.[29]

Der Empörung der protestantischen Adeligen Böhmens gegen die habsburgische Regierung im Jahre 1618 schloß sich die Mehrzahl der mährischen

---

[24] Wiedemann 3, 253 f.

[25] Bischinger—Keck 28.

[26] Bericht im Breuner-Archiv Grafenegg (HHStA) Karton 684. Der Bericht ist undatiert; nach Marianne Messerschmidt, Geschichte der Pfarre Mistelbach, von den Anfängen bis zur Übernahme durch die Barnabiten im Jahre 1661, in: Mistelbach Geschichte 1, hg. von Herbert Mitscha-Märheim (Mistelbach 1974) 103—143, 134, wurde die Visitation 1629 durchgeführt; ein Beleg wird dafür nicht angegeben.

[27] Hausprotokoll der Pfarre Laa 1, 26.

[28] Sterbebuch der Pfarre Laa 1, 130.

[29] F. Seibt, Dietrichstein, LThK $^{2}$3, Sp. 388; J. Matzke, Olmütz, LThK $^{2}$7, Sp. 1151 f.; F. Seibt, Böhmen und Mähren, LThK $^{2}$2, Sp. 562; Gregor Wolny, Kirchliche Topographie von Mähren 1/1 (Brünn 1855) 87 f.; Richard A. Hofmann, Das Nikolsburger Kollegiatkapitel, Archiv für Kirchengeschichte von Böhmen-Mähren und Schlesien 5 (1978) 422—433, 423.

Adeligen an. Am 8. November 1620 wurden die Aufständischen in der Schlacht am Weißen Berg entscheidend geschlagen. Als Folge davon verloren, wie viele andere, die Brüder Weikhard und Siegmund Skoch Čertorejsky ihre Besitzungen, darunter die Herrschaft Grusbach (mit Höflein).[30] Diese Herrschaft wurde 1622 an Seifried Christoph Breuner verkauft.[31] Kardinal Dietrichstein, der selbst von den Aufständischen einige Zeit in Brünn in Haft gehalten worden war, konnte nicht nur in seine Diözese zurückkehren, sondern wurde vom Kaiser auch zum Statthalter von Mähren bestellt und zum Reichsfürsten ernannt. Er machte nunmehr Nikolsburg zu seiner weltlichen Residenz und übersiedelte 1624 dorthin.[32] Bis zu seinem Tod (1636) wandte er alle Mühe auf, Mähren wieder katholisch zu machen. Im Jahre 1634 konnte er über den guten Erfolg seiner Bemühungen nach Rom berichten; freilich mußte er auch anführen, daß für die 636 Pfarren nur 257 Pfarrer zur Verfügung standen.[33]

Ferdinand II. verlangte von Seifried Christoph Breuner bei der Übertragung der Herrschaft Grusbach *sambt den Collaturen, (. . .) daß dieselbe ietzt vnd allezeit mit ordentlichen, geweichten, Römischen, Catholischen, vnd von Bischoffen Zu Ollmitz Confirmirten, Priestern ersetzt werden sollen.*[34] Breuner hatte dazu sicher den Willen; die Frage war nur, wo er diese Priester hernehmen sollte.

Für die Seelsorge in Höflein gewann Breuner als Patronatsherr den Pfarrer von Laa, Dr. Josef Püdler.[35] Dieser erlangte am 10. Oktober 1624 vom Päpstlichen Nuntius in Wien, Carafa Rosella, die Dispens, neben seiner Hauptpfarre Laa auch die Pfarre Höflein behalten zu dürfen.[36] In Höflein ging er behutsam vor; da die Kirche dem Gottesdienst und der Bestattung von Lutheranern gedient hatte, mußte sie für den katholischen Gottesdienst erst rekonziliiert werden;[37] Püdler wollte es nur in einfacher Form tun, *da in diesem Dorf fast alle Lutheraner sind.*[38] Als ein Teilerfolg seiner Tätigkeit in Höflein wird vermerkt, daß am 19. Mai 1624 *Paul Khreuß, gewester Nachbar*

---

[30] Christian d'Elvert, Beiträge zur Geschichte der Rebellion, Reformation, des Dreißigjährigen Krieges und der Neugestaltung Mährens im siebzehnten Jahrhundert (Brünn 1867) 137, 143, 221, 234, 249 f., 335, 339, 342, 346, 347, 366, 412.

[31] Majestätsbrief aus Prag, 28. April 1623, im Breuner-Archiv Grafenegg in mehreren Abschriften vorhanden, z. B. Karton 633.

[32] Wolny 1/1, 91—94; Hofmann 423.

[33] Beda Dudik, Bericht über die Diöcese Olmütz durch den Cardinal Franz von Dietrichstein im Jahre 1634, Archiv für österreichische Kirchengeschichte 22 (Wien 1870) 213—231.

[34] Majestätsbrief vom 28. April 1623 (wie Anm. 31).

[35] Hausprotokoll der Pfarre Laa 1, 55. 129.

[36] Pfarrarchiv Laa, Faszikel Pfarrer; Baumann-Gregora 29.

[37] Püdler erbat die Vollmacht vom Nuntius in Wien am 14. März 1625 und erhielt sie am 18. März 1625; Baumann-Gregora 29 f.

[38] *Cum in illo pago fere omnes sint Lutherani;* Baumann-Gregora 29.

*im nechsten dorff Höfflein* begraben wurde, der *zuvor hart Lutherisch* gewesen war, aber gebeichtet und kommuniziert und die Krankenölung empfangen hatte.[39] 1625 erwirkte Kardinal Dietrichstein vom Papst die Erlaubnis, die vakanten Pfarren mit Augustinern, Karmeliten, Dominikanern und anderen geeigneten Ordenspriestern zu besetzen.[40] Für Höflein und Grusbach konnte auf einige Jahre ein P. Bonaventura Görger, Theologiedoktor, gewonnen werden.[41] Am 13. Dezember 1629 schrieb der Oberverwalter der Breuner-Güter, Hans Ciriacus Hofmann, von Staatz aus an den Breunerschen Rentschreiber in Höflein, Geörg Hammer, dieser solle den *Pater auf Kruspach* bitten, in den nächsten Tagen zu Höflein *ein ambt beate mariae virginis pro pestu eingeschlossner auch das Viech* zu halten, *Zue ehr der glorwürdigen Himel königin in disem ihrem dedicirten gotshaus.*[42]

Später wurde erneut Dr. Püdler mit der Sorge für die Pfarre Höflein betraut. Er bezog dafür aus Höflein Naturaleinkünfte, die ihm von der Breuner-Herrschaft zum Teil in Geld abgelöst wurden.[43] Zur Stärkung des religiösen Lebens der Katholiken unternahm Püdler mehrere Wallfahrten. Eines der Ziele dieser Kirchfahrten war die Lorettokapelle, die Kardinal Dietrichstein in Nikolsburg errichtet und zu Maria Verkündigung 1624 eingeweiht hatte. Von Laa zogen Prozessionen zu Maria Heimsuchung (2. Juli), zu Maria Vermählung (17. Juli) oder zu Maria Himmelfahrt (15. August) über Wildendürnbach dorthin.[44] Zum Titelfest der Höfleiner Kirche „Maria Himmelfahrt“ unternahm Püdler am 15. August 1630 mit mehr als hundert Katholiken von Laa, darunter dem Stadtrichter und zwei Ratsherren, eine Wallfahrt nach Höflein, um für die reiche Getreideernte und andere Wohltaten Gottes zu danken. Dabei hielt er in Höflein ein gesungenes Hochamt mit Predigt von der Dankbarkeit, die man von Maria lernen kann.[45]

Im selben Jahr setzte es Püdler gegen den Willen der Ratsherren von Laa, die die Ansteckung fürchteten, durch, daß er sich in die Filiale Hanfthal begeben konnte, um dort Pestkranke zu betreuen; er hielt sich bei ihnen acht Tage auf. *Darnach ist er gefahren auff die Ihm Vertraute Höffleiner Pfarr, daselbst*

[39] Sterbebuch der Pfarre Laa 1.

[40] Christian d'Elvert, Stand des katholischen Clerus in Mähren und Oesterr.-Schlesien bis in die Mitte des 19. Jahrhundertes, Notizen-Blatt der historisch-statistischen Section der kais. königl. mährisch-schlesischen Gesellschaft zur Beförderung des Ackerbaues, der Natur- und Landeskunde 1880, Nr. 10, 73—80, 77.

[41] Leistungen an Görger als Pfarrer von Höflein 1626—1629 in den Abrechnungen im Breuner-Archiv Grafenegg, Karton 635 und 635 a.

[42] Breuner-Archiv Grafenegg, Karton 635 a.

[43] Abrechnungen ebd. Karton 635.

[44] Hausprotokoll der Pfarre Laa 1, 164; Karl Keck, Zur Geschichte der Wallfahrt nach Maria Loretto in Nikolsburg, Beiträge zur Wiener Diözesangeschichte 23 (1982) 44 f.

[45] Hausprotokoll der Pfarre Laa 1, 151.

*er hat er sich etlich tag gereiniget an lufft Vnd Kleidern, Vnd ist darauff (Gott lob) glicklich Vnd gesundt widerumb haimb khomben.*[46]

1632 wurde Püdler in Höflein durch den gewesenen Pfarrer von Wultendorf, Johannes Agricola, abgelöst. Dieser war angeklagt worden, weil er vor der Kirche in Wultendorf einen Bauern getötet hatte, war aber freigesprochen worden, da er in Notwehr gehandelt habe.[47] Vermutlich war aber an ein ersprießliches Wirken dieses Priesters in Wultendorf nicht mehr zu denken. Seifried Christoph Breuner bemühte sich, Agricola nach Höflein zu bekommen,[48] zumal er die Pfarre Staatz mit Neudorf und Wultendorf den Minoriten übergeben wollte.[49] Tatsächlich war Agricola schon im Herbst 1632 Pfarrer von Höflein.[50]

* * *

Kehren wir zu unserer Anfangserwägung zurück. In der Reformation und der Gegenreformation ging man vielfach nach dem Grundsatz vor: Der Herrscher bestimmt, welcher Konfession seine Untertanen angehören sollen *(cuius regio, illius et religio).* Danach handelten die Landesherren, oft aber auch die kleineren Feudalherren. Nach unseren heutigen Einsichten ist dies ein unglückseliges Prinzip, da es die Gewissensfreiheit des einzelnen Menschen nicht achtet. Freilich müssen wir uns davor hüten, die Vergangenheit nach heutigen Maßstäben zu messen, nach Maßstäben, die sie nicht hatte oder sogar nicht haben konnte.

Wir verabscheuen jeden Zwang auf religiösem Gebiet, jeden Zwang zu einer religiösen Praxis, jedes zwangsweise Abhalten von einer solchen Praxis, sofern diese nicht die Rechte anderer stört. Das gilt auch vom Wallfahrten. Wir haben keinen Grund, daran zu zweifeln, daß es einem Mann wie dem Laaer Pfarrer Dr. Püdler nicht bloß um äußeren Schein ging, sondern um echte religiöse Erneuerung. Auf dieses Ziel hin setzte er auch solche Mittel wie das Wallfahrten ein, und, wie es scheint, nicht ohne Erfolg.

---

[46] Ebd. 1, 164 f.

[47] Consistorial-Protokoll 1632—1637, 37, 67, Wiener Diözesanarchiv; Karl Keck, Wultendorf: Series parochorum, Ergänzung; Beiträge zur Wiener Diözesangeschichte 11 (1970) 5.

[48] Briefe des Höfleiner Rentschreibers Geörg Hammer an Seifried Christoph Breuner vom 31. Juli 1632 und Breuners an den Oberhauptmann in Asparn, Jeremias Marcell, vom 4. Aug. 1632, Breuner-Archiv Grafenegg, Karton 682.

[49] Keck (wie Anm. 47) 5.

[50] Abrechnung vom 17. Okt. 1632, Breuner-Archiv Grafenegg, Karton 635.

# STAAT AUS ORTHODOXER SICHT

Von Ernst Chr. Suttner, Wien

Seit 787 tagte nach Auffassung der orthodoxen Kirche kein ökumenisches Konzil mehr. Allein ein solches Konzil hätte eine Lehre ausarbeiten können, die gesamtorthodoxe Verbindlichkeit besäße. Da es seit dem letzten dieser Konzilien zu tiefgreifenden und in den verschiedenen Regionen voneinander divergierenden Wandlungen in Staat und Kirche kam, gibt es keine ausformulierte Soziallehre, die allen orthodoxen Kirchen gemeinsam wäre. Wohl fand die orthodoxe Kirche nach geschichtlichen Umbrüchen jeweils passende Formen für ihren Lebensvollzug. Wegen der großen Verschiedenheit der historischen Bedingungen, unter denen sie lebte und bis heute lebt (sie fand ihren Weg im byzantinischen Reich und unter den Kreuzfahrern; unter mittelalterlichen und neuzeitlichen orthodoxen, katholischen, protestantischen und islamischen Herrschern und in den Kolonien italienischer Handelsrepubliken mit grundverschiedener Religionspolitik; in den multinationalen Reichen der Araber, der Mongolen, der Osmanen, der Habsburger und der Petersburger Zaren und in Nationalstaaten, bei denen sie in einigen die nationale Kirche war, in anderen nicht; in absoluten, aufgeklärten und konstitutionellen Monarchien sowie in Demokratien und in totalitären Systemen faschistischer bzw. marxistischer Prägung; schließlich in jüngster Zeit als Emigration unter den politischen Bedingungen fast aller zeitgenössischer Staaten), mußten die konkreten Ausgestaltungen des Lebensvollzugs stark differieren, und daher sind in der Orthodoxie teils nacheinander, teils gleichzeitig verschiedene Staatsauffassungen wirksam geworden.

Beim Vollziehen ihres kirchlichen Lebens trug die Orthodoxie natürlich überall den konkreten Gegebenheiten des staatlichen Lebens Rechnung. In manchen autokephalen orthodoxen Kirchen wurden auch theoretische Auffassungen erarbeitet vom Staat als solchem und vom Verhältnis, das sich zwischen Staat und Kirche herausbildete. Darin spiegelt sich jeweils wider, was in der betreffenden Kirche wirksam wurde. Zu einer gesamtorthodoxen Zusammenschau der erworbenen Erfahrungen und Einsichten kam es hingegen, wie gesagt, nicht. Als Beispiel für die Bandbreite dieser Erfahrungen sei erwähnt, daß sich die Orthodoxie in marxistischen Staaten und als Emigration im Westen zu dem Gedanken bekennt, den erst die Neuzeit entwickelte, Religion sei privater Bereich der Staatsbürger, während sie im übrigen bis in jüngste Vergangenheit (in Rußland bis 1917, in den orthodoxen Königreichen Südosteuropas bis nach dem Zweiten Weltkrieg, in Griechenland bis heute) dem System des Staatskirchentums in je einer seiner verschiedenen Spielarten anhing. Der Umstand, daß große Teile der Orthodoxie seit Jahrhunderten, einzelne Kirchen sogar schon mehr als ein Jahrtausend, in nicht-orthodoxen Staaten mit entsprechender anderer Staatsreligion lebten und folglich nicht in jenem privilegierten Verhältnis zum Staat stehen konnten wie die orthodoxen Kirchen der orthodoxen Staaten, führte nicht zu einhelliger Kritik am System des Staatskirchentums als solchem, welches eine Glaubensgemeinschaft zur „herrschenden" macht und sie dafür aber auch besonderer staatlicher Einflußnahme aussetzt, den übrigen Glaubensgemeinschaften hingegen geringere Rechte einräumt, sie vielleicht auch durch allerlei Maßnahmen zum Anschluß an die Staatsreligion veranlassen oder sie eventuell sogar zum Verschwinden bringen möchte; vielmehr kam es in der Regel lediglich zu beredter Klage über die Verhältnisse in jenen Ländern, in denen es die Orthodoxie traf, minderen Rechtes zu sein.

Angesichts der vielfältigen Staatsformen, unter denen die Orthodoxie volle Zusammenarbeit mit der staatlichen Obrigkeit oder wenigstens eine ersprießliche Einvernahme mit ihr pflegte bzw. als Religionsgemeinschaft mit beschränkten Rechten, zu Zeiten sogar in der Verfolgung lebte, und im Hinblick auf die Tatsache, daß es keine ausformulierte gesamtorthodoxe Soziallehre gibt, läßt sich auf engem Raum kein Überblick geben über die orthodoxen Positionen zu allen Teilaspekten unseres Themas. Wir beschränken uns im folgenden auf jene Gesichtspunkte der Staatsauffassung in den orthodoxen Kirchen, die unmittelbare Rückwirkungen erlangten auf die Verfassungsstrukturen des kirchlichen Lebens und sich bis zu einem gewissen Grad auch auf die Ekklesiologie und damit auf die ökumenischen Fragestellungen unserer Zeit auswirkten.

## I.

Unter Kaiser Justinian (527—565) war die spätantik-frühbyzantinische Spielart des Staatskirchentums voll ausgebildet. Die Vorstellung war allgemein, daß sich Römisches Reich und katholische Kirche gleich weit erstrekken und die kaiserliche Verantwortung sich nicht nur auf das Reich, sondern auch auf die Kirche bezieht. Kaiser Konstantin hatte jenes Konzil einberufen, das wir als I. Ökumenisches Konzil von Nizäa zählen. Unter gesamtkirchlichem Konsens entwickelte sich in der Folge die Zuständigkeit des Kaisers für die Einberufung der ökumenischen Konzilien, jenes Beratungsorgans, durch welches die Kirche schwere Probleme dogmatischer und kanonischer Art, die einheitsgefährdend waren, einer Lösung zuführen konnte. Dies bedeutet, daß im Konzept der Pentarchie, wie man die am Ausgang der Spätantike erlangte Manifestationsweise der Kircheneinheit zu bezeichnen pflegt,[1] eine wichtige Funktion für das Bewahren des Zusammenhalts der Kirchen beim Kaiser lag.

Die Kaiser intervenierten, wenn die Kircheneinheit gefährdet war, denn in der Kircheneinheit sahen sie auch eine Festigung der Reichseinheit. Gerade dies hatte aber in der Regel Vertiefung der Spannungen und Verfestigung der Spaltungen zur Folge. Wo man nämlich politisch nach Unabhängigkeit strebte, konnte man angesichts der allgemein verbreiteten Vorstellung von der Interdependenz zwischen Kirchen- und Reichseinheit auch durch theologischen Dissens zur Kirche des Kaisers auf das politische Ziel hinarbeiten. In einigen Fällen vermehrten die Kaiser sogar die dogmatischen Gegensätze um neue Nuancen, ja selbst um eine eigene Partei, indem sie theologischen Problemen durch kaiserliche Dekrete eine bestimmte Lösung geben und jedes Abweichen von der von ihnen verordneten Theologie verbieten wollten. Man denke etwa an das Henotikon Zenos oder an die Ekthesis des Heraklios. Gegen Andersgläubige ging von den Kaisern Bekehrungsdruck aus, denn nur wer zur Catholica gehörte, konnte die Rechte eines Reichsbürgers beanspruchen. Konnte das Reich verlorene Gebiete wiedererlangen,

[1] „Pentarchie" besagt, daß an der Spitze der Christenheit, die man damals als nicht nur in einer Kirche, sondern auch in einem Reich zusammengefaßt verstehen wollte, fünf Erstbischöfe der verschiedenen Regionen stehen und die Kircheneinheit dadurch verdeutlichen, daß sie untereinander Kirchengemeinschaft bewahren. Durch sie standen auch alle Ortskirchen, die in je ihrem Bereich ihnen zugeordnet waren, mit den Kirchen der anderen Regionen in kanonischer Gemeinschaft. Für die Erstbischöfe bürgerte sich mit der Zeit der Titel Patriarch ein. In der (kurzen) Blütezeit dieses Ordnungsgefüges gab es im Reich tatsächlich fünf Patriarchate: Rom, Konstantinopel, Alexandrien, Antiochien und Jerusalem. Gebiete, die jenseits der Grenzen des Römischen Reiches lagen, werden gemäß der politischen Theorie, daß das Reich sich ebensoweit wie die Christenheit erstrecke, nicht eigentlich in den Blick genommen, es sei denn, man mache die fiktive Annahme, daß der Jurisdiktionsbereich Alexandriens keine südliche, derjenige Antiochiens keine östliche und jener Roms keine westliche Grenze gekannt habe. Drei von den genannten fünf Oberzentren waren bereits vor dem I. Konzil von Nizäa Realitäten, wenngleich die Kanones, die es zur Umschreibung ihrer Zuständigkeiten gibt, jünger sind. Die Rolle der Sitze von Konstantinopel und von Jerusalem wurde von den Kaisern gefördert und von ökumenischen Konzilien dekretiert. Rücksichtnahmen auf staatliche Belange beim Festlegen des Amtsbereichs eines Ersthierarchen der Pentarchie begegnen z. B. im Wortlaut der Konzilsbeschlüsse zugunsten Konstantinopels. Das Illyricum und Süditalien/Sizilien wurden nach Ausbruch des Bilderstreits durch eine rein kaiserliche Verfügung dem bilderfreundlichen römischen Patriarchen entzogen und dem bilderfeindlichen Konstantinopeler Patriarchen unterstellt. An der kirchenrechtlichen Gültigkeit der kaiserlichen Maßnahme gab es nie Zweifel, auch dann nicht, als die ikonoklastischen Kaiser als Häretiker verurteilt waren. Der im Begriff der Pentarchie postulierte harmonische Zusammenhalt der fünf Patriarchate war von kurzer Dauer, denn nach der arabischen Eroberung erwies sich das alexandrinische Patriarchat praktisch zur Gänze und das antiochenische zu einem großen Teil als antichalkedonisch. Spannungen zwischen Rom und Konstantinopel brachten weitere Störungen mit sich. Zum Entstehen und zur Krise der Pentarchie vgl. V. Peri, La pentarchia: istituzione ecclesiale (IV—VII sec.) e teoria canonico-teologica, in: Bisanzio, Roma e l'Italia nell'Alto Medioevo, t. 1 (Spoleto 1988) 209—311.

bedeutete dies für dortige Christen, die nicht zur Catholica gehörten, daß sie zur Union mit der Kirche des Kaisers gedrängt wurden. Nach der Rückeroberung Nordafrikas unter Kaiser Justinian wurde das nichtnizänische Christentum der Vandalen durch staatliche Maßnahmen recht schnell zum Erliegen gebracht.[2] Absage an das nichtchalkedonische Bekenntnis und Anschluß an die Reichskirche wurde in der folgenden Zeit von den Armeniern gefordert, sooft Byzanz im Osten militärisch erfolgreich war.[3]

Die Integrationspolitik der Kaiser, die religiöse und ethnische Identitäten einzuebnen trachtete, hatte zur Folge, daß Kopten und Syrer, die in religiöser Hinsicht nichtchalkedonisch, in sprachlicher Hinsicht eigenständig und kulturell die Erben großer Traditionen waren,[4] die islamische Herrschaft der byzantinischen vorzogen. Wo Ostrogorsky von der endgültigen Einnahme Alexandriens durch die Araber nach dem Rückeroberungsversuch Kaiser Manuels im Jahre 646 handelt, schreibt er, daß „die koptische Bevölkerung von Alexandria mit dem monophysitischen Patriarchen Benjamin an der Spitze sich den Arabern bereitwilligst unterwarf und ihre Unterwerfung in aller Form festlegte, dadurch nochmals bekundend, daß sie das arabische Joch dem byzantinischen vorzog“.[5] Patriarch Michael der Syrer, einer der bedeutendsten Theologen, Historiker und Hierarchen der syrischen Kirche, beklagt die tiefe Verwundung der Syrer durch Byzanz; er führt z. B. über die Maßnahmen des Kaisers Heraklios nach der Rückeroberung Mesopotamiens aus: *Il écrivit par tout son empire qu'on devait couper le nez et les oreilles et piller la maison de quiconque n'adhérait pas au synode de Chalcédoine. Cette persécution dura longtemps, et beaucoup de moines adhérèrent au Synode; (...) un grand nombre d'entre eux acceptèrent le Synode et s'emparèrent de la plupart des églises et des monastères. Heraclius ne permettait pas aux Orthodoxes*[6]

---

[2] Vgl. W. E. Kaegi, Arianism and the Byzantine Army in Africa, in: Traditio 21 (1965) 23—53.

[3] Vgl. V. Inglisian, Chalkedon und die armenische Kirche, in: Grillmeier-Bacht, Das Konzil von Chalkedon, II, 381—383; Spuler, Die morgenländischen Kirchen (Leiden/Köln 1964) 247 f. Vgl. auch die Klage des armenischen Patriarchen Nerses Schnorhali, eines der größten Ökumeniker des Mittelalters, daß beim Vordringen der kaiserlichen Armee die Orthodoxen ärger gegen die armenischen Kirchen, Altäre, Kreuze und Kleriker gewütet hätten als früher die Moslems; für Stellenbelege siehe Suttner, Eine „Ökumenische Bewegung“ im 12. Jahrhundert und ihr bedeutendster Theologe, der armenische Katholikos Nerses Schnorhali, in: Kleronomia 7 (Thessaloniki 1975) 87—98.

[4] Vgl. unsere Beiträge: Zum Wert von Studien zur semitisch-afrikanischen christlichen Kultur Äthiopiens für Missiologie und Ökumenismus, in: Una Sancta 41 (1986) 112—121; sowie: Plädoyer für eine Orientalistik im Dienst der Ökumene, in: Handes Amsory, Festschrift, Jg. 101.

[5] Vgl. G. Ostrogorsky, Geschichte des byzantinischen Staates (München 1952) 93.

[6] In der Chronik Michaels ist die Bezeichnung *orthodox* (= rechtgläubig) für die Gegner des Konzils von Chalkedon reserviert. Dasselbe gilt für den weiter unten verwendeten Terminus *katholisch*.

*de se présenter devant lui et n'accueillait pas leurs plaintes au sujet du vol de leurs églises. C'est pourquoi le Dieu des vengeances, qui est seul tout puissant, qui change l'empire des hommes comme il veut, le donne à qui il veut et y élève les plus humbles, voyant la méchanceté des Romains qui, partout où ils dominaient, pillaient cruellement nos églises et nos monastères et nous condamnaient sans pitié, amena de la région du Sud les fils d'Ismaël,*[7] *pour nous délivrer par eux des mains des Romains. Et si, à la vérité, nous avons subi quelque dommage, parce que les églises catholiques qui nous avaient été enlevées et avaient été données aux Chalcédoniens leur restèrent; attendu que quand les villes se soumirent aux Taiyayè, ceux-ci attribuèrent à chaque confession les temples qu'ils trouvèrent en sa possession, et qu'à cette époque la Grande église d'Édesse et celle de Harran nous avaient été enlevées, cependant, ce ne fut pas un léger avantage pour nous d'être délivrés de la cruauté des Romains, de leur méchanceté, de leur colère, de leur zèle cruel vis-à-vis de nous, et de nous trouver en repos.*[8]

Aufgrund der Rolle, die dem Kaiser gemäß dem Konzept der Pentarchie in der Kirche zukam, wird verständlich, daß der Westen eine Kirchenspaltung mit Byzanz einleitete, als er eigene Kaiser krönte. Schon 794, noch vor der Krönung also, hatte Karl der Große Souveränität demonstriert, als er „seine" Synode nach Frankfurt berief, um dasselbe Thema behandeln zu lassen, dem sich 787 das (reichskirchliche) II. Nicaenum gewidmet hatte. Eine (lateinische) „tota christianitas" war im Entstehen gegenüber einer (byzantinischen) „christlichen Ökumene", und trotz gemeinsamer synodaler Beratungen der Griechen und der Lateiner zur Zeit des Patriarchen Photios und nochmals kurz vor dem Untergang des byzantinischen Kaisertums erlangte keine Synode, die nach Karls Krönung stattfand, mehr durch beide Seiten die gemeinsame Anerkennung als ökumenisches Konzil.

Wie somit das Ende des gemeinsamen Kaisertums für Lateiner und Griechen zwischen ihnen auch das Ende des wichtigsten Instruments für die Bewahrung der Kircheneinheit in Krisensituationen zur Folge hatte, so sollte bald die unterschiedliche Funktion des lateinischen und des griechischen Kaisers in ihrer jeweiligen Kirche noch viel schwerere Probleme für die Kircheneinheit heraufbeschwören. Im Lauf des Investiturstreits erreichten die Reformpäpste nämlich größere Freiheit der Kirche vom Staat als das byzantinische Modell vorsah, indem sie die Kaiser des Westens aus der innerkirchlichen Führung verdrängten und diese für sich beanspruchten. Da im Gegensatz dazu in Byzanz die herkömmliche Ordnung grundsätzlich gewahrt blieb und nur im einzelnen modifiziert wurde, bedeutete dies die Anfänge

---

[7] Mit *Söhne Ismaels* und (weiter unten) *Taiyayé* bezeichnet Michael die arabischen Eroberer.

[8] Chabot, Chronique de Michel le Syrien, patriarche jacobite d'Antiochie (1166—1199) t. 2 (Paris 1901) 412 f.

von ekklesiologischen Divergenzen zwischen Lateinern und Griechen. Die Divergenzen vertieften sich, je mehr der Westen unter anwachsender Akzentuierung von allem, was einschlägig auffindbar war im biblischen, patristischen, kanonistischen und kirchengeschichtlichen Befund, und unter Bezugnahme auf das bei den römischen Bischöfen seit alter Zeit lebendige Bewußtsein von einer besonderen Verantwortung ihres Sitzes die faktische Verdrängung der weltlichen Macht aus der Verantwortung für die Kircheneinheit für ekklesiologisch geboten betrachtete, die Rolle des ersten Bischofs für den Zusammenhalt der Lokalkirchen lehrmäßig herausstellte und in ihm das Organ erkannte, dem durch göttliche Verfügung eigentlich zukommt, was an Verantwortung für die Kircheneinheit im geschichtlichen Entfaltungsprozeß der Pentarchie den Kaisern (vorübergehend) zugewachsen war.

Zum Staat-Kirche-Verhältnis der Orthodoxie in Byzanz seit Justinian schreibt der bis zum heutigen Tag noch unübertroffene orthodoxe Systematiker des Kirchenrechts N. Milasch: „Als (...) die Kirche als Grundlage der Rechtsordnung proklamiert und von der Zugehörigkeit oder Nichtzugehörigkeit zur Kirche die politische, in gewissen Beziehungen aber auch die allgemeine Rechtsfähigkeit der einzelnen abhängig gemacht wurde, überließ die Kirche der Staatsgewalt freiwillig das Recht, auch in kirchlichen Fragen entweder allein oder im Verein mit der Kirchengewalt Gesetze zu erlassen."[9] Nach dem Bilderstreit versuchte Photios in der Epanagoge die Definition einer „Zweischwertertheorie mit sehr selbständiger Auffassung von der Gewalt des Patriarchen."[10] Sie wurde nicht zu geltendem Recht, konnte also keine Entwicklung einleiten, wie sie der Westen wegen des Investiturstreits durchmachte, aber die Stellung der Kirche gegenüber dem Kaiser wurde seit Photios im großen und ganzen stärker. Es gilt, daß im byzantinischen Reich nie eine klare Umschreibung des rechtlichen Verhältnisses zwischen Staat und Kirche erfolgte; „alle Versuche, die Stellung des Kaisers in der Kirche zu definieren, bleiben vage und juristisch irrelevant".[11] „Ein Ideal der Zusammenarbeit und des gegenseitigen Verstehens zwischen der Autorität eines christlichen Kaisers und ‚Bischofs' für die ‚äußeren' Erfordernisse einerseits und dem Bischofskollegium und seinen Exponenten in den höheren Funktionen andererseits wurde postuliert: die ‚consonantia' oder ‚symphonia', von der Novelle VI und XLII Justinians sprechen. Die Kirche im byzantinischen Reich distanzierte sich nicht mehr von diesem Modell, obgleich sie häufige und schwere Eingriffe von seiten des dominanten politischen Regi-

[9] N. Milasch, Das Kirchenrecht der morgenländischen Kirche (Mostar 1905) 51.
[10] H.-G. Beck, Kirche und theologische Literatur im byzantinischen Reich (München 1959) 525.
[11] H.-G. Beck, Nomos, Kanon und Staatsräson in Byzanz (Wien 1981) 58.

mes erfahren mußte."[12] Die Kaiser behielten im Bewußtsein der Orthodoxen eine für die Kirche entscheidende Funktion, die als im göttlichen Willen begründet verstanden wurde. Nicht nur, daß sie an Bischofs- und Patriarchenwahlen maßgeblich beteiligt waren; ihnen blieb, als die Kirchengemeinschaft mit Altorientalen und Lateinern abgebrochen war, in der orthodoxen Christenheit jene koordinierende Funktion erhalten, die sie in der Blütezeit der Pentarchiestruktur für die fünf Patriarchate besaßen und kraft deren sie die ökumenischen Konzilien einberiefen. Ihre Rolle blieb wichtig genug, daß noch 1393, als Konstantinopel fast nur mehr ein Stadtstaat war, Patriarch Antonios IV. von Konstantinopel nach Moskau schreiben konnte: *Der heilige Kaiser nimmt eine wichtige Stellung in der Kirche ein (...) Es ist nicht gut, wenn du sagst, wir haben die Kirche, aber wir haben keinen Kaiser. Es ist für die Christen nicht möglich, die Kirche zu haben und den Kaiser nicht zu haben. Denn Kaisertum und Kirche sind eng miteinander verbunden, und es ist unmöglich, sie voneinander zu trennen.*[13] Bis 1453 ermöglichte der Ehrenvorrang des Kaisers vor den anderen orthodoxen Herrschern und das bei den Kaisern nie erloschene Verantwortungsbewußtsein auch für die orthodoxen Patriarchate unter islamischer Herrschaft und für die orthodoxen Christen in Staaten der Lateiner einen Zusammenhang der orthodoxen Kirchen, unter welcher Herrschaft diese auch lebten. Die koordinierende Funktion des Kaisers für die Orthodoxie trat beim Konzil von Florenz zutage, als der Kaiser auf orthodoxer Seite ebenso den ersten Platz einnahm wie der Papst bei den Katholiken.

Nach dem Untergang des byzantinischen Kaisertums übernahm keine andere orthodoxe Institution dessen bisherige ekklesiale Funktion. Die Orthodoxie verfügte über keinen Koordinator mehr, den alle Patriarchate anerkannt hätten. Daher brachte die nachfolgende geschichtliche Entwicklung Probleme, für die nicht immer in gesamtorthodoxem Konsens Lösungen gefunden wurden. Zwar stellte die Orthodoxie ihre Lebenskraft unter Beweis, indem sie trotz das Ausfalls jener Instanz, die Antonios IV. 1393 für unverzichtbar erklärte, das kirchliche Leben weiterhin gewährleistete. Ein Teil der Entfaltungen, die das orthodoxe kirchliche Leben seither erfuhr, hat gesamtorthodoxe Rezeption gefunden und muß als gültiges orthodoxes Kirchenrecht angesehen werden, obgleich es nie in ausformulierte Kanones gefaßt wurde. Einzelne Aspekte freilich erscheinen noch mit viel Beiwerk belastet und können nicht ohne Aussonderung als vollgültige Kirchenordnung anerkannt werden. Um dieser Aspekte willen wurden die Fragen nach der Eigenständigkeit der einzelnen orthodoxen Kirchen und nach den Beziehungen, die zwischen ihnen bestehen sollen, auf die Traktandenlisten sowohl der

---

[12] V. Peri, Artikel „Bizantino impero: La chiesa" in: Enciclopedia Europea 2, 371.
[13] Miklosich-Müller, Acta patriarchatus Constantinopolitani 2, 190 f.

panorthodoxen Beratungen von 1923 in Konstantinopel[14] und von 1930 im Athoskloster Vatopedi[15] als auch des Athener Kongresses für orthodoxe Theologie von 1936[16] gesetzt. Sie wurden wieder aufgegriffen, nachdem „sich auf Initiative des Patriarchen Aleksij von Moskau die Häupter und Vertreter mehrerer orthodoxer Kirchen vom 8. bis zum 18. Juli 1948 in Moskau zu einer Konferenz[17] von interorthodoxem Charakter getroffen hatten",[18] als im Jahr 1950 Patriarch Athenagoras von Konstantinopel in einer Enzyklika zum Sonntag der Orthodoxie die ekklesiale Existenz der orthodoxen Jurisdiktionen in der Diaspora zur Diskussion stellte,[19] und als er 1951/52 durch patriarchale Briefe neue panorthodoxe Beratungen anregte,[20] die 1961 auf Rhodos begannen und der Vorbereitung eines Großen und Heiligen Konzils der orthodoxen Kirche dienen.[21] Nach der Aufnahme dieser Beratungen wurde die durch den Zweiten Weltkrieg zunächst verhinderte Fortsetzung der orthodoxen Theologenkongresse wieder möglich; die benannte Thematik kehrte wieder.[22] Die Schwere der offenen Probleme ist daraus zu ersehen,

---

[14] Vgl. Praktika kai apophaseis tou en Konstantinoupolei Panorthodoxou Synedriou (Konstantinopel 1923).

[15] Vgl. Praktika tes prokatarktikes Epitropes ton hagion orthodoxon Ekklesion (Konstantinopel 1930).

[16] Vgl. H. S. Alivisatos (Hg.), Procès-Verbaux du premier congrès de théologie orthodoxe à Athènes (Athen 1939).

[17] Vgl. Actes de la Conférence des chefs et des représentants des Eglises orthodoxes autocéphales, réunis à Moscou ... Bd. 1—2 (Moskau 1950—1952).

[18] L. Stan, Cu privire la un viitor sinod ecumenic (Im Hinblick auf ein künftiges ökumenisches Konzil), in: Ortodoxia 4 (1952) 581—603; Zitat auf S. 596. Zur Bedeutung dieser Konferenz für das innere Leben der zweitgrößten autokephalen orthodoxen Kirche, nämlich der rumänischen, vgl. E. Chr. Suttner, Beiträge zur Kirchengeschichte der Rumänen (Wien 1979) 126—128.

[19] Die Enzyklika ist veröffentlicht in: Orthodoxia (Konstantinopel) 25 (1950) 39—41. Zur Diskussion, die sofort darüber geführt wurde, vgl. C. J. Dumont, Primauté et autocéphalies dans l'Eglise Orthodoxe, in: Istina 1 (1954) 28—47 (der Beitrag enthält eine kommentierte französische Übersetzung einer Stellungnahme A. Schmemanns zur Enzyklika sowie eine französische Übersetzung der Enzyklika selbst).

[20] Enzyklika Nr. 108 vom 12. Februar 1951 und patriarchales Schreiben Nr. 1342 vom 25. September 1952.

[21] Für Publikationen der Ergebnisse der Panorthodoxen Konferenzen vgl. Ostkirchliche Studien (= Ostk. Stud.) 25 (1976) 112, Anm. 42. Für die Vorbereitung des Großen und Heiligen Konzils vgl. H. Biedermann, Projekt mit vielen Hindernissen, in: Herderkorrespondenz 27 (1973) 519—524; A. Plămădeală, Stimmen zur Vorbereitung der Heiligen und Großen Synode der orthodoxen Kirche, in: Ostk. Stud. 26 (1977) 281—304; D. Papandreou, Das Panorthodoxe Konzil. Der aktuelle Stand der Vorbereitungen, in: KNA, Ökumen. Inform. 1982, Nr. 48, S. 5—9, und Nr. 49, S. 5—9; A. Basdekis, Auf dem Weg zum Panorthodoxen Konzil: Die 2. Präkonziliare Panorthodoxe Konferenz, in: Ökumenische Rundschau 32 (1983) 81—89. Zu den jüngsten Entwicklungen vgl. Una Sancta 42 (1987) 4—28: Die Beschlüsse der 3. Vorkonziliaren Panorthodoxen Konferenz.

[22] Vgl. Suttner, Die theologischen Fakultäten der orthodoxen Kirchen suchen die Zusammenarbeit. Zur Publikation der Referate des Interorthodoxen theol. Symposions 1972, in:

daß es bislang nicht möglich ist, alle orthodoxen Kirchen an den panorthodoxen Beratungen teilnehmen zu lassen.[23] Der rumänische Patriarch Justinian sah 1949 sogar Anlaß, der neugegründeten, hauptsächlich für ökumenische Studien gedachten Zeitschrift „Ortodoxia" ein Vorwort zu geben, in welchem er die Suche nach panorthodoxer Einheit für die damals anstehende ökumenische Aufgabe erklärte,[24] denn zumindest aus der Sicht der Rumänischen Orthodoxen Kirche war die Orthodoxie, wie ein quasi-offizieller Leitartikel über die ökumenische Aktivität unter Patriarch Justinian 1971 ausdrücklich nochmals herausstellte, „im letzten Jahrhundert bis zu einem bestimmten Maß in die Grenzen einzelner Nationalkirchen eingeengt" und habe „im provinziellen Geist gelebt".[25]

Man mag der Schärfe dieser rumänischen Stellungnahme Reserve entgegenbringen. Es ist aber zweifellos so, daß es den Prinzipien der orthodoxen Ekklesiologie gemäß leicht sein müßte, schnell zu einem gemeinsamen Konzil der orthodoxen Kirche zusammenzutreten. De facto gelang es jedoch trotz jahrzehntelanger Vorarbeiten bisher nicht, das autokephale Handeln wenigstens der 14 an den panorthodoxen Beratungen beteiligten orthodoxen Kirchen soweit zu koordinieren, daß das Konzil stattfinden könnte. Der Wegfall der ekklesialen Funktion des Kaisers im Jahr 1453 ließ also Fragen aufbrechen, die noch nicht gänzlich geklärt sind.

## II.

Als die Lateiner nach der Jahrtausendwende militärisch ins Gebiet der orthodoxen Kirche expandierten (Kreuzfahrerstaaten im Orient, normannisches Süditalien, mittelalterliches Ungarn und Ordensritter im Baltikum), unterschied sich ihre Politik zunächst nicht von jener der byzantinischen Kaiser bei jeder vorübergehenden Wiedereroberung von Gebieten mit altorientalischer Bevölkerung. Auch sie setzten sich die Absorption der fremdartigen Christen in die eigene Kirche zum Ziel.

Um die kirchliche Absorption (Assimilation) der Griechen zu erreichen, unterstellte man in diesen Staaten die orthodoxen Christen einer lateinischen Hierarchie. Das IV. Laterankonzil erhob die Unterordnung der griechischen Kirche unter die lateinische zumindest für jene Gebiete zum

Ostk. Stud. 25 (1976) 321—326. Savas Ch. Agourides (Hg.), Procès-verbaux du 2e Congrès de théologie orthodoxe 1976 (Athen 1978).

[23] Vgl. Suttner, Die Partnerkirchen im offiziellen orthodox-katholischen Dialog. Ihre Einheit und ihre Vielgestaltigkeit, in: Una Sancta 36 (1981) 333—345; 37 (1982) 13—14.

[24] Stellenbeleg siehe Suttner, Beiträge (vgl. Anm. 18) 128.

[25] Stellenbeleg siehe ebd., 126.

Kirchengesetz, in denen dies aufgrund der politischen Machtverhältnisse durchgesetzt werden konnte: *In Anbetracht der Tatsache, daß mancherorts in derselben Stadt und Diözese Leute verschiedener Sprache zusammenwohnen, die auch bei aller Einheit im Glauben verschiedene Riten und Gewohnheiten haben, befehlen wir, daß die Bischöfe solcher Städte und Diözesen geeignete Männer aufstellen, die den Gottesdienst gemäß den verschiedenen Riten und Sprachen feiern und ebenso die Sakramente spenden. Sie sollen ihre Gläubigen auch durch Wort und Beispiel lehren. Indessen verbieten wir unbedingt, daß dieselbe Stadt oder Diözese verschiedene Bischöfe habe. Das wäre ein Monstrum – wie wenn ein einziger Leib mehrere Köpfe hätte. Aber wenn aus den angegebenen Gründen eine dringende Notwendigkeit dafür besteht, soll der Ortsbischof in kluger Fürsicht einen katholischen Prälaten vom griechischen Ritus als seinen Vikar aufstellen, der ihm gehorsam und unterworfen sein soll in allen Dingen.*[26] Wo die militärische Macht nicht hinreichte, dies voll durchzusetzen, ebenso in den Kolonien Venedigs und anderer italienischer Handelsstädte, die mit Rücksicht auf ihre Handelsinteressen nicht die nämliche Härte anwenden durften, und im Halischer Fürstentum, das vom polnischen König nicht militärisch, sondern in dynastischer Erbfolge erworben wurde und deshalb Sonderrechte beanspruchen konnte, praktizierte man ein Gewährenlassen, das aber nur erzwungen war und nicht aus wirklicher Anerkennung der östlichen Kirchentradition erfloß. Die Erinnerung daran bewirkt bei vielen Orthodoxen noch immer, daß ihnen Länder mit starker katholischer Bevölkerungsmehrheit erdrückend erscheinen. Noch heute wird vielfach an der Bereitschaft von Katholiken gezweifelt, der Orthodoxie Kirchenfreiheit zu gewähren. Um der historischen Reminiszenzen willen ist bei manchen Orthodoxen das Bild eines von Katholiken geprägten Staates ähnlich düster wie jenes Bild von Byzanz, das Michael der Syrer entwirft.

## III.

Wie Karl der Große, der als souveräner Herrscher für sein Gebiet die kirchliche Rolle der byzantinischen Kaiser auszuüben begann, folgten auch die mittelalterlichen bulgarischen und serbischen Zaren dem Beispiel, das Konstantinopel bot. Auch sie wollten „ihre“ Kirche in ihrem Staat. Also schufen sie eigene Patriarchate. Aber sie konnten ihren Anspruch auf Souveränität für jeweils nur kurze Zeit aufrecht erhalten, während welcher in ihren Ländern keine besonderen ekklesialen Strukturen entstanden. So wuchs die dortige Christenheit nicht wie jene des Abendlands aus der Einheit mit der Kirche von Konstantinopel heraus; nach dem Untergang der Staaten konnten auch

---

[26] Zitat nach J. Gill in: W. de Vries, Rom und die Patriarchate des Ostens (Freiburg 1963) 37.

die Patriarchate wieder abgeschafft werden. Das Schwanken dieser Patriarchate zwischen Union mit Rom und Loyalität zu Konstantinopel in Anlehnung an die jeweilige Bündnispolitik der Herrscher macht jedoch deutlich, daß in diesen Kirchen während der Perioden staatlicher Eigenständigkeit ihres Volkes durchaus eigenständige Entwicklungen begannen, die allerdings wegen der Kürze der Zeit keine bleibenden Auswirkungen erlangten.

Anders war es in Rußland, wo die Moskauer Großfürsten und späteren Zaren als „Herrscher im 3. Rom" über lange Zeit eine am byzantinischen Vorbild orientierte wichtige Rolle im kirchlichen Leben der Orthodoxie spielten.[27] Die Synoden der Moskauer Kirche waren ähnlich den ökumenischen Konzilien der alten Kirche von den Herrschern getragen. Denn die Staatsmacht hatte in Rußland auch für die Belange der Kirche Sorge zu tragen und die notwendigen Initiativen zu ergreifen. Den Kirchenführern oblag es in Moskau wie in den anderen orthodoxen Staaten des späten Mittelalters, durch Mahnworte und Fürstenspiegel[28] die Herrscher zu gutem Regieren im Sinn der christlichen Botschaft anzuregen. Sie hatten die Staatsziele mitzuformulieren. Für das Ergreifen der den Zielen gemäßen Aktivitäten in der staatlich-kirchlichen „Symphonia" lag aber die Initiative beim Herrscher.

Unter Patriarch Nikon (1652—1667) kam es zu einem Konflikt zwischen dem Zaren Alexij Michajlovič und dem Patriarchen, denn Nikon erstrebte für die russische Kirche größere Freiheit vom Staat.[29] Der Versuch mißlang und führte 1667 unter Zustimmung der griechischen Patriarchen zu seiner Absetzung; 1721 kam es unter Peter I., abermals unter griechischer Zustimmung, sogar zur Abschaffung des Patriarchats und zum Inkraftsetzen einer Synodalverfassung, wie es eine solche vorher in der Orthodoxie noch nie und nirgends gegeben hat. Im Unterschied zu jenem Strukturwandel im Abendland, der zur Entfaltung der Position eines ersten Bischofs führte, geschah der Umbruch in Rußland aber unter Zustimmung der Griechen. So kam es wegen der Änderung der Kirchenordnung zu keinen ekklesiologischen Gegensätzen zwischen Griechen und Russen und folglich auch nicht zum Abbruch der Kirchengemeinschaft zwischen ihnen. Die Griechen, die sich einerseits gegen die Minderung der Kaisermacht in der Kirche des Westens energisch verwahrten, duldeten andererseits die Stärkung der Kaisermacht in der russischen Kirche.

---

[27] Vgl. H. Schäder, Moskau, das 3. Rom (Hamburg 1929).

[28] Zu dieser literarischen Gattung vgl. B. Singer in TRE 11, 707—711, sowie den in Gemeinschaftsarbeit erstellten Artikel in: Lexikon des Mittelalters 4, 1040—1058. Sie erlangte in der ost- und südosteuropäischen Orthodoxie Gewicht.

[29] Jüngst erfolgte eine Edition seiner „Vozraženie": Patriarch Nikon on Church and State (Berlin 1982). Eine engl. Übersetzung liegt schon lange vor: W. Palmer, The Patriarch and the Tsar, Bd. 1 (London 1871).

In Anwendung der im Geistlichen Regulament Peters niedergelegten Ordnung entwickelte sich im russischen Reich allmählich ein Zustand staatlicher Allmacht über die Kirche. „Die Auslegung und Deutung des ‚Geistlichen Regulaments' von 1721 (. . .) ließ verschiedene Wege offen. Man konnte die Kirche, dem Buchstaben des Gesetzes folgend, als eine dem Senat gleichgeordnete appellationslose Instanz ansehen, man konnte aber auch stärker die Praxis ins Auge fassen und den staatlichen Auftrag dieser Institution betonen, wie es in der Folgezeit meist getan worden ist. Eine derartige Stellung der Kirche, wie sie in der Kirchenreform von 1721 sich ausprägt, ist nur unter der Voraussetzung möglich, daß der Staat ein christlicher Staat ist und daß die Kirche sich für seine Ziele ohne weiteres einsetzen kann. Dies war im Zeitalter der beginnenden Aufklärung noch der Fall. Der Staat übernahm noch die Aufgabe, Hüter des christlichen Glaubens und der Kirche zu sein. In der Person des Zaren schaltet sich der Staat in kirchliche Fragen ein; die kirchlichen Verordnungen gehen auf Befehl des Zaren hinaus, denn der Zar kümmert sich als christlicher Herrscher um die Kirche wie um das Volk. (. . .) Dem Synod als der ‚geistlichen Regierung' der Kirche stellte der Kaiser als seinen Vertreter den Oberprokuror entgegen. (. . .) War die Stellung des Oberprokurors zuerst die eines Aufsichtsbeamten des mittleren Dienstes, so sollte er im 19. Jahrhundert Ministerrang bekommen und zum entscheidenden Faktor innerhalb des Synods werden. Die Kirche wurde von der staatlichen Bürokratie auf dem Wege über den Oberprokuror immer stärker bedrückt. Das persönliche Verhältnis zwischen Kirche und Herrscher trat zurück. Die Vertreter der Kirche sahen sich bald durch einen weltlichen Beamten überspielt. Der Charakter des Synods änderte sich; er wird zu einer Verwaltung geistlicher Angelegenheiten unter staatlicher Leitung."[30]

Selbstverständlich wirkten auch nach den Umstellungen unter Peter I. in der Kirche Rußlands altrussische Vorstellungen von den Beziehungen zwischen Staat und Kirche weiter. Um aber die Verhältnisse im nachpetrinischen Rußland, insbesondere deren Fortentwicklung seit Katharina II., recht zu verstehen, darf nicht übersehen werden, wie sehr der Reformer Peter und die Herrscher und Herrscherinnen nach ihm für westeuropäische Ideen offen waren. Das Verhältnis, in dem protestantische Landeskirchen zum Landesherrn standen, den sie als „summus episcopus" anerkannten, als sie wegen der Verwerfung des Papstamts auf die von der abendländischen Kirche einst im Investiturstreit erworbene Freiheit vom Staat Verzicht leisteten, bekam im nachpetrinischen Rußland mehr und mehr Vorbildcharakter für die Beziehungen zwischen Kirche und Staat. Die russische Kirche hat ihr

[30] R. Stupperich, Die orthodoxe Kirche in ihrem Verhältnis zum Staat, in: Kirche im Osten 2 (1959) 22 f. Zu dieser Entwicklung vgl. auch I. Smolitsch, Geschichte der russischen Kirche 1700—1917 (Leiden 1964).

Bekenntnis zur Orthodoxie nie in Frage gestellt. Dies schloß jedoch nicht aus, daß im nachpetrinischen Rußland das öffentliche Leben und das Verhältnis zwischen Staat und Kirche mehr an Westeuropa Maß nahm als an Byzanz.[31]

Der Staatseinfluß blieb in der russischen Kirche nicht unwidersprochen. Nicht nur bei den Altgläubigen, auch in der Staatskirche gab es Vorbehalte. Der breiten Mehrheit von Klerus und Volk in der Staatskirche galten die Verhältnisse aber bis gegen Ende des 19. Jahrhunderts als angemessene Form, wie ein Staat, der sich als orthodox verstand, vorzugehen habe, um der Kirche, die sich als russisch verstand, den entsprechenden Lebensraum sicherzustellen. Doch um die Jahrhundertwende gewannen zusehends kritische Stimmen an Gewicht. Nach der Revolution von 1905, als für nichtorthodoxe russische Untertanen Religionsfreiheit verkündet wurde, konnte am Verhältnis der russischen Kirche zum Staat allerdings noch nichts geändert werden. Erst nach der demokratischen Revolution vom Februar 1917 wurde ein Allrussisches Konzil einberufen, welches das Patriarchat wiederherstellte, um die in 200jähriger Entwicklung der petrinischen Staatsidee notwendig gewordene totale Obsorge des Staats für die Kirche überflüssig zu machen. Doch verunmöglichte die Oktoberrevolution alsbald die angestrebte neue Ordnung. Die kommunistische Gesetzgebung, welche die Kirche von jeglichem Einfluß auf Staat und Schule abtrennte, unterstellte sie einer neuen Staatsaufsicht durch atheistische Behörden.

## IV.

Der islamische Staat kannte nur moslemische Vollbürger; Angehörige von Buchreligionen (Juden und Christen) konnten unter ihren religiösen Führern Halbbürger (kopfsteuerpflichtige Schutzbefohlene) sein. Die kirchlichen Oberen waren dem Herrscher für die Loyalität der Gläubigen und für das Steueraufkommen verantwortlich; ihnen oblag es, die zivilrechtlichen Belange und die der Volksgruppe gewährte Autonomie zu verwalten und die Zivilgerichtsbarkeit auszuüben. Soziale Körperschaft und damit befähigt,

---

[31] Für das 17. Jahrhundert ist in den orthodoxen Ländern ein Kulturwandel kennzeichnend. Überall und auf allen Gebieten des Kulturschaffens begannen westeuropäische Vorstellungen bestimmend zu werden, ohne daß das Bekenntnis zur Orthodoxie in Frage gestellt worden wäre. Vor Peter I., durch dessen Reformen dafür in Rußland Entscheidendes geschah, hatten Metropolit Petr Mogila von Kiev und seine Mitarbeiter dazu beigetragen; vgl. unseren Beitrag: Die rumänische Kirche am Schnittpunkt von Ost und West, in: Der Christliche Osten 42 (1987) 200—210. Ebenfalls wichtig war Peters Zeitgenosse Patriarch Dositheos von Jerusalem; vgl. unseren Beitrag: Die Erneuerung eines orthodoxen Schulwesens in Metochien des hl. Grabes im letzten Drittel des 17. Jahrhunderts, in: Ostk. Stud. 34 (1985) 281—299.

ihre Identität als ethnisch-religiöse Gruppe zu bewahren, waren die Christen im islamischen Staat nur als Kirchengemeinschaft. Eine Vielzahl von Funktionen, die im byzantinischen Reich vom Staat wahrgenommen wurden und nach moderner Auffassung wieder als staatliche Belange gelten, wurden im islamischen Staat also als kirchliche Angelegenheiten verstanden. Dem Staat oblagen folglich aus der Sicht der christlichen Untertanen für diese kaum noch andere Aufgaben als das Aufrechterhalten der Ordnung (militärisch nach außen, polizeilich und durch die Kriminalgerichtsbarkeit im Innern) und eine Art Schiedsrichterfunktion bei Streitigkeiten zwischen den einzelnen als religiös-ethnische Gruppierungen konstituierten Glaubensgemeinschaften, die man als „Staaten im Staat" qualifizieren kann. Die weitgehende Öffentlichkeitsfunktion, die vom islamischen Staat den höheren kirchlichen Amtsträgern eingeräumt und von den Kirchen vollauf bejaht wurde, nötigte aber auch zu einem ausdrücklichen Sich-Bekümmern der staatlichen Autoritäten um die Amtseinsetzung der Kirchenführer. Damit nämlich die Entscheidungen und Richtersprüche der Kirchenführer in bürgerlichen Angelegenheiten vor den staatlichen Behörden Gültigkeit besaßen, mußte die Glaubensgemeinschaft, die einen Vorsteher einsetzen wollte, für diesen stets auch die staatliche Einsetzung erlangen. Und so brachte es das Staatsverständnis in islamischen Staaten, demzufolge viele öffentliche Aufgaben dem Staat entzogen und den Kirchen übertragen waren, mit sich, daß die Kirchenführer bisweilen fast wie politische Beamte behandelt wurden und sehr der Willkür der Herrscher ausgesetzt waren. Dies konnte zu häufigem Wechsel der Amtsinhaber führen, besonders dann, wenn es innerhalb der Kirche Parteien gab, deren Repräsentanten miteinander um die Ämter rivalisierten und ein Machtwort des Herrschers zu ihren Gunsten zu erreichen suchten.[32]

Unter den Bedingungen des islamischen Staatsrechts war der Patriarch von Konstantinopel das zivilrechtliche Oberhaupt aller Orthodoxen im osmanischen Reich und deren Sprecher beim Sultan. Es ist in einem gewissen Sinn möglich, in ihm für die orthodoxen Untertanen der Osmanen etwas wie einen zwar nicht mehr souveränen, aber zumindest handlungsbefugten Nachahmer des byzantinischen Kaisers zu sehen.[33] Seine staatliche Funktion hatte die unausbleibliche Folge, daß jenseits der Grenzen des Osmanen-

---

[32] Eine uns durch reiches, noch lange nicht ausgeschöpftes Quellenmaterial dokumentierte Periode mit einschlägigen gravierenden Vorkommnissen sind die letzten Jahrzehnte des 16. und die erste Hälfte des 17. Jahrhunderts; vgl. unseren Beitrag: Vasile Lupu und die griechische Kirche anfangs der vierziger Jahre des 17. Jahrhunderts, in: Kirche im Osten 32 (1989).

[33] Von zeitweise unternommenen Versuchen, aus dieser bürgerlichen Führungsrolle des Konstantinopeler Patriarchen auch einen kirchenrechtlichen Vorrang vor den übrigen Patriarchen im osmanischen Reich werden zu lassen, zeugt eine Reihe von Vorkommnissen, die geschildert sind bei Maximos von Sardes, Das ökumenische Patriarchat in der orthodoxen Kirche (Freiburg 1978) 266 ff.

reichs sein Einfluß in Frage gestellt wurde. Dies führte zu laufender Verkleinerung seines Patriarchats, als das Osmanenreich schrumpfte, und es hatte zur Folge, daß sich in der Orthodoxie ein kirchenrechtliches Bewußtsein bildete, demgemäß die Änderung von Staatsgrenzen mit einem gewissen Automatismus immer auch eine Veränderung der kirchlichen Jurisdiktion nach sich zieht.

V.

Diese Entwicklung nahm ihren Anfang, als 1589 voll anerkannt wurde, daß die Kirche des Moskauer Reiches, die sich de facto bereits seit dem Untergang des byzantinischen Kaisertums selbständig regierte, in keiner Weise mehr dem Einfluß des Patriarchen von Konstantinopel unterlag. In Gegenwart des ökumenischen Patriarchen Jeremias II. wurde 1589 der Moskauer Metropolit zum Patriarchen erhoben. Die damals in den polnisch-litauischen Staat eingefügte Kiever Metropolie verlangte ebenfalls, in den Rang eines Patriarchats erhoben zu werden. Ihr gewährte das Konstantinopeler Patriarchat zwar weitgehende Autonomie, wollte aber am weiteren Verbleib der Metropolie im eigenen Patriarchatsverband nicht rütteln lassen. So verfolgten Kiever orthodoxe Kreise in den Jahren 1624 bis 1629 und 1636 bis 1648 den Plan, sich vom römischen Stuhl die Anerkennung eines eigenständigen Kiever Patriarchats erteilen zu lassen, dem alle ostslawischen Diözesen Polen-Litauens hätten zugehören sollen.[34] Die Pläne fanden jedoch keine Resonanz im nachtridentinischen Rom, wo man auf Zentralisierung und Vereinheitlichung des kirchlichen Lebens bedacht und nicht an Autonomie bei voller Sakramentengemeinschaft interessiert war.

Die Expansion des Zarenreichs, zunächst auf Kosten Polen-Litauens, dann des Osmanischen Reichs, die Annexion Georgiens und ebenso die Expansion der Sowjetunion auf Kosten Polens, Rumäniens, der Tschechoslowakei und des Baltikums erbrachte jeweils auch die Vergrößerung der russischen Kirche. Denn die staatliche Zugehörigkeit zu Rußland bzw. zur Sowjetunion wurde auch als kanonische Basis betrachtet für die unter dem Zaren schrittweise, unter Stalin schlagartig, mit oder ohne vorhergehende Konsultation mit den bisherigen Kirchenleitungen vollzogene Einbeziehung aller im neuen Staatsgebiet lebenden Gläubigen byzantinischer Kirchentradition — sowohl der orthodoxen wie der mit Rom unierten — und ihrer kirchlichen Institutionen in die Russische Orthodoxe Kirche.[35] Die

---

[34] Vgl. E. Šmurlo, Le Saint-Siège et l'orient orthodox russe (1609—1654) (Prag 1928) Kap. VII und XIII.

[35] Zur schrittweisen Ausdehnung des Moskauer Patriarchats vgl. unseren Beitrag: Tausend Jahre seit der Christianisierung der Ostslawen, in: Theol.-prakt. Quartalschrift 136 (1988) 55—64.

einst von ökumenischen Konzilien[36] bzw. vom Kaiser in seiner besonderen Funktion und Verantwortung für den Zusammenhalt der Patriarchate[37] verwaltete Zuständigkeit zur Grenzziehung zwischen den kirchlichen Jurisdiktionsbereichen ging also in einer faktischen Entwicklung allmählich an die Staaten über.

In Polen-Litauen, in Siebenbürgen und in Österreich mußte die Orthodoxie nicht nur auf Autonomie gegenüber dem ins Osmanenreich eingebundenen ökumenischen Patriarchen bedacht sein, sondern hatte es überdies noch mit Staaten zu tun, deren Herrscher Katholiken bzw. Protestanten waren und damaligen Vorstellungen gemäß den Beitritt der Orthodoxen zur herrschenden Kirche ihres Staates wünschten, da sie die im Gefolge der abendländischen Reformation formulierte Maxime *cuius regio, eius et religio* für richtig hielten.

Versuche, die orthodoxen Christen unter Zubilligung eines mehr oder weniger umfangreichen Anrechts auf eigene Identität in Volkstum und Frömmigkeit mit der Staatskirche zu vereinigen, führten in Polen und in Österreich zum Entstehen unierter Kirchen. Die orthodoxen Synoden dieser Länder hielten sich für autorisiert, in eigener Verantwortung mit dem Staat und mit der katholischen Staatskirche zu verhandeln, um einen Modus des Miteinanders zu finden, der nach ursprünglicher Intention für alle orthodoxen Gläubigen des Staatsgebiets Gültigkeit hätte haben sollen. Als die Verhandlungen begannen, bekannte man sich auf orthodoxer Seite noch nicht zu der Auffassung, die der Orthodoxie unserer Zeit im Rahmen ihres Verlangens nach erneuerter gesamtorthodoxer Solidarität selbstverständlich wurde, daß nur eine gesamtorthodoxe Annahme der Union mit den Katholiken möglich sei und daß es keine Union geben könne, wenn nicht alle orthodoxen Kirchen mit einbezogen seien. Vielmehr hielten sich die betreffenden regionalen Synoden in der Unionsfrage auch allein für handlungsfähig. Eine Opposition verweigerte ihnen diesbezüglich jedoch die Gefolgschaft; ihr erschien die gesamtorthodoxe Solidarität entscheidend. Die Folge war ein Auseinanderbrechen der Orthodoxie Polens und Österreichs in einen Teil, der die Union annahm, und in einen anderen, der sie verweigerte. Um die geschichtliche Situation zu erfassen, in denen jene Unionsabschlüsse erfolgten, bedarf es also unter anderem des Bedenkens der durch den Ausfall des byzantinischen Kaisers in der Orthodoxie geschaffenen, damals noch weniger als heute gemeisterten Lage.[38] Da die Unionen in Polen und Öster-

[36] Vgl. z. B. die Erhebung Jerusalems zum Patriarchat durch das Konzil von Chalkedon.

[37] Vgl. z. B. die Einrichtung einer kirchlichen Autokephalie für Justiniana Prima durch Kaiser Justinian oder die oben erwähnte Eingliederung von Teilen des römischen Patriarchats in das byzantinische während des Bilderstreits.

[38] Die geschichtliche Situation jener Unionsabschlüsse ist außer durch das Handeln einzelner lokaler Synoden im Alleingang, die auf sich selbst angewiesen waren, weil keine Koordi-

reich nicht von der gesamten Orthodoxie dieser Länder ratifiziert wurden, kam es dort nach einer Zeit obrigkeitlicher Versuche, die Union zu erzwingen, schließlich zur vollen rechtlichen Anerkennung orthodoxer Landeskirchen, die sich autonom verwalteten. In Österreich führte dies zur Ausbildung echter autokephaler orthodoxer Kirchen;[39] in Polen wurde eine ebensolche Entwicklung durch die Expansion des Zarenreichs verhindert, welches bis zum Jahr 1795 (= dritte Teilung Polens) schrittweise die Herrschaft über alle Orthodoxen Polens erlangte und diese in die russische Kirche eingliederte.

In Siebenbürgen, wo sich der Vorschlag auf eine Union mit der Kirche des dortigen reformierten Fürsten wegen der großen Unterschiede zwischen kalvinischer und orthodoxer Frömmigkeit sehr schnell als nicht praktikabel erwies, wurde die Orthodoxie durch Verfügung des Landesherrn dem kalvinischen Superintendenten untergeordnet, um langsam kalvinisiert zu werden. Als Österreich nach 1683 Siebenbürgen erwarb, wurde die Fortführung dieser Einflußnahme durch einen Unionsvorgang mit der katholischen Kirche unterbunden, und so blieb das byzantinisch geprägte Kirchenleben der Rumänen Siebenbürgens erhalten.[40] Die eben für Österreich geschilderte Abfolge von Schritten brachte dort schließlich auch Legalisierung und freie Handlungsfähigkeit für die Orthodoxie.

Für die orthodoxe Kirche in katholischen Staaten wurde ein Modell der Symphonie wirksam, das Kirche und Staat als voneinander unabhängig, aber aufeinander bezogen verstand; eine einschlägige Theorie bietet N. Milasch.[41] Dieses Modell eröffnet den nicht-orthodoxen Behörden weitgehende Mitwirkungsmöglichkeiten in der orthodoxen Kirche. In heutiger Zeit mag es in

---

nierungsmodalitäten zwischen den orthodoxen Kirchen bestanden, ferner auch dadurch gekennzeichnet, daß gegen Ende des 16. Jahrhunderts als Folge der tridentinischen Reform in Rom ein Unionskonzept entstand, das nicht mehr wie bei einem Bereinigen von Schismen, das im Geist der altkirchlichen Pentarchiestruktur erfolgt wäre, die Wiederaufnahme der Communio zwischen autonomen Ortskirchen erstrebte, sondern die Angliederung von „Christen des orientalischen Ritus" an die lateinische Kirche gewährleisten sollte; vgl. V. Peri, Chiesa Romana e „rito" greco (Brescia 1975), sowie ders., L'unione della chiesa orientale con Roma. Il moderno regime canonico occidentale nel suo sviluppo storico, in: Aevum 58 (1984) 439—498. Auch von den Unionen in noch späterer Zeit unterscheiden sich diejenigen in Polen und Österreich deutlich, und zwar im ekklesiologischen Urteil über Schisma und Union; vgl. Suttner, Wandlungen im Unionsverständnis vom 2. Konzil von Lyon bis zur Gegenwart, in: Ostk. Stud. 34 (1985) 128—150. Zu einer Reihe historischer Umstände, unter denen die Union in Polen geschlossen wurde, die aber meistens zu wenig gewürdigt werden, vgl. Suttner, Brachte die Union von Brest Einigung oder Trennung für die Kirche?, in: Ostk. Stud. 38 (1989) [in Druck].

[39] Vgl. W. de Vries, Rom und die Patriarchate des Ostens (Freiburg 1963) 102—180; Suttner, Die orthodoxe Kirche in Österreich, in: Internationale kirchliche Zeitschrift 76 (1986) 275 ff.

[40] Vgl. Suttner, Die rumänische Orthodoxie des 16. und 17. Jahrhunderts in Auseinandersetzung mit der Reformation, in: Kirche im Osten 25 (1982) 64—120.

[41] N. Milasch, Das Kirchenrecht (vgl. Anm. 9) 689 ff.

Erstaunen versetzen, daß es in solchen Staaten sogar Aufgabe des katholischen Staatsoberhauptes war, orthodoxen Hierarchen die Investitur in ihr Amt zu erteilen; N. Milasch schreibt: „Für das Kirchenrecht ist die Verfassung des Staates belanglos; dasselbe betrachtet die Staatsgewalt vom allgemeinen Gesichtspunkt, ohne Rücksicht auf die Konfession des Staatsoberhauptes."[42] Wo Milasch in allgemeinen Grundzügen die Angelegenheiten anführt, die „zur Kompetenz der Kirche, zu jener des Staates und zur gemeinsamen Kompetenz beider gehören", führt er unter letzterem nämlich ausdrücklich an, „die Besetzung von Bistümern, Pfarren und anderen Dienstplätzen".[43]

Als sich die orthodoxen Völker Südosteuropas im 19./20. Jahrhundert vom Osmanenreich loslösten und als Nationalstaaten Souveränität erlangten, kam es sogleich auch zur Errichtung autokephaler Nationalkirchen. Dies war zum einen begründet in dem verständlichen Bestreben dieser Völker, ihr souverän gewordenes Land auch vom indirekten Einfluß des Sultans vermittels des ökumenischen Patriarchen, der ein Würdenträger des osmanischen Reichs war, freizustellen. Zum anderen waren um die Mitte des 19. Jahrhunderts die Staatsgrenzen vom orthodoxen Bewußtsein bereits in einem solchen Ausmaß als Abgrenzungen für jurisdiktionelle Einheiten anerkannt, daß bei den meisten Orthodoxen die Maxime von einer eigenen autokephalen orthodoxen Kirche für jeden souveränen Staat unbestritten war. Die Autokephalien in orthodoxen Nationalstaaten wurden zu Staatskirchen, die ihre Verfassung vom staatlichen Gesetzgeber erhielten und der Staatsaufsicht unterlagen. Aus den Begründungen, welche für eine den Nationalstaaten parallele Struktur in Nationalkirchen vorgelegt werden, kann das Staatsdenken nationaler orthodoxer Kreise erschlossen werden.[44] Zu den vorgetragenen einschlägigen Ansichten besteht derzeit ein nicht unerheblicher innerorthodoxer Dissens. Es begegnet sogar die These, die Nationen seien „Formen, die von Ewigkeit her im inkarnierten Logos existie-

---

[42] Ebd., 710.

[43] Ebd., 711 f. Die Konfession des Staatsoberhauptes, welches das Kirchenoberhaupt einzusetzen hatte, war sogar zeitweise im Königreich Griechenland und ebenso im Königreich Rumänien, wo die orthodoxe Kirche „herrschende Kirche" war, katholisch. In Rumänien wurde die einschlägige Kompetenz des Staatsoberhauptes nicht einmal widerrufen, als nach dem Zweiten Weltkrieg die Monarchie durch eine Volksdemokratie abgelöst wurde; für die Art, wie deshalb die Amtseinsetzung des rumänischen Patriarchen Justinian im Mai 1948 vor sich ging, vgl. Suttner, Beiträge (vgl. Anm. 18) 45—47, und ders., Das „soziale Apostolat" in der rumänischen Orthodoxie der Nachkriegszeit, in: Leiturgia — Koinonia — Diakonia (Festschrift Kard. König) (Wien 1980) bes. S. 470—473.

[44] Dazu vgl. die Dokumentation in Ostk. Stud. 30 (1981) 216—320 über die ekklesiologische Bedeutung, die orthodoxe Dogmatiker und Kanonisten der Tatsache beimessen, daß die eine Orthodoxe Kirche in viele Autokephalien gegliedert ist.

ren".[45] Die vom staatlichen Gesetzgeber erlassenen Kirchenverfassungen der neuen Autokephalien ermöglichen ausdrücklich staatliche Eingriffe und erinnern an die Verhältnisse in der Endzeit des Zarenreichs. Nur in Griechenland überdauerte das Staatskirchentum den Zweiten Weltkrieg, scheint aber gegenwärtig in die Krise zu geraten.[46] Das Staatskirchentum hat in Griechenland auch zur Folge, daß es dort für andere christliche Kirchen noch heute Einschränkungen gibt, die — freilich nur mehr entfernt — an jene Benachteiligungen erinnern, welche die Orthodoxie in der Vergangenheit in Ländern mit katholischer Staatskirche hinnehmen mußte.[47]

## VI.

In marxistischen Staaten darf nur eine einzige Staatsauffassung vorgetragen werden, und Zensurmaßnahmen verhindern fast gänzlich, über das Verhältnis von Kirche und Staat zu lehren. In Rumänien konnte 1974 ein Handbuch für den moraltheologischen Unterricht erscheinen, das sich zu den Pflichten der Christen gegenüber Staat und Behörden äußert. Dabei geht es nur von solchen neutestamentlichen Texten aus, die zum Gehorsam gegen die Obrigkeit mahnen; staatskritische Texte des NT werden nicht verwandt.[48] Beim Einsatz für Frieden und soziale Gerechtigkeit zeigen die orthodoxen Kirchen, daß sie bereit sind, dem Staat zu geben, was des Staates ist; sie haben durch schweigendes Dulden auch beredt gelehrt, daß Gott zu geben ist, was Gottes ist. Diesem Zeugnis verdanken sie ihr Fortbestehen.

---

[45] Vgl. ebd., 265.

[46] Vgl. A. Wittig, Die Griechisch-Orthodoxe Kirche in Griechenland und ihre Beziehungen zum Staat gemäß der Theorie und der stattgefundenen Entwicklung (1821—1977) (Würzburg 1988).

[47] Es gibt z. B. staatliche Schutzmaßnahmen für die orthodoxe Kirche gegen das, was der griechische staatliche Gesetzgeber als Proselytismus befindet. Selbst für Ausländergemeinden kann die Anstellung eines nichtorthodoxen Seelsorgers wegen Verweigerung der erforderlichen Arbeitserlaubnis auf Schwierigkeiten stoßen. Belegt sind einige Fälle aus jüngster Zeit, in denen Staatsbürgern griechischer Nationalität wegen ihrer Zugehörigkeit zur katholischen Kirche die Anstellung als Lehrer in staatlichen Schulen verweigert wurde.

[48] Vgl. Suttner, Beiträge (vgl. Anm. 18) 294—303.

# ERZHERZOGIN MARIA ANNA UND DIE ÖSTERREICHISCHE KIRCHENPOLITIK

Von Ildefons Fux OSB, Göttweig

Erzherzogin Maria Anna (1770—1809), Tochter des Großherzogs Leopold von Toskana und Schwester Kaiser Franz' II., hat bisher nur wenig Interesse seitens der Geschichtsschreibung gefunden; lediglich jene Historiker, die sich mit den „Vätern vom Glauben" und mit der Entstehungsgeschichte des „Sacré Coeur" beschäftigen,[1] befassen sich auch mit ihrer Person. Dies dürfte damit zusammenhängen, daß Maria Anna wesentlich als geistlicher Mensch verstanden werden muß und ihr Leben zudem nicht unter der Signatur des Erfolges stand. Ihrer Spiritualität, aus deren Quellen heraus sie auf die Kirchenpolitik ihres kaiserlichen Bruders Einfluß zu nehmen suchte, soll nun unsere Aufmerksamkeit finden.

Am 21. April 1770 in Florenz geboren, präsentierte sich die Fünfjährige Joseph II. als *sehr lustig und aufgeräumt;* gleich den anderen Kindern des Großherzogs kannte sie keine Scheu im Umgang mit dem Mitregenten.[2] *Die kugelrunde Marianne* wird Joseph sie später nennen,[3] die er bei einem anderen Besuch am 24. Jänner 1784 erstmals krank antraf.[4] Gesundheitliche Schwäche und der unerbittliche Fortschritt der Lungentuberkulose werden das Leben der Erzherzogin prägen und zu ihrem relativ frühen Tod am 1. Oktober 1809 führen. Als ihre Krankheit manifest wurde, suchte sie Hilfe bei den Heilmitteln der Zeit.[5] Ihr Porträt aus etwa 1803 zeigt uns eine ernste, leiderfahrene Persönlichkeit.[6]

Schon als Kind hatte Maria Anna eine auffallende Neigung für das klösterliche Leben erkennen lassen und soll bereits in zartem Alter gelobt

[1] Vgl. Jeanne de Charry, Histoire des Constitutions de la Société du Sacré-Coeur, première partie: La formation de l'institut (Rom [2]1981). — Über die Societas de fide Jesu („Fideisten", „Paccanaristen") siehe Max Heimbucher, Die Orden und Kongregationen der katholischen Kirche, Bd. 2 (Paderborn, München, [4]1980) 198—200. Frau DDr. Anna Coreth habe ich für den Hinweis auf das Thema und für zahlreiche Ratschläge vielmals zu danken.

[2] Cölestin Wolfsgruber, Franz I., Kaiser von Oesterreich, Bd. 1 (Wien, Leipzig 1899) 50.

[3] Wolfsgruber (wie Anm. 2) 55.

[4] Wolfsgruber (wie Anm. 2) 267.

[5] *toussant toujours* ... Maria Anna an Franz, Prag 1796 VIII 20. Haus-, Hof- und Staatsarchiv (HHStA), Familienarchiv (F. A.), Sammelband (SB) 36 Nr. 181/2, fol. 50$^{v}$. — *Je puis assurer que j'ai tout lieu d'espérer que le lait de femme me fera grand bien* ... Dies. an dens., Prag 1796 XII 27. Ebd. fol. 60$^{r}$. — Sie ernährt sich auch von Eselsmilch: *Je prends le lait d'anesse* ... An Amelie, Prag 1796 VI 9. HHStA F. A. SB 68 Nr. 97/2, fol. 171$^{v}$.

[6] Archivio Suore Sacra Famiglia (Verona), Documento N. 920.

haben, den Schleier zu nehmen.[7] Immerhin blieb sie, die sich als Neunzehnjährige lediglich das Kreuz und die Kordel wünschte,[8] von den Heiratsplänen ihres Vaters ausgenommen.[9] Ihrer toskanischen Heimat war sie zeitlebens verbunden.[10] Im Frühjahr 1790 übersiedelte sie mit ihren Geschwistern nach Wien. Schon jetzt wird eine besondere Vorliebe für ihren Bruder Franz erkennbar, auf dessen Freundschaft sie den größten Wert legt.[11]

Am 21. Juli 1791 ernannte Leopold II. seine älteste Tochter zur Äbtissin des adeligen Damenstiftes auf dem Hradschin in Prag, in welcher Funktion sie in Anwesenheit des Kronprinzen[12] am Festtag Mariä Geburt dieses Jahres feierlich installiert wurde.[13] Vom Vorrecht der jeweiligen Äbtissin Gebrauch machend, krönte sie am 12. September 1791 ihre Mutter Maria Luisa zur böhmischen Königin.[14] Mit ihren Hofdamen lebte sie in Prag vornehmlich der pietas und caritas,[15] bis sie, in lebendigem Kontakt mit den „Vätern vom Glauben", vor allem mit Charles de Broglie,[16] Joseph Varin (1769—1850)[17] und Niccolò Paccanari (1773—1811?),[18] eine unverhoffte Gelegenheit für sich sah, doch noch in den Stand des gottgeweihten Lebens treten zu können.[19] Kaiser Franz erlaubte ihr 1800 die Reise nach Italien, um sich dort an der

[7] Nello dalle Vedove, Dalla Corte al Chiostro. Donna Leopoldina Naudet, Fondatrice delle Sorelle della S. Famiglia (Verona 1954) 45.

[8] *Ne désirant qu'une crosse et un cordon, état heureux et tranquille* . . . An Franz, Poggio Imperiale 1789 VII 27. HHStA F. A. SB 29 Nr. 70/6, fol. 428ʳ.

[9] Vgl. Egon Cäsar Conte Corti, Ich, eine Tochter Maria Theresias. Ein Lebensbild der Königin Maria Karoline von Neapel (München 1950) 168.

[10] *C'est ma patrie, et me tient par conséquence fort à coeur.* An Franz, Prag 1796 X 23. HHStA F. A. SB 36 Nr. 181/2, fol. 55ʳ.

[11] *Votre amitié à laquelle j'attache le plus grand prix, et que je tâcherai toujours de mériter en faisant tout ce qui dépendra de moi pour cet effet.* An Franz, Wien 1790 IX 26. Wie Anm. 8, fol. 446ʳ.

[12] *Heute früh habe ich die Installation meiner Schwester im Stift als Commissar zu besorgen, wobei ich aber nichts anders zu thun als unter dem Thron zu sitzen habe.* Wolfsgruber (wie Anm. 2) Bd. 2, 204.

[13] Ferdinand Jitschinsky, Kurze Darstellung der Gründung und des Bestandes des k. k. theresianischen adeligen Damenstiftes am Prager Schlosse (Prag 1855) 9.

[14] Adam Wandruszka, Leopold II., Bd. 2 (Wien, München 1965) 370 f. — Die Habsburger. Ein biographisches Lexikon, hg. von Brigitte Hamann (Wien 1988) 301 f. (Abb.).

[15] Ein Leben, „che sapeva più da convento che da corte". Nello dalle Vedove, Commemorazione del 2° centenario della nascità della Serva di Dio Leopoldina Naudet. In: Processio storico diocesano per la canonizzazione della Serva di Dio Leopoldina Naudet (Verona 1973) 18.

[16] Sohn des Marschalls de Broglie, wandte er sich später der schismatischen „Petite Eglise" zu und lebte als Weltpriester in England. Vgl. Heimbucher (wie Anm. 1) Bd. 2, 200.

[17] Achille Guidée, Leben des hochwürdigen P. Josef Varin S. J., früheren Oberen der Väter vom heiligsten Herzen Jesu in Deutschland und der Väter des Glaubens in Frankreich (Innsbruck 1869). — Vgl. Joseph Varin, Lettres à Sainte Madeleine-Sophie Barat (1801—1849), hg. von Jeanne de Charry (Rom 1982).

[18] M. Fois, Art. „Paccanari". In: Dizionario degli istituti di perfezione, t. 6 (Roma 1980) col. 1065 f.

[19] Vgl. Charry (wie Anm. 1) 112, 120.

Gründung einer Ordensniederlassung beteiligen zu können,[20] unter der Voraussetzung, daß sie die Staaten Seiner Majestät nicht verlasse, mit dem Papst über diese Gründung, die keinen neuen Orden darstellen dürfe, nicht verhandle und auf die Präsenz des P. Paccanari verzichte.[21] Allen diesen Auflagen ist die Erzherzogin nicht nachgekommen, was ihre Beziehungen zu Franz deutlich belasten sollte. Sie übersiedelte 1801 nach Rom und pflegte mit Pius VII. intensive Kontakte über das Institut der „Diletti di Gesù". Bis zuletzt hielt sie Paccanari die Treue.

Hauptsächliche Quelle für unsere Untersuchung stellen die zahlreichen Briefe dar, die Maria Anna an ihren Bruder Franz gerichtet hat.[22] Dies auch deshalb, weil die Erzherzogin in ihnen sehr freimütig und unbekümmert[23] spricht und ihrem Herzen freien Lauf läßt,[24] sodaß ihr Denken und Wollen leicht erkennbar wird.[25] Ganz anders hatte sich ihr Vater Leopold in seiner Korrespondenz mit Joseph verhalten. Die Erzherzogin hinterläßt uns zudem kostbare Hinweise darüber, wie man Franz behandeln müsse.[26] Die 148 erhaltenen Briefe an ihre jüngste Schwester Amelie[27] zeigen sie in ihrer persönlichen Frömmigkeit und als fürsorgliche Ratgeberin; auch in ihnen sind wichtige Informationen für unseren Gegenstand enthalten. Immer aber läßt sich ersehen, daß hier eine Frau mit klaren Vorstellungen und ausgeprägter Willenskraft beharrlich, ja hartnäckig ihre als richtig erkannten Ziele verfolgt.[28]

Gleich Prinzessin Louise Adelaïde de Bourbon-Condé (1757—1824), die sich in den Jahren 1796 bis 1798 in Österreich aufhielt,[29] war sie überzeugt,

---

[20] Maria Anna versprach dafür ewige Dankbarkeit. An Franz, (Wien) s. d. (1800 II). HHStA F. A. SB 39 Nr. 228/2, fol. 13.

[21] Colloredo an Maria Anna, (Wien) 1800 III 26. HHStA F. A. SB 69 Nr. 3, fol. 24r—25r.

[22] Sie entschuldigt sich bei Franz, *si je vous ennuye par mes fréquentes lettres* . . . Prag 1794 X 15. HHStA F. A. SB 34 Nr. 150/2, fol. 71r.

[23] *On peut penser de moi ce qu'on voudra* . . . An Franz, (Prag) 1798 VII 23. HHStA F. A. SB 59 Nr. 207/2, fol. 31r.

[24] Von bloßen Höflichkeitsformeln hält sie nichts. Sie schreibt Franz *à coeur ouvert.* (Prag 1795). HHStA F. A. SB 35 Nr. 167/2, fol. 39r. Franz soll *le peu de cérémoniel* in ihren Briefen als Beweis ihrer Zuneigung auffassen. Poggio Imperiale 1789 VII 27. HHStA F. A. SB 29 Nr. 70/6, fol. 428v.

[25] *Je vous parle et écris aussi sincèrement que je le pense* . . . An Franz, (Wien) 1792 IX 17. HHStA F. A. SB 31 Nr. 123/2, fol. 88r.

[26] *Je trouve qu'en prenant l'emp(ereur) du coté du coeur cela fait bien, en-moins cela le fait souvenir (. . .) il importe qu'il ne croie pas que je bavarde ce qu'il m'écrit (. . .) et ce qu'il reçoit bien lorsque je lui écris du fond de mon coeur; pourroit lui déplaira, si il croyoit la chose rougie et avec raison.* An Amelie, (Prag) o. D. (1797). HHStA F. A. SB 68 Nr. 97/2, fol. 82v.

[27] Sämtlich in HHStA F. A. SB 68 Nr. 97/2.

[28] *Vous dirés que je suis une séccature* . . . An Franz, Prag 1796 VIII 25. HHStA F. A. SB 36 Nr. 181/2, fol. 51r.

[29] Vgl. Ildefons Fux, Emigrierende Trappisten in Österreich, Studien und Mitteilungen zur Geschichte des Benediktiner-Ordens, Bd. 98 (St. Ottilien 1987) H. 3/4, 304—316.

daß sich die Kirche in unserem Lande in einem beklagenswerten Zustand befinde und daß dies in einer ruinösen Gesetzgebung seine Ursache habe. Immer wieder fordert sie Franz auf, der Religion ihren früheren Glanz wiederzugeben[30] und die Gesetze *in publico-ecclesiasticis* zu ändern.[31] Er müsse ja lediglich von seiner Machtfülle Gebrauch machen, es genügten schon zwei Worte aus seinem Mund,[32] um der Religion wieder aufzuhelfen. Dann werde ihn die Nachwelt einmal den *Restaurator der Religion* und den *Wohltäter seiner Untertanen* nennen.[33] Durch ihn sollen die guten Zeiten, wie sie unter Maria Theresia bestanden hätten, wiederkehren.[34]

Die Dringlichkeit, in der Kirchenpolitik andere Wege einzuschlagen, unterstreicht sie durch die Bezugnahme auf aktuelles Zeitgeschehen: Vom Königsmord in Paris tief beeindruckt,[35] fürchtete sie um den Bestand des Thrones und der Dynastie;[36] das Fehlen des Kriegsglücks sei auf ein Fehlen des göttlichen Segens zurückzuführen, denn ohne die Wiederherstellung der Religion werden die Armeen von denen geschlagen werden, die Gott erwählt hat, um die ganze Welt zu strafen,[37] und die sich wie giftige Insekten vermehren,[38] die Franzosen. Wie ist es nur möglich, daß eine Armee wie die des Kaisers unterliegt?[39] Sie antwortet in alttestamentlicher Geschichtstheologie: Wenn Israel seinem Gott die Treue hält, erfährt es Segen; wenn es von Gott abfällt, wird es von seinen Feinden bedrückt.[40]

---

[30] *Remettre la religion dans toute sa splendeur dans tous ses états* ... Prag 1797 IX 28. HHStA F. A. SB 37 Nr. 197/2, fol. 47 r. – *Faire refleurir la religion dans vos pays* ... Spoleto 1800 X 9. HHStA F. A. SB 39 Nr. 228/2, fol. 26r. – *J'ai toujours l'idée et le ferme espoir que ce sera vous mon bien-aimé frère qui remettrés la religion dans tout son eclat.* Prag 1798 III 19. HHStA F. A. SB 36 Nr. 181/2, fol. 43r.

[31] *Revoqués les ordres détéstables* ... (Prag) 1798 VII 23. HHStA F. A. SB 59 Nr. 207/2, fol. 31v.

[32] *Il ne faut que deux mots, et tout ira au mieux.* Prag 1798 IV 18. Wie Anm. 31, fol. 26r.

[33] *Le réstaurateur de la religion, le bienfaiteur de ses sujets.* An Franz, 1798 IV 18. Wie Anm. 31, fol. 26r.

[34] An dens., Laibach 1809 V 14. HHStA F. A. SB 42 Nr. 280/7, fol. 15v.

[35] An dens., (1793). HHStA F. A. SB 32 Nr. 131/2, fol. 56r+v.

[36] Marie Therese, die Gattin des Kaisers, solle ihren Einfluß geltend machen; *vous assurerés par-là le trône aussi à vos enfans.* Loreto 1801 I 11. HHStA F. A. SB 61 Nr. 246/10, fol. 609r.

[37] *Elles seront battus par ceux dont Dieu se sert pour punir tout le monde.* An Franz, (Loreto) 1800 VI 29. HHStA F. A. SB 39 Nr. 228/2, fol. 22v.

[38] *Des insectes vénimeux, qui se multiplient infiniment* ... An dens., Prag 1796 VII 24. HHStA F. A. SB 36 Nr. 181/2, fol. 43v.

[39] ... *puisque humainement parlant il y a longtemps qu'avec une armée telle que celle de l'Empereur cette guerre devroit être finie.* An Marie Therese, Loreto 1801 I 11. HHStA F. A. SB 61 Nr. 246/10, fol. 609r.

[40] An Amelie, (Prag) 1796 VI 9. HHStA F. A. SB 68 Nr. 97/2, fol. 169r.

Alles, was auf die Religion Bezug hat, geht ihr nahe; sie fürchtet, daß Gott früher oder später alle zur Rechenschaft ziehen wird.[41] Man soll also nicht bis zum Friedensschluß warten; jetzt schon muß man den Segen Gottes herabziehen, indem man endlich eingreift und alles ändert, was der Religion entgegen ist.[42]

Dabei betont sie — die sich in nichts einmischen will —[43] die Unschuld Franz', von dessen Lauterkeit sie wie auch alle übrigen überzeugt sei.[44] Verantwortlich für die schlechte Kirchenpolitik seien die Minister, denen es nur zu oft an Eifer und Treue fehle;[45] die Departements, die hunderttausend Mittel hätten, um die kirchlichen Oberen zu quälen, wovon man genug erzählen könnte;[46] die Bürokratie, die mit ihren „Gutachten" kaum Hoffnung lasse;[47] die „Stellen", die nicht immer loyal und verläßlich seien.[48] Aber auch gute Länderchefs könnten nichts ausrichten, solange die Generalien der Kirchenpolitik auf dem gegenwärtigen Stand verblieben: Franz möge sich nur die Mühe machen, die Kirchengesetzgebung seit Maria Theresia durchzusehen![49] Ja, sie ist selber bereit, sich all diese Gesetzestexte zu beschaffen und deren verdrießliche Lektüre auf sich zu nehmen, um dem Kaiser das zu ersparen.[50]

Den Bischöfen als den ersten Dienern des Frömmigkeitslebens eines Landes und folglich den Bischofsernennungen kommt in der Geographie und in der Geschichte des Glaubens eine Schlüsselstellung zu, um die auch Maria Anna wußte. Deshalb suchte sie deren Position zu stärken, sah sie diese doch in den Erbländern nahezu entmündigt. Sie denkt dabei an die Überwachung der Bischöfe seitens der staatlichen Behörden, damit die Au-

---

[41] *Tout ce qui a rapport à la religion me fait trembler car tôt ou tard j'ai peur que nous en soyions punis* ... An dies., (Prag 1798). Wie Anm. 40, fol. 135$^{r+v}$.

[42] An Marie Therese, Loreto 1801 I 11. HHStA F. A. SB 61 Nr. 246/10, fol. 609$^{v}$.

[43] *Je ne me mêle de rien* ... An Franz, Dresden 1793 X 10. HHStA F. A. SB 32 Nr. 131/2, fol. 54$^{v}$.

[44] *Ils ne les attribuent jamais à vous, mais aux ministres.* An Franz, (Prag 1795). HHStA F. A. SB 35 Nr. 167/2, fol. 38$^{v}$. — *La droiture des intentions de l'Empereur.* An Maria Therese, Loreto 1801 I 11. HHStA F. A. SB 61 Nr. 246/10, fol. 609$^{v}$.

[45] An Franz, Spoleto 1800 X 9. HHStA F. A. SB 39 Nr. 228/2, fol. 26$^{r}$.

[46] *Cent milles moyens de les tourmenter, de les chicaner, dont on pourroit aussi beaucoup raconter.* An dens., Prag 1797 IX 28. HHStA F. A. SB 37 Nr. 197/2, fol. 49$^{r}$.

[47] *Si cela revient au Gut Achten ici je scais qu'il n'y a pas beaucoup à espérer* ... An dens., (St. Margarethen) 1798 V 20. HHStA F. A. SB 59 Nr. 207/2, fol. 27$^{r+v}$. *Qu'elle vient au Gutachten cela réussit mal* ... An dens., (Prag) 1798 VII 23. A. a. O., fol. 30$^{v}$.

[48] *Si cela va aux Stellen cela ne vous reviendra peut-être plus* ... An dens., (Wien) 1799 XII 25. HHStA F. A. SB 38 Nr. 207/2, fol. 54$^{r}$.

[49] An Franz, (Prag) 1798 VII 23. HHStA F. A. SB 59 Nr. 207/2, fol. 30$^{v}$.

[50] Ebd. fol. 31$^{r}$.

torität des Herrschers von diesen nicht etwa geschmälert werde,[51] was doch nichts anderes bedeute, als daß sich die weltliche Gewalt in den geistlichen Bereich einmische.[52] Franz soll ganz im Gegenteil die Bischöfe auffordern, freimütig zu sprechen — wie einst der hl. Ambrosius.[53] Man müsse die Autorität des Klerus und der Bischöfe wieder stärken und den ihnen Untergebenen so die Möglichkeit nehmen, bei weltlichen Behörden, die, wie die Erfahrung zeigt, nur zu gerne auf sie hören, Beschwerde zu führen. Dadurch fördere man lediglich den Ungehorsam.[54] Noch knapp vor ihrem Tod appelliert sie an Franz, der Verachtung der geistlichen Autorität seitens der Staatsgewalt ein Ende zu bereiten, es gebe ja so gut wie keinen Bischof, der nicht darüber klage, gebundene Hände zu haben.[55] Ihr großes zeitgenössisches Idealbild für einen Bischof findet sie im Kurfürsten von Trier, Clemens Wenzeslaus (1739—1812),[56] während sie ihren Onkel Max Franz (1756—1801) in diesem Zusammenhang nicht einmal erwähnt.[57] Gerne würde sie einige ihrer Brüder im geistlichen Stande und als Bischöfe sehen[58] und so musterhaft lebend wie der Kurfürst von Trier.[59] Sie müßten aber zeitgerecht mit den theologischen Studien beginnnen;[60] noch sei es nicht zu spät, sie für das Schöne des geistlichen Standes zu erwärmen. Gerade jetzt (1797) scheine der Augenblick günstig, die geistlichen Fürsten des Reiches zu bewegen, einige ihrer Brüder als Koadjutoren zu engagieren.[61]

Daß sie dabei nicht allein in den Kategorien der Etablierung und Versorgung dachte, zeigt klar das Beispiel der anstehenden Bischofsernennung für Brünn. Propst Henniger hatte sie gebeten, ihn bei Franz zu empfehlen. Sie

---

[51] *... veiller, pour que les évêques ne donnent aucun écrit où il y ait quelques choses contre l'autorité s(o)uveraine.* An Franz, Prag 1797 IX 28. HHStA F. A. SB 37 Nr. 197/2, fol. 47ᵛ.

[52] *Tant que les choses ne rentreront pas dans l'ordre que le séculier ne se mèlera plus du spirituel, nous ne pouvons être heureux.* Wie Anm. 51, fol. 48ʳ.

[53] *Ordonnés à vos évêques de parler comme l'auroit fait St. Ambroise ...* (Prag) 1798 VII 23. HHStA F. A. SB 59 Nr. 207/2, fol. 31ᵛ. — Maria Anna hatte anscheinend eine besondere Beziehung zum hl. Ambrosius: *Je vous enverrois la prière à St. Ambroise, il me semble que j'en ai une copie.* An Amelie, (St. Margarethen) 1798 VIII 16. HHStA F. A. SB 68 Nr. 97/2, fol. 302ᵛ.

[54] An Franz, Prag 1798 IV 18. HHStA F. A. SB 59 Nr. 207/2, fol. 26ʳ.

[55] An dens., Laibach 1809 V 14. HHStA F. A. SB 42 Nr. 280/7, fol. 15ʳ.

[56] Ausführliche Schilderung ihrer Begegnung mit dem Fürsterzbischof: HHStA F. A. SB 68 Nr. 97/2, fol. 209—212. — Vgl. Die Bischöfe der deutschsprachigen Länder. 1785/1803 bis 1945, hg. von Erwin Gatz (Berlin 1983) 388—391.

[57] Dieser stand wegen seiner Dickleibigkeit und Schlafsucht bei den Erzherzoginnen nicht in hoher Gunst. Vgl. Max Braubach, Max Franz. Maria Theresias jüngster Sohn (Wien, München 1961) 470.

[58] An Amelie, (Prag 1797). HHStA F. A. SB 68 Nr. 97/2, fol. 82ʳ.

[59] An Franz, Prag 1797 VIII 9. HHStA F. A. SB 37 Nr. 197/2, fol. 43ᵛ.

[60] Wie Anm. 59.

[61] *Engager les princes ecclésiastiques à prendre une couple de nos frères pour coadjuteurs.* An dens., (Prag 1797 IV). HHStA F. A. SB 37 Nr. 197/2, fol. 38ᵛ.

kenne ihn sehr gut, könne auch nur gut von ihm denken, schreibt sie; er habe einen aufrechten Charakter,[62] und seine Verdienste seien unbestreitbar. Vielleicht komme er einmal für Leitmeritz in Frage.[63] Für Brünn aber empfiehlt sie den Kanoniker Pallas, der sich selber und von sich aus nicht bewerben werde.[64] Dieser sei ein Geistlicher von reiner Lehre und von intakten Sitten, er habe große Wissenschaft und wahren Eifer, er werde sich nicht schonen. Er war lange Zeit Seelsorger, sei kein Freimaurer, noch weniger ein Illuminat,[65] führe ein zurückgezogenes Leben, sei nicht bekannt (was ein Grund mehr für sie sei, ihn zu empfehlen), predige außerordentlich gut und werde große Früchte bringen. Es wäre schade, wenn solche Talente und Qualitäten, die der Kirche von Nutzen sein können, verlorengingen. Diesem imago episcopi fügt sie die Mitteilung bei, daß Pallas einmal ihr Beichtvater war[66] und sie ihn deshalb mehr als andere kenne. Doch nichts in der Welt könnte sie veranlassen, ihn zur Nomination vorzuschlagen, wenn sie nicht selbst davon überzeugt wäre, damit einem Gebot der Gerechtigkeit und Wahrheit nachzukommen. — Die Intervention der Erzherzogin blieb vergeblich; nicht Pallas wurde Bischof von Brünn, sondern Vinzenz Joseph Schrattenbach (1799—1816).[66 a]

Es verwundert nicht, daß sie dem Papst in besonderer Weise zugetan ist und seine einzigartige Stellung als „Vater aller Gläubigen“ betont. Natürlich nimmt sie Anteil am Schicksal Pius' VI. und wünscht sehnlichst, daß er in die Staaten Seiner Majestät komme. Das hohe Alter des Heiligen Vaters und die Gefahr eines Schismas[67] ängstigen sie; wenn Pius sterbe, müsse man um die Legalität und Anerkennung seines Nachfolgers besorgt sein. Franz möge sich also bemühen, die Mehrzahl der Kardinäle in seine Staaten zu bringen. Die Dankbarkeit des neuen Papstes und des heiligen Kollegiums wäre auch politisch von Vorteil.[68] Nur müßte alles in größter Geheimhaltung vor sich gehen.[69] Sie ist ganz außer sich vor Freude, Pius VI. in der Toskana zu wis-

---

[62] An dens., Prag 1798 XII 27. HHStA F. A. SB 59 Nr. 207/2, fol. 39ᵛ.

[63] An Franz, (Prag) 1799 III 4. HHStA F. A. SB 38 Nr. 207/2, fol. 25ᵛ.

[64] Diese und die folgenden Angaben: Wie Anm. 63, fol. 25ᵛ—26ʳ.

[65] Es gebe ohnedies schon genug Illuminaten im Land. An Franz, o. O. (1793). HHStA F. A. SB 32 Nr. 131/2, fol. 56ᵛ.

[66] Sie ließ ihn jeden Samstag nach Břevnov (St. Margarethen) kommen, wo sie die schöne Jahreszeit zu verbringen pflegte. An Amelie, (St. Margarethen) 1797 VII 2. HHStA F. A. SB 68 Nr. 97/2, fol. 196ᵛ.

[66 a] Emil Weinbrenner, Mähren und das Bisthum Brünn (Brünn 1877) 64 f.

[67] *Quel service vous rendriés à la religion en empêchant un schisme, quelle gloire pour vous . . .* An Franz, Prag 1798 III 19. HHStA F. A. SB 59 Nr. 207/2, fol. 23ʳ.

[68] Wie Anm. 67, fol. 23ʳ⁺ᵛ.

[69] Wie Anm. 67, fol. 24ʳ.

sen,[70] während der Großherzog selbst, in Kenntnis der Bestrebungen des Direktoriums,[71] einige Verlegenheit fühlte.[72]

1799 bittet Maria Anna erneut ihren Bruder, die Lage des Papstes zu erleichtern und ihm das Kommen in die kaiserlichen Staaten zu ermöglichen.[73] Sie hofft auf einen glücklichen Kriegszug in Italien und auf die Befreiung Pius' VI.; mit welcher Freude würde sie da am Tedeum teilnehmen![74] Der Papst verstarb jedoch am 29. August in Valence; am 14. März 1800 wählten die Kardinäle im Konklave von Venedig Pius VII. Chiaramonti zu dessen Nachfolger.

Maria Anna hatte noch in Venedig mehrere und lange Gespräche mit dem neugewählten Obersten Hirten[75] und traf in Loreto neuerlich mit ihm zusammen.[76] In Rom angekommen, schrieb der Heilige Vater einen ebenso ausführlichen wie herzlichen Privatbrief an die Erzherzogin.[77] Diese intervenierte ihrerseits bei der Kaiserin und bat sie flehentlich, doch ihren ganzen Einfluß geltend zu machen, daß die staatliche Kirchengesetzgebung geändert werde und die kirchliche Autorität wieder Anerkennung finde, angefangen bei jener des Papstes, die die Politik nach Kräften zu zerstören suche.[78] Maria Anna wünschte eine Begegnung ihres Bruders mit Pius VII.; wenn Franz den Papst persönlich kennenlernte, würde er ihn auch lieben. Das ist ihre feste Überzeugung.[79] Sie war überaus glücklich, als der Heilige Vater ihr ein persönliches Schreiben an den Kaiser zur Weiterleitung anvertraute, und hoffte, so eine *correspondance familière* inaugurieren zu können. Es sei viel

---

[70] *Je suis ravie que le Saint Père soit à Sienne (...) et voudrais pouvoir m'y transporter pour avoir sa bénédiction. Quel bonheur pour la Toscane ...* An Amelie, (Prag) 1798 III 10. HHStA F. A. SB 68 Nr. 97/2, fol. 250r.

[71] *Ich weis, daß in Frankreich die Franzosen den Pabsten absolute nicht in Deutschland (...) schicken wollen.* Ferdinand an Franz, Florenz 1798 V 12. HHStA F. A. SB 37 Nr. 204, fol. 50r.

[72] *Diese Affaire sezt mich in ziemliche Verlegenheit ...* Ders. an dens. Florenz 1798 V 19. Wie Anm. 71, fol. 52r. — Vgl. Franz Pesendorfer, Ein Kampf um die Toskana. Großherzog Ferdinand III. 1790—1824 (Wien 1984) 153—156.

[73] (Prag) 1799 IV 30. HHStA F. A. SB 38 Nr. 217/2, fol. 28v.

[74] *... et j'y assisterois de bien bon coeur.* An Franz, (St. Margarethen) 1799 V 7. Wie Anm. 73, fol. 30r.

[75] Charles van Duerm, Un peu plus de lumière sur le conclave de Venise et sur les commencements du pontificat de Pie VII. 1799—1800 (Louvain 1896) 323, 333.

[76] Van Duerm (wie Anm. 75) 558, 562.

[77] (Autograph) 1800 VII 5. HHStA F. A. SB 69 Nr. 235/4, fol. 26.

[78] *Faites tout ce qui en votre pouvoir pour qu'on rende à Dieu ce qui est à Dieu en changeant les systèmes si ruineux à la religion qui sont établis dans nos pays, cette insubordination à toute(s) les autorités ecclésiastiques à commencer du chef visible de l'eglise que la politique travaille à ruiner tant qu'elle peut ...* An Marie Therese, Loreto 1801 I 11. HHStA F. A. SB 61 Nr. 246/10, fol. 609r.

[79] *Que je serois aise si vous pouviés connaître le pape, je suis sûre que vous l'aimeriés.* An Franz, Rom 1801 VII 4. HHStA F. A. SB 39 Nr. 5, fol. 33r.

besser, wenn solche Briefe nicht durch die Hände der Minister gingen; Franz möge doch durch eine Antwort das Herz des Papstes trösten.[80]

Der Kaiser hat dieses Angebot seiner Schwester offenbar ignoriert. Lediglich Erzherzog Carl nützte einmal die Vermittlung Maria Annas, um eine päpstliche Dispens zu erlangen.[81]

Was unsere Erzherzogin im besonderen alarmierte, war der immer krasser zutage tretende Priestermangel. Schon 1793 berichtete sie nach Wien, wie sehr es in Böhmen an Priestern fehle.[82] Wenn die kirchenpolitische Lage so bleibe, werde es bald überhaupt keine Priester mehr geben.[83] Wenn sich das Volk an den Priestermangel gewöhne, wenn man nicht mehr an Himmel und Hölle glaube, dann werde die Gottlosigkeit und die Bereitschaft zu allen Verbrechen wachsen.[84] Die Geistlichen seien wenig geachtet, und deshalb wolle auch niemand in ihren Stand treten.[85] Man nimmt dem Klerus jegliches Ansehen,[86] und die Äbtissin erinnert daran, daß einem Priester in Böhmen erst kürzlich der Predigtinhalt vorgeschrieben worden sei, *aus Furcht, er könnte die Wahrheit sagen.*[87] Darf es dann wundern, wenn der Materialismus im Volk in erschreckender Weise um sich greift?[88]

Natürlich sieht sie eine weitere Verursachung des Priestermangels auf dem Sektor der Erziehung und des Schulwesens gegeben. Franz möge doch der Jugend *schlechte Professoren* vom Hals schaffen,[89] Professoren, die nicht praktizierten, die Religion lächerlich machten oder sie einfach links liegen ließen.[90] Die Selbstmorde unter der Jugend häuften sich deshalb in beängsti-

---

[80] Wie Anm. 79.

[81] Maria Anna an Carl, Rom 1802 I 16. HHStA F. A. SB 69 Nr. 5, fol. 60r.

[82] *Vous n'avés pas d'idée combien les prêtres manquent en Bohême (. . .) on ne scauroit bientôt comment rempli les cures.* An Franz, Prag 1793 IX 29. HHStA F. A. SB 32 Nr. 131/2, fol. 52v.

[83] *Si les choses restent telles qu'elles sont, et nous n'auront plus de prêtres.* An dens. Prag 1797 IX 28. HHStA F. A. SB 37 Nr. 197/2, fol. 47r.

[84] An dens., (Prag) 1798 VII 23. HHStA F. A. SB 59 Nr. 207/2, fol. 31v.

[85] *Si peu éstimés.* An dens., (Prag) 1798 VIII 23. Wie Anm. 84, fol. 30v.

[86] *Le clergé est toujours plus avili, opprimé, on veut lui ôter l'apparence même de pouvoir . . .* An Franz, Prag 1797 IX 28. HHStA F. A. SB 37 Nr. 197/2, fol. 47v. — Vgl. an dens., Prag 1798 III 19. A. a. O. SB 59 Nr. 207/2, fol. 23v.

[87] *Il y a peu de jours qu'on vient encore fixer à un prédicateur, ce qu'il doit prêcher pour une fête de béatification, de peur qu'il dise le vrai . . .* An Franz, (Prag) 1798 VII 23. HHStA F. A. SB 59 Nr. 207/2, fol. 31v. (Es dürfte sich dabei um die 1796 erfolgte Seligsprechung des Leonardo di Porto Maurizio gehandelt haben.)

[88] An Franz, (Prag) 1797 XI 10. HHStA F. A. SB 37 Nr. 197/2, fol. 56v.

[89] *Si vous nous défaités des mauvais professeurs . . .* An dens., Prag 1797 IX 28. Wie Anm. 88, fol. 48r.

[90] *Qui ou ne pratiquent pas la religion ou au-moins la ridiculisent et la laissent tout à fait de coté. Cela ne peut pas bien aller et plus que cela dure plus la jeunesse se pervertit.* An Franz, Prag 1796 V 17. HHStA F. A. SB 36 Nr. 181/2, fol. 35r.

gender Art, und Franz werde bald auch keine verläßlichen Staatsdiener mehr finden können.[91] Sie spricht von einer perversen Erziehung an den öffentlichen Schulen, für die man auch noch zahlen müsse.[92] Vor allem müßte Franz den Orden und Klöstern die Hauslehranstalten wieder gestatten; denn zur Zeit wären die jungen Leute, die in den Ordensstand treten wollen, gezwungen, an die Universitäten zu gehen, wo man sie verdirbt und ihnen die Freude am geistlichen Beruf wieder nimmt.[93] Aber wenn auch der Kaiser die Wiedereinführung der Hausstudien erlaubte — die Klöster könnten nie die erforderliche Zahl an Professoren stellen, solange am System des numerus fixus festgehalten werde, eine teuflische Raffinesse![94] Man müsse zugeben, daß dies alles klug ausgedacht sei, um die Religion zu ruinieren.[95] Maria Anna bittet also inständig, den Konventen die Aufnahme so vieler Kandidaten zu erlauben, als sie ernähren können, ihnen alle Studien, auch jenes des kanonischen Rechtes, in den Klöstern zu ermöglichen, ohne dabei die Anzahl der Professoren vorzuschreiben; denn sonst sei alles verloren.[96]

Schon aus dem Gesagten läßt sich erkennen, daß die Erzherzogin ganz auf der Seite der Klöster stand, die sie zu schützen und zu fördern suchte. So läßt sich in ihrer Korrespondenz auch eine ganze Fülle von Interventionen zugunsten von Ordensleuten und Klöstern nachweisen. Wir erwähnen das Kapuzinerkloster in der Prager Neustadt,[97] geflüchtete Karmelitinnen, die ebenso treu wie mittellos waren;[98] das Eintreten Maria Annas für eine Jüdin, die konvertieren und bei den Wiener Ursulinen aufgenommen werden wollte,[99] für die Salesianerinnen aus dem Konvent Belle-Cour in Lyon[100] unter Hinweis darauf, daß schon ihre Mutter die Heimsuchungsklöster voll Eifer unterstützt habe,[101] für die emigrierten Trappisten und Trappistinnen,

---

[91] Ebd. — Dies. an dens., Prag 1796 VI 4. Wie Anm. 90, fol. 40r.

[92] *L'éducation perverse (. . .) qu'on donne à la jeunesse dans les écoles publiques et pour laquelle elle doit encore payer. . .* An Franz, Prag 1796 VII 24. Wie Anm. 90, fol. 42v.

[93] *On les y gâte, les y pervertit et les dégoute de leur état. . .* An dens., Prag 1797 IX 28. HHStA F. A. SB 37 Nr. 197/2, fol. 48r.

[94] *une finesse diabolique.* Wie Anm. 93, fol. 48v.

[95] *Cela est bien arrangé pour parvenir au but de détruire la religion.* Wie Anm. 93, fol. 48v.

[96] *. . . car sans cela tout est perdu.* Wie Anm. 93, fol. 49r.

[97] An Franz, Prag 1793 IX 29. HHStA F. A. SB 32 Nr. 131/2, fol. 52v. — An dens., (Prag 1795). A. a. O. SB 35 Nr. 167/2, fol. 38v.

[98] An Franz, (Prag 1794 VII). HHStA F. A. SB 34 Nr. 150/2, fol. 50r.

[99] An dens., (Schönbrunn 1794) X 11. Wie Anm. 98, fol. 62r.

[100] Vgl. Ildefons Fux, Flucht und Zuflucht. Aus der Geschichte des Heimsuchungsklosters zu Ende des 18. Jahrhunderts, Gottgeweiht. Vierteljahresschrift für Ordensfrauen 1 (1987/88) 67 f.

[101] *C'est à vous que notre mère les a recommandé, ayiant toujours mis le plus grand zèle à ce qui les regardoit.* An Franz, Prag (I) 21. HHStA F. A. SB 59 Nr. 207/2, fol. 17v.

unter denen sich auch die Prinzessin Louise de Bourbon-Condé befand.[102] Mit dem Heimsuchungskloster in Wien war sie lange Zeit verbunden.[103] Hier soll auch jener ordensähnlichen Gemeinschaft gedacht werden, die für die Erzherzogin persönlich von großer Bedeutung werden sollte und die sie Franz des öfteren empfahl: die Gesellschaft vom Heiligsten Herzen, die sich nach ihrer Vereinigung mit Paccanari „Väter vom Glauben" nannte. Nach dem Tod des Léonor François Tournely am 9. Juli 1797 in Hagenbrunn[104] hatte Maria Anna geholfen, eine Zweigniederlassung in Prag zu gründen.[105] Sie war überzeugt, daß diese Gemeinschaft mit der Zeit der Kirche große Dienste erweisen würde,[106] und nannte den Prinzen Charles de Broglie ihren „kleinen Heiligen".[107] Für Paccanari und sein Institut setzte sie sich angelegentlich ein — nicht zuletzt in Hinblick auf die Wiederherstellung des Jesuitenordens.[108]

Das Frömmigkeitsleben des einfachen Volkes hatte durch die josephinische Kirchengesetzgebung schwere Einbußen hinnehmen müssen. Nicht zuletzt war es die drastische Reduktion des Wallfahrtswesens, die Erbitterung hervorrief. Das Verlorene zurückzuholen, war nur in einem langen Prozeß des Umdenkens zu erhoffen, und Maria Anna hat durch ihr mutiges Beispiel diese Entwicklung gefördert. Immerhin war es von zeichenhafter Bedeutung, wenn die Erzherzogin bereits 1794 die Pilgerfahrt nach Mariazell unternahm.[109] Sie gab so den Anstoß zur Bewilligung der ersten Wiener Wallfahrtsprozession zur Magna Mater Austriae im Jahre 1796.[110] 1799 ist erneut die Mariazeller Fahrt bezeugt; sie hatte dort für Franz gebetet.[111] Von Prag aus machte sie einmal die Wallfahrt zum Heiligen Berg bei Přibam.[112] Sie

---

[102] Vgl. Fux (wie Anm. 29) 317 f., 329. — Marie de la Trinité Kervingant, Des moniales face à la Révolution française. Aux origines des Cisterciennes-Trappistines (Bibliothèque Beauchesne 14, Paris 1989) 137, 141, 164.

[103] Vgl. Souvenirs de la Baronne Du Montet 1785—1866 (Paris [3]1914) 14 f. — Sie ließ auf eigene Kosten die Nichte der Mme Köckh, einer Kammerfrau, dortselbst erziehen. An Franz, Prag 1797 I 17. HHStA F. A. SB 37 Nr. 197/2, fol. 23[v].

[104] Notice sur le Révérend Père Léonor François de Tournely et sur son oeuvre la Congrégation des Pères du Sacré-Coeur (Vienne 1886) 139.

[105] Charry (wie Anm. 1) 113.

[106] An Amelie, (Prag 1798). HHStA F. A. SB 68 Nr. 97/2, fol. 32[r].

[107] *C'est notre petit saint...* An dies., wie Anm. 106, fol. 146[v].

[108] An Franz, (Wien) 1799 X 9. HHStA F. A. SB 38 Nr. 217/2, fol. 43[r]. — An dens., (Wien 1799). Ebd. fol. 48[r]. — Vgl. Dizionario degli istituti di perfezione, t. 6 (wie Anm. 18) col. 1065; t. 8 (Roma 1988) col. 1682 f. u. 1611.

[109] Sie hatte den Sommer in Wien verbracht. An Marie Therese, (Wien) 1794 VIII 19. HHStA F. A. SB 56 Nr. 156/13 (ohne Foliierung).

[110] Anna Coreth, Pietas Austriaca (Wien [2]1982) 70.

[111] An Franz, (Wien) 1799 X 9. HHStA F. A. SB 38 Nr. 217/2, fol. 43[r].

[112] Sie berichtet von einer Prozession dortselbst, die glücklicherweise von den Behörden genehmigt worden war; ein Verbot hätte nämlich eine *fürchterliche Wirkung* gehabt. An Franz, Prag 1796 VIII 25. HHStA F. A. SB 36 Nr. 181/2, fol. 51[r+v].

freute sich über den Entscheid ihres Bruders, die dortige Propstei bestehen zu lassen.[113]

Die öffentlichen Gebete, wie sie in Notzeiten angeordnet wurden, lagen ihr ebenso am Herzen wie die Aussetzung des Allerheiligsten. Im Herbst 1794 hatte sie erfahren, daß Franz erlaubt hatte, Pius VI. um ein Jubiläum für die Erzdiözese Wien zu bitten. Sofort setzte sie dem Erzbischof von Prag zu, sich um dieselbe Vergünstigung für sein Bistum zu bemühen, *damit wir für alle Nöte der Gegenwart beten können ...*[114] Über das positive Echo der erlangten Erlaubnis berichtet sie begeistert nach Wien,[115] in der Überzeugung, daß die vieltausendfachen Bitten Franz sehr nützlich sein werden.[116] Die öffentlichen Gebete sollten deshalb in Böhmen ja nicht weniger ausgedehnt sein als in Wien.[117] Als 1798 das Verbot, das Allerheiligste in den Kartagen zur Anbetung auszusetzen, wieder zurückgenommen wurde,[118] berichtete sie nach Wien vom guten Effekt dieser Maßnahme im Volk.[119]

Die Affäre um die Gedenkstätte am Weißen Berg bei Prag zeigt, daß Maria Anna ein lebendiges Empfinden für Geschichte und Heilsgeschichte besaß und sich damit ganz im Gegensatz zum Geist der josephinischen Kirchengesetzgebung befand, dem ja der Sinn für das historisch Gewachsene weitgehend fehlte. Daß die Kapelle auf dem Weißen Berg verkauft worden war, noch dazu an einen Bierbrauer, bereitete unserer Erzherzogin den größten Schmerz;[120] das Gnadenbild der Wunderbaren Jungfrau hatte man anderswohin verbracht.[121] Und doch war diese Kapelle ein Monument der Dankbarkeit für einen Sieg, der dem Herrscherhaus die Zugehörigkeit ganz Böhmens gesichert hatte.[122] Sie setzte alles daran, um die Kapelle erwerben zu können — nicht um durch Stiftungen dortselbst hervorzutreten, sondern damit es an dieser Gnadenstätte „Maria vom Siege" wieder heilige Messen an

---

[113] *Vous avés répandu la joie à la Sainte Montagne et dans les coeurs.* An dens., Prag 1796 VI 4. Wie Anm. 112, fol. 40$^{v}$.

[114] *Je tourmente notre archévêque ...* An Franz, Prag 1794 XI 16. HHStA F. A. SB 34 Nr. 150/2, fol. 67$^{v}$—68$^{r}$.

[115] *Votre Majesté ne peut se faire une juste idée combien l'ordre qu'elle a donné (...) a fait un bon effet ...* Prag 1795 IV 4. HHStA F. A. SB 35 Nr. 167/2, fol. 36$^{r}$.

[116] An Franz, Prag 1796 V 17. HHStA F. A. SB 36 Nr. 181/2, fol. 35$^{r}$.

[117] *Une chose qui me choque s'est qu'à Vienne c'étoit pendant trois jours et pour nous autres Bohêmes ce n'est qu'un jour ...* An Franz, Prag 1796 VIII 20. Wie Anm. 116, fol. 50$^{r}$.

[118] Ferdinand Maaß, Der Josephinismus. Quellen zu seiner Geschichte in Österreich 1760—1850, Bd. 4 (Fontes rerum austriacarum 74, Wien, München 1957) 47.

[119] Als ein Prediger dies in der Kirche verkündete, *les gens ont commencé à dire tout haut Vergelt's Gott.* An Amelie, (Prag 1798) IV 3. HHStA F. A. SB 68 Nr. 97/2, fol. 11$^{v}$. Vgl. dies. an Franz, Prag 1798 IV 18. A. a. O. SB 59 Nr. 207/2, fol. 25$^{r}$.

[120] An Franz, (Prag) 1797 XI 10. HHStA F. A. SB 37 Nr. 197/2, fol. 57$^{r}$.

[121] An dens., (St. Margarethen) 1798 V 20. HHStA F. A. SB 59 Nr. 207/2, fol. 27$^{r}$.

[122] *La fameuse bataille (...) qui a été gagnée et qui vous a conservé la Bohême.* Wie Anm. 121.

Sonn- und Feiertagen gebe und die Menschenmenge dort für einen Herrscher bete, *der wisse, was er der Religion schuldig sei.*[123] Franz erlaubte ihr den Ankauf, der aber angesichts der exorbitanten Forderungen des Eigentümers nicht zustande kam.[124] Dabei wollte sie lediglich ein Gotteshaus seiner ursprünglichen Bestimmung zurückgegeben wissen. Der gleiche Sinn für das Sakrale trieb sie noch 1808 dazu, gegen die Requirierung von Kirchen und Seminarien für die Armee zu protestieren.[125]

Nicht nur 1620 ist als Schicksals- und Wendejahr für die katholische Kirche in Mitteleuropa anzusehen, sondern ebenso 1683, das Jahr der Türkenbefreiung. Maria Anna blieben die Parallelen von 1683 mit 1809, dem Jahr des siegreichen Vordringens der Franzosen in das Herz der Monarchie, nicht verborgen und veranlaßten sie, einen flammenden Brief an den Kaiser zu richten, den letzten dieser Art, der, wenige Monate vor ihrem Tod geschrieben, zugleich testamentarischen Charakter hat.[126] Sie nimmt zu Eingang ihres Schreibens lebhaftes Interesse am Schicksal ihres Bruders, möchte gerne weitere Informationen erhalten und bittet Franz, doch jemanden zu beauftragen, ihr zu schreiben, auch wenn es nur der Küchenjunge wäre. Dann erinnert sie eindringlich an die Befreiung Wiens von den Türken, an König Sobieski und an die Verehrung der allerseligsten Jungfrau, was schließlich zur Einführung des Mariä-Namen-Festes geführt hätte. Wie wäre es, fragt sie ihren sehr lieben Bruder, wenn er in den gegenwärtigen Umständen in seinem Namen, aber auch im Namen der Monarchie ein Gelöbnis ablegte, in seinen Staaten das Fest des heiligen Herzens Mariens[127] einzuführen. Dieses Fest sei in Rom bereits allgemein geworden, und der Papst gewähre allen, die ihn darum bitten, die Erlaubnis, es ebenfalls feiern zu dürfen.[128] Sie könnte sich aber auch anderes als Inhalt eines solchen öffentlichen Gelöbnisses vorstellen, etwa an einem bestimmten Vigiltag Jahr für Jahr zu fasten. Nochmals zählt sie die kirchenpolitischen Mißstände auf: die Knebelung der kirchlichen Autorität, die Lehre falscher Prinzipien, die ungute Erziehung. Vielleicht ist Franz der einzige, der — mit wenigen anderen — noch

[123] ... *qui béniront Dieu d'avoir un Souverain qui scait ce qu'il doit à la religion.* Wie Anm. 121, fol. 27$^{v}$.

[124] Bierbrauer Joseph Ullrich hatte 7000 fl verlangt. An Franz, (St. Margarethen) 1798 IX 29. HHStA F. A. SB 59 Nr. 207/2, fol. 29$^{v}$.

[125] Ehg. Carl erwiderte, die Gebäude seien ja von den Zivilbehörden der Armee zur Verfügung gestellt worden. An Maria Anna, s. l. (1808) XII 11. HHStA F. A. SB 69 Nr. 10, fol. 90$^{v}$.

[126] An Franz, Laibach 1809 V 14. HHStA F. A. SB 42 Nr. 280/7, fol. 15$^{r+v}$.

[127] Maria Anna kennt bereits 1798 eine Litanei vom heiligen Herzen Mariens. An Amelie, (St. Margarethen) 1798 VIII 16. HHStA F. A. SB 68 Nr. 97/2, fol. 302$^{r}$.

[127] Maria Anna kennt bereits 1798 eine Litanei vom heiligen Herzen Mariens. An Amelie, (St. Margarethen) 1798 VIII 16. HHStA F. A. SB 68 Nr. 97/2, fol. 302$^{r}$.

[128] Vgl. Lexikon für Theologie und Kirche, Bd. 5 (Freiburg $^{2}$1960) Sp. 301.

glaubt, daß das gut gehen könne.[129] Wenn er nicht die Kirchengesetze widerrufe, werde er seine Länder verlieren.[130] Wie wäre es also, wiederholt sie, wenn er dem öffentlichen Akt des Gelöbnisses noch ein festes Versprechen vor Gott hinzufügte, alles wiederherzustellen, wenn der Herr seine Waffen segne.[131] Sie selbst habe jetzt ihrem Gewissen Ruhe verschafft und werde sich nunmehr allein dem Gebete widmen. Bei all dem beruft sie sich auf einen Gottesmann,[132] der ihr vor sechs Jahren begegnet sei und dessen Vorhersagungen sich schon in vielfältiger Weise verwirklicht hätten. Dieser Diener Gottes sei nun schon tot. Auch andere Propheten, wie etwa Bartholomäus Holzhauser (1613—1658), haben die Erzherzogin stark beeindruckt:[133] Sie hoffte, daß Franz jener *starke Monarch* sein werde, von dem Holzhauser in seinen apokalyptischen Schilderungen gesprochen hat.[134] Die so sehr ersehnte Wende in der österreichischen Kirchenpolitik hat Maria Anna nicht mehr erlebt. Sie starb am 1. Oktober 1809 in Neudorf in Ungarn, mitten in den Wirren der französischen Invasion.

Es bleibt übrig, nach den Quellen ihrer so eindeutig ausgeprägten kirchlichen Haltung zu fragen. Im Hinblick auf ihre toskanischen Jahre wird man dabei an den Einfluß ihrer Mutter, einer tief religiösen Persönlichkeit, denken dürfen. Am Hof von Florenz lebte die traditionelle Frömmigkeit wenigstens teilweise fort, wie wir auch durch das Beispiel der Leopoldina Naudet wissen.[135] Ihren Geschichtslehrer Sigismund Graf Hohenwart erwähnt Maria Anna freilich an keiner Stelle ihrer Briefe.[136] Als sie P. Nikolaus von Dießbach (SJ) in Prag kennenlernte,[137] waren die Strukturen ihres religiöskirchlichen Denkens längst ausgeformt. Schon aus früherer Zeit datierte ihre

---

[129] *Peut-être vous êtes le seul avec peu d'autres personnes bonnes qui croyioit que cela va bien.* Wie Anm. 126, fol. 15$^{v}$.

[130] *Sans cela vous perdriés vos pays.* Wie Anm. 126, fol. 15$^{r}$.

[131] *. . . de remettre le tout si le Seigneur bénissant vos armes vous en donnés le tems et le moyien.* Wie Anm. 126, fol. 15$^{v}$.

[132] *. . . un bon serviteur de Dieu, homme simple, de grande oraison.* Wie Anm. 126, fol. 15$^{r}$.

[133] Fux (wie Anm. 29) 330.

[134] *Ce n'est pas que je regarde cela comme une vérité qu'on doit croire, mais . . .* An Amelie, o. D. (1798). HHStA F. A. SB 68 Nr. 97/2, fol. 37$^{r}$. — Vgl. Benno Hubensteiner, Bartholomäus Holzhauser, in: Bavaria Sancta. Zeugen christlichen Glaubens in Bayern, hg. von Georg Schwaiger, Bd. 1 (Regensburg 1970) 363.

[135] Vgl. Dalle Vedove (wie Anm. 7) 17—24.

[136] Sie erinnert Amelie lediglich bei Gelegenheit daran, daß sie aus der Geschichte wissen müßte, mit Koalitionen habe man nur selten gute Erfahrungen gemacht. An Amelie, (St. Margarethen) 1798 IX 14. HHStA F. A. SB 68 Nr. 97/2, fol. 309$^{r}$.

[137] *Homme respectable par son age, son expérience et son zèle pour la gloire de Dieu (. . .) pour accomplir la volonté de Dieu et s'opposer aux meaux présens.* An dies., (Prag) o. D. (1798). Wie Anm. 136, fol. 133$^{v}$.

Bekanntschaft mit einem anderen Exjesuiten, nämlich mit dem Domprediger Joseph Schneller (1734—1802), den sie sehr schätzte.[138]

Von entscheidender Bedeutung aber dürfte ihr langjähriger Umgang mit jenen beiden Hofdamen gewesen sein, die sie 1792 in das Prager Stift mitnahm, mit Leopoldina und Luisa Naudet. Beiden waren noch in Florenz die Erzherzoge Rainer, Ludwig und Rudolf anvertraut worden; in Wien betreuten sie die Erzherzoginnen Clementine und Amelie. Leopoldina, von Kindheit an in einer besonderen Beziehung zur seligsten Jungfrau Maria stehend,[139] schöpfte in ihren Betrachtungen vor allem aus Bourdaloue (1632—1704) und Massillon (1663—1742) und beichtete in den Jahren 1790 bis 1792 bei P. Dießbach in Wien.[140] Als sich ein weiblicher Zweig der „Gesellschaft vom heiligen Herzen" bzw. dann der „Väter vom Glauben" zu formieren begann, legte Joseph Varin die spirituelle Leitung der Schwestern in die Hände dieses P. Dießbach.[141] Der Kontakt mit der französischen Emigration — wir erwähnen hier nicht zuletzt Mme Royale, der Maria Anna wie einer vierten Schwester verbunden war und mit der sie auch noch in Korrespondenz stand, als diese bereits in Mitau lebte —[142] und der Umgang mit Varin, Broglie und Paccanari und den Anhängern der jesuitenfreundlichen Partei werden nicht verfehlt haben, die konservative Haltung der Erzherzogin zu festigen. Ebenso wird ihre Begegnung mit den emigrierenden Trappisten und Trappistinnen und ihre Korrespondenz mit Prinzessin Louise de Condé[143] nicht ohne Rückwirkung auf ihr Denken gewesen sein. Dementsprechend war auch ihre Lektüre, deren Autoren wie Augustinus,[144] Theresia von Avila[145] oder Fénélon[146] natürlich der Tradition zuzurechnen sind. Sie mahnt überdies Amelie, sich hinsichtlich ihrer geistlichen Lesung von *sicheren* Priestern beraten zu lassen,[147] und klagt darüber, daß gute Bücher so schwer zu bekommen seien.[148]

Maria Anna war, ungeachtet ihres sich stets verschlechternden Gesund-

---

[138] *Schneller est si mal; si il vient à manquer ce seroit une grande perte pour la religion* . . . An dies., (St. Margarethen) 1797 VII 2. Wie Anm. 136, fol. 197$^{v}$.

[139] Dalle Vedove (wie Anm. 7) 28.

[140] Dalle Vedove (wie Anm. 7) 37.

[141] Charry (wie Anm. 1) 113.

[142] *Qui est pour moi une quatrième soeur par l'amitié que j'ai pour elle* . . . An Franz, (Prag 1797 IV). HHStA F. A. SB 37 Nr. 197/2, fol. 38$^{v}$. — Vgl. André Castelot, Madame Royale. Das abenteuerliche Leben der Tochter Marie Antoinettes (Wien, Berlin, Stuttgart 1957) 125 f. — Vertrauliche Briefe des Freiherrn von Thugut, hg. von Alfred von Vivenot, Bd. 2 (Wien 1872) 187.

[143] Vgl. Anm. 29.

[144] An Amelie, (Prag 1797). HHStA F. A. SB 68 Nr. 97/2, fol. 21$^{v}$.

[145] An dies., (Prag) 1796 VI 9. Wie Anm. 144, fol. 170$^{r}$.

[146] An dies., Prag 1796 XII 11. Wie Anm. 144, fol. 182$^{v}$—183$^{r}$.

[147] *des prêtres sûrs.* (Prag) 1796 XII 11. Wie Anm. 144, fol. 183.

[148] An dies., (Prag 1797). Wie Anm. 144, fol. 96 r.

heitszustandes, eine Kämpfernatur. Den Erfolg ihrer Bemühungen zu sehen, blieb ihr versagt; sie glich hierin dem Weizenkorn, das zuerst in die Erde gesenkt wird, um dort zu sterben (vgl. Joh 12, 24). Die Gesamtsituation des kirchlichen Lebens in Österreich überblickend, darf man aber in ihr eine Geistesverwandte des hl. Klemens Maria Hofbauer erkennen, die auf ihre Weise mitgeholfen hat, die geistliche Erneuerung in der ersten Hälfte des 19. Jahrhunderts vorzubereiten. Und dafür soll sie nicht unbedankt bleiben.

# WELT- UND ORDENSPRIESTER DER ERZDIÖZESE WIEN ALS VERFASSER VON GEBETBÜCHERN IM 19. JAHRHUNDERT

Von Johann Weissensteiner, Wien

Die Gebet- und Erbauungsbücher der verschiedenen Zeiten sind wichtige Zeugnisse für das Beten des Volkes Gottes und den Reichtum und die Vielfalt der katholischen Religion.[1] Vor allem das 19. Jahrhundert hat in diesem Bereich zahlreiche neue Werke hervorgebracht. Gerade diese Zeit ist aber in der Geschichte der katholischen Gebetbücher noch kaum erforscht worden.[2] So soll dieser Beitrag einen kleinen Baustein zur Geschichte der Gebetbücher und damit auch der Frömmigkeit des 19. Jahrhunderts bilden. Ausgangsbasis der Untersuchungen war die zum Großteil vom verstorbenen Dompropst Josef Wagner (1885—1972) zusammengetragene Gebetbuchsammlung des Wiener Diözesanarchives. Da bei der Herausgabe eines Gebetsbuches jeweils die bischöfliche Approbation eingeholt werden mußte, bot die Bearbeitung der Akten über Zensur und Druckerlaubnis im Wiener Diözesanarchiv[3] die Möglichkeit, darüber hinaus weitere Autoren zu erfassen. Die Untersuchung beschränkt sich auf Gebetbücher, die von Welt- bzw. Ordenspriestern der Erzdiözese Wien verfaßt wurden. Wenn auch

---

[1] Vgl. Alois Schrott, Das Gebetbuch in der Zeit der katholischen Restauration, Zeitschrift für katholische Theologie 61 (1937) 1—28, 211—257, hier 256 f.

[2] Zur Geschichte der Gebetbücher liegen bis jetzt vor allem die folgenden Untersuchungen vor: Stephan Beissel, Zur Geschichte der Gebetbücher, Stimmen aus Maria Laach 77 (1909) 26—41, 169—185, 274—289, 297—411. — Hermann Binder, Im Geist und in der Wahrheit. Ein Wort über unsere Gebetbuchliteratur, Literarischer Handweiser 55 (1919) Sp. 409—416; Binder berücksichtigte dabei nur Gebetbücher aus Deutschland. — Schrott (wie Anm. 1); seine Arbeit reicht nur bis zum Beginn der Aufklärung. Carl Richstaetter, Christusfrömmigkeit in ihrer historischen Entfaltung. Ein quellenmäßiger Beitrag zur Geschichte des Gebetes und des mystischen Innenlebens der Kirche (Köln 1949); diese Untersuchung endet mit der Barockzeit. — Josef Andreas Jungmann, Christliches Beten in Wandel und Bestand (München 1969). — Eduard Hosp, Kirche Österreichs im Vormärz 1815—1850 (Forschungen zur Kirchengeschichte Österreichs 9, Wien, München 1971), Kapitel „Gebetbuchliteratur", 332—339; Hosp behandelt darin Franz Schmid, Vinzenz Darnaut, Josef Mayer, Peter Silbert, Johann Michael Leonhard, Emanuel Veith und P. Anton Passy. — 1979 veranstaltete die Wiener Stadt- und Landesbibliothek die Ausstellung „Wiener Gebetbücher vom 16. bis zum 19. Jahrhundert"; in ihr wurden 145 Gebetbücher der Wiener Stadt- und Landesbibliothek ausgestellt; vgl. den Katalog *Wiener Gebetbücher vom 16. bis zum 19. Jahrhundert,* hg. von Franz Patzer, Gestaltung und Text von Manfred Arndorfer (Wien 1980).

[3] Diözesanarchiv Wien (= DAW), Zensur; dieser Aktenbestand umfaßt die Zeit von 1810 bis 1848 und 1863 bis 1880.

nicht Anspruch auf Vollständigkeit erhoben werden kann, so dürfte doch ein repräsentativer Querschnitt geboten werden.

Die Darstellung behandelt zunächst die vollständigen oder allgemeinen Gebetbücher; auf diese folgen die Gebetbücher zu Ehren der hl. Maria und bestimmter Heiliger und die Gebetbücher für bestimmte Zeiten des Kirchenjahres. Den Abschluß bilden Wallfahrtsgebetbücher und Gebetbücher religiöser Vereine und Bruderschaften.

## VOLLSTÄNDIGE ODER ALLGEMEINE GEBETBÜCHER

Die Aufklärung bedeutete auch für die Gebetbuchliteratur einen tiefen Einschnitt und Wandel.[4] Auch in der Erzdiözese Wien finden sich Gebetbücher, in denen die religiösen Ideen der Aufklärung spürbar werden. Dies gilt natürlich nicht für das von Vinzenz Darnaut[5] 1799 verfaßte und 1801 erstmals herausgegebene *Katholische Lese- und Gebetsbuch für die katholische Jugend.*[6] Es war nicht nur für Kinder und die Jugend gedacht, sondern sollte auch von Erwachsenen gebraucht werden können. Als Vorlage und Vorbild nennt Darnaut die Gebetbücher des P. Aegidius Jais. Der erste Band, das Lesebuch, enthält die christliche Glaubens- und Sittenlehre. In einem Anhang werden die Themen Gebet, Messe — mit einer ausführlichen Erklärung der Messe und der Meßgebete —, Buße, Kommunion, Marienverehrung, die Andacht zu den Engeln, Heiligenverehrung, das Gebet für die Verstorbenen und das Fasten erläutert. Dabei verteidigt Darnaut etwa das Rosenkranzgebet gegen die Vorwürfe der Aufklärer, indem er schreibt: *Leichtsinnige Menschen spotten zwar über die öfteren Wiederholungen und sagen, sie wären unnütz und abergläubisch – aber laß dich dadurch nicht irre machen und gegen ein Gebet einnehmen, welches man billig das liebste Volksgebet nennen kann.*[7] Nach einer ausführlichen Erklärung der Lauretanischen Litanei schließt Darnaut: *Wie die Litanei im Namen und mit dem Bekenntnis des dreieinigen Gottes, mit der Anrufung desselben ist angefangen worden, so schließen wir sie auch im Namen Jesu mit dem Bekenntnisse, daß er als das Lamm Gottes unsere Sünde getragen hat, und mit der demütigen Bitte um seine hilfreiche Erbarmung. Dieß zeigt wieder*

---

[4] Vgl. Beissel (wie Anm. 2) 405—408; Hosp (wie Anm. 2).

[5] Geboren am 11. Juli 1770 in Wiener Neustadt; 1795 Priesterweihe in Wien; 1795—1798 Kooperator in Kaiserebersdorf; 1798/99 Kooperator Am Hof; 1799 Hofkaplan; 1803—1812 Professor für Kirchengeschichte an der Universität Wien; gestorben am 30. Jänner 1821 in Wien; vgl. Constant von Wurzbach, Biographisches Lexikon des Kaiserthums Österreich 3 (1858) 165; Franz Loidl, Vinzenz (Pius) Darnaut, Beiträge zur Wiener Diözesangeschichte 1 (1960) 1—6. Zu seinem Gebetbuch vgl. Hosp (wie Anm. 2) 337.

[6] *Katholisches Lese- und Gebetbuch für die Jugend.* 2 Bde (Wien 1801; $^{2}$1817).

[7] Wie Anm. 6, Bd. 1, 170.

*recht schön den Geist der Kirche, vermöge dessen die Verehrung der Mutter Gottes zuletzt immer auf Gott gerichtet bleibt, und wir die uns nothwendigen Gnaden zwar durch die Fürbitten Mariä, aber nur von Gott allein zu erwarten hoffen. Möchtest du die Lauretanische Litaney mit diesem Geiste betrachten und bethen.*[8]

Der zweite Band enthält das eigentliche Gebetbuch. Es ist, wie die meisten Gebetbücher des 19. Jahrhunderts, nach folgendem Schema aufgebaut: Morgengebete — Gebete während des Tages — Tischgebete — Abendgebete — Meßgebete — Beicht-, Kommunion- und Ablaßgebete — Gebete für die Feste des Herrn, Mariens und der Heiligen — Gebete für verschiedene Stände und in verschiedenen Anliegen — Kirchenlieder. Zusätzlich bietet Darnaut Umschreibungen des Credo, des Vaterunser und des Ave Maria. An Stelle der später geläufigen Kreuzwegandacht finden sich 14 Lesungen und Gebete über die Leidensgeschichte Jesu.

1813 verfaßte Karl Giftschütz[9] ein Gebetbuch,[10] das deutlich von den Ideen der Aufklärung geprägt ist; so schreibt er im Vorwort: *Ich bin der Ueberzeugung, daß dem erleuchteten, dem thätigen Christen, welcher nach der Vorschrift seiner Vernunft und Religion sich immer mit der Erfüllung seiner Berufspflichten beschäftigt, unmöglich Zeit genug bleiben kann, so vielen Andachtsübungen gehörig zu obliegen.*[11] Joseph Natter[12] nahm in seine Gebetbücher[13] auch verschiedene Betrachtungen auf. So bietet er in seinem *Gebet- und Erbauungsbuch* für jeden Tag der Woche folgende Betrachtungen: Am Sonntag: Über die Feier des Tages; am Montag: Über den Glauben an Gott; am Dienstag: Über den Glauben an Jesus Christus; am Mitwoch: Über den Glauben an Gottes Vorsehung; am Donnerstag: Über den Glauben an die Unsterblichkeit; am Freitag: Über die christliche Bruderliebe; am Samstag: Über die christliche Treue in den Geschäften seines Berufes. In der *Stunde der Andacht* findet sich erstmals der später oft begegnende Brauch, für jeden Wochentag ein Gebet zu einem bestimmte Thema zu bieten; es sind dies: am Sonntag die Heiligste Dreifaltigkeit; am Montag der Heilige Geist; am Dienstag die Schutzengel und alle Heiligen; am Mittwoch der heilige Name Jesu; am Donnerstag das Altarssakrament; am Freitag das Herz Jesu; am Samstag die Mutter Gottes.

---

[8] Wie Anm. 6, Bd. 1, 172.

[9] Geboren am 13. Februar 1753 in Wien; Priesterweihe 1777; seit 1789 Direktor der Zollerischen Hauptschule; gestorben am 3. Jänner 1831; vgl. Wurzbach (wie Anm. 5) 5 (1859) 183.

[10] *Gebetbuch zum Gebrauche für katholische Christen* (Wien 1813; ²1814).

[11] Ebd. 3.

[12] Geboren am 9. Mai 1767 in Prag; Eintritt in den Orden der Kreuzherren mit dem roten Stern; 1812 bis 1822 Pfarrer von St. Karl in Wien; vgl. Wurzbach (wie Anm. 5) 20 (1869) 95 f.

[13] *Katholisches Gebet- und Erbauungsbuch im Geiste der Religion Jesu* (Sitten, Solothurn ⁵1817). — *Andachtsbuch für die Gebildeten unter dem Weiblichen Geschlecht* (Prag 1819). — *Die Stunde der Andacht* (o. O., o. J.).

Die katholische Erneuerung, die in Wien vor allem vom hl. Klemens Maria Hofbauer ausging, zeigte bald auch positive Folgen für die Gebetbuchliteratur.[14] So finden sich im Hofbauerkreis auch eine Reihe von Priestern, die als Verfasser von Gebetbüchern hervorgetreten sind. An erster Stelle sind hier der spätere Wiener Domherr und Domkantor Franz Schmid[15] und der aus Frankreich emigrierte Laie Johann Peter Silbert[16] zu nennen. Schmid hat seine Gebetbücher meist anonym mit der bescheidenen Angabe *Von einem Weltpriester* herausgegeben. Wie schon die Titel zeigen, hat Schmid sie jeweils für einen bestimmten Leserkreis verfaßt; so gibt es von ihm Lese- und Gebetbücher für katholische Christen, für Gesunde, für Kranke, für Bürger, für Handwerker, für Dienende, für junge Christen, für Soldaten, für das Landvolk, für fromme christliche Frauen, für Verehrer Mariens.[17] Noch aus seiner Tätigkeit im Alumnat stammen sein Betrachtungsbuch für Priester[18] und sein lateinisches Gebetbuch für die studierende Jugend.[19] Dieses enthält beispielsweise auch Gebete nach bestandenen bzw. fehlgeschlagenen Schulprüfungen. In der Art der Hauspostille Leonhard Goffines gab Schmid auch ein *Christkatholisches Hausbuch*[20] heraus; ähnlich war auch sein *Christlicher Reisegefährte*[21] aufgebaut. Beide Werke bieten die deutschen Texte der Lesung und des Evangeliums für die einzelnen Sonntage des Kirchenjahres; auf diese folgen das jeweilige Kirchengebet, eine Erläuterung der Texte der Heiligen Schrift und eine von diesen ausgehende Belehrung.

---

[14] Vgl. Hosp (wie Anm. 2).

[15] Zu Schmid vgl. Hosp (wie Anm. 2) 332—337; Wurzbach (wie Anm. 5) 30 (1875) 240—242; Irmbert Fried, Das Metropolitankapitel zu St. Stephan in Wien in seiner personellen Zusammensetzung in der Zeit von 1722—1900 (Phil. Diss. Wien 1952) 140; Franz Loidl, Der Wiener Beichtvater von Klemens Maria Hofbauer: Curpriester, Kanonikus und geistlicher Schriftsteller Franz Seraph Schmid (1764—1843), Beiträge zur Wiener Diözesangeschichte 10 (1969) 33—39, 41—44.

Schmid wurde am 23. Juli 1764 in Wien-Lichtental geboren und empfing am 9. November 1788 die Priesterweihe. Anschließend wirkte er als Kooperator in Probstdorf. Nach seiner Aufnahme in die erzbischöfliche Cur bei St. Stephan versah er ab 1794 das Amt eines Spirituals im Wiener Alumnat. Ab 1806 war er für ein Jahr Direktor des Alumnats. Später wirkte er wieder als Curpriester; daneben war er auch als Gefangenenseelsorger tätig. 1825 wurde er in das Wiener Domkapitel aufgenommen, in dem er ab 1827 das Amt des Domkantors innehatte. Schmid war Beichtvater der Wiener Erzbischöfe Migazzi, Hohenwarth und Firmian und der Kaiserin Karolina Augusta. Er starb am 10. Jänner 1843.

[16] Zu Silbert, der im Rahmen dieses Beitrages, der vor allem Priestern gewidmet ist, nicht berücksichtigt wurde, vgl. Hosp (wie Anm. 2) 337 f.; Wurzbach (wie Anm. 5) 34 (1877) 291—296.

[17] Vgl. dazu unten 384.

[18] *Lectiones in usum cleri* (Wien ³1822).

[19] *Lectiones et preces in usum studiosae juventutis* (Wien ⁵1824).

[20] *Christkatholisches Hausbuch* (Wien o. J.).

[21] *Der christliche Reisegefährte* (Wien ⁷1864).

Ganz den Geist des hl. Klemens und der katholischen Reform atmen auch die von Johann Emanuel Veith[22] verfaßten Gebetbücher.[23] Diese zeichnen sich durch den engen Anschluß an die liturgischen Bücher der Kirche und die Schriften der Kirchenväter besonders aus. Das Gebetbuch *Erkenntnis und Liebe*[24] ist in folgende Abschnitte gegliedert: Weihe des Tages — Weihe besonderer Stunden — Weihe des Kirchenjahres — Weihe der Beicht- und Communion-Tage — Weihe bedeutsamer und ernster Zeiten; ein Anhang bietet Litaneien[25] und Lieder. Das Morgengebet ist darin nach dem 62. Psalm, das Abendgebet nach dem 133. Psalm gestaltet. Bei den Beichtgebeten finden sich auch die — von Veith selbst übersetzten und erläuterten — sieben Bußpsalmen. 1839 erschien erstmals das Gebetbuch *Jesus, meine Liebe.*[26] Es wandte sich vor allem an gebildete Katholiken; im Vorwort erläuterte Veith diesen Begriff: er versteht darunter die *gebildeten, das heißt vorzüglich in den positiven christkatholischen Wahrheiten schon unterrichteten und im sittlich-christlichen Leben eifrigen Christen.* Diesmal wählte Veith folgende Gliederung: Der christliche Tag — Die christliche Woche — Der christliche Monat — Das christliche Jahr — Christliche Erneuerung — Christliche Wanderung. Die Auswahl der Gebete beweist die Vertrautheit des Verfassers mit den Schriften der Kirchenväter und Heiligen. Jeder Tag der Woche ist wieder einem bestimmten Thema gewidmet; so der Sonntag dem heiligen Meßopfer und der Heiligsten Dreifaltigkeit, der Montag dem Heiligen Geist, der Dienstag den heiligen Schutzengeln, der Mittwoch dem hl. Josef, der Donnerstag dem heiligsten Sakrament des Altares, der Freitag dem Leiden Christi und der Samstag der Gottesmutter. Zusätzlich bietet Veith für jeden Wochentag ein besonderes Gebet zu Maria. Im Abschnitt „Der christliche Monat" finden sich 31 Betrachtungen für jeden Tag des Monats. Für die einzelnen Feste des Kirchenjahres gibt Veith meist auch die entsprechenden Antiphonen und Kirchengebete wieder. Bei den Andachten für die Advents- und Weihnachtszeit sind die Stufengebete zur heiligen Kindheit Jesu und die Andacht des betlehemitischen Weges besonders zu nennen.

---

[22] Geboren 1788 in Kuttenplan (Böhmen); Studium der Medizin in Wien; Konversion zur katholischen Kirche und Eintritt in die Redemptoristenkongregation in Wien; Priesterweihe am 6. August 1821; 1821—1830 Mitglied der Redemptoristenkongregation und Prediger bei Maria am Gestade; 1830 Kooperator Am Hof; 1831—1845 Domprediger bei St. Stephan; gestorben am 6. November 1876; vgl. DAW, Personaltabellen 1, 87 f.

[23] Vgl. dazu Hosp (wie Anm. 2) 338.

[24] *Erkenntniß und Liebe* (Wien 1833).

[25] Nämlich die Litanei zu allen Heiligen, die Lauretanische Litanei, die Litanei vom Namen Jesu, die Litanei vom Leben und Leiden Christi und die Litanei vom allerheiligsten Altarssakrament.

[26] *Jesus meine Liebe* (Wien, [5]o. J.).

Unter dem Titel *Christus gestern, heute, ewig*[27] verfaßte Veith ein weiteres Gebetbuch für „Gebildete". Das Buch gliedert sich in drei große Abschnitte. Das erste („Das Opfer der heiligen Messe") bietet eine ausführliche Betrachtung über die heilige Messe, eine Erklärung ihres Aufbaues und die Meßgebete nach dem Römischen Missale in deutscher Übersetzung; in einem Anhang finden sich die Texte der Präfationen für besondere Zeiten und Feste. Der zweite Abschnitt (Zyklus der Zeiten und Feste des Kirchenjahres) enthält Betrachtungen, Kirchengebete und Hymnen für einzelne Sonntage und Feste des Kirchenjahres. Im dritten Abschnitt (Psalmodien, Betrachtungen, Gebete) folgen, beginnend mit einem Morgengebet, Gebete für die verschiedensten Anlässe. In diesem Abschnitt zeigt sich die Vertrautheit Veiths mit den Psalmen besonders deutlich; so wählte er für jeden Wochentag einen besonderen Psalm aus,[28] den er auch selbst übersetzte und erläuterte.

Wie Veith gehörte auch P. Anton Passy[29] der Redemptoristenkongregation an. In seinen sechs Gebetbüchern bemühte er sich jeweils um einen Anschluß an die liturgischen Bücher der Kirche. Für die Andachten des Kirchenjahres verfaßte er eigene Bücher.[30]

Bald nach ihrer Zulassung in Wien gab die Redemptoristenkongregation nach den Schriften ihres Stifters, des hl. Alphonsus von Liguori, ein *Katholisches Missionsbüchlein* heraus. Dieses sollte zu einer Zeit, da die Volksmissionen noch verboten waren, als „gedruckte Mission" dienen. So enthält es die *notwendigsten und schönsten Gebethe, als da sind: Morgen -und Abendgebeth, hl. Meßgebethe, Beicht- und Communiongebethe, Besuchung des allerheiligsten Sakramentes und Mariens.* Dazu kommen ein Unterricht über das Bußsakrament (mit einem Beichtspiegel), eine christliche Tagesordnung und christliche Lebensregeln. Ebenso enthält das Missionsbüchlein Betrachtungen und einen kurzen Katechismus des katholischen Glaubens. Die Betrachtungen für die einzelnen Wochentage haben folgende Themen: Am Sonntag: Von dem Ziele des Menschen; am Montag: Von der Wichtigkeit dieses Zieles; am Dienstag: Von der Todsünde; am Mittwoch: Vom Tode; am Donnerstag: Vom letzten Gericht; am Freitag: Von der Hölle; am Samstag: Von der Ewigkeit der Strafen. Der Anhang enthält die sieben Bußpsalmen, eine Kreuzwegandacht, Kirchenlieder, die Litanei zu allen Heiligen und die Lauretanische Litanei mit den dazugehörigen Gebeten und ein „christkatholisches Handbüchlein für Kranke und Sterbende". Entsprechend konnte das Missions-

[27] *Christus gestern, heute, ewig. Gebet- und Erbauungsbuch für Gebildete* (Wien 1876).

[28] Nämlich: Sonntag: Ps 144; Montag: Ps 118; Dienstag: Ps 14 und 36; Mittwoch: Ps 138; Donnerstag: Ps 102; Freitag: Ps 39; Samstag: Ps 1 und 122.

[29] Geboren am 31. März 1788 in Wien; Priesterweihe am 18. März 1821; im gleichen Jahr Eintritt in die Redemptoristenkongregation; gestorben am 11. März 1847; vgl. DAW, Personaltabellen 4, 1059 f.; Wurzbach (wie Anm. 5) 24 (1870) 326—333; Hosp (wie Anm. 2) 338.

[30] *Monatsandachten* (Wien 1845).

büchlein neben seiner Verwendung als Gebet- und Gesangbuch auch als Kompendium der katholischen Glaubens- und Sittenlehre dienen. Es wurde später im Anschluß an Volksmissionen zur Festigung deren Ergebnisse verkauft und immer wieder neu aufgelegt.[31]

Auch außerhalb des Hofbauerkreises gab es in der Erzdiözese Wien in der ersten Hälfte des 19. Jahrhunderts eine reiche Gebetbuchproduktion. So betätigte sich auch ein Wiener Weihbischof und Generalvikar als Verfasser von Gebet- und Erbauungsbüchern, nämlich Johann Michael Leonhard.[32] Im Vorwort zu einem seiner Gebetbücher äußert sich Leonhard grundsätzlich zur Frage, wie ein katholisches Gebetbuch beschaffen sein müsse: *Nicht mit Unrecht wird von manchen frommen Christen die Klage wiederhohlt, daß in mehreren neueren Gebethbüchern nicht jene Kraft und Salbung herrsche, durch welche sich die meisten älteren Gebethbücher so vortheilhaft auszeichnen, wodurch sie das Gemüth des Bethers so mächtig anregen, und es zur Andacht und frommen Rührung, zu guten Vorsätzen und heiligen Entschlüssen so kräftig bewegen und ermuntern. Der Grund jener kraft- und salbungsvollen Gebethe liegt wohl offenbar darin, daß in den älteren Gebethbüchern die positiven Wahrheiten der katholischen Religion in ihrer vollen Lebendigkeit und Wirksamkeit dargestellt, und in einer kräftigen Sprache mit Wärme dem Gemüthe nahe gelegt werden, so daß Rührung und Bewegung des Willens nothwendig daraus erfolgen: – während viele der neueren Gebethbücher die positiven Glaubenslehren der katholischen Kirche weniger berücksichtigen, und mit bloßen moralischen Deductionen und Abhandlungen das Gemüth des Bethers zu befriedigen suchen.*[33] Gelegentlich hat Leonhard seinen Gebetbüchern ältere Werke zugrundegelegt.[34] Eine Besonderheit der Gebetbücher Leonhards[35] sind die

[31] 1913 erschien die 20. Auflage der um 1880 verfaßten Neuausgabe.

[32] Geboren am 24. September 1782 in Grafenwörth; Priesterweihe in Wien am 24. August 1806; 1806—1809 Kooperator in Hausleiten; 1809 Mitglied der erzbischöflichen Cur bei St. Stephan und Spiritual im Alumnat; 1810/11 Pfarrer in Achau; seit 1812 Hofkaplan und Spiritual des 1816 gegründeten höheren Priesterbildungsinstituts zum hl. Augustin; 1817 Domscholaster; seit 1828 Weihbischof und Generalvikar der Erzdiözese Wien; 1835/36 Bischof von St. Pölten; nach seiner Resignation auf dieses Amt apostolischer Feldvikar; gestorben am 19. Jänner 1863 in Wien; vgl. DAW, Personaltabellen 1, 5 f.; Erwin Gatz (Hg.), Die Bischöfe der deutschsprachigen Länder 1785/1803 bis 1945 (Berlin 1983) 443—445.

[33] *Jesus das Heil der Welt* (Wien ²1834) 1 f.

[34] So ist das Gebetbuch *Jesus das Heil der Welt* eine Bearbeitung des von P. Alexander Wille SJ verfaßten Gebet- und Tugendbuches; das Gebetbuch *Wahrheit und Glaube* wurde ursprünglich von einem „P. Romuald" verfaßt und von Leonhard neu herausgegeben.

[35] Von Leonhard sind folgende Gebetbücher bekannt: *Das Gebeth des Herrn. In Kupfern dargestellt und erläutert* (Wien 1821). — *Jesus mein Vorbild und Erlöser! Gebeth- und Erbauungsbuch für die katholische Jugend* (Wien 1834). — *Jesus das Heil der Welt* (Wien ²1834). — *Der Nahme des Herrn sey gebenedeyt* (Wien ²1834). — *Suchet zuerst das Reich Gottes. Gebeth- und Erbauungsbuch für die katholische Jugend* (Wien 1834). — *Jesus der Anfänger und Vollender unseres Glaubens. – Jesus der gute Hirt. – Katholisches Gebetbuch für die Jugend zur Beförderung eines frommen Sinnes*

unter dem Titel *Kern aller Gebete* zusammengefaßten Gebete; diese sind gleichsam Erweiterungen von Psalmensprüchen und Bibelstellen; so sind die Dankgebete mit dem Psalmenvers *Die Danksagung legt unsere eigene Ehre vor Gottes Angesicht nieder und gibt ihm Ehre, Lob und Preis für alles, was wir haben* (Ps 103,1) überschrieben. Die Bittgebete folgen auf eine Stelle aus dem 44. Psalm: *Der Herr wird mich erhören, wenn ich zu ihm rufen werde.* Bei den fürbittenden Gebeten zu den Heiligen steht einleitend: *Die Fürbitte steigt auf zu Gott, daß der Segen herabfalle, wie der Regen für alle Menschen* (1 Gen 18, 27).

Zur selben Zeit wie Weihbischof Leonhard war auch der Raaber Diözesanpriester Johann Berger,[36] der seine letzten Lebensjahre in der Erzdiözese Wien verbrachte, als Verfasser von Gebetbüchern tätig.[37] Alois

---

(Wien 1854). — *Katholisches Gebeth- und Erbauungsbuch für alle Stände* (Wien 1837). — *Täglicher Gottesdienst zum Gebrauch für katholische Christen* (Wien 1838). — *Wahrheit und Glaube. – Bittet und ihr werdet empfangen* (Wien 1838). — *Anbetung Gottes im Geiste und in der Wahrheit* (Wien 1838). — *Lasset die Kleinen zu mir kommen* (Wien 1840).

[36] Geboren am 29. Mai 1792 in Sopron (Ödenburg); Priesterweihe in Raab am 5. Juli 1816; zunächst als Pfarrer und Kooperator in der Diözese Raab tätig; 1831 Übersiedlung in die Erzdiözese Wien; Beneficiat und Messeleser in verschiedenen Pfarren; gestorben am 4. April 1850 in Wien; vgl. DAW, Personaltabellen 1, 347 f.

[37] Von Berger stammen folgende Gebetbücher: *Wachet und betet, daß ihr nicht in Versuchung fallet. Gebetbuch nach der Lehre Jesu* (Wien ³1830). — *Lebensbeschreibung des heiligen seraphischen Vaters Franziskus. Mit Tagzeiten, Gebeten und Litaney* (Wien 1833); vgl. DAW, Zensurakten 1833. — *Andacht zum hl. Leopold* (Wien 1833); vgl. DAW, Zensurakten 1833. — *Betrachtungspunkte an den Weihnachtsfeyertagen, beym Schlusse des Jahres, am Neujahrstage und am Feste der Erscheinung* (Wien 1833); vgl. DAW, Zensurakten 1833. — *Andachtsbüchlein zur Verehrung des süßen Namens Jesu* (Wien 1833); vgl. DAW, Zensurakten 1833. — *Neuntägige Zuflucht zum hl. Peregrinus* (Wien 1834); vgl. DAW, Zensurakten 1834. — *Die letzten Worte des sterbenden Erlösers am Kreuze* (Wien 1834); vgl. DAW, Zensurakten 1834. — *Andacht des Betlehemitischen und des Leiden-Weges* (Wien 1834); vgl. DAW, Zensurakten 1834. — *Die Liebe der Welt. Jesus Christus, der Gekreuzigte, auf dem schmerzhaften Kreuzwege* (Wien 1834); vgl. DAW, Zensurakten 1834. — *Die heilige Char- und Marterwoche, das ist: andächtig Gebete und Betrachtungen* (Wien 1835); vgl. DAW, Zensurakten 1835/Zl. 2318. — *Andachtsübungen bei Besuchung der hl. Gräber. Mit Litaney, dem Gebete an der Vorfeier des hl. Osterfestes* (Wien 1835); vgl. DAW, Zensurakten 1835/Zl. 2319. — *Andachtsübung am Feste der sieben Schmerzen der allerseligsten Jungfrau. Mit Umschreibung des Klageliedes Stabat mater* (Wien 1835); vgl. DAW, Zensurakten 1835/Zl. 2320. — *Andachtsübung bei der Auferstehung Jesu* (Wien 1835); vgl. DAW, Zensurakten 1835/Zl. 2321. — *Die fünf Fasten-Freitage. Mit Gebeten, Betrachtungen* usw. (Wien 1835); vgl. DAW, Zensurakten 1835/Zl. 6409. — *Andachtsübungen zu jedem einzelnen der vierzehn Nothelfer* (Wien 1836); vgl. DAW, Zensurakten 1835/Zl. 7444 und 1836/Zl. 5041. — *Der Jüngling und die Jungfrau im Umgange mit Gott. Ein Gebet- und Erbauungsbuch; mit einem Anhange von den Mitteln, die Unschuld zu erhalten* (Wien 1836); vgl. DAW, Zensurakten 1835/Zl. 7445 und 1836/Zl. 4494. — *Die heilige Anna. Ein Andachtsbuch zur Verehrung und Nachfolge der hl. Anna* (Wien 1836); vgl. DAW, Zensurakten 1836/Zl. 4495. — *Ehrenkranz, der hl. Mutter Anna gewunden.* Wiederauflage des Gebetbuches *Die hl. Anna* (Wien 1838); vgl. DAW, Zensurakten 1838/Zll. 2069 und 4176. — *Der goldene Himmelschlüssel. Gebet- und Erbauungsbuch* (Wien 1838); vgl. DAW, Zensurakten 1838/Zl. 2071. — *Anbetung Gottes im Geiste der Kirche* (Wien 1839); vgl. DAW, Zensurakten 1839/Zl. 3066. — *Gebet zum hl. Rupert* (Wien 1839); vgl. DAW, Zensurakten 1839/Zl. 4090. — *Kleiner goldener Himmel-*

Schlör,[38] der als Studienpräfekt im Wiener Alumnat und als Spiritual im höheren Priesterbildungsinstitut zum hl. Augustin in Wien gewirkt hatte, verfaßte seine Hauptwerke dagegen außerhalb der Erzdiözese Wien.[39] In den Zensurakten werden auch Gebetbücher von Anton Hye,[40] P. Leopold Scherlich[41] und Franz Elsner[42] erwähnt. Die Gebetbücher von Wilhelm Zoczek[43] zeichnen sich durch besondere kalligraphische Gestaltung der Grundgebete aus. Neben allgemeinen Gebetbüchern[44] verfaßte Zoczek auch

---

*schlüssel* (Wien 1839); vgl. DAW, Zensurakten 1839/Zl. 8572. – *Jesus meine Zuflucht, oder: Der junge Christ vor Gott* (Wien 1842); vgl. DAW, Zensurakten 1842/Zl. 5075. – *Goldener mittlerer Himmelschlüssel* (Wien 1843); vgl. DAW, Zensurakten 1843/Zl. 2090. – *Tägliche Herzensergießungen und wahre Seelen-Wonne* (Wien 1843); vgl. DAW, Zensurakten 1843/Zl. 7950. – *Der wahre Christ in seinem frommen Wandel mit Gott. Gebeth- und Betrachtungsbuch* (Wien 1843); vgl. DAW, Zensurakten 1843/Zl. 9484. – *Marianischer Gnadenpfennig* (Wien 1844); vgl. DAW, Zensurakten 1844/Zl. 950. – *Jesus unser Lehrer* (Wien 1846); vgl. DAW, Zensurakten 1846/Zl. 8679.

[38] Geboren am 17. Juli 1805 in Wien; Priesterweihe am 21. August 1828; 1828–1831 Kooperator in Altlerchenfeld; ab 1831 Studienpräfekt im Wiener Alumnat; 1834 Ernennung zum Hofkaplan und Betrauung mit dem Amt des Spirituals am Frintaneum; zieht sich 1837 ins Privatleben zurück; ab 1838 in Graz; hier ab 1842 Spiritual am Priesterseminar; gestorben am 2. November 1852 in Graz; vgl. DAW, Personaltabellen 1, 293 f.; Wurzbach (wie Anm. 5) 30 (1875) 132–137.

[39] In Wien schrieb er 1835 noch das Betrachtungsbuch *Die Schule des Kreuzes;* vgl. DAW, Zensurakten 1835/8827; zu den übrigen Werken vgl. Wurzbach, ebd. 136–137.

[40] Geboren 1762 in Aspern an der Donau; Priesterweihe am 11. Dezember 1785; Katechet an der Normalhauptschule St. Anna in Wien; 1796–1831 Pfarrer von Hadres; gestorben am 19. September 1831; vgl. DAW; Pfarrenprotokoll VUMB 1, bei Hadres. Sein *Gebetbüchlein für Kinder* wurde 1840 zur Wiederauflage vorgelegt; vgl. DAW, Zensurakten 1840/Zl. 5206.

[41] Geboren am 9. November 1794 in Wien; 1817 Profeß im Schottenstift; Priesterweihe am 30. August 1818; Kooperator in Pulkau und Gumpendorf; Kurat und Prediger an der Schottenkirche; 1835–1838 Pfarrer bei Kleinengersdorf; 1838–1841 Novizenmeister; 1841–1852 Pfarrer von Gumpendorf; gestorben am 5. September 1852; vgl. DAW, Personaltabellen 4, 165 f. 1835 erhielt sein Gebetbuch *Die Himmelsbahn. Ein Gebeth- und Wallfahrtsbuch* die Druckerlaubnis; vgl. DAW, Zensurakten 1835/Zl. 2196.

[42] Geboren am 5. November 1780 in Meseritsch (Mähren); Priesterweihe am 26. August 1805 in Olmütz; nach seinem Übertritt in die Erzdiözese Wien 1816–1819 Kooperator in Kirchberg am Wagram, 1819–1823 in Fischamend; 1823–1829 Pfarrer von Enzersdorf a. d. Fischa, 1829–1837 Pfarrer von Prinzendorf; 1837–1846 Pfarrer von Purkersdorf; gestorben am 10. Juli 1846; vgl. DAW, Personaltabellen 3, 975 f. Sein Gebetbuch trägt folgenden Titel: *Der katholische Christ an Sonn- und Feiertagen;* vgl. DAW, Zensurakten 1841/Zl. 3085.

[43] Geboren am 20. Juli 1798 in Wien; Priesterweihe am 29. August 1824; Kooperator in Kaiserebersdorf und Stockerau; 1826–1842 Domprediger bei St. Stephan und Direktor der Kirche St. Salvator; 1843–1849 Pfarrer von Stetteldorf; gestorben am 31. Jänner 1849; vgl. DAW, Personaltabellen 1, 85 f.; Franz Loidl, Zwei Stetteldorfer Pfarrer als Schriftsteller: Wilhelm Zoczek (1843–1849) und Mathias Terklau (1849–1868), Beiträge zur Wiener Diözesangeschichte 9 (1968) 21 f.

[44] *Die Messe des katholischen Kirchenjahres. Ein Andachtsbuch für katholische Christen* (Stuttgart 1841); vgl. DAW, Zensurakten 1840/Zl. 6789. – *Engelsstimmen. Eine Sammlung der vorzüglichsten Gebete und Andachtsübungen für Katholiken* (1842); vgl. DAW, Zensurakten 1842/Zl. 836. – *Preise den Herrn meine Seele! Ein Gebet- und Erbauungsbuch* (Leipzig 1843).

ein marianisches Gebetbuch[45] und ein Fastenbuch.[46] In seinem Gebetbuch *Preise den Herrn, meine Seele* bietet Zoczek mit den Bitten um die sieben Gaben des Heiligen Geistes für den Jahrestag der Firmung, dem Lobgesang der drei Jünglinge im Feuerofen und den Gebeten zu den 14 Nothelfern Stücke, die sich bei den übrigen hier untersuchten Autoren meist nicht finden.

Auch Mitglieder des Wiener Domkapitels waren zu dieser Zeit als Verfasser von Gebetbüchern tätig. 1839 gab der spätere Domscholaster Franz Xaver Brauner[47] ein marianisches Gebetbuch[48] heraus. 1843 folgte ein allgemeines Gebet- und Erbauungsbuch.[49] Einen ähnlichen Titel[50] wählte auch der spätere Wiener Domherr Joseph Franz von Hegedüs.[51]

An der ungemein reichhaltigen Produktion von Gebetbüchern waren auch Ordenspriester beteiligt. Neben den schon besprochenen Redemptoristen sind hier vor allem zwei Schottenmönche zu nennen: 1840 erschien vom späteren Schottenabt P. Othmar Helferstorfer[52] das Erbauungsbuch *Christus Anfang und Ende*.[53] Es enthält eine reiche Auswahl von Gebeten aus den Schriften der Kirchenväter und anderer Autoren, wobei vor allem der Benediktiner Corner stark berücksichtigt wurde; ein alphabetischer Index erschließt die vielfältigen Texte. Der bischöfliche Zensor[54] ließ das Buch erst

---

[45] S. dazu unten 385.

[46] S. dazu unten 391.

[47] Geboren am 26. Juli 1799 in Stratzing; Priesterweihe am 26. August 1821; 1821/22 Kooperator in Kirchberg am Wagram, 1822—1825 an der Dominikanerpfarre Maria Rotunda; ab 1825 Hofkaplan und Studiendirektor am Frintaneum; 1840 Aufnahme in das Wiener Domkapitel, 1855 Ernennung zum Domscholaster; gestorben am 17. November 1857; vgl. DAW, Personaltabellen 1, 61 f.; Fried (wie Anm. 15) 48 f.

[48] S. dazu unten 385 f.

[49] *Vergiß mein nicht, Herr, wenn Du in Dein Reich kommst. Erhebungen einer nach dem Himmel sich sehnenden Seele in den Stunden heiliger Weihe* (Wien 1843).

[50] *Geistliches Vergißmeinnicht. Ein katholisches Gebet- und Gesangbuch* (Wien 1845); vgl. DAW, Zensurakten 1844.

[51] Geboren am 12. März 1803 in Güns; Priesterweihe am 21. August 1825 in Wien; Kooperator in Perchtoldsdorf (1825); Kooperator und Provisor in Kaiserebersdorf (1826—1831); Lokalkaplan in Breitensee im Marchfeld (1831—1834); Beneficiat Unter den Weißgärbern (ab 1834); 1851 Aufnahme in das Wiener Domkapitel; gestorben am 14. Dezember 1870; vgl. DAW, Personaltabellen 3, 535 f.

[52] Geboren in Baden am 19. Juli 1810; Profeß im Schottenkloster am 21. März 1832; Priesterweihe am 25. Juli 1833; Kurat an der Stiftpfarre und Bibliothekar; seit 1845 Hofprediger, ab 1856 Direktor des Schottengymnasiums; 1861—1880 Abt des Schottenstifts; gestorben am 25. Oktober 1880; vgl. DAW, Personaltabellen 4, 197 f.; Cölestin Rapf, Das Schottenstift (Wiener Geschichtsbücher 13, Wien, Hamburg 1974) 76—80.

[53] *Christus Anfang und Ende. Ein Kranz von Gebeten aus bewährten Kirchen-Schriftstellern entnommen.*

[54] Sein Urteil lautete: *Vorliegendes Gebetbuch ist seinem Inhalt nach von geringem Werthe und in der Formgebung durch die Sprache mittelmäßig; das ängstliche Haschen nach Phrasen, die dem Leser oft keinen klaren Begriff geben und hie und da in pietistische Süßelei getaucht sind, vermindern das Gute des Buches;* vgl. DAW, Zensurakten 1840.

nach Vornahme einiger Änderungen drucken. Helferstorfer gebrauchte für sein Buch folgende Gliederung: 1. Heiligung des Morgens und des Tages. 2. Heiligung des Abends und der Nacht. 3. Heiligung des Tages im Gotteshause. 4. Betrachtungen und Gebete zu dem hochheiligen Sakrament des Altares. 5. Verehrung Mariens durch sieben Tage. 6. Um nötige Tugenden und Gnaden. 7. Heiligung besonderer Zeiten im kirchlichen und gewöhnlichen Leben. 8. Heiligung des letzten Schrittes: vor seiner Vollendung. 9. Heiligung des letzten Schrittes: nach seiner Vollendung.

Von P. Urban Loritz[55] stammen ein eigenes Gebet- und Betrachtungsbuch für Kranke[56] und verschiedene Gebetbücher.[57] An seinem Hauptwerk *Der Herr sei mit Euch!* ist die umfangreiche Berücksichtigung der Heiligenfeste besonders hervorzuheben. Dabei bietet er für jeden Heiligen eine kurze Lebensbeschreibung und das jeweilige Kirchengebet. Bei der Erklärung des Kirchenjahres gebraucht er den schönen Vergleich mit den drei Gestirnsarten: so entsprechen der Sonne die Herrenfeste, dem Mond die Marienfeste und die Feste der Heiligen den Sternen. Loritz erläutert dabei auch die bei den einzelnen Festen üblichen Zeremonien und Gebräuche.

Im Jahrzehnt von 1840 bis 1850 wurden wohl die meisten Gebetbücher im Bereich der Erzdiözese Wien verfaßt; in diesen Jahren erschienen etwa noch Gebetbücher von Ferdinand Zenner,[58] Johann Lutner,[59] Mathias

---

[55] Geboren am 1. Jänner 1807 in Wien; 1825 Eintritt in das Schottenstift; 1830 Priesterweihe; Kooperator in Gumpendorf (1831) und Eggendorf im Thale (1832—1836); 1836—1841 supplierender Professor für Pädagogik und Pastoraltheologie an der Universität Wien; ab 1841 Kooperator, ab 1850 Pfarrer in Schottenfeld; gestorben am 30. September 1881; vgl. Cölestin Rapf, P. Urban Loritz OSB, der populäre Vorstadtpfarrer (1807—1881), Beiträge zur Wiener Diözesangeschichte 6 (1965) 9—11.

[56] S. dazu unten 393.

[57] *Gebethe bei den sogenannten Stationen zum Gedächtnis für alle abgeschiedenen Seelen;* vgl. DAW, Zensurakten 1843/Zl. 4577. — *Christliche Lieder für Kinder* (1843); vgl. ebd. 1843/Zl. 6568. — *Blätter der Belehrung und Erbauung für die heilige Weihnachtszeit* (1843); vgl. ebd. 1843/Zl. 8235. — *Blätter der Belehrung und Erbauung für die hl. Fastenzeit;* vgl. ebd. 1843/Zl. 1030. — *Der Herr sei mit Euch* (Wien 1844). — *Des Kindes Engel. Gebeth- und Erbauungsbuch für die christkatholische Jugend;* vgl. DAW, Zensurakten 1846/Zl. 2090.

[58] Geboren am 7. März 1814 in Varasdin (Kroatien); Priesterweihe in Wien am 21. September 1836; Kooperator in Ernstbrunn, Brunn am Gebirge, Am Hof; ab 1847 Katechet an der Normalhauptschule St. Anna; ab 1853 Hofkaplan; 1867—1882 Propstpfarrer von Wiener Neustadt; gestorben am 21. April 1882; vgl. DAW, Personaltabellen 6, 56 f. und den Nachruf in der Correspondenz des Priester-Gebetsvereines „Associatio Perseverantiae Sacerdotalis" 3 (1882) 50—52.

Von Zenner sind folgende Gebetbücher bekannt: *Die Liebe am Kreuze. Ein katholisches Erbauungsbuch* (Wien 1841); vgl. DAW, Zensurakten 1840/Zl. 9169. — *Katholisches Gebet- und Erbauungsbuch für die reifere Jugend, das auch Erwachsene brauchen können* (Wien 1841; Neuauflage 1848); vgl. DAW, Zensurakten 1841/Zl. 5531. — *Die ehrwürdige Dienerin Gottes Maria Chlothilde, Königin von Sardinien* (1846); vgl. ebd. 1846/Zl. 10117.

[59] Geboren am 6. Jänner 1796 in Wien-Lichtental; Priesterweihe am 28. August 1823; Kooperator in Leitzersdorf (1823—1826), Moosbrunn (1826—1828), Ulrichskirchen (1828),

Terklau[60] und Sebastian Brunner.[61] Im Gebetbuch *Zeit und Ewigkeit*[62] von Terklau findet sich wieder die bereits geläufige Gliederung nach Stunde, Tag, Woche, Monat und Jahr. Einleitend bietet Terklau auch Betrachtungspunkte über die Zeit, zum Stundenschlag und ein Gebet über die Zeit nach Psalm 89. In den Werken von Brunner[63] sind die Betrachtungen besonders hervorzuheben. So finden sich im Gebetbuch *Friede in Christus* folgende Betrachtungen für die einzelnen Wochentage: Von der Liebe Gottes (Sonntag); Die Wohltaten Gottes (Montag); Die Gnaden der Erlösung (Dienstag); Die Verheißungen Gottes (Mittwoch); Der Kampf mit den Feinden der Gottesliebe, mit der Eigenliebe und ihrer Frucht, der Sünde (Donnerstag); Selbsterkenntnis (Freitag); Der Gerechten Lohn (Samstag). Außerdem verfaßte Brunner darin auch gereimte Gebete und eine Auslegung des Vaterunser in Versen.

Um 1840 begann auch das ungemein reichhaltige Schaffen von Ludwig Donin[64] auf dem Gebiet der Gebetbuch- und Erbauungsliteratur; man

---

Purkersdorf (1828) und Hauskirchen (1828); 1829—1832 Pfarrer von Hollern, 1832—1848 Pfarrer von Ottakring; gestorben am 6. Jänner 1857 in Weinzierl (Pfarre Krems); vgl. DAW, Personaltabellen 2, 317 f.

1847 reichte Lutner folgende Gebetbücher zur Erlangung der Druckerlaubnis ein: *Neues Gebetbuch der heiligen Schrift. – Reisen durch verschiedene Regionen des geistigen Lebens;* vgl. DAW, Zensurakten 1847/Zll. 4320 und 10732.

[60] Geboren am 17. Februar 1814 in Wien; Priesterweihe am 25. Juli 1838; Kooperator in Patzmannsdorf (1838—1841), Inzersdorf (1841) und St. Johann in der Praterstraße (1842—1848); 1849—1868 Pfarrer von Stetteldorf; gestorben am 13. April 1868; vgl. DAW, Personaltabellen 6, 95 f.; Wurzbach (wie Anm. 5) 43 (1881) 287 f.; Loidl, Stetteldorfer Pfarrer als Schriftsteller (wie Anm. 43).

[61] Geboren am 10. Dezember 1814 in Wien-Schottenfeld; Priesterweihe am 25. Juli 1838; Kooperator in Neudorf b. Staatz (1838—1839) und Perchtoldsdorf (1839—1842); Provisor in Wienerherberg (1842); Kooperator in Altlerchenfeld (ab 1843); ab 1853 Rektor der Universitätskirche; nach der Übergabe dieser Kirche an den Jesuitenorden (1856) Übertritt in den Ruhestand; gestorben am 26. November 1893; vgl. DAW, Personaltabellen 6, 7 f.; Wurzbach (wie Anm. 5) 2 (1857) 176—178.

[62] *Zeit und Ewigkeit. Ein Erbauungsbuch für katholische Christen* (Wien [1848]); vgl. DAW, Zensurakten 1848/Zl. 10768.

[63] Von Brunner stammen u. a. folgende Gebet- und Erbauungsbücher: *Christkatholisches Gebetbuch für die Jugend* (Wien 1840); vgl. DAW, Zensurakten 1840/9158. — *Das Heil aus Sion. Erbauungsbuch für katholische Christen* (Wien 1841); vgl. ebd. 1841/Zll. 3312 und 5656. — *Die Andacht des Kindes;* vgl. ebd. 1843/Zl. 1926. — *Friede in Christus. Katholisches Gebeth- und Erbauungsbuch* (Wien 1843); vgl. ebd. 1843/Zl. 5588. — *Oremus. Lasset uns beten* (Wien 1886).

[64] Geboren am 24. August 1810 in Tiefenbach (NÖ); Priesterweihe in Wien am 25. Juli 1833; Kooperator in Perchtoldsdorf (ab 1833) und Maria Brunn (1835); 1835 Aufnahme in die erzbischöfliche Cur bei St. Stephan; 1835—1862 Christenlehrkatechet bei St. Stephan, seit 1849 auch Religionslehrer an der Gremialhandelsschule; zusätzlich von 1835 bis 1873 Zeremoniär der Wiener Weihbischöfe Buchmayer, Pollitzer, Zenner und Kutschker; gestorben am 20. August 1876; vgl. DAW, Personaltabellen 5, 233 f.; Wurzbach (wie Anm. 5) 3 (1858) 358 f.; Franz Loidl, Kurat Ludwig Donin (1810—1876). Ergänzende Würdigung, Beiträge zur Wiener Diözesangeschichte 18 (1977) 33 f.

kann ihn durchaus als den fruchtbarsten Priester der Erzdiözese Wien auf diesem Gebiet im 19. Jahrhundert bezeichnen. Von ihm erschienen mehr als 300 Bücher und Schriften,[65] die in der gesamten Monarchie in zusammen rund 6 Millionen Exemplaren verbreitet waren. Oft hat Donin diese Bücher auch verschenkt. Die Hoffnung, die Menschen so im Glauben zu bestärken, war ihm Lohn genug. So schreibt er im Vorwort zu einem Gebetbuch: *Ich werde mich innig freuen, wenn ich durch dasselbe, wenn auch nur Einen mit der Liebe Gottes mehr bekannt mache und ihn dahin bringe, dass er in diesem Thale der Thränen mit unwandelbarem Vertrauen rufe: Herr! ich glaube, Herr! ich hoffe, Herr! von Herzen liebe ich Dich!*[66] In einem anderen Vorwort nimmt er zu dem möglichen Einwand, die Zahl der Gebetbücher sei schon zu groß, Stellung: *Die Zahl der Gebetbücher setzt manchen ruhigen Beobachter des Zeitgeistes in eine Art Verwunderung. So viele Gebetbücher, ruft mancher – und noch immer neue Gebetbücher! das würde sich ohne Zweifel ein jeder ersparen, wenn er die Mannigfaltigkeit der Bedürfnisse der Menschen, der Zeit, der Lebensverhältnisse beachten, wenn er an die Zahl der Katholiken denken, welche beten lernen, beten sollen, beten wollen, und zugleich beherzigen würde, wie selten der Mensch bei den verschiedenen Kümmernissen in der Stimmung ist, seinen Geist zu Gott zu erheben und mit dem dreieinigen Regierer der Welten über sein geistiges und leibliches Elend zu reden; dazu sollen nur die Gebetbücher verhelfen, und dazu habe ich auch gegenwärtiges Gebetbuch verfaßt.*[67] Die Gebetbücher Donins haben meist folgenden Aufbau: In der Einleitung wird allgemein über das

---

[65] Eine Aufzählung sämtlicher Gebetbücher kann hier nicht geboten werden; so seien nur die wichtigsten genannt: *Der apostolische Christ. Ein katholisches Gebetbuch für alle Stände* (Wien [5]1851 u. ö.). — *Der betende Heiland. Ein katholisches Gebetbuch für alle Stände* (Wien [10]1876). — *Die betende Liebe* (Wien [12]1881). — *Der flehende Christ. Ein Gebetbuch für gebildete Stände* (Wien [7]1892). — *Die ewige Krone, oder der Christ vor und mit Gott. Ein katholisches Erbauungsbuch für gebildete Stände* (Wien [2]1864). — *Die Friedensglocke. Ein katholisches Erbauungsbuch für Gebildete* (Wien [3]1890). — *Gott ist die vollkommenste Liebe. Ein katholisches Erbauungsbuch für alle Stände* (Wien [2]1851). — *Die heilige Anna als Hilfe der Christen. Für wahre Freunde der Bedrängten* (Wien [4]1885). — *Die heilige Karwoche. Ein Karwochenbuch* (Wien [12]1911). — *Der heilige Josef. Ein wahrer Spiegel der Gerechtigkeit auf dem Tugendwege für Jung und Alt* (Wien [8]1895). — *Der Herr mein Trost. Katholisches Erbauungsbuch für Jung und Alt* (Wien 1890). — *Jesus der Meister. Ein katholisches Erbauungsbuch für alle Stände* (Wien o. J.). — *Jesus, der König der ewigen Gloriä* (Wien 1847). — *Jesus meine Liebe* (Winterberg o. J.). — *Jesus unser Lehrmeister. Ein katholisches Gebetbuch für alle Stände* (Wien 1850). — *Jesus unser Meister. Ein katholisches Gebetbuch* (Wien [32]1874). — *Katholische Maiglocke. Ein kurzer Leitfaden, um die der seligsten Jungfrau geheiligte Mai-Andacht mit Sammlung und Nutzen verrichten zu können* (Wien [11]1890). — *Kleines katholisches Missionsbuch* (Wien [13]1892). — *Maria, die Gnadenmutter* (Wien [9]1888). — *Das Mutterherz Mariä. Ein kleines Herz-Marien-Buch* (Wien [5]1880). — *Neues christkatholisches Baumgärtchen für Jung und Alt* / nach Ludwig Donin (Winterberg o. J.). — *Die unerschöpfliche Gnadenquelle der göttlichen Erbarmungen, oder das neue Herz Jesu-Buch* (Graz [5]1884).

[66] Ludwig Donin, *Jesus der Meister. Ein katholisches Erbauungsbuch für alle Stände* (Wien ca. 1860) 2.

[67] Ludwig Donin, *Der apostolische Christ* (Wien [5]1851) 1 f.

Gebet, über die Gebetsweisen, über Gebetsort und Gebetszeit gesprochen. Darauf folgen die Morgengebete und die Morgenandacht sowie Belehrungen über Betrachtung und geistliche Lesung. Donin empfiehlt für diese vor allem die Heilige Schrift, die Nachfolge Christi des Thomas von Kempen und die Schriften verschiedener Heiliger. Zu diesem Zweck hat Donin selbst verschiedene Schriften des hl. Alphonsus von Liguori,[68] des Thomas von Kempen,[69] des hl. Aloisius Gonzaga,[70] des Lorenzo Scupoli[71] und des hl. Franz von Sales[72] übersetzt bzw. herausgegeben. Daran schließen verschiedene Gebete während des Tages, Tisch- und Abendgebete an. Nach Gebeten vor und nach der Predigt, deren Anhörung Donin angesichts des geringen Glaubenswissens der meisten ebenso einschärft wie den Besuch der nachmittäglichen Christenlehren, schließen die Meßgebete an. Donin bietet dabei meist auch eine sogenannte „Hausmesse". Diese Gebete sollten die Gläubigen verrichten, wenn sie durch Krankheit am Besuch der heiligen Messe gehindert wurden. Donin teilt dazu auch die bei St. Stephan bestehende Messeneinteilung mit; demnach wurde von 5 bis 12 Uhr jede halbe Stunde eine heilige Messe gelesen. Der Kranke sollte sich eine entsprechende Uhrzeit aussuchen und seine Gebete mit dem bei St. Stephan zelebrierenden Priester vereinen.

Ein eigener Abschnitt ist meist den sieben Sakramenten gewidmet. Hier finden sich etwa die Beicht- und Kommuniongebete, Gebete am Jahrestag der Taufe, der Firmung oder Trauung und Gebete um fromme Priester. Für die Mitfeier des Kirchenjahres waren die Gebete, Litaneien und Andachten für die Herren-, Marien- und Heiligenfeste gedacht. Dem langjährigen katechetischen Wirken von Donin entsprechen die meist beigegebenen Belehrungen über die notwendigen Glaubenswahrheiten. Zum besseren Einüben derselben bietet Donin Merkhilfen wie die „Christliche Stundenuhr" oder „Das ewige ABC".[73] Ebenso beantwortet Donin verschiedene Zeitfragen,[74]

---

[68] *Besuchungen des allerheiligsten Sacramentes des Altares von dem hl. Alfons Maria Liguori*, hg. von Ludwig Donin (Wien 1908).

[69] *Die Nachfolge Christi von Thomas von Kempis.* Neu übersetzt von Ludwig Donin (Wien $^{11}$1912). *De imitatione Jesu Christi Thomae a Kempis.* Cura Ludovici Donin (Wien $^{5}$1898).

[70] *Philothea des heiligen Jünglings Aloisius.* Von Ludwig Donin (Wien $^{8}$1874).

[71] *Der geistliche Kampf von dem ehrwürdigen Laurentius Scupoli. Mit einigen Beigaben bewährter Geistesmänner* von Ludwig Donin (Wien $^{5}$1883).

[72] *Philothea oder Anleitung zu einem gottseligen Leben.* Verfaßt vom heiligen Franziskus von Sales. Bearb. und hg. von Ludwig Donin (Wien $^{4}$1876).

[73] Dieses findet sich im Gebetbuch *Die betende Liebe* (Wien $^{12}$1881); es lautet etwa unter „A": *Alles thue Gott zu Ehre wegen deiner Seele und der Ewigkeit, damit du keine Zeit verlierst;* unter „Z": *Zeiten vergehen, Tage verschwinden, das Kreuz des Herrn allein bleibt ewig und wird am Ende der Tage noch hellstrahlend am Himmel dem Sünder ewiges Wehe, dem Gerechten ewiges Alleluja verkünden.*

[74] So versucht er im Gebetbuch *Gott ist die vollkommenste Liebe* (Wien $^{2}$1851) eine Antwort auf die Frage *Warum sind gerade die Männer oft so lau im Dienste Gottes?*

wozu er einmal auch ein *Zweigespräch zwischen einem christlich-römisch-katholischen Apostel und einem weltlich-katholischen Apostel* wiedergibt.[75] Als Anhang findet sich meist ein „Katholischer Kirchenkalender“, der zu den einzelnen Festen und Heiligen auch knappe Angaben über die Einführung des Festes bzw. die Lebenszeit und die Tätigkeit der jeweiligen Heiligen enthält. Gelegentlich folgt darauf ein Verzeichnis der Patrone der Kronländer, eine Ikonographie der Heiligen und eine Zeittafel der beweglichen Feste. Praktischen Zwecken diente auch der „Katholische Kirchenanzeiger für die innere Stadt“, der die Beginnzeiten der Messen, Hochämter, Segensandachten, Sonntags- und Fastenpredigten, Christenlehren und Auferstehungsfeiern in den Kirchen der Inneren Stadt verzeichnete.[76] Alle Gebetbücher enthalten auch die üblichen Kirchenlieder.

Georg Ausim[77] zog für sein Gebetbuch[78] vor allem Cyprian, Augustinus, Bernhard von Clairvaux, Thomas von Kempen und Ludwig von Granada als Quellen heran. Sehr zahlreich sind darin vor allem die Gebete zu Maria.[79] Spätere Ausgaben erfolgten daher unter den Titeln *Gegrüßet seist Du, Königin*[80] bzw. *Mariengruß*.[81]

Die Gebetbücher von Josef Hubinger[82] sind im wesentlichen Neuausgaben älterer Werke.[83] Franz Karl Blechschmidt[84] verfaßte vor allem

---

[75] Ludwig Donin, *Der apostolische Christ* ([5]1851).

[76] Dieser findet sich im *Kleinen katholischen Missionsbuch* (Wien [13]1892).

[77] Geboren am 5. März 1802 in Wien; Priesterweihe am 27. August 1826; 1826—1831 Kooperator in Schwechat, 1831—1832 Kooperator in Altlerchenfeld; ab 1833 Messeleser und Spitalseelsorger bei St. Elisabeth; ab 1843 Kirchendirektor von St. Salvator; gestorben am 26. Juli 1888 in Wien; vgl. DAW, Personaltabellen 1, 377 f.

[78] *Christus ist mein Leben und Sterben mein Gewinn* (Wien o. J.).

[79] So bietet er für die einzelnen Wochentage folgende Gebete zu Maria: *Um durch die Fürbitte der allerseligsten Jungfrau Vergebung der Sünden zu erhalten* (am Sonntag); *Um Erhaltung der Beharrlichkeit* (Montag); *Um einen seligen Tod durch die Fürbitte Marias zu erhalten* (Dienstag); *Um durch die Fürbitte Marias vor der Hölle befreit zu bleiben* (Mittwoch); *Um durch die Fürbitte Marias den Himmel zu erwerben* (Donnerstag); *Um eine wahre Liebe zu Jesus und Maria zu erhalten* (Freitag); *Um die Fürbitte Marias zu erhalten* (Samstag).

[80] *Gegrüßet seist Du, Königin, Mutter der Barmherzigkeit. Gebet- und Erbauungsbuch für katholische Christen, insbesondere zur Verehrung der allerseligsten Jungfrau Maria.* Nach P. Georg Ausim (Winterberg o. J.).

[81] *Mariengruß, Gebet- und Erbauungsbuch für katholische Christen, insbesondere zur Verehrung der allerseligsten Jungfrau Maria.* Nach P. Georg Ausim (Winterberg 1897).

[82] Geboren am 28. März 1806 in Wien; Priesterweihe am 13. März 1829; 1829—1831 Kooperator in Penzing, 1831/32 in Margareten, 1832—1840 in Pötzleinsdorf; 1840—1867 Kuratbeneficiat bei St. Peter und Religionsprofessor an der Handelsakademie; gestorben am 6. Juli 1867; vgl. DAW, Personaltabellen 1, 211 f.

[83] Von Hubinger sind folgende Gebetbücher bekannt: *Gott mein einziges Verlangen. Gebete für katholische Christen* (Hohenmauth o. J.). — *Jesus unser Lehrer und Seligmacher. Ein katholisches Gebetbuch* (Wien 1876). — *Trost der Christen o Maria! Jungfrau sei gegrüßt. Ein Gebetbuch für katholische Christen* (Wien o. J.). — *Gott allein mein Verlangen. Gebetbuch für katholische Christen*

Kindergebetbücher.[85] Georg Heller,[86] Spiritual der Kongregation der Töchter des göttlichen Heilandes in Wien, wollte mit seinem Gebetbuch[87] den Laien *einen treuen Begleiter durch das Leben* bieten; es sollte für die Gläubigen eine ähnliche Rolle spielen wie das Brevier für die Priester. Das Buch enthält als Einleitung eine Tabelle über die „Gebetsmeinungen für alle Monatstage".[88] Neben sechs Meßandachten bietet es Tagzeiten für die einzelnen Wochentage und zahlreiche Andachten. Es trägt auch den besonderen Zeitverhältnissen Rechnung; so findet sich aus Anlaß des im Jahr 1869 eröffneten Ersten Vatikanischen Konzils ein Gebet, *um große Gnaden durch das Concil für sich und die Christenheit zu erlangen.*

August Rutrich[89] berücksichtigte in seinem Gebetbuch[90] vor allem den reichen Schatz kirchlicher Hymnen; so ist sein Gebetbuch *auch ein Betrachtungsbuch geworden, insbesondere in den kirchlichen Liedern und Antiphonen, welche überreiche Meditationspunkte bieten.*

1867 machte der aus der Diözese Fulda stammende Kooperator von Leobendorf, Adam Josef Steinwachs,[91] den Versuch, die Einführung

---

(Wien ²1863). Dieses Gebetbuch wurde 1851 von einem Priester der Diözese Breslau verfaßt und 1863 von Hubinger neu herausgegeben; das Erträgnis war für den Bau einer katholischen Kirche in der deutschen Diaspora bestimmt.

[84] Geboren in Wien am 31. Oktober 1822; Priesterweihe am 20. Juli 1846; Kooperator in Pirawarth (1846—1848), Lichtental (1848/49), Reindorf (1849—1852) und Landstraße (1852—1858); ab 1858 Seelsorger im Elisabethinenspital und Kirchendirektor von St. Elisabeth; gestorben am 5. April 1879; vgl. DAW, Personaltabellen 1, 131 f.

[85] Blechschmidt ist Verfasser folgender Gebetbücher: *Jesus mein Erlöser. Ein Gebet- und Erbauungsbuch für katholische Christen* (Wien o. J.). Dieses Gebetbuch wurde ursprünglich von einem Ordenspriester verfaßt und von Blechschmidt vermehrt und neu herausgegeben; es erlebte zahlreiche Auflagen. — *Das Gebet der Kinder, welches durch die Wolken zum Vater im Himmel dringt. Ein Gebetbuch, der lieben Jugend geweiht* (Wien o. J.). — *Das betende Kind. Ein Gebetbuch für die liebe Jugend* (Wien o. J.).

[86] Gestorben am 7. März 1889.

[87] *Der Weg zum Himmel. Gebet- und Erbauungsbuch für katholische Christen* (Wien 1869).

[88] Diese ist nach folgendem Schema aufgebaut: „Zur Verehrung von" (Beispiel: „der allerheiligsten Dreifaltigkeit) — „Als Bitte um" (Beispiel: „standhaften Glauben") — „Zur Fürbitte für" (Beispiel: „für die heilige katholische Kirche").

[89] Geboren 1842 in Güns (Ungarn); Priesterweihe in Wien am 28. Juli 1867; Kooperator in Kirchberg am Wagram 1867/68; Provisor in Rohrbach 1868/69; Kooperator in Mödling 1869/70; Kooperator in der Leopoldstadt 1870—1884; Kuratbeneficiat bei St. Peter 1884 bis 1897; gestorben am 24. Dezember 1921; vgl. DAW, Personaltabellen 3, 245 f.

[90] *Hymnenkranz. Ein Gebetbuch für katholische Christen* (Wien 1879).

[91] Geboren am 11. März 1833 in Oberufhausen in Kurhessen; Priesterweihe in Fulda am 24. Oktober 1860; 1860—1869 Kooperator in Leobendorf, 1869—1873 Administrator, 1873—1875 Pfarrer von Merkersdorf; Rückkehr in die Diözese Fulda; später Übertritt zur altkatholischen Kirche; gestorben 1908 als altkatholischer Pfarrer von Offenbach am Main; vgl. DAW, Personaltabellen 7, 348 f.; Johann Weißensteiner, Der erste Versuch zur Einführung eines diözesanen Gebet- und Gesangbuches in der Erzdiözese Wien im Jahr 1867, Beiträge zur Wiener Diözesangeschichte 29 (1988) 40—42.

eines diözesanen Gebet- und Gesangbuches für die Erzdiözese Wien zu erreichen. Sein Werk,[92] das 1868 erschien, erfüllte tatsächlich alle Forderungen eines Diözesangebetbuches, konnte sich aber nicht durchsetzen. Ähnliche Gebet- und Gesangbücher wurden in der Folge vor allem von verschiedenen Orden und Institutionen für die Schuljugend herausgegeben.[93] Auch Adam Latschka[94] und Joseph Maurer[95] waren auf diesem Gebiet tätig. Latschka verfaßte 1875 ein Gebet- und Liederbuch für die katholische Schuljugend,[96] das später wiederholt neu aufgelegt wurde.[97] Von Joseph Maurer stammt das Gebet- und Gesangbuch *Der junge Katholik* (Winterberg 1891).

Eine wertvolle Sammlung der katholischen Volksandachten wurde 1886 von Pfarrer Mathias Eisterer[98] herausgegeben.[99] Sie bietet einen Einblick in die Vielfalt des gottesdienstlichen Lebens in der Erzdiözese Wien. Der erste Abschnitt hat die Litaneien und Gebete beim öffentlichen Gottes-

---

[92] *Katholisches Gesang- und Gebetbuch. Mit besonderer Rücksicht auf die gottesdienstliche Ordnung der Erzdiözese Wien* (Korneuburg 1868). Ergänzend verfaßte Steinwachs auch ein eigenes Orgelbuch.

[93] 1895 gab das fürsterzbischöfliche Knaben-Seminar in Hollabrunn ein *Katholisches Gebetbuch für die Zöglinge des Knaben-Seminars der Wiener Erzdiözese*, 1896 ein *Katholisches Gesangbuch für die studierende Jugend* heraus. Im Verlag der Lazaristen-Kongregation erschien folgendes Gebetbuch: *Pange lingua! Sammlung von Gebeten, Liedern und gemeinschaftlichen Andachten* (Wien [5]1897). Ein ähnliches Werk gaben die Schulbrüder in Wien unter dem Titel *Lobet den Herren! Gebet- und Gesangbuch zum Gebrauche beim katholischen Gottesdienst, besonders für die Schuljugend* (Wien [14]1915) heraus.

[94] Geboren am 7. Juli 1847 in Blumenthal; Priesterweihe am 21. Juli 1872; Kooperator in Großkrut (1872/73), Perchtoldsdorf (1873—1880) und an der Votivkirche (1880—1897); Pfarrer von Altottakring (1897—1899) und Neuottakring (ab 1899); gestorben am 3. Juli 1905; vgl. DAW, Personaltabellen 3, 923 f.; Franz Loidl, Adam Latschka, politisch-sozialer, vor allem Arbeiterinnen-Seelsorger und erster Pfarrer von Neuottakring, Beiträge zur Wiener Diözesangeschichte 3 (1962) 53—59.

[95] Geboren am 16. Jänner 1853 in Asparn a. d. Zaya; Priesterweihe am 25. Juli 1877; Kooperator in Großrußbach (1877—1881), St. Johann Nepomuk (1881—1883) und Margareten (1883). Pfarrer von Markthof (1884—1890) und Deutschaltenburg (ab 1890); gestorben am 19. November 1894; vgl. DAW, Personaltabellen 7, 84 f.

[96] Vgl. DAW, Zensurakten 1875/Zl. 767.

[97] Es erschien 1884 in zweiter Auflage; die späteren Auflagen tragen den Titel *Der kleine katholische Christ. Gebet- und Liederbuch für die katholische Jugend.* Die zweite, dem neuen Schulkatechismus angepaßte Auflage erschien 1904 in Wien.

[98] Geboren am 4. Februar 1849 in Heiligeneich; am 29. September 1870 Profeß bei den Piaristen; Priesterweihe am 25. Juli 1871 in Wien; seit 1872 Weltpriester; Kooperator in Moosbrunn (1872), Leobendorf (1873) und Ober-St. Veit (1874—1876); Lokalkaplan von Kranichberg (1876—1886); Pfarrer von Petronell (1886—1892); Pfarrer von Wiener Neudorf (1892—1900); Pfarrer von St. Anton in Wien 10 (1900—1919); gestorben am 15. August 1919; vgl. DAW, Personaltabellen 7, 206 f.

[99] *Katholische Volks-Andachten. Ein Vorbetbuch zum Gebrauche beim öffentlichen hl. Gottesdienste. Für die österreichische Kirchenprovinz zusammengestellt* von Mathias Eisterer (Wien 1886).

dienst zum Inhalt. Er umfaßt die Litanei zu allen Heiligen, die Lauretanische und die Namen-Jesu-Litanei, das Gebet zur Erweckung der drei göttlichen Tugenden, die Gebete für die Quatember- und sonstigen öffentlichen Betstunden, die Gebete für die Bittprozessionen, die Ablaßgebete, den „Engel des Herrn" und das Gebet um gute Meinung. Im zweiten Abschnitt finden sich unter dem Titel „Gebete und Gesänge bei öffentlichen Andachten" die Rosenkranz-, die Herz-Jesu-, die Kindheit-Jesu- und die Kreuzwegandacht, Betstunden vor dem ausgesetzten Allerheiligsten und vor dem Heiligen Grab, die Andacht zum Heiligen Geist, die Maiandacht, Gebete für die Versammlungen des Dritten Ordens, Gebete für die Armen Seelen und eine Danksagung am Jahresschluß. Im dritten Kapitel folgen „Gebete und Lieder zu Ehren heiliger Schutzpatrone", wobei die Heiligen Joseph, Leopold, Florian, Johann von Nepomuk, Anna, Aloisius, Stanislaus, Donatus, die 14 Nothelfer, Sebastian und Rochus, Ignatius von Loyola, Koloman, Vinzenz von Paul sowie die Vieh-, Kranken- und Sterbepatrone berücksichtigt wurden; außerdem enthält es Andachten zu heiligen Reliquien, zum Kirchenpatron und Kirchweihfest und zum Erntedankfest. Der vierte Abschnitt bietet „Gebete zum Vorsprechen, besonders für die Schuljugend". Zu diesen gehören Ablaßgebete, Gebete für die Schulmesse und zur Beichte und Kommunion der Schulkinder, Gebete vor und nach dem Religionsunterricht, Gebete für die Erstkommunion, das Gedächtnis der Todesangst und des Hinscheidens Christi, Gebete zum Beginn und zum Ende des Schuljahres, Gebete für das Kaiserhaus und die Kaiserin (mit der Volkshymne) und das „Großer Gott, wir loben Dich". In einem Anhang wurden *die Begrüßung Unserer Lieben Frau unter den sieben Hauptgnadentiteln,* eine Novene zu Unserer Lieben Frau von Lourdes, der Lobgesang Mariens und das Schlußgebet und Segenslied am Ende jeder Andacht nachgetragen.

1892 gab die Kongregation der Töchter der göttlichen Liebe ein Gebetbuch zum Gebrauch bei den Andachten in ihrer Kirche in Wien heraus.[100] Darin finden sich u. a. auch eine Gebetsformel für christliche Familien, die sich der Heiligen Familie weihen wollen, ein tägliches Gebet vor dem Bild der Heiligen Familie, das *Gebeth in der Noth zu Maria, der guten Mutter unserer immerwährenden Hilfe; Jungfrau, Mutter Gottes mein!* und Gebete zur Dreimal Wunderbaren Mutter.

P. Anton Maria Schwartz, der Gründer der Kalasantinerkongregation, verfaßte ein eigenes Gebetbuch[101] *für den katholischen Arbeiter.* Im Vorwort schreibt er über den Inhalt und die Aufgabe dieses Werkes: *Es wird*

---

[100] *Andachtsübungen für das christliche Volk in der Kirche der Töchter der göttlichen Liebe „Zur dreimal wunderbaren Mutter" in Wien* (Wien 1892).

[101] *Bete und arbeite. Gebetbuch für den katholischen Arbeiter* (Wien $^3$1892 und öfter).

*hiemit Dir, katholischer Arbeiter, ein Gebetbuch übergeben, das eigens für Dich gemacht ist. Ein umfangreiches Gebetbuch, so schöne Gebete und Andachtsübungen es auch enthielte, wäre für Dich doch unnütz, da Dein Stand Dir nicht viele Zeit für das Beten allein gestattet. Das vorliegende Gebetbuch enthält daher vorerst nur Gebete und Andachtsübungen, welche jedem katholischen Christen nothwendig sind (wie: Morgen-, Tisch-, Abendgebet; Meßgebete, Beicht- und Communionandacht); dann sind noch einige Andachten und Gebete aufgenommen worden, welche zur Pflege eines wahrhaft frommen Lebenswandels zu gewissen Zeiten und Festen und in einzelnen Fällen jedem guten katholischen Christen sehr zu empfehlen sind und auch leicht verrichtet werden können. Die Sprache ist einfach und Dir klar verständlich; die Form, in welcher Dir das Büchlein in die Hand kommt, zum Gebrauche sehr bequem; der Preis desselben gering. Alles dies mag Dir, christlicher Arbeiter, das Büchlein lieb und werth machen.*

Für das *christliche Landvolk* war dagegen das Gebetbuch[102] von Josef Minichthaler[103] bestimmt. Er forderte darin seine Pfarrkinder auf, möglichst oft den Heiland vor dem Tabernakel anzubeten: *Geh' also, liebes erlöstes Pfarrkind, wenn sich eine Gelegenheit dazu schickt, gern auch unter Tages auf ein paar Augenblicke zu Deinem Heiland, bet' ihn an, sag' ihm, wie gern Du ihn hast, und hol' Dir seinen Segen. Du bist so glücklich, daß Deine Kirche den ganzen Tag offen steht, wenigstens so viel, daß Du auf den Tabernakel hinsehen und ruhig davor beten kannst.*[104] *O, laß diese Gnade nicht unbeachtet liegen!* Für jeden Tag der Woche finden sich entsprechende Gebete und Betrachtungen vor dem Tabernakel.[105] Diese sind nach folgendem Schema aufgebaut: Gebet; Reue und Vorsatz; geistliche Kommunion; Bitte und Fürbitten;[106] Sühne; Besuch bei Unserer Lieben Frau. Ein Anhang bietet in Abstimmung auf die Arbeiten des Weinhauers *fromme Gedanken, vor, während und nach der Arbeit.*[107]

---

[102] *Sieben Besuche bei unserem lieben Herrn im Tabernakel. Eine kleine Gebets- und Tugendschule für das christliche Landvolk* (Wien 1894).

[103] Geboren am 26. November 1860 in Wien; Priesterweihe am 25. Juli 1885; Kooperator in Staatz (1885—1890); Pfarrer in Pottenhofen (1890—1899); Spiritual im erzbischöflichen Knabenseminar (1899—1903); Pfarrer von Piesting (1903—1928); gestorben am 21. März 1945; vgl. DAW, Personaltabellen 7, 129 f.

[104] Minichthaler hatte zu diesem Zweck in der Pfarrkirche Pottenhofen eine Gittertür montieren und davor eine Kniebank aufstellen lassen.

[105] Die Gebete und Betrachtungen sollten am Montag in Vereinigung mit den hl. Engeln, am Dienstag mit den hl. Aposteln, am Mittwoch mit dem Heiligen Geist, am Donnerstag mit den frommen Hirten, am Freitag mit der hl. Maria Magdalena und dem hl. Johannes unter dem Kreuze, am Samstag mit der allerseligsten Jungfrau Maria und am Sonntag mit den Heiligen Drei Königen erfolgen.

[106] Zu diesem Zweck wurden auf eigenen Tafeln die Gebetsmeinungen des Gebetsapostolats und die Gebetsanliegen der Pfarrkinder aufgeschrieben.

[107] So etwa „beim Rebschneiden", „beim Aufbinden", „beim Weinlesen" usw.

Aus dem ausgehenden 19. Jahrhundert stammen schließlich noch die Gebetbücher von P. Cölestin Wolfsgruber,[108] Karl Eder[109] und P. Petrus Egerer.[110] P. Cölestin Wolfsgruber wandte sich mit seinem lateinischen Gebetbuch vor allem an die Gebildeten und an die studierende Jugend.[111] Es enthält auch Gebete für Mitglieder der Marianischen Kongregation und des Dritten Ordens.

## GEBETBÜCHER ZU EHREN DER HEILIGEN UND FÜR BESTIMMTE ZEITEN DES KIRCHENJAHRES

### *Marianische Gebetbücher*

Die allgemeinen Gebetbücher enthalten in der Regel auch — unterschiedlich zahlreiche — Gebete, Litaneien und Andachten zur Verehrung bestimmter Heiliger. Daneben gibt es auch Gebetbücher, die allein der besonderen Verehrung einzelner Heiliger dienen sollten. An erster Stelle sind hier die verschiedenen marianischen Gebet- und Erbauungsbücher zu nennen. Ein solches[112] verfaßte schon der Wiener Domherr Franz Schmid.[113] Als Quelle dienten ihm dabei vor allem *Die Herrlichkeiten Mariä* des hl. Alphonsus von Liguori. Schmid bietet darin nach Morgen-, Abend-, Meß-, Beicht- und Kommuniongebeten eine Anwendung des Te Deum auf Maria, marianische Tagzeiten und eine Umschreibung des Salve Regina. Anschließend behandelt er die einzelnen Marienfeste, wobei er jeweils die Geschichte des Festes erläutert und die deutschen Texte für Lesung und Evangelium wiedergibt;

---

[108] Geboren am 14. Mai 1848 in Großalm (OÖ); 1873 Profeß im Schottenstift; Priesterweihe am 5. August 1874; Lehrer am Schottengymnasium; ab 1901 Hofprediger; ab 1903 Professor für Kirchengeschichte an der Universität Wien; gestorben am 26. November 1924; vgl. Franz Loidl, Cölestin Wolfsgruber (1848—1924) (Wien 1959).

[109] Geboren am 25. Oktober 1844 in Schwechat; Priesterweihe am 25. Juli 1869; Kooperator in Göllersdorf (1869/70), Drasenhofen (1871), Hollabrunn (1872), Kirchberg am Wagram (1873—1875), Altlerchenfeld (1875—1881); Pfarrer von Niederrußbach (1881—1901) und Wien-Baumgarten (ab 1901); gestorben am 21. August 1927, vgl. DAW, Personaltabellen 3, 433 f. Von Karl Eder stammt folgendes Gebetbuch: *Der Dom der Heiligen. Ein Gebet- und Erbauungsbuch für katholische Christen* (Winterberg o. J.). Es wurde später unter dem Titel *Die Heiligen Gottes in ihren Gebeten. Ein vollständiges Gebet- und Andachtsbuch für Katholiken* (Winterberg o. J.) neu herausgegeben.

[110] P. Petrus Egerer gehörte dem Stift St. Peter in Salzburg an und war von 1869 bis 1889 Pfarrer in Wien-Dornbach. Sein Gebetbuch *Aufwärts die Herzen* erschien 1891 in Salzburg in 6. Auflage.

[111] *Hortulus animae. Precationes in usum omnium eruditorum praesertim studiosae iuventutis.* Collegit et edidit Caelestinus Wolfsgruber (Augsburg 1884).

[112] *Lese- und Gebetbuch für Verehrer Mariä* (Wien [6]1846).

[113] Zur Biographie s. oben Anm. 15.

darauf folgen Gebete und Betrachtungen. Beim Fest Mariä Heimsuchung spricht Schmid auch *über Besuchungen und Verehrung der Bildnisse Mariä* und über Wallfahrten. Beim Rosenkranzfest erläutert er die einzelnen Rosenkranzgeheimnisse. Den Abschluß bilden eine Reihe von Meß- und Marienliedern.

Von 1830 bis 1849 war der spätere General der Gesellschaft Jesu, P. Petrus Johannes Beckx,[114] als Beichtvater der Herzogin Julia von Koethen-Anhalt in Wien tätig. Während dieses Aufenthaltes verfaßte er 1838 den *Monat Mariä*.[115] Sein Ziel war dabei, den ihm wohl aus Rom vertrauten Brauch, den Monat Mai der besonderen Verehrung Marias zu weihen, auch in Deutschland und Österreich zu verbreiten. Das Buch beginnt mit einer knappen Darstellung der Geschichte des Marienmonats Mai. Den Hauptinhalt machen Betrachtungen für jeden Tag des Marienmonats — beginnend mit dem letzten April — aus; diese haben die Geheimnisse Mariens zum Inhalt und folgen eng dem französischen Werk *Mois de Marie.* Auf jede Betrachtung folgen ein Gebet und ein Beispiel aus dem Leben von Heiligen, die sich der Verehrung Marias in besonderer Weise widmeten. Für die praktische Anwendung seines Buches schlug P. Beckx vor, am letzten Apriltag in einem Zimmer ein Marienbild aufzustellen und besonders zu schmücken. Davor sollten sich in der Folge die Gläubigen Tag für Tag versammeln und die Betrachtungen, Beispiele und Gebete laut vorlesen und nach Möglichkeit täglich die heilige Messe zu Ehren der hl. Maria und eine Marienkirche oder ein marianisches Gnadenbild besuchen. Ab der vierten Auflage (1845) enthielt das Werk zusätzlich auch Morgen-, Abend-, Meß-, Beicht- und Kommuniongebete zur Verehrung Mariens.

Ebenfalls nach dem *Mois de Marie* verfaßte Wilhelm Zoczek[116] 1840 unter dem Titel *Der Monat Mariä* eine Sammlung von Betrachtungen und Gebeten für den Marienmonat; das Werk erschien in Stuttgart und wurde von der bischöflichen Zensur nur für das Ausland zugelassen.[117]

Noch 1839 gab der spätere Wiener Domherr Franz Xaver Brauner[118] ein marianisches Gebet- und Betrachtungsbuch[119] heraus. Einleitend bespricht der Verfasser die Bedeutung der Marienverehrung als *vorzügliches*

---

[114] Geboren am 5. Februar 1795 in Sichem (Belgien), gestorben am 4. März 1887 in Rom; seit 1853 General der Gesellschaft Jesu; vgl. L. Koch, in: LThK 2 ([1]1931) 82. Die Angaben über seine Tätigkeit in Wien verdanke ich der liebenswürdigen Mitteilung von P. Johann Wrba SJ vom Provinzarchiv der Österreichischen Jesuitenprovinz.

[115] *Der Monat Mariä* (Wien 1838; zahlreiche Auflagen und Übersetzungen).

[116] Zur Biographie s. oben Anm. 43.

[117] DAW, Zensurakten 1840/Zl. 1665.

[118] Zur Biographie s. oben Anm. 47.

[119] *Maria, die Morgenröthe unseres Heiles. Marianisches Gebet- und Betrachtungsbuch* (Wien [1839]).

*Merkmal der Rechtgläubigkeit* und verweist auf große Marienverehrer wie den hl. Franz Xaver, den hl. Philippus Neri, den hl. Bernhardin, den hl. Karl Borromäus, den hl. Bernhard und den hl. Aloisius. Das Buch enthält eine Morgen- und Abendandacht mit einer Auslegung des Englischen Grußes nach Papst Pius VI., Meßgebete, Beicht- und Kommunionandachten und Andachten und Gebete für die einzelnen Marienfeste. Diese sind nach folgendem Schema gestaltet: Einleitend wird die Bedeutung des jeweiligen Festes erläutert, darauf folgen eine Betrachtung, ein Hymnus und ein Gebet.

*Die lauretanische Litanei ist*, so Brauner, *der erhabenste Lobgesang, womit alle frommen Gläubigen die auserwählte Jungfrau verehren und anrufen. In derselben wird die hochgebenedeite Mutter Gottes in allen Lagen und Verhältnissen ihres heiligen Lebens vom Anbeginne ihres Seins (. . .) in den inhaltsreichsten Benennungen und sinnvollsten Bildern gepriesen.* Entsprechend bietet Brauner im fünften Kapitel seines Buches unter dem Titel „Die betrachtete lauretanische Litanei" eine Erklärung der einzelnen „Lobsprüche" und „Bilder". Ebenso verfuhr er bei den Geheimnissen des Rosenkranzes. Der letzte Abschnitt umfaßt verschiedene Andachten, darunter eine Novene vor Christi Geburt, Antiphonen und Gebete für verschiedene Zeiten des Kirchenjahres, einen „dreifachen Ehrengruß zur allerseligsten Jungfrau", eine Andacht zum heiligsten Herzen Mariä und Gebete zur hl. Anna, zum hl. Joachim und zum hl. Joseph. Den Abschluß bilden verschiedene Kirchenlieder.

1846 erschien von Wilhelm Zoczek ein weiteres marianisches Gebetbuch.[120] Dieses enthält die Hymnen „Salve Regina" und „Stella coeli", die Tagzeiten zur allerseligsten Jungfrau Maria, das Te Deum auf Maria (nach dem hl. Bonaventura), die fünf Psalmen auf den Namen Maria (nach dem hl. Bonaventura), die Meßgebete zu Ehren der hl. Maria (nach dem Missale) und unter dem Titel *Geistliches Arzneimittel gegen ansteckende Krankheiten und andere Trübsale des Leibes und der Seele* das Gebet *Unter Deinem Schutz und Schirm.* Der Sinn der Marienfeste wird jeweils erläutert; für jedes Fest findet sich das entsprechende Kirchengebet und ein persönliches Gebet. So bietet Zoczek etwa zum Fest Mariä Vermählung (23. Jänner) ein Gebet für christliche Ehegatten am Jahrestag ihrer Vermählung, zum Fest Mariä Reinigung ein Gebet einer christlichen Mutter für ihr Kind bei der Aussegnung und zum Fest Mariä Geburt ein Gebet zur Erneuerung des Taufgelübdes und das Glaubensbekenntnis des hl. Athanasius an. Das Gebetbuch umfaßt auch Morgen-, Abend-, Meß-, Beicht- und Kommunionsgebete sowie verschiedene Litaneien, so daß es als vollständiges Gebetbuch dienen konnte.

Dem reichen Schaffen von Ludwig Donin sind auch verschiedene marianische Gebet- und Erbauungsbücher zu verdanken. Für Kinder gab

[120] Wilhelm Zoczek, *Sei gegrüßt, Königin des Himmels. Salve Regina. Katholisches Gebetbuch zum öffentlichen und häuslichen Gebrauche* (1846).

er schon vor 1850 verschiedene marianische Gebetbücher heraus.[121] Diese stimmen in Inhalt und Aufbau weitgehend mit seinen schon besprochenen allgemeinen Gebetbüchern überein. Dem besonderen Anliegen entsprechen jedoch die Abschnitte „Die hl. Maria und das Kind" in der Form eines Zwiegesprächs und „Das Marienkind im Monat Mai". 1856 wurde auf Anregung der Priester der erzbischöflichen Cur auch im Wiener Stephansdom die Feier der Maiandacht eingeführt. Als *Leitfaden zur Verehrung Mariens während des Monats Mai* gab Ludwig Donin 1865 erstmals die *Katholische Maiglocke*[122] heraus. Nach einer kurzen Geschichte der Maiandacht und ihrer Einführung in Wien enthält dieses Buch für jeden Tag des Marienmonats eine Betrachtung, eine Tugendübung, einen Rat, eine Bitte und ein Beispiel aus der Geschichte. So bietet Donin für den ersten Tag eine Betrachtung über die Würde Mariens, als Tugendübung die Liebe zur hl. Maria wegen ihrer Liebenswürdigkeit, ihrer Anmut und der Macht ihrer Fürbitte und den Rat: *Denke gleich beim Erwachen oft daran, daß dich Gott aus Liebe erschaffen hat.* Als Beispiele aus der Geschichte werden die Heiligen Hermann Joseph und Karl Borromäus angeführt. Die Betrachtungen folgen dann Tag für Tag dem Leben Mariens bis zu ihrer Aufnahme in den Himmel. Unter dem Titel *Mutter-Gottes-Knospen* folgen für jeden Tag des Monats Mai kurze Merksätze. Der zwölfte lautet beispielsweise: *Fängt der Sünder einmal an, das Ave Maria gläubig zu beten, so ist er daran, gerettet zu werden.*

Nach dem Vorbild der Nachfolge Christi des Thomas von Kempen verfaßte Donin auch ein Betrachtungsbuch zur Nachfolge Mariens.[123] Ebenso gab er ein Buch zur Verehrung des heiligsten Herzens Mariens heraus.[124] Darin berichtet Donin über die Geschichte der Verehrung des Herzens Mariens und der vor allem in Frankreich verbreiteten Erzbruderschaft vom heiligsten und unbefleckten Herzen Mariä. Es folgen Betrachtungen, Gebete, Vorsätze und Gebete für jeden Tag des Monats, zwei Meßandachten zu Marienfesten, die Festgebete für das Herz-Mariä-Fest und die Tagzeiten vom heiligen Herzen Mariä. Ebenso finden sich eine achttägige Andacht für die Oktav des Festes (nach dem hl. Philippus Neri), die Tagzeiten von der Unbefleckten Empfängnis, eine Novene und eine Litanei zum heiligen Herzen Mariens, die Tagzeiten von der schmerzhaften Mutter Gottes und die Litanei zu Unserer Lieben Frau von den Engeln. Ein Anhang erzählt über die zahlreichen Übertritte zur katholischen Kirche in England seit der Ein-

[121] Ludwig Donin, *Maria, die Gnadenmutter* (Wien [4]1849; [9]1888). — Ders., *Maria, die gute Mutter frommer Kinder* (Wien o. J.)

[122] Ludwig Donin, *Katholische Maiglocke. Ein kurzer Leitfaden zur Verrichtung der der seligsten Jungfrau Maria geheiligten Maiandacht* (Wien [11]1890).

[123] Ludwig Donin, *Maria unser Vorbild* (Wien 1871).

[124] Ludwig Donin, *Das Mutterherz Mariens. Ein kleines Herz-Marien-Buch* (Wien [5]1880).

führung der Herz-Mariä-Bruderschaft (1841) und verzeichnet die wichtigsten zur Ehre Marias tätig gewesenen Schriftsteller, die Marienfeste und berühmte marianische Gnadenorte. Den Abschluß bildet eine Übersicht über die verschiedenen Andachten und Gebete zu Maria, darunter das Ave Maria, der Engel des Herrn, das Gebet *Unter Deinen Schutz und Schirm*, das *Memorare*, der marianische Psalter, der marianische Rosenkranz, der Rosenkranz der Unbefleckten Jungfrau Maria, der Zwölf-Sterne-Rosenkranz, der Rosenkranz zu Ehren des heiligen Herzens Mariens, der Rosenkranz zu den sieben Schmerzen Mariens, der Rosenkranz der hl. Brigitta zu Ehren der 63 Lebensjahre der seligsten Jungfrau Maria, die marianischen Psalmen des hl. Bonaventura und die Maiandacht. Ebenso werden alle Orden, die sich in besonderer Weise der Verehrung Marias widmen, verzeichnet.

1877 gab der Wiener Domherr Ludwig Graf Coudenhove[125] unter dem Titel *Eine Maiandacht* ein marianisches Betrachtungsbuch besonderer Art heraus. Für 32 Tage — vom letzten April bis zum letzten Mai — bietet er die Geschichte von folgenden 32 marianischen Gnadenbildern: Maria Taferl; Maria, Königin der Engel; Die Himmelspförtnerin; Maria Brunn; Maria Einsiedeln; Unsere Liebe Frau von Guadelupe; Maria vom Siege; Das Gnadenbild von Kevelaer; La Salette; Mariazell; Maria Loretto; Maria von Speyer; Lourdes; Villa Vitiosa (Portugal); Maria von Carnot; Altötting; Mater admirabilis (Ingolstadt); Mariahilf; Alt-Bunzlau; Rimini; Tschenstochau; Maria vom guten Rate; Maria von der immerwährenden Hilfe; Ara coeli; Maria von der Stiege zu Messina; Maria Schnee; Maria mit dem geneigten Haupte bei den Karmeliten in Wien; Marienbild von Edessa in der Kirche des hl. Alexius in Rom; Maria Radna; Maria Pötsch; Maria im Glas zu Absam in Tirol und Maria vom Berge Karmel. Auf die Geschichte des Gnadenbildes folgen jeweils eine Betrachtung und ein Gebet.

1866 wurde das Gnadenbild *Unsere Liebe Frau von der immerwährenden Hilfe* in die Redemptoristenkirche St. Alphonsus in Rom übertragen. Eine Kopie davon wurde 1867 in Maria am Gestade in Wien aufgestellt. 1876 wurde hier auch die *Erzbruderschaft zu Ehren Unserer Lieben Frau von der immerwährenden Hilfe und des hl. Alphonsus* eingeführt. 1891 erschien ein Andachtsbuch zur besonderen Verehrung dieses Gnadenbildes.[126]

---

[125] Geboren am 4. Jänner 1819 in Verona; Priesterweihe am 4. August 1842 in Olmütz; Eintritt in die Redemptoristenkongregation; 1844 bis 1852 Seelsorger an der Redemptoristenkirche zum hl. Petrus in Philadelphia; 1854 bis 1862 Rektor des Redemptoristenkollegiums Maria am Gestade in Wien; 1862 Austritt aus der Redemptoristenkongregation; 1867 Aufnahme in das Wiener Domkapitel; gestorben am 17. August 1881; vgl. Fried (wie Anm. 15) 59 f.

[126] *Andachtsbuch zu Unserer Lieben Frau von der immerwährenden Hilfe* (Wien [2]1893).

## *Herz-Jesu-Verehrung und Kult der Heiligen*

Am 19. August 1864 wurde Margareta Maria Alacoque, die große Seherin der Herz-Jesu-Verehrung, von Papst Pius IX. seliggesprochen. Noch im gleichen Jahr erschien daraufhin in Wien ein Buch zur besonderen Verehrung der neuen Seligen und des Herzens Jesu.[127] Die Herz-Jesu-Verehrung erlebte in der Folge auch in der Erzdiözese Wien einen großen Aufschwung. Dafür zeugt auch das von Ludwig Donin verfaßte Herz-Jesu-Buch.[128] Dieses nennt auch die ersten in der Erzdiözese Wien gegründeten Herz-Jesu-Bruderschaften.[129]

Auf die Ernennung des hl. Joseph zum Patron der gesamten Kirche durch Papst Pius IX. am 8. Dezember 1870 folgte in der Erzdiözese Wien bald die Gründung eines Vereines zur immerwährenden Verehrung des hl. Joseph. Sein erster Vorsteher, Pfarrer Joseph Deckert,[130] verfaßte entsprechende Gebet- und Andachtsbücher zu Ehren des hl. Joseph[131] für die Vereinsmitglieder. Ähnliche Werte erschienen auch von Ludwig Donin[132] und P. Georg Freund CSsR[133]. Donin widmete auch der hl. Anna ein eigenes Gebetbuch.[134]

Zum 400. Jahrestag der Heiligsprechung des Markgrafen Leopold III. verfaßte der Augustinerchorherr von Klosterneuburg, Berthold A. Egger, ein entsprechendes Andachtsbuch.[135] Der 300. Todestag des hl. Aloisius von

---

[127] *Andachtsbüchlein zur Verehrung der seligen Margaretha Maria Alacoque und zur Verherrlichung des heiligsten Herzens Jesu* (Wien 1864).

[128] *Die unerschöpfliche Gnadenquelle der göttlichen Erbarmungen oder das neue Herz-Jesu-Buch* (Graz [5]1884).

[129] 1856 bei den Redemptoristen, 1857 bei den Barmherzigen Schwestern (Gumpendorf), bei den Salesianerinnen und bei den Jesuiten.

[130] Geboren am 17. November 1843 in Drösing; Priesterweihe am 22. Juli 1866, Kooperator in Laa (1866) und Schwechat (1867); Studienpräfekt im erzbischöflichen Knabenseminar (1868); Kooperator in St. Leopold (1869—1874); Pfarrer von Weinhaus (ab 1874); gestorben am 23. März 1901; vgl. DAW, Personaltabellen 7, 432 f.

[131] *Märzveilchen. Ein Betrachtungs- und Erbauungsbuch für die Verehrer des heiligen Joseph zur Feier des Monates März* (Wien [4]1888). — *Vereinsbüchlein zur Belehrung und Erbauung für die Mitglieder des Gebet-Vereines zur immerwährenden Verehrung des hl. Joseph, des Schutzpatrons der katholischen Kirche* (Wien [2]1878).

[132] *Der heilige Josef. Ein wahrer Spiegel der Gerechtigkeit auf dem Tugendwege für Jung und Alt* (Wien [8]1895).

[133] *Andachtsbüchlein zum heiligen Joseph. Betrachtungen und Gebete* (Wien [2]1888). P. Georg Freund wurde 1849 in Peterskirchen (OÖ) geboren und 1872 zum Priester geweiht; ab 1884 war er Rektor des Redemptoristenkollegiums Maria am Gestade in Wien; er starb am 19. Februar 1906.

[134] *Die heilige Anna als Hilfe der Christen. Für wahre Freunde der Bedrängten* (Wien [4]1885).

[135] *St. Leopold. Ein Lebensbild und Andachtsbuch* (Wien [4]1886). Egger wurde am 15. November 1852 in Frankenburg (OÖ) geboren; er trat in das Augustinerchorherrenstift Klosterneuburg ein; gestorben am 13. Juli 1891.

Gonzaga im Jahr 1891 und die mit diesem Jubiläum verbundenen Feiern bedeuteten für die Verehrung dieses besonders bei der Jugend beliebten Heiligen einen neuen Höhepunkt. Zu diesem Anlaß erschienen auch entsprechende Andachtsbücher.[136] Diese dienten vor allem der Verbreitung der sechssonntägigen Andacht zum hl. Aloisius. Auch der hl. Petrus Canisius, ein weiterer Heiliger aus dem Jesuitenorden, wurde mit einem besonderen Gebetbuch ausgezeichnet.[137]

### *Feste und Zeiten im Kirchenjahr*

Die einzelnen Feste des Kirchenjahres und die dabei üblichen Gebete und Andachten wurden in den meisten allgemeinen Gebetbüchern mehr oder minder ausführlich berücksichtigt. Daneben gab es aber auch Werke, die einzelne Feste bzw. Festkreise besonders behandelten; dies gilt vor allem für die Karwoche. In der Erzdiözese Wien gab es für diese Woche im 19. Jahrhundert vor allem die folgenden vier Werke: Das vom Exjesuiten Franz Hald[138] 1790 erstmals verfaßte *Charwochenbuch*[139] wurde auch noch im 19. Jahrhundert neu aufgelegt.[140] Es beginnt mit dem Palmsonntag und bietet die vollständigen liturgischen Texte zur Feier der Karwoche in deutscher Übersetzung. Einleitend wurden dabei jeweils Sinn und Bedeutung des jeweiligen Tages dargelegt.

1817 erschien das von Domprediger Jakob Rudolph Khünl[141] verfaßte *Karwochenbuch*.[142] 1841 gab Franz Xaver Schmidmayer[143] erstmals sein

[136] P. Eduard Fischer SJ, *Aloysius mein Schutzpatron oder die sechs Sonntage zu Ehren des hl. Aloysius* (Wien o. J.) — *Sechs-Sonntägige Andacht zu dem unschuldigen heiligen Jünglinge Aloysius Gonzaga aus der Gesellschaft Jesu, Schutz-Heiligen reiner Herzen* (Wien [11]1894).

[137] P. Eduard Fischer SJ, *Canisius-Gebetbuch* (Wien o. J.).

[138] P. Franz Hald SJ, geboren am 9. August 1751, gestorben am 31. Dezember 1793; vgl. Wiener Gebetbücher (wie Anm. 2) 20 Nr. 58.

[139] *Gebethe und Ceremonien, wie sie in der ganzen heiligen Charwoche nach Vorschrift der Kirche abgehalten werden.* Neu übersetzt und mit allen nöthigen Erklärungen versehen von Franz Hald (Wien 1790).

[140] So 1821 in Wien unter dem Titel: *Neues Charwochenbuch. Oder Gebethe und Ceremonien, wie sie in der ganzen heiligen Charwoche abgehalten werden.*

[141] Jakob Rudolf Khünl war von 1811 bis 1822 Domprediger zu St. Stephan.

[142] *Das Charwochenbuch der katholischen Kirche in einer neuen Übersetzung mit erklärenden Einleitungen und Anwendungen* (Wien 1817).

[143] Geboren am 1. Dezember 1801 in Diernfellern (Böhmen); Priesterweihe in Wien am 27. August 1826; Kooperator in Kirchschlag, Neulerchenfeld, Großenzersdorf, Wien-Margareten; 1836—1848 Kuratbeneficiat bei St. Peter in Wien; 1848—1865 Pfarrer von Wien-Erdberg; 1865—1883 Pfarrer von Wien-Landstraße; gestorben am 25. Februar 1883; vgl. DAW, Personaltabellen 1, 209 f.

Werk *Die Andacht der Heiligen Woche*[144] heraus. Der Untertitel umschreibt seine Aufgabe: *Ein Buch für alle, welche die hohe Bedeutung der heiligen Charwoche verstehen lernen und den Ceremonien derselben mit wahrem Seelennutzen beiwohnen wollen.* Die liturgischen Texte wurden dabei jeweils im lateinischen Wortlaut des Missale und in deutscher Übersetzung geboten. Das Karwochenbuch[145] von Ludwig Donin,[146] das ebenfalls zahlreiche Auflagen erlebte, bot zusätzliche Betrachtungen und Gebete für die Kartage, Meßandachten für die Zeit von Ostern bis Himmelfahrt und Osterlieder sowie die Tagzeiten vom heiligen Kreuze.

Auch für die Feier der Kreuzwegandacht wurden Separatausgaben veranstaltet.[147] Ein spezielles Fastenbuch wurde von Wilhelm Zoczek[148] herausgegeben. Es bietet die Texte des Missale für die Tage vom Aschermittwoch bis zum Samstag vor dem Palmsonntag sowie für das Fest des hl. Joseph und das Fest Mariä Verkündigung. Die beigegebenen Gebete und Betrachtungen stammen vor allem aus den Schriften der Kirchenväter und des hl. Petrus Canisius. Diese Auswahl wird im Vorwort folgendermaßen begründet: *Das Gebet ist nicht wie der Schnitt der Kleidung, der heute so und morgen wieder anders aussieht. Das wahre Gebet unterliegt nicht den veränderlichen Regeln einer weltlichen Wohlredenheit; was uns jene großen Meister des christlichen Alterthums gelehrt haben, das gilt für alle Zeiten.* Passend für die Fastenzeit finden sich auch eine Betrachtung des Leidens und Sterbens Christi für den Gebrauch während der heiligen Messe, die Tagzeiten vom heiligen Kreuz, die Litanei vom Leben und Leiden des Herrn, Übungen zu Christus, dem Gekreuzigten, und seinen heiligen fünf Wunden und die Kreuzwegandacht.

Für die Feier der Advent- und Weihnachtszeit verfaßte Joseph Adler[149] 1821 ein eigenes Gebet- und Erbauungsbuch.[150] 1873 vollendete Ludwig Donin im Stift St. Florian unter dem Titel *Die messianische Vorschule* ein Adventbuch.[151] Dieses sollte dazu dienen, *daß viele durch die Lesung desselben Gottes Barmherzigkeit erkennen, die Liebe Jesu Christi besser verstehen, die*

---

[144] *Die Andacht der Heiligen Woche* (Wien 1841; [6]1895).

[145] Ludwig Donin, *Die heilige Karwoche. Ein Karwochenbuch in Betrachtungen, Gebeten und Erläuterungen aller Zeremonien für katholische Christen aller Stände* (Wien [12]1911).

[146] Zur Biographie s. oben Anm. 64.

[147] Solche erschienen etwa unter dem Titel *Heiliger Kreuzweg Jesu Christi* in Wien (1804; 1821) und Mistelbach.

[148] *Fastenbuch für Katholiken* (Wien o. J.). Zur Biographie s. oben Anm. 43.

[149] Geboren am 30. Dezember 1787 in Wien; Priesterweihe am 17. März 1810; 1810—1829 Priester an der erzbischöflichen Cur bei St. Stephan; 1818—1825 zusätzlich Seelsorger des Kriminalgerichtes; 1822 bis 1829 Zeremoniär von Fürsterzbischof Firmian; 1829—1845 Pfarrer von Neulerchenfeld; 1845—1853 Pfarrer von Altlerchenfeld; gestorben am 25. August 1853; vgl. DAW, Personaltabellen 2, 313 f.

[150] *Christliche Advent- und Weihnachtsfeyer. Ein Gebeth- und Erbauungsbuch* (Wien 1821).

[151] Ludwig Donin, *Die messianische Vorschule. Ein Adventbuch* (Wien [3]1877).

*Segnungen des hl. Geistes mehr preisen und die gnadenreiche Mutter Maria inniger lieben lernen.*[152] Donin bietet darin nach dem Missale den Text für die Meßfeier an den einzelnen Adventsonntagen und zu Weihnachten. Für jeden Tag gibt es zwei Betrachtungen; die erste führt in den Geist des hl. Johannes des Täufers ein. An den folgenden Tagen hat die jeweils erste die Würde Marias als zweite Eva und ihre Liebe zu den gefallenen Menschen zum Inhalt. Dabei schließt jeweils ein Beispiel aus der Geschichte über die Erfüllung einer Fürbitte an Maria an. Den Abschluß bildet an jedem Tag ein Gebet zu Maria. Das Buch enthält auch die sieben Advent-Antiphonen *(die sieben Adventseufzer oder die sieben O)*, die 40 Ave nach der hl. Katharina von Bologna, eine Litanei für die Adventzeit, die Andacht des betlehemitischen Weges, die kleinen Tagzeiten von der Jugend Jesu sowie Advent- und Weihnachtslieder.

Von Ludwig Donin stammt auch ein Pfingstbuch.[153] Im Vorwort berichtet er über den Anlaß zur Abfassung dieses Werkes: *Gegenwärtige Schrift wurde veranlaßt durch die Beobachtung, daß viele Menschen die heilige Firmung empfangen, ohne dabei ernstlich an die erhabenen Gaben zu denken, welche durch dieselbe ihm zu Theil werden. Je richtiger und vollständiger diese allen bekannt werden, desto lebhafter ist das Verlangen darnach, ihre Werthschätzung und desto größer der Eifer, diese Gnade nicht als ein lebloses Besitzthum zu bewahren, sondern durch sorgfältige Mitwirkung in fruchtbringenden und verdienstlichen Werken erglänzen zu lassen. Die Erkenntniß dieser Gnaden wird wohl stets nach deren Empfang eine größere sein, vorausgehen muß aber die durch den Unterricht vermittelte Erkenntniß.*[154] Einleitend behandelt Donin die Einsetzung und Geschichte des Firmsakramentes, bespricht Firmalter und Firmpaten und die entferntere und nähere Vorbereitung auf die Firmspendung. Nach dem Missale bietet er die Meßandacht zu Ehre des Heiligen Geistes mit einer Litanei zum Heiligen Geist. Es folgt eine Andacht zum Heiligen Geist mit dem Tridentinischen Glaubensbekenntnis. Das Buch umfaßt auch Gebete und Lieder zur Feier des Fronleichnamsfestes und Meß-, Beicht- und Kommuniongebete.

Schon 1817 wurde von Joseph Adler ein besonderes Gebetbuch zur Feier des Fronleichnamsfestes herausgegeben.[155]

Die Verleihung von Jubelablässen durch die Päpste war oft Anlaß, eigene Gebetbüchlein zum Empfang dieser Ablässe herauszugeben. Für die Jubelablässe 1875 und 1879 verfaßte solche der Wiener Jesuit P. Max

---

152 Ebd. Vorwort.

153 Ludwig Donin, *Das kleine katholische Pfingstbuch. Anleitung zum würdigen Empfang des heiligen Sakramentes der Firmung* (Wien ²1879).

154 Ebd. 5.

155 *Andachtsbuch für das Fest, die Oktave und die feyerliche Prozession des heiligen Fronleichnams und bey dem gewöhnlichen vierzigstündigen Gebete*, hg. von Joseph Adler (Wien 1817).

Klinkowström[156]. Diese enthalten die päpstliche Verleihungsbulle in deutscher Übersetzung, eine kurze Lehre vom Ablaß, eine Beicht- und Kommunionandacht und die üblichen Ablaßgebete. Anschließend werden die Gebete und Andachten für den Besuch der Wiener Ablaßkirchen — St. Stephan, St. Augustin, St. Michael und die Schottenkirche — geboten. Ein ähnliches Büchlein gab Johann Panholzer[157] für den Jubelablaß 1881 heraus.[158]

*Für Kranke und Sterbende*

Verschiedene Priester verfaßten auch eigene Gebetbücher für Kranke und Sterbende bzw. für alle, die Kranke betreuten. Für die Erzdiözese Wien sind P. Urban Loritz,[159] Ludwig Donin[160] und Mathias Eisterer[161] zu nennen. 1845 gab P. Urban Loritz unter dem Titel *Herr, Dein Wille geschehe* ein Andachtsbuch für Kranke heraus[162]. Es enthält gereimte Morgen- und Abendgebete, eine Hausmeßandacht, Andachtsübungen zu Maria, Trostsprüche aus der Heiligen Schrift, Gebete und Hinweise zum Empfang der Krankenkommunion und der heiligen Ölung und Betrachtungen zum leidenden und sterbenden Heiland.

Vor 1860 erschien von Ludwig Donin ein ähnliches Werk.[163] Später teilte er dieses auf drei Bücher auf: die *Krankenpflege für Gesunde und Kranke*[164] wandte sich vor allem an die mit der Krankenpflege betrauten Personen. Die *Krankenschule*[165] bot für Kranke Belehrungen und Beispiele zum christlichen Kranksein. Der *Krankenfreund*[166] sollte dagegen die Gläubigen lehren, immer mehr mit Gott vereint zu werden und so *die große, große Kunst, in Gott zu sterben*, zu lernen. Dabei bietet die *Krankenschule* zahlreiche Betrachtungen mit vielen Beispielen und Auszügen aus den Schriften und dem Leben

---

[156] *Andachtsbuch für das allgemeine Jubiläum 1875* (Wien 1875). — *Andachtsbuch für den von Seiner Heiligkeit Papst Leo XIII. verliehenen Jubel-Ablaß* (Wien [4]1879). Klinkowström wurde 1819 geboren, empfing 1846 die Priesterweihe und starb am 28. März 1896.

[157] Geboren 1842 in Linz-Urfahr; Priesterweihe in Wien am 28. Juli 1867; Kooperator in Pirawarth (1867—1870), Purkersdorf (1870/71), Am Hof (ab 1871); Katechet; Kurat bei St. Peter (ab 1879); Pfarrer von Währing (ab 1897); gestorben am 30. März 1907; vgl. DAW, Personaltabellen 3, 241 f.

[158] Johann Panholzer, *Jubiläums-Ablaß-Büchlein* (Wien 1881).

[159] Zur Biographie s. oben Anm. 55.

[160] Zur Biographie s. oben Anm. 64.

[161] Zur Biographie s. oben Anm. 98.

[162] *Herr, Dein Wille geschehe. Andachtsübungen für Kranke* (Wien 1845).

[163] Ludwig Donin, *Kleiner christkatholischer Krankenfreund für Gesunde und Kranke* (Wien [2]1860).

[164] Ludwig Donin, *Krankenpflege für Gesunde und Kranke* (Wien [11]1869).

[165] Ludwig Donin, *Kleine christkatholische Krankenschule für Gesunde und Kranke* (Wien [13]1875).

[166] Ludwig Donin, *Krankenfreund für Kranke und Gesunde* (Wien [15]1892).

der Kirchenväter und Heiligen. Sie nennt auch die Patrone für bestimmte Krankheiten und bringt im Kapitel „Die letzte Stunde“ Berichte über die Todesstunde verschiedener Heiliger.

Mathias Eisterer verfaßte eine kleine Broschüre zur Vorbereitung der Kranken auf den Empfang der Sterbesakramente.[167]

## GEBETBÜCHER FÜR DIE WALLFAHRT UND FÜR VEREINE UND BRUDERSCHAFTEN

### *Wallfahrtsgebetbücher*

Die Maßnahmen der josephinischen Kirchenpolitik bedeuteten einen weitgehenden Niedergang des blühenden Wallfahrtslebens der Barockzeit. Trotzdem überlebten einige Wallfahrten oder wurden in der zweiten Hälfte des 19. Jahrhunderts wieder aufgenommen. Für diese ergab sich bald der Bedarf nach eigenen Wallfahrtsgebetbüchern.

Für die Wiener Wallfahrt nach Mariazell gab schon 1817 der Curpriester Joseph Adler[168] ein eigenes Gebetbuch[169] heraus. 1816 hatte er selbst die Wallfahrt geleitet und dabei festgestellt, daß es den Wallfahrern *gänzlich an einem Leitfaden in ihrer Andacht fehlte.* Da die Wallfahrt neun Tage dauerte, war ihm aufgefallen, daß *sich leicht der reichste Vorrath frommer Gesinnungen erschöpft, und die tägliche Wiederholung des Nämlichen zum Ueberdrusse werden muß.* Diesem Notstand wollte Adler mit seinem Wallfahrtsbuch abhelfen. Einleitend gibt er die *Ordnung des Dank- und Bittganges der Bürger Wiens nach Mariazell* wieder. Demnach begann die Wallfahrt am 11. August um 4 Uhr früh mit einer Segenmesse bei St. Stephan. Anschließend erfolgte der Auszug über die Kirchen Wieden — Matzleinsdorf — Brunn am Gebirge — Maria Enzersdorf nach Mödling, wo das Mittagsmahl eingenommen wurde. Über Gaaden und Heiligenkreuz ging es nach Alland zum ersten Nachtlager. Am zweiten Tag (12. August) wurde die Strecke Alland—Hafnerberg—Altenmarkt—Dornau—Kaumberg—Hainfeld—St. Veit zurückgelegt. Die Strecke des dritten Tages (13. August) reichte von St. Veit über Lilienfeld und Türnitz bis Annaberg. Am vierten Tag (14. August) trafen die Wallfahrer über Josephs-, Joachims- und Sebastianiberg in Mariazell ein. Der fünfte Tag (15. August) wurde in Mariazell verbracht. Am sechsten Tag

[167] Mathias Eisterer, *Ein christliches Liebeswerk. Anweisung, wie man Schwerkranken und Sterbenden in christlicher Weise beistehen kann* (Wien o. J.).

[168] Zur Biographie s. oben Anm. 149.

[169] *Der Begleiter auf der Wallfahrt nach Maria Zell. Ein Gebet- und Erbauungsbuch*, hg. von Joseph Adler (Wien o. J.).

(16. August) begann auf derselben Route der Rückmarsch nach Wien, wo die Wallfahrt am neunten Tag (19. August) wieder eintraf. Am zehnten Tag (20. August) bildeten die Schlußpredigt, das Te Deum und ein Hochamt bei St. Stephan den feierlichen Abschluß der Wallfahrt. Nach der Wallfahrtsordnung folgte eine angesichts der heftigen Kritik der Aufklärer am Wallfahrtswesen besonders angebrachte Belehrung über den rechten Sinn des Wallfahrens und eine kurze Geschichte des Mariazeller Gnadenbildes. Den Hauptinhalt bilden Morgen-, Meß- und Abendgebete und Gebete und Lieder für den Besuch der einzelnen Kirchen auf dem Wallfahrtsweg; dabei wurde jeweils auch auf den Kirchenpatron Bezug genommen. Darunter gibt es auch *kurze Gebete während der Wallfahrt, wenn der Weg oder die Witterung den längeren Gebrauch dieses Buches nicht erlaubt,* und kurze Betrachtungen, *wenn du vielleicht dem Zug vorausgeeilt wärest, oder sonst in einer Kirche zu verweilen hättest.* Ebenso findet sich eine Umschreibung des Englischen Grußes und eine Erläuterung der 15 Rosenkranzstationen auf dem Weg nach Mariazell. Außerdem enthält das Buch eine Beichtandacht, eine Vesperandacht für den Vorabend des Festes Mariä Himmelfahrt, eine Kommunionandacht, die Lauretanische Litanei, die Litanei von der Lebensgeschichte Mariens, die Litaneien zu Ehren der hl. Anna und des hl. Joseph. In einem Anhang versuchte Adler neben seinem Hauptziel, den Wallfahrern geistige Nahrung zu bieten, *auch dem Freunde der Natur, der Kunst und menschlicher Betriebsamkeit, wenn auch nur einige kleine Winke zu geben,* und brachte zu diesem Zweck knappe historische und kunstgeschichtliche Erläuterungen zu den einzelnen Stationen der Wallfahrt.

Josef Johann Schubert, ein weltlicher Führer der Wiener Wallfahrt nach Mariazell, verfaßte um 1840 und 1860 ähnliche Gebetbücher.[170] Nunmehr dauerte die Wallfahrt jeweils vom 28. Juni bis zum 7. Juli und wurde vom Wiener Mariazeller-Prozessionsverein veranstaltet. Entsprechend enthalten diese Wallfahrtsbücher auch die Meßgebete für das Fest Mariä Heimsuchung; außerdem bieten sie Gebete für den Besuch der einzelnen Altäre der Mariazeller Basilika.

Ähnliche Mariazeller-Prozessionsvereine wurden in der Folge auch in verschiedenen Wiener Pfarren gebildet. So gab 1893 der Mariazeller-Verein in Währing ein Wallfahrtsbuch[171] heraus. 1898 folgte ein solches für den

---

[170] Josef Johann Schubert, *Der fromme Waller nach dem Gnadenorte Mariazell. Für die Wiener Prozession eingerichtet* (Wien $^{2}$1844). — Ders., *Der andächtige Wallfahrer zu dem Gnadenorte Mariazell in Steiermark. Wallfahrtsbuch zum Gebrauche des Wiener Maria-Zeller-Prozessions-Vereins am 28. Juni l. J.* (Wien 1860).

[171] *Wallfahrts-Gebet- und Liederbuch des Maria-Zeller-Vereines in Währing. Zur Benützung der Maria-Zeller-Procession sowie allen Dank- und Bitt-Processionen* (Wien 1893).

Mariazeller-Verein in Fünfhaus;[172] sein Verfasser war P. Anton Maria Schwartz. In diesem Fall erfolgte die Wallfahrt mit dem Zug bis zur Station Lehenrotte. Der Fußmarsch führte über Türnitz, Annaberg und Josephsberg nach Mariazell. Auf diesem Weg wurden u. a. die Lauretanische Litanei, der Rosenkranz von der allerheiligsten Dreifaltigkeit, die Herz-Jesu-Litanei, Gebete zur hl. Anna, die Litanei zum hl. Joseph und die Litanei zu allen Heiligen gebetet.

Auch für die Wallfahrten nach Karnabrunn und Maria Taferl erschienen eigene Wallfahrtsbücher: 1890 gab die Bruderschaft der allerheiligsten Dreifaltigkeit in Wien ein solches für die Wallfahrt nach Karnabrunn heraus.[173] Diese Bruderschaft war 1864 mit dem Ziel gegründet worden, die zur Zeit der Pest des Jahres 1679 gelobte Leopoldstädter Dank- und Bittwallfahrt nach Karnabrunn fortzuführen. Außerdem hatte sie im Jahr 1869 auf Vorschlag des Wiener Domkapitulars Ludwig Graf Coudenhove die Betreuung und Unterstützung des „Hauses der Barmherzigkeit" in ihre Statuten aufgenommen. 1890 zählte die Bruderschaft 1.800 Mitglieder. Das Wallfahrtsbuch enthält eine Geschichte der Kirche in Karnabrunn und eine Geschichte der Wallfahrt; darin erfährt man, daß die Wallfahrt auch unter Kaiser Joseph II. — freilich ohne Segen und Hochamt — durchgeführt und auch im Franzosenjahr 1809 nicht unterlassen wurde. Wie die Wallfahrt einst die Hilfe Gottes gegen die Pest erflehen sollte, wurde nunmehr die Wallfahrt gegen die Pest des Unglaubens, der religiösen Gleichgültigkeit und der Sittenlosigkeit abgehalten. Wallfahrtstermin war nunmehr das Schutzengelfest. Das Wallfahrtsbuch bietet folgende Gebete, Lieder und Litaneien: Aufopferung der Wallfahrt; Gebet zu Maria, Trösterin der Betrübten, vor der Kopie des Gnadenbildes von Tschenstochau in der Leopoldstädter Kirche; Gebete zum hl. Leopold und zu den hl. Schutzengeln; Gebete zum hl. Johannes Nepomuk in Zwischenbrücken und zum hl. Aegidius in Korneuburg; Wallfahrtslieder; Gebete zu Maria und der allerheiligsten Dreifaltigkeit; Litanei und Gebete zu den hl. Engeln. Außerdem finden sich Morgen-, Abend-, Meß-, Buß- und Kommuniongebete. Ein Anhang bietet die Gebete zur Erweckung der drei göttlichen Tugenden, den englischen und den marianischen Rosenkranz, die Gebete zur Lauretanischen Litanei, die Litanei zu allen Heiligen und die dazugehörigen Gebete, die Litanei zum allerheiligsten Altarssakrament, eine Kreuzwegandacht, eine Andacht und Litanei zu den sieben Schmerzen Mariens und verschiedene Lieder.

---

172 *Wallfahrtsbüchlein des Maria-Zeller-Vereines in Fünfhaus.* Zusammengestellt von P. Anton Maria Schwartz (Wien 1898).

173 *Gebete und Lieder für die Wallfahrer nach Karnabrunn. Zur Anbetung der allerheiligsten Dreifaltigkeit und zur Ehre der seligsten Jungfrau Maria* (Wien 1890).

Eine Wiener Wallfahrt nach Maria Taferl wurde erstmals wieder 1858 vom Severinusverein veranstaltet. 1885 übernahm der neugegründete Groß-Maria-Taferl-Prozessionsverein diese Aufgabe. Ein entsprechendes Wallfahrtsbuch[174] wurde von Domprediger Johann M. Stöber[175] zusammengestellt. 1904 wurde es von Domprediger Wilhelm Michele[176] in seiner Eigenschaft als Vorstand des Maria-Taferl-Prozessionsvereines in Wien in einer erweiterten Neuauflage herausgegeben.

*Für Vereine, Kongregationen und Bruderschaften*

Nach dem Ende des josephinischen Staatskirchensystems entwickelte sich auch in der Erzdiözese Wien ein blühendes katholisches Vereinsleben,[177] das in gewisser Weise die Tradition der alten Bruderschaften in neuen Formen fortsetzte. Für die Mitglieder dieser Vereine wurden gelegentlich auch bestimmte Gebetbücher verfaßt; aus dem Bereich der Erzdiözese Wien sind für die zweite Hälfte des 19. Jahrhunderts folgende bekannt:

Am 11. April 1858 genehmigte Kardinal Joseph Othmar von Rauscher die Gründung des *Vereins zur beständigen Anbetung des allerheiligsten Sakramentes und zur Ausstattung armer Kirchen* für die Erzdiözese Wien; noch im gleichen Jahr erfolgte die Erhebung zum Erzverein. Die Vereinsgottesdienste fanden bis 1862 in der Stephanskirche, danach in der Universitätskirche statt. 1871 verfaßte der Wiener Jesuit P. Theodor Rohmann[178]ein Vereinsgebetbuch[179]. Dieses bietet eine einleitende Betrachtung über das Altarssakrament, einen Abriß der Geschichte des Vereins der beständigen Anbetung seit dem 16. Jahrhundert und die Gründungsgeschichte des Wiener Vereins. Es folgen die Organisation und die Satzungen des Vereins und die seinen Mitgliedern verliehenen Ablässe. Ausführlich werden die zwölf

---

174 *Maria-Taferl-Buch.* Zusammengestellt von Johann M. Stöber (Wien o. J.).

175 Geboren am 12. Mai 1853 in Wien; Priesterweihe am 25. Juli 1879; Kooperator in Zöbern (1879—1883), Lichtental (1883), Mitglied der erzbischöflichen Cur (1884—1895), Domprediger (1896—1903), Pfarrer von Hernals (1904—1913); gestorben am 25. März 1913; vgl. DAW, Personaltabellen 7, 213 f.

176 Geboren am 24. August 1860 in Lissitz (Mähren); Priesterweihe in Wien am 25. Juli 1885; Kooperator in Pottenstein (1885); Studienpräfekt am Wiener Alumnat (1886); Mitglied der erzbischöflichen Cur (ab 1887); Domprediger (ab 1899); Pfarrer von St. Joseph ob der Laimgrube (ab 1907); gestorben am 21. Mai 1908; vgl. DAW, Personaltabellen 7, 127 f.

177 Vgl. Walter Sauer, Katholisches Vereinswesen in Wien. Zur Geschichte des christlich-sozial-konservativen Lagers vor 1914 (Geschichte und Sozialkunde, Forschungen 5, Salzburg 1980).

178 P. Theodor Rohmann SJ, geboren 1818 in Wien; Profeß 1847; akademischer Prediger; gestorben am 19. August 1880; vgl. Personalstände der Erzdiözese Wien.

179 *Zwölf Übungen des Vereines zur beständigen Anbetung des allerheiligsten Sakraments und zur Ausstattung armer Kirchen* (Wien 1872).

Übungen des Vereins erläutert. Die wichtigsten waren: Abhaltung der wöchentlichen Gebetsstunde am Donnerstag; Beiträge und Handarbeiten für die armen Kirchen; öfterer Empfang der heiligen Kommunion; Begleitung des Allerheiligsten zu Kranken und Sterbenden; Vorbereitung der Kinder auf den Empfang der ersten heiligen Kommunion; Andacht zum allerheiligsten Herzen Jesu. Für die einzelnen Übungen finden sich entsprechende Betrachtungen und Gebete.

Der beständigen Anbetung des Allerheiligsten widmen sich auch die seit 1898 in Wien niedergelassenen Franziskanerinnen von der Ewigen Anbetung.[180] Sie gaben 1898 ein entsprechendes Gebetbuch[181] heraus. Dieses enthält zwei Meßandachten,[182] drei Kommunionandachten,[183] und verschiedene Litaneien und Gebete zur Verherrlichung der Eucharistie. Ebenso hat es Gebete für die Herz-Jesu-Freitage und für die Weihe an das göttliche Herz Jesu zum Inhalt.

1864 erfolgte die Gründung des Vereins der christlichen Mütter der Erzdiözese Wien. Dieser Verein, der seinen Ursprung in Frankreich hatte, bemühte sich vor allem um christliche Kindererziehung und um Maßnahmen gegen die Verweltlichung des Familienlebens. Als Vereinskirche diente die Wiener Peterskirche; die Leitung des Vereins lag beim dortigen Stadtpfarrer Dechant Joseph Wenzel Willim[184] und seinen Kuraten Hubinger[185] und Hurter. 1866 gab Dechant Willim vor allem für die Vereinsmitglieder ein *Gebetbuch für die christliche Familie* heraus. Es handelt sich dabei um ein vollständiges Gebetbuch. Besonders zu erwähnen sind die Tugendübungen für die einzelnen Monate.[186] Diese sind nach folgendem Schema aufgebaut: Vorsatz am Morgen — Beherzigung aus der Heiligen Schrift — Beherzigung aus den Schriften der Heiligen.

---

[180] Vgl. Max Heimbucher, Die Orden und Kongregationen der katholischen Kirche 1 (Paderborn [5]1987) 825 f.

[181] *Pange lingua. Ein Andachtsbüchlein zu Ehren des allerheiligsten Altarssakramentes* (Wien 1898).

[182] Die erste zu Ehren des allerheiligsten Sakraments, die zweite besonders zur Vorbereitung auf den Empfang der hl. Kommunion.

[183] Die erste Kommunionandacht ist nach dem hl. Pfarrer von Ars, Johann Vianney, gestaltet.

[184] Geboren am 8. Oktober 1799 in Liebitz (Böhmen); Priesterweihe in Wien am 21. August 1823; Kooperator in Moosbrunn (1823—1826), am Rennweg (1829—1833), bei St. Augustin (1833) und St. Peter (1834—1858); Pfarrer von St. Peter (ab 1858); gestorben am 6. April 1885; vgl. DAW, Personaltabellen 1, 161 f.

[185] Zu Hubinger vgl. oben Anm. 82.

[186] Für die einzelnen Monate waren folgende Tugendübungen bestimmt: Jänner: Glaube; Februar: Hoffnung; März: Liebe; April: Demut; Mai: Freigebigkeit; Juni: Keuschheit; Juli: Nächstenliebe; August: Mäßigkeit; September: Geduld; Oktober: Eifer im Guten; November: Gehorsam; Dezember: Selbstverleugnung.

In einzelnen Frauenklöstern wurden in der zweiten Hälfte des 19. Jahrhunderts Marianische Kongregationen eingeführt. Für ihre Mitglieder wurden entsprechende Handbücher herausgegeben. 1879 erschien für die Mitglieder der 1878 unter dem Titel der seligsten Jungfrau von der Heimsuchung und des hl. Stanislaus Kostka im Kloster der Salesianerinnen in Wien-Rennweg errichteten Kongregation ein Handbuch.[187] Es enthält eine kurze Geschichte der Marianischen Kongregationen, ihre Einführung im Salesianerinnenkloster und die allgemeinen Regeln der Kongregation und die Ablässe. Die Gebete für die Versammlungen werden jeweils lateinisch und deutsch geboten. Es folgen die kleinen Tagzeiten von Unserer Lieben Frau und als Anhang Kommemorationen für die einzelnen Marienfeste, das Herz-Jesu-Fest und die Feste der Heiligen Joseph, Stanislaus, Franz von Sales, Johanna Franziska von Chantal, Augustinus, Margareta Maria Alacoque und Aloisius sowie das Choramt für die Verstorbenen.

In den Ordenshäusern der Kongregation der „Töchter der göttlichen Liebe" — in Wien mit einer Niederlassung in der Fasangasse — erfolgte die Einführung der Marianischen Kongregationen noch durch die Stifterin, Mutter Franziska Lechner. 1895 wurde ein entsprechendes Handbüchlein für die Mitglieder dieser Kongregation herausgegeben.[188] Es sollte nicht nur für die Zwecke der Marianischen Kongregation dienen, sondern bei den Zöglingen auch noch nach ihrem Austritt aus der jeweiligen Klosterschule Verwendung finden. Entsprechend enthält es neben der Geschichte und den Statuten der Marianischen Kongregation und den besonderen Andachtsübungen ihrer Mitglieder auch *allgemeine Andachtsübungen eines katholischen Christen.* Ein Anhang enthält verschiedene Kirchenlieder. 1902 gab Domprediger Wilhelm Michele,[189] Präses der Marianischen Kongregation in der Wiener Marienanstalt, eine erweiterte Neuauflage heraus.

Für die Mitglieder des Dritten Ordens des hl. Franziskus erschien 1888 in Wien ebenfalls ein eigenes Gebetbuch.[190] Neben der Geschichte des Dritten Ordens, der Ordensregel, dem Ordenszeremoniale (lateinisch und deutsch) und dem Ordenskalender — dieser bietet die Ordensfeste, die Heiligen und Seligen aus dem Dritten Orden und die Ablaßtage — enthält es, meist nach dem hl. Franziskus, auch Morgen-, Meß- und Kommuniongebete. Ebenso

[187] *Handbuch für die Marienkinder im Kloster von der Heimsuchung Mariä bei den Salesianerinnen* (Wien 1879).

[188] *Handbüchlein der Marianischen Jungfrauen-Congregation, welche unter dem Titel der Unbefleckten Empfängnis Mariä in den Ordenshäusern der „Töchter der göttlichen Liebe" canonisch errichtet ist* (Wien 1895).

[189] Zur Biographie s. Anm. 176.

[190] *Der hl. Franziskus von Assisi in und vor Gott. Sammt der Regel des 3. Ordens des hl. Franziskus und den Gebetsformeln bei der Einkleidung und der Profeß, der Generalabsolution und des päpstlichen Segens* (Wien 1888).

finden sich eine Litanei, Betrachtungen und Gebete zum hl. Franziskus; darunter sind eine Novene zum Heiligen und — unter dem Titel *Ein Monat in der Schule des heiligen Franziskus* – Betrachtungen für jeden Tag des Monats über das Leben des Heiligen besonders zu nennen.

1896 wurde vom Wiener Erzbischof Kardinal Anton Joseph Gruscha in der Klosterkirche der Ordensfrauen vom heiligsten Herzen Jesu (Sacré Cœur) die in Frankreich entstandene Bruderschaft der Ehrenwache des heiligsten Herzens Jesu eingeführt; noch im gleichen Jahr wurde sie von Papst Leo XIII. zur Erzbruderschaft für Österreich-Ungarn erhoben. Ihre Mitglieder widmeten sich dem ununterbrochenen Dienst an der Sühne, Liebe und Anbetung zum allerheiligsten Herzen Jesu. Zu diesem Zweck wählte jedes Mitglied eine bestimmte Stunde, in der es in besonderer Weise dieser Aufgabe nachkommen sollte. Das Handbuch[191] informiert über die Aufgaben und Pflichten der Mitglieder, über die Organisation der Bruderschaft und die Vereinsfeste[192]. Dem praktischen Bedürfnis bei den privaten bzw. öffentlichen Andachten dienen die Gebete zur Weihe an das Herz Jesu, eine Novene, eine Meßandacht zu Ehren des heiligsten Herzens Jesu, Gebete für die Ehrenwachestunde, eine Herz-Jesu-Litanei, das Bruderschaftslied der Ehrenwache und das Herz-Jesu-Bundeslied. Bald nach 1900 erschien eine wesentlich erweiterte Neuausgabe.[193] Diese nennt auch die Patrone der jeweiligen Ehrenwachestunde[194] und enthält auch allgemeine Gebete und Andachten, so daß es als vollständiges Gebetbuch dienen konnte.

Im Jahr 1900 wurde in der Wiener Annakirche eine St.-Anna-Bruderschaft errichtet; diese sollte an die Tradition der ehemaligen Anna-Bruderschaft, die an dieser Kirche, die eine bedeutende Reliquie der hl. Anna besitzt, schon 1694 durch Kaiser Leopold I. eingeführt worden war, anknüpfen. Das Bruderschaftsbuch[195] enthält die Statuten, die Bruderschaftsfeste[196] und die Ablässe. Neben Gebeten und Litaneien zur hl. Anna enthält es auch Gebete und Litaneien zum hl. Namen Jesu, zum allerheiligsten Sakrament

---

[191] *Handbüchlein der Erzbruderschaft der Ehrenwache des heiligsten Herzen Jesu* (Wien o. J.).

[192] Das Hauptfest war das Herz-Jesu-Fest; die übrigen Feste waren der erste Freitag und Sonntag jedes Monats sowie die Feste Mariä Schmerzen, Joseph, Johannes der Apostel und Evangelist, Maria Magdalena und Margaretha Maria Alacoque.

[193] *In der Ehrenwache des Königs. Größeres Handbuch der Erzbruderschaft der Ehrenwache des heiligsten Herzen Jesu* (Wien o. J.).

[194] Auszugsweise seien angeführt: 12—1 Uhr: hl. Maria; 1—2 Uhr: hl. Joseph; Gebetsanliegen: Lösung der sozialen Frage; 2—3 Uhr: alle Heiligen; Gebetsanliegen: die christliche Familie; 3—4 Uhr: die hl. Seraphim.

[195] *St. Anna Büchlein. Besonders zum Gebrauche der Mitglieder der St. Anna-Bruderschaft* (Wien 1900).

[196] Diese waren: Fest der hl. Anna, Fest des hl. Joseph, der Sonntag in der Oktav der Aufnahme Mariens (Fest des hl. Joachim); Fest Mariä Geburt, Fest Mariä Opferung, Fest der Unbefleckten Empfängnis Mariens.

und zu Maria und Joseph. Ebenso finden sich Gebete für die katholische Kirche, zur Erlangung vieler frommer Priester, für den Kaiser und für die Bekehrung der Sünder.

Mit diesem Überblick über Gebetbücher, die von Welt- und Ordenspriestern der Erzdiözese Wien im 19. Jahrhundert verfaßt wurden, ergab sich gleichsam der äußere Rahmen,[197] in dem sich Beten in dieser Zeit vollzogen hat. Wie und in welcher Weise freilich der einzelne Beter von dieser Vielfalt an Gebetbüchern Gebrauch gemacht hat, entzieht sich der historischen Betrachtung: *Du aber geh in deine Kammer, wenn du betest, und schließ die Tür zu; dann bete zu deinem Vater, der im Verborgenen ist. Dein Vater, der auch das Verborgene sieht, wird es dir vergelten* (Mt 6, 6).

[197] Vgl. Jungmann (wie Anm. 2) 7.

# KRÖNUNG UND DETHRONISATION KARLS IV., DES LETZTEN KÖNIGS VON UNGARN

## IM SPIEGEL VATIKANISCHER DOKUMENTE

Von Elisabeth Kovács, Wien

Am Todestag Kaiser Franz Josephs I., dem 21. November 1916, erließ sein Nachfolger, Kaiser Karl I., eine Proklamation an seine Völker und ein königliches Handschreiben an die Ungarn, das in der Trauersitzung des ungarischen Abgeordnetenhauses am 27. November verlesen wurde. In diesem Handschreiben versicherte der neue König: *Indem Wir daher die Herrschaft als Nachfolger und Erbe Unseres genannten verblichenen Großoheims im Sinne des Gesetzes des Landes, insbesondere im Sinne des I. und II. Gesetzartikels vom Jahre 1723, mit in Gott gesetzter Hoffnung und vertrauensvoll übernehmen, versichern Wir inzwischen, bis Wir, entsprechend dem Wunsche Unseres Herzens und der Verfügung des Gesetzes, anläßlich Unserer möglichst bald abzuhaltenden Krönung in Unserem königlichen Inauguraldiplom von Unseren Herrscherabsichten Zeugnis ablegen können, daß Wir Verfassung und Gesetz einhalten und durch andere einhalten lassen werden und daß Unsere Bestrebungen auf die Wohlfahrt Unseres treuen Ungarns und seiner Nebenländer gerichtet sind. Denen Wir im übrigen mit Unserer königlichen Gnade dauernd gewogen bleiben.*[1]

---

Ich danke Pál Arató SJ, Rom, für seine Hilfe bei der Bearbeitung einiger Texte und für die Mitteilung ungarischer Quellen und Literatur.

Abkürzungen:

AE — Archivio della S. Congregazione per gli Affari ecclesiastici straordinari (Città del Vaticano).

DD — Documents Diplomatiques concernant les tentatives de restauration des Habsbourg sur le Trône de Hongarie. Août 1919 — Novembre 1921, ed. République tchéchoslovaque, Ministère des Étrangères (Prague 1922).

ESZER/STORTI — Ambrogio Eszer O. P., Nicola Storti, La Monarchia Austro-Ungarica e la Santa Sede 1912—1917 in Documenti dell'Archivio Segreto Vaticano, Römische Historische Mitteilungen 29 (1987) 405—458.

GERGELY — A Püspöki Kar Tanácskozásai. A magyar katolikus püspökök konferenciáinak jegyzőkönyveiből, 1919—1944 [Die Beratungen des Episkopats. Aus den Protokollen der katholischen Bischofskonferenzen Ungarns], ausgewählt und hg. v. Gergely Jenő (Budapest 1984).

PD — Papers and Documents relating to the foreign relations of Hungary published by the Royal Hungarian Ministry for Foreign Affairs, 1, 1919—1920 (Budapest 1939).

TS — Transsumpta Processus Ordinarii Causae Servi Dei Caroli de Austria.

[1] Kaiser Karl. Persönliche Aufzeichnungen, Zeugnisse und Dokumente, hg. v. Erich Feigl (Wien [2]1987) 77—78.

Diesem Bedürfnis des Kaisers kam der ungarische Ministerpräsident Graf Stephan Tisza schon am 22. November 1916 entgegen, als er um 11 Uhr vormittag von Kaiser Karl empfangen wurde. Nach der Audienz berichtete Graf Tisza dem Außenminister Baron Stephan Burián, daß der Monarch seine Zustimmung zur sofortigen Krönung gegeben habe. Dann sei Tisza in die Kabinettskanzlei gegangen, um mit Sektionschef Géza von Daruváry das königliche Handschreiben vorzubereiten. Am 23. November 1916 erhielt Graf Tisza von Kaiser Karl den Auftrag, sich wegen der ehesten Krönung des Herrschers zum König von Ungarn, Kroatien-Slavonien und Dalmatien mit dem Reichstag ins Einvernehmen zu setzen und danach seine Vorschläge zu unterbreiten.[2]

Graf Arthur von Polzer-Hoditz, der Kabinettschef des Kaisers, beurteilte diesen raschen Entschluß zur ungarischen Krönung sehr negativ.[3] Er hatte sich seit 1915 auf seine Position in der unmittelbaren Umgebung des Kaisers vorbereitet und nach ausführlichen Studien Ungarn und dessen demographische Situation sehr interessant analysiert.[4]

Der Jurist Polzer-Hoditz, aus der Gedankenwelt des in Sarajewo ermordeten Thronfolgers Erzherzog Franz Ferdinand kommend, plädierte für ein Hinauszögern der ungarischen Königskrönung. *Der ungarische Krönungseid müßte als eine der größten Hemmungen der Krone für die Bereinigung des Nationalitätenproblems und vor allem der Lösung der südslawischen Frage erkannt werden. Das Hinausschieben des Krönungseides im Fall eines Thronwechsels war also ein politisches Moment allerersten Ranges. Ich wußte, daß Graf Tisza die Unerfahrenheit des künftigen Herrschers ausnützen und alles unternehmen werde, um diesen ehestens auf die zwangsläufige Bahn magyarozentrischer Politik zu bringen. Durch den Krönungseid sollte Kaiser Karl in seiner Macht möglichst beschränkt und der Möglichkeit beraubt werden, jemals etwas zu unternehmen, was die Macht der führenden magyarischen Politiker und ihres Anhangs brechen könnte.*[5]

Polzer-Hoditz hatte für den jungen Herrscher ein Promemoria ausgearbeitet, um ihn vor einer übereilten Krönung zu bewahren. Sie mußte nach ungarischem Gesetz (Art. III, 1790/91) binnen sechs Monaten, vom Tag des Ablebens des Monarchen an gerechnet, erfolgen. Bis dahin konnte der neue König keine ungarischen Gesetze sanktionieren. Polzer wies darauf hin, daß verschiedene österreichische und ungarische Verfassungsgesetze *in zahl-*

---

[2] Arthur Graf Polzer-Hoditz, Kaiser Karl. Aus der Geheimmappe seines Kabinettschefs (Zürich, Leipzig, Wien 1929) 173 m. Anm. 1; Kaiser Karl (wie Anm. 1) 77—78.

[3] Polzer-Hoditz (wie Anm. 2) 170—171.

[4] Polzer-Hoditz (wie Anm. 2) 104—119.

[5] Polzer-Hoditz (wie Anm. 2) 170—171; zur Einstellung des Erzherzogs Franz Ferdinand zu Ungarn 77—79.

*reichen und darunter höchst bedeutungsvollen Belangen voneinander abweichen, ja, in vollem Widerspruch zueinander stehen.*[6] Er plädierte, Kaiser Karl solle zuerst die Verfassungsgesetze korrigieren und sich danach krönen lassen, da *Seine Majestät angesichts der angeführten Widersprüche in den beiderseitigen Verfassungsgesetzen es vor Gott, vor seinem Gewissen und vor seinen Völkern nicht verantworten könnte, sich auf eine Einhaltung dieser einander widersprechenden Gesetze feierlich zu verpflichten.*[7]

Polzer-Hoditz übergab dieses Promemoria dem ehemaligen Erzieher des Kaisers, dem Grafen Georg Wallis. Es gelangte erst nach der Audienz des ungarischen Ministerpräsidenten in die Hände des Kaisers. Nach Auffassung von Polzer-Hoditz kam es zu spät. *Die Krönung sei also der erste Schritt zum Frieden. Damit hatte Graf Tisza den Lasso über den König geworfen (. . .) Eine Bindung des Königs schon am ersten Tag seiner Regierung war daher weder staatsrechtlich noch in Hinsicht auf die politische Stimmung in Ungarn nötig. Sie war nur äußerst auffallend.*[8]

Einen ganz anderen Grund als Polzer-Hoditz hatte der Apostolische Nuntius in Wien, Erzbischof Teodoro Valfré di Bonzo, als er gegen den ungarischen Ministerpräsidenten vorging. Am 3. Dezember 1916 berichtete er dem Kardinalstaatssekretär Pietro Gasparri, daß Kaiser Karl am 30. Dezember 1916 unter diesen abnormalen Umständen mit traditionellen Zeremonien und Feierlichkeiten zum König von Ungarn gekrönt werden sollte.[9]

Der ungarische Primas Kardinal János Csernoch, der Erzbischof von Esztergom (Gran), war zum Begräbnis von Kaiser Franz Joseph am 30. November 1916 nach Wien gekommen. Bei dieser Gelegenheit hatte er mit dem Apostolischen Nuntius über die bevorstehende ungarische Königskrönung gesprochen. Csernoch hatte Valfré ersucht, beim Heiligen Vater für die beiden jungen Souveräne die Dispens vom eucharistischen Fasten zu erwirken. Bei der komplizierten und sehr lange dauernden Krönungszeremonie hat-

[6] Polzer-Hoditz (wie Anm. 2) 172.

[7] Polzer-Hoditz (wie Anm. 2) 172. Ignaz Seipel warf in der Reflexion über die Zeit vom 3. November 1918 bis zum Friedensvertrag von Saint Germain Kaiser Karl wegen des von ihm nicht geleisteten Eides auf die österreichische Verfassung und des Fehlens einer Verfassungsreform Verfassungsbruch vor. Er schrieb am 31. August 1919: „Der Kaiser hat das Erbe seines Vorgängers zwar eine Zeitlang im Besitz gehabt, aber da er die Verfassung, die ihm der Eid auf sie vorschrieb, in diesem Punkte brach, konnte er auch vom Volk nicht erwarten, daß es die Verfassung aufrechterhalte." Friedrich Rennhofer, Ignaz Seipel. Mensch und Staatsmann. Eine biographische Dokumentation (Wien, Köln, Graz 1978) 763.

[8] Polzer-Hoditz (wie Anm. 2) 174.

[9] Teodoro Valfré di Bonzo, Titularerzbischof von Trapezunt, Apostolischer Nuntius in Wien 14. September 1916 bis 2. Dezember 1920, 15. Dezember 1919 Kardinal: Giuseppe de Marchi, Le Nunziature Apostoliche dal 1800 al 1956 (Sussidi Eruditi 13, Roma 1957); ESZER/STORTI 438; zu Pietro Gasparri, Kardinalstaatssekretär von 1914 bis 1930, ebendort 428 mit Anm. 66 und de Marchi 14, 24, 70, 112, 204.

ten beide Majestäten die heilige Kommunion zu empfangen. Valfré di Bonzo kam dabei auf einen sehr wichtigen Punkt der bevorstehenden Krönungszeremonie zu sprechen. Nach altem päpstlichen Privileg hatten der Primas von Ungarn und der ungarische Palatin gemeinsam die heilige Stephanskrone dem Souverän aufs Haupt zu setzen und dabei die vorgeschriebene Formel zu sprechen. Seit dem 30. März 1855, als Erzherzog Joseph, der letzte Palatin von Ungarn verstorben war, gab es keinen Träger dieses Amtes und Titels mehr.[10] Bei der Krönung Kaiser Franz Josephs hatte Graf Gyula Andrássy als Ministerpräsident den Palatin vertreten.[11]

Im Gespräch mit dem Nuntius bestätigte Kardinal Csernoch, daß er gemeinsam mit Graf Tisza, *der den Palatin von Ungarn vertritt, dem König die Krone aufsetzen wird. „Ich"*, notierte der Nuntius, *„konnte meine Verwunderung nicht zurückhalten, daß bei dieser feierlichen religiösen Zeremonie, die durch ein apostolisches Privileg die Krönung des Nachfolgers des heiligen Stephan vornimmt, der nach alter päpstlicher Erlaubnis den Titel der ‚apostolischen Majestät' führt, eine Persönlichkeit wie Graf Tisza, der als Chef der Regierung nicht der katholischen Religion angehört und als Protestant ein Feind unserer Kirche ist, mitwirkt."*[12] Die Erklärungen des Kardinals konnten den Nuntius nicht beruhigen. Als Repräsentant von *bedeutenden und seriösen Persönlichkeiten* entschloß er sich, gegen die Teilnahme des calvinistischen Ministerpräsidenten an der Krönung Schritte zu unternehmen.

Valfré di Bonzo wandte sich an die Umgebung des Kaisers. Er sandte am 2. Dezember 1916 den Uditore der Wiener Nuntiatur, Mons. Clemente Conte Micara zu Herzogin Maria Antonia, Prinzessin von Bourbon-Parma, der Mutter von Kaiserin Zita, mit der Bitte um Audienz. Die Herzogin war dem Heiligen Stuhl so sehr ergeben, daß sie eine geplante Reise aufs Land verschob, persönlich in die Nuntiatur kam und versprach, sich für die Wün-

---

[10] Edmund von Polner, Das Staatsrecht des Königreichs Ungarn und seiner Mitländer in: Ungarn. Land und Volk, Geschichte, Staatsrechte, Verwaltung und Rechtspflege (Leipzig 1918) 238—240; zu Erzherzog Joseph (1776—1847), 1795 vom ungarischen Reichsrat zum Palatin gewählt: ESZER/STORTI 439 m. Anm. 107.

[11] Hermann Meynert, Das königliche Krönungszeremoniell in Ungarn (Wien 1867); Brigitte Hamann, Elisabeth. Kaiserin wider Willen (Wien 1982) 266, hat nur auf der Basis journalistischer Arbeiten und Memoirenliteratur diese Zeremonie behandelt. Fälschlich behauptet sie, der Primas habe Kaiser Franz Joseph gesalbt und Graf Gyula Andrássy ihn und die Kaiserin gekrönt.

[12] ESZER/STORTI 439—440; zur Einstellung von Kaiser Karl zu Graf Stephan Tisza: Kaiser Karl (wie Anm. 1) 280—281; Otto von Habsburg, Le Couronnement du Roi Charles IV de Hongrie a Budapest en 1916 in: Le Sacre des Rois. Actes du Colloque internationale d'histoire sur les sacres et couronnements royaux, Reims 1975 (Paris 1985) 309; Reinhold Lorenz, Graf Stephan Tisza und die politischen Symbole des Dualismus in: Beiträge zur neueren Geschichte Österreichs, hg. v. Heinrich Fichtenau und Erich Zöllner (Wien, Köln, Graz 1974) 426—444.

sche des Nuntius einzusetzen. Valfré di Bonzo schlug vor, der Kaiser möge das Amt des Palatins wieder beleben und Erzherzog Joseph, den Enkel des letzten Palatins, mit dieser Würde betrauen. *Ich deutete den Schmerz an, den der Heilige Vater empfinden würde,* wenn er hörte, daß ein Calvinist an der Krönungszeremonie mitbeteiligt sei.[13]

Am 6. Dezember bat die Kaiserinmutter den Nuntius zu sich. Sie übermittelte ihm die Nachricht, dem Kaiser seine Einwände überbracht und alle Argumente *zugunsten der These, die ich ihr eingegeben hatte,* dargestellt zu haben. Das Resultat ihrer Intervention war negativ, denn Graf Tisza war im Augenblick *am mächtigsten und einflußreichsten nicht nur in Ungarn, sondern auch in Österreich.*[14] Trotz dieser Absage schien sich der Kaiser mit den Einwänden des Nuntius zu beschäftigen. Er ließ Erzbischof Valfré am 9. Dezember zu sich bitten, um ihm einen an Papst Benedikt XV. persönlich gerichteten Brief zu übergeben. Auch er sei über die Teilnahme Graf Tiszas an der Krönung besorgt, erklärte der Kaiser. Er wolle der ergebene und gehorsame Sohn des Heiligen Vaters sein und es dem Nuntius überlassen, einen befriedigenden Ausweg zu finden.[15]

Unmittelbar nach dem Nuntius empfing Kaiser Karl den Primas von Ungarn, der sofort nach seiner Audienz Valfré di Bonzo mitteilte, der Kaiser sei entschlossen, an seinen ersten Anordnungen festzuhalten: Graf Tisza würde an der Krönung beteiligt sein. In einem langen Gespräch setzte der Primas dem Nuntius das Gesetz und den Sinn der ungarischen Krönungszeremonie auseinander: sie habe nach den Vorschriften des Pontificale Romanum und nach den Anordnungen der staatlichen Gesetze zu erfolgen. Der Kardinal vollziehe die religiöse Zeremonie, die Funktion des Palatins schreibe das zivile Gesetz vor. Der Ministerpräsident habe eine sichere Mehrheit im Parlament; würde man ihn als Repräsentanten der Nation bei der Krönungszeremonie ablehnen, sei mit seiner Demission zu rechnen. Der Kardinal erwähnte, daß es auch in der Vergangenheit protestantische Palatine gegeben hätte; ja, nach dem ungarischen Gesetz müßte sogar einer der beiden Wächter der heiligen Stephanskrone ein Protestant sein. Der Kardinal, der in dieser Frage mit den meisten ungarischen Bischöfen übereinstimmte, wandte sich mit einem lateinischen Brief direkt an den Papst, wodurch dem Nuntius die Erfolglosigkeit seiner diplomatischen Schritte bewußt wurde.[16] In diesem Brief erklärte er am 11. Dezember 1916 dem Papst deutlicher als dem Nuntius in Wien die politisch-religiöse Situation Ungarns. Zwei Drittel der Abgeordneten wollten Graf Tisza als Delegierten der Nation wählen. Würde

---

[13] ESZER/STORTI 442 m. Anm. 117.

[14] ESZER/STORTI 443.

[15] ESZER/STORTI 443, 444; der Brief an Papst Benedikt XV. konnte bis jetzt nicht gefunden werden.

[16] ESZER/STORTI 445—448.

der König ablehnen, und Tisza konsequenterweise demissionieren, bräche ein politisches Chaos aus. Die kleinen Parteien, die Tisza mit Haß verfolgten, würden keine neue Regierung bilden können. Die Zeitungen kommentierten die Opposition gegen Tisza und unterschoben ihr religiöse Motive. Um mitten im Krieg die innere Ruhe zu erhalten, ersuchte der Kardinal den Papst im Namen des Königs, jenen zu tolerieren, den die Mehrheit der Nation wünsche. Denn ... *die Frage, wer mit dem Erzbischof von Gran zusammen krönt, ist keine religiöse. Die Aufgabe des Palatins des Reiches oder dessen, der ihn vertritt, ist bei der Königskrönung kein liturgischer Akt. Alle Agenda, die das Pontificale Romanum vorschreibt, führt der fungierende Bischof aus, dem die anderen Bischöfe assistieren. Der Palatin trägt die Krone in die Kirche, setzt zusammen mit dem Erzbischof dem König die Krone aufs Haupt und berührt mit ihr die rechte Schulter der Königin. Obwohl seine Funktion in der Kirche und während einer heiligen Zeremonie stattfindet, ist sie keine kirchliche, sondern eine zivile, die im Namen und im Auftrag der Nation durchgeführt wird und die nach der heiligen Liturgie erfolgt.*[17]

Der Kardinal betonte, daß König Matthias von dem protestantischen Grafen Istvan Ill(y)ésházy im Jahre 1608 mitgekrönt wurde. Damals hätte die Kirche den Protestanten nicht verboten, diese Funktion auszuüben. Umso weniger sei es in der modernen Zeit opportun, solches zu untersagen, denn die Könige würden nur noch in wenigen Ländern nach kirchlichem Ritus gekrönt. Die verschiedenen ungarischen Erzbischöfe und Bischöfe, mit denen er sich beraten habe, stimmten mit seiner Auffassung über die zivile Funktion des Palatins bei der Krönung überein. Alle Senatoren und Deputierten des Reiches, auch die Akatholiken, würden nach der Inauguralsitzung in die Kirche ziehen. Sie hätten das Recht, der heiligen Zeremonie beizuwohnen, die ein integraler Teil des parlamentarischen Konsenses sei. Mit dieser Auffassung hätte der Primas den jungen König beruhigt. Er ersuchte den Heiligen Vater, den König und die ungarische Kirche vom Druck dieser Problematik zu befreien, ... *um nicht dem Radikalismus vielleicht die Tore zu öffnen (... qui forsitan redicalismo portas aperiret).*[18]

Während Kardinal Csernoch seine Rolle als Mittler zwischen ungarischer Nation, König und Papst spielte, standen Kaiser Karl in Österreich für die Lösung der Verfassungsfragen keine adäquaten politischen Persönlichkeiten zur Verfügung. Am 25. November 1916 ließ er Graf Polzer-Hoditz zur ungarischen Krönungsfrage mitteilen, es sei ihm der Widerspruch in den Verfassungen Österreichs und Ungarns bekannt, und es werde die Sache der

[17] ESZER/STORTI 446.

[18] ESZER/STORTI 448; Otto von Habsburg (wie Anm. 12) 309 sieht in der ungarischen Krönung von 1916 die Präfiguration der Ökumenischen Bewegung des 20. Jahrhunderts, was aus dem Brief des Kardinal Csernoch an Papst Benedikt XV. nicht hervorgeht.

Minister sein, sich zurechtzufinden. Er habe *die Absicht, sich nicht nur in Ungarn, sondern auch in Österreich krönen zu lassen. Böhmen müsse ein eigenes Ministerium erhalten.*[19]

Diese Bemerkung zeigt, daß Kaiser Karl, ähnlich wie Erzherzog Franz Ferdinand und doch verschieden zu ihm, eine Lösung des Nationalitätenproblems durch eine Umstrukturierung der Habsburgermonarchie plante.[20] Er wollte, wie seinen handschriftlichen Aufzeichnungen aus Prangins zu entnehmen ist, in der Balance von Tradition und Reform den Föderalismus auf die Grundlage der alten Königreiche stellen und neue Verfassungen mit dem alten Prinzip der Krönung, der emotionellen Bindung von Herrscher und Volk, vereinen.[21] Während der Herrscher die juridischen Lösungen solcher Pläne von seinen Ministern erwartete, bereitete er sich selbst mitten in den schwierigen Tagen des Krieges und all den auf ihn einstürmenden Geschäften innerlich auf die Krönung vor. Ihm „hat die Krönung ungemein viel bedeutet. Sie war für ihn die Investition, die die Kirche im Namen Gottes vornahm. Alle die Pflichten, die „er bei dieser feierlichen Zeremonie geschworen hat, hat er mit tiefsten (!) Glauben übernommen und zum Programm seines künftigen Lebens gemacht. Bei der Krönung wird dem Herrscher die ganze Bevölkerung von Gott übergeben, und von da ab hatte er für seine Untertanen zu leben, zu sorgen, zu beten, zu leiden und sich zu heiligen, um sie zu Gott emporzuführen".[22] Das Krönungsgebet *Accipe coronam regni,* das der Primas unmittelbar vor der Koronation spricht, war während seiner gesamten Regierungszeit die Linie, der Kaiser und König Karl in allem folgte.[23]

Er fühlte sich „als Vater aller seiner Völker und damit auch vor Gott für deren Seelenheil verantwortlich. Um dem Abfall zu steuern, hat er alles ge-

---

[19] Polzer-Hoditz (wie Anm. 2) 176.

[20] Polzer-Hoditz (wie Anm. 2) 87—88.

[21] TS 2857; Kaiser Karl (wie Anm. 1) 147.

[22] TS 2843.

[23] TS 2858; Pontificale Romanum Summorum Pontificum. Jussu editum a Benedicto XIV. et Leone XIII. Pont. Max., 1 (Ratisbonae, Neo Eboraci, Cincinatti 1888) 173—201. Krönungsgebet 180: *Accipe corónam regni, quae, licet ab indignis, Episcopórum tamen mánibus, cápiti tuo impónitur. In nómine Pa + tris, et Fí + lii, et Spíritus + sancti, quam sanctitátis glóriam, et honórem, et opus fortitúdinis, significáre intélligas, et per hanc te partícipem ministérii nostri non ignóres. Ita ut sicut nos in interióribus pastóres, rectorésque animárum intelligimur, ita et tu in exterióribus verus Dei cultor, strenuúsque contra omnes adversitátes Ecclésiae Christi defénsor assístas, regníque tibi a Deo dati, et per offícium nostrae benedictiónis in vice Apostolórum, omniúmque Sanctórum, regímini tuo commíssi útilis exsecútor, proficuúsque regnátor semper appáreas; ut inter glorиósos athlétas, virtútum gemmis ornátus, et praémio sempitérnae felicitátis coronátus cum Redemptóre ac Salvatóre nostro Jesu Christo, cujus nomen, vicémque gestáre créderis, sine fine gloriéris: Qui vivit, et imperat Deus cum Patre, et Spíritu sancto in saécula saeculórum.*

*R. Amen.*

tan, was in seiner Macht stand. Er ließ keine Mittel ungenützt, um es zu erreichen".[24]

Als Schutzherr der heiligen katholischen Kirche war für ihn der Titel *Apostolischer König* eine ganz spezielle Bindung an Gott und die Kirche, als die ihm auferlegte Verpflichtung, apostolisch zu wirken.[25] Papst Sylvester II. hatte im Jahre 1000 König Stephan die heilige Krone übersandt, die als Symbol der ungarischen Staatsmystik die besondere Bindung von König und Königreich an Rom ausdrückte.[26]

Diesem Faktum entsprach auch die Rolle des Wiener Nuntius, der bei der ungarischen Krönung den Papst vertrat. Er reiste schon am 27. Dezember 1916 mit seiner Begleitung nach Budapest, stieg im Priesterseminar ab, erhielt ein besonderes Auto zu seiner Verfügung und genoß die Gastfreundschaft des ungarischen Klerus, verschiedener Klosterfrauen und der ungarischen Regierung. Der König selbst empfing ihn am 28. Dezember um ½5 Uhr nachmittags im Königspalast und ersuchte ihn, dem Heiligen Vater für die Dispens vom eucharistischen Fasten ehrfurchtsvoll zu danken.

Am Vorabend der Krönung, am 29. Dezember 1916, wurde die Krone des heiligen Stephan mit großem Pomp und nach altem Zeremoniell aus der Schatzkammer des Schlosses Buda in die Matthiaskirche, die Krönungskirche, gebracht. Obwohl die Krönungsfeierlichkeiten während des Krieges auf das Wesentlichste eingeschränkt waren, bot die Stadt am Vorabend des Ereignisses ein feenhaftes Bild.[27]

Diese ungarische Königskrönung war die letzte Zentraleuropas, deren Zeremonie einem mittelalterlichen Schema folgte.[28] Die Inauguralsitzung aller Abgeordneten und Deputierten des Reichstags am 28. Dezember, bei der der König das Inauguraldiplom unterzeichnete, entsprach der mittelalterlichen Privilegienbestätigung und den späteren Wahlkapitulationen, die jeweils vor der Huldigung der Stände und vor der Krönung erfolgten.[29]

---

[24] TS 3008.

[25] TS 3024, 3047.

[26] Otto von Habsburg (wie Anm. 12) 307—311; Albert Boeckler, Die „Stephanskrone". Mit einem Nachwort des Herausgebers: Die „Stephanskrone" im Rahmen der ungarischen Staatssymbolik (11.—13. Jahrhundert) in: Percy Ernst Schramm, Herrschaftszeichen und Staatssymbolik (Schriften der Monumenta Germaniae historica 13/III, Stuttgart 1956) 731—754; Magda von Bárány-Oberschall, Die Sankt Stephanskrone und die Insignien des Königreiches Ungarn (Wien, München ²1974).

[27] TS 3050; ESZER/STORTI 451—452.

[28] Otto von Habsburg (wie Anm. 12) 305.

[29] Fritz von Keller, Österreichisches und Ungarisches Staatsrecht (Berlin 1917) 208; Polner (wie Anm. 10) 238—240; Berichte über die feierliche Überreichung des Inauguraldiploms an Kaiser Karl am 27. Dezember 1916 um 6 Uhr abends: Wiener Zeitung No 296, 28. Dezember 1916, 11—13; Bericht von der Diskussion über das Inauguraldiplom: Arbeiterzeitung No 342, 10. Dezember 1916, 5—6; Wiener Mittagszeitung No 281, 9. Dezember 1916, 1; Neue Freie Presse No 18795, 16. Dezember 1916, 6—7.

Die Krönung selbst begann am Morgen des 30. Dezember mit dem feierlichen Einzug des Königspaares in die Kirche. Im Rahmen eines großen Hochamtes wurden Königsweihe und Koronation vollzogen. Danach legte der König vor der Kirche den Krönungseid ab und bekräftigte mit dem Königsritt symbolisch den Schutz des Landes nach allen vier Himmelsrichtungen.[30] Die Zeremonie wurde mit dem Krönungsmahl, dem öffentlichen Königsmahl, abgeschlossen.

Der Wiener Nuntius beschrieb in seinem Bericht vom 2. Jänner 1917 nicht das gesamte Krönungszeremoniell. Er schilderte nur seine Eindrücke und vor allem seine eigene Funktion, die er als Vertreter des Papstes auszuführen hatte. Für ihn war im Chor der Matthiaskirche gegenüber dem Königsthron ein eigener Bet- und Lehnstuhl vorbereitet; seine Begleitung stand hinter ihm. Beim Krönungsmahl, in dem nach mittelalterlicher Tradition die Magnaten die Speisen auftrugen, saßen König und Königin zusammen mit jenen Persönlichkeiten, die an der Zeremonie aktiv beteiligt waren, an der Spitze der mit Blumen und goldenem Geschirr dekorierten und erhöhten Tafel. Der Primas und der Erzbischof von Kalocsa als Mitkoronator saßen zur Rechten des Königs, der apostolische Nuntius als Vertreter des Papstes und Graf Stephan Tisza als Vertreter der Nation, zur Linken der Königin. Keiner der Tischgäste berührte die Speisen. Als das Getränk serviert wurde, erhob der König das Glas auf das Vaterland, der Primas trank auf den König. Die Umstehenden stimmten in den Toast ein. Mit Danksagung und Händewaschen war das Bankett um 3 Uhr nachmittag zu Ende, der König kehrte in seine Appartements zurück.[31] Noch am Abend reiste das Königspaar nach Wien.

Der persönlichen Frömmigkeit Kaiser Karls entsprach seine Auffassung des Gottesgnadentums. Der Kaiser verkörperte die althabsburgische Tugend der Pietas, die zuletzt Leopold I. (1658—1705) und Karl VI. (1711—1740) vorgelebt hatten. Das Bewußtsein vom Herrscher als Menschen, das die Nachkommen Franz Stephans von Lothringen und Maria Theresias ausgezeichnet hatte, nährte sein soziales Engagement. Der junge Herrscher war von einer tiefen Herz-Jesu-Verehrung und den religiösen Strömungen der Jahrhundertwende, des fin de siècle, von Ultramontanismus und Integralismus, geprägt, deren Anhänger sich antiliberal und anti-

[30] Exakteste Beschreibung der Krönung von Reinhold Lorenz, Kaiser Karl und der Untergang der Donaumonarchie (Graz, Wien, Köln 1959) 263—269; einzelne Details bei Heinz Rieder, Kaiser Karl. Der letzte Monarch Österreich-Ungarns. 1887—1922 (München 1981) 79—80 und E. H. P. Cordfunke, Zita. Kaiserin von Österreich und Königin von Ungarn (Wien, Köln, Graz 1986) 67—69.

[31] ESZER/STORTI 451—454; Otto von Habsburg (wie Anm. 12) 309.

freimaurerisch im Glaubensgehorsam streng an den Papst banden.[32] Papst Pius X. erneuerte die eucharistische Frömmigkeit; aus den Benediktinerklöstern des späten 19. Jahrhunderts wirkten die Impulse der liturgischen Bewegung fort.[33] Alle diese Komponenten bestimmten die spirituelle Auffassung des neugekrönten ungarischen Königs von seinen inneren und äußeren Pflichten. Sein Schicksal voraussehend, bemerkte Kaiser Karl bei den begeisterten Rufen der Bevölkerung, die „wie das Brausen des Meeres zur hochgelegenen Burg drangen“ . . . „nur leise und ohne jede Bitterkeit: *Heute ist es Eljen, wie bald werden sie ebenso schreien und meinen Kopf verlangen*“.[34]

Hatte die ungarische Krönung die Begeisterung der Nation hervorgerufen und eine Bindung von König und Volk besonders bei den Katholiken erzeugt, betrachtete es Kaiser Karl später als großen Fehler, daß er, ohne diese Beziehung vertieft zu haben, sofort nach der Krönung wieder abreiste. Er *wäre gewiß der erste Habsburger gewesen, der es verstanden hätte, ein König von Ungarn in dem Sinn zu sein, der den historischen Traditionen des alten Königreichs und den loyalen und vornehmen Wünschen der Ungarn entsprochen hätte.*[35]

Die liberale Gesetzgebung, die Kaiser Franz Joseph I. Österreich-Ungarn seit 1867 zugestehen mußte, sanktionierte einen Säkularisierungsprozeß, der Bevölkerung und Staat zunehmend durchsetzte. Der konkordatslose Zustand seit 1871 und die liberalen Schul- und Ehegesetze entsprachen dem sich vom Katholizismus innerlich entfernenden Bürgertum, einem Teil des Adels und der Intelligenz. Diese Gesetze bewirkten in der noch im Katholizismus verwurzelten bäuerlichen Bevölkerung — in jenen, die aus ihr sozial aufstiegen und in den aus ihr hervorgehenden Arbeitern — eine zunehmende

---

[32] Anna Coreth, Pietas Austriaca. Österreichische Frömmigkeit im Barock (Wien $^{2}$1982) 72. Ein interessantes Beispiel für das Wiederaufleben der habsburgischen Frömmigkeit sind die drei Predigten von Cölestin Wolfsgruber, Kreuz, Krone und Zepter (Wien 1908), die er anläßlich des 60-jährigen-Regierungsjubiläums von Kaiser Franz Joseph I. gehalten hatte. Bei der zweiten Festversammlung des Eucharistischen Weltkongresses am 12. September 1912 hielt P. Karl Graf Andlau SJ in der Wiener Rotunde eine Rede über *Die heilige Eucharistie und das Haus Habsburg;* siehe dazu: Bericht über den XXIII. Internationalen Eucharistischen Kongreß. Wien 12. bis 15. September 1912, hg. v. Karl Kammel (Wien 1913) 355—361. Zur persönlichen Frömmigkeit von Kaiser Karl: sehr viele Belege im TS, daraus kursorisch: 2888—2906, 2909—2918, 2921—2924, 3002, 3005—3006, 3048.

Die beste zeitgenössische Definition des Integralismus stammt von dem Wiener Dogmatikprofessor Ernest Commer, Die päpstlichen Allokutionen in den Konsistorien vom 25. und 27. Mai in: Divus Thomas II/1 (1914) 286; Emile Poulat, Intégrisme et Catholicisme Intégral (Tournai 1969).

[33] Zu Integralismus, eucharistischer und liturgischer Frömmigkeit vor dem Ersten Weltkrieg: Oskar Köhler und Roger Aubert in: Handbuch der Kirchengeschichte, hg. v. Hubert Jedin VI/2 (Freiburg, Basel, Wien 1973) 265—292, 417—426, 475—500.

[34] TS 3050.

[35] Polzer-Hoditz (wie Anm. 2) 114 m. Anm. 1.

religiöse Verflachung.[36] Die meisten Versuche des soeben gekrönten Königs von Ungarn und Kaisers von Österreich, diesen Säkularisierungsprozeß zu bremsen, stießen auf Widerstand. Er fand Ablehnung in verschiedenen Kreisen der Armee, bei den Nationalliberalen, und zog sich die Feindschaft der Maçonnerie zu.[37] Wie die meisten Mitglieder der Dynastie war auch er vom Tod des Kronprinzen Rudolf betroffen[38] und war . . . „sich von Jugend auf über die verderblichen Tendenzen der Freimaurerei, so wie sie die Enzyklika ‚Humanum genus' Papst Leos XIII. zeichnet, bewußt. Er wußte, daß diese Organisation an der Wurzel jeden Kampfes gegen Gott und die Kirche zu finden sei, daß sie bestrebt ist, sich entweder in die Regierung zu infiltrieren, um ihren Zweck zu erreichen oder aber vor Umsturz und Mord nicht zurückschreckt, um diejenigen zu beseitigen, die ihr im Weg stehen".[39]

In seinem Bericht über die Krönung Karls IV. zum König von Ungarn fügte Nuntius Valfré di Bonzo kritische Bemerkungen über die politische und religiöse Situation Ungarns ein. Er sah den Sturz des Ministerpräsidenten Graf Stephan Tisza voraus, ließ seine Sympathie für den nach Macht strebenden Erzherzog Joseph durchblicken und übte unterschwellig Kritik am

---

[36] Gabriel Adriányi, Fünfzig Jahre Ungarischer Kirchengeschichte 1895—1945 (Studia Hungarica 6, München 1974); Moritz Csáky, Kulturkampf, Freisinn und Liberalismus im Österreich der siebziger und achtziger Jahre des 19. Jahrhunderts in: Religion und Kultur an Zeitenwenden. Auf Gottes Spuren in Österreich, hg. v. Norbert Leser (Wien, München 1984) 186—199; ders., Die Römisch-Katholische Kirche in Ungarn in: Die Habsburgermonarchie 1848—1918, hg. v. Adam Wandruszka und Peter Urbanitsch, 4 (Wien 1985) 320—325.

[37] Vgl. dazu diverse despektierliche Äußerungen von Edmund Glaise von Horstenau, Ein General im Zwielicht. Die Erinnerungen Edmund Glaises von Horstenau, eingel. u. hg. von Peter Broucek (Veröffentlichungen der Kommission für Neuere Geschichte Österreichs 67, Wien, Köln, Graz 1980) 560 (Register), und: Schicksalsjahre Österreichs 1908—1919. Das politische Tagebuch Josef Redlichs, bearb. von Fritz Fellner, 2 (Veröffentlichungen der Kommission für Neuere Geschichte Österreichs 40, Graz, Köln 1954) 377 (Register); TS 2859, 2919—2920, 3025—3031; Rudolf Sieghart, Die letzten Jahrzehnte einer Großmacht. Menschen, Völker, Probleme des Habsburger-Reichs (Berlin 1932) 178—181 legt seine Entlassung als Gouverneur der Bodenkreditanstalt zu Weihnachten 1916 nicht in erster Linie Kaiser Karl zur Last. In seinem Kapitel über den Kaiser zeichnet er frei von Ressentiments diesen wenn auch kritisch so durchaus respektvoll. Kaiser Karl schildert in seinen persönlichen Aufzeichnungen aus Prangins (Juni 1919 — September 1921) Sieghart als „ein böses Gewächs des alten Österreich", der sich als Direktor der Bodenkreditanstalt „durch das Geld seiner Bank fast alle Zeitungen gewonnen" und sich bis in die höchsten Kreise viele Leute durch seine „Gefälligkeiten" verpflichtet hatte. „ . . . diese entsetzliche Korruption konnte nur dadurch aufhören, daß dem Herrn Sieghart seine Geldquelle in dieser Bank verstopft wurde.": Kaiser Karl (wie Anm. 1) 149.

[38] Brigitte Hamann, Erzherzog Albrecht — die graue Eminenz des Habsburgerhofes. Hinweise auf einen unterschätzten Politiker, in: Politik und Gesellschaft im alten und neuen Österreich. Festschrift für Rudolf Neck zum 60. Geburtstag (Wien 1981) 62—77; Kaiser Karl. Persönliche Aufzeichnungen, Zeugnisse und Dokumente, hg. v. Erich Feigl (Wien 1984) 17—30.

[39] TS 3024.

Zustand der Erzdiözese Esztergom (Gran). Der Nuntius hatte die Vorliebe des ungarischen Klerus für *eine Menge Gold, Pektoralienkreuze und violette Ornamente, auch bei einigen, die, wie ich hörte, nicht einmal Monsignore waren,* bemerkt. *Es beeindruckte mich sehr, daß es in dieser großen und reichen Stadt so wenig Kirchen gibt. Die wenigen befinden sich im Zentrum. Ebenso zu bedauern ist der Zustand der katholischen Presse. Es gibt nur eine Zeitung, die klein und unbedeutend ist. In der Redaktion sind nur der Direktor und ein anderer Redakteur katholisch, die anderen, so sagt man mir, waren wenigstens in der Vergangenheit, Juden, die es in Ungarn im Überfluß gibt, sie waren ihre bezahlten Mitarbeiter.*[40]

Der Primas Hungariae sandte am Fest der Heiligen Drei Könige, am 6. Dezember 1917, einen lateinischen Bericht über die Krönung Karls IV. an Papst Benedikt XV. Er rühmte die außerordentliche Frömmigkeit des Königspaares und beschrieb den Jubel des Volkes und die Frömmigkeit der Priester; auch hob er die besondere Reverenz hervor, die Regierung und Volk dem Nuntius als Vertreter des Heiligen Vaters entgegengebracht hätten.[41]

Die Forderung nach dem Sturz der Habsburger wurde zuerst von der Maçonnerie erhoben; für das Jahr 1917 ist sie in den Resolutionen des freimaurerischen Weltkongresses, der vom 27. bis 29. Juni in Paris stattfand, nachweisbar.[42]

---

[40] ESZER/STORTI 454—455; dazu Adriány (wie Anm. 36) 17—20, 30—33, 36—38.

[41] ESZER/STORTI 456.

[42] Zur habsburgisch-lothringischen Familientradition über die Feindschaft der Freimaurerei, die sich seit dem Tod des Kronprinzen Rudolf die Vernichtung der Dynastie zum Ziele setzte, vgl. Kaiser Karl (wie Anm. 38) 17—30; sie stimmt mit den Darstellungen von Karl Heise, Entente-Freimaurerei und Weltkrieg. Ein Beitrag zur Geschichte des Weltkrieges und zum Verständnis der wahren Freimaurerei (Faksimile-Ausgabe der 1920 erschienenen 3. Aufl. des Werkes, Wobbenbüll 1982) überein. Siehe die Namen Béla Kun, Benedikt XV., Eduard Beneš, Franz Ferdinand, Franz Joseph, Karl I. von Österreich-Ungarn, Karl Ludwig, Karel Kramarsch (sic!) im Register 394, 397, 399. Identisch dazu auch TS 2823, 2859, 2860, 2861, 2871, 2886, 3025—3036, 3516 f., 3523, 3524, 3555 f.; mehr allgemein Matthias Erzberger, Erlebnisse im Weltkrieg (Stuttgart, Berlin 1920) 137—158; Klaus Epstein, Matthias Erzberger und das Dilemma der deutschen Demokratie (Berlin 1962) 92, 139, 148, 183 f.; im Kongreßbericht: Liberté — Egalité — Fraternité. Congrès des Maçonneries des Nations alliées et Neutres les 28, 29 et 30 juin 1917, Grand Orient de France, 16 rue Cadet, Paris, Grand Loge de France, 8, rue Puteaux, Paris, finden sich viele Hinweise auf die Ziele der Maçonnerie, die den Ersten Weltkrieg als Konflikt zwischen Demokratie und Imperialismus, von Freiheit und Autorität, aber auch als heiligen Krieg betrachtet hat. Daraus einige Beispiele: *La grande guerre de 1914, imposée d'abord à la France, à la Belgique et à la Russie, puis à l'Europe, ensuite au monde, par l'agression germanique, n'a cessé de définir elle-même, progressivement, le caractère du conflit engagé en y faisant s'affronter deux principes: celui de la Démocratie et celui de l'Impérialisme, celui de la Liberté et celui de l'Autorité*... (p. 10).

*S'il y a une guerre sainte, c'est celle-là, et nous devons le redire sans nous lasser* (p. 21 f.); zu den Kriegszielen und Friedensbedingungen: *Nous n'avons pas, mes FF. ∴ à définir, ni à délimiter les conditions de la paix. Au surplus, anticiper sur l'oeuvre des diplomates serait vain; une grande partie de cette oeuvre dépend en outre des événements qu'il est, dans leurs lignes exactes et même vagues, toujours difficile de prévoir. Nous pouvons, du moins, sans préjuger de toutes les autres mesures suscepti-*

Die Mitglieder der provisorischen tschechischen Exilregierung, die die tschechoslowakische Republik begründen wollte, wiederholten diese Forderung in ihrer Proklamation vom 18. Oktober 1918: *Die Dynastie der Habsburger,* erklärten sie, *belastet mit einem unermeßlichen Erbe von Irrtümern und Verbrechen, ist eine dauernde Bedrohung für den Weltfrieden, und wir betrachten es als Pflicht gegenüber Humanität und Zivilisation, an ihrem Fall und bei ihrer Zerstörung mitzuhelfen und das zu sichern.*

*Wir verwerfen die sakrilegische Behauptung, daß die Macht der Habsburger und Hohenzollern göttlicher Herkunft sei, wir weigern uns, das göttliche Recht der Könige anzuerkennen. Unsere Nation hat mit ihrem eigenen und freien Willen die Habsburger durch Wahl auf den Thron von Böhmen berufen, und gemäß diesem Recht setzt sie sie heute ab.*

*Wir erklären hier, daß die Dynastie der Habsburger unwürdig ist, unsere Nation zu regieren, und wir lehnen alle ihre Regierungsansprüche auf unser tschechi-*

---

*bles d'être prises dans l'intérêt de la sécurité de l'Europe et du monde, indiquer les quatre points principaux qui nous apparaissent nécessaires:*

*1° Retour de l'Alsace-Lorraine à la France;*

*2° Reconstitution par la réunion de ses trois tronçons, de la Pologne indépendante;*

*3° Indépendance de la Bohème;*

*4° En principe, la libération ou l'unification de toutes les nationalités aujourd'hui opprimées par l'organisation politique et administrative de l'empire des Habsbourg en des Etats que les dites nationalités exprimeront par un plébiscite (Note 1: Comme l'Alsace-Lorraine à la France, le Trentin et Trieste reviennent de droit à l'Italie)* (p. 28—29).

*La reconstitution de l'Europe et de l'humanité de demain, donc, ne peut pas être abandonnée au caprice et à l'intérêt des dynasties, des diplomates et des classes dirigeantes. Elle ne peut consacrer aucune violence, aucune servitude, aucune humiliation. Elle doit être l'oeuvre des peuples et de la liberté.*

*Évidemment, nous nous trouvons en face de deux conceptions diverses et antithétiques de la nature et des fonctions de l'État. C'est, d'une part, l'idée impérialiste, qui méprise les droits des peuples, aujourd'hui personnifiée par les empires de proie que déchaînèrent l'agression criminelle; et, d'autre part, l'idée démocratique qui affirme ces mêmes droits.*

*D'où la nécessité que, pour la paix du monde, la conception du militarisme hégémonique et agressif soit abattue.*

*Or, par quel moyen pratique arrivera-t-on au résultat souhaité?*

*Sans doute, par le triomphe intégral du principe des nationalités* (p. 41).

Über Böhmen:

*Il en est de même pour la Bohème, où rien n'a pu entamer la profondeur du sentiment national. L'histoire de ce noble petit pays, coffret précieux de souvenirs héroïques et qui a su réunir dans une même âme nationale des aspirations morales différentes, mais toutes frappées au relief d'une même vigueur saine et forte, à la fois très ancienne et très neuve, traditionnaliste et révolutionnaire, indique à l'Europe que c'est un devoir pour elle, devoir fécond en récompenses dans l'avenir, que de lui ouvrir les portes de l'indépendance. Prague sera dans la nouvelle Europe un centre de conciliation incomparable* (p. 30).

Exakt referiert von Georges Ollivier, La Franc-maçonnerie et la Societé des Nations, in: Les Documents Maçonniques 1 (Paris, Octobre 1941) 16—19 und von J. de Boistel, Les Responsabilités de F. ·. M. ·. en Espagne in: Les Documents Maçonniques 2 (Paris, Octobre 1942) 8—9; dazu auch: François Fejtő, Requiem pour un empire defunt. Histoire de la destruction de l'Autriche-Hongrie (Paris [3]1989) 337—349, 375, 396—397, 422—426.

*sches Land ab, wir erklären hier unsere Pflicht, von jetzt an ein Volk, eine freie und unabhängige Nation zu begründen.*[43]

In ihrer ersten Sitzung am 16. November 1918 zerriß die tschechische Nationalversammlung das Band von böhmischer Nation und habsburgischer Dynastie. Karel Kramář — sein Todesurteil hatte Kaiser Karl 1917 amnestiert — stellte als Präsident der Nationalversammlung fest: ... *alle Fesseln, die uns an das Haus Habsburg-Lothringen ketten, sind gesprengt. Es ist vorbei mit der Übereinstimmung zu 1526* (Erbvertrag) *und zur Pragmatischen Sanction. Das Haus Habsburg hat alle Rechte auf den Thron von Böhmen verloren.*[44]

Es waren die ersten Posaunenstöße, die den Untergang der österreichisch-ungarischen Monarchie ankündigten.

In Ungarn brach am 31. Oktober 1918 die Revolution aus; analog zu der österreichischen Erklärung vom 11. November 1918 über den *Verzicht am Staatsgeschäft* unterschrieb Kaiser und König Karl am 13. November dieselbe für Ungarn.[45]

Der Kaiser und König war damit bis an die Grenzen des für ihn nach Gewissen und Krönungseid Möglichen gegangen. Er widersetzte sich allen Forderungen, abzudanken, was schließlich zu seiner Exilierung führte, als man ihn zwang, am 24. März 1919 das Schloß Eckartsau zu verlassen und seinen Wohnsitz in der neutralen Schweiz aufzuschlagen.[46] Drei Tage vorher hatten in Ungarn die Kommunisten die Macht übernommen, die Räterepublik unter Béla Kun wollte mit sowjetischer Hilfe gegen die Demarkationslinien ankämpfen, bis zu denen Tschechen, Rumänen, Serben und Franzosen vorgedrungen waren. Die kommunistische Räterepublik brach unter dem Druck der rumänischen Truppen und der gegenrevolutionären Bewegungen im Juli 1919 zusammen.[47] Erzherzog Joseph hatte im November 1918 den Eid auf die ungarische Republik geleistet, um für den rechtmäßigen Souverän eine habsburgische Kontinuität zu sichern. Als er am 6. August 1919 von den Gegenrevolutionären zum Regenten ausgerufen wurde,[48] trat der tschechoslowakische Außenminister Eduard Beneš in die Schranken. Schon am 12. August, vier Tage bevor Erzherzog Joseph Eugène Clemenceau, dem Ministerpräsidenten der alliierten Friedenskommission in Paris, die Mitglieder

---

[43] DD 7—8.

[44] DD 8—9; zur Amnestie von Karel Kramář: Polzer-Hoditz (wie Anm. 2) 430; über die Begegnung von Vaclav Klofác mit Kaiser Karl am 22. Oktober 1918 Polzer-Hoditz (wie Anm. 2) 558—559. Über die Interessen des Heiligen Stuhles an der Begnadigung von Kramář: AE, Valfré an Gasparri, 5. Juli 1917, Austria 587, Prot. 37.157.

[45] Lorenz (wie Anm. 30) 532—538, 561—563.

[46] Lorenz (wie Anm. 30) 576—578.

[47] Anton Lehár, Erinnerungen. Gegenrevolution und Restaurationsversuche in Ungarn 1918—1921, hg. v. Peter Broucek (München 1973) 28—32, 71—121.

[48] Lehár-Broucek (wie Anm. 47) 31.

seiner Regierung unter Stephan Friedrich vorstellte,[49] witterte Beneš in Ungarn einen habsburgischen Restaurationsversuch. In seiner Note an die Alliierten verweigerte er jede Zusammenarbeit der tschechoslowakischen Republik mit einem Ungarn, in das die Habsburger zurückkehren würden. Denn *die Dynastie der Habsburger wird niemals auf ihre verlorenen Territorien verzichten und immer danach trachten, diese unter ihrem Szepter zu vereinigen.* Regierten die Habsburger in Budapest, könnte Wien dem Einfluß und den Intrigen dieses Hauses nicht widerstehen und die Vorkriegswünsche der Deutschen, die Verwirklichung ihrer imperialistischen Ansprüche, würden in Zentraleuropa von neuem große Wirren hervorrufen. *Joseph von Habsburg ist außerordentlich gefährlich für den Frieden in Zentraleuropa und bedroht die außen- und innenpolitische Situation der neuen Staaten Zentraleuropas.*[50]

Diese Note blieb nicht wirkungslos; am 23. August 1919 mußte Erzherzog Joseph auf Anweisung der alliierten Mächte demissionieren.[51] Schließlich gelang es Miklós von Horthy, dem ehemaligen Vizeadmiral und Kriegsminister, der aus dem nationalistischen Flügel der ungarischen Gegenrevolutionäre kam, am 16. November 1919 im Einvernehmen mit der Großen Entente als Befreier von den rumänischen Besetzern in Budapest einzuziehen.[52]

Im Dezember 1919 wurde Ungarn eingeladen, Delegierte zu Friedensgesprächen nach Paris zu senden. Mit der Normalisierung des politischen Lebens fanden vom 21. bis 26. Jänner 1920 Wahlen für die neue Nationalversammlung statt.[53] Bevor diese am 16. Februar 1920 im ungarischen Parlamentsgebäude ihre erste Sitzung abhielt, befürchtete man bereits in Paris das Aufkommen einer prohabsburgischen Strömung in Ungarn. Die alliierten Botschafter legten sich fest, eine Rückkehr der Habsburger auf den ungarischen Königsthron zu vereiteln, obwohl sie sich nicht in die inneren Angelegenheiten Ungarns einmischen wollten. Eine Restauration stünde im Widerspruch zu den Grundlagen der Friedensschlüsse, sie würde weder anerkannt noch toleriert werden. Dieser Resolution schlossen sich die Vertreter Serbiens, Kroatiens und Slawoniens, Rumäniens, Österreichs und der Tschechoslowakei an.[54]

Die ungarische Diplomatie, geformt von jahrhundertelanger Behauptung gegenüber Österreich und den Türken, versuchte, sich im Kompromiß

[49] DD 9—10.

[50] DD 10—12.

[51] DD 12—13.

[52] Lehár-Broucek (wie Anm. 47) 32.

[53] DD 13—14; Ferenc Pölöskei, Hungary after two revolutions (1919—1922) (Studia Historica Academiae Scientiarium Hungaricae, 132, Budapest 1980) 81—86, 58—61.

[54] DD 15—17.

der nunmehrigen Situation anzupassen. Die Formulierung des Statutes der Nationalversammlung vom 29. Februar 1920, das auch den Regenteneid vorschrieb, spiegelte diese Balanceversuche.[55] Einerseits betrachtete sich die Nationalversammlung als höchste gesetzgeberische Instanz des „neuen Ungarn", andererseits band sie sich an die Konstitution des „alten Ungarn", wonach ohne Zustimmung und Gegenzeichnung des Königs keine Gesetze erlassen werden konnten. Als Miklós von Horthy am 1. März 1920 zum Regenten gewählt wurde, mußte er feierlich beschwören, Ungarn und — nicht ausdrücklich, sondern nur implizit — dem König treu zu sein, seine Gesetze, Rechte und bewährten Sitten zu beobachten, das Land und seine Unabhängigkeit zu schützen und seine Pflichten in Übereinstimmung mit Verfassung und Nationalversammlung, mit Recht und Gesetz im Interesse und zur Ehre des Landes zu erfüllen.[56]

Ähnlich verhielt sich der ungarische Episkopat unter der Führung des Primas Hungariae, Kardinal János Csernoch. Die meisten Bischöfe waren theoretische, einige unter ihnen auch praktische Legitimisten, andere stellten sich auf die Seite der Kleinen Landwirtepartei, die den Ausschluß der Habsburger von einer freien Königswahl wünschte. Sie alle setzten das Interesse der Kirche und der Katholiken des Landes über die Interessen der politischen Parteien und des Königs. In ihrer Beziehung mit Rom gerieten sie in ähnliche Ambivalenz wie die ungarische Regierung, die zwischen den Wünschen der Nation und den Forderungen der Siegermächte und deren Verbündeten hin und her schwankte.

Die Bischöfe wollten die altungarische Diözesanstruktur bewahren, während der Wiener Nuntius, Erzbischof Valfré di Bonzo, seit Dezember 1919 Kardinal, im Verein mit dem Kardinalstaatssekretär Pietro Gasparri die neuungarischen Diözesangrenzen noch vor Abschluß des Friedensvertrages von Trianon den Grenzen der Nachfolgestaaten anpassen wollte. Valfré Bonzo befürwortete im März 1920 die Abtrennung der westungarischen Teile von den Diözesen Györ (Raab) und Szombathely (Steinamanger) und ihre Unterstellung unter einen Apostolischen Delegaten, der ein deutschsprachiger Priester sein sollte.

Ähnlich plante er ohne Wissen und Zustimmung des Papstes, die gesamte Slowakei der Jurisdiktion des Bischofs von Kaschau zuzuordnen. Um diesen Aktivitäten des Wiener Nuntius zu entgehen, wandte sich der ungarische Episkopat direkt an den Papst.[57] Gemeinsam mit der ungarischen Regierung bemühte er sich um die Aufnahme diplomatischer Beziehungen mit

55 PD 1, 935—940; Pölöskei (wie Anm. 53) 72—82.

56 PD 1, 940; über die Wahl Horthys als einzig realistischen Kandidaten für das Regentenamt: Pölöskei (wie Anm. 53) 69, 75—76; über die Erweiterung seiner Machtbefugnisse 77—78.

57 GERGELY, Konferenzprotokoll vom 17. März 1920, 77—78, 81.

dem Heiligen Stuhl. Am 10. August 1920 wurden die ungarische Vatikanbotschaft und die Budapester Nuntiatur errichtet; Lorenzo Schioppa, Titularerzbischof von Giustianopoli di Mocesso, fungierte als erster Apostolischer Nuntius in Budapest.[58]

Erzherzog Joseph stellte dem Nuntius aus seinem Besitz das Clothildenpalais als Residenz zur Verfügung, das der ungarische Adel aus eigenem repräsentativ einrichtete. Kardinal Csernoch teilte am 27. Oktober 1920 der Bischofskonferenz die Ankunft von Nuntius Schioppa mit. Er berichtete auch von einem Brief aus Prangins, dem Schweizer Exil von Kaiser und König Karl. Darin ersuchte dieser den ungarischen Episkopat, ihm einen treuen und zuverlässigen Priester zur Übermittlung von Nachrichten zu senden und ihm, dem gekrönten ungarischen König, die Treue zu halten. Damals hatte er bereits mit den Vorbereitungen zu seinem ersten Restaurationsversuch begonnen.[59]

Es ist nicht das Ziel dieser Arbeit, das sehr komplexe Problem der ungarischen Restaurationsversuche Karls IV. darzustellen und die Diskussion über Zeitpunkt, Chancen und Einflüsse alliierter Mächte und des Papstes auf diese Ereignisse zu beginnen. Sie bleibt einer anderen Studie vorbehalten.

Die Forderungen der alliierten Mächte, König Karl zur Abdankung zu veranlassen oder zu zwingen, wurden mit denselben Begründungen wie seit 1918 sofort nach dem Scheitern des ersten Restaurationsversuches wieder laut.[60] Während des Gespräches von Kaiser und König Karl mit Horthy in der Budapester Hofburg ließ der Regent die Möglichkeit durchblicken, den König gefangenzunehmen.[61]

In den Monaten zwischen dem ersten und dem zweiten Restaurationsversuch berichtete Nuntius Schioppa über die Aspirationen Erzherzog Josephs auf den ungarischen Thron und über dessen große Angst vor der angedrohten militärischen Intervention der Kleinen Entente gegen Ungarn.

---

[58] de Marchi (wie Anm. 9) 255. Schioppa war seit 1912 an der Nuntiatura Baviera; 1912—1916 als Sekretär, 1917—1920 als Uditore, wo er, Eugenio Pacelli unterstellt, die Probleme Österreich-Ungarns genau kennenlernte. Denn die gesamte Korrespondenz von Kaiser und König Karl an Papst Benedikt XV. ging über München und über Bern nach Rom. Man wich dem italienisch-nationalistisch gesinnten Wiener Nuntius Valfré di Bonzo aus. Graf Joseph Somssich de Saárd war vom 11. 9. 1919 bis 15. 3. 1920 ungarischer Außenminister, ab 3. 7. 1920 ungarischer Geschäftsträger beim Heiligen Stuhl: PD 1, 1030 (Register)

[59] GERGELY, Konferenzprotokoll vom 17. März 1920, 81; Konferenzprotokoll vom 27. Oktober 1920, 82, 84; Karl Werkmann, Der Tote auf Madeira (München 1923) 135—150; Kaiser Karl (wie Anm. 1) 305—306.

[60] DD 19—37.

[61] Aus Kaiser Karls Nachlaß, hg. v. Karl Werkmann (Volksausgabe, Berlin 1925) 62; Kaiser Karl (wie Anm. 1) 303.

Die Legitimisten dagegen waren voll Optimismus; sie nahmen diese Drohungen nicht ernst.[62]

Am 22. Oktober 1921 referierte Schioppa die vieldiskutierte Rede, die Ministerpräsident Graf Istvan Bethlen am Vortag in Pécs gehalten hatte. Die Regierung versuchte, ein präzises Regierungsprogramm zu erstellen und nach den Wünschen der Entente eine einheitliche Regierungspartei zu formen. Zur Königsfrage betonte Bethlen, daß die Ausübung der königlichen konstitutionellen Macht nach dem Geist der ungarischen Konstitution auf niemand anderen übertragbar sei. Der König sei der erste gewählte und ernannte Funktionär (!). *Er kann sich nur im Falle einer vis maior von seinem Platz entfernen. Wenn ihn eine vis maior oder eine Revolution an der Ausübung seiner Rechte hindert, hören diese seine legitimen Rechte während der Dauer der vis maior nicht auf, sie verschwinden nicht und sie verjähren nicht. Wenn die Revolution und die vis maior aufhören, hat er von neuem die Pflicht, seine Macht auszuüben. Wenn eines der Hindernisse – wie im gegenwärtigen Fall – darin besteht, daß die Regierungsausübung der souveränen Macht von einigen Bedingungen abhängt, dann muß der König entscheiden, ob er die vorliegenden Bedingungen annimmt, weil die Nation nicht ihr Recht verlieren kann, einen konstitutionellen König zu haben. Wenn wir ein Königreich bleiben wollen, dürfen wir uns von diesem Gesichtspunkt nicht entfernen, der mit unserer Konstitution und mit unserer aktuellen Situation übereinstimmt.*[63]

Schioppa schrieb, daß die Regierung Horthys die Verbindung der Staatsform des Königreiches mit den Bedingungen des Friedensschlusses von Trianon durch Verhandlungen erreichen wollte. Der König sollte entscheiden, ob er die Bedingungen von Trianon annähme und die Unabhängigkeit des Königreiches nach der Kündigung der Pragmatischen Sanktion und des Gesetzes von 1867 akzeptiere. Die ungarische Nation wolle sich nicht an Verträge und Verfügungen binden, die ihrer Unabhängigkeit schaden könnten, woraus folge, *daß die Macht Ungarns nicht gleichzeitig die Macht einer anderen Nation sein könne.*[64] Andererseits verlange die konstitutionelle Pflicht der Nation, die Siegermächte über die Auffassung Ungarns in der Königsfrage, die als interne Angelegenheit zu betrachten sei, zu informieren. Denn *die Dethronisation wäre ein revolutionärer Akt, der für die Nation schwerste Konsequenzen mit sich brächte ...*[65]

Bis zum Abschluß der Verhandlungen mit dem König und mit den Alliierten *ist jede Bewegung in- oder außerhalb des Parlamentes als Kriegsruf gegen*

---

[62] AE, Schioppa an Gasparri, 5. Juli 1921, Austria 837, Prot. 23.732; ebd., Schioppa an Gasparri, 15. Juli 1921, Austria 837, Prot. 23.742.9

[63] AE, Schioppa an Gasparri, 22. Oktober 1921, Austria 837, Prot. 27.240.

[64] Wie Anm. 63.

[65] Wie Anm. 63.

*die Konstitution und als revolutionär zu betrachten; die Regierung ist verpflichtet, sie mit allen Kräften zu unterdrücken. Wir nehmen weder einen Putsch noch eine Dethronisation an, wir wollen Verhandlungen und nur dann zu einer Entscheidung kommen. Wir wollen mit Geduld und gutem Willen diese Frage lösen. Jede andere Lösung könnte einen Bürgerkrieg herbeiführen.*[66]

Während der Nuntius seinen Rapport an den Kardinalstaatssekretär redigierte, erhielt er die Nachricht, daß der König am Vorabend in Sopron eingetroffen war. *Nichtsdestoweniger halte ich es für opportun, Eurer Eminenz diesen Rapport zu senden, der die Ansicht der Regierung Horthys zur monarchistischen Frage am Vorabend dieses außerordentlichen Ereignisses zeigt. Das Wiedererscheinen des Königs auf ungarischem Gebiet ist ein Ereignis, das schwerste Folgen für dieses Land nach sich ziehen kann und das vielleicht sein Schicksal für die Zukunft entscheidet.*[67]

Als das Kaiserpaar Karl und Zita nach dem Scheitern des zweiten Restaurationsversuches in der Abtei von Tihany am Balaton gefangengehalten wurde, beschloß die Regierung, in Übereinstimmung mit der Pariser Botschafterkonferenz vom 24. Oktober 1921, die Außenminister Beneš provoziert hatte, den König zur Renunziation zu überreden oder ihn dazu zu zwingen. Denn — so der ungarische Außenminister an Kardinalstaatssekretär Gasparri — die Große Entente fordere von der ungarischen Regierung, Karl IV. zu beseitigen.[68] Die Regierung wollte nun die Hilfe des Primas von Ungarn in Anspruch nehmen und ersuchte ihn, den König zur Renunziation

---

[66] AE, Schioppa an Gasparri, 22. Oktober 1921, Austria 837, Prot. 27. 240; Grundzüge dieser Rede haben die Grafen Bethlen und Bánffy in einem vertraulichen Gespräch, das sie am 13. Oktober 1921 in Venedig mit dem italienischen Außenminister Pietro Marchese della Torretta führten, geäußert: PD 3, 226—227

[67] AE, Schioppa an Gasparri, 22. Oktober 1921, Austria 837, Prot. 27. 240; der vom ungarischen Außenministerium publizierte Schriftwechsel mit den Vertretern der Alliierten Mächte in Budapest sollte den Nachweis liefern, daß die ungarische Regierung bereits zu Beginn des zweiten Restaurationsversuches diesen bekämpfte: DDD 1*, 4—8

[68] AE, Schioppa an Gasparri, Cifra 45 vom 29. Oktober 1921, Austria 837, Prot. 26.684; DD 101—102, 111; PD 3, 273—274, 292 (Die alliierten Hochkommissare in Budapest fordern, König Karl IV., in dem sie eine große Bedrohung für den Frieden Zentraleuropas erblicken, unverzüglich abzusetzen und außer Landes zu bringen, falls er bestehe, auf den ungarischen Thron zurückzukehren); 293—296 (Zusammenfassung der Ereignisse); 304—312. 376—382 (Telegramm des ungarischen Außenministers an die im Kloster Tihany befindlichen Regierungsvertreter); 336 (Graf Bánffy an den ungarischen Vatikanbotschafter Graf Somssich über die angeblich falschen Auffassungen des Nuntius von der Situation in Ungarn. Verschiedene katholische Zirkel hätten ihn in dieser Richtung beeinflußt. Somssich wird angewiesen, das Staatssekretariat zu informieren, die Alliierten hätten den Schutz Ungarns vor den Exzessen der kleinen Entente nur unter der Bedingung der Abdankung oder Dethronisation Seiner Majestät gewährleistet).

zu bewegen. Sie hatte schon ein Abdankungsdokument vorbereitet, das ihre Mitglieder Kálmán Kánya und Imre Csáky dem König überbringen sollten.[69]

Kardinal Csernoch antwortete dem Ministerpräsidenten: *Als Primas von Ungarn besuche ich außerordentlich gerne den König, aber ich werde dem König in vollkommener Freiheit das sagen, was ich will. Ich übernehme weder eine Mission noch eine Delegation von der ungarischen Regierung. Ein Mandat, um den König zur Renunziation zu bitten, kann ich, der ich den König gekrönt habe, nicht annehmen, und ich darf das Empfinden jener Katholiken, die dem König anhängen, nicht beleidigen. Außerdem kenne ich sehr gut die Mentalität des Königs, der nie abdanken wird und eher die Gefahr der Absetzung auf sich nimmt. Es scheint mir besser, wenn der König unter dem Druck der auswärtigen Mächte dethronisiert wird, als daß er selbst abdankt. Es ist meine Ansicht, daß eine Renunziation des Königs die Kriegsgefahr, die Invasion der Feinde kaum verhindern kann, weil die verbündeten Mächte seine formelle Dethronisation fordern.*[70]

Vor seiner Abreise nach Tihany besuchte Kardinal Csernoch den Führer der Legitimisten, Graf Albert Apponyi, und kontaktierte den Nuntius. Apponyi stimmte der Reise des Primas zu; er hielt die Abdankung des Königs nur dann für richtig, wenn der Thron für den Kronprinzen gesichert sei. Ansonsten schien ihm die Dethronisation günstiger — mit der erstaunlichen Begründung, daß diese ohnehin juridische Gültigkeit besäße. Nuntius Schioppa riet dem Kardinal, sich nicht für die Abdankung des Königs zu exponieren.[71]

Während der Primas am 28. Oktober 1921 gegen 10 Uhr vormittag beim Königspaar zur Audienz vorgelassen wurde, ging sein Sekretär, Dr. Antal Léopold, zu den drei gefangenen Anführern und Initiatoren des zweiten Restaurationsversuches, Gyula Andrássy, Gustav Gratz und Istvan Rakovszky. Sie waren in der sogenannten Hevessy-Villa innerhalb des Klosters von Tihany interniert und empfahlen dem König, nur dann abzudanken, wenn das Nachfolgerecht seines Sohnes gesichert sei. Die Dethronisation schien auch ihnen vorteilhafter; nach den jüngsten Ereignissen könnte sie die Regierung auf sich nehmen. Würden Horthy und die amtierende Regierung zurücktreten, bräche die Katastrophe über das Land herein, was eine Linkswende zur Folge hätte.

---

[69] Dévényi Ivánné, Csernoch János Tevékenysége az ellenforradalmi rendszer első éveiben [Die Aktivitäten von János Csernoch in den ersten Jahren des gegenrevolutionären Systems], in: Századok 11 (1977) mit Anhang: Léopold Antal, Napló a hercegprímás tihanyi útjáról 1921 okt. 27—28 [Tagebuchnotizen über die Reise des Fürstprimas nach Tihany am 27. und 28. Oktober 1921] 73; das von der ungarischen Regierung für Karl IV. vorbereitete Abdankungsdekret: PD 3, 304, 305 m. Anm. 2: DDD 11—12.

[70] AE, Csernoch an Gasparri, 18. November 1921, Austria 837, Prot. 28.643.

[71] Dévényi (wie Anm. 69) 73.

Der Kardinal war von seiner Audienz beim Königspaar sehr beeindruckt. Der König war ergraut, die Königin schmal, müde und deprimiert. Beide sprachen gelassen und sehr klug, ihr Glaube war unerschütterlich. Sie waren vom letzten Erfolg ihrer Sache zutiefst überzeugt.[72]

Der Bischofskonferenz berichtete der Primas, er habe dem König die schwere Situation und den drohenden militärischen Eingriff der ausländischen Mächte klar vorgestellt. Der König hätte erklärt, er würde es nach seinem Krönungseid als strenge Pflicht betrachten, die heilige Stephanskrone zu verteidigen. Er war bereit, deshalb Schicksalsprüfungen auf sich zu nehmen und *den auf ihn wartenden Calvarienberg mit gläubiger und starker Seele zu besteigen.* Er erklärte dem Kardinal, daß er keineswegs abdanken werde; der Primas stimmte ihm zu, denn die freiwillige Abdankung des Königs wäre viel verhängnisvoller als seine gewaltsame Dethronisation.[73]

Da Karl IV. die Dethronisation vorhersah, *übergab er mir ein eigenhändig geschriebenes Dokument, in dem er gegen die von der Nationalversammlung beabsichtigte Dethronisation protestiert,* berichtete Kardinal Csernoch nach Rom, um journalistische Unterstellungen der *Revue des deux Mondes,* zu dementieren, er habe den König zur Abdankung bewogen. Der König hätte ihn gebeten, *diesen Protest der Regierung zu übergeben. Das Dokument leitete ich an die Regierung weiter. Ich habe keinen Zweifel, daß der Heilige Stuhl meine Vorgangsweise in diesen so traurigen Zeiten approbieren wird (. . .) Der König und die Königin sind der katholischen Kirche ganz ergeben, wirkliche Heilige, die aus dem Glauben leben, die die Liebe und das Wohlwollen des Heiligen Vaters und der katholischen Kirche überaus verdienen. Das schwache Königreich Ungarn konnte den König gegen die offene Gewalt der ganzen Welt nicht verteidigen und nicht retten. Obwohl die ungarischen Katholiken dieses außerordentlich traurige Schicksal des Königs sehr bedauern, war es unmöglich, etwas zu unternehmen. Denn es ging um Existenz oder Unterdrückung des gesamten, schon verkleinerten Reiches, das die Feinde ganz vernichtet hätten, ohne den den König zu retten.*[74]

---

[72] Dévényi (wie Anm. 69) 74—75; Asztrik Vidoczy, Die historischen Tage der Abtei von Tihany: Manuskript BK 539/19d in der Bibliothek des Benediktinerstiftes Panonhalma (Ungarn) Fotokopie im Archiv der Gebetsliga, Zisterzienserstift Lilienfeld (Österreich) GERGELY, Konferenzprotokoll vom 16. und 17. November 1921, 92.

[73] Telegraphischer Nachrichtenwechsel zwischen dem ungarischen Außenministerium und den in Tihany befindlichen Regierungsvertretern über die Haltung des Primas: PD 3, 311, 320—321

[74] Vgl. Anm. 70. PD 3, 326—339: König Karl weigerte sich, die Regierungsvertreter zu empfangen und lehnte Verhandlungen über den Modus seiner Renunziation ab. Deshalb richtete Graf Bethlen am 29. Oktober 1921 an ihn ein Schreiben, in dem er festhielt, daß die ungarische Nation keine Möglichkeit sah, um für ihren König zu kämpfen: „Were it to have had the lightest prospect of success, there is no doubt that the nation would not have hesitated for a moment indignantly to reject this demand, deeply insulting to its dignity, and would have taken up arms in the defence of its crowned King and of its own liberty." — König Karl hatte am

Die drei verhafteten Politiker, Andrássy, Gratz und Rakovszky, ersuchten den Primas, Ministerpräsident Graf Bethlen aufzufordern, die von der Entente erzwungene Ausführung der Dethronisation auf sich zu nehmen. Nachdem Horthy eine Regierung, die sich ausdrücklich zu einem Dethronisationsprogramm bekannte, nicht ernennen wollte, führte Graf Bethlen *den traurigen und brutalen Auftrag* aus.[75]

Der Kardinal hatte die beiden Protestnoten des Königs durch Kultusminister Vass der Regierung zugestellt und ersucht, diese im Falle einer Dethronisation durch die Nationalversammlung zu publizieren, was erst unter Druck Mitte Dezember 1921 erfolgte.[76]

Am 3. November 1921 berichtete Nuntius Schioppa nach Rom, die ungarische Regierung habe unter dem militärischen Druck der Kleinen Entente den Entwurf für ein Dethronisationsgesetz der Nationalversammlung vorgelegt. In der Einleitung zu diesem Entwurf wird betont, daß sich die ungarische Nation niemals in einer so schweren Situation befunden habe. Ausländische Mächte hätten sich ohne Rücksicht auf die im Vertrag von Trianon zugesicherte staatliche Unabhängigkeit in die inneren Angelegenheiten des Landes eingemischt. Mit der Dethronisation forderten die Siegermächte und die Kleine Entente von der ungarischen Regierung eine Entscheidung, zu der sie der Vertrag von Trianon nicht zwinge und die mit den Grundsätzen der Verfassung unvereinbar sei. Die Regierung könne die Verantwortung eines neuen Krieges nicht auf sich nehmen. Nachdem sie alle friedlichen Mittel erfolglos angewendet hätte, um die Existenzbedrohung der Nation zu verhindern, sei die Regierung gezwungen, den Forderungen der auswärtigen Mächte zuzustimmen.

In vier Artikeln wurden die Souveränitätsrechte König Karls als erloschen und die Pragmatische Sanktion als ungültig erklärt. Die Nation nehme

---

Sonntag, dem 30. Oktober 1921 nachmittags diesen Brief erhalten und ihn nicht angenommen. Die Aussage von Kaiserin Zita: Kaiser Karl (wie Anm. 1) 405—406 differiert gegenüber dem von den ungarischen Regierungsvertretern in Tihany erstellten Protokoll nur in der Stundenangabe (4.30 nachmittags gegenüber 5.30 Uhr): PD 3,363—364.

[75] GERGELY 93 m. Anm. 3; Dévényi (wie Anm. 69) 72—76.

[76] AE, Schioppa an Gasparri, 16. Dezember 1921, Austria 837, Prot. 29.711. Die Texte auch bei Kaiser Karl (wie Anm. 1) 402. Die Protestnote gegen die Dethronisation unterscheidet sich im Wortlaut. Ich zitiere sie nach Schioppa:

In Übereinstimmung mit der Verfassung und dem ungarischen Recht erkläre ich, daß der Entschluß der Nationalversammlung bezüglich der Dethronisation, die unter dem Druck und unter der Gewalt des Auslandes erfolgt, illegal und ungültig ist, und ich protestiere dagegen. Ich behalte mit aller Kraft auch in Zukunft alle mich betreffenden Rechte in Übereinstimmung mit der ungarischen Verfassung, als Apostolischer König, der mit der Krone des heiligen Stephan gekrönt wurde. Tihany 1921, Karl m. p.

Bei Kaiser Karl (wie Anm. 1) 396: Bericht aus dem Tagebuch von Kaiserin Zita, Kaiser Karl habe verfügt, die Protestnote dem Grafen Albert Apponyi zu übergeben.

das Recht der freien Königswahl an sich zurück und beharre auf ihrer ursprünglichen Staatsform des Königreiches. Die Besetzung des Thrones würde auf einen späteren Zeitpunkt verschoben, wofür das Ministerium zu gegebener Zeit seinen Vorschlag einzubringen hätte.

In Übereinstimmung mit Art. 2 des Gesetzes I vom 29. Februar 1920 betrachtete sich die Nationalversammlung als rechtsgültige Repräsentantin der Souveränität des ungarischen Staates. Deshalb sei sie beauftragt, die zukünftige Ausübung der höchsten Macht im Staat zu regeln.

Am 4. November 1921, dem Namenstag des Königs, begann in der Nationalversammlung die Diskussion über diese Gesetzesvorlage. Die Partei der Kleinen Landwirte, verschiedene alte und unbeugsame Anhänger der freien Königswahl und die Unabhängigen waren für die Dethronisation. Die Partei der Christlich-Nationalen stellte es ihren Mitgliedern frei, für oder gegen das Gesetz zu stimmen. Die Partei des Abgeordneten Friedrich und die Unparteilichen mit Graf Apponyi waren entschlossene Gegner. Die Lesung dieses Entwurfes begleiteten die verschiedenen Hochrufe: *Es lebe der König, Es lebe Horthy, Es lebe die freie Wahl.*

Während Graf Bethlen den Gesetzesentwurf seiner Einleitung entsprechend interpretierte, erklärte Graf Apponyi, die Forderungen der Großen und der Kleinen Entente würden die Prinzipien des Völkerbundes verletzen; man sollte an ihn appellieren. Nachdem die Kleine Entente Ungarn militärisch bedrohe, könne man dieses Dethronisationsgesetz als Trick betrachten. Daraufhin rief die gesamte Nationalversammlung einstimmig: *Ja, es ist ein Trick, einer der größten der Geschichte!* Unter allgemeinem Applaus protestierte Apponyi heftig gegen die Auslieferung des Königs an eine auswärtige Macht. Schließlich beantragte er, diese Nationalversammlung, die nur gegründet worden war, um die Kontinuität des politischen Lebens im nachrevolutionären Ungarn zu sichern, möge ihre Inkompetenz feststellen, über diesen Gesetzesentwurf zu diskutieren. Er attackierte die Regierung, daß sie einen revolutionären Akt setze. *Die Erklärung hat ein leidenschaftliches Gewitter hervorgerufen.* Apponyi und seine Anhänger verließen die Aula, da sie an der Diskussion über dieses Gesetz nicht teilnehmen wollten. Sie gingen geschlossen zur St.-Stephans-Kirche, wo der Namenstag des Königs mit einer heiligen Messe gefeiert wurde. An ihr nahmen außer den Abgeordneten der Legitimisten viele Personen des politischen und gesellschaftlichen Lebens teil. Am Ende der Zeremonie wurde Graf Apponyi beim Ausgang der Kirche von einer großen Menge akklamiert.

Kurz nach der zweiten Lesung des Dethronisationsentwurfes protestierte der tschechoslowakische Außenminister Eduard Beneš gegen Artikel 3 dieser Vorlage. Angeblich hielt er eine Tür für die habsburgische Restauration offen. *Die durch die Tore der gefallenen Pragmatischen Sanktion und der Dethronisation Verjagten können durch die Fenster der freien Wahl später zu-*

*rückkehren, findet sich eine Regierung, die gemäß diesem zitierten Artikel 3 ihre Kandidatur dem Parlament vorschlägt.*

Beide Ententen stellten sich bei dieser Intervention hinter Außenminister Beneš. Sie forderten von der ungarischen Regierung, Artikel 3 zu erläutern: Es dürften in Zukunft keine Habsburger jemals dem Parlament präsentiert noch für den ungarischen Thron gewählt werden. Das Ergebnis dieser Intervention war ein Kompromiß. Die Zusatzerklärung zu Artikel 3 wurde nicht in den Gesetzesentwurf einbezogen. Außenminister Graf Nikolas Bánffy verpflichtete sich in einer schriftlichen Note, niemals Habsburger für den ungarischen Thron zu präsentieren.

Die Abhängigkeit der Regierung von den Ententen ging so weit, daß Bánffy versprach, keinen neuen ungarischen König ohne Rücksprache mit ihnen zu nominieren. Die Hochkommissare der Großen Entente waren von dieser Note befriedigt; sie wollten auf die Kleine Entente Einfluß ausüben, sie zu akzeptieren.

Die ungarische Regierung versprach in dieser Note auch, jede prohabsburgische Propaganda zu verhindern und sie mit verschärften Sanktionen zu unterdrücken. In einer außerordentlichen Sitzung am Sonntag, dem 6. November, approbierte die Nationalversammlung diesen Gesetzesentwurf mit den Stimmen der Kleinen Landwirte, der Unabhängigen und mit wenigen Stimmen aus den anderen Parteien. *Die Tribünen waren fast leer, der Saal fast menschenleer.* Einer der Teilnehmer versicherte Nuntius Schioppa, *daß die Abstimmung mit einer ganz kalten Indifferenz erfolgte, . . .* wie *über ein Gesetz für eine (. . .) nationale Lotterie.*

Die Frage nach der Gültigkeit des Dethronisationsgesetzes rief jene nach den Befugnissen der Nationalversammlung hervor. Die Abgeordneten, die der Dethronisation zugestimmt hatten, betrachteten die Nationalversammlung als konstituierende, deren Souverän das ungarische Volk war. Konsequenterweise könnte sie die Verfassung des Landes revidieren und auch dessen Staatsform ändern. Die Gegner des Dethronisationsgesetzes betrachteten die Nationalversammlung als Provisorium, als Übergangsinstitution zwischen dem Ende der Revolution und der Normalisierung des politischen Lebens. Die Nationalversammlung könne die Dethronisation als Verfassungsgesetz, das weder von den beiden Kammern erlassen noch vom König approbiert wurde, nicht ratifizieren. Die Gegner der Dethronisation begründeten ihre Rechtsansicht mit den Artikeln 1 und 2 des Gesetzes von 1920, nach denen die Nationalversammlung nur dazu autorisiert wäre, die staatliche Machtausübung mit der Verfassung übereinzustimmen. Deshalb sei das Dethronisationsgesetz ungültig.

In den Reflexionen über diese Vorgänge beschäftigte sich Nuntius Schioppa sehr kritisch mit der Verfassungstreue der ungarischen Regierung. Während Graf Bethlen bei seiner Rede in Pécs am 20. Oktober die Dethronisation als revolutionären Akt betrachtet hatte, *der schwerste Konsequenzen für die Nation nach sich ziehen könnte*, war am 3. November desselben Jahres dieselbe Dethronisation für die ungarische Regierung ein legaler Akt geworden, den sie der Nationalversammlung zur Bestätigung vorgeschlagen hatte. *Konnten vielleicht die Bedrohungen der beiden Ententen einen revolutionären Akt in einen legalen Akt umwandeln? In diesen 14 Tagen ist nichts anderes dazwischen gekommen, was diese Veränderung hätte bewirken können. In dieser Gesetzesvorlage wurde nicht einmal erwähnt, daß die Ankunft des Königs die Ursache seiner Dethronisation wäre.*

Nuntius Schioppa skizzierte die Reaktionen einzelner Abgeordneter auf dieses Gesetz und kam zum Schluß, daß *die Ankunft des Königs, zweifellos hauptsächlich von Rakovszky organisiert, als Resultat seines Hasses gegen Horthy* zu betrachten sei. *Um seinen Haß abzureagieren, hat er mit der Person Seiner Majestät gespielt.*

Die politischen Wogen in der ungarischen Nationalversammlung gingen hoch. Es war mit Regierungsumbildung, Rücktritten und großen Gefahren zu rechnen. Dieses Gesetz wurde auch als Kampf der Protestanten gegen die Katholiken interpretiert, wobei Kardinal Csernoch auszugleichen suchte. Erzherzog Joseph *ist mit Waffen und Gepäck auf die Seite Horthys getreten, dessen hartnäckiger Feind er bisher war (...) Es ist ein Pech, daß der Gouverneur der Sklave einer Militärkamarilla ist, die ihn umgibt und die hartnäckige Protestanten sind. Als schwacher Mann und ohne Energie hat er gezeigt, daß er sich nicht von dieser Kamarilla lösen will, die ihm nicht wenig Unannehmlichkeiten gebracht und ihn nicht selten kompromittiert hat. Man sagt, daß er nicht nur nicht will, sondern daß er sich nicht von ihr lösen kann, weil ihm diese zur Macht verholfen hat und sie die Bedingungen stellt, unter denen er sie behalten kann.* Der Nuntius schloß seinen Bericht mit Bemerkungen über den Charakter der ungarischen Nation. Ihre Flatterhaftigkeit und Unbeständigkeit hindere sie, eine stabile Ordnung zu finden. *Ein Historiker hat über Ungarn geschrieben: „Jugum ferre impatiens, libertatis incapax".*[77]

Mitte Dezember 1921 diskutierte man heftig über die Frage der verletzten Immunität der verhafteten Abgeordneten Gyula Andrássy, Edvárd

---

[77] AE, Schioppa an Gasparri, 7. November 1921, Austria 837, Prot. 27.865. Dazu die Agitationen der Tschechoslowakei und der Entente: DD 15—17, 37, 145—167; DDD 9—12, 12—14 passim; Kaiserin Zita hielt den Besuch des Grafen Albert Apponyi vom 31. Oktober 1921 beim Königspaar in Thihany fest. Apponyi, der dabei zum Chef der Legitimistenpartei bestimmt wurde, versicherte, daß er im Parlament gegen die Dethronisation sprechen werde: Kaiser Karl (wie Anm.1) 409—411. Am 31. Oktober 1921 forderten die Vertreter der alliierten Mächte von der Regierung in Budapest die Dethronisierung von König Karl und der gesamten Dynastie Habsburg innerhalb einer Woche gemäß den Entschlüssen der Botschafterkonferenzen vom 4. Februar 1920 und 1. April 1921: PD 3, 315—370, 407—409, 412; DD 15—17, 37; DD 21—22, 28—32 (die positive Reaktion der Alliierten auf das Dethronisationsgesetz)

Beniczky, Istvan Rakovszky und Antal Sigray und forderte energisch, die Protestnoten Kaiser Karls zu publizieren. Ihre Verbreitung durch eine telegraphische Agentur multiplizierte die leidenschaftliche Polemik der Presse und erhitzte die aufgeregten Gemüter noch mehr.[78]

Nuntius Schioppa hatte, um den Kardinalstaatssekretär ausführlich zu informieren, den prominenten Juristen und Jesuitenpater Lajos Tomcsányi um ein Gutachten zur umstrittenen Königsfrage ersucht. Dieser wies eindeutig die Illegalität und das Unrecht, das die Regierung mit der Auslieferung des Königs an England und seiner Dethronisation unter dem Druck der beiden Ententen verübt hatte, nach. Laut Kap. I, § 126 des ungarischen Strafgesetzes von 1878 war es Majestätsverbrechen, den König der Macht des Feindes zu überantworten. Nach § 128 desselben Strafgesetzes müßte dieses Verbrechen mit lebenslänglichem Kerker bestraft werden; denn der König, der alle Bedingungen der Konstitution des ungarischen Königreiches erfüllt hätte, sei als Majestas regia sacra sakrosankt und unverletzlich. *Er ist Gott allein für alles, für seine privaten und öffentlichen Handlungen während seiner Regierung verantwortlich, seine Räte* (Minister) *müssen dem Reich für seine Taten Rechenschaft ablegen.*

Im Jahre 1687 hatten die Ungarn auf dem Reichstag von Preßburg ihr Widerstandsrecht verloren; seither war der König vollkommen unverletzbar. Tomcsányi faßte zusammen, daß die Minister Horthys das *universum ius hungaricum* mit der Dethronisation Karls IV. verletzt und verdreht hätten. Deshalb sei Karl IV. auch nach seiner Dethronisation ungarischer König. *Ich spreche von den Ministern, denn Horthy ist als Gouverneur nach der Vorschrift des jus hungaricum unverletzlich wie der König selbst. (...) Wir haben dem gekrönten Karl IV. geschworen, daß wir, das Königreich Ungarn, ihm treu und gehorsam seien in allem, was nicht dem Willen Gottes widerspricht. Diesen Eid haben auch die Minister des Gouverneurs Horthy gebrochen.*[79]

Obwohl das exilierte Königspaar nach mehr als dreiwöchiger Schiffsfahrt am 19. November 1921 in Funchal/Madeira an Land gebracht worden war, kam es zu keiner politischen Beruhigung. Noch immer beschäftigte der tschechische Außenminister Beneš, einer der Hauptakteure beim Spiel um die Zerteilung der Donaumonarchie, mit seinen Protesten die ungarische Nationalversammlung und erhitzte sie leidenschaftlich. Er bezichtigte sie des Doppelspiels in der Königsfrage.[80]

Im Jänner 1922 kursierten anläßlich der Reise von Kaiserin Zita zu ihrem erkrankten Kind in die Schweiz die unglaublichsten Gerüchte: Sie würde mit

---

[78] AE, Schioppa an Gasparri, 16. Dezember 1921, Austria 837, Prot. 29.711.

[79] P. Lajos Tomcsányi SJ (1846–1926); AE, Schioppa an Gasparri, 20. Dezember 1921 m. Beilage, Austria 837, Prot. 29.711 u. 29.927.

[80] AE, Schioppa an Gasparri, 5. Jänner 1922, Austria 837, Prot. 316.

einem Automobil über die ungarische Grenze kommen, um dem Parlament den Thronfolger, Erzherzog Otto, zu präsentieren.[81]

Als der König am 1. April 1922 verstorben war, telegraphierte der Bischof von Funchal, Antonio Emanuele Pereira Ribeiro, dem ungarischen Nuntius die Todesnachricht. Schioppa gab sie der Regierung weiter, die noch keine offizielle Mitteilung hatte. Sie versammelte sich unter dem Vorsitz Horthys und verhielt sich, als hätte sie weder den König und die Königin gefangengenommen und den Engländern ausgeliefert noch von der Nationalversammlung die Dethronisation Karls IV. und der gesamten habsburgischen Dynastie verlangt. Nach dem Muster des 21. November 1916, als man Franz Joseph I. betrauerte, druckte man eine analoge Sondernummer zum Tod von Karl IV. Der Gouverneur sandte im eigenen, der Ministerpräsident im Namen der ungarischen Regierung ein warmherziges Beileidstelegramm an die Königinwitwe Zita. Der Ministerrat ordnete Staatstrauer an: Theater und Unterhaltungslokale blieben am 2. April und am Begräbnistag, dem 4. April 1922, geschlossen, alle öffentlichen Gebäude — militärische und zivile — wurden beflaggt. Die Regierung beschloß Trauerehren, so Nuntius Schioppa, die sie einem nicht dethronisierten König geleistet hätte. *Eine posthume Huldigung dem armen Souverän, der vor vier Monaten mit Kanonenschüssen aus Ungarn vertrieben wurde, ohne Bedauern den Händen seiner Feinde ausgeliefert, exiliert, mit seiner gesamten Dynastie dethronisiert, oder ist das ein Symptom, daß die ungarische Regierung bei der ersten Gelegenheit bereit ist, das Dethronisationsgesetz als „un chiffon de papier" zu betrachten? Die Legitimisten denken ersteres und betrachten diese posthumen Ehren, die man dem waghalsigen König zuteil werden läßt, als Krokodilstränen. Die Entente, besonders die Kleine Entente, denkt das zweite und ist über das Verhalten der Budapester Regierung sehr besorgt. Sie hat in dieser Angelegenheit bei der Regierung Schritte unternommen, um eine passende Erklärung zu bekommen.*[82]

Der Primas Hungariae ordnete an, daß am Begräbnistag des Königs in jeder Pfarre ein gesungenes Requiem gefeiert und dies nach Möglichkeit in den Zeitungen angekündigt würde. Zum Requiem waren alle Lokalmagistrate einzuladen und die Schulkinder dorthin zu führen. Die Kirchen waren mit Trauerfahnen zu schmücken, und die Glocken hatten am Vorabend und am Begräbnistag je eine Viertelstunde morgens, mittags und abends und während des Libera zu läuten. Es war den Priestern überlassen, nach eigenem Entscheid in der täglichen heiligen Messe und in ihren Gebeten des Königs zu gedenken.[83]

---

[81] AE, Schioppa an Gasparri, Cifra 50, 15. Jänner 1922, Austria 837, Prot. 30.183.
[82] AE, Schioppa an Gasparri, 5. April 1922, Austria 837, Prot. 3.439.
[83] AE, Beilage zu Prot. 3.439.

Uneinheitlich war das Verhalten des Diplomatischen Corps. Die Vertreter der Großen und der Kleinen Entente ignorierten die Staatstrauer, sie beflaggten die Botschaften nicht und blieben dem Requiem in der Matthiaskirche fern. Die Botschafter Spaniens, Deutschlands, Hollands und der USA sowie der Apostolische Nuntius ließen die Trauerfahnen aufziehen; die Repräsentanten Deutschlands, der USA und des Heiligen Stuhles kamen zum Trauergottesdienst. Der Nuntius, den der Außenminister persönlich eingeladen hatte, enthielt sich wegen der Neutralität des Heiligen Stuhles des feierlichen Aufzuges. Er hatte Kaiserin und Königin Zita sowie dem Erzherzogspaar Joseph und Isabella kondoliert.

Die gesamte problematische Situation des im Parteienhader verstrickten Landes, das, um die Hälfte seines ehemaligen Territoriums verkleinert, unter dem Druck der Siegermächte zitterte, reflektierte die solenne Trauerfeier, die die Regierung für den verstorbenen König am 4. April 1922 veranstaltete. Noch einmal faßte der König die Nation zusammen und vereinte Freund und Feind um seinen Katafalk beim Requiem in der Matthiaskirche. Der Kardinal-Primas zelebrierte es unter Assistenz mehrerer Bischöfe und aller hohen Prälaten von Budapest. Die Trauerzeremonie *war imposant, solenn und traurig wie nie. Alle haben das tragische Schicksal des unglücklichen Herrschers erfaßt (. . .) und diese ganze Tragödie reflektierte sich in der dunklen und düsteren Kirche, in derselben Kirche, die vor kaum vier Jahren illuminiert und froh denselben Souverän zur feierlichen Krönung zum König von Ungarn mit der Krone des heiligen Stephan empfangen hatte. Diese Tragödie reflektierte sich im Zusammenstoß von gegensätzlichen und leidenschaftlichen Gefühlen, die die Menge der Carlisten und Anticarlisten erfaßte, die um den imposanten Katafalk standen, auf dem die vier Königskronen* (sic!) *lagen: die des Kaisers, des Königs von Ungarn, des Königs von Böhmen und jene des Hauses Habsburg.*[84] *Dort waren auch zwei Blumenkronen, eine des Gouverneurs Horthy und eine der Regierung.*

*Was für ein Bild, diese Menge . . . ! Auf dem Thron der Gouverneur, Vertreter eines Königs, der nach dem Gesetz nicht existiert! Rund um die Bahre Offiziere und Soldaten in „Habt-acht-Stellung", Offiziere und Soldaten desselben Heeres, die vor vier Monaten mit Kanonen auf ihren König geschossen haben; eine dichte Gruppe von Legitimisten, unter ihnen Andrássy, Rakvoszky, Gratz, gestern Arretierte mit der Beschuldigung des Hochverrates und morgen vielleicht zum Zuchthaus verurteilt, weil sie an dem (Restaurations-) Versuch des Königs teilgenommen hatten. Links Bethlen, Bánffy und die ganze Regierung, die im Novem-*

---

[84] AE, Schioppa an Gasparri, 5. April 1922, Austria 837, Prot. 3.439. Es ist nicht klar, ob Nuntius Schioppa sich bei der Schilderung des mit vier Funeralkronen geschmückten Katafalks geirrt hat, nachdem die rudolfinische Hauskrone als österreichische Kaiserkrone verwendet oder ob tatsächlich eine spezifische habsburgische Hauskrone benützt wurde.

*ber vom Parlament das Dethronisationsgesetz der Habsburger approbieren ließ, und am Ende einer der dethronisierten Habsburger, Erzherzog Joseph, in großer Marschallsuniform, auf einer eigenen Tribüne, begleitet und von allen Ehren eines königlichen Prinzen umgeben! Eure Eminenz wird mir verzeihen, daß ich mich bei diesen Details so lange aufgehalten habe, es scheint mir jedoch, daß jene Einzelheiten, die die Grenzen einer minutiösen Darstellung überschreiten, eine Bedeutung bekommen, die sehr leicht die paradoxe politische Situation dieses Landes illustrieren können.*[85]

In seiner Leichenrede rühmte der Primas Standhaftigkeit und Gottvertrauen des frommen Königs, der als Vorbild eines christlichen Fürsten gelebt und gläubig alle Schicksalsschläge ertragen hatte. *Er hat kurz gelebt, aber viel Zeit erfüllt (. . .) Obwohl ihn die Bitterkeit des menschlichen Lebens erdrückte, ist er friedlich gestorben, er hat uns so zurückgelassen, daß wir wünschen, ihn zu haben, und auch die Zeit kann diesen Wunsch nicht auslöschen. Vale pia anima Martyr Regni et Coronae Sancti Stephani, vive aeternum in pace Christi.*[86]

Sobald das Requiem zu Ende war, lösten sich die vom Tod des Königs und von der Atmosphäre der Trauer gebundenen emotionalen und politischen Gegensätze. Schon beim Verlassen der Matthiaskirche zieh eine lauthalse Menge unter feurigem Applaus der Legitimisten den Ministerpräsidenten Graf Bethlen des Königsmordes. Sie schrie: *Sieh da, der Königsmörder!*

Am Abend desselben Tages fanden in einem Wahlkreis bei einem politischen Attentat sieben Menschen den Tod, sehr viele Personen wurden verletzt. Der Kampf der Parteien, durch den Tod des Königs verschärft und voll Konfusion, war von gegenseitigem Mißtrauen und Haß erfüllt. Er ließ kein Ende der politischen Auseinandersetzungen erwarten.

Die Legitimisten hatten mit dem Tod des Königs die Grundlagen ihrer Politik verloren, den gekrönten König und den ihm geleisteten Eid. Sie hatten sich am 2. April 1922 versammelt und in einer Proklamation das Nachfolgerecht des Kronprinzen, Erzherzog Ottos, geltend gemacht. Auch forderten sie, der verstorbene König solle in Ungarn begraben werden und die Königinwitwe mit ihren Kindern in Ungarn Aufenthalt nehmen. Sie hätte nach der Verfassung die Rechte und Interessen des minderjährigen Königs zu vertreten.

Kaiserin und Königin Zita hatte nur dem letzten von König Karl ernannten Ministerpräsidenten Stephan Rakovszky ein offizielles Telegramm vom Tod *Unseres Herrn und Königs* übersandt. Ihr erster Obersthofmeister, Graf Hunyady, wollte sie telegraphisch bitten, nicht vor seiner Ankunft in Funchal das Testament des Toten zu veröffentlichen.

---

85 AE, Schioppa an Gasparri, 5. April 1922, Austria 837, Prot. 3.439.

86 Vgl. Anm. 83.

Als man die gedruckte Proklamation der Legitimisten auf den Straßen zu verteilen begann, wurde den Zeitungsredaktionen unter Strafandrohung verboten, sie zu publizieren. Man verhinderte auch ihre weitere Verbreitung. In den politischen Zirkeln sprach man, die Regierung beabsichtige, gegen die Unterzeichner der Proklamation wegen Rebellion vorzugehen.

Weder die Regierung noch die Partei der freien Königswähler äußerten, was sie nach dem Tod des Königs unternehmen würden. Einige von ihnen bestätigten, daß sie sich jetzt freier fühlten und die Situation besser beherrschen könnten.

Erzherzog Albrecht — so lief ein ernstzunehmendes Gerücht — teilte Millionen von Kronen aus, um bei der nächsten Wahl die Stimmenmehrheit für seine Kandidatur auf den Königsthron zu bekommen. Da er Habsburger sei, würden ihn beide Ententen ablehnen. *Aber er hofft sehr, weil ihn, wie man sagt, Ministerpräsident Graf Bethlen stützt. Er war bei der Totenfeier für den König nicht anwesend, danach ließ er publizieren, er sei indisponiert gewesen. Einen Tag danach hat man ihn gesehen, wie er eine seiner Freundinnen besuchte.*

Derartige politische Zustände waren dazu angetan, die wirtschaftlichen und finanziellen Kräfte des Landes zu lähmen. Nuntius Lorenzo Schioppa sah Ungarn einer unberechenbaren Katastrophe zutreiben.[87]

---

[87] AE, Schioppa an Gasparri, 5. April 1922, Austria 837, Prot. 3.439; zu Erzherzog Albert: Lehár-Broucek (wie Anm. 47) 278 (Register).

# DANKSAGUNG

Die Drucklegung dieses Bandes erfolgte mit dankenswerter Unterstützung folgender Institutionen:

Erzdiözese Wien
Kulturabteilung des Landes Niederösterreich
Stadtgemeinde Wien
Marktgemeinde Wullersdorf
Stift Göttweig
Stift Heiligenkreuz
Stift Klosterneuburg
Schottenstift, Wien

und folgender Firmen:

Hans Brabenetz, Wullersdorf
Rupert Dinhobl, Wiener Neustadt
Heinz Ecker's Witwe, Wien
Otto Ernst, Wullersdorf
Anton Freudensprung, Wien
Josef Janauschek, Wien
Ernst Knapp, Schalladorf
Kurt Leo, Wien
Ernst Metzger, Perchtoldsdorf
Österreichische Hagelversicherung, Wien
Josef Pawle, Wullersdorf
Raiffeisenbank Hollabrunn
Bankhaus Schelhammer & Schattera, Wien
Trachten Just, Wien
Rudolf Weidenauer, Horn